핵심만 모아 담았다!

핵심플러스 +

핵심이론 + 최신기출문제 + 단원별문제 + 최종모의고사

9급 공무원 기본서

국어

머리말
PREFACE

학이시습지 불역열호(學而時習之 不亦說乎)
"배우고 그것을 때때로 익히면 기쁘지 않겠는가?"

논어는 이 말로 시작합니다. 공자의 제자들이 공자의 수많은 말 중에 왜 이것을 제일 앞에 두었을까요? '모름지기 공부를 하는 사람의 마음가짐이란 이러해야 한다.', '공자님의 말씀을 통해 이런 경지에 도달해라.' 이런 뜻을 담고 있는 말이 아닐까요?

흔히 '공부엔 때가 있다'고 하지만 공부는 한때로 완성되는 것이 아니라 평생을 두고 해야 할 일입니다. 공부란 끝이 없는 것이라 즐겁기도 하지만 괴롭기도 합니다. 그러나 괴로울 정도로 갈고 또 닦아야 궁극의 기쁨을 맛볼 수 있는 것이지요.

역사에 기록된 사람들은 대개 뛰어난 재주와 능력을 지니고 있습니다. 그들은 그 탁월함 때문에 역사에 남는 사람이 된 것이죠. 그런데 오히려 그와 반대되는 이유로 알려진 사람이 있습니다. 그 사람은 바로 조선 후기에 훌륭한 시를 많이 남긴 '백곡(栢谷) 김득신'입니다. 김득신은 어릴 적 천연두를 앓은 탓에 노둔한 편이었습니다. 지나가다 익숙한 글귀를 듣고 그 뜻을 기억하지 못하자 하인이 알려 주었을 정도였지요. 그는 그것을 극복하기 위해 책을 수없이 반복하여 읽었고 특히 『사기(史記)』의 「백이전(伯夷傳)」은 1억 1만 3천 번이나 읽었다고 합니다. 이러한 그의 태도는 공부를 하고 있는 우리들의 마음에 큰 울림을 줍니다.

논어의 첫 구절은 공부를 어떻게 해야 하는지 알려 주는 것이기도 합니다. '시습(時習)'이라는 말은 '때때로 익힌다'는 뜻이지요. 공부는 복습이 중요합니다. 배운 것을 다시 익히는 과정을 통해 지식을 내면화할 수 있을 뿐만 아니라 자신감도 얻을 수 있습니다.

이 책을 통해 공부의 즐거움을 느끼게 되길, 이 책이 꿈을 향해 나아가는 노둣돌이 되길 진심으로 기원합니다.

– 저자 장세희

핵심플러스⁺ 최적화 학습방법

회독별 학습방법

1회독 – 개념 탄탄 단계

STEP 1 처음부터 모든 내용을 억지로 암기하지 말고, 전체적인 흐름을 훑어보는 식으로 학습한다.

STEP 2 기출문제를 풀어보면서 핵심이론이 어떻게 출제되는지 유형을 파악해본다.

2회독 – 입체 적응 단계

STEP 1 전반적인 내용을 본격적으로 암기하면서 아는 내용과 모르는 내용을 분별해 나간다.

STEP 2 핵심이론과 보충·심화 내용을 서로 연계하여 학습하면서 놓치는 부분이 없도록 한다.

STEP 3 기출문제를 다시 풀어보면서 선지가 왜 옳은지, 옳지 않은지를 분석하고 취약한 부분과 보완해야 할 내용을 체크한다.

3회독 – 실전 돌입 단계

STEP 1 2회독 과정에서 헷갈리거나 이해가 되지 않았던 내용을 집중적으로 학습한다.

STEP 2 유사한 유형의 기출문제를 풀어보면서 이론을 문제풀이에 적용할 수 있는지 확인해본다.

📋 **TIP** 3회독 단계에서는 완벽하게 이해하지 못한 내용을 집중적으로 학습해야 한다. 따라서 자신만의 암기장을 만들어 암기되지 않은 내용과 어휘를 옮겨 적고 반복 암기하도록 한다!

기출이 답이다! 문제집과의 연계 학습

9급 공무원 기출문제집

STEP 1 1회독 후 기출문제를 풀어보며 이론이 어떻게 문제화 되는지 어떠한 이론들이 자주 출제되는지를 확인한다.

STEP 2 2회독 후 기본서를 통해 학습한 이론을 얼마나 문제에 적용할 수 있는지 확인한다.

STEP 3 3회독 후 자주 틀리는 문제 위주로 반복 학습하고 해설을 꼼꼼히 확인하며 부족한 부분을 보완한다.

[기출이 답이다] 9급 공무원
국어 8개년 기출문제집

GUIDE
2021 국가직 출제경향

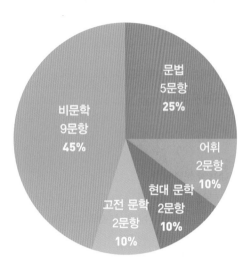

2021 국가직 한줄평

기존의 기출문제와 비슷한 문제들로
전체적으로 평이하게 출제되어,
고득점에 어렵지 않게 다가갔을 것으로 예상된다.

영역별 분석

문법	불규칙 활용 문항과 한글 맞춤법의 표기 문항이 다소 어려웠을 것으로 예상되나, 나머지 문항은 평이하였다.
어휘	대체로 평이했으나, 올바른 한자 표기 문항이 높은 난도를 보였다.
현대 문학	쉬운 난도였으나 현대시의 경우 작품이 생소하게 느껴졌을 것으로 예상된다.
고전 문학	「동동」과 같은 고전 시가에 대한 해석이 배경지식을 요구하여 시간이 소요되었을 것으로 추정된다.
비문학	전체적으로 추론적 독해가 필요한 문항이 많이 출제되어 시간 배분이 중요했을 것으로 판단된다.

GUIDE
2021 지방직 출제경향

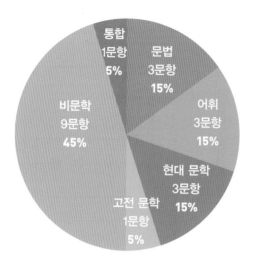

2021 지방직 한줄평

작년과 똑같이 2021년 지방직 국어 시험에서도 독해가 크게 강화된 형태로 출제되었으며, 문법과 규범 등 지식형 문제는 약화되었다. 이러한 이유로 시험의 전체적인 평균은 높아질 것으로 예상된다.

영역별 분석

문법	2020년 이전보다 문항 출제 비중이 줄었고, 난도 역시 평이하였다.
어휘	고유어 관련 문제가 논란이 있어 정답 없음으로 처리되었다. 그 외에는 난도가 높은 문제 없이 평이한 수준이었다.
현대 문학	주요·비주요 작품이 고루 출제되었다.
고전 문학	주요 작품이 고루 출제되었다. 난도는 평이하였다.
비문학	비문학 관련 독해 문제가 다양하게 출제되었으며, 지문이 길어 꾸준한 독해 훈련이 필요하다.
통합	난도가 평이해 어렵지 않았다.

Preview
이 책의 구성과 특징

📖 핵심 개념

✚ 방대한 국어의 이론을 시험에 나올 핵심 개념만 선별하여 압축 총정리 하였습니다.

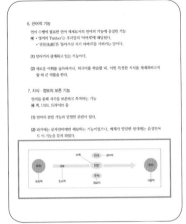

🔍 보충·심화 이론과 요약

✚ 학습 내용과 연계된 보충·심화 이론까지 자세히 정리하여 놓치는 이론 없이 꼼꼼히 학습하도록 구성하였습니다.

✚ 앞에서 학습한 이론을 한눈에 정리할 수 있도록 깔끔하게 도식화하여 요약하였습니다.

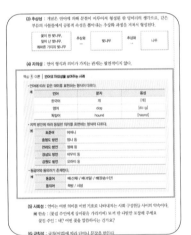

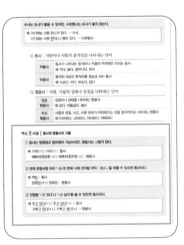

📑 필수 기출문제로 출제경향 파악

✚ 필수 기출문제를 수록하여 출제경향을 파악하고 실전에 대비할 수 있도록 하였습니다.

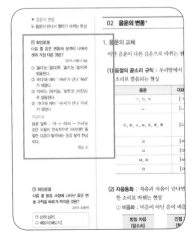

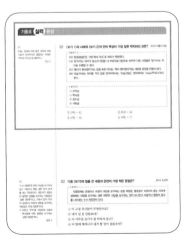

2021년 최신기출문제

✚ 2021년 04월 17일 시행된 국가직 시험, 2021년 06월 05일 시행된 지방직 시험 기출문제를 부록으로 수록하였습니다.

✚ 명료한 해설로 실력 상승에 도움이 되도록 구성하였습니다.

단원별 문제

✚ 각 단원별 주제로 구성된 문제들로 학습한 내용을 한번 더 확인하고 최종 마무리할 수 있도록 단원별 문제를 수록하였습니다.

✚ 기출문제와 연계된 문제 유형으로 출제 경향을 파악하고 실전에 대비할 수 있도록 하였습니다.

최종모의고사

✚ 최근 출제경향을 분석하고 완벽하게 반영하여 최종 마무리를 위한 모의고사를 2회분 수록하였습니다.

✚ 확실한 분석과 명료한 해설로 헷갈릴 수 있는 문제 유형도 연습할 수 있도록 구성하였습니다.

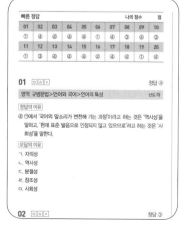

목차

Contents

자몽;

스스로 꿈꾸다

PART

01

규범문법

01 음성언어와 문자언어

구분	음성언어(청각)	문자언어(시각)
시·공간적 제약	• 같은 공간과 시간이 필요 • 보존 불가능	• 시·공간의 제약이 없음 • 보존 및 전승 가능
내용	비교적 쉽고 간단한 내용 전달(문장 성분 생략 용이)	어렵고 복잡한 내용 전달
상호 작용	표현과 수용의 자유로운 관계 전환	일방적인 표현과 수용만 가능
부수적 요소	• 반언어적 표현 : 언어에 부수되는 표현(말의 높낮이, 어조, 크기 등) • 비언어적 표현 : 언어 외적인 표현(표정, 몸짓, 손짓 등)	그림, 도표 지도 등

02 언어의 본질

1. 언어의 특성

(1) **분절성** : 언어는 물리적으로 연속된 현실 세계를 끊어서 표현한다.

  예 손목의 경계를 한정하기 어렵지만 '손목'이라는 단어를 사용한다

(2) **기호성** : 언어는 형식(음성 또는 문자)과 내용(의미)이 결합된 기호 체계이다.

  예

형식		내용(의미)
문자	음성	
손	[손]	사람의 팔목 끝에 달린 부분

☑ **확인문제**

다음에서 알 수 있는 언어의 특성은?

2016 소방직

"빵은 맛있다!"라는 문장을 배운 어린아이는 "밥은 맛있다!", "과자는 맛있다!"처럼 자신이 기존에 알고 있는 말과 결합하여 새로운 문장을 만들 수 있다.

① 추상성   ② 분절성
③ 창조성   ④ 역사성

정답해설

창조성(= 개방성, 무한성) : 인간은 이미 알고 있는 말을 이용하여 새로운 말을 만들어 표현할 수 있다. 상황에 따라 무한히 많은 새로운 말들을 만들어 사용할 수 있으며, 관념적이고 추상적인 개념은 물론 존재하지 않는 상상의 산물까지도 표현할 수 있다.

정답 ③

(3) 추상성 : 개념은 언어에 의해 분절이 이루어져 형성된 한 덩어리의 생각으로, 같은 부류의 사물들에서 공통적 속성을 뽑아내는 추상화 과정을 거쳐서 형성된다.

꽃이 핀 벚나무, 잎이 난 벚나무, 메마른 가지의 벚나무	추상화 →	벚나무	추상화 →	나무

(4) 자의성 : 언어 형식과 의미가 가지는 관계는 필연적이지 않다.

핵심 쏙 이론 | 언어의 자의성을 보여주는 사례

• 언어에 따라 같은 의미를 표현하는 형식이 다르다.

예

언어	문자	음성
한국어	개	[개]
영어	dog	[dɔːg]
독일어	hound	[haʊnd]

• 지역 방언에 따라 동일한 의미를 표현하는 형식이 다르다.

예

표준어	어머니
충청도 방언	엄니 등
전라도 방언	엄매 등
경상도 방언	어무이 등
강원도 방언	오마이 등

• 동음어와 동의어가 존재한다.

예

동음어	배(신체) / 배(과일) / 배(운송수단)
동의어	책방 / 서점

(5) 사회성 : 언어는 어떤 의미를 어떤 기호로 나타내자는 사회 구성원들 사이의 약속이다.

　　예 한솔 : (꽃집 주인에게 장미꽃을 가리키며) 토끼 한 다발만 포장해 주세요

　　　　꽃집 주인 : 네? 어떤 꽃을 말씀하시는 건가요?

(6) 규칙성 : 규칙(어법)에 따라 단어나 문장을 만든다.

예

규칙	용언을 부사어로 활용할 때는 '～게'와 같은 형태로 쓴다.
예문	동생이 빠른(×) 걷는다 / 동생이 빠르게(○) 걷는다

☑ 확인문제

다음 글의 내용이 나타내고 있는 언어의 특성으로 적절한 것은?

2018 소방직 하반기

　영미는 모두가 사물을 하나의 이름으로 부르는 게 싫어서 사물의 이름을 자신이 정한 다른 단어로 바꿔 부르기로 결심하였다. 영미는 '침대'를 '사진'이라 부르기로 결심하고는 "침대에 누울 거야."가 아닌, "사진에 누울 거야."라고 말하였으며, '의자'를 '시계'라 부르면서 "시계에 앉아 있다."라고 이야기하였다. 영미 주변의 친구들은 영미의 말을 좀처럼 알아들을 수 없었다.

① 언어의 창조성
② 언어의 사회성
③ 언어의 역사성
④ 언어의 자의성

정답해설

영미 주변의 친구들이 영미의 말을 좀처럼 알아들을 수 없었던 것은 언중들 사이의 묵계를 어기고 자기 나름대로의 언어를 사용했기 때문이다. 언어는 언중들 간의 사회적 약속이므로 개인이나 특정 집단이 이를 마음대로 바꿀 수 없다. 이를 '언어의 사회성(= 불역성)'이라 한다.

정답 ②

> 생각은 큰 그릇이고 말은 생각 속에 들어가는 작은 그릇이어서 생각에는 말 외에도 다른 것이 더 있다. 그러나 아무리 생각이 말보다 범위가 넓고 큰 것이라고 하여도 그것을 말로 바꾸어 놓지 않으면 그 생각의 위대함이나 오묘함이 다른 사람에게 전달되지 않는다. 그 때문에 생각이 형님이요, 말이 동생이라고 할지라도 생각은 동생의 신세를 지지 않을 수가 없게 되어 있다.

① '사과'는 언제부터 '사과'라고 부르기 시작했는지 알 수 없어.
② 동일한 사물을 두고 영국에서는 [tri:], 한국에서는 [namu]라 표현해.
③ 이 소설은 정말 감동적이야. 내가 받은 감동은 말로는 설명이 안 돼.
④ 시간의 흐름을 초, 분, 시간 단위로 나눠 사용해 온 것은 인간의 사회적 약속이야.

정답해설
제시문에서 밑줄 친 부분은 '생각(사고)'이 '말'보다 훨씬 포괄적인 개념이므로 말로는 설명할 수 없는 것이 있다는 내용으로 '사고우위론'과 일맥상통한다. 따라서 '말'로 설명할 수 없는 '감동(사고)'을 이야기한 ③이 밑줄 친 부분의 예로 적절하다.

정답 ③

---

(7) **창조성** : 한정된 음운이나 어휘로 무한히 새로운 문장을 만들 수 있다.

> 예 엄마 : 우리 이번엔 줄넘기할까?
>
> 딸 : 우리 이번엔 그림책 할까?

(8) **역사성** : 언어는 시간의 흐름에 따라 변한다.

음운의 변화		세월의 흐름에 따라 단어의 모양이나 말소리가 변화 예 곶 → 꽃
의미의 생성		새로운 상황, 사물이 생겨나면서 그에 해당되는 새로운 말 생성 예 자동차, 컴퓨터, 휴대전화 등
의미의 성장	의미의 확대	본래 쓰이던 말의 의미 확장 예 바가지 : 박을 두 쪽으로 쪼개서 물을 푸거나 물건을 담는 데 쓰는 그릇 → 나무나 플라스틱 등으로 만든 것도 포함
	의미의 이동	말의 의미가 다른 것으로 변화 예 인정 : 벼슬아치들에게 몰래 주던 선물 → 남을 동정하는 따뜻한 마음
	의미의 축소	본래 쓰이던 말의 의미 축소 예 미인 : 남녀를 불문하고 재덕이 뛰어난 사람 → 얼굴이나 몸매 따위가 아름다운 여자
의미의 소멸		상황, 사물이 없어지면서 말도 함께 소멸 예 지달 : 말 따위가 함부로 뛰지 못하게 그 발을 얽매는 기구

핵심 ❀ 이론 | 유의 경쟁

> 서로 비슷한 의미의 말이 동시에 쓰이는 경우, 한 쪽은 살아남고 다른 쪽은 소멸한다.
> • 한자어가 살아남는 경우가 많다.
> • 음절의 길이가 짧은 쪽이 유리하다.
> 예 온-백(百) → 백(百) / 즈믄-천(千) → 천(千) / 미르-용(龍) → 용(龍)

---

03 언어와 사고 · 사회 · 문화

1. 언어와 사고 · 사회 · 문화의 관계

언어는 인간의 사고 · 사회 · 문화와 밀접한 관련을 맺고 있으며, 한 언어사회에 속한 언중의 사고방식이나 문화는 그 언어체계의 지배를 받는다.

구분	특징(언어)		이유(사고 · 사회 · 문화)
에스키모어	'눈'에 관련된 어휘 다수	→	'눈'과 매우 밀접한 에스키모인들의 삶의 양식 반영
유목민	'말'과 관련된 어휘 다수	→	말을 주된 운송수단으로 활용
수렵 민족	'매'와 관련된 어휘 발달	→	사냥에 '매'를 활용
한국어	'벼', '쌀'에 관련된 어휘 다수	→	벼농사 중심의 농경문화 반영

2. 언어와 사고의 관계

언어와 인간의 사고는 매우 밀접한 관계가 있다. 그런데 언어가 사고에 우선하는지, 사고가 언어에 우선하는지에 대해서는 관점의 차이가 존재한다.

(1) **언어우위론적 관점** : 언어가 사고에 우선한다는 견해. 언어 없이는 사고가 불가능하다는 관점으로, 언어로 명명해야만 대상을 인식할 수 있다고 본다.
  예 아이들이 말을 배워야 구체적인 사고를 할 수 있게 된다

(2) **사고우위론적 관점** : 사고가 언어에 우선한다는 견해. 언어 없이도 사고가 가능하다는 관점으로, 명명 과정 없이도 대상은 존재할 수 있다고 본다.
  예 음악을 들으면서 그것이 왜 좋은지 표현하기 어려운 경우가 있다

---

04 언어의 기능

---

1. 표현의 기능

화자가 어떤 문제에 대해 자신의 판단이나 감정을 언어로 표현하는 기능

정보적 기능	다양한 지식과 정보를 전달 예 귤 한 봉지에 3,000원입니다
지시적 기능	특정한 대상이나 개념을 가리킴 예 저것은 칠판입니다

2. 지령적 기능(명령적 기능)

미래에 특정 행위나 사건이 일어나게 하거나 일어나지 않게 하며, 그 성격이나 방향을 조정하는 기능

(1) 화자의 마음을 표현한다는 점은 표현의 기능과 같지만, 청자의 행동을 유발한다는 점에서 표현의 기능과 차이가 있다.

(2) 명령형이 기본적인 문장 형태이나, 청유형, 의문형, 평서형 등 다양하게 표현이 가능하다.

직접적 표현	예 창문 좀 열어
간접적 표현	예 창문 좀 열자 / 창문 좀 열어주지 않을래? / 좀 덥구나

(3) 글의 종류에 따라 다양한 형태가 나타난다.

광고문	예 365일 즐거운 그곳! ○○몰!
속담	예 소 잃고 외양간 고친다
교통표지판	예 일방통행, 우회전 금지
선거 연설	예 저를 뽑아주신다면 ○○동의 전통시장 활성화를 위해 힘쓰겠습니다

3. 친교적 기능

상대방의 관계를 형성하고 원만하게 유지하게 하는 기능
예 선생님, 날씨가 참 좋네요

(1) 발화의 내용보다 발화의 행위 자체가 중시된다.

(2) 인사말 등이 이에 해당되며, 대화를 나눌 준비를 하는 기능을 하기도 한다.

4. 표출적 기능

화자의 표현 의도나 전달 의도 없이 거의 본능적으로 사용하는 기능
예 어머! / 아야!

(1) 놀라거나 위험할 때 청자와 관계없이 무의식적으로 나오는 소리를 말한다.

(2) 의사소통을 전제로 한 것이 아니다.

5. 미적 기능

전언의 형식을 아름답게 가다듬어 표현의 효과를 높이는 기능
예 • 산에는 꽃 피네 / 꽃이 피네 / 갈 봄 여름 없이 꽃이 피네
　　• 얄리얄리 얄라셩 얄라리얄라

(1) 주로 문학 작품, 특히 시에서 사용되어 언어의 미적 가치를 추구한다.

(2) 음성이 주는 효과가 매우 중시된다.

6. 관어적 기능

언어 수행에 필요한 언어 매체로서의 언어의 기능에 충실한 기능

예 • 영어의 'Father'는 우리말의 '아버지'에 해당된다.

　　• '선친(先親)'은 '돌아가신 자기 아버지'를 가리키는 말이다.

(1) 언어끼리 관계하고 있는 기능이다.

(2) 새로운 어휘를 습득하거나, 외국어를 학습할 때, 어떤 특정한 지식을 체계화하고자 할 때 큰 역할을 한다.

7. 지식 · 정보의 보존 기능

언어를 통해 지식을 보존하고 축적하는 기능

예 책, USB, 드라이브 등

(1) 언어의 전달 기능과 밀접한 관련이 있다.

(2) 과거에는 문자언어에만 해당하는 기능이었으나, 매체가 발달한 현대에는 음성언어도 이 기능을 갖게 되었다.

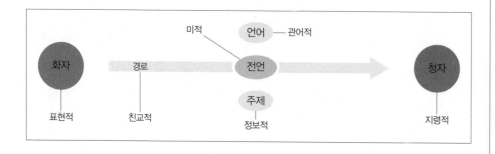

01

(라)는 언어에 따라 같은 의미에 대한 기호가 자의적으로 결합되는 사례로 '언어의 자의성'에 해당된다.

정답 ④

01 〈보기 1〉의 사례와 〈보기 2〉의 언어 특성이 가장 잘못 짝지어진 것은? 2019 서울시 9급

| 보기 1 |

(가) '방송(放送)'은 '석방'에서 '보도'로 의미가 변하였다.
(나) '밥'이라는 의미의 말소리 [밥]을 내 마음대로 [법]으로 바꾸면 다른 사람들은 '밥'이라는 의미로 이해할 수 없다.
(다) '종이가 찢어졌어'라는 말을 배운 아이는 '책이 찢어졌어'라는 새로운 문장을 만들어 낸다.
(라) '오늘'이라는 의미를 가진 말을 한국어에서는 '오늘[오늘]', 영어에서는 'today(투데이)'라고 한다.

| 보기 2 |

㉠ 규칙성
㉡ 역사성
㉢ 창조성
㉣ 사회성

① (가) – ㉡
② (나) – ㉣
③ (다) – ㉢
④ (라) – ㉠

02

'수사 의문문'은 굳이 대답을 요구하지 않고 서술이나 명령, 감탄 등의 효과를 내는 의문문이다. 의문사가 포함되어 일정한 설명을 요구하는 의문문은 '설명 의문문'이고, 의문사 없이 단순히 긍정이나 부정의 대답을 요구하는 의문문은 '판정 의문문'이다.
① 의문사 '무엇'을 사용하여 고장의 특산물에 대한 설명을 요구하는 '설명 의문문'이다.

정답 ①

02 다음 〈보기〉의 밑줄 친 내용과 관련이 가장 적은 문장은? 2015 소방직

| 보기 |

의문문에는 긍정이나 부정의 대답을 요구하는 판정 의문문, 물음말이 포함되며 듣는 이에게 설명하는 대답을 요구하는 설명 의문문, 대답을 요구하는 것이 아니면서 서술이나 명령의 효과를 나타내는 수사 의문문이 있다.

① 이 고장 특산물이 무엇인가요?
② 내가 널 못 당할쏘냐?
③ 이 사무실 공기가 좀 탁하지 않니?
④ 이 땅에 태어나서 내가 할 일이 없을쏘냐?

CHAPTER 02 음운

음성	음운▼
인간의 발음기관으로 발생되어 실제 말에 쓰이는 소리	사람들이 같은 음이라고 생각하는 추상적 소리

핵심 쏙 이론 | 음절▼의 구성

구성	예시
모음	야, 이
자음+모음	도, 시
모음+자음	옥, 음
자음+모음+자음	산, 들

01 음운의 체계

분절 음운	비분절 음운
마디를 나눌 수 있는 것으로 자음과 모음에 해당	초분절음 또는 운소라고 하며 소리의 길이, 높이, 세기 등에 해당

▼ 음운
말의 뜻을 구별해 주는 소리의 최소 단위

▼ 음절
발음할 때 한 번에 낼 수 있는 발음의 최소 단위

☑ 확인문제
설명이 옳지 않은 것은?

2017 국가직 9급

① 'ㄴ, ㅁ, ㅇ'은 유음이다.
② 'ㅅ, ㅆ, ㅎ'은 마찰음이다.
③ 'ㅡ, ㅓ, ㅏ'는 후설 모음이다.
④ 'ㅟ, ㅚ, ㅗ, ㅜ'는 원순 모음이다.

정답해설
'ㄴ, ㅁ, ㅇ'은 입안의 통로를 막고 코로 공기를 내보내면서 내는 소리인 '비음'이다. 혀끝을 윗잇몸에 댄 채 공기를 양옆으로 흘려 내보내면서 내는 소리인 '유음'에 해당하는 자음은 'ㄹ'이다.

정답 ①

☑ **확인문제**

다음 〈보기〉의 설명에 해당하는 모음
을 포함하고 있는 단어는?

2017 소방직 하반기

─ 보기 ─
혀의 위치가 앞쪽이며, 입술의
모양을 둥글게 오므리며 발음하는
단모음

① 과학
② 귀족
③ 돼지
④ 장수풍뎅이

정답해설

단모음 체계에서 '전설모음'이면서도
'원순모음'인 모음을 묻고 있는 문제이
다. 〈보기〉의 설명에 부합되는 모음은
'ㅟ'와 'ㅚ'이다. 따라서 'ㅟ' 모음을 포
함하고 있는 '귀족'이 정답이다.

정답 ②

1. 모음(21개)

공기의 흐름이 장애를 받지 않고 순조롭게 나오는 소리

(1) 단모음(10개) : 발음할 때, 입술이나 혀가 고정된 채 발음되는 모음

혀의 최고점의 위치 입술모양 혀의 높낮이	앞(전설 모음)		뒤(후설 모음)	
	평순모음	원순모음	평순모음	원순모음
높음(고모음)	ㅣ	ㅟ	―	ㅜ
중간(중모음)	ㅔ	ㅚ	ㅓ	ㅗ
낮음(저모음)	ㅐ		ㅏ	

① 입술 모양에 따른 분류

㉠ 평순모음 : 납작한 입술 모양으로 소리를 내는 모음

㉡ 원순모음 : 둥근 입술 모양으로 소리를 내는 모음

② 혀의 높낮이에 따른 분류

㉠ 고모음 : 입이 조금 열려 혀의 높이가 높은 모음

㉡ 중모음 : 입이 조금 더 열려 혀의 높이가 중간인 모음

㉢ 저모음 : 입이 더 크게 열려 혀의 높이가 낮은 모음

③ 혀의 최고점의 위치에 따른 분류

㉠ 전설모음 : 발음할 때 혀의 최고점이 앞쪽에 있는 모음

㉡ 후설모음 : 발음할 때 혀의 최고점이 뒤쪽에 있는 모음

(2) 이중 모음(11개) : 발음할 때, 입술이나 혀가 움직이면서 발음되는 모음

> ㅑ, ㅕ, ㅛ, ㅠ, ㅒ, ㅖ, ㅘ, ㅙ, ㅝ, ㅞ, ㅢ

핵심 쏙 이론 | 모음 사각도

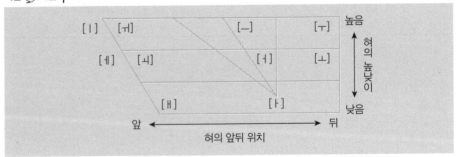

2. 자음(19개)

공기의 흐름이 완전히 막히거나 거의 막혀서 나는 소리

소리의 성질		소리 나는 위치	입술소리	잇몸소리	센입천장 소리	여린입천장 소리	목청소리
안울림 소리	파열음	예사소리	ㅂ	ㄷ		ㄱ	
		된소리	ㅃ	ㄸ		ㄲ	
		거센소리	ㅍ	ㅌ		ㅋ	
	파찰음	예사소리			ㅈ		
		된소리			ㅉ		
		거센소리			ㅊ		
	마찰음	예사소리		ㅅ			ㅎ
		된소리		ㅆ			
울림 소리	콧소리(비음)		ㅁ	ㄴ		ㅇ	
	흐름소리(유음)			ㄹ			

(1) 소리 나는 위치에 따른 분류

① 입술소리(순음) : 두 입술에서 소리 나는 자음

② 잇몸소리(치조음) : 윗잇몸과 혀끝에서 소리 나는 자음

③ 센입천장소리(경구개음) : 센입천장과 혓바닥에서 소리 나는 자음

④ 여린입천장소리(연구개음) : 여린입천장과 혓바닥에서 소리 나는 자음

⑤ 목청소리(후음) : 목청 사이에서 소리 나는 자음

(2) 목청이 울리는지 여부에 따른 분류

① 울림소리 : 목청이 울리면서 소리 나는 자음

② 안울림소리 : 목청이 울리지 않으면서 소리 나는 자음

　㉠ 예사소리 : 평범한 느낌으로 소리 나는 자음

　㉡ 된소리 : 강한 느낌으로 소리 나는 자음

　㉢ 거센소리 : 거친 느낌으로 소리 나는 자음

1. 음운의 교체

어떤 음운이 다른 음운으로 바뀌는 현상

(1) 음절의 끝소리 규칙 : 우리말에서 'ㄱ, ㄴ, ㄷ, ㄹ, ㅁ, ㅂ, ㅇ'의 7자음만이 음절의 끝소리로 발음되는 현상

음운	대표음	예시
ㄱ, ㄲ, ㅋ	[ㄱ]	박, 밖 → [박] / 부엌 → [부억]
ㄴ	[ㄴ]	간 → [간]
ㄷ, ㅌ, ㅅ, ㅆ, ㅈ, ㅊ, ㅎ	[ㄷ]	숟가락 → [숟까락] / 밭 → [받] / 낫 → [낟] / 났다, 낮다 → [낟따] / 낯설다 → [낟썰다] / 히읗 → [히읃]
ㄹ	[ㄹ]	열 → [열]
ㅁ	[ㅁ]	몸 → [몸]
ㅂ, ㅍ	[ㅂ]	압정 → [압쩡] / 앞 → [압]
ㅇ	[ㅇ]	용 → [용]

(2) 자음동화 : 자음과 자음이 만나면, 서로 영향을 주고받아 한쪽이나 양쪽 모두 비슷한 소리로 바뀌는 현상

① 비음화 : 비음이 아닌 음이 비음과 만나 비음으로 바뀌는 현상

받침 자음 (앞소리)	인접 자음 (뒷소리)	받침 자음 (뒷소리)	인접 자음 (뒷소리)
[ㄱ, ㄷ, ㅂ] +	[ㄴ, ㅁ] →	[ㅇ, ㄴ, ㅁ] +	[ㄴ, ㅁ]
[ㄱ, ㄷ, ㅂ]	[ㄹ]	[ㅇ, ㄴ, ㅁ]	[ㄴ]
[ㅁ, ㅇ]	[ㄹ]	[ㅁ, ㅇ]	[ㄴ]

예시	국물 → [궁물] / 사흗날 → [사흔날] / 밥물 → [밤물] / 부엌문 → (부엌문) → [부엉문]
	백로 → [뱅노] / 섭리 → [섬니]
	심리 → [심니] / 종로 → [종노]

② 유음화 : 'ㄴ'이 'ㄹ'을 만나 'ㄹ'의 영향으로 'ㄹ'로 바뀌는 현상

받침 자음 (앞소리)		인접 자음 (뒷소리)		받침 자음 (뒷소리)		인접 자음 (뒷소리)
[ㄹ]	+	[ㄴ]	→	[ㄹ]	+	[ㄹ]
[ㄴ]		[ㄹ]		[ㄹ]		[ㄹ]

예시	칼날 → [칼랄] / 난로 → [날로]
	끓는 → (끌는) → [끌른]

핵심 쏙 이론 | 자음동화의 종류

종류		변화 양상	예시
방향에 따라	순행 동화	뒷소리가 앞소리를 닮아 변화	강릉 → [강능]
	역행 동화	앞소리가 뒷소리를 닮아 변화	학문 → [항문]
	상호 동화	앞뒤 소리가 모두 변화	독립 → [동닙]
정도에 따라	완전 동화	두 자음이 서로 같은 음운으로 변화	선릉 → [설릉]
	불완전 동화	두 자음이 서로 비슷한 음운으로 변화	급류 → [금뉴]

(3) 구개음화 : 잇몸소리인 'ㄷ, ㅌ'이 전설모음이면서 고모음인 [l]나 [j]로 시작하는 형식형태소 앞에서 구개음인 'ㅈ, ㅊ'으로 바뀌는 현상

예시	ㄷ + l → 지	굳이 → [구지]
	ㅌ + l → 치	같이 → [가치] / 굳히다 → (구티다) → [구치다] / 닫혀 → (다텨) → [다쳐]

핵심 통 비결 | 구개음화와 관련된 주요 예시

① '빛이[비치]'와 같은 예는 선행 음절 종성의 'ㅊ'이 연음되어 [ㅊ]으로 발음이 나는 것이므로 구개음화가 아니다.

② '밭이랑[반니랑]'의 경우 '이랑'이 '실질형태소'이기 때문에 구개음화가 일어나지 않는다. '밭이랑'은 'ㄴ 첨가'가 일어나며, 그에 따라 [ㄷ]과 [ㄴ] 사이에 자음동화가 일어나 [반니랑]으로 발음된다.

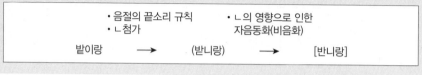

(4) 된소리되기(경음화) : 된소리가 아닌 소리가 앞소리의 영향으로 된소리로 바뀌는 현상

받침 자음(앞소리)		인접 자음(뒷소리)		인접 자음(뒷소리)
'ㄴ, ㄹ, ㅇ, ㅁ, ㅎ'을 제외한 모든 자음	+	ㄱ	→	[ㄲ]
		ㄷ		[ㄸ]
		ㅂ		[ㅃ]
		ㅅ		[ㅆ]
		ㅈ		[ㅉ]

예시	ㅍ+ㄱ → [ㄲ]	앞길 → [압낄]
	ㄱ+ㄷ → [ㄸ]	샀돈 → [삭똔]
	ㄱ+ㅂ → [ㅃ]	국밥 → [국빱]
	ㅊ+ㅅ → [ㅆ]	낯설다 → [낟썰다]
	ㅈ+ㅈ → [ㅉ]	낮잠 → [낟짬]

핵심 속 이론 │ 된소리의 표기

- 한 단어 안에서 뚜렷한 까닭 없이 나는 된소리는 다음 음절의 첫소리를 된소리로 적는다.
  - 두 모음 사이에서 나는 된소리
    - 예 소쩍새, 어깨, 깨끗하다
  - 울림소리 'ㄴ, ㄹ, ㅁ, ㅇ' 받침 뒤에서 나는 된소리
    - 예 산뜻하다, 잔뜩, 담뿍
- 단, 'ㄱ, ㅂ' 받침 뒤에서 나는 된소리는, 같은 음절이나 비슷한 음절이 겹쳐 나는 경우가 아니면 된소리로 적지 않는다.
  - 예 깍두기, 싹둑, 법석

☑ 확인문제

'음운의 축약'으로 볼 수 없는 것은?

2018 소방직 하반기

① 되+어 → 돼
② 두+었다 → 뒀다
③ 가+아서 → 가서
④ 쓰+이어 → 씌어

정답해설

음운 탈락 : 동음 탈락(생략). 어간 모음 'ㅏ'와 어미 모음 'ㅏ'가 동일할 때 어미를 탈락한다.

정답 ③

2. 음운의 축약

두 음운이 합쳐져서 하나의 음운으로 줄어 소리 나는 현상

(1) 자음 축약 : 예사소리에 'ㅎ'이 합쳐져서 거센소리로 발음되는 현상

ㄱ		[ㅋ]
ㄷ		[ㅌ]
ㅂ	+ ㅎ →	[ㅍ]
ㅈ		[ㅊ]

예시	ㄱ+ㅎ → [ㅋ]	국화 → [구콰] / 축하 → [추카]
	ㅎ+ㄷ → [ㅌ]	놓다 → [노타] / 맏형 → [마텽]
	ㅂ+ㅎ → [ㅍ]	잡히다 → [자피다]
	ㅈ+ㅎ → [ㅊ]	젖히다 → [저치다]

(2) 모음 축약 : 두 개의 모음이 합쳐져서 하나의 모음으로 소리 나는 현상

ㅏ, ㅓ, ㅗ, ㅜ		ㅣ		ㅐ, ㅔ, ㅚ, ㅟ
ㅗ		ㅏ		ㅘ
ㅚ	+	ㅓ	→	ㅙ
ㅜ		ㅓ		ㅝ
ㅡ		ㅣ		ㅢ
ㅣ		ㅓ, ㅐ		ㅕ, ㅒ

예시	사이 → 새 / 터+-이다 → 테다 / 쏘-+-이-+-다 → 씌다 / 오누이 → 오뉘
	오-+-아서 → 와서
	되-+-어 → 돼
	두-+-었-+-다 → 뒀다
	뜨-+-이-+-다 → 띄다
	가리-+-어 → 가려 / 이+애 → 얘

☑ 확인문제

표준 발음에서 축약 현상이 나타나는
것은?   2016 사회복지직 9급
① 놓치다
② 헛웃음
③ 똑같이
④ 닫히다

정답해설

'닫히다'는 [다치다]로 구개음화가 이
루어지며, '닫'의 받침 'ㄷ'과 '-히-'의
초성 'ㅎ'이 'ㅊ'으로 축약되는 현상이
나타나고 있다.

정답 ④

3. 음운의 탈락

두 음운이 만나면서 한 음운이 사라져 소리 나지 않는 현상

(1) 자음 탈락 : 음절의 끝 자음이 그 뒤에 오는 자음이나 모음의 영향으로 탈락되는 현상

종류		예시
동음 탈락	이어진 같은 소리가 탈락	목과 → 모과 / 간난 → 가난
'ㄹ' 탈락	합성어나 파생어의 앞말의 끝소리 'ㄹ'이 'ㄴ, ㄷ, ㅅ, ㅈ' 앞에서 탈락	솔+나무 → 소나무 / 열(다)+닫다 → 여닫다 / 말+소 → 마소 / 바늘+질 → 바느질
	'ㄹ' 규칙 용언에서 어간의 끝소리 'ㄹ'이 'ㄴ, ㅂ, ㅅ, 오' 앞에서 탈락	갈다 → 간, 갑니다, 가시다, 가오 / 둥글다 → 둥근, 둥급니다, 둥그시다, 둥그오
'ㅅ' 탈락	준말에서 본래 형태소의 'ㅅ' 탈락	그것이 → 그게
'ㅇ' 탈락	'ㅑ, ㅕ, ㅛ' 앞에서 'ㅇ' 탈락	종용 → 조용
'ㅎ' 탈락	모음이나 'ㄴ' 앞에서 'ㅎ' 탈락	좋은 → [조은]

(2) 모음 탈락 : 두 모음이 이어서 소리가 날 때 하나의 모음이 탈락되는 현상

종류		예시
동음 탈락	이어진 같은 소리가 탈락	가-+-아서 → 가서
'ㅡ' 탈락	어미 '어' 앞에서 어간의 'ㅡ' 탈락	들르-+-어 → 들러
'ㅓ' 탈락	어미 '어' 탈락	깨-+-어 → 깨
'ㅏ' 탈락	'하다'의 어간 '하'에서 'ㅏ' 탈락	깨끗하지 → 깨끗지
'ㅣ' 탈락	'이다'의 어간 '이' 탈락	나무이다 → 나무다

CHAPTER 02 음운 **17**

다음 〈보기〉에서 나타나는 음운 변동을 바르게 나열한 것은?

2018 소방직 상반기

┌ 보기 ┐
[핥는] – [할는] – [할른]

① 교체 – 비음화
② 교체 – 유음화
③ 탈락 – 비음화
④ 탈락 – 유음화

정답해설

[핥는] → [할는] : 자음군 단순화 현상(탈락). 자음 앞에서 겹받침 'ㄸ'은 'ㅌ'이 탈락하고 앞 자음 'ㄹ'이 대표음이 된다. [할는] → [할른] : 유음화 현상(교체 = 대치). 뒤 자음 'ㄴ'이 앞의 유음 'ㄹ'의 영향을 받아 유음 'ㄹ'로 변하는 자음동화 현상이다.

정답 ④

• 규칙적인 겹받침의 발음

첫 번째 자음이 발음되는 경우			두 번째 자음이 발음되는 경우		
음운	대표음	예시	음운	대표음	예시
ㄳ	[ㄱ]	넋 → [넉]	ㄻ	[ㅁ]	삶 → [삼]
ㄵ, ㄶ	[ㄴ]	앉다, 않다 → [안따, 안타]	ㄿ	[ㅂ]	읊다 → [읍따]
ㄽ, ㄾ, ㅀ	[ㄹ]	외곬 → [외골] / 핥다 → [할따] / 닳다 → [달타]			–
ㅄ	[ㅂ]	값 → [갑]			

• 불규칙한 겹받침의 발음

ㄺ	• 원칙적으로는 [ㄱ]으로 발음한다. 예 맑다 → [막따] / 읽다 → [익찌] • 'ㄺ' 뒤에 'ㄱ'이 오면 [ㄹ]로 발음한다. 예 맑고 → [말꼬] / 읽게 → [일께]
ㄼ	• 원칙적으로는 [ㄹ]로 발음한다. 예 여덟 → [여덜] / 넓다 → [널따] • '밟' 어간 뒤에 자음이 오면 [ㅂ]으로 발음한다. 예 밟다 → [밥따] / 밟고 → [밥꼬] • '넓'은 넓죽하다[넙쭈카다], 넓적하다[넙쩌카다], 넓둥글다[넙뚱글다]의 예에서만 [넙]으로 발음한다.

4. 음운의 첨가

그 말의 원꼴과는 관계없는 음이 첨가되어 그 소리가 바뀌는 현상

(1) ㄴ첨가 : 합성어 및 파생어(두 단어가 이어서 발음되는 경우도 포함)에서 앞말이 자음으로 끝나고, 뒷말이 [ㅣ]나 [j]로 시작할 때 'ㄴ'이 첨가되는 현상

앞 단어, 접두사의 끝음절		뒤 단어, 접미사의 첫음절		뒤 단어, 접미사의 첫음절
자음	+	이	→	[니]
		야		[냐]
		여		[녀]
		요		[뇨]
		유		[뉴]

예시	솜이불 → [솜니불] / 한 일 → [한닐]
	내복약 → [내봉냑] / 한여름 → [한녀름]
	늑막염 → [능망념] / 콩엿 → [콩녇]
	눈요기 → [눈뇨기] / 식용유 → [시굥뉴]
	국민윤리 → [궁민뉼리] / 밤윷 → [밤뉻]

(2) 사잇소리 현상 : 두 개의 형태소 또는 단어가 어울려 합성 명사를 이룰 때, 뒤의 예사소리가 된소리로 변하거나, 'ㄴ' 또는 'ㄴㄴ' 소리가 첨가되는 현상

① 'ㄱ, ㄷ, ㅂ, ㅅ, ㅈ'으로 시작하는 단어 앞에 사이시옷이 올 때는 이들 자음만을 된소리로 발음하는 것을 원칙으로 하되, 사이시옷을 [ㄷ]으로 발음하는 것도 허용한다.

   예 냇가[내까, 낻까], 대팻밥[대패빱, 대괟빱], 햇살[해쌀, 핻쌀]

② 사이시옷 뒤에 'ㄴ, ㅁ'이 결합되는 경우에는 [ㄴ]으로 발음한다.

   예 콧날 → (콛날) → [콘날] / 아랫니 → (아랟니) → [아랜니]

③ 사이시옷 뒤에 '이' 음이 결합되는 경우에는 [ㄴㄴ]으로 발음한다.

   예 베갯잇 → (베갣닏) → [베갠닏] / 나뭇잎 → (나묻닙) → [나문닙]

핵심 쏙 이론 | 사이시옷을 적지 않는 경우

- 합성어가 아닌 경우
  예 해님, 나라님
- 한자어끼리 이루어진 합성어인 경우(단, 사잇소리 현상에 의한 된소리 발음은 인정함)
  예 초점(焦點), 대가(代價), 개수(個數), 고가(庫價), 대구(對句)
- 외래어를 포함하고 있는 합성어인 경우
  예 피자집, 핑크빛
- 앞말이 받침이 있는 울림소리일 경우(사잇소리 현상에 의한 발음은 인정함)
  예 길가, 밤비, 밤배, 산길
- 도로명인 경우
  예 은행나무길, 개나리길
- 앞말이 유정명사인 경우
  예 고래기름, 쥐구멍, 개밥, 호랑이굴

01

부엌일 → [부억일](음절 끝소리 규칙, 교체) → [부억닐]('ㄴ' 첨가, 첨가) → [부엉닐](비음화, 교체)

- '부엌'은 음절의 끝소리 규칙에 따라 [부억]으로 발음된다.
- '부엌일'은 '부엌'과 '일'의 합성어로 표준 발음법 제29항에 따라 'ㄴ' 음을 첨가하여 [부억닐]로 발음한다.
- 파열음 'ㄱ'이 비음 'ㄴ'을 만나 비음 'ㅇ'으로 발음되는 비음화에 의해 [부엉닐]로 발음된다. 따라서 '부엌일'의 음운 변동 유형은 ⊙ '교체'와 ⓒ '첨가'이다.

정답 ①

02

'깎는'은 먼저 음절의 끝소리 규칙(교체)에 의해 [깍는]으로 바뀌고, 다시 비음화(교체) 현상에 의해 받침 'ㄱ'과 '는'의 초성 'ㄴ'이 만나 [깡는]으로 발음된다.

정답 ①

03

합성어, 파생어에서 뒤에 오는 음절이 'ㅣ' 모음 또는 'ㅣ' 선행모음일 때는 'ㄴ'이 첨가되는 첨가 현상이다.

- 한+여름 → [한녀름]

정답 ④

---

01 국어의 주요한 음운 변동을 다음과 같이 유형화할 때, '부엌일'에 일어나는 음운 변동 유형으로 옳은 것은?

2019 국가직 9급

	변동 전		변동 후
⊙	XaY	→	XbY(교체)
ⓒ	XY	→	XaY(첨가)
ⓒ	XabY	→	XcY(축약)
ⓔ	XaY	→	XY(탈락)

① ⊙, ⓒ   ② ⊙, ⓔ

③ ⓒ, ⓒ   ④ ⓒ, ⓔ

---

02 '깎다'의 활용형에 적용된 음운 변동에 대한 설명으로 옳은 것은?

2018 국가직 9급

- 교체 : 한 음운이 다른 음운으로 바뀌는 현상
- 탈락 : 한 음운이 없어지는 현상
- 첨가 : 없던 음운이 생기는 현상
- 축약 : 두 음운이 합쳐져서 또 다른 음운 하나로 바뀌는 현상
- 도치 : 두 음운의 위치가 서로 바뀌는 현상

① '깎는'은 교체 현상에 의해 '깡는'으로 발음된다.

② '깎아'는 탈락 현상에 의해 '까까'로 발음된다.

③ '깎고'는 도치 현상에 의해 '깍꼬'로 발음된다.

④ '깎지'는 축약 현상과 첨가 현상에 의해 '깍찌'로 발음된다.

---

03 음운 현상은 변동의 양상에 따라 크게 다섯 가지로 구분된다. 다음 중 음운 현상의 유형이 나머지 셋과 가장 다른 하나는?

2017 서울시 9급

- ⊙ 대치 – 한 음소가 다른 음소로 바뀌는 음운 현상
- ⓒ 탈락 – 한 음소가 없어지는 음운 현상
- ⓒ 첨가 – 없던 음소가 새로 끼어드는 음운 현상
- ⓔ 축약 – 두 음소가 합쳐져 다른 음소로 바뀌는 음운 현상
- ⓜ 도치 – 두 음소가 서로 자리를 바꾸는 음운 현상

① 국+만 → [궁만]   ② 물+난리 → [물랄리]

③ 입+고 → [입꼬]   ④ 한+여름 → [한녀름]

CHAPTER 03 단어

01 품사▾

▾ 품사
쓰임이나 성질에 따라 단어를 체계적으로 분류한 것

1. 품사의 분류 기준

형태	역할	의미
불변어	체언	명사
		대명사
		수사
	수식언	관형사
		부사
	독립언	감탄사
	관계언	조사 (서술격 조사)
가변어	용언	동사
		형용사

2. 품사의 분류

(1) 형태 변화 여부

① 불변어 : 형태가 고정되어 있어 변하지 않는 단어

② 가변어 : 형태가 변하는 단어

핵심⑩이론 | 어간과 어미

• 어간 : 활용할 때 변하지 않는 부분

  예 믿다, 믿자, 믿었다, 믿으시다, 믿고, 믿어서, 믿으니

• 어미 : 활용할 때 변하는 부분으로, 어간에 결합하여 다른 말과의 관계를 나타내는 것

  예 믿다, 믿자, 믿었다, 믿으시다, 믿고, 믿어서, 믿으니

밑줄 친 단어의 품사를 같은 것끼리 묶은 것은?

2019 국가직

- 쌍둥이도 서로 성격이 ⊙ <u>다른</u> 법이다.
- 날씨가 건조하면 나무가 잘 ⓒ <u>크지</u> 못한다.
- 남부 지방에 홍수가 ⓒ <u>나서</u> 많은 수재민이 생겼다.
- 그 사람이 농담은 하지만 ⓔ <u>허튼</u> 말은 하지 않는다.
- 상대에게 자유를 주는 것이 진정한 사랑이 ⓜ <u>아닐까</u>?

① ⊙, ⓒ
② ⓒ, ⓒ
③ ⓒ, ⓔ
④ ⓔ, ⓜ

정답해설

ⓒ 날씨가 건조하면 나무가 잘 크지(동사) 못한다.
→ 밑줄 친 '크지'는 동사로, '동식물이 몸의 길이가 자라다.'라는 의미로 쓰였다.

ⓒ 남부 지방에 홍수가 나서(동사) 많은 수재민이 생겼다.
→ 밑줄 친 '나서'는 동사로, '홍수, 장마 따위의 자연재해가 일어나다.'라는 의미로 쓰였다.

정답 ②

종류		개념	예시
어말 어미	대등적 연결 어미	두 문장을 대등하게 이어주는 연결 어미(-고, -나, -지만, -든지)	선주는 재호를 믿고, 재호는 선주를 사랑한다.
	종속적 연결 어미	두 문장을 주종 관계로 이어주는 연결 어미[-니, -아(어)서, -면, -려고, -는(ㄴ)데, -지라도]	난희는 유미를 믿어서 유미에게 통장까지 맡겼다.
	보조적 연결 어미	본용언과 보조용언을 이어주는 연결 어미(-아/-어, -게, -지, -고)	영미는 그 뻔한 거짓말을 쉽게 믿어 버렸다.
선어말 어미	시제 선어말 어미	시간 표현을 나타내는 선어말 어미(-았-/-었-, -더-, -는-/-ㄴ-, -겠-)	믿었다, 믿는다, 믿겠다.
	높임 선어말 어미	높임 표현을 나타내는 선어말 어미[-(으)시-, -옵-]	어머니는 하나님을 믿으신다.
전성 어미	명사형 전성 어미	한 문장을 명사처럼 만들어 체언이 하는 역할을 하게 하는 어미(-음/-기)	미수는 대희가 돌아오기를 바란다.
	관형사형 전성 어미	한 문장을 다른 문장 안에서 관형어 역할을 하게 하는 어미[-은, -는, -던, -을(ㄹ)]	우진이가 그린 그림은 전시관 중앙에 걸려 있다.
	부사형 전성 어미	한 문장을 다른 문장 안에서 부사 역할을 하게 하는 어미[-게, -이, -도록, -아(어)서]	미선이는 얼굴이 빨개지도록 풍선을 불었다.

핵심쏙이론 | 활용

용언의 문법적 관계를 나타내기 위해 끝이 여러 가지로 바뀌는 현상

• 규칙 활용 : 어간과 어미가 결합하는 과정에서 둘 다 형태 변화가 없거나, 형태 변화가 있더라도 보편적인 음운 규칙으로 설명할 수 있는 활용

종류	개념	예시
'ㄹ' 탈락 용언	어간의 끝소리 'ㄹ'이 ㄴ, ㅂ, ㅅ, 오 앞에서 탈락	살다 → 사니, 삽니다, 사시오
'으' 탈락 용언	모음 앞에서 어간의 '_'가 탈락	치르-+-어 → 치러
명령형 어미 '-거라/-너라'	일부 용언에서 명령형 어미 '-아라/어라' 대신 '-거라/-너라'가 붙는 경우	가거라, 오너라

• 불규칙 활용 : 어간과 어미가 결합하는 과정에서 어간이나 어미의 기본 형태가 달라지면서 보편적인 음운 규칙으로 설명할 수 없는 활용

– 어간만 바뀌는 경우

종류	개념	예시	규칙 활용의 예
'ㅅ' 불규칙	'ㅅ'이 모음 어미 앞에서 탈락	낫-+-아 → 나아	벗어, 씻어
'ㄷ' 불규칙	'ㄷ'이 모음 어미 앞에서 'ㄹ'로 변화	묻(問)-+-어 → 물어	묻어(埋), 얻어
'ㅂ' 불규칙	'ㅂ'이 모음 어미 앞에서 '오/우'로 변화	눕-+-어 → 누워	잡아, 뽑아
'르' 불규칙	'르'가 모음 어미 앞에서 'ㄹㄹ' 형태로 변화	빠르-+-아 → 빨라	따라, 치러
'우' 불규칙	'우'가 모음 어미 앞에서 탈락	푸-+-어 → 퍼	주어, 누어

– 어미만 바뀌는 경우

종류	개념	예시	규칙 활용의 예
'여' 불규칙	'하–' 뒤에 오는 어미 '–아/–어'가 '–여'로 변화	공부하–+–어 → 공부하여	사('사다'의 활용형), 파('파다'의 활용형)
'러' 불규칙	어간이 '르'로 끝나는 일부 용언에서, 어미 '–어'가 '러'로 변화	푸르–+–어 → 푸르러	
'오' 불규칙	'달–/다–'의 명령형 어미가 '오'로 변화	다–+–오 → 다오	주어라

– 어간과 어미 모두 바뀌는 경우

종류	개념	예시	규칙 활용의 예
'ㅎ' 불규칙	'ㅎ'으로 끝나는 어간에 '–아/–어'가 오면 어간의 일부인 'ㅎ'이 없어지고 어미도 변화	파랑–+–아 → 파래	놓아, 좋아

(2) 문장에서 하는 역할

① 체언 : 조사와 결합하여 주어, 목적어, 보어 등의 역할을 한다.

② 용언 : 활용을 하며 문장에서 주체의 행동이나 상태를 설명한다.

핵심 (쏙) 이론 | 본용언과 보조용언

- 본용언 : 문장의 주체를 주되게 서술하면서 보조용언의 도움을 받는 용언
- 보조용언 : 본용언과 연결되어 그것의 뜻을 보충하는 역할을 하는 용언

보조동사	–게 하다(사동), 오다(진행), 내다(종결), 주다(봉사), 않다(부정)
보조형용사	–싶다(희망), –있다(상태), –보다(추측), –않다(부정)

③ 수식언 : 문장에서 다른 단어를 꾸며 주는 역할을 한다.

④ 관계언 : 주로 체언과 결합하여 다른 말과의 문법적인 관계를 나타낸다.

⑤ 독립언 : 문장에서 독립적으로 쓰이며 문장 어느 곳에나 놓일 수 있다.

(3) 공통된 의미

① 명사 : 구체적이거나 추상적인 대상의 이름을 나타내는 단어

분류 기준	분류	뜻	예시
쓰이는 범위	고유 명사	특정한 대상의 이름을 나타내는 단어	대한민국, 이순신, 관악산
	보통 명사	같은 범주에 속하는 모든 대상의 이름을 나타내는 단어	학생, 나무, 나라, 강
실재 여부	구체 명사	구체적으로 잡을 수 있는 모양을 가진 명사	연필, 모자, 김치, 엽서
	추상 명사	눈에 보이지 않고 셀 수 없는 대상의 이름을 나타내는 단어	사랑, 우정, 믿음, 꿈

☑ 확인문제

'본용언+보조용언' 구성이 아닌 것은? 2018 서울시 9급

① 영수는 쓰레기를 주워서 버렸다.

② 모르는 사람이 나를 아는 척한다.

③ 요리 맛이 어떤지 일단 먹어는 본다.

④ 우리는 공부를 할수록 더 많은 것을 알아 간다.

정답해설

'주워서 버렸다'는 두 의미가 뚜렷하며 단독으로 문장의 서술어가 될 수 있으므로 '본용언+본용언' 구성이다.

정답 ①

☑ 확인문제

밑줄 친 부분 중 보조 용언이 결합되지 않은 것은? 2015 국가직 9급

① 창문 너머로 날이 밝아 온다.

② 동생이 내 과자를 먹어 버렸다.

③ 우체국에 들러 선배의 편지를 부쳐 주었다.

④ 그는 환갑이 지났지만 40대처럼 젊어 보인다.

정답해설

'젊어 보인다'는 '본동사+본동사' 구조이다. '보이다'는 '대상을 평가하다.'의 의미인 '보다'의 피동 형태이다.

정답 ④

명사의 개수가 가장 많은 것은?

① 타율에 관한 한 독보적인 기록도 깨졌다.
② 상자에 이런 것이 깔끔하게 정돈되어 있었다.
③ 친구 외에는 다른 사람에게 항상 못되게 군다.
④ 저 모퉁이에서 얼굴이 하얀 이가 걸어오고 있다.

정답해설

명사는 '타율(打率), 한(限), 독보적(獨步的), 기록(記錄)'으로 4개이다. '한'은 관형어 '관한' 뒤에 나오고 '독보적'은 서술격 조사의 활용형인 '인'이 결합된 것으로 보아 체언임을 파악할 수 있다.

• 타율(打率) : 야구에서, 안타 수를 타격 수로 나눈 백분율 ≒ 타격률(打擊)
• 독보적(獨步的) : 남이 감히 따를 수 없을 정도로 뛰어남. 또는 그런 것
• 한(限) : (주로 '-는 한' 구성으로 쓰여) 조건의 뜻을 나타내는 말
• 기록(記錄) : 운동 경기 따위에서 세운 성적이나 결과를 수치로 나타냄

정답 ①

☑ **확인문제**

다음 중 밑줄 친 부분의 품사가 다른 하나는?　　　　2016 서울시 9급

① 그 가방에 소설책 한 권이 들어 있었다.
② 넓은 들판에는 농부가 한둘 눈에 띌 뿐 한적했다.
③ 두 사람은 서로 다투다가 화해했다.
④ 보따리에서 석류가 두세 개 굴러 나왔다.

정답해설

'하나나 둘쯤 되는 수'를 뜻하는 '한둘'은 뒤에 주격 조사가 붙을 수 있는 주어이므로 수사이다.

• 한둘(수사) : 하나나 둘쯤 되는 수
  예 넓은 들판에는 농부가 한둘 눈에 띌 뿐 한적했다.
• 한둘(명사) : 1. (주로 '한둘이' 꼴로 쓰여 뒤에 오는 부정어와 호응하여) '조금'의 뜻을 나타내는 말. 2. 어떤 일이나 현상이 적은 수부터 서서히 시작됨을 나타내는 말
  예 서남풍이 불 때면 저 굴뚝의 매연이 모두 이쪽으로 날아와 우리 마을만 하더라도 기관지를 앓는 사람이 한둘이 아니라네

정답 ②

	자립 명사	다른 말의 도움을 받지 않고 홀로 쓰이는 명사	꽃, 희망, 물, 종이
자립성 유무	의존 명사	다른 말에 기대어 쓰는 명사	-대로, -것, -수, -지

핵심 통비결 | 명사와 부사의 구별

뒤에 조사가 오면 명사, 용언이 오면 부사이다.

> 예 내일은 우리 가족에게 뜻 깊은 날이다 → 명사
> 할머니께서 내일 시골에서 올라오신다 → 부사

② **대명사** : 사람, 사물, 장소의 이름을 대신하여 쓰는 단어

인칭 대명사	1인칭	나, 저, 본인, 우리, 저희
	2인칭	너, 당신, 그대, 너희
	3인칭	그, 이이, 그이, 저이, 이분, 그분, 저분
	미지칭	누구
	부정칭	누구, 아무
	재귀칭	제, 스스로, 자기, 당신
지시 대명사	사물	이것, 그것, 저것
	장소	여기, 거기, 저기, 어디

핵심 통비결 | 대명사와 관형사의 구별

'이, 그, 저'가 체언을 꾸미면 관형사이고, 뒤에 조사가 붙으면 대명사이다.

> 예 이처럼 좋은 날은 다시 없을 것이다. → 대명사
> 이 자리는 이번에 은퇴하시는 선생님들을 위한 것입니다. → 관형사

③ **수사** : 사물의 수량이나 차례를 나타내는 단어

기수사	수량을 나타내는 수사 예 하나, 둘, 셋
서수사	순서, 차례를 나타내는 수사 예 첫째, 둘째, 셋째

차례를 나타내면 수사이고, 차례를 나타낸 말이 사람을 지칭하면 명사이다. 그리고 '하루, 이틀, 연·월·일·시간'은 명사이다.

> 예 기독교의 **첫째** 계명은 하나님을 사랑하는 것이고, **둘째** 계명은 이웃을 사랑하는 것이다. → 수사
> 그의 아들들은 모두 공무원인데 **첫째**는 시청에서, **둘째**는 법원에서 근무한다. → 명사
> <u>2003년 3월 7일 10시 5분</u> → 명사

핵심 톡 비결 | 수사와 수관형사의 구별

수사는 조사가 붙을 수 있지만, 수관형사는 조사가 붙지 않는다.

> 예 거기에는 사람 **하나가** 있다. → 수사
> 거기에는 사람 **한이**(×) 명이 있다. → 수관형사

④ **동사** : 사람이나 사물의 움직임을 나타내는 단어

자동사	동사가 나타내는 동작이나 작용이 주어에만 미치는 동사 예 가다, 놀다, 일어나다, 피다
타동사	동작의 대상인 목적어를 필요로 하는 동사 예 누르다, 먹다, 부르다, 잡다

⑤ **형용사** : 사람, 사물의 상태나 성질을 나타내는 단어

성상 형용사	성질이나 상태를 나타내는 형용사 예 달다, 아름답다, 젊다
지시 형용사	사물의 성질, 시간, 수량 따위가 어떠하다는 것을 형식적으로 나타내는 형용사 예 이러하다, 그러하다, 저러하다, 어떠하다

핵심 톡 비결 | 동사와 형용사의 구별

① 동사는 명령형과 청유형이 가능하지만, 형용사는 그렇지 않다.

> 예 가라(○) / 가자(○) : 동사
> 예뻐라(명령형 ×) / 예쁘자(청유형 ×) : 형용사

② 현재 관형사형 어미 '-는'과 현재 시제 선어말 어미 '-는/ㄴ'을 취할 수 있으면 동사이다.

> 예 먹는 : 동사
> 알맞는(×) / 알맞은 : 형용사

③ 진행형 '-고 있다'나 '-고 싶다'를 쓸 수 있으면 동사이다.

> 예 웃고 있다(○) / 웃고 싶다(○) → 동사
> 기쁘고 있다(×) / 기쁘고 싶다(×) → 형용사

☑ **확인문제**

밑줄 친 말의 기본형이 옳지 않은 것은?　　　　　　　2017 국가직 9급

① 무를 강판에 **가니** 즙이 나온다. (기본형 : 갈다)
② 오래되어 **불은** 국수는 맛이 없다. (기본형 : 불다)
③ 아이들에게 위험한 데서 놀지 말라고 **일렀다**. (기본형 : 이르다)
④ 퇴근하는 길에 포장마차에 **들렀다**가 친구를 만났다. (기본형 : 들르다)

정답해설

'불은'의 기본형은 '붇다'이다. '물에 젖어서 부피가 커지다. 분량이나 수효가 많아지다.'의 의미인 '붇다'는 어간의 끝소리 'ㄷ'이 모음 어미 앞에서 'ㄹ'로 바뀌는 'ㄷ' 불규칙 용언이다. '붇어-붇으니-붇는-붇기'와 같이 활용한다. '바람이 어느 방향으로 움직이다.'의 의미로 사용되는 '불다'는 'ㄹ' 탈락 용언으로 '불어-부니-부는-부오' 등으로 활용한다.

정답 ②

☑ **확인문제**

밑줄 친 부분의 품사가 다른 하나는?　　　　　　　2019 서울시 9급

① 옷 색깔이 아주 **밝구나**!
② 이 분야는 전망이 아주 **밝단다**.
③ 내일 날이 **밝는** 대로 떠나겠다.
④ 그는 예의가 **밝은** 사람이다.

정답해설

'밝는'은 '밤이 지나고 환해지며 새날이 오다.'라는 의미를 지닌 동사이다. 형용사 '밝다'와 달리 관형사형 어미 '-는'을 붙였다는 데서 이를 확인할 수 있다.

정답 ③

⑥ 관형사 : 체언을 꾸며 주는 구실을 하는 단어

성상 관형사	뒤에 오는 체언의 성질이나 상태를 나타내는 관형사 예 새, 헌, 옛
지시 관형사	어떤 대상을 가리키는 관형사 예 이, 그, 저
수 관형사	사물의 수나 양을 나타내는 관형사 예 한, 두, 세

⑦ 부사 : 주로 용언(관형사, 다른 부사, 문장 전체)를 꾸며 주는 구실을 하는 단어

	성상 부사	문장의 한 성분을 꾸며 주는 부사 예 너무, 바로, 잘
성분 부사	지시 부사	방향, 거리, 시간, 장소 등을 지시하는 부사 예 이리, 그리, 저리, 내일
	부정 부사	뒤에 오는 용언의 의미를 부정하는 부사 예 못, 안, 잘못
문장 부사		문장 전체를 꾸며 주는 부사 예 그러나, 설마, 정말

핵심⊕비결 | 관형사와 부사의 구별

관형사	부사
• 단독으로 쓰이지 못함 • 주로 꾸밈을 받는 말 바로 앞에 위치 • 조사와 결합 불가능	• 단독으로 쓰일 수 있음 • 비교적 위치가 자유로움 • 조사와 결합 가능

⑧ 조사 : 주로 체언 뒤에 붙어서 다른 말과의 문법적인 관계를 나타내거나 특별한 뜻을 더해 주는 단어

			앞에 오는 체언이 일정한 자격을 가지도록 해 주는 조사	
격조사	주격 조사		이/가, 에서, 께서	
	목적격 조사		을/를	
	보격 조사		이/가	
	서술격 조사		이다	
	관형격 조사		의	
	부사격 조사	처소	낙착점	에(무정명사)/에게(유정명사)
			출발점	에게, 에게서, 한테서, 로부터
			지향점	에, 에게
			소재지	에, 에서
			때	에
		도구		(으)로, (으)로써
		자격		(으)로, (으)로서
		비교		와/과, 만큼, 처럼, 보다
		함께		와/과, 하고
		원인		에, (으)로
		변화		(으)로
	호격 조사		이/야/이여	
보조사	앞에 오는 체언에 특별한 의미를 더해 주는 조사			
	은/는(대조·차이), 도(포함), 만/뿐(단독·한정), 부터(시작·먼저), 까지(마침·또한), 마저/조차(또한), 마다(균일), 밖에(더 없음), (이)든(선택), (이)나마(불만), 요(상대높임)			
접속조사	두 단어를 같은 자격으로 이어주는 조사			
	와/과, 하고, 랑			

⑨ 감탄사 : 감정을 넣어 말하는 이의 놀람, 느낌, 부름이나 대답을 나타내는 단어

감정 감탄사	상대방을 의식하지 않고 말하는 이의 감정을 나타내는 감탄사 예 아이고, 아차, 어머
의지 감탄사	상대방을 의식하며 말하는 이의 생각을 나타내는 감탄사 예 자, 여보세요, 응, 그래
무의미 감탄사	입버릇이나 더듬거리는 의미 없는 소리 예 뭐, 어디, 에

☑ 확인문제

밑줄 친 보조사의 의미를 설명한 것으로 옳지 않은 것은? 2016 국가직 9급

① 그렇게 천천히 가다가는 지각하겠다.
– 는 : 어떤 대상이 다른 것과 대조됨을 나타냄
② 웃지만 말고 다른 말을 좀 해 보아라.
– 만 : 다른 것으로부터 제한하여 어느 것을 한정함을 나타냄
③ 단추는 단추대로 모아 두어야 한다.
– 대로 : 따로따로 구별됨을 나타냄
④ 비가 오는데 바람조차 부는구나.
– 조차 : 이미 어떤 것이 포함되고 그 위에 더함을 나타냄

정답해설

밑줄 친 '는'은 (받침 없는 체언이나 부사어, 일부 연결 어미 뒤에 붙어) 강조의 뜻을 나타내는 보조사이다.

• 보조사 '는'이 어떤 대상이 다른 것과 대조됨을 나타내는 경우
예 사과는 먹어도 배는 먹지 마라 / 산에는 눈 내리고 들에는 비 내린다

정답 ①

1. 형태소▼의 종류

자립성 유무	자립 형태소	홀로 쓰일 수 있는 형태소(명사, 대명사, 수사, 관형사, 부사, 감탄사) 예 꽃, 그녀, 셋, 새, 빨리
	의존 형태소	홀로 쓰일 수 없는 형태소(조사, 동사 · 형용사의 어간과 어미, 접사) 예 는, 이, 먹–, –다, –고, 군–, –보
의미나 기능	실질 형태소	실질적인 뜻을 담당하는 형태소(명사, 대명사, 수사, 관형사, 부사, 감탄사, 용언의 어간) 예 꽃, 그녀, 셋, 새, 빨리, 먹–
	형식 형태소	문법적인 기능을 담당하는 형태소(조사, 동사와 형용사의 어미, 접사) 예 는, 이, –다, –고, 군–, –보

핵심 쏙이론 | 어근과 어간의 차이

- 어근 : 실질형태소
- 어간 : 활용 시 변하지 않는 부분으로 용언과 서술격 조사 '이다'에만 존재
- 어근과 어간이 일치하는 경우 존재(단일어)
  예 예쁘다, 사다, 팔다, 쫓다, 서투르다 등

☑ 확인문제

다음 문장을 형태소 단위로 나눌 때, 적절한 것은?　2018 소방직 하반기

하늘이 맑고 푸르다.

① 하늘이/맑고/푸르다
② 하늘/이/맑고/푸르다
③ 하늘/이/맑고/푸르/다
④ 하늘/이/맑/고/푸르/다

정답해설

형태소는 뜻을 지닌 가장 작은 말의 단위이다. 형태소를 분석할 때 단어와 혼동해서는 안 된다. 조사는 하나의 형태소가 하나의 단어이다. 하지만 용언은 형태소를 나눌 때에는 '어간'과 '어미'로 나누고 단어는 전체를 묶어야 한다.

- 하늘이 : 체언과 조사는 나눈다. (하늘/이)
- 맑고 : 어간과 어미는 나눈다. (맑–/–고)
- 푸르다 : 어간과 어미는 나눈다. (푸르–/–다)

정답 ④

2. 단어 형성법

(1) 어근과 접사

① 어근 : 단어의 실질적인 의미를 나타내는 부분(실질형태소)

　　예 사과/나무, 풋−/사과

② 접사 : 어근에 붙어 그 뜻을 제한하는 부분

　　㉠ 접두사 : 어근의 앞에 붙어 뜻을 제한하는 접사

강−	• 다른 것이 섞이지 않고 그것만으로 이루어진 　예 강굴, 강술, 강참숯, 강풀 • 마른, 물기가 없는 　예 강기침, 강더위, 강모, 강서리 • 억지스러운 　예 강울음, 강호령
강(強)−	매우 센, 호된 　예 강염기, 강추위, 강타자, 강행군
개−	• 야생 상태의, 질이 떨어지는, 흡사하지만 다른 　예 개금, 개꿀, 개떡, 개먹, 개살구, 개철쭉 • 헛된, 쓸데없는 　예 개꿈, 개나발, 개수작, 개죽음 • 정도가 심한 　예 개망나니, 개잡놈
겹−	면이나 선 따위가 포개져 있는, 비슷한 사물이나 일이 거듭된 　예 겹주머니
공(空)−	• 힘이나 돈이 들지 않는 　예 공것, 공돈, 공밥, 공술, 공차 • 빈, 효과가 없는 　예 공가교, 공수표, 공염불, 공테이프 • 쓸모없이 　예 공돌다, 공뜨다, 공치다
군−	• 쓸데없는 　예 군것, 군글자, 군기침, 군말, 군살, 군침, 군불 • 가외로 더한, 덧붙은 　예 군사람, 군식구
날−	• 말리거나 익히거나 가공하지 않은 　예 날것, 날김치, 날고기, 날기와, 날장작 • 다른 것이 없는 　예 날바늘, 날소일, 날장구 • 장례를 다 치르지 않은 　예 날상가, 날상제, 날송장 • 지독한 　예 날강도, 날건달, 날도둑놈 • 교육을 받지 않았거나 경험이 없어 어떤 일에 서투른 　예 날뜨기, 날짜

늦-	• 늦게 예 늦되다, 늦들다, 늦심다 • 늦은 예 늦공부, 늦가을, 늦더위, 늦바람, 늦장가
대(對)-	그것을 상대로 한, 그것에 대항하는 예 대국민 사과, 대북한 전략
대(大)-	큰, 위대한, 훌륭한, 범위가 넓은 예 대가족, 대기자, 대보름, 대선배, 대성공
덧-	• 거듭, 겹쳐 예 덧대다, 덧붙이다 • 거듭된, 겹쳐 신거나 입은 예 덧니, 덧신, 덧버선, 덧저고리
돌-	품질이 떨어지는, 야생으로 자라는 예 돌배, 돌감, 돌조개
되-	• 도로 예 되돌아가다, 되찾다, 되팔다 • 도리어, 반대로 예 되잡다, 되잡히다 • 다시 예 되살리다, 되새기다, 되씹다, 되풀다
뒤-	• 몹시, 마구, 온통 예 뒤끓다, 뒤덮다, 뒤섞다, 뒤얽다, 뒤엉키다, 뒤흔들다 • 반대로, 뒤집어 예 뒤바꾸다, 뒤받다, 뒤엎다
드-	심하게, 높이 예 드날리다, 드넓다, 드높다, 드세다, 드솟다
들-	무리하게 힘을 들여, 마구, 몹시 예 들끓다, 들볶다, 들쑤시다
들-	야생으로 자라는 예 들개, 들소, 들쥐, 들국화, 들장미
들이-	몹시, 마구, 갑자기 예 들이갈기다, 들이꽂다, 들이닥치다, 들이덮치다, 들이퍼붓다
막-	마지막 예 막차, 막판
막-	• 거친, 품질이 낮은 예 막고무신, 막과자, 막국수, 막담배, 막소주 • 닥치는 대로 하는 예 막노동, 막발, 막일 • 주저 없이, 함부로 예 막가다, 막거르다, 막벌다, 막살다
맏-	• 맏이 예 맏며느리, 맏사위, 맏손자, 맏아들 • 그해에 처음 나온 예 맏나물, 맏배

맞-	• 마주, 서로 엇비슷하게 　예 맞들다, 맞물다, 맞바꾸다, 맞부딪치다 • 마주 대하여 하는, 서로 엇비슷한 　예 맞고함, 맞담배, 맞대결, 맞바둑, 맞적수
맨-	다른 것이 없는 예 맨눈, 맨다리, 맨땅, 맨발, 맨주먹
메-	찰기가 없이 메진 예 메조, 메벼
민-	• 꾸밈이나 딸린 것이 없는 　예 민가락지, 민돗자리, 민얼굴, 민저고리 • 그것이 없음, 그것이 없는 것 　예 민꽃, 민등뼈, 민무늬, 민소매
민-	미리 치른, 미리 데려온 예 민며느리
불-	붉은 빛깔을 가진 예 불개미, 불곰, 불암소, 불콩, 불구슬, 불호박
불(不)-	아님, 아니함, 어긋남 예 불가능, 불경기, 불공정, 불규칙, 불균형, 불명예, 불완전
불-	몹시 심한 예 불가물, 불깍쟁이, 불상놈, 불호령
빗-	• 기울어진 　예 빗금, 빗면, 빗이음, 빗천장 • 기울어지게 　예 빗대다, 빗뚫다, 빗물다 • 잘못 　예 빗나가다, 빗듣다, 빗디디다, 빗맞다
새-	매우 짙고 선명하게 예 새빨갛다, 새까맣다
샛-	매우 짙고 선명하게 예 샛노랗다, 샛말갛다
생(生)-	• 익지 아니한 　예 생김치, 생나물, 생쌀 • 물기가 아직 마르지 아니한 　예 생가지, 생나무, 생장작 • 가공하지 아니한 　예 생가죽, 생맥주, 생모시 • 직접적인 혈연관계인 　예 생부모, 생어머니, 생아버지 • 억지스러운, 공연한 　예 생고생, 생과부, 생이별, 생죽음, 생떼, 생트집, 생초상, 생사람 • 지독한, 혹독한 　예 생급살, 생지옥 • 얼리지 아니한 　예 생고기, 생오징어, 생태

안심Touch

선–	서툰, 충분치 않은 예 선무당, 선웃음, 선잠
선(先)–	• 앞선 　예 선보름, 선이자 • 이미 죽은 　예 선대왕, 선대인
설–	충분하지 못하게 예 설깨다, 설듣다, 설마르다, 설보다, 설익다
숫	(양, 염소, 쥐 앞) 새끼를 배지 않는 예 숫양, 숫염소, 숫쥐
숫–	더럽혀지지 않아 깨끗한 예 숫눈, 숫백성, 숫사람, 숫처녀, 숫총각
시(媤)–	남편의 예 시아버지, 시어머니, 시동생, 시누이
시–	매우 짙고 선명하게 예 시꺼멓다, 시뻘겋다, 시뿌옇다, 시커멓다, 시퍼렇다, 시허옇다
싯–	매우 짙고 선명하게 예 싯누렇다, 싯멀겋다
알–	• 겉을 덮어 싼 것이나 딸린 것을 다 제거한 　예 알몸, 알바늘, 알밤 • 작은 　예 알바가지, 알요강, 알항아리 • 진짜, 알짜 　예 알거지, 알부자
애–	• 맨 처음 　예 애당초 • 어린, 작은 　예 애벌레, 애송아지, 애호박
양(洋)–	서구식의, 외국에서 들어온 예 양변기, 양약, 양송이, 양담배
양(養)–	직접적인 혈연관계가 아닌 예 양부모, 양아들, 양딸
엇–	• 어긋난, 어긋나게 하는 　예 엇각, 엇결, 엇길, 엇시침 • 어긋나게, 삐뚜로 　예 엇갈리다, 엇나가다, 엇베다 • 어지간한 정도로 대충 　예 엇비슷하다, 엇구수하다
엿–	몰래 예 엿듣다, 엿보다, 엿살피다
올–	• 빨리 　예 올되다 • 생육 일수가 짧아 빨리 여무는 　예 올밤, 올벼, 올콩

외(外)–	• 모계 혈족 관계인 예 외삼촌, 외손녀, 외할머니 • 밖, 바깥 예 외배엽, 외분비, 외출혈 • 홀로 예 외따로, 외떨어지다
외–	혼자인, 하나인, 한쪽으로 치우친 예 외갈래, 외고집, 외골수, 외기러기, 외마디, 외아들
잡(雜)–	• 여러 가지가 뒤섞인, 자질구레 예 잡것, 잡귀신, 잡상인, 잡생각, 잡소리, 잡탕 • 막된 예 잡놈, 잡년
짓–	• 마구, 함부로, 몹시 예 짓누르다, 짓밟다, 짓씹다, 짓이기다, 짓찧다 • 심한 예 짓고생, 짓망신, 짓북새
차–	끈기가 있어 차진 예 차조, 차좁쌀
찰–	• 끈기가 있고 차진 예 찰떡, 찰벼, 찰옥수수, 찰흙 • 매우 심한, 지독한 예 찰가난, 찰거머리, 찰깍쟁이, 찰원수 • 제대로 된, 충실한 예 찰개화, 찰교인 • 품질이 좋은 예 찰가자미, 찰복숭아
참–	• 진짜, 진실하고 올바른 예 참사랑, 참뜻 • 품질이 우수한 예 참먹
치–	위로 향하게, 위로 올려 예 치뜨다, 치닫다, 치받다, 치솟다, 치읽다
풋–	• 처음 나온, 덜 익은 예 풋감, 풋고추, 풋과실, 풋김치, 풋나물, 풋콩 • 미숙한, 깊지 않은 예 풋사랑, 풋잠
한–	• 큰 예 한길, 한걱정, 한시름 • 정확한, 한창인 예 한가운데, 한겨울, 한낮, 한밤중, 한복판, 한잠
한–	• 바깥 예 한데 • 끼니때 밖 예 한동자, 한음식, 한저녁, 한점심

핫–	짝을 갖춘 예 핫어미, 핫아비
핫–	솜을 둔 예 핫것, 핫바지, 핫옷, 핫이불
헛–	• (명사 앞) 이유 없는, 보람 없는 　예 헛걸음, 헛고생, 헛소문, 헛수고 • (동사 앞) 보람 없이, 잘못 　예 헛살다, 헛디디다, 헛보다, 헛먹다
홀–	짝이 없이 혼자뿐인 예 홀몸, 홀시아버지, 홀시어머니, 홀아비, 홀어미
홑–	한 겹으로 된, 하나인, 혼자인 예 홑바지, 홑옷, 홑이불, 홑몸
휘–	• (동사 앞) 마구, 매우 심하게 　예 휘갈기다, 휘감다, 휘날리다, 휘몰아치다, 휘젓다 • (형용사 앞) 매우 　예 휘넓다, 휘둥그렇다, 휘둥글다

ⓛ 접미사 : 어근의 뒤에 붙어 뜻을 제한하는 접사

-꾸러기	(일부 명사 뒤에 붙어) 그것이 심하거나 많은 사람 예 장난꾸러기, 잠꾸러기, 욕심꾸러기, 말썽꾸러기, 걱정꾸러기
-꾼	• 어떤 일을 전문적으로 하는 사람, 어떤 일을 잘하는 사람 　예 살림꾼, 소리꾼, 심부름꾼, 씨름꾼 • 어떤 일을 습관적으로 하는 사람, 어떤 일을 즐겨 하는 사람 　예 낚시꾼, 난봉꾼, 노름꾼, 말썽꾼, 잔소리꾼, 주정꾼 • 어떤 일 때문에 모인 사람 　예 구경꾼, 일꾼, 장꾼, 제꾼 • 어떤 일을 하는 사람을 낮잡아 이르는 말 　예 모사꾼, 건달꾼, 도망꾼, 뜨내기꾼 • 어떤 사물이나 특성을 많이 가진 사람 　예 꾀꾼, 덜렁꾼, 만석꾼, 재주꾼, 천석꾼
-내기	• 그 지역에서 태어나고 자라서 그 지역의 특성을 지니고 있는 사람 　예 서울내기, 시골내기 • 그런 특성을 지닌 사람, 그런 사람을 낮잡아 이르는 말 　예 신출내기, 여간내기, 풋내기
-님	• 높임의 뜻을 더함 　예 사장님, 총장님 • 그 대상을 인격화하여 높임 　예 달님, 별님, 토끼님, 해님 • 그 대상을 높이고 존경의 뜻을 더함 　예 공자님, 맹자님, 부처님, 예수님
-들	여럿(복수 표시) 예 사람들, 그들, 너희들, 사건들
-둥이	그러한 성질이 있거나 그와 긴밀한 관련이 있는 사람 예 귀염둥이, 막내둥이, 해방둥이, 바람둥이
-배기	• 그 나이를 먹은 아이 　예 두 살배기, 다섯 살배기 • 그것이 들어 있거나 차 있음 　예 나이배기 • 그런 물건 　예 공짜배기, 대짜배기, 진짜배기
-뱅이	그것을 특성으로 가진 사람이나 사물 예 가난뱅이, 게으름뱅이, 안달뱅이, 주정뱅이, 좁쌀뱅이
-보	그것이 쌓여 모인 것 예 말보, 심술보, 울음보, 웃음보
-보(補)	보좌하는 직책 예 주사보, 차관보, 학장보
-보	• 그것을 특성으로 지닌 사람 　예 꾀보, 싸움보, 잠보, 털보 • 그러한 특징을 지닌 사람 　예 땅딸보, 뚱뚱보

☑ 확인문제

밑줄 친 부분에 해당하는 것은?

2017 지방직 하반기 9급

'-ㅁ/-음'은 'ㄹ'을 제외한 받침 있는 용언의 어간이나 어미 '-었-', '-겠-' 뒤에 붙어, 그 말이 명사 구실을 하게 하는 어미로 쓰이는 경우와, 어간 말음이 자음인 용언 어간 뒤에 붙어 명사를 만드는 접미사로 쓰이는 경우가 있다.

① 그는 수줍음이 많은 사람이다.
② 그는 죽음을 각오하고 일에 매달렸다.
③ 태산이 높음을 사람들은 알지 못한다.
④ 나라를 위해 젊음을 바친 사람이 애국자다.

정답해설

'높음'은 형용사이며, 이때 '-음'은 '높다'의 명사형 어미이다.

정답 ③

☑ **확인문제**

다음 중 결합된 형태의 단어가 아닌
것은?　　　　　　　　2016 소방직

① 먹이
② 어머니
③ 지우개
④ 높다랗다

정답해설

결합된 형태가 아닌 단어란 '단어'를
의미한다. '어머니'는 하나의 형태소로
'단일어'이다.

정답 ②

-새	모양, 상태, 정도 예 걸음새, 모양새, 생김새, 쓰임새, 짜임새, 차림새
-씨	태도, 모양 예 말씨, 마음씨, 바람씨, 발씨
-씨(氏)	그 성씨 자체, 그 성씨의 가문이나 문중 예 김씨, 이씨, 박씨 부인, 최씨 문중, 희빈 장씨, 혜경궁 홍씨, 민씨 일파
-어치	그 값에 해당하는 분량 예 한 푼어치, 천 원어치, 얼마어치
-장이	그것과 관련된 기술을 가진 사람 예 간판장이, 땜장이, 양복장이, 옹기장이, 칠장이
-쟁이	• 그것이 나타내는 속성을 많이 가진 사람 　예 겁쟁이, 고집쟁이, 떼쟁이, 멋쟁이, 무식쟁이 • 그것과 관련된 일을 업으로 삼는 사람이나 그런 사람을 낮잡아 이르는 말 　예 관상쟁이, 그림쟁이, 이발쟁이
-질	• 그 도구를 가지고 하는 일 　예 가위질, 걸레질, 망치질, 부채질 • 그 신체 부위를 이용한 어떤 행위 　예 곁눈질, 손가락질, 입질, 주먹질, 뒷걸음질 • 직업이나 직책을 비하하는 뜻을 더함 　예 선생질, 순사질, 목수질, 화장질 • 주로 좋지 않은 행위에 비하하는 뜻 　예 계집질, 노름질, 서방질, 싸움질, 자랑질 • 그것을 가지고 하는 일, 그것과 관계된 일 　예 물질, 불질, 풀질, 흙질 • 그런 소리를 내는 행위 　예 딸꾹질, 뚝딱질, 수군덕질
-치-	강조 예 넘치다, 밀치다, 부딪치다, 솟구치다
-치	물건 예 날림치, 당년치, 중간치, 버림치
-치(值)	값 예 기대치, 최고치, 평균치, 한계치
-한(漢)	그와 관련된 사람 예 무뢰한, 인색한, 파렴치한, 푸주한, 호색한

(2) 단어의 종류

① 단일어 : 홀로 쓰일 수 있는 하나의 어근만으로 이루어진 단어

　　예 하늘, 바람, 구름, 책, 꽃 / 가다, 곱다

② 복합어 : 둘 이상의 어근이 결합하거나, 어근과 접사가 결합하여 이루어진 단어

　㉠ 합성어 : 둘 이상의 어근이 결합하여 이루어진 단어

의미에 따라	대등 합성어	결합된 어근들이 대등하게 본래의 뜻을 유지하는 합성어 예 손발, 팔다리, 오가다
	수식 합성어	한 어근이 다른 어근을 수식하는 합성어 예 손수건, 책가방, 소고기
	융합 합성어	어근들이 완전히 하나로 융합하여 새로운 의미를 나타내는 합성어 예 밤낮(늘), 춘추(나이), 피땀(노력과 정성)
합성 방법에 따라	통사적 합성어	일반적인 배열 방식에 따라 만들어진 합성어 예 첫(관형사)+사랑(명사) → 첫사랑 / 뛰-(동사의 어간)+-어(동사의 어미)+놀다(동사) → 뛰어놀다
	비통사적 합성어	우리말의 일반적인 단어 배열 방식에 어긋나는 합성어 예 부슬(부사)+비(명사) → 부슬비 / 뛰-(동사의 어간)+놀다(동사) → 뛰놀다

　㉡ 파생어 : 어근과 접사가 결합하여 이루어진 단어

접사의 위치에 따라	접두사에 의한 파생어	어근 앞에 접사가 붙어 파생된 단어 예 강추위, 날고기, 드높다, 치뜨다
	접미사에 의한 파생어	어근 뒤에 접사가 붙어 파생된 단어 예 대장장이, 욕심쟁이, 믿음, 먹히다
접사의 기능의 따라	한정적 접사에 따른 파생어	접두사나 일부 접미사가 붙어 어근의 품사를 바꾸지 않고 파생된 단어 예 맨손, 새하얗다, 부채질, 잠꾸러기
	지배적 접사에 따른 파생어	일부 접미사가 붙어 어근의 품사를 바꾸면서 파생된 단어 예 달리기, 많이, 공부하다, 사람답다

☑ **확인문제**

단어에 대한 설명으로 옳지 않은 것은?

2017 국가직 하반기 9급

① '바다', '맑다'는 어근이 하나인 단일어이다.

② '회덮밥'은 파생어 '덮밥'에 새로운 어근 '회'가 결합된 합성어이다.

③ '곁눈질'은 합성어 '곁눈'에 접미사 '-질'이 결합된 파생어이다.

④ '웃음'은 어근 '웃-'에 접미사 '-음'이 붙어 명사가 된 파생어이다.

정답해설

'덮밥'은 어근 '덮-'과 어근 '밥'이 결합한 비통사적 합성어이다. 따라서 '회덮밥'은 합성어 '덮밥'에 어근 '회'가 결합된 합성어이다.

정답 ②

☑ **확인문제**

다음 〈보기〉에 제시된 단어들과 단어 형성 원리가 같은 것은?

2017 서울시 9급

┌ 보기 ─────────────┐
│ 개살구, 헛웃음, 낚시질, 지우개 │
└──────────────────┘

① 건어물(乾魚物)
② 금지곡(禁止曲)
③ 한자음(漢字音)
④ 핵폭발(核爆發)

정답해설

〈보기〉에 제시된 단어들은 파생어로, 개살구(개+살구), 헛웃음(헛+웃음)은 접두 파생어이며, 낚시질(낚시+질), 지우개(지우+개)는 접미 파생어이다.

① '건어물'은 접두 파생어이다.

• 개-살구 : '야생 상태의' 또는 '질이 떨어지는', '흡사하지만 다른'의 뜻을 더하는 접두사이다.
• 헛-웃음 : '이유 없는', '보람 없는'의 뜻을 더하는 접두사이다.
• 낚시-질 : '그 도구를 가지고 하는 일'의 뜻을 더하는 접미사이다.
• 지우-개 : '그러한 행위를 하는 간단한 도구'의 뜻을 더하고 명사를 만드는 접미사이다.

정답 ①

핵심 ④ 이론 | 한정적 접사에 따른 파생어

명사화 접미사	−음	믿음, 죽음, 웃음, 걸음, 젊음, 수줍음
	−ㅁ	꿈, 삶, 앎, 잠, 춤, 기쁨, 슬픔
	−이	길이, 높이, 먹이, 벌이, 때밀이, 젖먹이, 재떨이, 옷걸이, 절름발이, 멍청이, 뚱뚱이, 딸랑이, 짝짝이
	−기	굵기, 달리기, 돌려짓기, 모내기, 사재기, 줄넘기, 크기
	−개	날개, 덮개, 지우개, 오줌싸개, 코흘리개
	−애	마개(막+애), 얼개(얼+애)
	−게	지게, 집게
	−보	먹보, 울보, 째보
	−어지	나머지(남+어지)
	−엄	무덤(묻+엄), 주검(죽+엄)
	−웅	마중(맞+웅)
동사화 접미사	−하다	공부하다, 생각하다, 사랑하다, 빨래하다, 덜컹덜컹하다, 반짝반짝하다, 소곤소곤하다, 달리하다, 빨리하다, 절하다
	−히−	괴롭히다, 붉히다, 넓히다, 밝히다
	−거리다	까불거리다, 반짝거리다, 방실거리다, 출렁거리다
	−대다	까불대다, 반짝대다, 방실대다, 출렁대다
	−이다	끄덕이다, 망설이다, 반짝이다, 속삭이다, 움직이다, 출렁이다
형용사화 접미사	−하다	건강하다, 순수하다, 정직하다, 진실하다, 행복하다, 돌연하다, 착하다
	−스럽다	복스럽다, 걱정스럽다, 자랑스럽다
	−답다	꽃답다, 남자답다, 사람답다, 정답다, 너답다, 엄마답다
	−롭다	명예롭다, 신비롭다, 자유롭다, 풍요롭다, 향기롭다, 감미롭다, 위태롭다
	−업−	미덥다(믿+업+다)
	−브−	미쁘다(믿+브+다), 아프다(앓+브+다), 슬프다(슳+브+다)
	−읍−	우습다(웃+읍+다)
	−ㅂ−	그립다(그리+ㅂ+다), 놀랍다(놀라+ㅂ+다)
부사화 접미사	−이	깊숙이, 수북이, 끔찍이, 많이, 같이, 높이, 집집이, 나날이, 다달이, 일일이, 낱낱이, 겹겹이, 곳곳이
	−히	조용히, 무난히, 나란히, 영원히
	−오/우/아	비로소(비롯+오), 도로(돌+오), 너무(넘+우), 마주(맞+우), 차마(참+아)
	−로	새로, 날로, 진실로
	−내	봄내, 여름내, 저녁내, 마침내, 끝내
	−껏	마음껏, 정성껏, 힘껏, 지금껏, 아직껏, 여태껏, 이제껏
관형사화 접미사	−적	가급적, 국가적, 기술적, 문화적, 비교적, 사교적, 일반적, 전국적
	−까짓	이까짓, 저까짓, 그까짓, 네까짓
조사화 접미사	−에	밖에(밖+에)
	−아/−어	부터(붙+어), 조차(좇+아)

1. 어원 및 어종에 따른 분류

고유어	우리말에 본디부터 있던 말이나 그것에 기초하여 새로 만들어진 말 예 나이, 자다, 주무시다, 불닭
한자어	한자를 바탕으로 만들어진 말 예 반감기, 연세, 감기
외래어	다른 나라에서 들어온 말이지만 우리말처럼 쓰이는 말 예 인터넷, 피자, 버스

2. 사용 범위 및 환경에 따른 분류

(1) 동음이의관계

서로 소리는 같으나 의미가 다른 단어들의 관계

① 특징

ㄱ 각 단어 간에 연관성이 없다.

ㄴ 각각 다른 낱말로 취급한다.

> 예
>
> 배1 : 사람이나 동물의 몸에서 위장, 창자, 콩팥 따위의 내장이 들어 있는 곳으로 가슴과 엉덩이 사이의 부위
> 배2 : 사람이나 짐 따위를 싣고 물 위로 떠다니도록 나무나 쇠로 만든 물건
> 배3 : 배나무의 열매

② 구별 방법

ㄱ 문맥이나 상황을 고려하여 의미를 구별한다.

> 예 저 차를 타고 가자 → 바퀴가 굴러서 나아가게 되어 있는, 사람이나 짐을 실어 옮기는 기관

ㄴ 한자를 함께 표기한다.

> 예 차(車), 차(茶)

ㄷ 소리의 장단을 구별한다.

> 예
>
> 굴[굴] : 굴과의 연체동물을 통틀어 이르는 말
> 굴[굴:] : 자연적으로 땅이나 바위가 안으로 깊숙이 패어 들어간 곳

> 지도 위에 손가락을 <u>짚어</u> 가며 여행 계획을 설명하였다.

① 이마를 <u>짚어</u> 보니 열이 있었다.
② 그는 두 손으로 땅을 <u>짚어야</u> 했다.
③ 그들은 속을 <u>짚어</u> 낼 수가 없는 사람들이었다.
④ 시험 문제를 <u>짚어</u> 주었는데도 성적이 좋지 않다.

정답해설

제시문의 '짚어'는 '여럿 중에 하나를 꼭 집어 가리키다.'라는 의미로 쓰였다. 따라서 이와 같은 의미로 쓰인 것은 ④이다.

정답 ④

(2) 다의관계

하나의 소리에 서로 관련 있는 의미가 여럿 결합되어 있는 단어들의 관계

① 단어의 의미

중심 의미	어떤 단어가 지닌 기본적이고 핵심적인 의미
주변 의미	중심 의미에서 문맥에 따라 파생되어 쓰이는 2차적 의미

② 발달 이유

㉠ 주변 의미로 의미가 확장되면서 여러 가지 의미를 띠게 되었다.

㉡ 기존의 한정된 낱말로는 부족한 표현을 보충하고 만족시키기 위해 발생하였다.

> **예**
> 손
> ① 사람의 팔목 끝에 달린 부분
> ② 일손

③ 구별 방법

㉠ 문맥에 따라 어떤 뜻으로 쓰였는지 살펴본다.

㉡ 문맥 속에 대체할 수 있는 다른 단어를 넣어본다.

㉢ 사전의 동일한 항목에서 다루어지는지 확인한다.

> **예**
> 다리1
> ① 사람이나 동물의 몸통 아래 붙어 있는 신체의 부분
> ② 물체의 아래쪽에 붙어서 그 물체를 받치거나 직접 땅에 닿지 아니하게 하거나 높이 있도록 버티어 놓은 부분
> ③ 안경의 테에 붙어서 귀에 걸게 된 부분
> 다리2 : 물을 건너거나 또는 한편의 높은 곳에서 다른 편의 높은 곳으로 건너다닐 수 있도록 만든 시설물

(3) 유의관계 : 소리는 다르지만 의미가 같거나 비슷한 단어들의 관계

① 특징

㉠ 한 쌍으로 존재하는 것이 아니라 유의어군을 형성한다.

㉡ 유의어군 내에 있는 단어들은 서로 대상의 범위가 다르거나 미묘한 느낌의 차이를 보인다.

> **예** 죽다 : 돌아가(시)다, 사망하다, 서거하다, 숨지다 등

② 발달 이유

㉠ 고유어와 함께 한자어, 외래어가 섞어 쓰인다.

> **예** 어머니 – 모친 / 잔치 – 파티 – 연회

㉡ 높임법, 감각어 등이 발달하였다.

> **예** 너 – 자네 – 당신 / 파랗다 – 푸르다 – 푸르딩딩하다

㉢ 국어 순화나 금기에 의해 생겨났다.

> **예** 세모꼴 – 삼각형 / 동물들의 성교 – 짝짓기

③ **구별 방법**

　㉠ 문맥 속에 유의어를 넣었을 때 의미가 통하는지 살펴본다.

　　예 말이 달리다(○) 말이 뛰다(○)

　　　차가 달리다(○) 차가 뛰다(×)

　㉡ 대립되는 말을 찾아본다.

　　예 작다 ↔ 크다 / 적다 ↔ 많다

　㉢ 하나의 계열로 배열하여 정도의 차이를 살펴본다.

　　예 개울 – 시내 – 하천 – 강

(4) 반의관계 : 서로 반대되는 의미를 지닌 단어들의 관계

　① **특징**

　　㉠ 대개 한 쌍으로 존재한다.

　　　예 넓다 ↔ 좁다 / 덥다 ↔ 춥다

　　㉡ 하나의 단어에 여러 개의 단어들이 대립하는 경우도 있다.

　　　예 월요일 ↔ 화요일 / 수요일 / 목요일 / 금요일

　　㉢ 어떤 단어가 다의어면 그에 따라 반의어가 달라질 수 있다.

　　　예 일어나다(깨다) ↔ 자다 / 일어나다(서다) ↔ 앉다

　② **발달 이유**

　　㉠ 자연현상이 짝을 이루고 있는 경우가 많다.

　　　예 죽다 ↔ 살다

　　㉡ 인간의 사고는 이분법적인 측면이 있다.

　　　예 사랑 ↔ 미움 / 선 ↔ 악

　　㉢ 사물이나 현상을 대립되는 짝으로 파악하려는 경향이 있다.

　　　예 길다 ↔ 짧다 / 시작 ↔ 끝

　③ **구별 방법**

　　㉠ 공통적인 의미 요소가 있는지 살펴본다.

　　㉡ 의미상 차이가 한 가지 면에서 존재하는지 살펴본다.

　　㉢ 의미가 분명하게 구별되는지 살펴본다.

　　　예 가다 ↔ 오다 : 이동, 방향 / 남자 ↔ 여자 : 사람, 성별

> 대립쌍을 이루는 단어들이 일정한 방향성을 이루고 있다.

① 성공(成功) : 실패(失敗)
② 시상(施賞) : 수상(受賞)
③ 판매(販賣) : 구매(購買)
④ 공격(攻擊) : 방어(防禦)

정답해설

'성공'과 '실패'는 중간항이 있는 '정도반의어'이며 '평가반의어'에 해당되므로, '방향반의어'인 ②, ③, ④와 성격이 다르다.

정답 ①

핵심 ⑧ 비결 | 반의어의 종류

상보반의어	대립관계에 있는 개념적 영역을 상호 배타적인 두 구역으로 양분하는 반의어(중간항이 존재하지 않음) 예 남자-여자 / 삶-죽음	
정도반의어	정도나 등급에 따라 대립되는 반의어(중간항 존재)	
	척도반의어	측정할 수 있는 객관적 평가 기준 아래에서 양극으로 대립하는 반의어
		예 길다-짧다 / 밝다-어둡다
	평가반의어	화자와 관련된 기준을 바탕으로 긍정과 부정으로 대립하는 반의어
		예 부지런하다-게으르다 / 좋다-나쁘다
	정감반의어	주관적인 화자의 감정이나 감각 또는 반응에 근거한 평가로 대립되는 반의어
		예 덥다-춥다 / 달다-쓰다
방향반의어	두 단어가 상대적 관계를 형성하고 있으면서 의미상 대칭을 이루는 반의어	
	역의어	특정한 축을 기준으로 한 요소의 방향을 다른 요소에 명시하는 관계의 대립어
		예 가르치다-배우다 / 인력-척력
	역동어	방향의 이동이나 변화를 표현하는 관계의 대립어
		예 가다-오다 / 접다-펴다
	대척어	방향의 양극단에 위치하는 대립어
		예 시작-끝 / 꼭대기-밑바닥
	대응어	균일한 표면이나 상태에서 방향이 역전된 대립어
		예 볼록-오목 / 양각-음각

(5) 상하관계 : 단어의 의미적 계층 구조에서 한쪽이 다른 쪽을 포함하거나 다른 쪽에 포함되는 관계

① 특징

　㉠ 상위어일수록 포괄적·일반적 의미를 지닌다.

　㉡ 하위어일수록 개별적·한정적 의미를 지닌다.

　㉢ 하위관계는 여러 번 반복되어 계층을 이룬다.

예

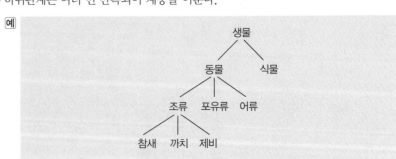

② 발달 이유
　㉠ 대상이 관계를 형성하고 있는 경우가 있다.
　㉡ 의미상으로 관계를 형성하는 경우가 있다.
③ **구별 방법**
　㉠ 대상이 계층 구조를 이루고 있는지 살펴본다.
　　예 학교 > 강의동 > 교실
　㉡ 대상이 다른 대상의 구성요소를 이루고 있는지 살펴본다.
　　예 몸 > 팔 > 손 > 손톱
　㉢ 부류로 묶을 수 있는 단어인지 살펴본다.
　　예 금붕어, 참붕어 < 붕어 < 민물고기 < 물고기

01

본용언과 보조용언을 구분하는 기준은 용언의 서술성이다. 용언이 서술성을 가지고 있으면 본용언이 되고 서술성이 없으면 보조용언이 된다.

- 이 책도 한번 읽어라.(○) – 서술성이 있으므로 본용언
  이 책도 한번 읽어 보거라.(×) – 서술성이 없으므로 보조용언
- 밖의 날씨가 매우 덥다.(○) – 서술성이 있으므로 본용언
  밖의 날씨가 매우 더운가 보다.(×) – 서술성이 없으므로 보조용언
→ 읽어 보거라('시행'을 뜻하는 보조동사), 더운가 보다('추측'을 뜻하는 보조형용사)

정답 ①

02

백은 '십의 열 배가 되는 수. 또는 그런 수의'를 뜻하는 수사·관형사이다. '그 아이는 열을 배우면 백을 안다.'에서는 '백' 뒤에 조사가 붙으므로 수사이며, '열 사람이 백 말을 한다.'에서 백은 뒤에 오는 체언 '말'을 꾸며주고 있으므로 관형사이다.

정답 ③

03

'덮밥'과 '짙푸르다'는 모두 비통사적 합성어이다.

- 덮밥(비통사적 합성어) : 덮-+(-은)+밥
  → 관형사형 어미 '-은'이 생략되고, 바로 어근 '덮-'과 어근 '밥'이 결합하였다.
- 짙푸르다(비통사적 합성어) : 짙-+(-고)+푸르다
  → 연결 어미 '-고'가 생략되고, 바로 어근 '짙-'과 '푸르다'가 결합하였다.

정답 ②

---

01 짝지어진 두 문장의 밑줄 친 부분이 모두 보조용언인 것은? 2017 사회복지직

① 이 책도 한번 읽어 <u>보거라</u>.
  밖의 날씨가 매우 더운가 <u>보다</u>.
② 야구공으로 유리를 깨 <u>먹었다</u>.
  여름철에는 음식물을 꼭 끓여 <u>먹자</u>.
③ 이것 좀 너희 아버지께 가져다 <u>드리렴</u>.
  나는 주말마다 어머니 일을 거들어 <u>드린다</u>.
④ 이것 말고 저것을 주시오.
  게으름을 피우던 그가 시험에 떨어지고 <u>말았다</u>.

02 밑줄 친 단어의 품사로 가장 옳지 않은 것은? 2018 서울시 9급

① 나도 참을 <u>만큼</u> 참았다. 〈의존명사〉
  나도 그 사람<u>만큼</u> 할 수 있다. 〈조사〉
② 오늘은 바람이 <u>아니</u> 분다. 〈부사〉
  <u>아니</u>, 이럴 수가 있단 말인가? 〈감탄사〉
③ 그 아이는 열을 배우면 <u>백</u>을 안다. 〈명사〉
  열 사람이 <u>백</u> 말을 한다. 〈관형사〉
④ 그는 <u>이지적</u>이다. 〈명사〉
  그는 <u>이지적</u> 인간이다. 〈관형사〉

03 비통사적 합성어로만 묶인 것은? 2016 지방직 9급

① 열쇠, 새빨갛다
② 덮밥, 짙푸르다
③ 감발, 돌아가다
④ 젊은이, 가로막다

CHAPTER 04 문장

01 문장▾ 성분

▾ 문장
자신의 생각이나 감정을 완결된 내용으로 표현하는 최소 단위

주어부		서술부
누가 / 무엇이	+	어찌하다(동사) 어떠하다(형용사) 무엇이다[체언 + '이다'(서술격 조사)]

1. 주성분

문장을 이루는 데 꼭 필요한 성분

(1) 주어 : 서술어 풀이의 대상이 되는 서술어의 주체

① 설명의 대상으로 '누가', '무엇이'에 해당된다.

② 주격 조사 '이, 가, 에서, 께서'나 보조사 '은, 는'이 붙어 쓰인다.

(2) 서술어 : 주체에 대해 풀이하는 말

① 주어의 동작이나 상태를 나타낸다.

② 문장의 구조를 결정한다.

(3) 목적어 : 서술어의 동작이나 행위의 대상

① '누구를', '무엇을'에 해당하는 말이다.

② 목적격 조사 '을, 를'은 생략될 수 있으며 보조사가 붙어 쓰일 수 있다.

(4) 보어 : 서술어 '되다/아니다' 앞에서 이들 말을 보충해 주는 말

① 주어 외에 '누가', '무엇이'에 해당하는 말이다.

② 보격 조사 '이, 가'가 붙으며, '되다/아니다' 바로 앞에 위치하는 경우가 많다.

> 해가 솟다.
> 주어 서술어
>
> 소담이는 밥을 좋아한다.
> 　　주어　목적어　서술어
>
> 물이 얼음이 되었다.
> 주어　보어　　서술어

핵심ⓧ비결 | 문장의 주성분 찾기

> ① 문장의 중심이 되는 서술어를 찾는다(대개 문장의 맨 끝에 위치).
>
> ② 서술어의 주체 즉, 주어를 찾는다.
>
> ③ 서술어와 주어를 제외하고 꼭 필요한 성분이 있는지 살펴본다.
>
> ④ 대체로 서술어에 '되다', '아니다'가 있으면 '보어'가 필요하며, 아닌 경우 꼭 필요한 성분은 대개 '목적어'이다.

2. 부속 성분

주성분을 꾸며 주는 성분

(1) 관형어 : 대상을 나타내는 말(체언) 앞에서 이를 꾸며 주는 역할을 하는 말

　① '어떤', '무슨'에 해당하는 말이다.

　② '-ㄴ, -는, -ㄹ'로 끝을 맺는다.

　③ 관형격 조사 '의'가 활용되기도 한다.

(2) 부사어 : 주로 서술어, 관형어, 다른 부사어, 문장 전체를 꾸며 쓰는 말

　① '어떻게', '어디서', '언제', '누구와' 등에 해당된다.

　② 부사어는 기본적으로 부속 성분이지만 '필수 부사어'의 경우 문장에서 꼭 필요한 성분이다.

> 예
>
> 예쁜 꽃이 활짝 피었다.
> 관형어　　　부사어
>
> 새 옷이 무척 마음에 든다.
> 관형어　부사어　부사어

3. 독립 성분

다른 성분들과 직접적인 관계를 맺지 않고 독립적으로 쓰이는 성분

(1) 독립어 : 부름, 감탄, 놀람, 응답 등 문장 내에서 독립적으로 쓰이는 말

    ① 주로 ',' 나 '!'가 붙는다.

    ② 접속부사(그리고, 그러나, 그런데 등)도 독립어에 포함된다.

> **예**
>
> <u>여보세요</u>, 혹시 강아지 찾고 계신가요?
> 독립어
>
> <u>호인아</u>, 점심 먹었니?
> 독립어
>
> <u>청춘!</u> 이는 듣기만 하여도 마음 설레는 말이다.
> 독립어

---

02 문장 구조

1. 서술어의 자릿수

한 문장에서 서술어가 꼭 필요로 하는 문장 성분의 개수

한 자리 서술어	문장이 성립하기 위해 주어만을 필요로 하는 서술어(주어＋서술어) **예** 이 사람은 경찰관이다 / 저고리가 곱다 / 너에게 좋은 생각이 있니?

두 자리 서술어	문장이 성립하기 위해서 두 개의 문장 성분을 필요로 하는 서술어
	• 주어＋목적어＋서술어
	  예 성호는 그 소녀의 생일 선물을 샀다
	• 주어＋보어＋서술어
	  예 그는 범인이 아니다 / 그 소녀는 어느덧 선생님이 되었다
	• 주어＋부사어＋서술어
	  예 물이 수증기로 변했다

세 자리 서술어	문장이 성립하기 위해서 세 개의 문장 성분을 필요로 하는 서술어(주어＋목적어＋부사어＋서술어) **예** 나는 동생에게 공을 주었다 / 그녀는 그에게 찻잔을 건넸다

2. 문장의 확대

(1) 홑문장 : 주어와 서술어가 한 번만 나타나는 문장

    예 언니는 나에게 인형을 선물했다 / 나는 그 사람을 무척 사랑한다

(2) 겹문장 : 주어와 서술어가 두 번 이상 나타나는 문장

    ① 이어진문장 : 홑문장이 이어져서 여러 겹으로 된 겹문장

☑ **확인문제**

밑줄 친 부분의 문장 성분이 다른 하나는?   2019 서울시 9급

① 그는 밥도 안 먹고 일만 한다.
② 몸은 아파도 <u>마음만은</u> 날아갈 것 같다.
③ 그는 그녀에게 <u>물만</u> 주었다.
④ 고향의 <u>사투리까지</u> 싫어할 이유는 없었다.

정답해설

이어진 문장으로, '마음'은 후행하는 절의 서술어 '날아갈 것 같다'의 주어이므로 ①, ③, ④의 밑줄 친 부분과 다른 성분이다.

정답 ②

☑ **확인문제**

대등하게 이어진 문장인 것은?

2018 소방직 하반기

① 까마귀 날자 배 떨어진다.
② 사공이 많으면 배가 산으로 간다.
③ 가는 말이 고와야 오는 말이 곱다.
④ 낮말은 새가 듣고 밤말은 쥐가 듣는다.

정답해설

'-고'는 두 가지 이상의 사실을 대등하게 벌여 놓는 연결 어미이다. 대등하게 이어진 문장은 보통 '밤말은 쥐가 듣고 낮말은 새가 듣는다.'처럼 문장의 순서를 바꾸어도 어색하지 않다.

정답 ④

㉠ 대등하게 이어진 문장 : 홑문장들의 의미 관계가 대등한 경우(앞뒤 순서를 바꾸어도 의미가 달라지지 않음)

나열	예 인승이는 쉬는 시간마다 빵을 먹고, 우유를 마신다
대조	예 소년은 소극적이지만, 소녀는 적극적이다
선택	예 이번 주말엔 수영장에 가든지, 놀이동산에 가든지 하자

㉡ 종속적으로 이어진 문장 : 홑문장들의 의미가 독립적이지 못하고 종속적인 관계인 경우(앞뒤 순서를 바꾸면 문장이 성립하지 않거나 의미가 달라짐)

원인	예 겨울이 되니 날씨가 춥다
조건	예 비가 오면 마음이 설렌다
의도	예 올레길을 걸으려고 아침 일찍 길을 나섰다
배경	예 시장에 가는데 갑자기 비가 쏟아졌다
양보	예 앞으로 어떤 시련이 있을지라도 이 사랑을 지켜낼 것이다

핵심㉠비결 | 이어진 문장 파악하기

① 주어가 접속조사로 이어져 있고, 서술어가 하나 밖에 없는 이어진 문장이다.

예 진아와 병훈이는 교회에 다닌다

② 목적어가 접속조사로 이어져 있는 이어진 문장이다.

예 지혜는 수박과 참외를 샀다

③ 두 성분이 동시에 접속조사로 연결되어 있는 이어진 문장이다.

예 가영이와 재호는 요리와 여행을 좋아한다

④ 홑문장 같지만 한쪽의 서술어가 생략된 이어진 문장이다.

예 아라는 꽃, 윤표는 동물을 그렸다

⑤ 단어가 이어진 것은 이어진 문장이 아니고, 홑문장이다.

예 선희와 종혁이는 춘천에서 만났다

② 안은문장과 안긴문장

    ㉠ 안은문장 : 홑문장이 다른 홑문장을 하나의 문장 성분처럼 안고 있는 겹문장

    ㉡ 안긴문장 : 안은문장에 하나의 문장 성분처럼 들어가 있는 홑문장

명사절을 안은문장	명사형 전성 어미 '-(으)ㅁ', '-기' 및 의존명사 '-것'이 붙은 절이 문장 안에서 주어, 목적어, 보어, 관형어, 부사어 등의 역할을 하는 안은문장	
	주어	예 란희가 범인임이 밝혀졌다
	목적어	예 올해에도 하시는 일이 잘 되시기를 바랍니다
	보어	예 문제는 내가 살이 쪘다는 것이 아니다
	관형어	예 소희는 사랑을 잃는 것의 아픔을 안다
	부사어	예 그 일은 어린 소년이 감당하기에 매우 어려운 일이다
관형절을 안은문장	관형사형 전성 어미 '-(으)ㄴ', '-는', '-(으)ㄹ', '-던' 등이 붙은 절이 문장 안에서 관형어의 역할을 하는 안은문장 예 소녀는 나를 사랑했던 추억을 모두 잊었다	
부사절을 안은문장	부사형 전성 어미 '-이', '-게', '-도록', '-(아)서' 등이 붙은 절이 문장 안에서 부사어의 역할을 하는 안은문장 예 눈이 소리도 없이 내린다	
서술절을 안은문장	문장 안에서 서술어의 역할을 하는 절을 안은문장 예 토끼는 눈이 빨갛다	
인용절을 안은문장	다른 사람의 말을 인용할 때 안긴문장 뒤에 '고', '라고'와 같은 조사를 붙인 인용절을 안은문장	
	직접 인용	예 그녀는 "나에게 물을 줄 수 없나요?"라고 말했다
	간접 인용	예 그녀는 자신에게 물을 줄 수 없느냐고 말했다

---

03 문법 요소

1. 사동 표현과 피동 표현

(1) 사동 표현

주동 표현	사동 표현
문장의 주체가 스스로 행하는 동작을 나타내는 동사가 서술어로 쓰인 표현 예 팽이가 돌았다	문장의 주체가 스스로 행하지 않고 남에게 그 행동이나 동작을 하게 함을 나타내는 동사가 서술어로 쓰인 표현 예 서진이가 팽이를 돌리었다(돌렸다) 서진이가 팽이를 돌게 했다

① 사동문을 만드는 방법

    ㉠ 새로운 주어를 추가하고, 원래의 주어를 목적어나 부사어로 바꾼다.

    ㉡ 주동 표현의 서술어를 사동 표현의 서술어로 바꾼다.

☑ 확인문제

사동법의 특징을 고려할 때 밑줄 친
단어의 쓰임이 옳은 것은?

2018 지방직 9급

① 그는 김 교수에게 박군을 소개시켰다.
② 돌아오는 길에 병원에 들러 아이를
입원시켰다.
③ 생각이 다른 타인을 설득시킨다는
건 참 힘든 일이다.
④ 우리는 토론을 거쳐 다양한 사회적
갈등을 해소시킨다.

정답해설

'–시키다'는 자동사를 타동사로 바꾸
어 사동의 의미를 더해주는 역할을 한
다. 이러한 '–시키다'를 '–하다'의 형태
가 쓰여도 될 곳에 사용하는 것을 불
필요한 사동 표현이라고 한다. ②의
경우 아이가 스스로 입원할 수 없고,
아이를 입원하게 한다는 내용이므로
적절한 사동 표현이 쓰였다.

정답 ②

파생적 사동 (단형 사동)	동사, 형용사의 어간+'–이–, –하–, –리–, –기–, –우–, –구–, –추–'
통사적 사동 (장형 사동)	동사, 형용사의 어간+'–게 하다'

② 사동 표현의 특징

　㉠ 만드는 방법에 따라 의미가 달라지는 경우도 있다.

직접 사동	주어가 대상의 행동이 이루어지도록 직접 작용하는 사동 표현으로 주로 파생적 사동문으로 실현된다. 예 엄마가 아기에게 이유식을 먹였다.
간접 사동	주어가 대상이 스스로 행동하도록 지시하는 사동 표현으로 주로 통사적 사동문으로 실현된다. 예 엄마가 아기에게 이유식을 먹게 했다.

　㉡ 의도에 따라 표현을 달리 할 수 있다.

　　예 • 내가 양에게 풀을 뜯겼어요(내가 한 행동임을 드러내어 자랑스럽게 말할 때)
　　　 • 도희가 양에게 풀을 뜯게 했어요(다른 대상에게 어떤 행동을 시켰다는 것을
　　　　 나타낼 때)

　㉢ 주동문과 사동문이 짝을 이루지 않는 경우도 있다.

　　예 • 우리 집에서는 열 마리의 소를 먹인다('가축을 기르다'라는 의미)
　　　 • 우리 집에서는 열 마리의 소가 먹는다(×)

③ 주동 표현과 사동 표현의 활용

　㉠ 움직임 자체에 초점을 둘 때는 '주동 표현', 움직임을 만든 주체에 초점을 둘 때는
　　 '사동 표현'을 쓴다.

　　예 • 명절을 앞두고 물가가 많이 올랐다(주동 표현)
　　　 • 명절을 앞두고 과도한 이익을 보려는 상인들이 물가를 올린다(사동 표현)

　㉡ 행동의 주체가 불분명하거나 밝힐 필요가 없을 때 사동 표현을 쓴다.

　　예 태풍주의보가 오전 1시에 해제되면서 태풍 피해에 대한 불안감을 잠재웠습니
　　　 다. → 주동 표현으로 바꿀 경우, '불안감이 잠잤습니다'와 같은 어색한 표현이
　　　 된다.

④ 과도한 사동 표현

사동 접미사의 남용	예 • 외투에 고기 냄새가 베였다 • 이번 행사는 성대하게 치뤘다 • 첫사랑은 생각만 해도 설레인다 • 음료수 없이 고구마를 먹었더니 목이 메인다
'시키다'의 남용	예 • 월급을 은행에 입금시켰다 • 벽에 선반을 고정시켜 놓았다 • 내일 내 남자친구를 소개시켜 줄게
'~도록 하다'의 남용	예 • 거래처에 최 대리를 보내도록 합시다 • 그 일은 제가 직접 처리하도록 하겠습니다

(2) 능동 표현과 피동 표현

능동 표현	피동 표현
주어가 제 힘으로 행하는 동작을 나타내는 동사가 서술어로 쓰인 표현 예 흰 눈이 온 세상을 덮었다	남의 행동을 입어서 행하여지는 동작을 나타내는 동사가 서술어로 쓰인 표현 예 • 온 세상이 흰 눈에 다 덮였다 • 온 세상이 흰 눈에 다 덮어졌다

① 피동문을 만드는 방법

　　㉠ 능동문의 주어를 부사어로, 목적어를 주어로 바꾼다.

　　㉡ 능동 표현의 서술어를 피동 표현의 서술어로 바꾼다.

파생적 피동 (단형 피동)	(타)동사의 어간+'-이-, -하-, -리-, -기-'
통사적 피동 (장형 피동)	동사, 형용사의 어간+'-어지다', '-되다', '-게 되다'

② 능동 표현과 피동 표현의 특징

　　㉠ 일반적으로 능동문과 피동문은 짝을 이루지만 그렇지 않은 경우도 있다.

예

능동 표현	피동 표현
경찰이 도둑을 잡았다	도둑이 경찰에게 잡혔다
요즘은 아이들이 이런 춤을 잘 먹는다(×)	요즘은 아이들에게 이런 춤이 잘 먹힌다

　　㉡ 의미 해석이 다양해 말하는 대상과 상황에 따라 효과적으로 쓸 수 있다.

　　　예 • 진실이 밝혀지다(밝힌 사람이 누구인지 분명하지 않거나 드러낼 필요가 없을 때 사용할 수 있는 표현)

　　　　 • 내일부터 일주일 동안 국립 중앙 박물관에서 외규장각 도서 반환 기념 특별전이 열립니다('누가' 여느냐보다는 '무엇이, 어디에서' 열리느냐에 초점)

③ 피동 표현이 필요한 상황

　　㉠ 동작이 일어나게 한 사람을 알 수 없거나 밝힐 필요가 없을 때 쓴다.

　　　예 김치의 유산균이 건강에 유익하다는 사실이 널리 알려졌다

　　㉡ 자연 현상처럼 현상의 주체를 분명히 알 수 없거나 일반적인 주어여서 굳이 밝힐 필요가 없을 때 쓴다.

　　　예 현재 한반도 상공에 덮였던 구름이 말끔히 걷혔습니다(능동 표현으로 바꿀 경우 구름을 '누가' 걷었는지 주체를 밝혀야 함. 그러나 신적인 존재를 내세우지 않으면 그 주체를 밝히기가 어려움)

　　㉢ 행위의 주체를 감추거나 민감한 문제에 대해 책임 주체를 밝히기 어려울 때 쓴다.

　　　예 이번 파업으로 인해 피해를 입은 고객들에게 보상이 이루어질 것입니다

핵심 쏙 이론 | 탈행동적 피동

동작주를 상정하기 어려운 경우로 능동문으로 전환할 수 없다.
예 날씨가 풀렸다
  옷이 못에 걸렸다
  마음이 진정되었다
  제가 가게 되었습니다

④ 과도한 피동 표현 : 이중 피동

피동사 + −어지다	예 • 신동엽은 금강의 시인이라 불리워진다 • 그 문제는 아직도 풀려지지 않고 미스테리로 남았다 • 다운이의 실력이 그렇게 뛰어나다는 게 믿겨지지 않는다
'−되어지다', '−지게 되다'	예 • 이 논쟁의 끝은 없으리라고 생각되어진다 • 그 부부는 노년이 되면서 더욱 행복해지게 되었다
피동접미사의 남용	예 • 길을 헤매이다 • 날씨가 개이다

2. 높임 표현

관계에 맞는 예우를 갖추기 위해 대상을 높이는 표현

(1) 주체높임법 : 문장에서 주체가 되는 대상 즉, 주어를 높이는 방법
  ① 주격 조사 '−께서'를 활용한다.
    예 삼촌께서 선물을 주셨어
  ② 선어말어미 '−(으)시−'를 사용한다.
    예 이모께서 서울에 올라오셨어(올라오시었어)
  ③ 높임을 나타내는 동사를 사용한다.
    예 혹시 어머니께서 주무시니?

핵심 쏙 이론 | 직접높임법과 간접높임법

직접높임법	주체를 직접 높이는 방법 예 할아버지께서는 건강하시다
간접높임법	주체와 관련된 대상을 높이는 방법 예 • 할아버지께서는 치아가 건강하시다 / 할머니께서 귀가 밝으시다 / 선생님 말씀이 옳으십니다 • 교장 선생님의 훈화 말씀이 계시겠습니다(×) [이 문장의 '있다'는 형용사이므로 동사 '있다'의 높임 표현인 '계시다'를 쓸 수 없음]

주체가 청자보다 아랫사람인 경우 청자를 높이기 위해 주체를 높이지 않는 것

예 • 할아버지, 아버지께서 오셨어요 → '할아버지, 아버지가 왔어요.'로 표현하는 것이 압존법에 맞게 표현한 것이다.
• (전화 통화에서) 과장님께서는 지금 자리에 안 계십니다 → 직장에서는 가급적 압존법을 사용하지 않는 것이 상례이며, 통화를 하는 상대방을 높이는 의미에서 '과장님은 지금 자리에 안 계십니다.' 정도로 표현하는 것이 적절하다.

☑ 확인문제

높임법에 대한 설명으로 옳지 않은 것은?
2017 국가직 하반기 9급

ㄱ. 할아버지께서 노인정에 가셨습니다.
ㄴ. 선생님께서는 휴일에는 댁에 계십니다.
ㄷ. 여러분, 아이들을 자리에 앉혀 주십시오.
ㄹ. 우리는 할머니를 모시고 산책을 다녀왔다.

① ㄱ, ㄴ : 문장의 주체를 높이고 있다.
② ㄱ, ㄴ, ㄷ : 듣는 이를 높이고 있다.
③ ㄴ, ㄹ : 특수한 어휘를 사용하여 높임을 표현하고 있다.
④ ㄷ, ㄹ : 목적어를 높이고 있으므로 객체를 높이는 표현이다.

정답해설

ㄷ(여러분, 아이들을 자리에 앉혀 주십시오.)에서는 목적어 '아이들'을 높이지 않았다. 반면, ㄹ(우리는 할머니를 모시고 산책을 다녀왔다.)에서는 목적어(객체) '할머니'를 높임의 특수 어휘인 '모시고'를 통해 높이고 있다.

정답 ④

(2) 객체높임법 : 동작의 행위가 되는 대상 즉, 문장의 목적어나 부사어를 높이는 방법

① 높임을 나타내는 동사를 사용한다.

　예 동생이 어머니를 모시고 병원에 다녀왔다

② 객체가 부사어일 경우, 부사격조사 '에게/한테' 대신 '께'를 사용해서 높이기도 한다.

　예 나는 아주머니께 길을 여쭈어 보았다

핵심 톡 비결 | 주체높임법과 객체높임법의 구분

문장에서 어떤 것을 높이는지 잘 파악하여 적절한 높임법을 사용해야 한다.

예 영수야, 선생님께서 너를 오시래(×) → 영수야, 선생님께서 너를 오라셔

(3) 상대높임법 : 대화를 듣는 상대 즉, 청자를 높이는 방법

① 상황에 따라 격식체와 비격식체로 나뉜다.

격식체	의례적인 상황에서 쓰는 표현으로 청자와의 심리적 거리가 먼 것을 나타냄
비격식체	일상적인 상황에서 쓰는 표현으로 청자와의 심리적 거리가 가까운 것을 나타냄

② 종결 어미에 의해 청자에 대한 높임이나 낮춤의 정도가 표현된다.

구분			평서법	의문법	명령법	청유법	감탄법
격식체	아주 낮춤	해라체	-다	-냐?/-니?	-(거)라/-렴	-자	-는구나
	예사 낮춤	하게체	-네/-세	-는가?	-게	-세	-는구먼
	예사 높임	하오체	-오	-오?	-(시)오/-구려	-(ㅂ)시다	-는구려
	아주 높임	하십시오체	-니다	-(ㅂ)니까?	-(ㅂ)시오	(-시지요)	-
비격식체	두루 낮춤	해체	-아/-지	-아?/-지?	-아/-지	-아/-지	-는군
	두루 높임	해요체	-요	-요?	-요	-요	-는군요

- (직원이 고객에게) 주문하신 상품은 현재 품절이십니다. → 사물을 높이는 것은 부적절하므로 '주문하신 상품은 현재 품절입니다.'와 같이 고쳐야 한다.
- (방송에 출연해서) 저희 나라가 이번에 우승한 것은 국민 여러분의 뜨거운 성원 덕택입니다. → '나라'는 높임이나 낮춤의 대상이 아니므로 '저희'라는 말로 수식할 수 없다. 그리고 '우리나라'는 우리 한민족이 세운 나라를 스스로 이르는 한 단어의 명사이므로 붙여 쓰는 것이 옳다.

3. 시간 표현

말하는 사람의 시점을 기준으로 사건이나 동작의 앞뒤 시간을 제한하는 것

(1) 현재시제 : 발화시와 사건시가 일치하는 시제

① 현재시제의 표현 대상
　㉠ 현재의 동작 및 현재 진행되는 양상을 표현한다.
　　예 나는 지금 밥을 먹는다 / 동생은 책을 읽는 중이다
　㉡ 현재 반복되는 행동이나 습관을 나타낸다.
　　예 요즘에는 아침에 제일 먼저 물을 마신다 / 텔레비전을 볼 때는 꼭 누워서 본다
　㉢ 미래의 동작을 현재화하여 표현한다.
　　예 내일 점심 때 뭐 할 거야? – 세리랑 밥 먹어
　㉣ 과거 행동을 생생하게 표현한다.
　　예 섬진강변을 달리는 자전거는 가볍다(기행문에서)

② 현재시제의 표현 방법
　㉠ 현재를 나타내는 말을 사용한다.
　　예 오늘, 올해, 지금 등
　㉡ 선어말어미 '–ㄴ–/–는–', '–고 있–'을 사용한다.
　　예 소녀는 뜨개질을 한다 / 아기는 이유식을 먹고 있다
　㉢ 관형사형 어미 '–는'을 사용한다.
　　예 선미는 목욕을 하는 중이다.

(2) 과거시제 : 발화시가 사건시보다 나중인 시제

① 과거시제의 표현 대상
　㉠ 과거의 동작이나 상태를 나타낸다.
　　예 나는 밥을 먹었다 / 주희는 뜨개질을 좋아했다
　㉡ 과거의 진행된 동작이나 완료된 동작을 표현한다.
　　예 소년은 강을 따라 달리는 중이었다 / 어제 여름방학 숙제를 다 마쳤다
　㉢ 과거에 반복된 행동이나 과거의 습관을 표현한다.
　　예 그녀는 종종 그 빵집에 들르곤 했다 / 한솔이는 어렸을 때 손가락을 빨았다

ⓔ 과거의 일을 회상한다.

　　예 설악산의 풍경은 참 아름답더라

② **과거시제의 표현 방법**

　ⓐ 과거를 나타내는 말을 사용한다.

　　예 어제, 작년, 예전 등

　ⓑ 선어말어미 '-었-/-았-', '-더-'를 사용한다.

　　예 우리 마을은 작년에 태풍 피해를 입었다 / 너 노래 잘 하더라

　ⓒ 관형사형 어미 '-(은)ㄴ', '-던'을 사용한다.

　　예 이 책을 읽은 적이 있다 / 여기는 내가 자주 가던 꽃집이다

(3) 미래시제 : 사건시가 발화시보다 나중인 시제

① **미래시제의 표현 대상**

　ⓐ 미래의 일을 추측할 때 활용한다.

　　예 내일은 비가 올 것이다 / 일주일 뒤면 김치가 알맞게 익겠다

　ⓑ 미래에 일어날 일에 대한 의지를 나타낸다.

　　예 내년에는 반드시 논문을 완성하겠다

　ⓒ 예정된 일을 말할 때 활용한다.

　　예 기차는 한 시간 뒤에 출발할 거야

② **미래시제의 표현 방법**

　ⓐ 미래를 나타내는 말을 사용한다.

　　예 내일, 모레, 내년 등

　ⓑ 선어말 어미 '-겠-'을 사용한다.

　　예 내일 일찍 집을 나서야겠어

　ⓒ 관형사형 어미 '-(으)ㄹ', '-ㄹ 것'을 사용한다.

　　예 승규는 내년에 미국으로 떠날 계획이다

(4) 동작상 : 발화시를 기준으로 동작이 일어나는 모습을 표현한 것

① **진행상** : 발화시를 기준으로 그 동작이 진행되고 있음을 표현한 것

보조용언 '-고 있다'	예 나는 떡을 빚고 있다
보조용언 '-아/-어가다'	예 옷이 거의 말라간다
연결어미 '-(으)면서'	예 소희는 웃으면서 대답했다

② **완료상** : 발화시를 기준으로 그 동작이 완료되었음을 표현한 것

보조용언 '-아/-어 버리다'	예 건희는 돈을 다 써 버렸다
보조용언 '-아/-어 있다'	예 주연배우들은 대기실에 앉아 있습니다
연결어미 '-고서'	예 나는 공부를 마치고서 도서관에서 나왔다

☑ **확인문제**

어법에 어긋난 문장을 수정하고 설명한 예로 적절하지 않은 것은?

2019 지방직 9급

① 유사한 내용의 제안이 접수되었을 때에는 먼저 접수된 것이 우선한다.
　→ '접수되었을 때에는'은 사건이나 행위가 완료된 상황을 나타내므로 '접수될 때에는'으로 바꾼다.

② 안내서 및 과업 지시서 교부는 참가 신청자에게만 교부한다.
　→ '과업 지시서 교부'와 서술어 '교부하다'는 의미상 중복되며 호응하지 않으므로 앞의 '교부'를 삭제한다.

③ 해안선에서 200미터 이내의 수역을 제외된 상태에서 논의를 진행하겠습니다.
　→ 목적어 '수역을'과 서술어 '제외되다'는 호응하지 않으므로 '제외된'은 '제외한'으로 바꾼다.

④ 관련 도서는 해당 부서에 비치하고 관계자에게 열람한다.
　→ 서술어 '열람하다'는 부사어 '관계자에게'와 호응하지 않으므로 '열람하게 한다.'와 같이 바꾼다.

정답해설

이어진 문장의 '접수된'의 '-ㄴ'은 과거 시제를 나타내므로, 선행하는 문장에서 '접수될'과 같이 미래 시제를 나타내는 어미 '-ㄹ'을 사용하는 것은 어색하다.

정답 ①

③ 예정상 : 동작이 예정되어 있음을 표현하는 것

보조용언 '-게 하다'	예 승원이도 간식을 먹게 해주렴
보조용언 '-게 되다'	예 미아는 그 비행기를 타게 되었다
연결어미 '-(으)려고/-고자'	예 지윤이는 그에게 모든 사실을 고백하려고 한다.

핵심 ✿ 이론 | 절대적 시제와 상대적 시제

절대적 시제	발화시를 기준으로 결정되는 시제로, 용언의 종결형에 의해 나타난다.
상대적 시제	사건시를 기준으로 결정되는 시제로, 관형사형 전성어미를 통해 실현된다.

예 나는 아까 미술관에서 표를 사는 세아를 보았다(절대적 시제는 '과거'이지만, 상대적 시제는 '현재')

4. 중의적 표현

하나의 문장이 둘 이상의 의미로 해석되는 표현

(1) 중의적 표현의 종류

구조적 중의성	주체에 의한 중의성	예 미희가 보고 싶은 친구들이 많다 • 미희가 보고 싶어 하는 친구들이 많다 • 미희를 보고 싶어 하는 친구들이 많다
	주어의 범위에 의한 중의성	예 아내는 남편보다 아이를 더 사랑한다 • 아내는 남편을 사랑하는 것보다 아이를 더 사랑한다 • 아내와 남편 모두 아이를 사랑하는데, 아내가 아이를 더 사랑한다
	수식어의 중복에 의한 중의성	예 사랑하는 조국의 딸들이여! • 사랑하는 조국의, 딸들이여! • 조국의 사랑하는 딸들이여!
	부정어의 범위에 의한 중의성	예 그는 자기가 맡은 과제를 다 처리하지 못했다 • 그는 자기가 맡은 과제를 모두 처리하지 못했다 • 그는 자기가 맡은 과제를 다 처리하지는 못했다
	부정의 대상에 의한 중의성	예 나는 버스를 타지 않았다 • 버스를 탄 것은 내가 아니다 • 내가 탄 것은 버스가 아니다 • 나는 표만 끊고 버스를 타지 않았다
	접속조사 '와', '과'에 의한 중의성	예 나는 국어 선생님과 교장 선생님을 찾아뵈었다 • 나는 국어 선생님과 둘이 함께 교장 선생님을 찾아뵈었다 • 나는 혼자 국어 선생님과 교장 선생님 두 분을 찾아뵈었다
	조사 '의'에 의한 중의성	예 이것은 선생님의 그림이다 • 이것은 선생님이 그린 그림이다 • 이것은 선생님을 그린 그림이다 • 이것은 선생님이 가지고 있는 그림이다

	보조 용언에 따른 중의성	예 정수가 흰 바지를 입고 있다 • 정수가 이미 흰 바지를 입고 있다 • 정수가 흰 바지를 입고 있는 중이다
	병렬 구문에 의한 중의성	예 아기가 웃으면서 들어오는 엄마에게 달려간다 • 웃으면서 들어오는 엄마에게 아기가 달려간다 • 아기가 들어오는 엄마에게 웃으면서 달려간다
	의존 명사 구문의 중의성	예 주희가 공을 던지는 것이 이상하다 • 주희가 공을 던지는 모습이 이상하다 • 주희가 공을 던진다는 사실 자체가 이상하다
어휘적 중의성	다의어에 의한 중의성	예 아주머니는 손이 크다 • 신체 일부분 • 씀씀이
	동음이의어에 의한 중의성	예 그 배는 보기가 아주 좋다 • 과일 • 선박
비유적 중의성	보조 관념이 갖는 속성의 다양성에 의한 중의성	예 강준이는 왕이다 • 강준이는 우두머리이다 • 강준이는 왕 역할을 맡았다 • 강준이는 왕이라는 별명을 가지고 있다

☑ 확인문제
다음 중 중의적 문장이 아닌 것은?
2017 소방직 하반기
① 그는 민호와 영희를 만났다.
② 철수는 고향에서 온 친구를 어제 만났다.
③ 예쁜 소녀의 옷을 빌려 입었다.
④ 할아버지께서는 나에게 사과와 배 두 개를 주셨다.

정답해설
부사어의 이중 수식에 의한 중의성을 소거한 문장이다. 만약 부사어 '어제'의 위치가 '만났다'의 앞이 아닌 '철수는 어제 고향에서 온 친구를 만났다.'가 된다면 '어제'가 '온'과 '만났다'를 둘 다 수식하므로 중의적 문장이 된다.
정답 ②

(2) 중의성을 제거하는 방법

어순 조절	예 게으른 토끼와 거북이가 달리기 경주를 한다 → 거북이와 게으른 토끼가 달리기 경주를 한다
필요한 정보 추가	예 저 배 좀 봐 → 저 맛있어 보이는 배 좀 봐
반점(,) 사용	예 멋진 수의사의 친구 → 멋진, 수의사의 친구
조사 '은, 는'의 사용	예 약속을 다 지키지 않았다 → 약속을 다 지키지는 않았다

(3) 중의적 표현의 특징

① 중의적 표현의 장점
  ㉠ 언어의 단조로움을 없애고, 의미를 좀 더 풍부하게 하여 상상력을 자극한다.
  ㉡ 독자나 청자의 관심을 끌고, 흥미를 유발한다.
    예 철없던 네가 철들었구나!(빈혈약 광고)

② 중의적 표현의 단점
  ㉠ 말하는 이나 글쓴이의 의도가 정확하게 전달되지 않는다.
  ㉡ 의미 해석에 혼동을 가져와 의사소통을 방해한다.
    예 나는 어제 병원에서 이모를 만나지 않았어

5. 부정 표현

부정의 의미를 나타내는 표현

(1) 부정문의 실현 방법

① 짧은 부정문 : 부정 부사 '안', '못'+용언

  예 윤조는 아직 승민이를 안(아니)/못 만났다

② 긴 부정문 : 용언의 어간+보조적 연결 어미 '-지'+보조 용언 '아니하다/못하다/말다'

  예 윤조는 승민이를 만나지 않았다/못했다/마라

(2) 부정문의 종류

① '안' 부정문

단순부정	의지부정
동작이나 상태가 그렇지 않음을 나타냄 예 혜진이는 안 작다	주어의 의지에 의해 어떤 동작이 일어나지 않음을 나타냄 예 효지는 시골에 가지 않는다

핵심 쏙 이론 │ '-지 않(잖)-'의 의미 기능

'-지 않(잖)-'이 붙는다고 모두 부정이 되는 것은 아니다.
예 지현이 예쁘지 않니? / 미라는 집에 갔지 않니?

② '못' 부정문 : 주어의 능력이나 외부의 어떤 원인 때문에 그 행위가 일어나지 못하는 것을 나타낸다.

  예 나는 국어 숙제를 하지 못했다 / 도진이는 우유를 못 먹는다

③ '말다' 부정문 : '금지'의 부정, 명령문과 청유문의 부정을 나타낸다.

  예 이곳에서 수영하지 마라 / 말자

01 다음 중 안은문장이 아닌 것은?

2018 소방직 상반기

① 철수는 국어가 좋다.

② 나는 그가 온다는 소식을 들었다.

③ 영희는 배가 너무 고프다고 말했다.

④ 나는 나만의 삶을 나만의 방식대로 산다.

01

홑문장 : 나는(주어) / 나만의(관형어) / 삶을(목적어) / 나만의(관형어) / 방식대로(부사어) / 산다(서술어)

정답 ④

02 다음 중 〈보기〉에 대한 이해로 적절하지 않은 것은?

2016 서울시 9급

┌─ 보기 ├─

주동문 ㉠ 아이가 밥을 먹었다.   ㉢ 마당이 넓다.
              ↓   ↓
사동문 ㉡ 어머니가 아이에게 밥을 먹게 하였다.   ㉣ 인부들이 마당을 넓혔다.

└───┘

① ㉡, ㉣을 보니, 사동문에는 두 가지 유형이 있군.

② ㉡, ㉣을 보니, 주동문의 주어는 사동문에서 다른 문장 성분으로 나타날 수 있군.

③ 〈보기〉를 보니, 동사만 사동화될 수 있군.

④ 〈보기〉를 보니, 주동문을 사동문으로 바꾸면 서술어의 자릿수가 변화할 수 있군.

02

'넓다'는 형용사이고, '넓다'에 사동접사 '-히-'가 붙은 '넓히다'는 동사이므로 동사만 사동화될 수 있다는 말은 적절하지 않다.

정답 ③

03 다음 문장에서 '주체 높임, 상대 높임, 객체 높임'이 모두 사용된 문장은?

2017 소방직 상반기

① 제 동생은 이웃집 아주머니께 깍듯하게 인사를 해요.

② 아버지께서 할아버지께 진지 드시라고 말씀하셨어요.

③ 우리 어머니께서는 식사를 하실 때마다 늘 정갈하게 드시고는 해.

④ 선생님께서 우리 어머니를 만나시고는 내 칭찬을 얼마나 많이 하셨는지 몰라.

03

'진지'와 '드시다'는 주체 높임과 관련된 말이다.

• 주체 높임 : 주어의 대상인 '아버지'를 높임 [주격 조사 '-께서', 높임 선어말 어미 '-시-', 높임 명사 '말씀' 사용]

• 상대 높임 : 말 듣는 대상(청자)을 높임 [서술어의 종결형 '-어요', 두루 높임의 해요체 사용]

• 객체 높임 : 부사어의 대상인 '할아버지'를 높임 [부사격 조사 '-께' 사용]

정답 ②

안심Touch

국어의 역사

---

01 국어의 본질

---

1. 한글의 제자 원리

(1) 국어의 개념

① 국어(國語)란 국가를 배경으로 그 나라의 국민이 사용하는 개별적, 구체적 언어이다.

② 국어는 좁은 의미에서는 정치상 '공식어'를, 교육상 '표준어'를 뜻하지만, 넓은 의미에서는 방언과 고어 등도 국어에 포함시킨다.

③ 보통 한 나라 안에서는 하나의 국어가 사용되지만 경우에 따라 둘 이상의 국어를 사용하는 나라도 있다.

(2) 국어의 갈래

① **계통상 분류** : 국어는 계통상 몽골어, 고대 만주어, 퉁구스어, 일본어, 터키어 등과 함께 '알타이어족'에 속하는 것으로 추정된다. 알타이어족에 속하는 언어는 다음과 같은 공통 특질이 나타난다.

ㄱ 두음법칙이 있다.

ㄴ 모음조화 현상이 있다.

ㄷ 첫소리에 자음이 겹치지 않는다.

ㄹ 수식어가 피수식어 앞에 놓인다.

ㅁ 실질형태소에 형식형태소가 붙어 문법적 관계를 나타낸다.

ㅂ '주어＋목적어＋서술어 / 주어＋보어＋서술어'의 구조를 갖는다.

ㅅ 모음동화, 자음동화 현상이 심하다.

ㅇ 'sing-sang-sung' 등 문법적 기능을 나타내는 모음 교체 및 자음 교체가 없다.

ㅈ 관계 대명사와 접속사가 없다.

핵심 쏙 이론 | 알타이어족의 공통 특질

- 두음법칙 : 단어의 첫 번째 음절 초성에 'ㄴ, ㄹ'이 오는 것이 제한되는 법칙
  - 예 여자(女子), 양심(良心), 노인(老人)
- 모음조화 : 양성모음은 양성모음끼리만 이어지고, 음성모음은 음성모음끼리만 이어지는 현상
  - 예 깎아, 숨어, 알록달록, 얼룩덜룩, 졸졸, 줄줄
- 실질형태소와 형식형태소
  - 실질형태소 : 실질적인 의미를 갖는 형태소
    - 예 명사, 대명사, 수사, 부사, 관형사, 감탄사, 용언의 어간
  - 형식형태소 : 실질적인 의미를 갖지 않는 형태소
    - 예 조사, 접사, 선어말어미, 어말어미
- 감각어 : 신체의 내부 또는 외부의 자극에 의하여 일어나는 느낌을 표현하는 단어
  - 예 저리다, 푸르다, 시끄럽다, 짜다, 미지근하다
- 모음동화 : 모음과 모음 사이에서 일어나는 동화 현상. 앞 음절의 후설모음 'ㅏ, ㅓ, ㅗ, ㅜ'는 뒤 음절에 전설모음 'ㅣ'가 올 경우 전설모음 'ㅐ, ㅔ, ㅚ, ㅟ'로 변하는 일이 있는데, 이러한 현상을 모음동화라고 한다.
  - 예 남비 → 냄비 / 풋나기 → 풋내기 / 멋장이 → 멋쟁이
- 자음동화 : 자음과 자음 사이에서 일어나는 동화 현상. 음절 끝의 자음이 그 뒤에 다른 자음과 만날 때, 어느 한쪽이 다른 쪽과 비슷하거나 같은 소리로 바뀌기도 하고, 양쪽이 서로 닮아서 두 소리가 다 바뀌기도 하는 현상을 자음동화라고 한다.
  - 예 밥물 → [밤물] / 섭리 → [섭니]→ [섬니]
- 모음교체 : 하나의 어근 안에 있는 모음이 바뀌어 문법 기능이나 의미 따위가 달라지는 언어 현상
  - 예 늙다-낡다 / 작다-적다

② 형태상 분류 : 국어는 형태상 '첨가어(일명 교착어, 부착어)'에 속한다.

핵심 쏙 이론 | 언어의 형태적 분류

- 첨가어(添加語) : 국어와 같이 실질형태소에 형식형태소가 붙어 문법적 관계를 나타내는 언어이다. 일명 '교착어', '부착어'라고도 한다.
  - 예 나는 너를 사랑한다 / 너는 나를 사랑한다
- 굴절어(屈折語) : 영어와 같이 실질형태소와 형식형태소의 구별이 뚜렷하지 않고, 어형이나 어미 자체를 변화하여 문장 속에서 여러 가지 문법적 관계를 나타내는 언어를 말한다.
  - 예 I love you / You love me
- 고립어(孤立語) : 중국어와 같이 실질형태소만 있고 형식형태소가 없어 문장 안에서 말이 어느 위치에 있는지에 따라 문법적 기능이 달라지는 언어이다.
  - 예 我爱你[wǒ inǐ] / 你爱我[nǐ iwǒ]
- 포합어(抱合語) : 동사를 중심으로 하여 그 앞뒤에 인칭접사(人稱接辭)나 목적을 나타내는 어사(語辭)를 결합하여 하나의 단어로 하나의 문장을 표현하는 언어를 말하며 아메리카 인디언어, 아이누어 등이 이에 속한다.
  - 예 ku-oman(동사 'oman'에 인칭접사인 'ku'를 결합하여 '내가 간다.'라는 문장을 나타냄)

☑ **확인문제**

훈민정음 해례본에 나오는 한글의 제자 원리로 가장 옳은 것은?

2016 서울시 9급

① 초성은 발음기관을 본떠 만들었는데 'ㄱ'은 혀가 윗잇몸에 닿는 모양을 본뜬 것이다.
② 'ㄱ, ㄴ, ㅁ, ㅅ, ㅇ' 5개의 기본 문자에 가획의 원리로 'ㅋ, ㄷ, ㅌ, ㄹ, ㅂ, ㅈ, ㅊ, ㅎ' 총 8개의 문자를 만들었다.
③ 문자의 수는 초성 10자, 중성 10자, 종성 8자로 모두 28자이다.
④ 연서(連書)는 'ㅇ'을 이용한 것으로서 예로는 'ㅸ'이 있다.

정답해설

'연서(連書)'란 위아래 글자를 이어 쓰는 방법으로 'ㅸ'과 같은 순경음을 만드는 글자 운용법이다.

정답 ④

2. 자음의 제자 원리

(1) 상형 : 소리를 내는 발음 기관의 모양을 본떠 만든다.

어금닛소리(아음)	혓소리(설음)	입술소리(순음)	잇소리(치음)	목구멍소리(후음)
혀뿌리가 목구멍을 막는 모양	혀끝이 윗잇몸에 붙는 모양	입의 모양	이의 모양	목구멍의 모양
ㄱ	ㄴ	ㅁ	ㅅ	ㅇ

(2) 가획 : 기본자에 획을 더하여 새로운 글자를 만든다.

(3) 이체 : 기본자인 'ㄴ, ㅅ, ㅇ'의 모양을 달리하여 만든다.

기본자	가획자	이체자
ㄱ	ㅋ	ㆁ
ㄴ	ㄷ, ㅌ	ㄹ
ㅁ	ㅂ, ㅍ	
ㅅ	ㅈ, ㅊ	ㅿ
ㅇ	ㆆ, ㅎ	

(4) 병서와 연서 : 다양한 소리를 적기 위해서 자음을 합하여 쓴다.

병서	각자병서	같은 글자를 가로로 나란히 쓰는 방법	ㄲ, ㄸ, ㅃ, ㅆ, ㅉ, ㆅ
	합용병서	다른 글자들을 가로로 나란히 쓰는 방법	ㅺ, ㅼ, ㅽ, ㅳ, ㅄ, ㅶ, ㅷ, ㅴ, ㅵ
연서		세로로 나란히 이어 쓰는 방법	ㅸ, ㆄ, ㅹ, ㅱ

3. 모음의 제자 원리

(1) 상형 : 하늘, 땅, 사람의 모양을 본떠 만든다.

기본자	본뜬 모양	혀의 모양	소리의 특성
ㆍ	하늘의 둥근 모양	혀를 오므림	소리가 깊음
ㅡ	땅의 평평한 모양	혀를 조금 오므림	소리가 깊지도 얕지도 않음
ㅣ	사람이 서 있는 모양	혀를 안 오므림	소리가 얕음

(2) 합성 : 기본자 'ㆍ'와 'ㅡ', 'ㅣ'를 어울려서 초출자를 만들고, 초출자에 'ㆍ'를 더하여 만든다.

초출자			재출자	
ㆍ + ㅡ	ㅗ		ㅗ + ㆍ	ㅛ
ㆍ + ㅣ	ㅓ		ㅓ + ㆍ	ㅕ
ㅡ + ㆍ	ㅜ		ㅜ + ㆍ	ㅠ
ㅣ + ㆍ	ㅏ		ㅏ + ㆍ	ㅑ

(3) 합용 : 상형이나 합성으로 만들어진 글자를 더하여 만든다.

ㅡ + ㅣ	ㅢ
ㅏ + ㅣ	ㅐ
ㅗ + ㅏ	ㅘ
ㅜ + ㅓ	ㅝ
ㅘ + ㅣ	ㅙ

---

02 국어의 변천

1. 고대 국어

삼국 시대부터 통일신라 시대까지 약 1,000년 동안의 국어

(1) 고대 국어의 특징

① 삼국 시대에는 고구려어, 백제어, 신라어가 쓰였을 것으로 추정하나 자료가 부족하여 정확한 모습은 알기 어렵다.

② 통일신라 시대에는 신라어를 중심으로 국어가 통일되었을 것으로 추정된다.

음운	자음 체계에 예사소리와 거센소리 두 계열만 존재
문법	높임법 등 우리말 문법의 기본 원리를 확립
표기	한자의 소리와 뜻을 빌려 우리말을 표기
어휘	한자어의 유입으로 어휘 증가

안심Touch

핵심 (쏙) 이론 | 한자 차용 방식

素那(或云金川) 白城郡蛇山人也.
소나(혹운금천) 백성군사산인야.

– 『삼국사기』 제47권, 1145년(인종 23)

현대어 풀이

소나(혹은 금천이라고 한다)는 백성군 사산 사람이다.

구분	素	那		金	川
뜻	흴	어찌	=	쇠	내
음	소	나		금	천

핵심 (쏙) 이론 | 고유어와 한자어의 경쟁

永同郡 本吉同郡 景德王改名 今因之.
영동군 본길동군 경덕왕개명 금인지.

– 『삼국사기』 제34권, 1145년(인종 23)

현대어 풀이

영동군은 본래 길동군인데 경덕왕이 이름을 고쳤으며, 지금 이를 그대로 쓰고 있다.

구분	永	同		吉	同
뜻	길	같을	=	길할	같을
음	영	동		길	동

핵심 (쏙) 이론 | 「서동요」로 보는 향찰의 표기방식

• 실질적인 의미를 나타내는 말은 주로 한자의 뜻으로 나타낸다.
• 문법적인 기능을 하는 조사, 어미 등은 주로 한자의 음으로 나타낸다.

정용자		체언이나 용언의 어간 부분에 해당하는 것으로 문장의 중심 의미를 담고 있는 글자
	훈독	뜻을 기준으로 읽는 글자
	음독	음을 기준으로 읽는 글자
차용자		조사나 어미 부분에 해당되는 것으로 문장 성립의 보조적 역할을 하는 글자

「서동요」

구분	善	化	公	主	主	隱
음	선	화	공	주	주	은
뜻	착하다	되다	귀인	님	님	숨다

양주동역	선화 공주니믄
현대어 풀이	선화공주님은

→ 主主 : 앞말은 음, 뒷말은 뜻을 빌려 표기하였다.
　隱 : 음을 빌려 보조사 '은'을 표기하였다.

구분	他	密	只	嫁	良	置	古
음	타	밀	지	가	량	치	고
뜻	남	그윽하다	다만	얼다	좋다	두다	옛

양주동역	눔 그스지 얼어 두고
현대어 풀이	남 몰래 결혼하고

→ 密 : '비밀히'의 고어인 '그윽ᄒ다(> 그윽하다)'에서 어간인 '그스-'만 빌려 온 것이다.
　只 : 음을 빌려 어미 '-지'를 표기했다.
　嫁 : '혼인하다'의 고어인 '얼다'에서 뜻의 일부인 '얼-'만 빌려 온 것이다.
　良 : '량'에서 음의 일부를 빌려 연결 어미 '-아/-어'를 표기했다.

구분	薯	童	房	乙
음	서	동	방	을
뜻	마	아이	방	새

양주동역	맛둥바
현대어 풀이	맛둥서방을

→ 乙 : 음을 빌려 목적격 조사 '을'을 표기했다.

구분	夜	矣	卯	乙	抱	遣	去	如
음	야	의	묘	을	포	견	거	여
뜻	밤	어조사	토끼	새	안다	보내다	가다	같다

양주동역	밤미 몰 안고 가다.
현대어 풀이	밤에 몰래 안고 간다.

→ 矣 : 음을 빌려 부사격 조사 '의'를 표기했다.
　卯乙 : 음의 일부 '모'와 'ㄹ'을 빌려 '몰(몰래)'로 읽는다.
　遣 : '견'에서 음의 일부를 빌려 연결 어미 '-고'를 표기한다.
　如 : '같다'의 뜻의 일부를 빌려 '-다'를 표기한다.

－『삼국유사』 제2권, 1281년(충렬왕 7)

☑ **확인문제**

다음 중 한글 창제 당시 초성 17자에 포함되지 않는 글자가 쓰인 것은?

2017 서울시 9급

① 님금
② 늣거사
③ 바올
④ 가ᄫᅵ야본

정답해설

'ᄫ'(순경음 비읍)은 28자에 속하지는 않지만 당시 고유어와 한자어 표기에 사용되었다.

정답 ④

2. 중세 국어

고려의 건국부터 16세기 말까지의 국어

(1) 중세 국어의 음운상 특징

① 음운 'ㆆ, ㅿ, ㅸ, ㆁ, ·'을 사용했다.

예 ᄒᆞᆷ, ᄉᆞᆨᅵ, 죵, 수ㅸᅵ, 죵, 증ᄌᆞᄃᆞ·려

② 글자 왼쪽에 방점을 찍어 성조를 표시했다.

구분		방점	소리	예시
높낮이	평성	없음	낮은 소리	나
	거성	한 개	높은 소리	·미
	상성	두 개	처음은 낮고 나중이 높은 소리	:말
빠르기	입성	없거나 하나이거나 둘	빨리 끝을 닫는 소리 (ㄱ, ㄷ, ㅂ, ㅅ으로 끝나는 음절)	·랏

③ 어두자음군의 존재 : 초성에 자음이 연속으로 둘 이상 발음되는 것으로, 'ㅂ'계와 'ㅅ'계가 있다. 현대 국어에서는 된소리로 변했다.

예 ·ᄠᅳ·들, ᄡᆞᆯ·미니·라

④ 된소리가 등장했다.

예 :말ᄊᆞ·미

⑤ 모음조화 현상이 지켜지나 점차 문란해짐 : 양성모음 '·, ㅏ, ㅗ, ㅑ, ㅛ'는 양성모음끼리, 음성모음 'ㅓ, ㅜ, ㅡ, ㅕ, ㅠ'는 음성모음끼리 어울려 쓰였다.

예 • ·ᄡᅮ·메 : 'ᄡᅳ'의 'ㅡ'가 음성모음이므로 음성모음인 명사형 어미 '-움'이 결합하였다.
　• 비·르·소미·오 : 어간 '비릇-'의 'ㅡ'가 음성모음이므로 음성모음인 명사형 어미 '-움'과 결합해야 하는데 양성모음 명사형 어미 '-옴'과 결합하였다.

(2) 중세 국어의 문법상 특징

① 명사형 어미 '-옴/-움'이 쓰였으나, 후기에는 잘 쓰이지 않고 '-기'가 쓰였다.

예 ·ᄡᅮ·메(·ᄡᅳ-+-움+에) → 야:당ᄒᆞ·기(야:당ᄒᆞ-+-·기)

② 주격 조사 '가'는 쓰이지 않고 '이'만 쓰였다.

형태	조건	예시
이	자음 뒤	:말ᄊᆞ·미(말ᄊᆞᆷ+이)
ㅣ	'ㅣ'와 반모음 'ㅣ'로 끝나는 말 이외의 모음으로 끝나는 말 뒤	부톄(부텨+ㅣ)
∅	'ㅣ'와 반모음 'ㅣ'로 끝나는 말 뒤	불휘(불휘+∅)

③ 비교 부사격 조사 '과' 대신 '에'가 쓰였다.

예 듕·귁·에 > 중국과

④ 객체높임에서 서술어에 선어말어미 '-ᄉᆞᆸ-, -ᄌᆞᆸ-, -ᅀᆞᆸ-'을 사용하였다.

예 받ᄌᆞ·온(받-+-ᄌᆞᆸ-+온)

⑤ 'ㄹㅇ'형 활용형이 규칙적으로 나타났다.
　　예 달·아 → 닐·러(점차 'ㄹㄹ' 활용형이 나타남)
⑥ 사잇소리 현상이 다양하게 나타났다.
　　예 君군ㅅ字쫑, 가·온·딧소·리

(3) 중세 국어의 표기상 특징

① 이어적기(연철)가 쓰이다가 후기에 이르러 끊어적기(분철)와 함께 쓰였다.

이어적기 (연철)	소리 나는 대로 적는 것, 받침이 있는 체언이나 용언의 어간에 모음으로 시작되는 조사나 어미가 붙을 때, 받침을 뒷말의 첫소리로 표기한다. 예 :말ㅆ·미, 시·러
끊어적기 (분철)	형태소의 모습을 밝혀 적는 것, 받침이 있는 체언이나 용언의 어간에 모음으로 시작되는 조사나 어미가 붙더라도, 종성 자음을 앞 음절에 그대로 두고 뒷말의 초성에는 'ㅇ'을 적는다. 예 ·몸·이며, 들:온

② 동국정운식 한자음 표기가 점차 현실적인 한자음 표기로 바뀌었다.
　　예 世·솅宗종御·엉製·졩訓·훈 → 父·부母:모
③ 초성이나 종성을 쓸 때 각자병서와 합용병서가 쓰였다.

각자병서	서로 같은 자음을 나란히 쓰는 표기법 예 ㄲ, ㄸ, ㅆ, ㅉ, ㆅ
합용병서	서로 다른 자음을 나란히 쓰는 표기법 예 ㅳ, ㅄ, ㅺ, ㅼ, ㅽ, ㅶ, ㅴ, ㅵ

④ 8종성법에 따라 종성에 'ㄱ, ㄴ, ㄷ, ㄹ, ㅁ, ㅂ, ㅅ, ㆁ'만 표기 : 훈민정음 창제 당시에는 '종성부용초성'이라 하여 종성을 따로 만들지 않고 초성을 다시 쓴다고 했으나, 『훈민정음』(해례본)에서 8종성법을 확정하였다.
　　예 ㅅ못·다 > ㅅ뭇·다

(4) 중세 국어의 어휘상 특징

① 현대 국어와 다른 의미로 쓰인 단어들이 있다.

의미의 확대	본래 쓰이던 말의 의미가 확장된다. 예 세수(손을 씻음 > 손이나 얼굴을 씻음)
의미의 이동	말의 의미가 다른 것으로 변화된다. 예 어·리다(어리석다 > 나이가 적다)
의미의 축소	본래 쓰이던 말의 의미가 축소된다. 예 얼굴(몸 전체 > 안면)

② 중국어, 몽골어, 여진어, 산스크리트어 등 외래어가 사용되었다.
　　예 분(중국어), 슈라(몽골어), 투먼(여진어), 부텨(산스크리트어)
③ 고유어와 한자어의 경쟁이 계속되면서, 한자어의 쓰임이 증가하였다.
　　예 온 > 백(百) / 즈믄 > 천(千)

핵심 ㊵ 이론 │ 『훈민정음』(언해본) 「서문」으로 보는 중세 국어

世·솅宗종御·엉製·졩訓·훈民민正·졍音흠
　나·랏 :말ᄊᆞ·미 中듕國·귁·에 달·아 文문字·ᄍᆞ·와·로 서르 ᄉᆞᄆᆞᆺ·디 아·니ᄒᆞᆯ·ᄊᆡ ·이런 젼·ᄎᆞ·로 어·린 百·ᄇᆡᆨ姓·셩·이 니르·고·져 ·홇 ·배 이·셔·도 ᄆᆞ·ᄎᆞᆷ:내 제 ·ᄠᅳ·들 시·러 펴·디 :몯ᄒᆞᇙ ·노·미 하·니·라 ·내 ·이·ᄅᆞᆯ 爲·윙·ᄒᆞ·야 :어엿·비 너·겨 ·새·로 ·스·믈여·듧 字·ᄍᆞ·ᄅᆞᆯ 밍·ᄀᆞ노·니 :사ᄅᆞᆷ:마·다 :ᄒᆡ·ᅇᅧ :수·ᄫᅵ 니·겨 ·날·로 ·ᄡᅮ·메 便뼌安한·ᄏᆡ ᄒᆞ·고·져 ᄒᆞᇙ ᄯᆞ·ᄅᆞ·미니·라

– 『훈민정음』(언해본)(1459, 세조 5)

현대어 풀이

세종어제훈민정음
　우리나라의 말이 중국과 달라 한자와는 서로 통하지 아니하여서 이런 까닭으로 어리석은 백성이 말하고자 하는 바가 있어도 마침내 제 뜻을 펴지 못하는 사람이 많다. 내가 이것을 가엾게 여겨 새로 스물여덟 글자를 만드니, 모든 사람으로 하여금 쉽게 익혀서 날마다 쓰는 데 편하게 하고자 할 따름이다.

음운	• 'ㆆ, ㅸ, ㆁ, ㆍ, ㅿ'의 사용 : ·훈民민正·졍音흠 / 수·ᄫᅵ / 종 / :말ᄊᆞ·미 • 성조의 방점 표기 : 나(평성) / ·랏(거성) / :말(상성) • 어두 자음군이 나타남(된소리) : ·ᄠᅳ·들, ·ᄡᅮ·메, ᄯᆞ·ᄅᆞ·미니·라 • 규칙적인 모음조화 : ·ᄡᅮ·메 • 두음법칙이 적용되지 않음 : 니르·고·져 > 이르고자 / 니·겨 > 여겨 • 구개음화가 일어나지 않음 : 펴·디 > 펴지 • 원순모음화가 일어나지 않음 : ·스·믈 > 스물
문법	• 명사형 어미 '-옴/-움'의 사용 : ·ᄡᅮ·메 • 'ㄹㅇ'형의 활용형이 규칙적으로 나타남 : 달·아
표기	• 보편적인 이어적기 : :말ᄊᆞ·미, ·ᄠᅳ·들, 시·러, ·ᄡᅮ·메, ·노·미, ᄯᆞ·ᄅᆞ·미니·라 • 동국정운식 한자음 표기 : 世·솅, 製·졩, 便뼌安한 • 각자병서의 사용 : :말ᄊᆞ·미, 文문字·ᄍᆞ·와·로, 아·니ᄒᆞᆯ·ᄊᆡ, ·스·믈여·듧 字·ᄍᆞ·ᄅᆞᆯ • 8종성법에 따른 표기 : ᄉᆞᄆᆞᆺ·디
어휘	• 의미가 축소된 단어 : ·놈(보통 사람 > 남자를 낮추어 이르는 말) • 의미가 이동된 단어 : 어·리다(어리석다 > 나이가 적다) / :어엿·브다(불쌍하다 > 예쁘다)

孔·공子ㅈ│ 曾증子·ᄌᆞ드·려 닐·러 ᄀᆞᆯᄋᆞ·샤·ᄃᆡ ·몸·이며 얼굴·이며 머·리털·이·며 ·ᄉᆞᆯ·흔 父·부母:모·끠 ᄌᆞ·온 거·시·라 敢:감·히 헐·워 상히·오·디 아·니 :홈·이 :효·도·의 비·르·소미·오 ·몸·을 셰·워 道:도·ᄅᆞᆯ 行·ᄒᆡᆼ·ᄒᆞ·야 일·홈·을 後:후世·셰·예 :베퍼·뼈 父·부母·모롤 :현·뎌케 :홈·이 :효·도·의 ᄆᆞ·ᄎᆞᆷ·이니·라

:유·익ᄒᆞᆫ ·이 :세 가·짓 :벋·이오 :해·로온 ·이 :세 가·짓 :벋·이니 直·딕ᄒᆞᆫ ·이·롤 :벋ᄒᆞ·며 ·신·실ᄒᆞᆫ ·이·롤 :벋ᄒᆞ·며 들·온 것 한 ·이·롤 :벋ᄒᆞ·면 :유·익ᄒᆞ·고 ·거·동·만 니·근 ·이·롤 :벋ᄒᆞ·며 아:당ᄒᆞ·기 잘 ·ᄒᆞᄂᆞᆫ ·이·롤 :벋ᄒᆞ·며 :말솜·만 니·근 ·이·롤 :벋ᄒᆞ·면 해·로·온이·라

– 「소학언해」 제2권(1587, 선조 20)

현대어 풀이

공자께서 증자에게 일러 말씀하시기를, 몸과 형체와 머리털과 살은 부모께 받은 것이라, 감히 헐게 하여 상하게 하지 아니함이 효도의 시작이고, 입신(출세)하여 도를 행하여 이름을 후세에 날려 이로써 부모를 드러나게 함이 효도의 끝이니라.

유익한 벗이 셋이고, 해로운 벗이 셋이니, 정직한 이를 벗하며, 신실한 이를 벗하며, 견문이 많은 이를 벗하면 유익하고, 행동만 익은 이를 벗하며, 아첨하기를 잘하는 이를 벗하며, 말만 익은 이를 벗하면 해로우니라.

음운	• 'ㅎ, ㅿ, ㅸ'의 소멸 : :해·로온
	• 모음조화 문란해지기 시작 : 비·르·소미·오, 들:온
문법	• 명사형 어미 '–옴/–움'의 혼란이 나타남 : 비·르·소미·오
	• 명사형 어미 '–기'의 사용 : 아:당ᄒᆞ·기
	• 'ㄹㅇ'형의 활용형이 'ㄹㄹ'로 나타남 : 닐·러
표기	• 끊어적기의 확대 : ᄀᆞᆯᄋᆞ·샤·ᄃᆡ, ·몸·이며, 일:홈·, 들:온
	• 현실적인 한자음 표기 : 父·부母:모
	• 각자병서 사용되지 않음 : :말솜
	• 8종성법에 따른 표기 : :벋 > 벗
	• 사잇소리가 'ㅅ'으로 통일 : 가·짓
어휘	의미가 축소된 단어 : 얼굴(몸 전체 > 안면)

▼ 「소학언해」 해제

• 효도의 시작과 마침[부자유친(父子有親)]

효도의 시작
부모님께 받은 신체를 상하게 하지 않고 몸을 보존하는 것

↓

효도의 끝
출세하고 도를 행하여 이름을 후세에 알려 부모를 드러내는 것[입신양명(立身揚名)]

• 벗의 유형

유익한 벗
• 정직한 벗
• 믿음직한 벗
• 아는 것이 많은 벗

↓

해로운 벗
• 행동만 익은 벗(속 빈 강정, 빛 좋은 개살구)
• 아첨하기 잘 하는 벗[교언영색(巧言令色)]
• 말만 익은 벗[언행불일치(言行不一致)]

3. 근대 국어

17세기 초(임진왜란 후)부터 19세기 말(갑오개혁)까지의 국어

(1) 근대 국어의 음운상 특징

① 문자 'ㆁ, ㆆ, ㅿ'가 소실되었다.

예 징반 > 징반, 便뼌安한 > 편안, 처섬 > 처엄

② 표기에만 남아있던 음운 'ㆍ' 완전 소실 : 1933년 제정된 한글 맞춤법 통일안에서 폐지되었다.

예 사ᄅᆞᆷ들이 > 사람들이, 비오ᄂᆞᆫ > 배우는

③ 성조와 방점이 사라졌다.

예 야:당ᄒᆞ·기 → 통낭ᄒᆞ기

④ 모음조화가 문란해졌다.

예 나를, 놉흔, 쓰ᄂᆞᆫ

⑤ 구개음화 현상이 나타났다.

예 뎌긔 > 져긔

⑥ 원순모음화 현상이 나타났다.

예 므슴 > 무슴

(2) 근대 국어의 문법상 특징

① 명사형 어미 '-기'가 활발하게 사용되기 시작하였다.

예 븕기, 통낭ᄒᆞ기

② 주격 조사 '가'가 사용되었다.

예 글ᄀᆞ가 우희 부터는지

③ 비교격 조사 '도곤'이 사용되었다.

예 호박도곤 더 곱더라

④ 목적격 조사의 혼란이 나타났다.

예 빅ᄉᆞ을 ᄀᆞᆮ긋

⑤ 종결어미 '-라'가 보편적으로 사용되었다.

예 샹하 귀쳔이 모도보고 알어보기가 쉬흘터이라

⑥ 현대 국어와 다른 방식으로 의문형 종결어미가 사용되었다.

예 무어신고, 그게 엇지 한심치 아니하리요

⑦ 한문의 영향을 받은 의고적 표현이 다수 나타났다.

예 고로, -ㄴ즉, -노라

(3) 근대 국어의 표기상 특징

① 이어적기가 사라지면서, 거듭적기가 나타나고, 끊어적기가 확대되었다.

예		
이어적기	드러, 일그니	
거듭적기	것츨, 쯧시니	
끊어적기	븕은, 믈 속으로셔, 긔운이	

핵심 ⊛ 이론 | 거듭적기(중철)

앞 음절의 끝소리 자음 뒤에 모음으로 시작하는 조사나 어미, 접사 등이 이어지는 경우 앞 음절의 받침 자음을 두 번 거듭하여 뒤 음절의 초성으로 표기한다.

② 재음소화가 나타났다.

ㅊ		ㅈ + ㅎ
ㅋ	→	ㄱ + ㅎ
ㅌ		ㄷ + ㅎ
ㅍ		ㅂ + ㅎ

예 높이 > 놉히 / 븥으며 > 붇흐며 > 붓흐며(7종성법 적용)

③ 받침 표기에서 7종성법이 적용되었다('ㅅ'과 'ㄷ'이 'ㅅ'으로 통일).

예 귿한(재음소화 적용) > 긋한

④ 문장을 의미 단위로 띄어쓰기 시작하였다.

예 한문은 잘ㅎ고도 다른것 몰으는 귀죡 남즈 보다

⑤ 'ㅅ'계 합용병서만 쓰였다.

예 쎄여, 까둙

⑥ 어중의 'ㄹㄹ'형의 활용이 'ㄹㄴ'으로 달라지는 경우가 발생하였다.

예 올나, 몰나셔

(4) 근대 국어의 어휘상 특징

① 어휘의 형식면에서 변화가 나타났다.

예 그몸 > 그믐

② 순우리말과 다양한 색채어가 사용되었다.

예 븕읏븕읏, 번듯번듯

③ 서구 문물이 도입되면서 신문물어가 유입되었다.

예 화륜거, 가방

해의 위치	해	해 주변
바다 속	회오리 밤	실오리, 숯불 빛
수평선에 걸치어 반쯤 나와 있음	종이 반 장	–
수평선 위로 나옴	큰 쟁반	항아리, 독 같은 기운
하늘 위	수레바퀴	소의 혀

핵심 ⊛ 이론 | 「동명일기」로 보는 근대 국어

홍식이 거록ᄒ야 붉은 긔운이 하ᄂᆞᆯ을 쮜노더니 이랑이 소리를 놉히 ᄒ야 나를 불러 져긔 믈밋츨 보라 웨거ᄂᆞᆯ 급히 눈을 드러 보니 믈밋 홍운을 헤앗고 큰 실오리 ᄀᆞᆺ흔 줄이 붉기 더욱 긔이ᄒ며 긔운이 진홍 ᄀᆞᆺ흔 것이 ᄎᆞᄎᆞ 나 손바닥 너비 ᄀᆞᆺ흔 것이 그믐밤의 보는 숫불빗 ᄀᆞᆺ더라. ᄎᆞᄎᆞ 나오더니 그 우흐로 젹은 회오리밤 ᄀᆞᆺ흔 것이 붉기 호박 구슬 ᄀᆞᆺ고 묽고 통낭ᄒ기는 호박도곤 더 곱더라

그 붉은 우흐로 흘흘 움즉여 도ᄂᆞ듸 처엄 낫던 붉은 긔운이 빅지 반 쟝 너빅만치 반ᄃᆞ시 비최며 밤 ᄀᆞᆺ던 긔운이 히 되야 ᄎᆞᄎᆞ 커 가며 큰 징반만ᄒ여 붉웃붉웃 번듯번듯 쮜놀며 젹식이 왼 바다희 씨치며 몬져 붉은 기운이 ᄎᆞᄎᆞ 가ᄉᆞ며 히 흔들며 쮜놀기 더욱 ᄌᆞ로 ᄒ며 항 ᄀᆞᆺ고 독 ᄀᆞᆺ흔 것이 좌우로 쮜놀며 황홀이 번득여 냥목이 어즐ᄒ며 붉은 긔운이 명낭ᄒ야 첫 홍식을 헤앗고 텬듕의 징반 ᄀᆞᆺ흔 것이 수레박희 ᄀᆞᆺᄒ야 믈속으로셔 치미러 밧치ᄃᆞ시 올나 븟흐며 항독 ᄀᆞᆺ흔 긔운이 스러디고 처엄 붉어 것츨 빗최던 거ᄉᆞᆫ 모혀 소혀텨로 드리워 믈 속의 풍덩 ᄲᅡ디ᄂᆞᆫ듯 시브더라 일식이 요요ᄒ며 믈결의 붉은 긔운이 ᄎᆞᄎᆞ 가ᄉᆞ며 일광이 청낭하니 만고 텬하의 그런 장관은 ᄃᆡ두홀 ᄃᆡ 업슬 ᄃᆞᆺ ᄒ더라

– 의령 남씨, 「의유당관북유람일기(意幽堂關北遊覽日記)」「동명일기」(1772, 영조 48)

현대어 풀이

붉은색이 거룩하여 붉은 기운이 하늘을 뛰놀더니, 이랑이 크게 소리를 질러 나를 불러, "저기 물 밑을 보십시오." 외치거늘, 급히 눈을 들어 보니, 물밑 붉은 구름을 헤치고 큰 실오라기 같은 줄이 붉기가 더욱 기이하며, 기운이 다홍빛 같은 것이 차차 나와서 손바닥 넓이 같은 것이 그믐밤에 보는 숯불 빛 같더라. 차차 나오더니, 그 위로 작은 회오리밤 같은 것이 붉기가 호박 구슬 같고, 맑고 속까지 비치어 환하기는 호박보다 더 곱더라.

그 붉은 위로 훌훌 움직여 도는데, 처음 났던 붉은 기운이 종이 반 장 너비만큼 반듯이 비치며, 밤 같던 기운이 해 되어 차차 커 가며, 큰 쟁반만 하여 불긋불긋 번쩍번쩍 뛰놀며, 붉은색이 온 바다에 끼치며, 먼저 붉은 기운이 차차 없어지며, 해가 흔들며 뛰놀기 더욱 자주 하며, 항아리 같고 독 같은 것이 좌우로 뛰놀며, 황홀하게 번득여 두 눈이 어질하며, 붉은 기운이 명랑하여 첫 붉은색을 헤치고, 하늘 한가운데 쟁반 같은 것이 수레바퀴 같아서 물속에서 치밀어 받치듯이 올라붙으며, 항아리, 독 같은 기운이 없어지고, 처음 붉게 겉을 비추던 것은 모여 소의 혀처럼 드리워 물속에 풍덩 빠지는 듯싶더라. 해의 빛깔이 밝게 비쳐 빛나며 물결에 붉은 기운이 차차 없어지며, 햇빛이 맑고 화창하니, 세상에 그런 장관은 견줄 데 없을 듯하더라.

음운	• 'ㆁ, ㅿ'의 소실 : 징반 > 징반 / 처엄 > 처엄 • 모음조화 현상의 문란 : 나를, 웨거ᄂᆞᆯ, 보는
문법	• 명사형 어미 '–기'의 사용 : 붉기, 통낭ᄒ기 • 비교격 조사 '도곤'의 사용 : 호박도곤 더 곱더라
표기	• 거듭적기가 나타남 : 믈밋츨, 것츨 • 끊어적기의 확대 : ᄀᆞᆺ흔 것이, 믈 속으로셔, 긔운이 • 재음소화가 나타남 : 븥으며 > 붇흐며 > 붓흐며 • 받침 표기에서 7종성법 적용('ㅅ'과 'ㄷ'이 'ㅅ'으로 통일) : ᄀᆞᆮ한 > ᄀᆞᆺ한 • 어중의 'ㄹㄹ'형의 활용이 'ㄹㄴ'으로 달라지는 경우 발생 : 올나
어휘	• 순우리말 다수 사용 : 수레박회, 밤, 히 • 다양한 색채어와 감각어의 사용 : 붉웃붉웃, 번듯번듯

> 우리신문이 한문은 아니쓰고 다만 국문으로만 쓰는거슨 상하귀쳔이 다보게 홈이라 또 국문을 이러케 귀졀을 쎄여 쓴즉 아모라도 이신문 보기가 쉽고 신문속에 잇는 말을 자셰이 알어 보게 홈이라 각국에셔는 사람들이 남녀 무론ᄒ고 본국 국문을 몬저 빈화 능통ᄒ 후에야 외국 글을 빈오는 법인티 죠션셔는 죠션 국문은 아니 빈오드리도 한문만 공부 ᄒ는 짜돍에 국문을 잘아는 사람이 드물미라 죠션 국문ᄒ고 한문ᄒ고 비교ᄒ여 보면 죠션국문이 한문 보다 얼마가 나흔거시 무어신고ᄒ니 쳣ᄌ는 빈호기가 쉬흔이 됴흔 글이요 둘짓는 이글이 죠션글이니 죠션 인민 들이 알어셔 빅ᄉ을 한문티신 국문으로 써야 샹하 귀쳔이 모도보고 알어보기가 쉬흘터이라 한문만 늘써 버릇ᄒ고 국문은 폐흔 짜돍에 국문만쓴 글을 조션 인민이 도로혀 잘 아러보지 못ᄒ고 한문을 잘알아보니 그게 엇지 한심치 아니ᄒ리요 또 국문을 알아보기가 어려운건 다름이 아니라 쳣ᄌ는 말마티을 쎄이지 아니ᄒ고 그져 줄줄 ᄂ려 쓰는 짜돍에 글ᄌ가 우희 부터는지 아리 부터는지 몰나셔 몃번 일거 본후에야 글ᄌ가 어티 부터는지 비로소 알고 일그니 국문으로 쓴편지 ᄒ장을 보자ᄒ면 한문으로 쓴것보다 더티 보고 또 그나마 국문을 자조 아니 쓴는 고로 셔툴어셔 잘못봄이라 그런고로 정부에셔 ᄂ리는 명녕과 국가 문젹을 한문으로만 쓴즉 한문못ᄒ는 인민은 나모 말만 듯고 무슴 명녕인줄 알고 이편이 친이 그글을 못 보니 그사롬은 무단이 병신이 됨이라 한문 못 ᄒ다고 그사롬이 무식흔사롬이 아니라 국문만 잘ᄒ고 다른 물졍과 학문이잇스면 그사롬은 한문만ᄒ고 다른 물졍과 학문이 업는 사롬 보다 유식ᄒ고 놉흔 사롬이 되는 법이라 조션 부인네도 국문을 잘ᄒ고 각식 물졍과 학문을 빈화 소견이 놉고 힝실이 졍직ᄒ면 무론 빈부 귀쳔 간에 그부인이 한문은 잘ᄒ고도 다른것 몰으는 귀죡 남ᄌ 보다 놉흔 사롬이 되는 법이라 우리 신문은 빈부 귀쳔을 다름업시 이신문을 보고 외국 물졍과 ᄂ지 ᄉ졍을 알게 ᄒ랴는 쓰시니 남녀 노소 샹하 귀쳔 간에 우리 신문을 ᄒ로 걸너 몃돌간 보면 새 지각과 새학문이 싱길걸 미리 아노라
>
>   – 서재필 등, 「독립신문 창간사」(1896)

▼ 「독립신문」의 표기상 의의
- 국문 전용 : 누구나 읽기 쉬워 국민의 알 권리를 보장한다.
- 띄어쓰기 : 독해가 용이하다.

현대어 풀이

> 우리 신문이 한문을 안 쓰고 한글로만 쓰는 이유는 누구나 다 보게 하기 위함이다. 또 국문을 이렇게 구절을 띄어 쓰는 것은 누구라도 이 신문을 보기가 쉽고 신문 속에 있는 말을 자세히 이해하게 하려는 것이다. 각국에서는 사람들이 남녀를 막론하고 자국어를 먼저 배워 능숙히 구사할 수 있어야 외국 글을 배우는 법인데, 조선에서는 조선 국문은 안 배우더라도 한문만 공부하는 까닭에 한글을 잘 아는 사람이 드물다. 한글과 한문을 비교하여 한글이 한문보다 무엇이 나은가 하면, 첫째는 배우기가 쉬우니 좋은 글이요, 둘째는 이 글이 조선 글이니 조선 인민들이 알아서 온갖 일을 한문 대신 한글로 써야 전 국민이 모두 보고 알아보기가 쉬울 것이다. 한문만 늘 써 버릇하고 한글은 쓰지 않은 까닭에, 한글로만 쓴 글을 조선 인민이 도리어 잘 알아보지 못하고 한문을 잘 알아보니 그게 어찌 한심하지 않겠는가. 또 국문을 알아보기가 어려운건 다름이 아니라, 첫째는 말마디를 떼지 않고 그저 줄줄 내려 쓰는 까닭에 글자가 위에 붙었는지 아래 붙었는지 몰라서 몇 번 읽어 본 후에야 글자가 어디 붙었는지 비로소 알고 읽으니 국문으로 쓴 편지 한 장을 보자면 한문으로 쓴 것보다 오래 걸리고, 또 그나마 한글을 자주 안 쓰니 서툴러서 잘 보지 못한다. 그러므로 정부에서 내리는 명령과 국가 문서를 한문으로만 쓴 것은 한문을 모르는 인민은 남의 말만 듣고 어떤 명령인지 알게 되며 자신이 직접 그 글을 못 보니 그 사람은 이유 없이 어리석은 자가 된다. 한문 못 한다고 그 사람이 무식한 사람이 아니라, 국문만 잘하고 다른 지식과 학문이 있으면, 그 사람은 한문만 하고 다른 물정과 학문이 없는 사람보다 유식하고 높은 사람이 되는 법이다. 조선 부녀자들도 한글을 잘 하고 각종 물정과 학문을 배워 소견이 높고 행실이 정직하면, 빈부귀천을 막론하고 그 부인이 한문은 잘하고도 다른 것 모르는 귀족 남자보다 높은 사람이 되는 법이다. 우리 신문은 누구나 다 이 신문을 보고 외국 물정과 국내 사정을 알게 하자는 뜻이니 남녀노소 상하 귀천 간에 우리 신문을 격일로 몇 달간 보면 새 지각과 새 학문이 생길 것을 미리 안다.

음운	• 음가가 소실된 'ㆍ'의 사용 : 잇는, 무론ㅎ고
	• 모음조화 현상의 문란 : 잇는, 무론ㅎ고
문법	• 목적격 조사의 혼란 : 빅스을, 말마듸을
	• 종결어미 '-라'의 보편적 사용 : 샹하귀쳔이 다보게 홈이라
	• 현대 국어와 다른 방식으로 의문형 종결어미 사용 : 무어신고ㅎ니, 그게 엇지 한심치 아니하리요
	• 한문의 영향을 받은 의고적 표현 다수 나타남 : 고로, 쁜즉, 아노라
표기	• 부분적으로 이어적기 표기 잔재 : 일그니, 쓰는거슨
	• 재음소화 표기와 거듭적기 표기 잔재 : 놉흔, 쯧시니
	• 어절 단위의 띄어쓰기가 잘 이루어지지 않음 : 우리신문, 아니쓰고, 쓰는거슨
	• 'ㅅ'계 합용병서만 쓰임 : 까돍에, 쎄이지
	• 어중의 'ㄹㄹ'이 'ㄹㄴ'으로 달라지는 경우 발생 : 몰나셔
어휘	신문물어의 유입 : 신문

01 발음 기관에 따라 '아음(牙音)', '설음(舌音)', '순음(脣音)', '치음(齒音)', '후음(喉音)'으로 구별하고 있는 훈민정음의 자음 체계를 참조할 때, 다음 휴대전화의 자판에 대한 설명으로 옳지 않은 것은?

2018 지방직 9급

ㄱ ㅋ	ㅣ ㅡ	ㅏ ㅑ
ㄷ ㅌ	ㄴ ㄹ	ㅓ ㅕ
ㅁ ㅅ	ㅂ ㅍ	ㅗ ㅛ
ㅈ ㅊ	ㅇ ㅎ	ㅜ ㅠ

① 훈민정음의 자음 체계에 따른다면, 'ㅅ'은 'ㅈ ㅊ' 칸에 함께 배치할 수 있다.
② 'ㅁ ㅅ' 칸은 조음 위치와 조음 방식의 양면을 모두 고려하여 같은 성질의 소리끼리 묶은 것이다.
③ 'ㄷ ㅌ'과 'ㄴ ㄹ' 칸은 훈민정음 창제 당시 적용된 가획 등의 원리에 따른 제자 순서보다 소리의 유사성을 중시하여 배치한 것이다.
④ 훈민정음의 자음 체계에서 'ㅇ'과 'ㆁ'은 구별되었다. 훈민정음의 자음 체계에 따른다면, 이중에서 'ㆁ'은 'ㄱ ㅋ' 칸에 함께 배치할 수 있다.

01
'ㅁ'과 'ㅅ'은 조음 위치, 조음 방식 모두 같은 성질의 소리로 되어 있지 않다.
정답 ②

02 다음 글의 설명에 해당하는 사례로 옳은 것은?

2019 국회직 8급

> 어떤 음운 변화가 생겨서 'A'라는 음소가 'B'로 바뀌면 그에 대한 반작용으로 'B'를 'A'로 다시 되돌리는 경향이 나타난다. 그런데 때로는 되돌리면 안 되는 음까지 되돌려서 새로운 변화가 야기되기도 하는데 이것을 과도 교정이라고 한다. 가령 'A'라는 자음이 'C' 앞에서 'B'로 바뀌는 변화가 있다고 할 때 'A'에서 바뀐 'B'를 'A'로 되돌리는 것은 문제가 없는데, 원래부터 'B'였거나 또는 'A'가 아닌 다른 자음에서 바뀐 'B'까지 'A'로 되돌리는 변화가 과도 교정인 것이다.

① 티다[打] > 치다
② 기름 > 지름
③ 딤치[沈菜] > 짐치
④ 힘 > 심
⑤ 질삼 > 길쌈

02
구개음화가 일어나지 않은 어휘를 구개음화가 일어난 것이라고 오인하여, 구개음화가 일어나기 전의 음운이라고 추정되는 것으로 발음하는 것이 과도 교정의 한 양상이다. '질삼'의 경우 'ㄱ 구개음화'가 일어난 것으로 오인하여 '길쌈'으로 발음한 것이다.
정답 ⑤

자몽;

스스로 꿈꾸다

PART

02

실용문법

어문 규정

▼ 한글 맞춤법
우리말을 한글로 적을 때 지켜야 할 기준을 정해 놓은 규범

01 한글 맞춤법▼

제3장 소리에 관한 것

핵심 쏙 이론 | 'ㄷ'으로 적을 근거가 있는 것(제3장 제7항 보충)

형태소가 'ㄷ' 받침을 가지고 있는 것	'ㄹ' 받침이 'ㄷ' 받침으로 바뀐 것
걷-잡다(거두어 붙잡다), 곧-장(똑바로 곧게), 낟-가리(낟알이 붙은 곡식을 쌓은 더미), 돋-보다(도두 보다)	반짇-고리, 사흗-날, 숟-가락

☑ 확인문제
다음 한글 맞춤법 제6항에 대한 설명으로 옳지 않은 것은?
2017 국가직 하반기 9급

'ㄷ, ㅌ' 받침 뒤에 종속적 관계를 가진 '-이(-)'나 '-히-'가 올 적에는, 그 'ㄷ, ㅌ'이 'ㅈ, ㅊ'으로 소리 나더라도 'ㄷ, ㅌ'으로 적는다.

① 예시로는 '해돋이, 같이'가 있다.
② 위 조항은 한글 맞춤법 총칙 중 '어법에 맞게 적는다'는 원리를 따른 것이다.
③ 종속적 관계란 체언, 어근, 용언 어간 등에 조사, 접사, 어미 등이 결합하는 관계를 말한다.
④ '잔디, 버티다'는 하나의 형태소에서 'ㄷ, ㅌ'과 'ㅣ'가 만난 것으로서 위 조항의 예에 해당된다.

정답해설
하나의 형태소 안에서 'ㄷ'과 'ㅣ'가 결합하는 '잔디'나, 하나의 형태소 안에서 'ㅌ'과 'ㅣ'가 결합하는 '버티다'는 구개음화가 일어날 조건을 충족하지 않는다. 구개음화가 일어나려면 'ㄷ, ㅌ' 받침 뒤에 종속적 관계를 가진 '-이(-)'나 '-히-'가 와야 한다. 따라서 '잔디'와 '버티다'가 제시된 조항의 예라는 설명은 적절하지 않다.

정답 ④

제5항	된소리	① 두 모음 사이에서 나는 된소리 : 소쩍새, 으뜸, 거꾸로, 해쓱하다, 부썩
		② 'ㄴ, ㄹ, ㅁ, ㅇ' 받침 뒤에서 나는 된소리 : 산뜻하다, 담뿍, 움찔, 몽땅, 엉뚱하다
		③ 된소리로 적지 않는 경우 : 국수, 깍두기, 딱지, 색시, 싹둑(~싹둑), 법석, 갑자기, 몹시
제6항	구개음화	맏이, 핥이다, 해돋이, 걷히다, 굳이, 닫히다, 같이, 묻히다, 끝이
제7항	ㅅ 받침을 취하는 것	덧저고리, 돗자리, 엇셈, 웃어른, 핫옷, 무릇, 사뭇, 자칫하면, 뭇(衆), 옛, 첫, 헛
제8항	모음	① 'ㅖ'로 소리 나도 'ㅖ'로 적는 경우 : 핑계, 폐품(廢品), 계시다
		② 본음대로 적는 경우 : 게송(偈頌), 게시판(揭示板), 휴게실(休憩室)
제9항		'ㅣ'로 소리 나도 'ㅢ'로 적는 경우: 의의(意義), 본의(本義), 무늬[紋], 하늬바람, 늴리리, 닁큼
제10항	두음 법칙	① 두음 법칙에 따라 '여, 요, 유, 이'로 적는 경우 : 여자(女子), 유대(紐帶), 연세(年歲), 이토(泥土), 요소(尿素), 익명(匿名)
		② 본음대로 적는 경우 : 냥(兩), 년(年)(몇 년), 남녀(男女), 당뇨(糖尿), 결뉴(結紐), 은닉(隱匿)
		③ 두음 법칙에 따라 적는 경우 : 신여성(新女性), 공염불(空念佛), 남존여비(男尊女卑)

제11항	두음 법칙	① 양심(良心), 용궁(龍宮), 역사(歷史), 유행(流行), 예의(禮儀), 이발(理髮) ② 본음대로 적는 경우: 몇 리(里)냐?, 그럴 리(理)가 없다 / 개량(改良), 수력(水力), 사례(謝禮), 와룡(臥龍), 급류(急流), 도리(道理) ③ 모음이나 'ㄴ' 받침 뒤 '렬, 률'은 '열, 율'로 적음: 나열(羅列), 비열(卑劣), 분열(分裂), 선열(先烈), 진열(陳列), 비율(比率), 실패율(失敗率), 선율(旋律), 백분율(百分率) ④ 본음대로 적는 경우 : 신립(申砬), 최린(崔麟) / 국련(국제 연합)
제12항		① 한자음 낙원(樂園), 뇌성(雷聲), 내일(來日), 누각(樓閣), 노인(老人), 능묘(陵墓) ② 단어의 첫머리 이외의 경우 : 쾌락(快樂), 낙뢰(落雷), 동구릉(東九陵), 가정란(家庭欄) ③ 접두사처럼 쓰이는 한자가 붙은 경우 : 내내월(來來月), 상노인(上老人), 중노동(重勞動)
제13항	겹쳐 나는 소리	딱딱, 쌕쌕, 씩씩, 똑딱똑딱, 쓱싹쓱싹, 연연불망(戀戀不忘), 유유상종(類類相從), 누누이(屢屢─), 꼿꼿하다, 놀놀하다, 눅눅하다, 밋밋하다, 싹싹하다, 쌉쌀하다, 씁쓸하다, 짭짤하다, 노노법사(老老法師), 요요무문(寥寥無聞), 요요(寥寥)하다

제4장 형태에 관한 것

제2절 어간과 어미

제15항	① 앞말의 본뜻이 유지되고 있는 것 : 넘어지다, 늘어나다, 돌아가다, 되짚어가다 ② 본뜻에서 멀어진 것 : 드러나다, 사라지다, 쓰러지다, 부서지다, 자빠지다 ③ 종결형에서 사용되는 어미 '-오'는 '요'로 소리 나도 그 원형을 밝혀 적는다. 　예 이것은 책이오. 이리로 오시오. 이것은 책이 아니오. ④ 연결형에서 사용되는 '이요'는 '이요'로 적는다. 　예 이것은 책이요, 저것은 붓이요, 또 저것은 먹이다.
제17항	어미 뒤에 덧붙는 조사 '-요'는 '-요'로 적는다. 　예 읽어요, 참으리요, 좋지요
제18항	① 'ㄹ' 탈락 　• 규칙 : 어간 끝 받침 'ㄹ'이 어미의 첫소리 'ㄴ, ㅂ, ㅅ' 및 '-(으)오, -(으)ㄹ' 앞에서 줄어지는 경우 　　예 갈다(가니, 간, 갑니다, 가시다, 가오), 놀다(노니, 논, 놉니다, 노시다, 노오), 불다(부니, 분, 붑니다, 부시다, 부오), 둥글다(둥그니, 둥근, 둥급니다, 둥그시다, 둥그오), 어질다(어지니, 어진, 어집니다, 어지시다, 어지오), 마지못하다, 마지않다, (하)다마다, (하)자마자, (하)지 마라, (하)지 마(아), 살다(사네, 사세, 사오, 살수록), 빌다(비네, 비세, 비오, 빕시다, 빌뿐더러) 　• 불규칙 : 어간 끝 받침 'ㄹ'이 'ㄷ, ㅈ, 아' 앞에서 줄어지는 경우 　　예 -다마다(← -다 말다), 마지못하다(← 말지 못하다), 머지않아(← 멀지 않아), -자마자(← -자 말자), -지 마(아)(← -지 말아), -지 마라(← -지 말아라)

☑ 확인문제

한글 맞춤법에 따라 바르게 표기된 것만 나열한 것은?　2019 서울시 9급

① 새까맣다 – 싯퍼렇다 – 샛노랗다
② 시뻘겋다 – 시허옇다 – 싯누렇다
③ 새퍼렇다 – 새빨갛다 – 샛노랗다
④ 시하얗다 – 시꺼멓다 – 싯누렇다

정답해설

한글 맞춤법 제4장 제4절 제27항에서는 색을 강조하는 접두사의 경우, 된소리나 거센소리, 'ㅎ' 앞에서는 '새-/사-'를, 유성음 앞에는 '샛-/싯-'을 붙이되, '새-, 샛-'은 뒷말이 양성모음일 때, '시-, 싯-'은 뒷말이 음성모음일 때 결합한다고 규정하고 있다. 따라서 '뻘겋다', '허옇다'는 접두사 '시-', 그리고 '누렇다'는 '싯-'을 붙이는 것이 적절하다.

정답 ②

☑ 확인문제

밑줄 친 말이 어법에 맞는 것은?　2017 지방직 9급

① 바닷물이 퍼레서 무서운 느낌이 든다.
② 또아리 튼 뱀은 쳐다보지 마라.
③ 머릿말에 쓸 내용을 생각해 둬라.
④ 문을 잘 잠궈야 한다.

정답해설

'퍼렇다'의 활용형 : 퍼렇+어서 → 퍼레서

정답 ①

☑ **확인문제**

밑줄 친 단어의 불규칙 활용 유형이
같은 것은? 　　2017 국가직 하반기 9급

① 나뭇잎이 누르니 가을이 왔다.
　 나무가 높아 오르기 힘들다.
② 목적지에 이르기는 아직 멀었다.
　 앞으로 구르기를 잘한다.
③ 주먹을 휘두르지 마라.
　 머리를 짧게 자른다.
④ 그를 불운한 천재라 부른다.
　 색깔이 아주 푸르다.

정답해설

'휘두르다'와 '자른다'는 '르' 불규칙 활
용에 해당하는 단어이다.

• 휘두르다 : 어간 '휘두르-'에 모음으
로 시작하는 어미 '-아/-어'가 결합
할 때, '르'가 모음 어미 앞에서 'ㄹ
ㄹ'로 바뀌어 '휘둘러'로 활용된다.
• 자른다 : 어간 '자르-'에 모음으로
시작하는 어미 '-아/-어'가 결합할
때 '르'가 모음 어미 앞에서 'ㄹㄹ'로
바뀌어 '잘라'로 활용된다.

정답 ③

제18항

② 'ㅅ' 불규칙 : 긋다(그어, 그으니, 그었다), 낫다(나아, 나으니, 나았다), 잇다(이어, 이으니, 이었
다), 짓다(지어, 지으니, 지었다), 붓다(부으니, 부어도, 부었다)

③ 'ㅎ' 불규칙 : 그렇다(그러니, 그럴, 그러면, 그러오), 동그랗다(동그라니, 동그랄, 동그라면, 동그
라오), 퍼렇다(퍼러니, 퍼럴, 퍼러면, 퍼러오), 하얗다(하야니, 하얄, 하야면, 하야오), 노랗다(노라
네, 노란, 노라니, 노래, 노래지다), 허옇다(허여네, 허열, 허여면, 허예, 허예지다)

④ '우' 불규칙, '으' 탈락(규칙) : 푸다(퍼, 펐다), 끄다(꺼, 껐다), 담그다(담가, 담갔다), 크다(커, 컸
다), 바쁘다(바빠, 바빠도, 바빴다)

⑤ 'ㄷ' 불규칙 : 걷다[步](걸어, 걸으니, 걸었다), 듣다[聽](들어, 들으니, 들었다), 묻다[問](물어, 물으
니, 물었다), 싣다[載](실어, 실으니, 실었다), 일컫다(일컬으면, 일컬어서, 일컬었다)

⑥ 'ㅂ' 불규칙
• ㅜ형 : 깁다, 굽다[炙](구워, 구우니, 구웠다), 가깝다(가까워, 가까우니, 가까웠다), 괴롭다(괴
로워, 괴로우니, 괴로웠다), 맵다(매워, 매우니, 매웠다), 무겁다(무거워, 무거우니, 무거웠다),
밉다(미워, 미우니, 미웠다), 쉽다(쉬워, 쉬우니, 쉬웠다), 눕다(누우니, 누워, 누웠다), 덥다(더
우면, 더워, 더웠다)
• ㅗ형 : 돕다[助](도와, 도와서, 도와도, 도왔다), 곱다[麗](고와, 고와서, 고와도, 고왔다)

⑦ '여' 불규칙 : 하다(하여, 하여서, 하여라, 하여도, 하였다)

⑧ '러' 불규칙 : 이르다[至](이르러, 이르렀다), 노르다(노르러, 노르렀다), 누르다[黃](누르러, 누르
렀다), 푸르다[靑](푸르러, 푸르렀다)

⑨ '르' 불규칙 : 가르다(갈라, 갈랐다), 거르다(걸러, 걸렀다), 구르다(굴러, 굴렀다), 벼르다(별러, 별
렀다), 부르다(불러, 불렀다), 오르다(올라, 올랐다), 이르다(일러, 일렀다), 이르다(일러, 일렀다),
지르다(질러, 질렀다), 나르다(날라, 날라서, 날랐다), 누르다(눌러, 눌러도, 눌렀다)

⑩ 예외적인 형태의 어미가 결합하는 방식 : 가다(가거라), 자다(자거라), 오다(오너라)

핵심 ⑥ 이론 │ '-오'와 '-요'의 구별(제4장 제2절 제15항, 제17항 보충)

서술어에 오는 '-요'는 보조사이므로 생략이 가능하지만, '-오'는 어미이므로 생략이 불가능하다.

-오	-요
종결 어미	연결어미, 보조사
• 서술격조사 '이다'의 어간에 붙어 쓰인다. 　예 저기 보이는 것이 공원이오 • 용언의 어간에 바로 붙어 쓰인다. 　예 무엇보다 체력 관리가 중요하오 • 어미 '-시-'에 붙어 쓰인다. 　예 얼마나 심려가 크시오?	• 나열할 때 연결어미로 쓰인다. 　예 이것은 사과요, 그것은 배요, 저것은 감이다 • 말하는 사람이 듣는 이에게 존칭을 나타낼 때 쓰 는 보조사이다. 　예 우리가 이겼어요

제3절 접미사가 붙어서 된 말

제19항	원형을 밝혀 적는 경우	① '-이'가 붙어서 명사로 된 것 : 길이, 깊이, 달맞이, 먹이, 미닫이, 벌이, 벼훑이, 쇠붙이, 굽이, 귀걸이, 귀밝이, 넓이, 놀음놀이, 더듬이, 대뚫이, 물받이, 물뿜이, 배앓이, 뱃놀이, 손님맞이, 손잡이, 액막이, 여닫이, 옷걸이, 점박이, 하루살이, 해돋이, 호미씻이, 휘묻이
		② '-음/-ㅁ'이 붙어서 명사로 된 것 : 걸음, 묶음, 얼음, 엮음, 졸음, 앎, 갚음, 고기볶음, 그을음, 모질음, 삶, 설움, 솎음, 수줍음, 앙갚음, 엮음, 용솟음, 일컬음, 탈놀음, 판막음
		③ '-이'가 붙어서 부사로 된 것 : 같이, 굳이, 길이, 높이, 많이, 실없이, 좋이, 짓궂이, 곧이(-듣다), 덧없이, 옳이, 적이
		④ '-히'가 붙어서 부사로 된 것 : 밝히, 익히, 작히
	원형을 밝혀 적지 않는 경우	① '-이'나 '-음'이 붙어서 명사로 바뀌었으나 그 어간과 뜻이 멀어진 것 : 굽도리, 다리[髢], 목거리(목병), 무녀리, 코끼리, 거름(비료), 고름[膿], 노름(도박), 너비, 도리깨, 두루마리, 목도리, 빈털터리, 턱거리
		② '-이'나 '-음' 이외의 모음으로 시작된 접미사가 붙어서 명사로 바뀐 것 : 귀머거리(귀먹어리), 까마귀(깜아귀), 너머(넘어), 마개(막애), 마중(맞웅), 무덤(묻엄), 주검(죽엄), 나머지(남어지), 목도리(목돌이), 꾸중(꾸짖웅), 누룽지(눋웅지), 늘그막(늙으막), 도랑(돌앙), 도르래(돌으래), 동그라미(동글아미), 불겅이(붉엉이), 뻐드렁니(뻗으렁-), 올가미(옭아미), 지팡이(짚앙이), 코뚜레(-뚫에)
		③ '-이'나 '-음' 이외의 모음으로 시작된 접미사가 붙어서 부사로 바뀐 것 : 거뭇거뭇(검웃), 너무(넘우), 도로(돌오), 바투(받우), 비로소(비롯오), 자주(잦우), 차마(참아), 느루(늘우), 도두(돋우), 도로(돌오), 마주(맞우), 비뚜로(비뚤오), 발밤발밤(밟암), 자밤자밤(잡암), 주섬주섬(줏엄)
		④ '-이'나 '-음' 이외의 모음으로 시작된 접미사가 붙어서 조사로 바뀌어 뜻이 달라진 것 : 나마(남-아), 부터(붙-어), 조차(좇-아)
제20항	원형을 밝혀 적는 경우	① 명사 뒤에 '-이'가 붙어서 부사로 된 것 : 곳곳이, 낱낱이, 몫몫이, 샅샅이, 앞앞이, 집집이, 간간이, 겹겹이, 길길이, 눈눈이, 땀땀이, 번번이, 사람사람이, 옆옆이, 줄줄이, 철철이, 첩첩이, 틈틈이, 나날이, 다달이, 골골샅샅이, 구구절절이, 사사건건이
		② 명사 뒤에 '-이'가 붙어서 명사로 된 것 : 곰배팔이, 바둑이, 삼발이, 애꾸눈이, 육손이, 절뚝발이/절름발이, 각설이, 검정이, 고리눈이, 네눈이, 딸깍발이, 맹문이, 생손이, 왕눈이, 외톨이, 외팔이, 우걱뿔이, 통방울이
	원형을 밝혀 적지 않는 경우	'-이' 이외의 모음으로 시작된 접미사가 붙어서 된 말 : 꼬락서니(꼴악서니), 끄트머리(끝으머리), 모가치(목아치), 이파리(잎아리), 지푸라기(짚우라기), 터럭(털억), 고랑(골앙), 구렁(굴엉), 끝트러기(끝으러기), 모가지(목아지), 사태(살애)-고기, 소가지(속아지), 소댕(솥앵), 오라기(올아기), 터럭(털억)
제21항	원형을 밝혀 적는 경우	① 명사 뒤에 자음으로 시작된 접미사가 붙어서 된 것 : 값지다, 넋두리, 빛깔, 잎사귀
		② 어간 뒤에 자음으로 시작된 접미사가 붙어선 된 것 : 낚시, 덮개, 뜯게질, 뜯적거리다, 굵다랗다, 굵직하다, 깊숙하다, 넓적하다, 높다랗다, 늙수그레하다
	소리대로 적는 경우	① 겹받침의 끝소리가 드러나지 아니하는 것 : 할짝거리다, 널따랗다, 널찍하다, 말끔하다, 말쑥하다, 실쭉하다, 알따랗다, 알팍하다, 짤따랗다, 짤막하다, 실컷
		② 어원이 분명하지 아니하거나 본뜻에서 멀어진 것 : 넙치, 올무, 골막하다, 납작하다

☑ **확인문제**

다음 한글 맞춤법 규정의 예로 옳지 않은 것은? 2018 지방직 9급

(가) 제19항 어간에 '-이'나 '-음/ㅁ'이 붙어서 명사로 된 것과 '-이'나 '-히'가 붙어서 부사로 된 것은 그 어간의 원형을 밝히어 적는다.

(나) 제19항[붙임] 어간에 '-이'나 '-음' 이외의 모음으로 시작된 접미사가 붙어서 다른 품사로 바뀐 것은 그 어간의 원형을 밝히어 적지 아니한다.

(다) 제20항 명사 뒤에 '-이'가 붙어서 된 말은 그 명사의 원형을 밝히어 적는다.

(라) 제20항[붙임] '-이' 이외의 모음으로 시작된 접미사가 붙어서 된 말은 그 명사의 원형을 밝히어 적지 아니한다.

① (가) : 미닫이, 졸음, 익히
② (나) : 마개, 마감, 지붕
③ (다) : 육손이, 집집이, 곰배팔이
④ (라) : 끄트머리, 바가지, 이파리

정답해설

• 어간 '막-'에 '-이'나 '-음' 이외의 모음으로 시작하는 명사 파생 접미사 '-애'가 붙어 명사로 바뀐 '마개'는 어간의 원형을 밝히어 적지 아니한 것으로 한글 맞춤법 제19항 [붙임]의 용례이다.

• 어간 '막-'에 '-이'나 '-음' 이외의 모음으로 시작하는 명사 파생 접미사 '-암'이 붙어 명사로 바뀐 '마감'은 어간의 원형을 밝히어 적지 아니한 것으로 한글 맞춤법 제19항 [붙임]의 용례이다.

• 명사 '집' 뒤에 '이' 이외의 모음으로 시작하는 명사 파생 접미사 '-웅'이 붙어서 된 '지붕'은 그 명사의 원형을 밝히어 적지 아니한 것으로 한글 맞춤법 제20항 [붙임]의 용례이다.

정답 ②

제22항	어간을 밝혀 적는 경우	'-가-, -리-, -이-, -히-, -구-, -우-, -추-, -으키-, -이키-, -애-'가 붙는 것 : 맡기다, 옮기다, 웃기다, 쫓기다, 뚫리다, 울리다, 낚이다, 쌓이다, 핥이다, 굳히다, 굽히다, 넓히다, 앉히다, 얽히다, 잡히다, 돋구다, 솟구다, 돋우다, 갖추다, 곧추다, 맞추다, 일으키다, 돌이키다, 없애다
	소리대로 적는 경우	① '-이-, -히-, -우-'가 붙어서 된 말이라도 본뜻에서 멀어진 것 : 도리다(칼로~), 드리다(용돈을~), 고치다, 바치다(세금을~), 부치다(편지를~), 거두다, 미루다, 이루다 ② '-치-, -뜨리-, -트리-'가 붙는 것 : 놓치다, 덮치다, 떠받치다, 받치다, 밭치다, 부딪치다, 뻗치다, 엎치다, 부딪뜨리다/부딪트리다, 쏟뜨리다/쏟트리다, 젖뜨리다/젖트리다, 찢뜨리다/찢트리다, 흩뜨리다/흩트리다 ③ '-업-, -읍-, -브-'가 붙어서 된 말 : 미덥다, 우습다, 미쁘다
제23항	어간을 밝혀 적는 경우	'-하다'나 '거리다'가 붙은 어근에 '-이'가 붙어서 이루어진 말 : 깔쭉이, 살살이, 꿀꿀이, 쌕쌕이, 눈깜짝이, 오뚝이, 배불뚝이, 푸석이, 삐죽이, 홀쭉이
	원형을 밝혀 적지 않는 경우	'-하다'나 '거리다'가 붙을 수 없는 어근에 '-이'나 또는 다른 모음으로 시작되는 접미사가 붙어서 명사가 된 것 : 개구리, 귀뚜라미, 기러기, 깍두기, 꽹과리, 날라리, 누더기, 동그라미, 두드러기, 딱따구리, 매미, 부스러기, 뻐꾸기, 얼루기
제25항	원형을 밝혀 적는 경우	① '-하다'가 붙은 어근에 '-히'나 '-이'가 붙는 경우 : 급히, 꾸준히, 도저히, 딱히, 깨끗이 ② 부사에 '-이'가 붙어서 역시 부사가 되는 경우 : 곰곰이, 더욱이, 오뚝이, 일찍이, 해죽이
	소리대로 적는 경우	'-하다'가 붙지 않는 경우 : 갑자기, 반드시(꼭), 슬며시

핵심 쏙 이론 | 제4장 제3절 제19항 보충

- '넘어, 너머, 너무'의 구별
  - 산을 넘어 날아간다 → 동사
  - 산 너머에 있는 마을 → 명사
  - 사람이 너무 많다 → 부사
- '참아, 차마'의 구별
  - 괴로움을 참아 왔다 → 동사
  - 차마 때릴 수는 없었다 → 부사

핵심 쏙 이론 | 명사 뒤에 '이' 이외의 모음으로 시작된 접미사가 결합했을 때 원형 그대로 적는 경우

제4장 제3절 제20항 보충

모가치	'몫'에 '-아치'가 붙어서 된 단어이므로 '목사치'로 적는 것이 원칙이지만, 사람들이 그 어원적인 형태를 인식하지 못하며 발음이 [모가치]로 굳어져 있어서 이와 같이 적는다.
값어치	접미사 '-어치'가 의존명사적 성격을 강하게 지니고 있으며 '푼어치, 원어치'와 같은 형태로 사용된다는 점을 감안하여, 원형을 살려 적는다.
벼슬아치	'벼슬'의 형태를 분명하게 인식하고 있으므로 원형을 살려 적는다.
반빗아치	'반빗'에 '-아치'가 붙은 말인데 발음이 [반비다치]로 굳어져 있어서 원형을 살려 적는다.

- '-하다'나 '-거리다'가 붙지 않는 용언의 어간 뒤
  - 예 같이, 굳이, 깊이, 많이, 실없이
- '-하다'가 붙는 어근의 끝소리가 'ㅅ'인 경우
  - 예 가붓이, 깨끗이, 나붓이, 느긋이, 둥긋이, 따뜻이, 반듯이, 버젓이, 산뜻이, 의젓이
- '-하다'가 붙는 어근의 끝소리가 'ㄱ'인 경우 중 '이'로 소리 나는 경우
  - 예 끔찍이, 깊숙이, 고즈넉이, 가뜩이, 길쭉이, 멀찍이, 느짓이, 큼직이, 삐죽이, 수북이, 해죽이
- 'ㅂ' 불규칙 용언의 어간 뒤 : '-이'를 붙이는 대신 어간의 'ㅂ' 받침이 탈락한다.
  - 예 가까이, 고이, 날카로이, 대수로이, 번거로이
- 첩어 및 준첩어인 명사 뒤
  - 예 겹겹이, 번번이, 일일이, 집집이, 틈틈이, 나날이, 다달이
- 부사 뒤
  - 예 일찍이, 오뚝이, 더욱이, 곰곰이

제4절 합성어 및 접두사가 붙은 말

제28항	끝소리가 'ㄹ'인 말과 딴 말이 어울릴 적에 'ㄹ' 소리가 나지 아니하는 것은 아니 나는 대로 적는다. 예 다달이(달-달-이), 따님(딸-님), 마소(말-소), 무자위(물-자위), 바느질(바늘-질), 부삽(불-삽), 싸전(쌀-전), 여닫이(열-닫이), 나날이(날-날이), 무논(물-논), 무수리(물-수리), 미닫이(밀-닫이), 부넘기(불-넘기), 아드님(아들-님), 주낙(줄-낚시), 차돌(찰-돌)[石英], 차조(찰-조), 차지다(찰-지다), 하느님(하늘-님)
제29항	끝소리가 'ㄹ'인 말과 딴 말이 어울릴 적에 'ㄹ' 소리가 'ㄷ' 소리로 나는 것 : 반짇고리(바느질~), 사흗날(사흘~), 삼짇날(삼질~), 섣달(설~), 숟가락(술~), 이튿날(이틀~), 잗주름(잘~), 푿소(풀~), 섣부르다(설~), 잗다듬다(잘~), 잗다랗다(잘~), 나흗날(나흘~), 잗갈다(잘~), 잗갈리다(잘~), 잗달다(잘달다), 잗타다(잘타다)

제30항
사이시옷
	① 순우리말로 된 합성어로 앞말이 모음으로 끝난 경우(앞 단어의 끝모음 뒤에 폐쇄되는 구조)
	 • 뒷말의 첫소리가 된소리로 나는 것 : 뒤 단어의 첫소리가 'ㄱ, ㄷ, ㅂ, ㅅ, ㅈ'일 때 경음화
	  예 귓밥, 나룻배, 나뭇가지, 냇가, 뒷갈망, 맷돌, 머릿기름, 모깃불, 못자리, 바닷가, 뱃길, 부싯돌, 선짓국, 쇳조각, 아랫집, 잇자국, 킷값
	 • 'ㄴ' 소리가 덧나는 것 : 폐쇄되는 음[ㄷ]이 뒤의 'ㄴ, ㅁ'에 동화
	  예 멧나물, 아랫니, 텃마당, 아랫마을, 뒷머리, 잇몸
	 • 'ㄴㄴ' 소리가 덧나는 것 : 뒤 단어의 첫소리로 [ㄴ]이 첨가되면서 폐쇄시키는 음[ㄷ]이 동화
	  예 뒷윷, 두렛일, 뒷일, 베갯잇, 욧잇, 깻잎, 나뭇잎, 댓잎
	② 순우리말과 한자어로 된 합성어로서 앞말이 모음으로 끝난 경우
	 • 뒷말의 첫소리가 된소리로 나는 것
	  예 귓병, 아랫방, 자릿세, 전셋집, 찻잔, 햇수, 횟배
	 • 'ㄴ' 소리가 덧나는 것
	  예 곗날, 제삿날, 툇마루, 양칫물
	 • 'ㄴㄴ' 소리가 덧나는 것
	  예 가욋일, 사삿일, 예삿일, 훗일
	③ 두 음절로 된 다음 한자어 : 곳간(庫間), 셋방(貰房), 숫자(數字), 찻간(車間), 툇간(退間), 횟수(回數)

제31항	① 'ㅂ' 소리가 덧나는 것 : 볍씨(벼ㅂ씨), 입때(이ㅂ때), 접때(저ㅂ때), 햅쌀(해ㅂ쌀), 냅뜨다, 부릅뜨다, 칩떠보다, 휩쓸다 ② 'ㅎ' 소리가 덧나는 것 : 머리카락(머리ㅎ가락), 살코기(살ㅎ고기), 수캐(수ㅎ개), 수컷(수ㅎ것), 수탉(수ㅎ닭), 수탕나귀, 수톨쩌귀, 수퇘지, 수평아리, 안팎(안ㅎ밖), 암캐(암ㅎ개), 암컷(암ㅎ것), 암탉(암ㅎ닭), 암탕나귀, 암톨쩌귀, 암퇘지, 암평아리

☑ **확인문제**

밑줄 친 부분이 어법에 맞는 것은?

2019 지방직 9급

① 이 가곡의 노래말은 아름답다.
② 그 집 순대국은 아주 맛있다.
③ 하교길은 늘 아이들로 북적인다.
④ 선생님은 간단한 인사말을 건넸다.

정답해설

'인사말'의 표준 발음은 [인사말]로, [인산말]과 같이 'ㄴ'이 덧나는 경우에 해당하지 않으므로 사이시옷을 받치어 적지 않는다. 따라서 '인사말'로 표기하는 것이 옳다.

정답 ④

핵심 ⃝쏙 이론 | 사이시옷을 적지 않는 경우(제4장 제4절 제30항)

- 합성어가 아닌 경우
  - 예 해님, 나라님
- 한자어끼리 이루어진 합성어인 경우 – 다만, 사잇소리 현상에 의한 된소리의 발음을 인정함
  - 예 초점(焦點), 대가(代價), 개수(個數), 고가(庫價), 대구(對句)
- 외래어를 포함하고 있는 합성어인 경우
  - 예 피자집, 핑크빛
- 앞말이 받침이 있는 울림소리일 경우 – 사잇소리 현상에 의한 발음은 인정함
  - 예 길가, 밤비, 밤배, 산길
- 도로명인 경우
  - 예 은행나무길, 개나리길
- 앞말이 유정명사인 경우
  - 예 고래기름, 쥐구멍, 개밥, 호랑이굴

제5절 준말

제39항	어미 '-지' 뒤에 '않-'이 어울려 '-잖-'이 될 적과 '-하지' 뒤에 '않-'이 어울려 '-찮-'이 될 적에는 준 대로 적는다. 예 그렇지 않은 > 그렇잖은, 적지 않은 > 적잖은, 깔밋하지 않다 > 깔밋잖다, 남부럽지 않다 > 남부럽잖다, 깨끗하지 않다 > 깨끗잖다, 의젓하지 않다 > 의젓잖다, 두렵지 않다 > 두렵잖다, 많지 않다 > 많잖다, 예사롭지 않다 > 예사롭잖다, 의롭지 않다 > 의롭잖다, 변변하지 않다 > 변변찮다, 대단하지 않다 > 대단찮다, 만만하지 않다 > 만만찮다, 시원하지 않다 > 시원찮다, 성실하지 않다 > 성실찮다, 심심하지 않다 > 심심찮다, 평범하지 않다 > 평범찮다, 허술하지 않다 > 허술찮다
제40항	① 어간의 끝음절 '하'의 'ㅏ'가 줄고, 'ㅎ'이 다음 음절의 첫소리와 어울려 거센소리로 될 적에는 거센소리로 적는다. 예 간편하게 > 간편케, 흔하다 > 흔타, 가하다 부하다 > 가타부타, 무능하다 > 무능타, 감탄하게 > 감탄케, 당(當)하지 > 당치, 분발하도록 > 분발토록, 결근하고자 > 결근코자, 추진하도록 > 추진토록, 사임하고자 > 사임코자, 부지런하다 > 부지런타, 달성하게 > 달성케, 무심하지 > 무심치, 실천하도록 > 실천토록, 분발하도록 > 분발토록, 결근하고자 > 결근코자, 청하건대 > 청컨대, 아니하다 > 아니타, 실망하게 > 실망케, 허송하지 > 허송치, 추진하도록 > 추진토록, 실천하도록 > 실천토록, 달성하고자 > 달성코자, 회상하건대 > 회상컨대 ② 'ㅎ'이 어간의 끝소리로 굳어진 것 : 않다, 않고, 않지, 않든지, 그렇다, 그렇고, 그렇지, 그렇든지, 아무렇다, 아무렇고, 아무렇지, 아무렇든지, 어떻다, 어떻고, 어떻지, 어떻든지, 이렇다, 이렇고, 이렇지, 이렇든지, 저렇다, 저렇고, 저렇지, 저렇든지 ③ 어간의 끝음절 '하'가 아주 준 것 : 거북하지 > 거북지, 생각하건대 > 생각건대, 생각하다 못해 > 생각다 못해, 넉넉하지 않다 > 넉넉지 않다, 섭섭하지 않다 > 섭섭지 않다, 생각하지 않다 > 생각지 않다, 익숙하지 않다 > 익숙지 않다 ④ 소리대로 적는 경우 : 결코, 무심코, 아무튼, 요컨대, 정녕코, 필연코, 하마터면, 아무튼, 하여튼

제5장 띄어쓰기

제1절 조사

제41항	조사는 그 앞말에 붙여 쓴다. 예 꽃이, 꽃마저, 꽃밖에, 꽃에서부터, 꽃으로만, 꽃이나마, 꽃이다, 꽃입니다, 꽃처럼, 어디까지나, 거기도, 멀리는, 웃고만

제2절 의존명사, 단위를 나타내는 명사 및 열거하는 말 등

제42항	① 단위를 나타내는 명사는 띄어 쓴다. 예 한 개, 차 한 대, 금 서 돈, 소 한 마리, 옷 한 벌, 열 살, 조기 한 손, 연필 한 자루, 버선 한 죽, 집 한 채, 신 두 켤레, 북어 한 쾌 ② 순서를 나타내는 경우나 숫자와 어울리어 쓰이는 경우에는 붙여 쓸 수 있다. 예 두시 삼십분, 삼학년, 육층, 2대대, 1446년 10월, 16동 502호, 제1어학 실습실, 10개, 7미터

☑ 확인문제

맞춤법에 맞는 것은? 2016 지방직 9급
① 희생을 치뤄야 대가를 얻을 수 있다.
② 내로라하는 선수들이 뒤쳐진 이유가 있겠지.
③ 방과 후 삼촌 댁에 들른 후 저녁에 갈 거여요.
④ 가스 밸브를 안 잠궈 화를 입으리라고는 전혀 생각지 못했다.

정답해설
제시된 문장에서 주의해야 할 표현은 '들른'과 '거여요'이다. '지나는 길에 잠깐 들어가 머무르다.'의 의미로 쓸 때에는 '들르다'로 표기하는 것이 적절하다. 또한 '이다'의 어간 뒤에 '-에요', '-어요'가 붙은 '-이에요'와 '-이어요'는 받침이 없는 체언 뒤에 붙을 때는 '-에요', '-여요'로 줄어든다.

정답 ③

☑ 확인문제

밑줄 친 부분의 띄어쓰기가 옳지 않은 것은? 2018 국가직 9급
① 이처럼 좋은 걸 어떡해?
② 제 3장의 내용을 요약해 주세요.
③ 공사를 진행한 지 꽤 오래되었다.
④ 결혼 10년 차에 내 집을 장만했다.

정답해설
순서나 차례를 나타내는 '제-'는 접두사이므로 '제3장'과 같이 붙여 쓴다.

정답 ②

- 조사와 의존명사의 구별
  - 체언 뒤에 오는 조사는 붙여 쓴다.
  - 관형어 뒤에 오는 의존명사는 띄어 쓴다.

구분	용법	예시
대로	앞말과 같이, 구별	약속대로 되었다
	어떤 것과 같이, 즉시, 족족	바른 대로 대라
만	한정, 강조, 한계, 조건	하루 종일 잠만 잤더니 머리가 아프다
	동안, 거리, 끝으로, 이유가 있음, 가능	친구는 온 지 두 시간 만에 떠났다
만큼	다름없이	나는 우리 선생님만큼 훌륭한 교사가 될 것이다
	앞말에 비슷한 정도, 원인, 근거	애쓴 만큼 좋은 결과가 있을 거야
뿐	한정, 오직	숙제를 해 온 학생은 은희뿐이었다
	~할 따름, 오직	그는 허공만 응시할 뿐 아무 말이 없었다

- 의미 차이로 구별하여, 조사는 앞에 붙여 쓰고, 의존명사에 앞말과 띄어 쓴다.

구분	품사	용법	예시
만	조사	한정	방학 동안 오직 공부만 했다
		그러한 정도에 이름	형만 한 아우 없다
	의존명사	시간의 경과, 동안	이게 얼마 만이야?

- 부사와 조사의 구별
  - 조사는 체언과 붙여 쓴다.
  - 부사는 앞말과 띄어 쓴다.

구분	용법	예시
같이	앞말의 전형적인 특징처럼	윤호는 새벽같이 떠났다
	함께, 다름없이	재원이는 아버지와 같이 가게를 운영한다

- 의존명사와 어미의 구별
  - 의존명사는 관형어 뒤에서 띄어 쓴다.
  - 어미는 어간에 붙여 쓴다.

구분	용법	예시
걸	'것을'의 축약형	먹을 걸 더 달라고 해
-ㄹ걸	뉘우침, 아쉬움, 막연한 추측	내가 먼저 사과할걸 지금쯤 도착했을걸?
데	곳, 장소, 일, 경우	비 오는 데 어디 가니? 저곳이 밥 먹는 데이다 그를 설득하는 데 며칠이 걸렸다
-데, -ㄴ데	경험한 일을 보고함	그 친구는 키가 참 크데 나무에 벌써 꽃이 폈는데?
바	앞서 말한 내용 그 자체나 일	지적한 바를 반영하여 원고를 수정하세요
-ㄴ바	앞 절의 상황이 이미 이루어짐	담당부서에서 통보해 온바 이를 알립니다
지	경과한 시간	그녀를 만난 지 100일이 되었다
-ㄴ지	의문	그곳이 먼지 가까운지 모르겠다

- 의존명사와 접미사의 구별
  - 의존명사는 관형어 뒤에서 띄어 쓴다.
  - 접미사는 앞의 어근에 붙여 쓴다.

구분	용법	예시
간	대상 사이의 거리, 관계	가족 간, 이웃 간, 국가 간, 서울 부산 간
	시간의 경과	사흘간, 며칠간, 한 달간, 십여 년간, 6개월간
들	사물을 열거하는 표현	사과, 배, 감 들을 모두 바구니에 담았다
	복수	사람들은 모두 행복하기를 바란다
중	• (여럿의) 가운데 • (무엇을) 하는 동안	• 무궁화는 꽃 중의 꽃이다 • 수업 중에는 잡담을 하면 안됩니다
	한 단어로 굳어진 것	한밤중, 무의식중, 은연중
차	어떤 기회에 겸하여	고향에 갔던 차에 동창들을 만났다
	의도, 목적	출장차 독일에 다녀왔다

- 의존명사와 일반명사의 구별
  - 의존명사는 수관형사 뒤에서 띄어 쓴다.
  - 합성어를 이루는 명사는 붙여 쓴다.

구분	용법	예시
판	승부를 겨루는 일의 수효	장기를 세 판이나 두었다
	일이 벌어진 자리	노름판, 씨름판, 웃음판

띄어쓰기가 바른 것은?

2015 국가직 9급

① 그 사고는 여러 가지 규칙을 도외시 하였기 때문이야.
② 사실상 여자 대 남자의 대리전으로밖에는 보이지 않아.
③ 반드시 거기에 가겠다면 내키는 대로 행동해서는 안 돼.
④ 금연을 한 만큼 네 건강이 어느 정도까지 회복될 지 궁금해.

정답해설
용언의 관형사형 뒤에 쓰인 '대로'는 의존명사로 '그와 같이'라는 뜻으로 쓰인 것으로 띄어 쓰는 것이 맞다.

정답 ③

띄어쓰기가 옳지 않은 것은?

2017 국가직 하반기 9급

① 조금 의심스러운 부분이 있어서 물어도 보았다.
② 매일같이 지각하던 김 선생이 직장을 그만두었다.
③ 이번 시험에서 우리 중 안 되어도 세 명은 합격할 듯하다.
④ 지난주에 발생한 사고를 어떻게 해결해야 할지 회의를 했다.

정답해설
안 되어도(×) → 안되어도(○) : 문맥상 '일정한 수준이나 정도에 이르지 못하다.'라는 뜻으로 쓰였으므로 '안되다'로 붙여 써야 한다. '안∨되다'는 '되다'의 부정 표현이다.

정답 ③

핵심⑧이론 | **'안'과 '못'의 띄어쓰기**

• '안되다'의 경우, 다음의 의미일 때 하나의 단어이므로 띄어 쓰지 않는다.

동사	• 일, 현상, 물건 따위가 좋게 이루어지지 않다 ⑩ 공부가 안돼서 쉬고 있다 • 사람이 훌륭하게 되지 못하다. ⑩ 자식이 안되기를 바라는 부모는 없다 • 일정한 수준이나 정도에 이르지 못하다. ⑩ 우리 중 안되어도 세 명은 합격할 것 같다
형용사	• 섭섭하거나 가엾어 마음이 언짢다. ⑩ 그것참, 안됐군 • 근심이나 병 따위로 얼굴이 많이 상하다. ⑩ 얼굴이 많이 안됐구나

• '못되다'와 '못하다'의 경우, 다음의 의미일 때 하나의 단어이므로 띄어 쓰지 않는다.

못되다	형용사	• 성질이나 품행 따위가 좋지 않거나 고약하다. ⑩ 놀부는 심보가 못됐다 • 일이 뜻대로 되지 않은 상태에 있다. ⑩ 그 일이 못된 게 남의 탓이겠어
못하다	동사	어떤 일을 일정한 수준에 못 미치게 하거나, 그 일을 할 능력이 없다. ⑩ 단비는 노래를 못한다
	형용사	• 비교 대상에 미치지 아니하다. ⑩ 음식 맛이 예전보다 못하다 • ('못해도' 꼴로 쓰여) 아무리 적게 잡아도 ⑩ 잡은 고기가 못해도 열 마리는 되겠지
	보조 동사	(동사 뒤에서 '-지 못하다' 구성으로 쓰여) 앞말이 뜻하는 행동에 대하여 그것이 이루어지지 않거나 그것을 이룰 능력이 없음을 나타내는 말 ⑩ 누이동생은 눈물 때문에 말을 잇지 못했다
	보조 형용사	• (형용사 뒤에서 '-지 못하다' 구성으로 쓰여) 앞말이 뜻하는 상태에 미치지 아니함을 나타내는 말 ⑩ 도시의 아들 집에서는 할머니의 마음이 편안하지 못할 것이다 • (주로 '-다(가) 못하여' 구성으로 쓰여) 앞말이 뜻하는 행동이나 상태가 극에 달해 그것을 더 이상 유지할 수 없음을 나타내는 말 ⑩ 그 도자기는 희다 못해 푸른빛이 돌았다

제44항	수를 적을 적에는 '만(萬)' 단위로 띄어 쓴다. 예 십이억 삼천사백오십육만 칠천팔백구십팔, 12억 3456만 7898
제45항	두 말을 이어 주거나 열거할 적에 쓰이는 말들은 띄어 쓴다. 예 국장 겸 과장, 열 내지 스물, 청군 대 백군, 책상, 걸상 등, 사과, 배 등속, 부산, 광주 등지
제46항	단음절로 된 단어가 연이어 나타날 적에는 붙여 쓸 수 있다. 예 그때 그곳, 좀더 큰것, 이말 저말, 한잎 두잎

핵심 ✅ 이론 | 단음절로 된 단어를 붙여 쓸 수 있는 경우(제5장 제2절 제46항 보충)

관형사와 명사, 부사와 부사가 연결되는 경우와 같이, 자연스럽게 의미적으로 한 덩이를 이룰 수 있는 구조일 때만 가능하다.
예 훨씬 더큰 새집 (×)
   더큰 이새 책상 (×)
   더못 간다 (×)
   늘더 먹는다 (×)
   꽤안 온다 (×)

제3절 보조 용언

제47항	① 보조 용언은 띄어 씀을 원칙으로 하되, 경우에 따라 붙여 씀도 허용한다. 　예 불이 꺼져 간다/꺼져간다, 그 일은 할 만하다/할만하다, 비가 올 성싶다/올성싶다, 비가 올 듯하다/올듯하다, 일이 될 법하다/될법하다, 잘 아는 척한다/아는척한다 ② 앞말에 조사가 붙거나 앞말이 합성 동사인 경우, 중간에 조사가 들어갈 경우 보조 용언은 띄어 쓴다. 　예 잘도 놀아만 나는구나!, 네가 덤벼들어 보아라, 그가 올 듯도 하다

핵심 ✅ 이론 | 본용언과 보조용언의 띄어쓰기

• 본용언과 보조용언을 붙여 쓸 수 있는 경우
  – 본용언과 보조용언이 보조적 연결어미 '-아/-어'로 연결되어 있는 경우
  – 보조용언이 '듯하다, 만하다, 법하다, 성싶다, 척하다, 체하다'인 경우
• 본용언과 보조 용언을 붙여 쓸 수 없는 경우
  – 보조적 연결어미 '-고, -지, -게'로 연결되는 경우
    예 책을 읽고 싶다 / 책을 읽지 않았다 / 책을 읽게 해라
  – 보조적 연결어미 '-아/어' 뒤에 조사가 붙는 경우
    예 잘도 놀아만 나는구나! / 책을 읽어도 보고
  – 본용언이 합성동사인 경우
    예 네가 덤벼들어 보아라 / 강물에 떠내려가 버렸다
  – 보조용언의 중간에 조사가 붙는 경우
    예 그가 올 듯도 하다 / 잘난 체를 하다

☑ **확인문제**

다음 중 띄어쓰기가 옳은 것은?

2015 서울시 9급

① 차라리 얼어서 죽을망정 겻불은 아니 쬐겠다.
② 마음에 걱정이 있을 지라도 내색하지 마라.
③ 그녀는 얼굴이 예쁜대신 마음씨는 고약하다.
④ 그 사람이 친구들 말을 들을 지 모르겠다.

정답해설

앞 절의 사실을 인정하고 뒤 절에 그와 대립되는 다른 사실을 이어 말할 때에 쓰는 연결 어미 '-ㄹ망정'은 하나의 어미이므로 붙여 쓴다.

정답 ①

☑ **확인문제**

다음 중 띄어쓰기가 옳은 것은?

2017 국회직 8급

① 그∨녀석∨고마워하기는∨커녕∨알은체도∨않더라.
② 집채∨만한∨파도가∨몰려온다.
③ 한∨번은∨네거리에서∨큰∨사고를∨낼∨뻔했다.
④ 보잘것없는∨수입이지만∨저는∨이∨일이∨좋습니다.
⑤ 김∨양의∨할머니는∨안동∨권∨씨라고∨합니다.

정답해설

'보잘것없다'는 한 단어이므로 띄어 쓰지 않는다.

정답 ④

제4절 고유명사 및 전문 용어

제48항	① 성과 이름, 성과 호 등은 붙여 쓰고, 이에 덧붙는 호칭어, 관직명 등은 띄어 쓴다. 　예 김양수(金良洙), 서화담(徐花潭), 채영신 씨, 최치원 선생, 박동식 박사, 충무공 이순신 장군 ② 다만, 성과 이름, 성과 호를 분명히 구분할 필요가 있을 경우에는 띄어 쓸 수 있다. 　예 남궁억/남궁 억, 독고준/독고 준, 황보지봉(皇甫芝峰)/황보 지봉
제49항	성명 이외의 고유 명사는 단어별로 띄어 씀을 원칙으로 하되, 단위별로 붙여 쓸 수 있다. 예 대한 중학교/대한중학교, 한국 대학교 사범 대학/한국대학교 사범대학
제50항	전문 용어는 단어별로 띄어 쓰되, 붙여 쓸 수도 있다. 예 만성 골수성 백혈병/만성골수성백혈병, 중거리 탄도 유도탄/중거리탄도유도탄, 무릎 대어 돌리기/무릎대어돌리기

제6장 그 밖의 것

제51항	부사의 표기	① '이'로만 나는 것: 깨끗이, 나붓이, 느긋이, 반듯이, 산뜻이, 번번이, 일일이, 틈틈이 ② '히'로만 나는 것: 극히, 급히, 딱히, 속히, 작히, 엄격히, 정확히 ③ '이, 히'로 나는 것: 솔직히, 가만히, 간편히, 쓸쓸히, 꼼꼼히, 당당히, 고요히

핵심 쏙 이론 | '이'형 부사

- '–하다'나 '–거리다'가 붙지 않는 용언의 어간 뒤
  예 같이, 굳이, 깊이, 많이, 실없이
- '–하다'가 붙는 어근의 끝소리가 'ㅅ'인 경우
  예 가붓이, 깨끗이, 나붓이, 느긋이, 둥긋이, 따뜻이, 반듯이, 버젓이, 산뜻이, 의젓이
- '–하다'가 붙는 어근의 끝소리가 'ㄱ'인 경우 중 '이'로 소리 나는 경우
  예 끔찍이, 깊숙이, 고즈넉이, 가뜩이, 길쭉이, 멀찍이, 느짓이, 큼직이, 삐죽이, 수북이, 해죽이
- 'ㅂ' 불규칙 용언의 어간 뒤('–이'를 붙이는 대신 어간의 'ㅂ' 받침 탈락)
  예 가까이, 고이, 날카로이, 대수로이, 번거로이
- 첩어 및 준첩어인 명사 뒤
  예 겹겹이, 번번이, 일일이, 집집이, 틈틈이, 나날이, 다달이
- 부사 뒤
  예 일찍이, 오뚝이, 더욱이, 곰곰이

제52항	어미의 표기	① 예사소리로 적는 어미 : -(으)ㄹ거나, -(으)ㄹ걸, -(으)ㄹ게, -(으)ㄹ세라, -(으)ㄹ수록, -(으)ㄹ시, -(으)ㄹ지, -(으)ㄹ지라도, -(으)ㄹ지어다, -(으)ㄹ지언정, -(으)ㄹ진대, -올시다 ② 된소리로 적는 어미 : -(으)ㄹ까?, -(으)ㄹ꼬?, -(스)ㅂ니까?, -(으)리까?, -(으)ㄹ쏘냐?
제54항▼	접미사의 표기	된소리로 적는 접미사 : 심부름꾼, 귀때기, 익살꾼, 볼때기, 일꾼, 판자때기, 장꾼, 뒤꿈치, 장난꾼, 팔꿈치, 지게꾼, 이마빼기, 때깔, 코빼기, 빛깔, 객쩍다, 성깔, 겸연쩍다
제55항	한 가지로 적는 말	① 맞추다 : 주문하다, 맞게 하다 → 마추다 (×) 　예 입을 맞춘다, 양복을 맞춘다 ② 뻗치다 : 이 끝에서 저 끝까지 닿다, 멀리 연하다, 뻗다, 뻗지르다 → 뻐치다 (×) 　예 다리를 뻗친다, 멀리 뻗친다
제56항	'-더라, -던'과 '-든지'	① -더라, -던 : 지난 일을 나타내는 어미 　예 지난겨울은 몹시 춥더라, 깊던 물이 얕아졌다, 그렇게 좋던가? 그 사람 말 잘 하던데! 얼마나 놀랐던지 몰라 ② -든지 : 물건이나 일의 내용을 가리지 아니하는 뜻을 나타내는 조사와 어미 　예 배든지, 사과든지 마음대로 먹어라, 가든지 오든지 마음대로 해라

제57항	다음 말들은 각각 구별하여 적는다.
	• 가름　　　　　　　　　　　　• 둘로 가름새 　갈음　　　　　　　　　　　　　책상으로 갈음하였다 • 거름　　　　　　　　　　　　　풀을 썩인 거름 　걸음　　　　　　　　　　　　　빠른 걸음 • 거치다　　　　　　　　　　　• 영월을 거쳐 왔다 　걷히다　　　　　　　　　　　　외상값이 잘 걷힌다 • 걷잡다　　　　　　　　　　　• 걷잡을 수 없는 상태 　겉잡다　　　　　　　　　　　　겉잡아서 이틀 걸릴 일 • 그러므로(그러니까)　　　　• 그는 부지런하다. 그러므로 잘 산다 　그럼으로(써)　　　　　　　　그는 열심히 공부한다. 그럼으로(써) 은혜에 보답한다(그렇게 하는 것으로) • 노름　　　　　　　　　　　　• 노름판이 벌어졌다 　놀음(놀이)　　　　　　　　　즐거운 놀음 • 느리다　　　　　　　　　　　• 진도가 너무 느리다 　늘이다　　　　　　　　　　　　고무줄을 늘인다 　늘리다　　　　　　　　　　　　수출량을 더 늘린다 • 다리다　　　　　　　　　　　• 옷을 다린다 　달이다　　　　　　　　　　　　약을 달인다 　다치다　　　　　　　　　　　　부주의로 손을 다쳤다 　닫히다　　　　　　　　　　　　문이 저절로 닫혔다 　닫치다　　　　　　　　　　　　문을 힘껏 닫쳤다 • 마치다　　　　　　　　　　　• 벌써 일을 마쳤다 　맞히다　　　　　　　　　　　　여러 문제를 더 맞혔다 • 목거리　　　　　　　　　　　• 목거리가 덧났다 　목걸이　　　　　　　　　　　　금 목걸이, 은 목걸이

제57항		
	• 바치다	• 나라를 위해 목숨을 바쳤다
	받치다	우산을 받치고 간다 / 책받침을 받친다
	받히다	쇠뿔에 받혔다
	밭치다	술을 체에 밭친다
	• 반드시	• 약속은 반드시 지켜라
	반듯이	고개를 반듯이 들어라
	• 부딪치다	• 차와 차가 마주 부딪쳤다
	부딪히다	마차가 화물차에 부딪혔다
	• 부치다	• 힘이 부치는 일이다 / 편지를 부친다 / 논밭을 부친다
		빈대떡을 부친다 / 식목일에 부치는 글
		회의에 부치는 안건 / 인쇄에 부치는 원고
		삼촌 집에 숙식을 부친다
	붙이다	우표를 붙인다 / 책상을 벽에 붙였다
		흥정을 붙인다 / 불을 붙인다 / 감시원을 붙인다
		조건을 붙인다 / 취미를 붙인다 / 별명을 붙인다
	• 시키다	• 일을 시킨다
	식히다	끓인 물을 식힌다
	• 아름	• 세 아름 되는 둘레
	알음	전부터 알음이 있는 사이
	앎	앎이 힘이다
	• 안치다	• 밥을 안친다
	앉히다	윗자리에 앉힌다
	• 어름	• 두 물건의 어름에서 일어난 현상
	얼음	얼음이 얼었다
	• 이따가	• 이따가 오너라
	있다가	돈은 있다가도 없다
	• 저리다	• 다친 다리가 저린다
	절이다	김장 배추를 절인다
	• 조리다	• 생선을 조린다 / 통조림, 병조림
	졸이다	마음을 졸인다
	• 주리다	• 여러 날을 주렸다
	줄이다	비용을 줄인다
	• 하노라고	• 하노라고 한 것이 이 모양이다
	하느라고	공부하느라고 밤을 새웠다
	• -느니보다(어미)	• 나를 찾아오느니보다 집에 있거라
	-는 이보다(의존명사)	오는 이가 가는 이보다 많다
	• -(으)리만큼(어미)	• 나를 미워하리만큼 그에게 잘못한 일이 없다
	-(으)ㄹ 이만큼(의존명사)	찬성할 이도 반대할 이만큼이나 많을 것이다
	• -(으)러(목적)	• 공부하러 간다
	-(으)려(의도)	서울 가려 한다
	• (으)로서(자격)	• 사람으로서 그럴 수는 없다
	(으)로써(수단)	닭으로써 꿩을 대신했다
	• -(으)므로(어미)	• 그가 나를 믿으므로 나도 그를 믿는다
	(-ㅁ, -음)으로(써)(조사)	그는 믿음으로(써) 산 보람을 느꼈다

부록 문장부호

마침표 (온점)	① 서술, 명령, 청유 등을 나타내는 문장의 끝에 쓴다. 　예 젊은이는 나라의 기둥입니다. ② 아라비아 숫자만으로 연월일을 표시할 때 쓴다. 　예 1919. 3. 1 ③ 특정한 의미가 있는 날을 표시할 때 월과 일을 나타내는 아라비아 숫자 사이에 쓴다. ▼ 　예 3.1 운동 ④ 장, 절, 항 등을 표시하는 문자나 숫자 다음에 쓴다. 　예 가. 인명
? 물음표	① 의문문이나 의문을 나타내는 어구의 끝에 쓴다. ▼ 　예 점심 먹었어? ② 특정한 어구의 내용에 대하여 의심, 빈정거림 등을 표시할 때, 또는 적절한 말을 쓰기 어려울 때 소괄호 안에 쓴다. 　예 우리와 의견을 같이할 사람은 최 선생(?) 정도인 것 같다 ③ 모르거나 불확실한 내용임을 나타낼 때 쓴다. 　예 최치원(857~?)은 통일 신라 말기에 이름을 떨쳤던 학자이자 문장가이다
! 느낌표	① 감탄문이나 감탄사의 끝에 쓴다. ▼ 　예 이거 정말 큰일이 났구나! ② 특별히 강한 느낌을 나타내는 어구, 평서문, 명령문, 청유문에 쓴다. 　예 청춘! 이는 듣기만 하여도 가슴이 설레는 말이다 ③ 물음의 말로 놀람이나 항의의 뜻을 나타내는 경우에 쓴다. 　예 이게 누구야! 이게 왜 나빠! ④ 감정을 넣어 대답하거나 다른 사람을 부를 때 쓴다. 　예 네! 언니!
쉼표 (반점)	① 같은 자격의 어구를 열거할 때 그 사이에 쓴다. 　예 근면, 검소, 협동은 우리 겨레의 미덕이다 ② 짝을 지어 구별할 때 쓴다. 　예 닭과 지네, 개와 고양이는 상극이다 ③ 이웃하는 수를 개략적으로 나타낼 때 쓴다. 　예 5, 6세기 ④ 열거의 순서를 나타내는 어구 다음에 쓴다. 　예 첫째, 몸이 튼튼해야 한다 ⑤ 문장의 연결 관계를 분명히 하고자 할 때 절과 절 사이에 쓴다. 　예 콩 심은 데 콩 나고, 팥 심은 데 팥 난다 ⑥ 같은 말이 되풀이되는 것을 피하기 위하여 일정한 부분을 줄여서 열거할 때 쓴다. 　예 여름에는 바다에서, 겨울에는 산에서 휴가를 즐겼다 ⑦ 부르거나 대답하는 말 뒤에 쓴다. 　예 지은아, 이리 좀 와 봐 ⑧ 한 문장 안에서 앞말을 '곧', '다시 말해' 등과 같은 어구로 다시 설명할 때 앞말 다음에 쓴다. 　예 책의 서문, 곧 머리말에는 책을 지은 목적이 드러나 있다 ⑨ 문장 앞부분에서 조사 없이 쓰인 제시어나 주제어의 뒤에 쓴다. 　예 돈, 돈이 인생의 전부이더냐?

▼ 마침표 대신 가운뎃점을 쓸 수 있다.

▼ 의문의 정도가 약할 때는 물음표 대신 마침표를 쓸 수 있다.
예 이것이 과연 내가 찾던 행복일까.

▼ 감탄의 정도가 약할 때는 느낌표 대신 쉼표나 마침표를 쓸 수 있다.
예 어, 벌써 끝났네. 날씨가 참 좋군.

▼ 쉼표 대신 줄표를 쓸 수 있다.	**쉼표 (반점)** ⑩ 한 문장에 같은 의미의 어구가 반복될 때 앞에 오는 어구 다음에 쓴다. 　예 그의 애국심, 몸을 사리지 않고 국가를 위해 헌신한 정신을 우리는 본받아야 한다 ⑪ 도치문에서 도치된 어구들 사이에 쓴다. 　예 이리 오세요, 어머님 ⑫ 바로 다음 말과 직접적인 관계에 있지 않음을 나타낼 때 쓴다(문장의 중의성 제거). 　예 갑돌이는, 울면서 떠나는 갑순이를 배웅했다 ⑬ 문장 중간에 끼어든 어구의 앞뒤에 쓴다.▼ 　예 나는, 솔직히 말하면, 그 말이 별로 탐탁지 않아 ⑭ 특별한 효과를 위해 끊어 읽는 곳을 나타낼 때 쓴다. 　예 내가, 정말 그 일을 오늘 안에 해낼 수 있을까? ⑮ 짧게 더듬는 말을 표시할 때 쓴다. 　예 선생님, 부, 부정행위라니요? 그런 건 새, 생각조차 하지 않았습니다
▼ 가운뎃점을 쓰지 않거나 쉼표를 쓸 수 있다. ▼ 가운뎃점 대신 쉼표를 쓸 수 있다.	**가운뎃점** ① 열거할 어구들을 일정한 기준으로 묶어서 나타낼 때 쓴다. 　예 민수 · 영희, 선미 · 준호가 서로 짝이 되어 윷놀이를 하였다 ② 짝을 이루는 어구들 사이에 쓴다.▼ 　예 한(韓) · 이(伊) 양국 간의 무역량이 늘고 있다 ③ 공통 성분을 줄여서 하나의 어구로 묶을 때 쓴다.▼ 　예 상 · 중 · 하위권
▼ ③ · ④의 경우 쌍점을 붙여 쓴다.	**: 쌍점** ① 표제 다음에 해당 항목을 들거나 설명을 붙일 때 쓴다. 　예 문방사우: 종이, 붓, 먹, 벼루 ② 희곡 등에서 대화 내용을 제시할 때 말하는 이와 말한 내용 사이에 쓴다. 　예 김 과장: 난 못 참겠다 ③ 시와 분, 장과 절 등을 구별할 때 쓴다. 　예 오전 10:20(오전 10시 20분) ④ 의존명사 '대'가 쓰일 자리에 쓴다. 　예 65:60(65 대 60)
	/ 빗금 ① 대비되는 두 개 이상의 어구를 묶어 나타낼 때 그 사이에 쓴다. 　예 먹이다/먹히다 ② 기준 단위당 수량을 표시할 때 해당 수량과 기준 단위 사이에 쓴다. 　예 100미터/초 ③ 시의 행이 바뀌는 부분임을 나타낼 때 쓴다. 　예 산에 / 산에 / 피는 꽃은 / 저만치 혼자서 피어 있네.
	"" 큰따옴표 ① 글 가운데에서 직접 대화를 표시할 때 쓴다. 　예 "어머니, 제가 가겠어요.", "아니다. 내가 다녀오마." ② 말이나 글을 직접 인용할 때 쓴다. 　예 나는 "어, 광훈이 아니냐?"하는 소리에 깜짝 놀랐다
	' ' 작은 따옴표 ① 인용한 말 안에 있는 인용한 말을 나타낼 때 쓴다. 　예 그는 "여러분! '시작이 반이다.'라는 말 들어 보셨죠?"라고 말하며 강연을 시작했다 ② 마음속으로 한 말을 적을 때 쓴다. 　예 나는 '일이 다 틀렸나 보군.'하고 생각하였다

( ) 소괄호	① 주석이나 보충적인 내용을 덧붙일 때 쓴다. 　예 니체(독일의 철학자)의 말을 빌리면 다음과 같다 ② 우리말 표기와 원어 표기를 아울러 보일 때 쓴다. 　예 기호(嗜好), 커피(coffee) ③ 생략할 수 있는 요소임을 나타낼 때 쓴다. 　예 학교에서 동료 교사를 부를 때는 이름 뒤에 '선생(님)'이라는 말을 덧붙인다 ④ 희곡 등 대화를 적은 글에서 동작이나 분위기, 상태를 드러낼 때 쓴다. 　예 현우: (가쁜 숨을 내쉬며) 왜 이렇게 빨리 뛰어? ⑤ 내용이 들어갈 자리임을 나타낼 때 쓴다. 　예 우리나라의 수도는 (　　)이다 ⑥ 항목의 순서나 종류를 나타내는 숫자나 문자 등에 쓴다. 　예 사람의 인격은 (1) 용모, (2) 언어, (3) 행동, (4) 덕성 등으로 표현된다
{ } 중괄호	① 같은 범주에 속하는 여러 요소를 세로로 묶어서 보일 때 쓴다. 　예 국가의 성립 요소 { 영토 / 국민 / 주권 }, 주격조사 { 이 / 가 } ② 열거된 항목 중 어느 하나가 자유롭게 선택될 수 있음을 보일 때 쓴다. 　예 아이들이 모두 학교{에, 로, 까지} 갔어요
[ ] 대괄호	① 괄호 안에 또 괄호를 쓸 필요가 있을 때 바깥쪽의 괄호로 쓴다. 　예 어린이날이 새로 제정되었을 당시에는 어린이들에게 경어를 쓰라고 하였다[윤석중 전집 　　(1988), 70쪽 참조] ② 고유어에 대응하는 한자어를 함께 보일 때 쓴다. 　예 나이[年歲] ③ 원문에 대한 이해를 돕기 위해 설명이나 논평 등을 덧붙일 때 쓴다. 　예 그것[한글]은 이처럼 정보화 시대에 알맞은 과학적인 문자이다
『 』 겹낫표와 《 》 겹화살괄호▼	책의 제목이나 신문 이름 등을 나타낼 때 쓴다. 예 우리나라 최초의 민간 신문은 1896년에 창간된 『독립신문』이다 　　우리나라 최초의 민간 신문은 1896년에 창간된 《독립신문》이다
「 」 홑낫표와 〈 〉 홑화살괄호▼	소제목, 그림이나 노래와 같은 예술 작품의 제목, 상호, 법률, 규정 등을 나타낼 때 쓴다. 예 이 곡은 베르디가 작곡한 「축배의 노래」이다 　　백남준은 2005년에 〈엄마〉라는 작품을 선보였다
─ 줄표	제목 다음에 표시하는 부제의 앞뒤에 쓴다. 예 이번 토론회의 제목은 '역사 바로잡기 ─ 근대의 설정 ─'이다.
─ 붙임표	① 차례대로 이어지는 내용을 하나로 묶어 열거할 때 각 어구 사이에 쓴다. 　예 멀리뛰기는 도움닫기-도약-공중자세-착지의 순서로 이루어진다 ② 두 개 이상의 어구가 밀접한 관련이 있음을 나타내고자 할 때 쓴다. 　예 드디어 서울-북경의 항로가 열렸다
∼ 물결표▼	기간이나 거리 또는 범위를 나타낼 때 쓴다. 예 9월 15일∼9월 25일, 김정희(1786∼1856)
*, ── 드러냄표와 밑줄	문장 내용 중에서 주의가 미쳐야 할 곳이나 중요한 부분을 특별히 드러내 보일 때 쓴다. 예 한글의 본디 이름은 훈민정음이다. 다음 보기에서 명사가 <u>아닌</u> 것은?

▼ 겹낫표나 겹화살괄호 대신 큰따옴표를 쓸 수 있다.

▼ 홑낫표나 홑화살괄호 대신 작은따옴표를 쓸 수 있다.

▼ 물결표 대신 붙임표를 쓸 수 있다.

O, X 숨김표	① 금기어나 공공연히 쓰기 어려운 비속어임을 나타낼 때, 그 글자의 수효만큼 쓴다. 　㉑ 배운 사람 입에서 어찌 ○란 말이 나올 수 있느냐? 　　　그 말을 듣는 순간 XXX란 말이 목구멍까지 치밀었다 ② 비밀을 유지해야 하거나 밝힐 수 없는 사항임을 나타낼 때 쓴다. 　㉑ 1차 시험 합격자는 김○영, 이○준, 박○순 등 모두 3명이다 　　　그 모임의 참석자는 김XX 씨, 정XX 씨 등 5명이었다
□ 빠짐표	① 옛 비문이나 문헌 등에서 글자가 분명하지 않을 때 그 글자의 수효만큼 쓴다. 　㉑ 大師爲法主□□賴之大□薦 ② 글자가 들어가야 할 자리를 나타낼 때 쓴다. 　㉑ 훈민정음의 초성 중에서 아음(牙音)은 □□□의 석 자다
⋯⋯ 줄임표	① 할 말을 줄였을 때 쓴다. 　㉑ "어디 나하고 한번 ⋯⋯." 하고 민수가 나섰다 ② 말이 없음을 나타낼 때 쓴다. 　㉑ "빨리 말해!" "⋯⋯." ③ 문장이나 글의 일부를 생략할 때 쓴다.▼ 　㉑ '고유'라는 말은 문자 그대로 본디부터 있었다는 뜻은 아닙니다. ⋯⋯ 같은 역사적 환경에 　　서 공동의 집단 생활을 영위해 오는 동안 공동으로 발견된, 사물에 대한 공동의 사고방식 　　을 우리는 한국의 고유 사상이라 부를 수 있다는 것입니다 ④ 머뭇거림을 보일 때 쓴다.▼ 　㉑ "우리는 모두⋯⋯ 그러니까⋯⋯ 예외 없이 눈물만 흘렸다."

▼ 줄임표는 앞말에 붙여 쓰는 것이 원칙이나, 여기서는 앞뒤를 띄어 쓴다.

▼ 점은 가운데에 찍는 대신 아래쪽에 찍을 수도 있고, 여섯 점을 찍는 대신 세 점을 찍을 수도 있다.

핵심 쏙 이론 | 마침표, 물음표, 쉼표의 표기 원칙

- 마침표의 표기 원칙
  - 직접 인용한 문장 끝에는 쓰는 것을 원칙으로 하되, 쓰지 않는 것을 허용한다.
    - ㉑ 그는 "지금 바로 떠나자."라고 말하며 서둘러 짐을 챙겼다
    - 　그는 "지금 바로 떠나자"라고 말하며 서둘러 짐을 챙겼다
  - 용언의 명사형이나 명사로 끝나는 문장에는 쓰는 것을 원칙으로 하되, 쓰지 않는 것을 허용한다.
    - ㉑ 내일 오전까지 보고서를 제출할 것.
    - 　내일 오전까지 보고서를 제출할 것
  - 제목이나 표어에는 쓰지 않음을 원칙으로 한다.
    - ㉑ 압록강은 흐른다
    - 　꺼진 불도 다시 보자
- 물음표의 표기 원칙
  - 한 문장 안에 몇 개의 선택적인 물음이 이어질 때는 맨 끝의 물음에만 쓰고, 각 물음이 독립적일 때는 각 물음의 뒤에 쓴다.
    - ㉑ 너는 중학생이냐, 고등학생이냐?
    - 　너는 여기에 언제 왔니? 어디서 왔니? 무엇하러 왔니?
  - 제목이나 표어에는 쓰지 않음을 원칙으로 해야 한다.
    - ㉑ 역사란 무엇인가
    - 　아직도 담배를 피우십니까
- 쉼표의 표기 원칙
  - 쉼표 없이도 열거되는 사항임이 쉽게 드러날 때는 쓰지 않을 수 있다.
    - ㉑ 아버지 어머니께서 함께 오셨어요.
  - 열거할 어구들을 생략할 때 사용하는 줄임표 앞에는 쉼표를 쓰지 않는다.
    - ㉑ 광역시 : 광주, 대구, 대전⋯⋯
  - 끼어든 어구 안에 다른 쉼표가 들어 있을 때는 쉼표 대신 줄표를 쓴다.
    - ㉑ 이건 내 것이니까—아니, 내가 처음 발견한 것이니까—절대로 양보할 수가 없다

02 표준어 규정▼

1. 자음

제3항	거센소리를 가진 형태	끄나풀(끄나불 ×), 나팔꽃(나발꽃 ×), 살쾡이(삵괭이 ×), 털어먹다(떨어먹다 ×)
제5항	어원에서 멀어진 형태	강낭콩(강남콩 ×), 고삿(고샅 ×), 사글세(월세 ○, 삭월세 ×), 울력성당(위력서당 ×)
제6항	의미 구별 없이 한 가지 형태만을 표준어로 삼는 경우	둘(돐 ×), 둘째(두째 ×), 셋째(세째 ×), 넷째(네째 ×), 빌리다(빌다 ×)
제7항	수컷을 이르는 접두사	① 수컷을 이르는 접두사는 '수-'로 통일한다. 　예 수꿩(수퀑 ×, 수펑 ×), 수놈(숫놈 ×), 수소(황소 ○, 수소 ×), 수은행나무(숫은행나무 ×) ② 접두사 다음에 나는 거센소리를 인정하는 경우('암-'도 동일) 　예 수캉아지, 수캐, 수컷, 수키와, 수탉, 수탕나귀, 수톨쩌귀, 수퇘지, 수평아리 ③ 접두사 '숫-'을 쓰는 경우 　예 숫양(수양 ×), 숫염소(수염소 ×), 숫쥐(수쥐 ×)

2. 모음

제8항	모음조화▼	① 음성 모음 형태를 표준어로 삼는 경우 　예 깡충깡충(깡총깡총 ×), 봉죽(봉족 ×), 뻗정다리(뻗장다리 ×), 주추(주초 ×) ② 어원 의식이 강해 양성 모음 형태가 표준어인 경우 　예 부조(부주 ×), 사돈(사둔 ×), 삼촌(삼춘 ×)
제9항	'ㅣ' 역행 동화	① 예외적으로 표준어로 인정되는 경우 : 내기(서울내기, 시골내기, 신출내기, 풋내기/-나기 ×), 냄비(남비 ×), 동댕이치다(동당이치다 ×) ② 'ㅣ' 역행 동화가 일어나지 아니한 형태를 표준어로 삼는 경우 : 아지랑이(아지랭이 ×) ③ 기술자에게는 '-장이', 그 외에는 '-쟁이'가 붙는 형태를 표준어로 삼음 : 미장이, 유기장이, 멋쟁이, 소금쟁이, 담쟁이덩굴, 골목쟁이, 발목쟁이
제10항	모음이 단순화한 형태	괴팍하다(괴퍅하다 ×), 미루나무(미류나무 ×), 으레(으례 ×), 케케묵다(켸켸묵다 ×), 허우대(허위대 ×), 허우적허우적(허위적허위적 ×)
제11항	모음의 발음이 바뀌어 굳어진 형태	-구려(-구료 ×), 나무라다(나무래다 ×), 바라다(바래다 ×), 상추(상치 ×), 주책(주착 ×), 지루하다(지리하다 ×), 허드레(허드래 ×), 호루라기(호루루기 ×)

▼ 표준어
교양 있는 사람들이 두루 쓰는 현대 서울말

▼ 표준어 규정
표준어 사정의 원칙과 표준 발음법을 체계화한 규정

▼ 십 단위 이상의 서수에서는 '둘째'를 '두째'로 함
예 열두째(열두 개째의 뜻은 '열둘째'로), 스물두째(스물두 개째의 뜻은 '스물둘째'로)

▼ 모음조화
모음은 그 발음에 있어서 가볍고 밝은 느낌을 주는 양성모음과 무겁고 어두운 느낌을 주는 음성모음으로 구분할 수 있다. 예를 들어 'ㅏ, ㅗ'는 양성 모음에 해당하며, 'ㅓ, ㅜ'는 음성 모음에 해당한다. 이들은 서로 함께 발음되려고 하는 특성을 지니는데, 이를 모음조화라고 한다.
예 깡충깡충, 껑충껑충, 폴짝폴짝

안심Touch

표준어는 언어이기 때문에 사용자에
의해 변화한다. 즉, 국어는 국어를 향
유하는 계층에 의해 사용되지 않는 단
어들이 사라지기도 하고, 때로는 줄어
든 말이 본래 말을 대체하기도 한다.
게다가 그 변화가 불규칙적인 현상일
때도 있으므로, 모든 단어의 변화를
암기하기 보다는 최근 추가된 표준어
와 기출문제에서 자주 등장하는 단어
들 위주로 효율적인 공부를 할 필요가
있다.

3. 단수 표준어

제14항	준말	본말이 잘 쓰이지 않아 준말만을 표준으로 삼는 경우 예 귀찮다(귀치 않다 ×), 김(기음 ×), 똬리(또아리 ×), 무(무우 ×), 미다(무이다 ×), 뱀(배암 ×), 뱀-장어(배암-장어 ×), 빔(비음 ×), 샘(새암 ×), 생쥐(새앙쥐 ×) 솔개(소리개 ×), 온-갖(온-가지 ×), 장사-치(장사-아치 ×)
제15항	본말	준말이 쓰이고 있더라도, 본말이 널리 쓰이고 있으면 본말을 표준어로 삼는 경우 예 경황-없다(경-없다 ×), 궁상-떨다(궁-떨다 ×), 귀이개(귀개 ×), 낌새(낌 ×), 낙인-찍다(낙-하다/낙-치다 ×), 내왕-꾼(냉-꾼 ×), 돗-자리(돗 ×), 뒤웅-박(뒝-박 ×), 뒷물-대야(뒷-대야 ×), 마구-잡이(막-잡이 ×), 맵자-하다(맵자다 ×), 모이(모 ×), 벽-돌(벽 ×), 부스럼(부럼 ×), 살얼음-판(살-판 ×), 수두룩-하다(수둑-하다 ×), 암-죽(암 ×), 어음(엄 ×), 일구다(일다 ×), 죽-살이(죽-살 ×), 퇴박-맞다(퇴-맞다 ×), 한통치다(통치다 ×), 아래-로(알-로 ×)
제17항	널리 쓰이는 형태	거든그리다(거둥그리다 ×), 구어박다(구워박다 ×), 귀-고리(귀엣-고리 ×), 귀-뜀(귀-틤 ×), 까딱-하면(까땍-하면 ×), 꼭두-각시(꼭둑-각시 ×), 내색(나색 ×), 내숭-스럽다(내흉-스럽다 ×), 냠냠-거리다(얌냠-거리다 ×), 냠냠-이(얌냠-이 ×), 너(四)-(네 × : ~돈, ~말, ~발, ~푼), 넉(四)-(너/네 × : ~냥, ~되, ~섬, ~자), 다다르다(다닫다 ×), 댑싸리(대싸리 ×), 더부룩하다(더뿌룩-하다/듬뿌룩-하다 ×), -던(-든 ×), -던가(-든가 ×), -던걸(-든걸 ×), -던고(-든고 ×), -던데(-든데 ×), -던지(-든지 ×), -(으)려고(-(으)ㄹ려고/-(으)라고 ×), -(으)려야(-(으)ㄹ려야/-(으)래야 ×), 망가-뜨리다(망그-뜨리다 ×), 멸치(머루치/메리치 ×), 반빗-아치(반비-아치 ×), 보습(보십/보섭 ×), 봉숭아(봉선화, 봉숭화 ×), 뺨-따귀(뺨-따귀/뺨-따구니 ×), 뻐개다[斫](뻐기 ×), 뻐기다[誇](뻐개다 ×), 사자-탈(사지-탈 ×), 상-판대기(쌍-판대기 ×), 세[三](세/석 × : ~돈, ~말, ~발, ~푼), 석[三](세 × : ~냥, ~되, ~섬, ~자), 설령(設令)(서령 ×), -습니다(-읍니다 ×), 시름-시름(시늠-시늠 ×), 씀벅-씀벅(썸벅-썸벅 ×), 아궁이(아궁지 ×), 아내(안해 ×), 어-중간(어지-중간 ×), 오금-팽이(오금-탱이 ×), 오래-오래(도래-도래 ×), -올시다(-올습니다 ×), 옹골-차다(공골-차다 ×), 우두커니(우두머니 ×), 잠-투정(잠-투세/잠-주정 ×), 재봉-틀(자봉-틀 ×), 짓-무르다(짓-물다 ×), 짚-북데기(짚-북세기 ×), 쪽(짝 ×), 천장(天障)(천정 ×), 코-맹맹이(코-맹녕이 ×), 흉-업다(흉-헙다 ×)
제20항	사어	난봉(봉 ×), 낭떠러지(낭 ×), 설거지-하다(설겆다 ×), 애달프다(애닲다 ×), 오동-나무(머귀-나무 ×), 자두(오얏 ×)
제21항	고유어	가루약(말약 ×), 구들장(방돌 ×), 길품-삯(보행-삯 ×), 까막-눈(맹-눈 ×), 꼭지-미역(총각-미역 ×), 나뭇-갓(시장-갓 ×), 늙-다리(노닥다리 ×), 두껍-닫이(두껍-창 ×), 떡-암죽(병-암죽 ×), 마른-갈이(건-갈이 ×), 마른-빨래(건-빨래 ×), 메-찰떡(반-찰떡 ×), 박달-나무(배달 나무 ×), 밥-소래(식-소라 ×), 사래-논(사래-답 ×), 사래-밭(사래-전 ×), 삯-말(삯-마 ×), 성냥(화곽 ×), 솟을-무늬(솟을-문(~紋) ×), 외-지다(벽-지다 ×), 움-파(동-파 ×), 잎-담배(잎-초 ×), 잔-돈(잔-전 ×), 조-당수(조-당죽 ×), 죽데기(피-죽 ×), 지겟-다리(목-발 ×), 짐-꾼[부지-군(負持-) ×], 푼-돈(분-전/푼-전 ×), 흰-말(백-말/부루-말 ×), 흰-죽(백-죽 ×)

제22항	한자어	개다리−소반(개다리−밥상 ×), 겸−상(맞−상 ×), 고봉−밥(높은−밥 ×), 단−벌(홑−벌 ×), 마방−집(마바리−집 ×), 민망−스럽다/면구−스럽다(민주−스럽다), 방고래(구들고래 ×), 부항−단지(뜸−단지), 산−누에(멧−누에 ×), 산−줄기(멧−줄기/멧−발 ×), 수−삼(무−삼 ×), 양파(둥근파 ×), 어질−병(어질−머리 ×), 윤−달(군−달), 정력−세다(장성−세다 ×), 제석(젯−돗), 총각−무(알−무/알타리−무 ×), 총각무(알무 ×, 알타리무 ×), 칫−솔(잇−솔 ×), 포수(총−댕이 ×)
제24항	방언	귀밑머리(귓머리 ×), 까−뭉개다(까−무느다 ×), 막상(마기 ×), 빈대떡(빈자떡 ×), 생인손(생안손 ×), 역−겹다(역−스럽다 ×), 코주부(코보 ×)
제25항	압도적으로 널리 쓰이는 것	−게끔(−게시리 ×), 겸사−겸사(겸지−겸지/겸두−겸두 ×), 고구마(참−감자 ×), 고치다(낫우다 ×), 골목−쟁이(골목−자기 ×), 광주리(광우리 ×), 괴통(호구 ×), 국−물(멀−국/말−국 ×), 군−표(군용−어음 ×), 길−잡이(길−앞잡이 ×), 까다롭다(까닭−스럽다/까탈−스럽다 ×), 까치−발(까치−다리 ×), 꼬창−모(말뚝−모 ×), 나룻−배(나루 ×), 납−도리(민−도리 ×), 농−지거리(기롱−지거리 ×), 다사−스럽다(다사−하다 ×), 다오(다구 ×), 담배−꽁초(담배−꼬투리/담배−꽁치/담배−꽁추 ×), 담배−설대(대−설대 ×), 대장−일(성냥−일 ×), 뒤져−내다(뒤어−내다 ×), 뒤통수−치다(뒤꼭지−치다 ×), 등−나무(등−칡 ×), 등−때기(등−떠리 ×), 등잔−걸이(등경−걸이 ×), 떡−보(떡−충이 ×), 똑딱−단추(딸꼭−단추 ×), 매−만지다(우미다 ×), 먼−발치(먼−발치기 ×), 며느리−발톱(뒷−발톱 ×), 명주−붙이(주−사니 ×), 목−메다(목−맺히다 ×), 밀짚−모자(보릿짚−모자 ×), 바가지(열−바가지/열−박 ×), 바람−꼭지(바람−고다리 ×), 반−나절(나절−가웃 ×), 반두(독대 ×), 버젓−이(뉘연−히 ×), 본−받다(법−받다 ×), 부각 다시마−(자반 ×), 부끄러워−하다(부끄리다 ×), 부스러기(부스럭지 ×), 부지깽이(부지팽이 ×), 부항−단지(부항−항아리 ×), 붉으락−푸르락(푸르락−붉으락 ×), 비켜−덩이(옆−사리미 ×), 빙충−이(빙충−맞이 ×), 빠−뜨리다(빠−치다 ×), 뻣뻣−하다(왜긋다 ×), 뽐−내다(느물다 ×), 사로−잠그다(사로−채우다 ×), 살−풀이(살−막이 ×), 상투−쟁이(상투−꼬부랑이 ×), 새앙−손이(생강−손이 ×), 샛−별(새벽−별 ×), 선−머슴(풋−머슴 ×), 섭섭−하다(애운−하다 ×), 속−말(속−소리 ×), 손목−시계(팔목−시계/팔뚝−시계 ×), 손−수레(손−구루마 ×), 쇠−고랑(고랑−쇠 ×), 수도−꼭지(수도−고동 ×), 숙성−하다(숙−지다 ×), 순대(골집 ×), 술−고래(술−꾸러기/술−부대/술−보/술−푸대 ×), 식은−땀(찬−땀 ×), 신기−롭다(신기−스럽다 ×), 쌍동−밤(쪽−밤 ×), 쏜살−같이(쏜살−로 ×), 아주(영판 ×), 안−걸이(안−낚시 ×), 안다미−씌우다(안다미−시키다 ×), 안쓰럽다(안−슬프다 ×), 안절부절−못하다(안절부절−하다 ×), 앉은뱅이−저울(앉은−저울 ×), 알−사탕(구슬−사탕 ×), 암−내(곁땀−내 ×), 앞−지르다(따라−먹다 ×), 애−벌레(어린−벌레 ×), 얕은−꾀(물탄−꾀 ×), 언뜻(펀뜻 ×), 언제나(노다지 ×), 얼룩−말(워라−말 ×), 에는(엘랑 ×), 열심−히(열심−으로 ×), 입−담(말−담 ×), 자배기(너벅지 ×), 전봇−대(전선−대 ×), 주책−없다(주책−이다 ×), 쥐락−펴락(펴락−쥐락 ×), −지만(−지만 ×), 짓고−땡(지어−땡/짓고−땡이 ×), 짧은−작(짜른−작 ×), 찹−쌀(이−찹쌀 ×), 청대−콩(푸른−콩 ×), 칡−범(갈−범 ×)

4. 복수 표준어

제16항	준말의 효용이 뚜렷이 인정되는 것	거짓-부리/거짓-불(가짓-부리/가짓-불), 노을/놀, 막대기/막대, 망태기/망태, 머무르다/머물다, 서두르다/서둘다, 서투르다/서툴다, 석새-삼베/석새-베, 시-누이/시-뉘/시-누, 오-누이/오-뉘/오-누, 외우다/외다,외우며/외워, 이기죽-거리다/이죽-거리다, 찌꺼기/찌끼
제18항	일반적인 음운 현상으로 설명되는 것	네/예, 쇠-/소-, 괴다/고이다, 꾀다/꼬이다, 쐬다/쏘이다, 죄다/조이다, 쬐다/쪼이다
제19항	어감의 차이를 나타내는 것	거슴츠레하다/게슴츠레하다, 고까/꼬까(고까신/꼬까신), 고린내/코린내, 구린내/쿠린내, 꺼림하다/께름하다, 나부랭이/너부렁이
제23항	방언과 표준어	멍게/우렁쉥이, 물방개/선두리, 애순/어린순
제26항	몇 가지 형태가 널리 쓰이며 표준어 규정에 맞는 것	가는-허리/잔-허리, 가락-엿/가래-엿, 가뭄/가물, 가엾다/가엽다, 감감-무소식/감감-소식, 개수-통/설거지-통, 개숫물/설거지물, 갱-엿/검은-엿, 거위-배/횟-배, 것/해, 게을러빠지다/게을러터지다, 고깃-간/푸줏-간, 곰곰/곰곰-이, 관계-없다/상관-없다, 교정-보다/준-보다, 귀퉁-머리/귀퉁-배기, 극성-떨다/극성-부리다, 기세-부리다/기세-피우다, 기승-떨다/기승-부리다, 깃-저고리/배내-옷/배냇-저고리, 꼬까/때때/고까, 꼬리별/살별, 꽃-도미/붉-돔, 나귀/당-나귀, 날-걸/세-뿔, 내리-글씨/세로-글씨, 넝쿨/덩굴, 녘/쪽, 눈-대중/눈-어림/눈-짐작, 느리-광이/느림-보/늘-보, 늦-모/마냥-모, 다기-지다/다기-차다, 다달-이/매-달, -다마다/-고말고, 다박-나룻/다박-수염, 닭의-장/닭-장, 댓-돌/툇-돌, 덧-창/겉-창, 독장-치다/독판-치다, 동자-기둥/쪼구미, 돼지-감자/뚱딴지, 되우/된통/되게, 두동-무니/두동-사니, 뒷-갈망/뒷-감당, 뒷-말/뒷-소리, 들락-거리다/들랑-거리다, 들락-날락/들랑-날랑, 딴-전/딴-청, 땅-콩/호-콩, 땔-감/땔-거리, -뜨리다/-트리다, 뜬-것/뜬-귀신, 마룻-줄/용총-줄, 마-파람/앞-바람, 만장-판/만장-중(滿場中), 만큼/만치, 말-동무/말-벗, 매-같이/매-조미, 매-통/목-매, 먹-새/먹음-새, 멀찌감치/멀찌가니/멀찍이, 멱통/산-멱/산-멱통, 면-치레/외면-치레, 모-내다/모-심다, 모쪼록/아무쪼록, 목판-되/모-되, 목화-씨/면화-씨, 무심-결/무심-중, 물-봉숭아/물-봉선화, 물-부리/빨-부리, 물-심부름/물-시중, 물추리-나무/물추리-막대, 물-타작/진-타작, 민둥-산/벌거숭이-산, 밑-층/아래-층, 바깥-벽/밭-벽, 바른[右]/오른[右], 발-모가지/발-목쟁이, 버들-강아지/버들-개지, 벌레/버러지, 변덕-스럽다/변덕-맞다, 보-조개/볼-우물, 보통-내기/여간-내기/예사-내기, 볼-따구니/볼-퉁이/볼-때기, 부침개-질/부침-질/지짐-질, 불똥-앉다/등화-지다/등화-앉다, 불-사르다/사르다, 비발/비용(費用), 뾰두라지/뾰루지, 살-쾡이/삵, 삽살-개/삽사리, 상두-꾼/상여-꾼, 상-씨름/소-걸이, 생/새앙/생강, 생-뿔/새앙-뿔/생강-뿔, 생-철/양-철, 서럽다/섧다, 서방-질/화냥-질, 성글다/성기다, -(으)세요/-(으)셔요, 송이/송이-버섯, 수수-깡/수숫-대, 술-안주/안주, -스레하다/-스름하다, 시늉-말/흉내-말, 시새/세사(細沙), 신/신발, 신주-보/독보(櫝褓), 심술-꾸러기/심술-쟁이, 씁쓰레-하다/씁쓰름-하다, 아귀-세다/아귀-차다, 아래-위/위-아래, 아무튼/어떻든/어쨌든/하여튼/여하튼, 앉음-새/앉음-앉음, 알은-척/알은-체, 애-갈이/애벌-갈이, 애꾸눈-이/외눈-박이, 양념-감/양념-거리, 어금버금-하다/

제26항	몇 가지 형태가 널리 쓰이며 표준어 규정에 맞는 것	어금지금-하다, 어기여차/어여차, 어림-잡다/어림-치다, 어이-없다/어처구니-없다, 어저께/어제, 언덕-바지/언덕-배기, 얼렁-뚱땅/여왕-벌/장수-벌, 여쭈다/여쭙다, 여태/입때, 여태-껏/이제-껏/입때-껏, 역성-들다/역성-하다, 연-달다/잇-달다, 엿-가락/엿-가래, 엿-기름/엿-길금, 엿-반대기/엿-자박, 오사리-잡놈/오색-잡놈, 옥수수/강냉이, 왕골-기직/왕골-자리, 외겹-실/외올-실/홑-실, 외손-잡이/한손-잡이, 욕심-꾸러기/욕심-쟁이, 우레/천둥, 우지/울-보, 을러-대다/을러-메다, 의심-스럽다/의심-쩍다, -이에요/-이어요, 이틀-거리/당-고금, 일일-이/하나-하나, 일찌감치/일찌거니, 입찬-말/입찬-소리, 자리-옷/잠-옷, 자물-쇠/자물-통, 장가-가다/장가-들다, 재롱-떨다/재롱-부리다, 제-가끔/제-각기, 좀-처럼/좀-체, 줄-꾼/줄-잡이, 중신/중매, 짚-단/짚-뭇, 쪽/편, 차차/차츰, 책-씻이/책-거리, 척/체, 천연덕-스럽다/천연-스럽다, 철-따구니/철-딱서니/철-딱지, 추어-올리다/추어-주다, 축-가다/축-나다, 침-놓다/침-주다, 통-꼭지/통-젖, 파자-쟁이/해자-쟁이, 편지-투/편지-틀, 한턱-내다/한턱-하다, 해웃-값/해웃-돈, 혼자-되다/홀로-되다, 흠-가다/흠-나다/흠-지다

1 2011년 8월 31일 추가된 표준어

같은 뜻으로 인정한 것	간질이다/간지럽히다, 고운대/토란대, 목물/등물, 만날/맨날, 묏자리/못자리, 복사뼈/복숭아뼈, 세간/세간살이, 토담/흙담, 쌉싸래하다/쌉싸름하다, 남우세스럽다/남사스럽다, 허섭스레기/허접쓰레기
별도의 표준어로 인정한 것	-기에/-길래, 괴발개발/개발새발, 날개/나래, 냄새/내음, 눈초리/눈꼬리, 떨어뜨리다/떨구다, 뜰/뜨락, 먹을거리/먹거리, 메우다/메꾸다, 손자/손주, 횡허케/횡하니, 연방/연신, 어수룩하다/어리숙하다, 거치적거리다/걸리적거리다, 끼적거리다/끄적거리다, 두루뭉술하다/두리뭉실하다, 맨송맨송/맨숭맨숭, 바동바동/바둥바둥, 새치름하다/새초롬하다, 아옹다옹/아웅다웅, 야멸치다/야멸차다, 오순도순/오손도손, 찌뿌듯하다/찌뿌둥하다, 치근거리다/추근거리다
두 가지 표기를 인정한 것	태껸/택견, 품세/품새, 자장면/짜장면

2 2014년 12월 15일 추가된 표준어

같은 뜻으로 인정한 것	구안괘사/구안와사, 굽실/굽신, 눈두덩/눈두덩이, 삐치다/삐지다, 작장초/초장초
별도의 표준어로 인정한 것	개개다/개기다, 꾀다/꼬시다, 장난감/놀잇감, 딴죽/딴지, 사그라지다/사그라들다, 섬뜩/섬찟, 속병/속앓이, 허접스럽다/허접하다

3 2015년 12월 14일 추가된 표준어

같은 뜻으로 인정한 것	마을/마실, 예쁘다/이쁘다, 차지다/찰지다, -고 싶다/-고프다
별도의 표준어로 인정한 것	가오리연/꼬리연, 의논/의론, 이키/이크, 잎사귀/잎새, 푸르다/푸르르다
복수 표준 활용형	마/말아, 마라/말아라, 마요/말아요, 노라네/노랗네, 동그라네/동그랗네, 조그마네/조그맣네

4 2016년 12월 27일 추가된 표준어

별도의 표준어로 인정한 것	거방지다/걸판지다, 건울음/겉울음, 까다롭다/까탈스럽다, 실몽당이/실뭉치
추가 표준 활용형	에는/엘랑, 주책없다/주책이다

제2장 자음과 모음

제5항	이중 모음의 발음	① 'ㅑ, ㅒ, ㅕ, ㅖ, ㅘ, ㅙ, ㅛ, ㅝ, ㅞ, ㅠ, ㅢ'는 이중 모음으로 발음한다. ② 용언의 활용형 '져, 쪄, 쳐'는 [저, 쩌, 처]로 발음한다. 　예 가지어 → 가져[가저], 찌어 → 쪄[쩌], 다치어 → 다쳐[다처], 다지어 → 다져 　　[다저], 살찌어 → 살쪄[살쩌], 바치어 → 바쳐[바처], 돋치어 → 돋쳐[돋처], 굳 　　히어 → 굳혀[구처], 잊히어 → 잊혀[이처], 붙이어 → 붙여[부처] ③ '예, 례' 이외의 'ㅖ'는 [ㅔ]로도 발음한다. 　예 계집[계:집/게:집], 지혜[지혜/지혜](智慧) ④ 자음을 첫소리로 가지고 있는 음절의 'ㅢ'는 [ㅣ]로 발음한다. 　예 늴리리[닐리리], 닁큼[닝큼], 무늬[무니], 희망[히망] ⑤ 단어의 첫음절 이외의 '의'는 [ㅣ]로, 조사 '의'는 [ㅔ]로 발음함도 허용한다. 　예 주의[주의/주이], 협의[허븨/허비], 우리의[우리의/우리에], 강의의[강:의의/강: 　　이에/강:의에], 성의(盛意)[성의/성이], 내의(內衣)[내:의, 내:이]

제3장 음의 길이

제6항	원칙	① 모음의 장단을 구별하여 발음하되, 단어의 첫음절에서만 긴소리가 나는 것이 원 칙이다. 　예 눈보라[눈:보라]―첫눈[천눈], 말씨[말:씨]―참말[참말], 밤나무[밤:나무]―쌍동밤 　　[쌍동밤], 많다[만:타]―수많이[수:마니], 멀리[멀:리]―눈멀다[눈:멀다], 벌리다 　　[벌:리다]―떠벌리다[떠벌리다] ② 합성어는 둘째 음절 이하에서도 긴소리를 인정한다. 　예 반신반의[반:신바:늬/반:신바:니], 재삼재사[재:삼재:사], 반관반민(半官半民)[반: 　　관반:민], 선남선녀(善男善女)[선:남선:녀], 전신전화(電信電話)[전:신전:화] ③ 용언의 단음절 어간에 어미 '―아/어'가 결합되어 한 음절로 축약되는 경우에도 긴 소리로 발음한다. 　예 보아 > 봐[봐:], 기어 > 겨[겨:], 되어 > 돼[돼:], 두어 > [둬:], 하여 > [해:], 　　이어 > 여[여:], 띠어 > [떠:], 시어 > [셔:], 주어 > [줘:], 꾸어 > 꿔[꿔:], 쑤 　　어 > 쒀[쒀:], 하여 > 해[해:], 되어 > 돼[돼:], 뵈어 > 봬[봬:], 쇠어 > 쇄[쇄:], 　　죄어 > 좨[좨:], 괴어 > 괘[괘:] 　　(예외) 오아 > 와[와], 지어 > 져[저], 치어 > 쳐[처] ④ 피동·사동 표현에서 어간과 접미사가 축약된 형태도 긴소리로 발음한다. 　예 싸이다 > 쌔다[쌔:다], 누이다 > 뉘다[뉘:다], 펴이다 > 폐다[폐:다], 트이다 　　> 틔다[티:다], 쏘이다 > 쐬다[쐬:다]
제7항	긴소리를 가진 음절 이라도, 짧 게 발음하 는 경우	① 단음절인 용언 어간+모음으로 시작된 어미 　예 감다[감:따]―감으니[가므니], 밟다[밥:따]―밟으면[발브면], 신다[신:따]―신어 　　[시너], 알다[알:다]―알아[아라] 　　(예외) 떫다[떨:따]―떫은[떨:븐] ② 용언 어간+피동, 사동의 접미사 　예 꼬다[꼬:다]―꼬이다[꼬이다] 　　(예외) 벌리다[벌:리다], 없애다[업:쌔다]

▼ 표준발음법
표준어의 공식적인 발음에 대한 규정

☑ **확인문제**

다음 중 발음 표기가 옳은 것으로만
이루어진 것은?　　　2015 국회직 8급
① 늙고[늘꼬], 은혜[은혜], 앓는[알른]
② 맑지[막찌], 의견란[의:결란], 밭이
　랑[반니랑]
③ 반창고[반창고], 얇지[얍:찌], 계시
　다[계:시다]
④ 쌍네[쌘네], 밟다[밥:따], 이글이글
　[이글이글]
⑤ 뚫네[뚤레], 값있는[가빈는], 망막염
　[망망념]

정답해설
'ㄹ'은 'ㄱ' 앞에서 [ㄹ]로 발음하고, '예,
례' 외의 'ㅖ'는 [ㅔ]로도 발음한다.
　　　　　　　　　　　　정답 ①

☑ **확인문제**

〈보기〉의 밑줄 친 ㉠~㉤ 중 표준 발
음으로 옳은 것을 모두 고르면?
　　　　　　　　　2018 국회직 8급

┌ 보기 ──────────────
• 이 문제는 입주민들과의 ㉠ 협의
　[허븨]를 통해서 해결합시다.
• 외국인들은 한글의 복잡한 ㉡ 띄
　어쓰기[띠어쓰기]를 어려워한다.
• 관객들이 ㉢ 썰물[쌀:물]처럼 빠
　져나갔다.
• 나라다운 나라 만들기라는 ㉣ 우
　리의[우리에] 소망이 이루어질까?
• ㉤ 반신반의[반:신바:니] 하는 분
　위기였다.
└──────────────────

① ㉠, ㉡, ㉢　　　② ㉠, ㉢, ㉣
③ ㉠, ㉣, ㉤　　　④ ㉡, ㉢, ㉤
⑤ ㉡, ㉣, ㉤

정답해설
㉠ 협의[허븨] : 표준 발음법 제5항
　[다만 4] "단어의 첫 음절 이외의
　'의'는 [ㅣ]로, 조사 '의'는 [ㅔ]로 발
　음함도 허용한다."에 따라 '협의'는
　[허븨/허비]로 발음한다.
㉣ 우리의[우리에] : 표준 발음법 제5
　항 [다만 4]에 따라 '우리의'는 [우
　리의/우리에]로 발음한다.
㉤ 반신반의[반:신바:니] : 표준 발음
　법 제6항 [다만] '합성어의 경우에
　는 둘째 음절 이하에서도 분명한
　긴소리를 인정한다.'에 따라 '반신
　반의'는 [반:신바:늬/반:신바:니]로
　발음한다.
　　　　　　　　　　　　정답 ③

☑ 확인문제

다음 중 단어의 발음이 옳은 것끼리 묶인 것은? 　2016 서울시 9급

① 디귿이[디그시], 홑이불[혼니불]
② 뚫는[뚤는], 밝히다[발키다]
③ 핥대[할따], 넓죽하다[넙쭉카다]
④ 흙만[흑만], 동원령[동·원녕]

정답해설

- 디귿이[디그시] : 자음의 이름에 모음인 조사가 이어질 때 종성에서 'ㄷ'으로 소리 나는 자음들은 'ㅅ'으로 연음된다.
- 홑이불[혼니불] : [홑이불(음절의 끝소리 규칙) → 홑니불('ㄴ' 첨가) → 혼니불(비음화)]가 순차적으로 일어났다.

정답 ①

▼ **받침의 팁**

만약 받침이 있는 단어의 발음 표기를 묻는 문제가 출제된다면, 가장 먼저 고려해야할 것은 음절의 끝소리 규칙이다. 후행 음절이 자음이냐 모음이냐를 파악하고 음절의 끝소리 규칙에 의해 선행 음절이 어떻게 변화하는 지를 파악하면, 첨가나 된소리 등을 좀 더 수월하게 파악할 수 있다.

제4장 받침의 발음

제8항	음절의 끝소리 규칙	받침소리로는 'ㄱ, ㄴ, ㄷ, ㄹ, ㅁ, ㅂ, ㅇ'의 7개 자음만 발음한다.
제9항		받침 'ㄲ, ㅋ', 'ㅅ, ㅆ, ㅈ, ㅊ, ㅌ', 'ㅍ'은 대표음 [ㄱ, ㄷ, ㅂ]으로 발음한다. 예 닦다[닥따], 키읔[키윽], 옷[옫], 키읔과[키윽꽈], 있다[읻따], 젖[젇], 빚다[빋따], 꽃[꼳], 쫓다[쫃따], 솥[솓], 뱉다[밷·따], 앞[압], 덮다[덥따]
제10항	자음군 단순화	① 겹받침 'ㄳ', 'ㄵ', 'ㄼ, ㄽ, ㄾ', 'ㅄ'은 어말 또는 자음 앞에서 각각 [ㄱ, ㄴ, ㄹ, ㅂ]으로 발음한다. 예 넋[넉], 넋과[넉꽈], 앉다[안따], 여덟[여덜], 넓다[널따], 외곬[외골], 핥다[할따], 값[갑], 없다[업·따] ② '밟-'은 자음 앞에서 [밥]으로 발음하고, '넓-'은 [넙]으로 발음한다. 예 밟다[밥·따], 밟소[밥·쏘], 밟지[밥·찌], 밟는[밥·는 → 밤·는], 밟게[밥·께], 밟고[밥·꼬], 넓-죽하다[넙쭉카다], 넓-둥글다[넙뚱글다]
제11항		① 겹받침 'ㄺ, ㄻ, ㄿ'은 어말 또는 자음 앞에서 각각 [ㄱ, ㅁ, ㅂ]으로 발음한다. 예 닭[닥], 흙과[흑꽈], 맑다[막따], 늙지[늑찌], 삶[삼·], 젊다[점·따], 읊고[읍꼬], 읊다[읍따] ② 어간 말음 'ㄺ'은 'ㄱ' 앞에서 [ㄹ]로 발음한다. 예 맑게[말께], 묽고[물꼬], 얽거나[얼꺼나]
제12항	자음축약 (격음화)	① 'ㅎ(ㄶ, ㅀ)'+'ㄱ, ㄷ, ㅈ'→[ㅋ, ㅌ, ㅊ] 예 놓고[노코], 좋던[조·턴], 쌓지[싸치], 많고[만·코], 않던[안턴], 닳지[달치], 놓고[노코], 놓던[노턴], 놓지[노치], 많고[만·코], 많던[만·턴], 많지[만·치], 않고[안·코], 않던[안턴], 않지[안치] ② 받침 'ㄱ(ㄺ), ㄷ, ㅂ(ㄼ), ㅈ(ㄵ)'+'ㅎ' → [ㅋ, ㅌ, ㅍ, ㅊ] 예 각하[가카], 먹히다[머키다], 밝히다[발키다], 맏형[마텽], 좁히다[조피다], 넓히다[널피다], 꽂히다[꼬치다], 앉히다[안치다], 국화[구콰], 정직하다[정·지카다], 박하다[바카다], 박히다[바키다], 읽히다[일키다], 맏형[마텽], 숱하다[수타다], 굿하다[구타다], 잊히다[이치다], 얹히다[언치다], 입학[이팍], 급하다[그파다], 입히다[이피다], 밟히다[발피다] ③ 'ㄷ'으로 발음되는 'ㅅ, ㅈ, ㅊ, ㅌ'도 이에 준한다. 예 옷 한 벌[오탄벌], 낮 한때[나탄때], 꽃 한 송이[꼬탄송이], 숱하다[수타다], 온갖 힘[온·가팀], 뭇 형벌[무텽벌], 몇 할[며탈], 밥 한 사발[바판사발], 국 한 대접[구칸대접] ④ 'ㅎ(ㄶ, ㅀ)'+'ㅅ' → [ㅆ] 예 닿소[다·쏘], 많소[만·쏘], 싫소[실쏘], 끓습니다[끌씀니다], 끓사오니[끌싸오니] ⑤ 'ㅎ'+'ㄴ' → [ㄴ] 예 놓는[논는], 쌓네[싼네], 놓네[논네], 놓나[논나] ⑥ 'ㄶ, ㅀ'+'ㄴ' → 'ㅎ' 발음을 하지 않는다. 예 않네[안네], 뚫네[뚤네 → 뚤레], 뚫는[뚤는 → 뚤른], 끊는[끈는], 끊네[끈네], 끊나[끈나], 끓는[끌른], 끓네[끌레], 끓나[끌라] ⑦ 'ㅎ(ㄶ, ㅀ)'+모음으로 시작된 어미나 접미사 → 'ㅎ' 발음을 하지 않는다. 예 낳은[나은], 놓아[노아], 쌓이다[싸이다], 넣은[너은], 쌓을[싸을], 찧으니까[찌으니까], 끊은[끄는], 많을[마·늘], 않으니까[아느니까], 옳은[오른], 싫을[시를], 끓으니까[끄르니까], 쌓인[싸인], 끊일[끄닐], 끊이니까[끄리니까]

제13항		홑받침, 쌍받침이 모음과 결합되는 경우 제 음가대로 뒤 음절 첫소리로 옮겨 발음한다. 예 깎아[까까], 꽃을[꼬츨], 밭에[바테], 앞으로[아프로], 옷이[오시], 있어[이써], 낮이[나지], 꽂아[꼬자], 쫓아[쪼차], 밭에[바테], 덮이다[더피다]
제14항	연음	겹받침이 모음과 결합되는 경우 뒤엣것만 뒤 음절 첫소리로 옮겨 발음('ㅅ'은 된소리로 발음)한다. 예 닭을[달글], 핥아[할타], 값을[갑쓸], 넋이[넉씨], 앉아[안자], 젊어[절머], 긁이[골씨], 읊어[을퍼], 없어[업:써]
제15항		① 받침 뒤에 'ㅏ, ㅓ, ㅗ, ㅜ, ㅟ'로 시작되는 실질 형태소가 연결되는 경우, 대표음으로 바꾸어서 뒤 음절 첫소리로 옮겨 발음한다. 예 밭 아래[바다래], 늪 앞[느밥], 젖어미[저더미], 맛없다[마덥따], 겉옷[거돋], 헛웃음[허두슴], 꽃 위[꼬뒤] ② '맛있다, 멋있다'는 [마신따], [머신따]로도 발음한다. ③ 겹받침의 경우 하나만 옮겨 발음한다. 예 넋 없다[너겁따], 닭 앞에[다가페], 값어치[가버치], 값있는[가빈는]
제16항	한글 자모의 이름	디귿이[디그시], 디귿을[디그슬], 디귿에[디그세], 지읒이[지으시], 지읒을[지으슬], 지읒에[지으세], 치읓이[치으시], 치읓을[치으슬], 치읓에[치으세], 키읔이[키으기], 키읔을[키으글], 키읔에[키으게], 티읕이[티으시], 티읕을[티으슬], 티읕에[티으세], 피읖이[피으비], 피읖을[피으블], 피읖에[피으베], 히읗이[히으시], 히읗을[히으슬], 히읗에[히으세]

제5장 소리의 동화

제17항	구개음화▼	① 받침 'ㄷ, ㅌ(ㄾ)'이 'ㅣ'와 결합되는 경우에는 [ㅈ, ㅊ]으로 바꾸어서 뒤 음절 첫소리로 옮겨 발음한다. 예 곧이듣다[고지듣따], 굳이[구지], 미닫이[미:다지], 밭이[바치], 벼훑이[벼훌치] ② 'ㄷ'+접미사 'ㅎ'이 결합된 '티'는 [치]로 발음한다. 예 닫히다[다치다], 묻히다[무치다]
제18항	비음화	① 'ㄱ, ㄷ, ㅂ'+'ㄴ, ㅁ'→[ㅇ, ㄴ, ㅁ]+[ㄴ, ㅁ] 예 먹는[멍는], 국물[궁물], 깎는[깡는], 키읔만[키응만], 몫몫이[몽목씨], 긁는[긍는], 흙만[흥만], 닫는[단는], 짓는[진:는], 옷맵시[온맵씨], 있는[인는], 맞는[만는], 젖멍울[전멍울], 쫓는[쫀는], 꽃망울[꼰망울], 붙는[분는], 놓는[논는], 잡는[잠는], 밥물[밤물], 앞마당[암마당], 밟는[밤:는], 읊는[음는], 없는[엄:는], 값매다[감매다] ② 두 단어를 이어서 한 마디로 발음하는 경우도 같다. 예 책 넣는다[챙년는다], 흙 말리다[흥말리다], 옷 맞추다[온맏추다], 국 마시다[궁마시다], 옷 마르다[온마르다], 입 놀리다[임놀리다]
제19항		① 'ㅁ, ㅇ'+'ㄹ'→[ㅇ+ㅁ]+[ㄴ] 예 담력[담:녁], 침략[침:냑], 강릉[강능], 항로[항:노], 대통령[대:통녕] ② 'ㄱ, ㅂ'+'ㄹ'→[ㅇ+ㅁ]+[ㄴ] 예 막론[막논 → 망논], 백리[백니 → 뱅니], 협력[협녁 → 혐녁], 십리[십니 → 심니]

☑ 확인문제

다음 중 단어의 표기나 발음이 옳지 않은 것은?　　2017 국회직 8급

① 나는 커서 선생님이 되고[뒈고] 싶다.
② 한글 자모 'ㅌ'의 이름에 조사가 붙을 때의 발음은 '티귿+이'[티그시], '티귿+을'[티그슬]이다.
③ 내 발을 밟지[밥:찌] 마라.
④ 웬일[웬:닐]로 학교에 왔니?
⑤ 운동장이 생각보다 넓지[널찌] 않다.

정답해설

'ㅌ'의 명칭은 '티읕'이다. 따라서 '티읕+이' → [티으시], '티읕+을' → [티으슬]로 발음해야 한다.

정답 ②

▼ 구개음화의 시작

구개음화는 한반도 남부에서 시작된 것으로 추정된다. 그 이유는 한반도 북쪽의 경우 구개음화 현상의 영향이 비교적 적기 때문이다. 음의 변화 이유를 간단히 설명하면 결국 발음하기 어려워진 음을 쉽게 발음하기 위한 것이므로, 어느 순간부터 치조음을 내는 음가가 점점 약해졌거나, 변화한 음가가 사용자에게 있어 좀 더 수월한 발음으로 자리 잡았다는 것을 의미한다.

다음 단어의 표준 발음으로 적절한 것은?

2018 소방직 상반기

① 상견례[상견네]
② 훑자[훈짜]
③ 폭발음[폭바름]
④ 뛰어[뛰여]

정답해설

뛰어[뛰어(원칙)/뛰여(허용)] : 'ㅣ' 모음 순행동화 현상은 표기대로 발음하는 것이 원칙이나 동화 현상에 의한 발음도 표준 발음으로 허용한다.

정답 ④

제20항	유음화	① 'ㄴ'+'ㄹ' → [ㄹ]+[ㄹ] 　예 난로[날:로], 신라[실라], 광한루[광:할루], 대관령[대:괄령], 칼날[칼랄], 물난리[물랄리], 줄넘기[줄럼끼], 할는지[할른지] ② 첫소리 'ㄴ'이 'ㅀ', 'ㄾ' 뒤에 연결되는 경우 　예 닳는[달른], 뚫는[뚤른], 핥네[할레] ③ 'ㄹ'을 [ㄴ]으로 발음하는 경우 　예 의견란[의:견난], 공권력[공꿘녁], 동원령[동:원녕], 상견례[상견녜], 횡단로[횡단노], 이원론[이:원논], 입원료[이붠뇨]
제21항	인정되지 않는 자음동화	다음의 자음 동화는 인정하지 않는다. 예 감기[감:기]([강:기] ×), 옷감[옫깜]([옥깜] ×), 있고[읻꼬]([익꼬] ×), 꽃길[꼳낄]([꼭낄] ×), 젖먹이[전머기]([점머기] ×), 문법[문뻡]([뭄뻡] ×), 꽃밭[꼳빧]([꼽빧] ×)
제22항	용언의 어미	① 다음 용언의 어미는 [어]로 발음하되, [여]로 발음함도 허용한다. 　예 되어[되어/되여], 피어[피어/피여] ② '이오, 아니오'도 [이요, 아니요]로 발음함을 허용한다.

▼ 경음화의 팁

경음화는 곧 특정 조건에서 된소리가 되는 것을 의미한다. 된소리는 딱딱한 소리이며, 거친 거센소리와는 그 느낌이 다르다. 된소리는 출제도 빈번하고, 무엇보다 그 조건이 암기를 요하므로, 주의를 집중할 필요가 있다. 초성을 따 '고두밥'으로 외우는 등의 연상 기억법도 효과적인 편에 속한다.

제6장 경음화

제23항	받침 'ㄱ, ㄷ, ㅂ' 계열 뒤의 'ㄱ, ㄷ, ㅂ, ㅅ, ㅈ'은 된소리로 발음한다. 예 국밥[국빱], 깎다[깍따], 넋받이[넉빠지], 삯돈[삭똔], 닭장[닥짱], 칡범[칙뻠], 뻗대다[뻗때다], 옷고름[옫꼬름], 있던[읻떤], 꽂고[꼳꼬], 꽃다발[꼳따발], 낯설다[낟썰다], 밭갈이[받까리], 솥전[솓쩐], 곱돌[곱똘], 덮개[덥깨], 옆집[엽찝], 넓죽하다[넙쭈카다], 읊조리다[읍쪼리다], 값지다[갑찌다]
제24항	① 어간 받침 'ㄴ(ㄵ), ㅁ(ㄻ)' 뒤의 'ㄱ, ㄷ, ㅅ, ㅈ'은 된소리로 발음한다. 　예 신고[신:꼬], 껴안다[껴안따], 앉고[안꼬], 닮고[담:꼬], 삼고[삼:꼬], 더듬지[더듬찌], 얹다[언따], 젊지[점:찌] ② 피동·사동의 접미사 '-기-'는 된소리로 발음하지 않는다. 　예 안기다[안기다], 감기다[감기다], 굶기다[굼기다], 옮기다[옴기다]
제25항	어간 받침 'ㄼ, ㄾ' 뒤 'ㄱ, ㄷ, ㅅ, ㅈ'은 된소리로 발음한다. 예 넓게[널께], 핥다[할따], 훑소[훌쏘], 떫지[떨:찌]
제26항	① 한자어 'ㄹ' 받침 뒤 'ㄷ, ㅅ, ㅈ'은 된소리로 발음한다. 　예 갈등[갈뜽], 발동[발똥], 절도[절또], 말살[말쌀], 불소(弗素)[불쏘], 일시[일씨], 갈증[갈쯩], 물질[물찔], 발전[발쩐], 몰상식[몰쌍식], 불세출[불쎄출] ② 같은 한자가 겹쳐진 단어의 경우에는 된소리로 발음하지 않는다. 　예 허허실실(虛虛實實)[허허실실], 절절-하다(切切-)[절절하다]
제27항	① 관형사형 '-(으)ㄹ' 뒤의 'ㄱ, ㄷ, ㅂ, ㅅ, ㅈ'은 된소리로 발음한다. 　예 할 것을[할꺼슬], 갈 데가[갈떼가], 할 바를[할빠를], 할 수는[할쑤는], 할 적에[할쩌게], 갈 곳[갈꼳], 할 도리[할또리], 만날 사람[만날싸람] ② '-(으)ㄹ'로 시작되는 어미도 된소리로 발음한다. 　예 할걸[할껄], 할밖에[할빠께], 할세라[할쎄라], 할수록[할쑤록], 할지라도[할찌라도], 할지언정[할찌언정], 할진대[할찐대]

제28항	표기상 사이시옷이 없더라도, 관형격 기능을 지니는 합성어의 경우 'ㄱ, ㄷ, ㅂ, ㅅ, ㅈ'을 된소리로 발음한다. 예 문-고리[문꼬리], 눈-동자[눈똥자], 신-바람[신빠람], 산-새[산쌔], 손-재주[손째주], 길-가[길까], 물-동이[물똥이], 발-바닥[발빠닥], 굴-속[굴:쏙], 술-잔[술짠], 바람-결[바람껼], 그믐-달[그믐딸], 아침-밥[아침빱], 잠-자리[잠짜리], 강-가[강까], 초승-달[초승딸], 등-불[등뿔], 창-살[창쌀], 강-줄기[강쭐기]

제7장 소리의 첨가

<table>
<tr><td rowspan="5">제29항</td><td rowspan="5">ㄴ첨가</td><td>① 합성어 및 파생어에서, 앞 단어나 접두사의 끝이 자음이고 뒤 단어나 접미사의 첫 음절이 '이, 야, 여, 요, 유'인 경우 'ㄴ'을 첨가하여 [니, 냐, 녀, 뇨, 뉴]로 발음한다.
예 솜-이불[솜:니불], 홑-이불[혼니불], 막-일[망닐], 삯-일[상닐], 맨-입[맨닙], 꽃-잎[꼰닙], 내복-약[내:봉냑], 한-여름[한녀름], 남존-여비[남존녀비], 신-여성[신녀성], 색-연필[생년필], 직행-열차[지캥녈차], 늑막-염[능망념], 콩-엿[콩녇], 담-요[담:뇨], 눈-요기[눈뇨기], 영업-용[영엄뇽], 식용-유[시공뉴], 국민-윤리[궁민뉼리], 밤-윷[밤:뉻]</td></tr>
<tr><td>② 'ㄴ'을 첨가하여 발음하되, 표기대로도 발음한다.
예 이죽-이죽[이중니죽/이주기죽], 야금-야금[야금냐금/야그먀금], 금융[금늉/그뮹], 검열[검:녈/거:멸]</td></tr>
<tr><td>③ 'ㄹ' 받침 뒤 'ㄴ'은 [ㄹ]로 발음한다.
예 들-일[들:릴], 솔-잎[솔립], 설-익다[설릭따], 물-약[물략], 불-여우[불려우], 서울-역[서울력], 물-엿[물렫], 휘발-유[휘발류], 유들-유들[유들류들]</td></tr>
<tr><td>④ 두 단어를 이어서 한 마디로 발음한다.
예 한 일[한닐], 옷 입다[온닙따], 3 연대[삼년대], 먹은 엿[머근녇], 할 일[할릴], 잘 입다[잘립따], 스물여섯[스물려섣], 1 연대[일련대], 먹을 엿[머글렫]</td></tr>
<tr><td>⑤ 'ㄴ(ㄹ)'을 첨가하여 발음하지 않는 단어
예 6·25[유기오], 3·1절[사밀쩔], 송별-연[송:벼련], 등-용문(등용문)</td></tr>
<tr><td rowspan="3">제30항</td><td rowspan="3">사잇소리
현상</td><td>① 사이시옷 뒤에 'ㄱ, ㄷ, ㅂ, ㅅ, ㅈ'이 올 때 자음만 된소리로 발음하되, 사이시옷을 [ㄷ]으로 발음하는 것도 허용한다.
예 냇가[내:까/낻:까], 샛길[새:낄/샏:낄], 빨랫돌[빨래똘/빨랟똘], 콧등[코뜽/콛뜽], 깃발[기빨/긷빨], 대팻밥[대:패빱/대:팯빱], 햇살[해쌀/핻쌀], 뱃속[배쏙/밷쏙], 뱃전[배쩐/밷쩐], 고갯짓[고개찓/고갣찓]</td></tr>
<tr><td>② 사이시옷 뒤에 'ㄴ, ㅁ'이 올 때 [ㄴ]으로 발음한다.
예 콧날[콛날 → 콘날], 아랫니[아랟니 → 아랜니], 툇마루[퇻:마루 → 퇸:마루], 뱃머리[밷머리 → 밴머리]</td></tr>
<tr><td>③ 사이시옷 뒤에 '이'가 올 때 [ㄴㄴ]으로 발음한다.
예 베갯잇[베갣닏 → 베갠닏], 깻잎[깯닙 → 깬닙], 나뭇잎[나묻닙 → 나문닙], 도리깻열[도리깯녈 → 도리깬녈], 뒷윷[뒫:뉻 → 뒨:뉻]</td></tr>
</table>

☑ **확인문제**

외래어 표기 용례로 올바른 것은?

2019 서울시 9급

① dot – 다트
② parka – 파카
③ flat – 플래트
④ chorus – 코루스

정답해설

'파카'는 본래 발음이 [ˈpɑːrkə]이므로 '파커'로 적는 것이 원칙에 합당하나, 외래어 표기법 제1장 제5항에서 이미 굳어진 외래어는 관용을 존중하여 표기하도록 하였으므로 '파카'로 표기한다.

• 파카: 1. 에스키모가 입는, 후드가 달린 모피 웃옷 2. 후드가 달린 짧은 외투. 겨울옷으로 솜이나 털을 넣어 두껍게 만든다.

정답 ②

☑ **확인문제**

외래어 표기가 옳은 것만을 모두 고른 것은?

2017 지방직 하반기 9급

ㄱ. yellow : 옐로
ㄴ. cardigan : 카디건
ㄷ. lobster : 롭스터
ㄹ. vision : 비전
ㅁ. container : 콘테이너

① ㄱ, ㅁ
② ㄷ, ㄹ
③ ㄱ, ㄴ, ㄹ
④ ㄴ, ㄷ, ㅁ

오답해설

ㄷ. 롭스터(×) → 랍스터·로브스터
(○): '어말과 모든 자음 앞에 오는 유성 파열음([b], [d], [g])은 '으'를 붙여 적는다.'는 외래어 표기법에 따라 lobster는 로브스터로 표기하며, 2015년 12월 개정에 따라 '랍스터'도 복수 표기로 인정되었다.
ㅁ. 콘테이너(×) → 컨테이너(○)

정답 ③

04 외래어 표기법▼

제1항	원칙	한글의 스물네 개의 자모만을 사용하고, 그 외의 특별한 글자나 기호는 사용하지 않는다.
	이유	외래어를 표기하기 위해 새로운 글자를 만들거나 특별한 기호를 사용한다면 부담감을 줄 수 있으므로
	예시	Cheese : 치즈(○), 치-즈(×)
제2항	원칙	외래어의 한 음운은 늘 일정한 한글 자모로 적는다.
	이유	표기방법이 예측 가능해지므로
	예시	Fighting : 파이팅(○), 파이팅(×) File : 파일(○), 화일(×)
제3항	원칙	받침에는 'ㄱ, ㄴ, ㄹ, ㅁ, ㅂ, ㅅ, ㅇ'만을 쓴다.
	이유	모음으로 시작하는 조사와 결합할 때 'ㄷ, ㅈ, ㅊ, ㅋ, ㅌ, ㅍ, ㅎ'으로 발음되는 일이 없기 때문에
	예시	커피숖(×), 커피숍(○) 라켙(×), 라켓(○)
제4항	원칙	파열음 표기에는 된소리(ㄲ, ㄸ, ㅃ)를 쓰지 않는 것을 원칙으로 한다.
	이유	외국어의 발음을 정확하게 옮기는 것이 현실적으로 어렵기 때문에 간결성을 살리기 위해서
	예시	Backup : 빽업(×), 백업(○) Game : 께임(×), 게임(○) Bus : 뻐스(×), 버스(○)
제5항	원칙	오래전부터 관용적으로 굳어진 말들은 그 형태를 따르되, 범위와 용례를 따로 정한다.
	이유	형태를 바꾸면 오히려 사람들에게 혼란을 주기 때문에
	예시	풍선껌(○), 풍선검(×) 커트(○), 컷(○) 카메라(○), 캐머러(×) 라디오(○), 레이디오(×)

핵심 ⓣ 비결 | 주의해야 할 외래어 표기법 조항

① 제3장 제1절 제1항

3. 이 경우(짧은 모음 다음이나 짧은 모음 또는 유음·비음([l], [r], [m], [n]) 이외의 자음 사이에 오는 무성 파열음([p], [t], [k]) 이외의 어말과 자음 앞의 [p], [t], [k]는 '으'를 붙여 적는다.
예 stamp[stæmp] 스탬프, cake[keɪk] 케이크

② 제3장 제1절 제2항

어말과 모든 자음 앞에 오는 유성 파열음([b], [d], [g])은 '으'를 붙여 적는다.
예 zigzag[zigzæg] 지그재그, lobster[lɔbstə] 로브스터

철자	바른 표기	틀린 표기	철자	바른 표기	틀린 표기
gas	가스	까스	gas range	가스레인지	가스렌지
Catholic	가톨릭	카톨릭	Gogh(화가)	고흐	고호
graph	그래프	그라프	gradation	그러데이션	그라데이션
Greece	그리스	그리이스	glass	글라스	그라스
glove	글러브	글로브	globe	글로브	글러브
(독)Gips	깁스	기브스	narcissism	나르시시즘	나르시즘
nonsense	난센스	넌센스	narration	내레이션	나레이션
navigation	내비게이션	네비게이션	nostalgia	노스탤지어	노스탤지아
knockdown	녹다운	넉다운	nonstop	논스톱	넌스톱
nontitle	논타이틀	넌타이틀	nonfiction	논픽션	넌픽션
news	뉴스	뉴우스	dynamic	다이내믹	다이나믹
dynamite	다이너마이트	다이나마이트	diamond	다이아몬드	다이어몬드
dial	다이얼	다이알	dash	대시	대쉬
(프)début	데뷔	데뷰	dessin	데생	뎃생
desktop	데스크 톱	데스크 탑	data	데이터	데이타
doughnut	도넛	도너츠	dribble	드리블	드리볼
Las Vegas	라스베이거스	라스베가스	license	라이선스	라이센스
lions	라이온스	라이온즈	lighter	라이터	라이타
(프)rendez-vous	랑데부	랑데뷰	running shirts	러닝셔츠	런닝셔츠
rush hour	러시아워	러쉬아워	lucky	러키	럭키
remicon	레미콘	레미컨	lesson	레슨	렛슨
radar	레이더	레이다	range	레인지	렌지
recreation	레크리에이션	레크레이션	referee	레퍼리	레프리
repertory	레퍼토리	레파토리	rent-a-car	렌터카	렌트카
lotion	로션	로숀	royalty	로열티	로얄티
rocket	로켓	로케트	rotary	로터리	로타리
rock and roll	록 앤드 롤 (= 로큰롤)	록앤롤	rheumatism	류머티즘	류마티스
(프)reportage	르포	르뽀	leadership	리더십	리더쉽
rhythm and blues	리듬 앤드 블루스	리듬 앤 블루스	Ringer	링거	링게르
mania	마니아	매니아	massage	마사지	맛사지
Mao Zedong	마오쩌둥	마오저뚱	Malaysia	말레이시아	말레이지아

철자	바른 표기	틀린 표기	철자	바른 표기	틀린 표기
manicure	매니큐어	매니큐	mammoth	매머드	맘모스
mansion	맨션	맨숀	muffler	머플러	마후라
Mozart	모차르트	모짜르트	(프)montage	몽타주	몽타지
mystery	미스터리	미스테리	Burberry coat	바바리코트	버버리코트
barbecue	바비큐	바베큐	baton	바통(= 배턴)	바톤
badge	배지	뱃지	balance	밸런스	바란스
Valentine Day	밸런타인데이	발렌타인데이	bonnet	보닛	보넷
body language	보디랭귀지	바디랭기지	(프)bourgeois	부르주아	부르조아
bulldog	불도그	불독	(프)buffet	뷔페	부페
brush	브러시	브러쉬	block	블록	블럭
biscuit	비스킷	비스켓	vision	비전	비젼
The Beatles	비틀스	비틀즈	sash	새시	샤시
sandal	샌들	샌달	chandelier	샹들리에	상들리에
service	서비스	써비스	suntan	선탠	썬탠
sentimental	센티멘털	센티멘탈	sofa	소파	쇼파
showman-ship	쇼맨십	쇼맨쉽	show window	쇼윈도	쇼윈도우
shop	숍	샵	shrimp	슈림프	쉬림프
supermarket	슈퍼마켓	수퍼마켓	snack	스낵	스넥
scout	스카우트	스카웃	schedule	스케줄	스케쥴
staff	스태프	스탭	standard	스탠더드	스탠다드
stainless	스테인리스	스텐레스	stewardess	스튜어디스	스튜디스
styrofoam	스티로폼	스티로폴	sponge	스펀지	스폰지
slab	슬래브	슬라브	thinner	시너	신나
situation	시추에이션	시츄에이션	symbol	심벌	심볼
symposium	심포지엄	심포지움	Singapore	싱가포르	싱가폴
outlet	아웃렛	아울렛	eye shadow	아이섀도	아이섀도우
Einstein	아인슈타인	아인시타인	accordion	아코디언	어코디언
accent	악센트	엑센트	alcohol	알코올	알콜
enquete	앙케트	앙케이트	(프)encore	앙코르	앵콜
accessory	액세서리	악세사리	accelerator	액셀러레이터	악세레이타
ambulance	앰뷸런스	앰블란스	adapter	어댑터	아답타

철자	바른 표기	틀린 표기	철자	바른 표기	틀린 표기
emerald	에메랄드	에머랄드	Ethiopia	에티오피아	이디오피아
endorphin	엔도르핀	엔돌핀	(시인)Eliot	엘리엇	엘리어트
orange	오렌지	오랜지	original	오리지널	오리지날
omelet rice	오므라이스	오믈라이스	observer	옵서버	옵저버
yogurt	요구르트	야쿠르트	Indian	인디언	인디안
instant	인스턴트	인스탄트	Zaire	자이르	자이레
(프)genre	장르	쟝르	jazz	재즈	째즈
jacket	재킷	자켓	gesture	제스처	제스추어
jet engine	제트 엔진	젯트 엔진	junior	주니어	쥬니어
juice	주스	쥬스	Jura紀	쥐라기	쥬라기
chart	차트	챠트	champion	챔피언	챔피온
Zürich	취리히	쮜리히	chocolate	초콜릿	초콜렛
cardigan	카디건	가디건	(프)cabaret	카바레	캬바레
carburetor	카뷰레터	카뷰레이터	cassette	카세트	카셋트
counseling	카운슬링	카운셀링	Caesar	카이사르	케사르
(프)cafe	카페	까페	carpet	카펫	카페트
collar	칼라	컬러	column	칼럼	컬럼
caramel	캐러멜	캬라멜	cabinet	캐비닛	캐비넷
cunning	커닝	컨닝	career	커리어	캐리어
conveyor	컨베이어	콘베이어	consortium	컨소시엄	콘소시움
container	컨테이너	콘테이너	control	컨트롤	콘트롤
country	컨트리	컨츄리	color	컬러	칼라
cake	케이크	케익	(프)cognac	코냑	꼬냑
comedy	코미디	코메디	cosmopolitan	코즈모폴리턴	코스모폴리턴
concert	콘서트	컨서트	concept	콘셉트	컨셉트
contact lens	콘택트렌즈	콘텍트렌즈	contest	콘테스트	컨테스트
contents	콘텐츠	컨텐츠	Columbus	콜럼버스	콜롬부스
compact	콤팩트	컴팩트	complex	콤플렉스	컴플렉스
(프)conte	콩트	꽁트	coup d' Etat	쿠데타	쿠테타
gongfu	쿵후	쿵푸	Kremlin	크렘린	크레믈린
Christian	크리스천	크리스찬	crystal	크리스털	크리스탈
climax	클라이맥스	클라이막스	target	타깃	타겟
towel	타월	타올	tigers	타이거스	타이거즈
Titanic	타이태닉	타이타닉	tile	타일	타이루

〈보기〉의 밑줄 친 ⑦~⑩의 외래어 표기 중 옳지 않은 것을 모두 고르면?

2017 국회직 8급

━ 보기 ━
- 간식으로 ⑦ 커스타드푸딩(custard pudding)을 먹었다.
- ⑥ 아서(Arthur)왕은 고대 영국을 다스렸다고 전해지는 전설의 왕이다.
- 그의 목깃에 달린 ⑥ 배지(badge)는 그가 법무관이란 것을 알려 주고 있었다.
- ⑧ 소울 뮤직(soul music)은 노예 제도하에서 발생한 미국 흑인들의 음악이다.
- ⑩ 시칠리아(Sicilia) 섬은 지중해에 있는 섬 가운데 가장 크다.

① ⑦, ⑧   ② ⑦, ⑩
③ ⑥, ⑩   ④ ⑦, ⑥, ⑩
⑤ ⑥, ⑥, ⑧

정답해설
⑦ 커스타드푸딩 → 커스터드푸딩
⑧ 소울 뮤직 → 솔 뮤직

정답 ①

철자	바른 표기	틀린 표기	철자	바른 표기	틀린 표기
The Times	타임스	타임즈	taboo	터부	타부
Turkey	터키	터어키	tumbler	텀블러	덤블러
tape	테이프	테입	(프)TGV	테제베	떼제베
television	텔레비전	텔레비전	Thames	템스	템즈
total	토털	토탈	teamwork	팀워크	팀웍
Paris	파리	빠리	fighting	파이팅	화이팅
fantasy	판타지	환타지	(프)fanfare	팡파르	빵빠레
panel	패널	판넬	family	패밀리	훼밀리
paradox	패러독스	파라독스	package	패키지	팩키지
pamphlet	팸플릿	팜플렛	puncture	펑크	빵꾸
festival	페스티벌	페스티발	propose	프러포즈	프로포즈
(에)flamenco	플라멩코	플라멩고	plastic	플라스틱	프라스틱
plaza	플라자	프라자	plankton	플랑크톤	프랑크톤
flash	플래시	플래쉬	placard	플래카드	플랭카드
flute	플루트	플룻	film	필름	필림
harmony	하모니	하머니	Harbin	하얼빈	하얼삔
highlight	하이라이트	하일라이트	Hollywood	할리우드	헐리우드
hot line	핫라인	한라인	Halloween	핼러윈	할로윈
helicopter	헬리콥터	헬리곱터	helmet	헬멧	헬맷
hormone	호르몬	홀몬	Hotchkiss	호치키스	호치께스
Hula─Hoop	훌라후프	훌라후푸	hit and run	히트 앤드 런	히트 앤 런

▼ 로마자 표기법
우리말을 외국인들이 알아볼 수 있도록 로마자로 규정한 것

▼ 로마자 표기법의 의의
외국에 우리의 문화를 알리고, 우리나라를 찾는 외국인들에게 도움을 줄 수 있다.

05 로마자 표기법▼

1. 표기 일람

(1) 자음

파열음								
ㄱ	ㄲ	ㅋ	ㄷ	ㅌ	ㄸ	ㅂ	ㅃ	ㅍ
g, k	kk	k	d, t	tt	t	b, p	pp	p

파찰음			마찰음			비음			유음
ㅈ	ㅉ	ㅊ	ㅅ	ㅆ	ㅎ	ㄴ	ㅁ	ㅇ	ㄹ
j	jj	ch	s	ss	h	n	m	ng	r, l

(2) 모음

단모음									
ㅏ	ㅓ	ㅗ	ㅜ	ㅡ	ㅣ	ㅐ	ㅔ	ㅚ	ㅟ
a	eo	o	u	eu	i	ae	e	oe	wi

이중모음									
ㅑ	ㅕ	ㅛ	ㅠ	ㅒ	ㅖ	ㅘ	ㅙ	ㅝ	ㅞ	ㅢ
ya	yeo	yo	yu	yae	ye	wa	wae	wo	we	ui

▼ 로마자 표기법의 팁
로마자 표기법은 변별력을 가르기 위해 출제된다고 해도 과언이 아니다. 분량도 많고 익숙하지 않기 때문에 실수하게 되는 영역이다. 그러나 막상 기출문제들을 풀다 보면 자주 등장하는 단어가 있기 때문에 그 단어들 위주로, 주어진 선지를 쳐내는 방식으로 문제풀이를 연습하는 것이 효과적이다.

2. 로마자 표기의 기본 원칙

제1항	국어의 표준 발음법에 따라 적는 것을 원칙으로 한다.	
제2항	로마자 이외의 부호는 되도록 사용하지 않도록 한다.	
	예시	• Kimp'o → Gimpo • Chŏngju → Cheongju

3. 로마자 표기의 표기상의 유의점

제1항	음운 변화가 일어날 때 변화의 결과에 따라 적는다.▼	
	예	압구정 Apgujeong, 낙동강 Nakdonggang, 죽변 Jukbyeon, 낙성대 Nakseongdae, 합정 Hapjeong, 팔당 Paldang, 샛별 saetbyeol, 울산 Ulsan
	예시	① 자음 사이에서 동화 작용이 일어나는 경우 　예 백마[뱅마] Baengma, 신문로[신문노] Sinmunno, 종로[종노] Jongno, 왕십리[왕심니] Wangsimni, 별내[별래] Byeollae, 신라[실라] Silla ② 'ㄴ, ㄹ'이 덧나는 경우 　예 학여울[항녀울] Hangnyeoul, 알약[알략] allyak ③ 구개음화가 되는 경우 　예 해돋이[해도지] haedoji, 같이[가치] gachi, 맞히다[마치다] machida ④ 'ㄱ, ㄷ, ㅂ, ㅈ'이 'ㅎ'과 합하여 거센소리로 소리 나는 경우 　예 좋고[조코] joko, 놓다[노타] nota, 잡혀[자펴] japyeo, 낳지[나치] nachi ⑤ 체언에서 'ㄱ, ㄷ, ㅂ' 뒤에 'ㅎ'이 따를 때에는 'ㅎ'을 밝혀 적는다. 　예 묵호 Mukho, 집현전 Jiphyeonjeon
제2항	발음상 혼동의 우려가 있을 때에는 음절 사이에 붙임표(-)를 쓸 수 있다.	
	예시	중앙 Jung-ang, 반구대 Ban-gudae, 세운 Se-un, 해운대 Hae-undae

▼ 로마자 표기의 된소리
된소리되기는 표기에 반영하지 않는다.

① 선릉[선능] – Seonneung
② 학여울[항녀울] – Hangnyeoul
③ 낙동강[낙똥강] – Nakddonggang
④ 집현전[지편전] – Jipyeonjeon

정답해설

합성어나 파생어에서 뒤의 첫음이 'ㅣ' 모음이거나 'ㅣ' 선행모음일 경우에는 'ㄴ' 음이 첨가된다. '학여울'은 'ㄴ' 음이 첨가되는 경우로 [항녀울]로 발음한다. 또한 'Hangnyeoul'로 표기한다.

정답 ②

☑ 확인문제

로마자 표기법에 관한 다음 규정이 적용된 것은?
2018 국가직 9급

> 발음상 혼동의 우려가 있을 때에는 음절 사이에 붙임표(-)를 쓸 수 있다.

① 독도 : Dok-do
② 반구대 : Ban-gudae
③ 독립문 : Dok-rip-mun
④ 인왕리 : Inwang-ri

정답해설

반구대를 붙임표(-) 없이 Bangudae로 표기하면 [방우대]로 읽을 수 있기 때문에 '발음상 혼동의 우려가 있을 때에는 음절 사이에 붙임표(-)를 쓸 수 있다.'라는 로마자 표기법 표기상의 유의점 제2항 규정에 따라 Ban-gudae로 표기한다.

정답 ②

제3항	고유명사는 첫 글자를 대문자로 적는다.
예시	부산 Busan, 세종 Sejong

제4항	인명은 성과 이름의 순서로 띄어 쓰고, 이름은 붙여 쓰는 것을 원칙으로 하되 음절 사이에 붙임표(-)를 쓰는 것을 허용한다. 이름에서 일어나는 음운 변화를 표기에 반영하지 않으며, 성의 표기는 따로 정한다.
예시	민용하 Min Yongha(Min Yong-ha), 송나리 Song Nari(Song Na-ri), 한복남 Han Boknam(Han Bok-nam), 홍빛나 Hong Bitna(Hong Bit-na)

제5항	'도, 시, 군, 구, 읍, 면, 리, 동'의 행정 구역 단위와 '가'는 각각 'do, si, gun, gu, eup, myeon, ri, dong, ga'로 적고, 그 앞에는 붙임표(-)를 넣는다. 붙임표(-) 앞뒤에서 일어나는 음운 변화는 표기에 반영하지 않는다.
예시	충청북도 Chungcheongbuk-do, 제주도 Jeju-do, 의정부시 Uijeongbu-si, 양주군 Yangju-gun, 도봉구 Dobong-gu, 신창읍 Sinchang-eup, 삼죽면 Samjuk-myeon, 인왕리 Inwang-ri, 당산동 Dangsan-dong, 봉천 1동 Bongcheon 1(il)-dong, 종로 2가 Jongno 2(i)-ga, 퇴계로 3가 Toegyero 3(sam)-ga

제6항	자연 지물명, 문화재명, 인공 축조물명은 붙임표(-) 없이 붙여 쓴다.
예시	남산 Namsan, 속리산 Songnisan, 금강 Geumgang, 독도 Dokdo, 경복궁 Gyeongbokgung, 무량수전 Muryangsujeon, 연화교 Yeonhwagyo, 극락전 Geungnakjeon, 안압지 Anapji, 남한산성 Namhansanseong, 화랑대 Hwarangdae, 불국사 Bulguksa, 현충사 Hyeonchungsa, 독립문 Dongnimmun, 오죽헌 Ojukheon, 촉석루 Chokseongnu, 종묘 Jongmyo, 다보탑 Dabotap

제7항	인명, 회사명, 단체명 등은 그동안 써 온 표기를 쓸 수 있다.
이유	각기 다른 방식으로 우리나라의 도로명이나 지명, 문화재 등을 로마자로 표기하면 외국인들이 큰 혼란을 겪을 수밖에 없다.

제8항	학술, 연구, 논문 등 특수 분야에서 한글 복원을 전제로 표기할 경우에는 한글 표기를 대상으로 적는다. 이때 글자 대응은 제2장을 따르되 'ㄱ, ㄷ, ㅂ, ㄹ'은 'g, d, b, l'로만 적는다. 음가 없는 'ㅇ'은 붙임표(-)로 표기하되 어두에서는 생략하는 것을 원칙으로 한다. 기타 분절의 필요가 있을 때에도 붙임표(-)를 쓴다.
예시	집 jib, 짚 jip, 밖 bakk, 값 gabs, 붓꽃 buskkoch, 먹는 meogneun, 독립 doglib, 문리 munli, 물엿 mul-yeos, 굳이 gud-i, 좋다 johda, 가곡 gagog, 조랑말, jolangmal, 없었습니다 eobs-eoss-seubnida

순번	음식메뉴명	로마자 표기	순번	음식메뉴명	로마자 표기
1	한정식	Han-jeongsik	101	아귀찜	Agwi-jjim
2	곤드레나물밥	Gondeure-namul-bap	102	족발	Jokbal
3	김밥	Gimbap	103	해물찜	Haemul-jjim
4	김치볶음밥	Kimchi-bokkeum-bap	104	갈치조림	Galchi-jorim
5	낙지덮밥	Nakji-deopbap	105	감자조림	Gamja-jorim
6	누룽지	Nurungji	106	고등어조림	Godeungeo-jorim
7	돌솥비빔밥	Dolsot-bibimbap	107	두부조림	Dubu-jorim
8	돼지국밥	Dwaeji-gukbap	108	은대구조림	Eun-daegu-jorim
9	밥	Bap	109	장조림	Jang-jorim
10	보리밥	Bori-bap	110	궁중떡볶이	Gungjung-tteok-bokki
11	불고기덮밥	Bulgogi-deopbap	111	낙지볶음	Nakji-bokkeum
12	비빔밥	Bibimbap	112	두부김치	Dubu-kimchi
13	산채비빔밥	Sanchae-bibimbap	113	떡볶이	Tteok-bokki
14	새싹비빔밥	Saessak-bibimbap	114	오징어볶음	Ojingeo-bokkeum
15	소고기국밥	So-gogi-gukbap	115	제육볶음	Jeyuk-bokkeum
16	순댓국밥	Sundae-gukbap	116	고등어구이	Godeungeo-gui
17	쌈밥	Ssambap	117	곱창구이	Gopchang-gui
18	영양돌솥밥	Yeongyang-dolsot-bap	118	너비아니	Neobiani
19	오곡밥	Ogok-bap	119	닭갈비	Dak-galbi
20	오징어덮밥	Ojingeo-deopbap	120	더덕구이	Deodeok-gui
21	우거지사골국밥	Ugeoji-sagol-gukbap	121	돼지갈비구이	Dwaeji-galbi-gui
22	우렁된장비빔밥	Ureong-doenjang-bibimbap	122	떡갈비	Tteok-galbi
23	육회비빔밥	Yukhoe-bibimbap	123	뚝배기불고기	Ttukbaegi-bulgogi
24	잡곡밥	Japgok-bap	124	불고기	Bulgogi
25	잡채덮밥	Japchae-deopbap	125	삼겹살	Samgyeopsal
26	제육덮밥	Jeyuk-deopbap	126	새우구이	Saeu-gui
27	제육비빔밥	Jeyuk-bibimbap	127	생선구이	Saengseon-gui
28	주먹밥	Jumeok-bap	128	소갈비구이	So-galbi-gui
29	콩나물국밥	Kong-namul-gukbap	129	소고기편채	So-gogi-pyeonchae
30	콩나물밥	Kong-namul-bap	130	양념갈비	Yangnyeom-galbi
31	회덮밥	Hoe-deopbap	131	오리구이	Ori-gui
32	삼계죽	Samgye-juk	132	장어구이	Jangeo-gui

☑ 확인문제

다음 중 로마자 표기법이 바르게 된 것은?   2017 소방직 하반기

① 합덕 – Hapddeok
② 학여울 – Hakyeoul
③ 집현전 – Jiphyeonjeon
④ 촉석루 – Choksseongnu

정답해설

집현전 – Jiphyeonjeon : [지편전]으로 발음은 나지만, 체언에서 자음축약의 거센소리는 표기로 인정하지 않으며, 첫소리 'ㅎ'은 표기대로 'h'를 밝혀 적는다.

정답 ③

☑ 확인문제

다음 중 국어의 로마자 표기법으로 옳지 않은 것은?   2015 소방직

① 울산 – Ulsan
② 설악 – Seorak
③ 종로 – Jongno
④ 호법 – Hobeob

정답해설

호법 – Hobeop : 된소리되기는 표기에 반영하지 않는다. 'ㅂ'은 모음 앞에서 'b'로 적지만, 자음 앞이나 어말에서는 'p'로 적는다.

정답 ④

순번	음식메뉴명	로마자 표기	순번	음식메뉴명	로마자 표기
33	잣죽	Jatjuk	133	황태구이	Hwangtae-gui
34	전복죽	Jeonbok-juk	134	감자전	Gamja-jeon
35	채소죽	Chaeso-juk	135	계란말이	Gyeran-mari
36	팥죽	Patjuk	136	김치전	Kimchi-jeon
37	호박죽	Hobak-juk	137	녹두전	Nokdu-jeon
38	흑임자죽	Heugimja-juk	138	메밀전병	Memil-jeonbyeong
39	막국수	Mak-guksu	139	모둠전	Modum-jeon
40	만두	Mandu	140	부각	Bugak
41	물냉면	Mul-naengmyeon	141	빈대떡	Bindae-tteok
42	바지락칼국수	Bajirak-kal-guksu	142	생선전	Saengseon-jeon
43	비빔국수	Bibim-guksu	143	송이산적	Songi-sanjeok
44	비빔냉면	Bibim-naengmyeon	144	파전	Pajeon
45	수제비	Sujebi	145	해물파전	Haemul-pajeon
46	잔치국수	Janchi-guksu	146	화양적	Hwayangjeok
47	쟁반국수	Jaengban-guksu	147	광어회	Gwangeo-hoe
48	칼국수	Kal-guksu	148	모둠회	Modum-hoe
49	콩국수	Kong-guksu	149	생선회	Saengseon-hoe
50	회냉면	Hoe-naengmyeon	150	육회	Yukhoe
51	갈비탕	Galbi-tang	151	홍어회무침	Hongeo-hoe-muchim
52	감자탕	Gamja-tang	152	회무침	Hoe-muchim
53	곰탕	Gomtang	153	겉절이	Geot-jeori
54	꽃게탕	Kkotge-tang	154	깍두기	Kkakdugi
55	대구맑은탕	Daegu-malgeun-tang	155	나박김치	Nabak-kimchi
56	대구매운탕	Daegu-maeun-tang	156	동치미	Dongchimi
57	도가니탕	Dogani-tang	157	무생채	Mu-saengchae
58	된장국	Doenjang-guk	158	배추김치	Baechu-kimchi
59	떡국	Tteokguk	159	백김치	Baek-kimchi
60	떡만둣국	Tteok-mandu-guk	160	보쌈김치	Bossam-kimchi
61	만둣국	Mandu-guk	161	열무김치	Yeolmu-kimchi
62	매운탕	Maeun-tang	162	오이소박이	Oi-so-bagi
63	미역국	Miyeok-guk	163	총각김치	Chonggak-kimchi
64	복맑은탕	Bok-malgeun-tang	164	간장	Ganjang
65	복매운탕	Bok-maeun-tang	165	간장게장	Ganjang-gejang
66	북엇국	Bugeo-guk	166	고추장	Gochu-jang

순번	음식메뉴명	로마자 표기	순번	음식메뉴명	로마자 표기
67	삼계탕	Samgye-tang	167	된장	Doenjang
68	설렁탕	Seolleongtang	168	양념게장	Yangnyeom-gejang
69	알탕	Altang	169	장아찌	Jangajji
70	오이냉국	Oi-naengguk	170	멸치젓	Myeolchi-jeot
71	우거지갈비탕	Ugeoji-galbi-tang	171	새우젓	Saeu-jeot
72	육개장	Yukgaejang	172	젓갈	Jeotgal
73	추어탕	Chueo-tang	173	골뱅이무침	Golbaengi-muchim
74	콩나물국	Kong-namul-guk	174	구절판	Gujeol-pan
75	해물탕	Haemul-tang	175	김	Gim
76	해장국	Haejang-guk	176	나물	Namul
77	홍합탕	Honghap-tang	177	대하냉채	Daeha-naengchae
78	김치찌개	Kimchi-jjigae	178	도토리묵	Dotori-muk
79	동태찌개	Dongtae-jjigae	179	오이선	Oi-seon
80	된장찌개	Doenjang-jjigae	180	잡채	Japchae
81	부대찌개	Budae-jjigae	181	죽순채	Juksun-chae
82	순두부찌개	Sundubu-jjigae	182	콩나물무침	Kong-namul-muchim
83	청국장찌개	Cheongguk-jang-jjigae	183	탕평채	Tangpyeong-chae
84	곱창전골	Gopchang-jeongol	184	해파리냉채	Haepari-naengchae
85	국수전골	Guksu-jeongol	185	경단	Gyeongdan
86	김치전골	Kimchi-jeongol	186	꿀떡	Kkultteok
87	두부전골	Dubu-jeongol	187	백설기	Baek-seolgi
88	만두전골	Mandu-jeongol	188	송편	Songpyeon
89	버섯전골	Beoseot-jeongol	189	약식	Yaksik
90	불낙전골	Bullak-jeongol	190	화전	Hwajeon
91	소고기전골	So-gogi-jeongol	191	강정	Gangjeong
92	신선로	Sinseollo	192	다식	Dasik
93	갈비찜	Galbi-jjim	193	약과	Yakgwa
94	계란찜	Gyeran-jjim	194	녹차	Nokcha
95	닭백숙	Dak-baeksuk	195	매실차	Maesil-cha
96	닭볶음탕	Dak-bokkeum-tang	196	수정과	Sujeonggwa
97	묵은지찜	Mugeun-ji-jjim	197	식혜	Sikhye
98	보쌈	Bossam	198	오미자화채	Omija-hwachae
99	수육	Suyuk	199	유자차	Yuja-cha
100	순대	Sundae	200	인삼차	Insam-cha

01

ㄱ. 당신이 문득 나를 알아볼 때까지.
: 의존 명사 '때'는 앞말(관형어) '알아볼'과 띄어 써야 하며, 조사 '까지'는 앞말과 붙여 써야 한다.

ㄷ. 돈을 많이 모아서 멋진 집 한 채를 샀다. : 단위성 의존 명사 '채'는 수 관형사 '한'과 띄어 써야 한다.

정답 ②

01 〈자료〉를 바탕으로 〈보기〉의 문장을 작성하였다. 〈보기〉의 문장 중 띄어쓰기가 옳은 것끼리 묶인 것은?

2018 소방직 하반기

┌─| 자료 |──────────────────────────────────

한글 맞춤법
• 제2항 – 문장의 각 단어는 띄어 씀을 원칙으로 한다.
• 제41항 – 조사는 그 앞말에 붙여 쓴다.
• 제42항 – 의존 명사는 띄어 쓴다.
• 제43항 – 단위를 나타내는 명사는 띄어 쓴다.

└──

┌─| 보기 |──────────────────────────────────

ㄱ. 당신이 문득 나를 알아볼 때까지.
ㄴ. 한국인 만큼 부지런한 민족이 있을까?
ㄷ. 돈을 많이 모아서 멋진 집 한 채를 샀다.
ㄹ. 무궁화는 자랑스럽고 아름다운 꽃 입니다.

└──

① ㄱ, ㄴ   ② ㄱ, ㄷ

③ ㄴ, ㄹ   ④ ㄷ, ㄹ

02

일 듯이(×) → 일듯이(○) : 문장에서 '-듯이'는 뒤 절의 내용이 앞 절의 내용과 거의 같음을 나타내는 연결 어미로 쓰였으므로 앞말과 붙여 써야 한다.

정답 ④

02 다음과 같은 사전의 풀이를 참고하여 작성한 문장 가운데 띄어쓰기가 옳지 않은 것은?

2018 국회직 8급

┌───

• 듯이 : 의존명사. (어미 '-은', '-는', '-을' 뒤에 쓰여) 짐작이나 추측의 뜻을 나타내는 말
• 듯 : 의존명사. ① '듯이'의 준말. ② ('-은 듯 만 듯', '-는 듯 마는 듯', '-을 듯 말듯' 구성으로 쓰여)
　그런 것 같기도 하고 그렇지 아니한 것 같기도 함을 나타내는 말
• -듯이 : 어미. ('이다'의 어간, 용언의 어간 또는 어미 '-으시-', '-었-', '-겠-' 뒤에 붙어) 뒤 절의 내
　용이 앞 절의 내용과 거의 같음을 나타내는 연결 어미
• -듯 : 어미. '-듯이'의 준말
• 듯하다 : 보조 형용사. (동사나 형용사, 또는 '이다'의 관형사형 뒤에 쓰여) 앞말이 뜻하는 사건이나
　상태 따위를 짐작하거나 추측함을 나타내는 말

└───

① 예전에는 여기가 황량했던 듯하다.

② 그의 행동을 보아하니 곧 떠날 듯이 보인다.

③ 마치 구름을 걷는 듯 도무지 생시가 아닌 것만 같았다.

④ 거대한 파도가 일 듯이 사람들의 가슴에 분노가 일었다.

⑤ 물이 깊을수록 조용하듯 사람도 아는 게 많을수록 조용하다.

CHAPTER 02

어법에 알맞은 표현

01 어휘 사용의 오류

1. 적합한 단어의 선택

(1) 경기 침체로 빌라와 연립주택의 경매가 봇물을 이루고 있다.

→ '봇물'은 보에 괸 물이라는 뜻으로 서술어 '터지다'와 호응한다. 따라서 '봇물이 터지듯 이루어지고 있다.'와 같이 써야 한다.

(2) 공사 입찰 신청자는 입찰 보증금을 국고에 수납하여야 합니다.

→ '수납'은 돈이나 물품 따위를 받아 거두어들인다는 뜻이므로 주어와 호응하지 않는다. 따라서 '납부(納付)하여야'로 바꾸어 쓰는 것이 적절하다.

(3) 그녀는 한문으로 자기의 이름을 적어 보여 주었다.

→ '한문'은 한자로 쓴 글을 가리키는 것이므로, 여기에서는 글자를 가리키는 말인 '한자'로 쓰는 것이 적절하다.

(4) 그녀는 고명딸이라 남자 형제가 없다.

→ '고명딸'은 아들이 많은 집의 외딸을 가리키는 것이며, 무남독녀의 경우에는 '외동딸'이라고 해야 옳다.

(5) 그는 당대 최고의 피아니스트인 김 교수에게 직접 피아노를 사숙했다.

→ '사숙(私塾)'은 직접 가르침을 받지는 않았으나 마음속으로 그 사람을 본받아 도나 학문을 닦는다는 뜻으로 직접 피아노를 배운 이와 같은 상황에서는 '사사(師事)'를 쓰는 것이 적절하다.

(6) 그는 비가 오는 날마다 강수량을 측정한다.

→ '강수량'은 비, 눈, 우박, 안개 따위로 일정 기간 동안 일정한 곳에 내린 물의 총량이란 뜻이므로 문맥상 적절하지 않다. 일정 기간 동안 일정한 곳에 내린 비의 분량을 가리키는 '강우량'으로 써야 한다.

(7) 그의 성공은 불우한 가정환경에 굴하지 않고 성실히 노력한 <u>탓</u>이다.

→ '탓'은 부정적인 현상이 생겨난 까닭이나 원인을 가리키는 경우에 사용하는 말이므로, '성공'과 어울리지 않는다. 이 경우에는 베풀어준 은혜나 도움을 의미하는 '덕분'을 쓰는 것이 적절하다.

(8) 그 총각은 폭넓은 교양과 전문적인 지식을 갖춘 <u>재원</u>이다.

→ '재원(才媛)'은 재주가 있는 젊은 여자를 이르는 말이므로 '총각'과 호응하지 않는다. 따라서 재주가 많은 젊은 남자를 뜻하는 '재자(才子)'를 쓰는 것이 적절하다.

(9) 끊임없는 연습으로 30살의 나이에 올림픽 금메달리스트가 된 그 선수를 <u>타산지석</u>으로 삼아 열심히 노력하자.

→ '타산지석(他山之石)'은 본이 되지 않는 남의 말이나 행동도 자신의 지식과 인격을 수양하는데 도움이 될 수 있음을 이르는 말이다. 이 문장에서는 본받을 만한 모범이 되는 상황을 제시하고 있으므로 '귀감(龜鑑)'을 쓰는 것이 어울린다.

(10) 너 왜 그렇게 내 속을 <u>썩히느냐</u>?

→ '썩히다'과 '썩이다' 모두 '썩다'의 사동사이지만, '썩히다'는 물건이나 사람 또는 사람의 재능 따위가 쓰여야 할 곳에 제대로 쓰이지 못하고 내버려진 상태에 있는 것을 의미하므로 문맥에 어울리지 않는다. 걱정이나 근심 따위로 마음이 몹시 괴로운 상태가 된다는 뜻을 표현할 때는 '썩이다'를 써야 한다.

(11) 민원 신고서는 구청에 직접 <u>접수하시기</u> 바랍니다.

→ '접수하다'는 신청이나 신고 따위를 구두나 문서로 받는다는 뜻으로 민원인이 아닌 구청에서 하는 업무를 가리키는 말이다. 따라서 민원인이 서류를 내는 것은 '제출하다'로 표현하는 것이 옳다.

(12) 상황이 급박하게 돌아가서 이것저것 따질 <u>개재</u>가 아니다.

→ '개재(介在)'는 어떤 것들 사이에 끼여 있다는 뜻이므로 의미가 통하지 않는다. 문맥상 어떤 일을 할 수 있게 된 기회를 의미하는 '계제(階梯)'를 쓰는 것이 적절하다.

(13) 선생님이 강의를 하고 계신 <u>와중</u>에 전화벨이 울렸다.

→ '와중(渦中)'은 시끄럽고 복잡한 상황이 벌어지는 상황에 쓰이므로 문맥상 어울리지 않는다. 따라서 '도중에'로 고쳐야 한다.

(14) 선생님, 선생님께 훈장이 <u>추서</u>됐으니 수여식에 참석하시래요.

→ '추서(追敍)'는 죽은 뒤에 관등을 올리거나 훈장 따위를 준다는 뜻이므로, 훈장을 받는 대상이 살아 있을 때는 쓸 수 없는 말이다. 대신 '서훈(敍勳)'이란 단어를 사용하는 것이 적절하다.

(15) 셔츠 위에 잠바를 <u>윗옷</u>으로 걸쳤다.

→ 위아래의 대립이 없는 경우에는 '윗'이 아닌 '웃'을 쓰는 것이 적절하다. '잠바'는 위아래의 대립이 아닌 겉옷이므로 '웃옷'이 적절하다.

(16) 손바닥만한 <u>밭떼기</u>에 농사를 지어 살아가는 형편이다.

→ '밭떼기'는 밭에서 나는 작물을 밭에 나 있는 채로 몽땅 사는 일을 뜻하며, 문맥상 얼마 안 되는 자그마한 밭을 뜻하는 '밭뙈기'로 표기하는 것이 적절하다.

(17) 스스로 수학의 원리를 <u>깨우치다</u>.

→ '깨우치다'는 깨달아 알게 한다는 의미로, 가르치는 상황에서 사용할 수 있는 말이다. 따라서 일의 이치 따위를 스스로 깨달아 안다는 의미를 나타낼 때는 '깨치다'를 써야 한다.

(18) 심사 위원회의 <u>자문(諮問)</u>을 받아 새로운 정책을 결정하였다.

→ '자문'은 어떤 일을 좀 더 효율적이고 바르게 처리하려고 그 방면의 전문가나, 전문가들로 이루어진 기구에 의견을 묻는다는 것이다. 따라서 '받다'와 호응을 이루지 않으며 '자문하다'의 형태로 사용해야 한다. 이 문장에서는 맥락상 '조언(助言)'으로 고치는 것이 적절하다.

(19) 어떻게 해야 하는지 <u>가리켜</u> 주시면 그대로 하겠습니다.

→ '가리키다'는 손가락 따위로 어떤 방향이나 대상을 집어서 보이거나 말하거나 알리는 것을 뜻하므로 문맥에 적절하지 않다. 지식이나 기능, 이치 따위를 깨닫게 하거나 익히게 하는 의미를 나타낼 때는 '가르치다'를 써야 한다.

(20) 올해 경제 성장률이 드디어 6%를 <u>능가하였다</u>.

→ '능가하다'는 능력이나 수준 따위가 비교 대상을 훨씬 넘어선다는 것인데, 이 문장에서는 일정 수나 한도 따위가 넘어간다는 의미를 나타내고자 한 것이므로 '초과하다'를 써야 한다.

(21) 우리나라에서 세 번째 <u>갑부</u>는 누구입니까?

→ '갑부'는 첫째가는 큰 부자를 가리키는 말이므로 '세 번째'와 호응하지 않는다. 그러므로 '부자' 정도로 표현하는 것이 적절하다.

(22) 우리나라 토종 식물들의 <u>서식</u> 환경이 점점 나빠지고 있다.

→ '서식(棲息)'은 동물이 깃들어 사는 것을 나타내는 말이며 식물이 자라는 환경은 '자생(自生)'으로 표현하는 것이 적절하다.

ㄱ. 일이 돌아가는 걸 보니 무슨 사달이 나기는 날 것 같다.
ㄴ. 우리나라 토종 식물들의 서식 환경이 점점 나빠지고 있다.
ㄷ. 경기 침체로 빌라와 연립주택의 경매가 봇물을 이루고 있다.
ㄹ. 자신을 밝히지 않고 남을 도와왔던 화제의 장본인을 소개하겠습니다.

① 없음
② ㄱ
③ ㄱ, ㄴ
④ ㄱ, ㄴ, ㄷ
⑤ ㄱ, ㄴ, ㄷ, ㄹ

정답해설

ㄱ. 사달은 사고나 탈이라는 뜻으로, 어휘의 쓰임이 올바르다.
ㄴ. 서식은 생물 따위가 일정한 곳에 자리를 잡고 산다는 뜻으로, 어색하지 않은 문장이다.

정답 ③

☑ 확인문제

다음 밑줄 친 단어 중 쓰임이 적절하지 않은 것은? 2018 소방직 상반기

① 부모님의 의견을 쫓기로 했다.
황소가 꼬리를 흔들어 등의 파리를 좇았다.
② 그녀는 옷매무새를 반듯이 하였다.
반드시 시간에 맞추어 오너라.
③ 이따가 단둘이 있을 때 얘기하자.
돈은 있다가도 없어지고 없다가도 생기는 법이다.
④ 두 손을 짚고 꽁무니를 하늘로 치켜들었다.
너의 모습이 마치 꽁지 빠진 수탉 같구나.

정답해설

• 좇다 : 남의 말이나 뜻을 따르다. → 부모님의 의견을 좇기로 했다.
• 쫓다 : 어떤 자리에서 떠나도록 몰다. → 황소가 꼬리를 흔들어 등의 파리를 쫓았다.

정답 ①

(23) 우리 농구 팀은 실력의 월등한 열세를 극복하지 못하고 상대팀에 지고 말았다.

→ '열세'는 상대편보다 힘이나 세력이 약하다는 뜻이므로, 다른 것과 견주어서 수준이 정도 이상으로 뛰어난 것을 나타내는 '월등하다'와 어울리지 않는다. 이 문장에서는 뚜렷이 드러나 있다는 의미를 나타내는 '현저한' 정도의 표현을 사용하는 것이 적절하다.

(24) 우리 명산에는 곳곳에 사찰이 깃들어 있다.

→ '깃들어'는 '깃들다'의 활용형인데 이는 아늑하게 서려 들다 또는 감정, 생각, 노력 따위가 어리거나 스미다라는 뜻이므로 문맥에 어울리지 않는다. 사람이나 건물 따위가 어디에 살거나 그곳에 자리 잡는다는 뜻의 단어는 '깃들이다'이므로, 이의 활용형인 '깃들여'를 쓰는 것이 옳다.

(25) 잊어버린 물건이 없는지 잘 확인하시기 바랍니다.

→ '잊어버리다'는 알았던 것을 기억하지 못하는 것이며, 가지고 있던 물건이 없어졌을 때는 '잃어버리다'를 써야 한다.

(26) 이 자리를 빌어서 감사의 말씀을 드립니다.

→ '빌어서'의 기본형은 '빌다'로 간청하다, 호소하다, 바라다 등의 뜻을 지니고 있다. 어떤 일을 하기 위해 기회를 이용한다는 의미를 나타낼 때는 '빌려서'로 표현해야 한다.

(27) 이제 비로소 대단원의 막을 올리는 새로운 역사가 시작될 것이다.

→ '대단원'은 연극이나 소설 따위에서 모든 사건을 해결하고 끝내는 마지막 장면을 뜻하는 말로, '막을 내린다'와 호응하며 맥락상 어울리지 않는다. 이 문장에서는 연극 따위에서 처음 여는 막을 의미하는 '서막'을 활용해 '서막을 올리는'과 같이 표현하는 것이 적절하다.

(28) 일이 돌아가는 걸 보니 무슨 사단이 나기는 날 것 같다.

→ 사고나 탈을 나타낼 때는, 사건의 단서 또는 일의 실마리를 의미하는 '사단'이 아닌 '사달'을 써야 옳다.

(29) 자신을 밝히지 않고 남을 도와왔던 화제의 장본인을 소개하겠습니다.

→ 어떤 일을 꾀하여 일으킨 바로 그 사람이라는 뜻의 '장본인'은 부정적인 의미로 주로 쓰이므로, 이 문장에서는 '주인공'이라고 표현하는 것이 어울린다.

(30) 정부는 중소기업의 기술 계발을 지원하는 정책을 확대하기로 하였다.

→ '계발'은 슬기나 재능, 사상 따위를 일깨워 준다는 뜻으로 토지나 천연자원 따위를 유용하게 만들거나 지식이나 재능 따위를 발달하게 하는 것을 의미하는 '개발'에 비해 의미의 범위가 좁다. 이 문장에서는 맥락상 '개발'을 사용하는 것이 옳다.

(31) 지난 방학에 유럽 여행할 때 비행기 <u>값</u>이 얼마나 들었니?

   → '값'은 사고파는 물건에 일정하게 매겨진 액수를 의미하는 것으로, '비행기 값'은 비행기의 가격을 의미하는 말이다. 어떤 시설을 이용하고 주는 돈의 의미를 나타낼 때는 '삯'을 쓰는 것이 적절하다.

(32) <u>축배를 터뜨리며</u> 함께 우승의 기쁨을 나누었다.

   → '축배'는 '터뜨리다'가 아닌 '들다'와 호응하는 말이며, '축포를 터뜨리며'와 같이 표현해야 적절하다.

(33) 커튼을 걷어 <u>제치니</u>, 햇살이 쏟아져 들어왔다.

   → '제치다'는 거치적거리지 않게 처리하거나 경쟁 상대보다 우위에 서는 것 등을 나타내는 말로, 안쪽이 겉으로 나오게 한다는 의미를 표현할 때는 '젖히다'를 써야 한다.

(34) 한라산의 제일 높은 <u>봉오리</u>에 올랐다.

   → '봉오리'는 '꽃봉오리'와 동의어로 망울만 맺히고 아직 피지 아니한 꽃을 가리키는 말이며, 산에서 뾰족하게 높이 솟은 부분을 나타낼 때는 '봉우리'를 사용하는 것이 적절하다.

(35) 현대 사회에서는 <u>유래를 찾아볼 수 없을</u> 만큼 정보가 넘쳐 난다.

   → '유래(由來)'는 사물이나 일이 생겨남 또는 그 사물이나 일이 생겨난 바를 뜻하는 단어이며, 같거나 비슷한 예의 의미를 표현할 때는 '유례(類例)'를 써야 한다.

2. 잘못된 활용

(1) 동생은 가던 길을 <u>멈추면서</u> 나에게 달려왔다.

   → '-면서'는 두 동작의 동시성을 나타내는 어미인데 '멈추다'와 '달려오다'는 동시에 나타날 수 없는 표현이므로, 연결어미 '-고'를 사용하는 것이 적절하다.

(2) 윤호를 만날 생각을 하니 마음이 <u>설레인다</u>.

   → '설레이다'가 아닌 '설레다'가 기본형이므로 '설렌다'로 쓰는 것이 적절하다.

(3) 할아버지가 만든 방패연은 잘 <u>날라다닌다</u>.

   → '날다'와 '다니다'가 결합할 때는 연결어미 '아-'를 사용하며, 'ㄹ'이 삽입되는 불규칙 활용이 일어나지 않으므로 '날아다니다'로 써야 옳다.

(4) 휴지를 줏어라.

→ 바닥에 떨어지거나 흩어져 있는 것을 집는 의미를 지닌 단어의 기본형은 '줏다'가 아 닌 '줍다'이다. 그리고 어간이 'ㅂ' 받침으로 끝나는 동사는 모음으로 시작하는 어미로 활용될 때 어간의 'ㅂ'이 탈락하고 어미에 'ㅜ'가 첨가되는 현상이 나타난다. 따라서 '줍다'의 명령형은 '주워라'이다.

(5) 흡연을 삼가합시다.

→ 꺼리는 마음으로 양(量)이나 횟수가 지나치지 아니하도록 한다는 뜻을 지닌 단어의 기본형은 '삼가하다'가 아니라 '삼가다'이다. 따라서 '삼갑시다'와 같이 쓰는 것이 옳다.

(6) 늘 건강하시고 행복하세요.

→ 형용사는 명령형으로 쓸 수 없다. 그러므로 '건강하고 행복하게 지내세요'와 같이 표 현하는 것이 적절하다.

(7) 민족의 정신이여 영원하라!

→ 형용사는 명령형으로 쓸 수 없으므로, '영원하기를!' 와 같이 표현하는 것이 적절하다.

(8) 다음 중 알맞는 답을 고르시오.

→ 형용사는 동사와 달리 현재 시제 관형사형 어미로 '—는'이 아닌 '—은'을 사용해야 한 다. 따라서 '알맞은'의 형태로 쓰는 것이 옳다.

3. 조사 사용의 오류

(1) 경찰관들의 하는 일은 무엇인가?

→ 서술어 '하다'에 호응하는 주어가 필요하므로, '경찰관들이'로 써야 한다.

(2) 그는 술이 취해서 정신을 차리지 못했다.

→ 이 문장에서 취한 주체는 '그'이지 '술'이 아니므로, 술에 주격조사 '이'를 사용하는 것 은 적절하지 않다. 이는 '술에'로 고쳐야 한다.

(3) 나는 철수에 선물을 주었다.

→ '에'는 무정물에 사용하는 조사이다. 따라서 유정물인 '철수'에는 '에'가 아닌 '에게'를 쓰는 것이 적절하다.

(4) 한국 정부는 독도 영유권 문제에 대하여 일본에게 강력히 항의하였다.

→ '일본'은 유정물이 아니므로, 무정물에 사용하는 조사 '에'를 써야 한다.

(5) 대통령은 진지한 <u>연설로서</u> 국민을 설득했다.

→ '로서'는 지위, 자격, 신분을 나타내는 기능을 하는 조사로 문맥에 어울리지 않는다. 수단을 나타내는 기능을 하는 '로써'로 바꾸어야 한다.

(6) 수학 <u>성적은</u> 참 좋군. 국어 성적도 좋고.

→ 앞문장에서 '은'을 사용한 것은 국어 성적이 좋을 가능성을 배제하는 의미가 포함되어 있어서 뒷문장과 모순된다. 따라서 주격 조사 '이'를 사용하는 것이 적절하다.

(7) 여러분 가정에 행복이 가득하기를 기원하는 것으로 <u>치사에</u> 갈음합니다.

→ '갈음하다'는 다른 것으로 바꾸어 대신한다는 뜻의 목적어를 필요로 하는 타동사이다. 그런데 이 문장에서 '치사'는 바꾸는 대상에 해당되므로 부사격 조사가 아닌 목적격 조사 '을'을 사용해야 한다.

(8) ○○식품은 유기농 <u>제품들로</u> 작년 한 해 20여 개국에 수출하였습니다.

→ '수출하다'는 타동사이므로 목적어가 있어야 하며, '제품들'은 목적어에 해당하는 성분이다. 따라서 '제품들을'과 같이 쓰는 것이 적절하다.

(9) 제안서 및 과업 지시서는 참가 <u>신청자에게</u> 한하여 교부한다.

→ '한하다'는 '-에 한하다'의 구조로 사용되는 말이므로, '신청자에'로 쓰는 것이 옳다.

(10) 친구가 "난 학교에 안 <u>가겠다."고</u> 말했다.

→ 따옴표가 있는 경우는 직접 인용이므로, 간접 인용을 나타내는 인용격 조사 '고'를 쓰는 것은 적절하지 않다. 직접 인용의 경우 인용격 조사 '라고'를 써야 한다.

4. 추측 표현의 오류

(1) 오늘 날씨는 매우 <u>좋은 것 같아요.</u>

→ '~ㄴ 것 같다'는 불확실한 미래를 추측할 때만 사용할 수 있으므로, 현재의 객관적 사실을 나타낼 때는 사용할 수 없는 표현이다. 이러한 경우 '오늘 날씨는 매우 좋네요'와 같이 표현하는 것이 적절하다.

(2) 이 선물은 맘에 <u>드는 것 같아요.</u>

→ 주관적인 감정은 추측으로 표현할 수 없으므로, '이 선물은 맘에 들어요'와 같이 표현해야 한다.

국어는 앞뒤 문맥을 통하여 성분의 호응에 어려움을 주지 않는 한 성분 생략이 자유롭다. 문제는 이러한 성분 생략이 문맥 호응상 아무 문제없이 이루어지면 다행인데, 이따금 성분 생략이 아닌 성분 실종으로 변질되어 비문을 초래하게 되는 것이다. 그런 점에서 국어 구조상 의미 소통에 지장이 없는 한, 성분 생략은 국어 문장 구조의 간결성, 함축성, 경제성에 기여하는 긍정적 효과가 있지만 이것이 성분 간에 호응을 어긋나게 하면 성분 실종이 되므로 성분 생략과 성분 실종은 구별해야 한다.

① 학문은 따지고 의심스럽게 보고 다시 검토하는 데에서 출발해야 한다.
② 검찰이 성역 없는 수사를 한다고 해서 수사 결과를 두고 볼 일이다.
③ 토익 시험에 응시하실 분들은 학교에 원서를 접수하십시오.
④ 다솜이의 여름방학 숙제로 제출한 그림은 특이했다.
⑤ 재원이와 철현이는 지난달에 여행을 다녀왔다.

정답해설

제시문에서 국어는 성분 생략이 자유롭지만 문장에서 필수적인 요소를 잘못 생략해서 '성분 실종'이 되는 것은 잘못이라고 말하고 있다. ①은 무엇을 따지고 의심스럽게 보고 다시 검토해야하는지 목적어가 빠져 있다.

정답 ①

02 문장의 오류

1. 과도한 성분의 생략

(1) 주어의 부당한 생략

① 본격적인 공사가 언제 시작되고, 언제 <u>개통될지 모른다.</u>
→ 서술어 '개통되다'의 주체가 무엇인지 나타나 있지 않으므로, 이에 적절한 '도로가, 터널이, 항만이' 등이 주어로 제시되어야 한다.

② 여러분이 이 문제에 관심을 갖고 <u>토론의 계기가 되었으면 합니다.</u>
→ '토론의 계기가 되었으면 합니다'에 해당하는 주어가 없어서 문장이 어색하다. 따라서 '토론에 임해주셨으면 합니다'정도로 수정하여 앞 절의 '여러분이'라는 주어를 공유하도록 고치는 것이 적절하다.

③ 한글과 세계의 여러 문자들을 비교해 볼 때, <u>매우 조직적이며 과학적이고 독창적인 문자</u>라는 사실을 알 수 있다.
→ 앞 절의 '한글과'가 뒷 절의 주어가 된다고 판단하기 쉬우나, '과'는 주격조사가 아니므로 이는 잘못된 판단이며, 뒷 절의 주어 자리에 '한글은'과 같은 말을 제시해야 한다.

(2) 서술어의 부당한 생략

① 모두 흥에 겨워 <u>춤과 노래를 부르고 있다.</u>
→ 서술어 '부르고 있다'는 목적어 '노래'에만 해당되는 것이므로 '춤'에 적절한 서술어 '추다'를 넣어, '춤을 추고 노래를 부르고 있다'와 같이 표현하는 것이 옳다.

② 냉정하게 전력을 평가해 봐도 한국이 자력으로 <u>16강 티켓 가능성은</u> 높은 편이다.
→ '16강 티켓 가능성'은 서술어가 생략되어서 16강 티켓과 관련하여 어떤 가능성이 있는 것인지 명확하게 드러나지 않는다. 따라서 '16강 티켓을 얻게 될 가능성' 또는 '16강 티켓을 확보할 가능성'이라고 쓰는 것이 적절하다.

③ 이 차는 <u>사람이나 짐을 싣고</u> 다닌다.
→ '싣다'는 '짐'에 호응하며 '사람'에는 호응하지 않는 말이다. 따라서 '사람'에 어울리는 서술어 '태우다'를 활용하여, '사람을 태우거나'와 같이 고쳐야 한다.

(3) 목적어의 부당한 생략

① 그녀는 자신이 이기적인 줄 알면서도 남에게서는 무척 <u>듣기 싫어한다.</u>
→ 이 문장에서는 '듣기 싫어한다'라는 서술어에 해당하는 목적어가 필요하다. 그런데 듣기 싫어하는 대상이 앞 절에서 서술하는 내용이므로, '그 말을'과 같이 적절한 지시어를 사용하여 표현하는 것이 적절하다.

② 인간은 운명에 복종할 수도 있고, <u>지배할 수도 있다.</u>
→ 앞 절의 '운명에'는 부사어이며, 뒤 절의 서술어 '지배할 수도 있다'의 목적어가 아니다. 따라서 '운명을'이라는 목적어를 별도로 제시해야 한다.

③ 전철 내에서 뛰지 말고, 문에 기대거나 강제로 **열려고** 하지 마십시오.
→ 서술어 '열다'는 타동사로 목적어가 필요하다. 따라서 문맥에 따라 '문을'이라는 목적어를 삽입해야 한다.

(4) 부사어의 부당한 생략

① 상반기 수익금의 일부를 활용할 예정입니다.
→ '활용하다'는 '…을 …에', '…을 …으로'의 문형으로 활용되는 말이므로, '일부를'이라는 목적어 외에 부사어를 제시해야 한다.

② 인간은 현실을 지배하기도 하고 복종하기도 한다.
→ '현실을'은 서술어 '지배하다'의 목적어로, '복종하다'의 부사어 역할까지 할 수는 없다. 따라서 '현실에'라는 부사어를 삽입하는 것이 적절하다.

2. 성분 호응의 오류

(1) 주어와 서술어 호응의 오류

① **이것은** 아직도 한국 사회가 무사안일주의를 벗어나지 못했다는 생각이 **든다**.
→ '든다'는 주어 '생각이'에 해당하는 서술어로, 전체 주어 '이것은'과는 호응을 이루지 못하여 문장이 어색하다. 따라서 '이것을 보면 아직도 한국 사회가 무사안일주의를 벗어나지 못했다는 생각이 든다'와 같이 수정하는 것이 적절하다.

② 이곳에 주차하는 **사람은** 과태료를 **부과하니** 주의하기 바랍니다.
→ 맥락상 주어의 '사람'은 부과의 대상이므로 '사람은'과 같은 형태로 쓰면 서술어 '부과하다'와 호응을 이루지 못한다. 따라서 '사람에게는'으로 써야 한다.

③ 살아가는 데 있어서 무엇보다 중요한 **것은** 건강해야 **한다**.
→ 주어가 '것은'의 형태일 때는 '건강해야 한다는 것이다'와 같이 표현하는 것이 자연스럽다.

④ 오염된 환경이 다시 깨끗해지려면, 많은 비용과 노력, 그리고 긴 시간이 **든다**.
→ '비용과 노력'은 서술어 '든다'와 호응하지만, '시간'은 그것과 호응하지 않는다. 따라서 '많은 비용과 노력이 들고, 긴 시간이 걸린다'로 고치는 것이 적절하다.

(2) 목적어와 서술어 호응의 오류

① 나는 **영화가** 좋다.
→ '좋다'는 성질이나 내용이 보통 이상이거나 우수하다라는 뜻을 지닌 형용사로, 좋아하는 대상을 주어로 취하는 것은 적절하지 않다. 따라서 '좋아하다'라는 동사를 활용해, '나는 영화를 좋아한다'와 같은 형태로 써야 한다.

② 디지털 텔레비전 시대에는 **고화질의 화면**은 물론 다양한 **정보**도 손쉽게 **얻을 수 있다**.
→ 서술어 '얻을 수 있다'와 '정보'는 호응하지만, '고화질의 화면'은 호응하지 않는다. 따라서 '고화질의 화면을 볼 수 있는 것은 물론, 다양한 정보도 손쉽게 얻을 수 있다'와 같이 쓰는 것이 적절하다.

☑ **확인문제**

문장쓰기 어법이 가장 옳은 것은?

2018 서울시 9급

① 한국 정부는 독도 영유권 문제에 대하여 일본에 강력히 항의하였다.
② 경쟁력 강화와 생산성의 향상을 위해 경영 혁신이 요구되어지고 있다.
③ 이것은 아직도 한국 사회가 무사안일주의를 벗어나지 못했다는 생각이 든다.
④ 냉정하게 전력을 평가해 봐도 한국이 자력으로 16강 티켓 가능성은 높은 편이다.

정답해설

무정 명사에는 '에'가 쓰이고, 유정 명사에는 '에게'가 쓰인다. 일본은 무정 명사에 해당하므로 문장에서 '에'가 적절하게 쓰였다.

정답 ①

③ 선생님과 함께 <u>운동도, 도시락도 먹던</u> 기억이 고스란히 남아 있습니다.

→ '먹다'는 도시락과 호응하는 목적어로, 운동에는 호응하지 않는다. 그러므로 '운동도 하고'로 고쳐야 한다.

④ 오늘은 그동안 미뤄둔 <u>집안일을 하겠다는 생각을 마음먹었다</u>.

→ 목적어 '생각을'과 서술어 '마음먹었다'는 호응을 이루지 않는다. 따라서 '집안일을 하겠다는 생각을 했다' 또는 '집안일을 하겠다고 마음먹었다'로 수정해야 한다.

(3) 부사어와 서술어 호응의 오류

① <u>과연</u> 그는 키가 <u>크지 않구나</u>.

→ '과연'은 긍정문에서 쓰는 부사이므로, '과연 그는 키가 크구나.'와 같이 써야 어울린다.

② 규칙은 <u>반드시 어겨서는 안 된다</u>.

→ '반드시'는 긍정 표현과 호응하는 부사이다. 그러므로 이러한 경우에는 부정 표현과 호응하는 '절대로'를 활용해 '규칙은 절대로 어겨서는 안 된다'와 같이 고치는 것이 옳다.

③ 그녀는 마음먹은 일은 <u>절대로 하고 만다</u>.

→ '절대로'는 부정 표현과 호응하는 부사이므로 긍정 표현과 함께 사용하면 어색하다. 그러므로 '반드시 하고 만다'로 수정해야 한다.

④ 그는 시험에 합격했다. <u>왜냐하면</u> 열심히 <u>공부했다</u>.

→ '왜냐하면'은 '때문이다'와 호응하여 원인의 의미를 나타내므로, '왜냐하면 열심히 공부했기 때문이다'라고 쓰는 것이 적절하다.

⑤ 나는 <u>결코</u> 이 일을 <u>해야 해</u>.

→ '결코'는 부정문에 어울리는 부사이므로 적절하지 않다. '나는 결코 이 일을 해서는 안 돼.', '나는 반드시 이 일을 해야 해'와 같이 써야 한다.

⑥ <u>모름지기</u> 교통법규를 지키는 일은 <u>중요하다</u>.

→ '모름지기'는 '-해야 한다'와 호응하므로, '모름지기 교통법규를 지켜야 한다'로 고쳐야 한다.

⑦ <u>비록</u> 날씨가 <u>좋지 않으면</u> 소풍이 연기될 것이다.

→ '비록'은 '-일지라도'와 호응하는 부사로 '양보'의 의미를 지니며, '소풍이 연기되지 않은 것이다'란 문장이 이어질 때 문맥상 의미가 적절하다. 따라서 여기에서는 부사 '만약'을 활용하는 것이 자연스럽다.

⑧ <u>아마</u> 그는 자신의 신념과 회의 사이에서 갈등을 <u>겪고 있다</u>.

→ '아마'는 추측을 나타내는 부사이므로 서술어를 '겪고 있을 것이다'로 고쳐야 호응이 된다.

⑨ <u>아무리</u> 돈이 <u>많지만</u> 그럴 수는 없다.

→ '아무리'는 '-해도'라는 문형에 적절한 부사이므로, '아무리 돈이 많아도'로 수정해야 한다.

⑩ 정성이 이 정도라면 <u>여간한</u> 성의라고밖에 할 수 <u>없네요</u>.

→ '여간하다'는 평범하다는 의미를 지닌 말이므로 '특별한 성의'를 표현하고 있는 문맥에 어울리지 않는다. 따라서 '여간한 성의가 아니네요.'와 같이 써야 부사어와 서술어의 호응이 이루어진다.

3. 불필요한 성분

(1) 단어의 중복

① <u>국희의 장점</u>은 다른 사람의 마음을 잘 헤아리고, 상대가 듣고 싶은 말을 해준다는 것이 큰 <u>장점이다</u>.

→ 주어와 서술어에 동일한 단어가 중복되어 자연스럽지 않으므로 '국희의 장점은~것이다'의 형태로 고치는 것이 적절하다.

② 다른 업체들이 매출 감소로 어려운 것과 달리 <u>이 업체는</u> 밀려드는 주문을 감당하기 힘들어 고민하는 <u>업체이다</u>.

→ 이와 같이 단어를 중복하여 쓰면 주어와 서술어 간의 호응이 이루어지지 않는다. 따라서 '이 업체는~고민한다'와 같이 수정해야 한다.

③ <u>첫 번째 이야기</u>는 원미동에 정착한 은혜네 <u>이야기이다</u>.

→ '이야기'가 중복되어 문장이 매끄럽지 않으므로 '첫 번째는~이야기이다'처럼 수정한다.

(2) 의미의 중복

① 공무원 청렴에 관한 법이 <u>과반수 이상</u>의 찬성을 얻어 통과되었다.

→ '과반수'는 절반이 넘는 수를 의미하며, '이상'의 의미를 지니고 있으므로 '이상'을 함께 쓰는 것은 어색하다. 따라서 '과반수의'가 적절하다.

② 나는 <u>열심히 공부에 열중하여</u> 이번 시험에 꼭 합격할 것이다.

→ '열중하다'는 한 가지 일에 정신을 쏟는다는 뜻으로, 어떤 일에 온 정성을 다한다는 '열심히'와 의미가 중복된다. 따라서 '열심히 공부하여' 또는 '공부에 열중하여'와 같이 고치는 것이 적절하다.

③ <u>밖으로 나가는 출구</u>는 뒤쪽에 있습니다.

→ '출구'는 '밖으로 나갈 수 있는 통로'를 가리키는 말이므로, '밖으로 나가는'이라는 설명은 불필요하다.

④ 방학 <u>기간 동안</u> 여행을 많이 다녔다.

→ '기간'은 어느 일정한 시기부터 다른 어느 일정한 시기까지의 사이를 이르는 말이고, '동안'은 어느 한때에서 다른 한때까지 시간의 길이를 이르는 말로 의미가 동일하다. 따라서 두 단어 중 하나만 쓰면 된다.

⑤ 순간 그녀의 머릿속에는 <u>뇌리 속</u>을 스치는 기억이 있었다.

→ '뇌리'는 사람의 의식이나 기억, 생각 따위가 들어 있는 영역을 뜻하는 말로 '속'의 의미가 포함되어 있으므로 '뇌리 속'이 아닌 '뇌리'로 표현하는 것이 적절하다.

⑥ 아주머니는 <u>겉보기</u>에 <u>인상이</u> 좋은 편이었다.
　　→ '인상'은 외모를 뜻하는 것이므로 '겉보기에'란 말은 불필요하다.
⑦ 한나 아렌트의 사상이 <u>밖으로</u> <u>표출되어</u> 있는 것이 바로 이 책이다.
　　→ '표출'은 겉으로 나타낸다는 뜻으로 '밖으로'와 함께 쓰지 않는 것이 적절하다.

4. 과도한 관형화 구성과 명사화 구성

(1) 관형화 구성

① <u>유구한 빛나는 전통 문화를 단절시킬 가능성이 큰 융통성 없는</u> 문화 정책은 재고해야 한다.
　　→ '유구한', '빛나는' 그리고 '단절시킬 가능성이 큰', '융통성이 없는'과 같은 관형어가 중첩되어 문장의 뜻을 이해하기 어렵다. 따라서 '유구하고 빛나는', '단절시킬 가능성이 크고 융통성 없는'과 같이 수정하는 것이 적절하다.

② 이 수술은 <u>후유증이 없는 안전한 고도의 정밀한</u> 수술로 비용도 <u>저렴한 파격적인</u> 저비용이다.
　　→ 관형어가 연속적으로 중첩되고, 이 과정에서 '수술'이란 단어도 반복되어 문장이 복잡하다. 따라서 '이 수술은 고도로 정밀하여 후유증이 없고 안전하며, 비용도 파격적으로 저렴하다.'와 같이 고쳐야 한다.

③ 국산 영화에 대한 <u>우리 자신의</u> 선입관을 먼저 버려야 한다.
　　→ 관형어가 중첩되고 주어가 없어 문장이 어색하므로 '우리 자신이 국산 영화에 대해 가지고 있는 선입관을 먼저 버려야 한다.'와 같이 수정해야 한다.

(2) 명사화 구성

① <u>사고 원인 파악</u>과 재발 방지 대책을 조속히 마련하겠습니다.
　　→ '사고 원인 파악'은 서술어 '마련하다'와 호응을 이루지 않는다. 따라서 이와 같이 명사로 구성하는 것이 아니라, '사고의 원인을 파악하고'와 같은 절의 형태로 써야 한다.

② 여름이 되면 <u>수해 방지 대책 마련</u>에 철저를 기해야 한다.
　　→ 명사를 지나치게 많이 나열하면 어색하므로, '수해를 방지할 대책을 마련하는데'와 같이 고쳐야 한다.

③ 은주는 <u>권장 도서 목록 선정이</u> 너무 주관적이라며 불만을 터뜨렸다.
　　→ 문맥상 '선정'이라는 명사가 아닌 '선정하다'라는 동사를 써야 문장이 자연스럽다. '권장 도서 목록'은 하나의 구로 고정된 단어이므로 '권장 도서 목록을 선정한 것이'와 같이 수정하는 것이 적절하다.

5. 접속 규정의 오류

(1) 길을 다니거나 놀 때에는 차를 조심해야 합니다.

→ '길을'과 '놀 때에는'은 호응하지 않으므로 '길을 다니거나 길에서 놀 때에는'과 같이 부사어를 써야 한다.

(2) 높은 산을 잘라내 직선으로 뚫리고 있는 도로 공사 현장입니다.

→ 앞 절의 서술어가 능동형인 '잘라내'이므로 뒤 절의 서술어도 '뚫고 있는'과 같이 능동형으로 고쳐야 한다.

(3) 주민들은 보상 거부와 토지 재평가를 요구하고 있습니다.

→ '보상 거부'는 '요구하다'와 호응을 이루지 않으며, 뒤에서 절의 형태로 썼으므로 앞에서도 구가 아닌 절의 형태로 써야 조응을 이룬다. 따라서 '보상을 거부하고'와 같이 쓰는 것이 적절하다.

(4) 형은 무엇보다 야구를 좋아했고, 나의 취미는 축구였다.

→ 두 절의 내용이 대등하면 형식도 같아야 자연스러우므로, '나는 축구를 좋아했다'와 같이 수정하는 것이 적절하다.

6. 비논리적인 문장

(1) (초청장 문안에서) 귀하를 이번 행사에 꼭 모시고자 하오니 많이 참석해 주시기 바랍니다.

→ '귀하'는 한 사람을 지칭하는 것이므로 '많이'와 의미가 통하지 않는다. 그러므로 '반드시 참석해 주시기 바랍니다'와 같이 고쳐야 한다.

(2) 묘령의 30대 여인이 전화를 걸었다.

→ '묘령'은 '스무 살 안팎의 여자 나이'를 가리키는 말이므로 '30대'와 모순된다. 그러므로 '묘령의' 또는 '30대'를 삭제해야 한다.

(3) 아저씨는 돌이에게 민족에 대한 자각을 심어 주었다.

→ '자각'은 스스로 깨닫는 것이므로 심어줄 수 있는 대상이 아니다. 따라서 '아저씨는 돌이에게 민족에 대한 의식을 심어 주었다' 또는 '아저씨는 돌이가 민족에 대해 자각하도록 했다'와 같이 수정해야 한다.

(4) 우리 회사에서는 정화한 오염 폐수만을 내보낸다.

→ 이미 정화한 물을 오염 폐수라고 하는 것은 논리에 맞지 않으므로 '오염 폐수를 꼭 정화하여'와 같이 표현하는 것이 적절하다.

01

01

'-되'는 대립적인 사실을 잇는 데 쓰는 연결 어미 또는 어떤 사실을 서술하면서 그와 관련된 조건이나 세부 사항을 뒤에 덧붙이는 뜻을 나타내는 연결 어미이다. 문장에서 '-되'라는 연결 어미를 사용하여 도량형은 미터법 사용을 원칙으로 한다는 문장과 그 원칙에 대한 예외 상황에 대한 문장을 잇고 있으므로 '하되'를 그대로 사용하여야 한다.

정답 ④

01 어법에 어긋나는 문장을 수정하고 설명한 예로 옳지 않은 것은?   2018 지방직 9급

① 전철 내에서 뛰지 말고, 문에 기대거나 강제로 열려고 하지 마십시오. → '열다'는 타동사이므로 '강제로'와 '열려고' 사이에 목적어 '문을'을 보충하여야 한다.

② ○○시에서 급증하는 생활용수를 안정적으로 공급하기 위하여 시행하는 사업임 → 생활용수에 대한 수요가 급증하는 것이지 생활용수가 급증하는 것이 아니므로, '급증하는 생활용수 수요에 대응하여 생활용수를 안정적으로 공급하기 위하여'로 고쳐야 한다.

③ 사고 원인 파악과 재발 방지 대책을 조속히 마련하여 → '사고 원인 파악을 마련하여'로 해석될 수 있으므로 앞의 명사구를 '사고 원인을 파악하고'로 고쳐 절과 절의 접속으로 바꾸어야 한다.

④ 도량형은 미터법 사용을 원칙으로 하되 각종 증빙 서류 등을 미터법 이외의 도량형으로 작성할 경우 미터법으로 환산한 수치를 병기함 → '하되'는 앞뒤 문장의 내용을 연결하는 어미로 적합하지 않으므로 '하며'로 고쳐야 한다.

02

02

'일쑤'는 명사 또는 부사로 쓰여 '흔히 또는 으레 그러는 일'이나 '드물지 아니하게 흔히'의 의미로 쓰인다.

정답 ②

02 다음 밑줄 친 부분의 오류를 지적하고 바로잡은 것으로 옳지 않은 것은?

2016 국회직 8급

> 평소에도 우리 부서의 과장님께서는 골치 아픈 일을 <u>자칭해서</u> 떠맡기 <u>일쑤</u>입니다. 따라서 그가 이번 일의 적임자임을 알 수 있지 않겠습니까? 여러분께서 다른 방안이 없다면 과장님을 추천하고 싶습니다. 우리에게는 <u>과반수 이상</u>의 찬성표가 필요<u>함으로</u> 긍정적인 분위기를 <u>조장</u>해 주십시오.

① '자칭해서'는 의미상 문맥에 맞지 않으므로 자발적으로 나서서 업무를 맡는다는 의미의 '자청해서'로 고쳐 쓴다.

② '일쑤'는 소리 나는 대로 적은 표기이므로 '일수'로 고쳐 쓴다.

③ '과반수 이상'은 의미의 중복 사용이므로 '반수 이상'으로 고쳐 쓴다.

④ '함으로'는 수단이나 방법의 의미인 '~하는 것으로써'를 나타내므로 '하므로'로 고쳐 쓴다.

⑤ '조장'은 부정적인 일을 부추긴다는 뜻을 가지므로 '조성'으로 고쳐 쓴다.

자몽;

스스로 꿈꾸다

PART

03

문학

CHAPTER 01

문학 일반론

▼ 문학
작가의 가치 있는 체험이나 생각, 사상 등을 언어로 형상화한 예술

1. 문학▼의 갈래

(1) 언어 형태에 따른 갈래

운문문학	운율이 있는 언어를 통해 표현되는 문학
산문문학	언어의 전달기능을 중시하는 문학

(2) 언어의 전달 방식에 따른 갈래

구비문학	입에서 입으로 전승되어 온 문학양식
기록문학	문자로 기록된 문학양식

(3) 표현 양식에 따른 갈래

서정 갈래	세계의 자아화 • 개인의 주관적 정서가 강하게 나타남 • 정제된 언어와 풍부한 운율로 표현 • 대부분 독백 형식의 표현 방식
서사 갈래	자아와 세계의 대결 • 서술자가 일정한 구성에 따라 사건 전달 • 서술 위주이며, 인물의 내면심리를 직접 제시하기도 함 • 객관적이고 분석적
극 갈래	세계와 세계의 대결 • 서술자가 없으며, 등장인물의 대사나 행동을 관객들 앞에서 직접 보여줌 • 사건이 현재형으로 진행 • 주관성(서정 갈래)과 객관성(서사 갈래)이 동시에 나타남
교술 갈래	자아의 세계화 • 작가가 실제로 존재하는 대상에 대해 직접 서술, 전달 • 세계가 자아의 주관적 입장에 의해 변형되지 않고 그대로 작품에 등장 • 교훈성과 설득성이 매우 강함

2. 미적 범주

숭고미	주체가 대상을 추구하는 미의식 • '있어야 할 것'과 '있는 것'이 '있어야 할 것'에 의해 융합을 이룰 때 나타나는 미의식 • 경건하고 엄숙한 분위기, 고고한 정신적 경지의 체험 • 절대적 대상에게 느낄 수 있는 경이 · 외경 · 위대 등의 미적 감흥 • 인간과 자연의 조화를 현실에서 추구하고 실현하고자 하는 태도일 때 생겨남 예 월명사, 「제망매가」: 누이의 죽음으로 인한 슬픔과 고통을 종교적으로 승화하여 극복
비장미	주체와 대상이 서로 어울리지 못하는 미의식 • '있는 것'과 '있어야 할 것'이 상반되면서 '있는 것'을 부정하고 '있어야 할 것'을 긍정하면서 나타나는 미의식 • 극도의 슬픔이나 한을 표출할 때 나타남 • 인간이 자연의 조화를 현실에서 실현하려는 의지가 좌절됐을 때 나타남 예 임제, 「원생몽유록」: 현명한 임금과 충신이 참혹한 지경에 이름
우아미	주체와 대상이 서로 어울리는 미의식 • '있는 것'과 '있어야 할 것'이 '있는 것'에 의해 융합을 이룰 때 나타나는 미의식 • 아름다운 형상이나 수려한 자태를 그려냄으로써 고전적인 기품과 멋을 드러낼 때 나타남 • 인간과 자연의 조화와 질서를 본받는 태도가 나타날 때 생겨남 예 정극인, 「상춘곡」: 자연에서 풍류를 즐기며 흥취를 느낌
골계미	주체가 대상을 얕잡아 비꼬는 미의식 • '있어야 할 것'과 '있는 것'이 상반되면서 '있어야 할 것'을 부정하고 '있는 것'을 긍정하면서 나타나는 미의식 • 풍자나 해학 등의 기법을 통해 우스꽝스러운 상황이나 인간상을 구현 • 자연의 질서와 이치를 의의 있는 것으로 존중하지 않고 추락시킬 때 나타남 예 「봉산탈춤」 양반춤 과장: 낡은 권위에 집착하고 시대의 변화에 뒤떨어지는 양반을 희화화하여 그들의 권위를 부정

3. 문학 비평의 관점

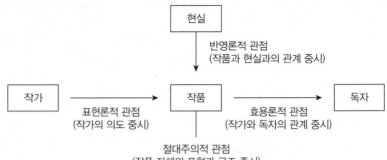

☑ 확인문제
'시'에 대한 견해 중에서 밑줄 친 칸트의 입장과 부합하는 것은?

2017 지방직 9급

미적인 것이란 내재적이고 선험적인 예술 작품의 특성을 밝히는 데서 더 나아가 삶의 풍부하고 생동적인 양상과 가치, 목표를 예술 형식으로 변환한 것이다. 미(美)는 어떤 맥락으로부터도 자율적이기도 하지만 타율적이다. 미에 대한 자율적 견해를 지닌 칸트도 일견 타당하지만, 미를 도덕이나 목적론과 연관시킨 톨스토이나 마르크스도 타당하다. 우리가 길을 지나다 이름 모를 곡을 듣고서 아름답다고 느끼는 것처럼 순수미의 영역이 없는 것은 아니다. 하지만 그 곡이 독재자를 열렬히 지지하기 위한 선전곡이었음을 안 다음부터 그 곡을 혐오하듯 미(美) 또한 사회 경제적, 문화적 맥락의 영향을 받기도 한다.

① 시는 정제된 시어와 운율을 통하여 감상해야 한다.
② 시는 사회의 모순을 고발할 수 있고, 개혁의 전망도 제시할 수 있다.
③ 시를 읽으면 시인과의 대화를 통해 정서적 성장을 도모할 수 있다.
④ 시를 감상하기 위해서는 당시의 사회 상황을 알아야 한다.

정답해설
사회·경제적, 문화적 맥락의 영향과 관련 있는 것은 외재적 관점인 반면 제시문의 칸트는 미에 대한 자율적 견해를 주장하였다. 이는 내재적 관점과 관련이 있다. ①의 경우가 내재적 관점에 해당한다.

정답 ①

(1) 내재적 관점

① 절대론적 관점 : 작품을 구성하고 있는 내부의 요소를 중심으로 감상하는 방법

   ㉠ 작품을 작가나 시대, 환경으로부터 독립시켜, 작품 속에서 작품을 이해하고 평가하는 데 필요한 요소들을 찾아낸다.

   ㉡ 작품에 사용된 언어의 함축적 의미, 이미지, 비유, 상징 등에 주목한다.

   ㉢ 각 요소들을 유기적으로 통합하고 있는 작품의 구조를 분석한다.

   예 절대론적 관점으로 비평한 현진건, 「운수 좋은 날」

> 가난한 인력거꾼 김 첨지가 계속되는 행운으로 큰돈을 번 '운수 좋은 날'이 사실은 병든 아내가 세상을 떠난 '운수 나쁜 날'이라는 반어적 의미를 잘 보여주는 소설이다. 비가 추적추적 오고, 하늘이 어두침침한 배경은 불길하고 우울한 분위기를 조성하며, 아내가 어쩌다 번 돈으로 산 좁쌀로 밥을 지어 먹고 병이 났다는 사실은 구조적으로 비극적 결말을 암시한다. 또한 김 첨지가 사가지고 온 '설렁탕'은 김 첨지의 아내에 대한 사랑을 보여주는 동시에 비극성을 강조한다.

(2) 외재적 관점

① 반영론적 관점 : 작품을 그 배경이 되는 시대 현실과 관련지어 감상하는 방법

   ㉠ 작품의 배경이 되는 현실 세계에 대해 살펴본다.

   ㉡ 작품에 반영된 세계와 대상이 된 실제 현실세계를 비교·검토한다.

   ㉢ 작품이 대상 세계의 진실한 모습과 전형적 모습을 반영했는가를 판단한다.

   예 반영론적 관점으로 비평한 신동엽, 「봄은」

겨울은, 바다와 대륙 밖에서 그 매서운 눈보라 몰고 왔지만 이제 올 너그러운 봄은, 삼천리 마을마다 우리들 가슴 속에서 움트리라 – 신동엽, 「봄은」	**배경 : 1960년대** • 겨울 : 분단의 현실 • 바다와 대륙 밖 : 외세 • 매서운 눈보라 : 분단의 고통 • 너그러운 봄 : 평화적 통일 → 분단 현실을 주체적으로 극복하여 평화적 통일을 이루어야 한다는 의지를 보여주고 있다.

② **표현론적 관점** : 작품을 작가의 특질과 관련지어 감상하는 방법

　㉠ 작품을 창작한 작가의 의도에 대해 연구한다.

　㉡ 작가의 전기, 즉 성장배경, 가계, 학력, 교우 관계, 생활환경, 취미, 주로 영향을
　　받은 사상, 종교 등에 대해 살펴본다.

　예 표현론적 관점에서 비평한 정일근, 「바다가 보이는 교실」

참 맑아라. 겨우 제 이름밖에 쓸 줄 모르는 열이, 열기가 착하게 닦아 놓은 유리창 한 장 　　　… 열이의 착한 마음으로 그려 놓은 아, 참으로 맑은 세상 저기 있으니 　　　– 정일근, 「바다가 보이는 교실」	**「바다가 보이는 교실」의 창작일기** 　이 시를 쓴 정일근 작가는 학교선생님이다. 처음 담임을 맡은 교실에서 유난히 바다가 잘 보였고, 그래서 환경 미화할 때 아이들에게 유리창을 깨끗이 닦아 바다를 걸어 놓은 교실을 만들자고 제안한다. 그때, 선천적 심장병을 앓고 있던 '열'이라는 아이가 유리창 청소에 열심이었고, 열이가 깨끗하게 닦아 놓은 유리창에 담긴 바다도 가장 푸르게 빛났다.

③ **효용론적 관점** : 작품을 독자 자신의 삶과 관련지어 감상하는 방법

　㉠ 어떤 부분이 감동적이며, 그것이 구체적으로 작품의 어떤 면에서 비롯되었는가를
　　파악한다.

　㉡ 독자가 살아가는 사회적 현실과 비교한다.

　㉢ 더욱 보편적인 해석을 위해서는 그 시대의 최고의 지성과 정신 등 객관적이고 타
　　당한 기준이 필요하다.

　㉣ 작품의 교훈을 살펴본다.

　예 효용론적 관점에서 비평한 공선옥, 「일가」

> 　'나'의 집에 온 5촌 아저씨를 일꾼 정도로 대우하며 불편하게 여기는 가족들의 갈등이 나타나 있는 작품이다. 이 이야기를 통해 우리 사회의 가족 이기주의에 대해 돌아볼 수 있으며, 그것을 극복할 수 있는 방안을 생각해 볼 수 있다.

(3) 종합주의적 관점 : 절대론적, 표현론적, 반영론적, 효용론적 관점을 통합하여 연구
하는 방법

　① 절대론적, 표현론적, 반영론적, 효용론적 관점을 통합한다.

　② 네 가지 관점을 상호 유기적으로 통일시켜야 한다.

〈보기〉에 나타난 작품 감상의 관점으로 가장 옳은 것은?　2018 서울시 9급

─ 보기 ─

　나는 지금도 이광수의 「무정」 작품을 읽으면 가슴이 뜨거워지는 것을 느껴. 특히 결말 부분에서 주인공 이형식이 "옳습니다. 우리가 해야지요! 우리가 공부하러 가는 뜻이 여기 있습니다. 우리가 지금 차를 타고 가는 돈이며 가서 공부할 학비를 누가 주나요? 조선이 주는 것입니다. 왜? 가서 힘을 얻어오라고, 지식을 얻어 오라고, 문명을 얻어 오라고 … 그리해서 새로운 문명 위에 튼튼한 생활의 기초를 세워 달라고 … 이러한 뜻이 아닙니까?"라고 부르짖는 부분에 가면 금방 내 가슴도 울렁거려 나도 모르게 "네, 네, 네"라고 대답하고 싶단 말이야. 이 작품은 이 소설이 나왔던 1910년대 독자들의 가슴만이 아니라 아직 강대국에 싸여 있는 21세기 우리 시대 독자들에게도 조국을 생각하는 마음에 큰 감동을 주고 있다고 생각해.

① 반영론적 관점
② 효용론적 관점
③ 표현론적 관점
④ 객관론적 관점

정답해설

제시문을 통해 감상자가 이광수의 「무정」을 읽고 효용론적 관점에서 감상하고 있음을 확인할 수 있다. 효용론적 관점은 작품을 독자에게 미적 쾌감, 교훈, 감동 등과 같은 효과를 주기 위해 만들어진 것으로 보는 관점으로, 작품을 읽고 난 독자의 반응을 중시한다.

정답 ②

구분	내재적 관점	외재적 관점		
	절대론적 관점	반영론적 관점	표현론적 관점	효용론적 관점
초점	작품	시대	작가	독자
전제	작품은 그 자체로 완전한 세계	문학은 현실의 모방	작품은 작가의 표현 욕구와 의도로 창작된 것	문학은 독자에게 미적 쾌감, 교훈, 감동 등을 주기 위해 창작된 것
연구 대상	작품의 구조, 표현 기법 등	작품에 반영된 시대 현실	작가의 전기, 심리, 의도 등	독자의 감상, 교훈 등

01 (가)의 관점에서 (나)를 감상할 때 가장 적절한 것은?

2019 지방직 9급

> (가) 반영론은 문학 작품이 사회를 반영하여 현실의 문제를 비판적으로 성찰할 수 있게 하는 매개체라는 관점을 취한 비평적 입장이다.
>
> (나) 강나루 건너서
>   밀밭 길을
>
>   구름에 달 가듯이
>   가는 나그네
>
>   길은 외줄기
>   남도 삼백리
>
>   술 익는 마을마다
>   타는 저녁 놀
>
>   구름에 달 가듯이
>   가는 나그네
>
>   – 박목월, 「나그네」

① 전통적 민요의 율격을 바탕으로 한 정형적 형식을 통해 정제된 시상이 효과적으로 드러났군.

② 삶의 고통스러운 단면을 외면한 채 유유자적한 삶만을 그린 것은 아닌지 비판할 여지가 있군.

③ 낭만적 감성을 불러일으키는 시적 분위기가 시조에서 보이는 선경후정과 비슷한 양상을 띠는군.

④ 해질 무렵 강가를 거닐며 조망한 풍경의 이미지가 한 폭의 그림을 보는 듯한 감각을 자아내는군.

01

박목월의 「나그네」는 일제강점기 말에 창작된 시이다. 낭만적이고 달관적인 화자의 태도를 비판한 것은 태평양전쟁으로 인해 일제의 인적, 물적 수탈이 최고조에 달했던 당시의 시대적 상황을 배경으로 한 것이다. 따라서 이는 (가) 반영론적 관점에서 이 시를 감상한 것이라고 할 수 있다.

정답 ②

02 다음 글의 ㉠에 해당하는 작품이 아닌 것은?

2018 소방직 하반기

> 역사적으로 볼 때 우리나라의 극 갈래는 가면극, 인형극, 판소리 등을 거쳐 신파극, 근대극, 현대극으로 발전해 왔다. 가면극은 신라의 오기, 검무, 처용무에서 시작하여 고려의 나례, 조선의 산대희와 탈춤으로 발전하였다. 인형극은 삼국 시대의 목우희에서 나무인형으로 노는 인형극, 고려 시대의 꼭두각시놀음과 그림자극인 망석중 놀이로 이어졌다. 조선 후기에 발생한 판소리는 신재효가 ㉠ 여섯 마당으로 정리하면서 전환기를 맞이하였다.

① 「만분가」   ② 「적벽가」
③ 「심청가」   ④ 「춘향가」

02

전통적 극 갈래에 대한 설명으로, 여섯마당은 「춘향가」, 「심청가」, 「수궁가」, 「흥부가」, 「적벽가」, 「변강쇠 타령」이다.

① 「만분가」는 조위가 '무오사화(1498년, 연산군 4년)' 때 전남 순천으로 유배 가서 지은 우리나라 최초의 유배 가사이다.

정답 ①

CHAPTER 02

발상 및 표현

1. 비유하기

대상을 이미 알고 있는 다른 대상의 모습에 빗대어 표현하는 것

직유법	'~같이, 처럼, 인 듯, 인 양' 등의 말을 사용하여 직접 빗대어 간접적으로 표현하는 방법 예 내 누님 같은 꽃이여	
은유법	'A는 B다' 형식으로 다른 대상에 빗대어 간접적으로 은밀하게 비유하는 방법 예 내 마음은 호수요	
의인법	사람이 아닌 대상을 사람처럼 표현 예 조국을 언제 떠났노 / 파초의 꿈은 가련하다	
활유법	무생물을 생물의 모습이나 움직임으로 나타내는 방법 예 으르렁거리는 파도	
대유법	부분으로 전체를 나타내거나 성질로 대상을 나타내는 방법	
	제유법	부분으로 전체를 나타내는 방법 예 사람은 빵만으로 살 수 없다
	환유법	성질로 대상을 나타내는 방법 예 금수강산에 사는 백의민족
의성법	음향이나 음성을 흉내 내어 표현하는 방법 예 자기들끼리 끼룩끼룩 거리면서	
의태법	사물의 모습을 흉내 내어 표현하는 방법 예 얼굴 마주보며 생긋	
풍유법	속담이나 격언을 이용하여 빗대어 표현하는 방법 예 소 잃고 외양간 고치는 격이구나!	
중의법	한 단어에 두 가지 이상의 의미를 담아 표현하는 방법 예 수양산 바라보며 이제를 한하노라	

핵심 톡 비결 | 상징

추상적인 사물이나 관념 또는 사상을 구체적인 사물로 표현하는 방법 ▼

> 예 ··· 괴로웠던 사나이, / 행복한 예수 그리스도에게처럼 / 십자가가 허락된다면 // 모가지를 드리우고 / 꽃처럼 피어나는 피를 / 어두워 가는 하늘 밑에 / 조용히 흘리겠습니다.
>
> – 윤동주, 「십자가」

→ 이 시에서의 '십자가'는 구원을 위한 희생을 상징한다.

▼ 추상적 관념의 구체화
실체가 없는 추상적 관념을 지각할 수 있는 구체적 사물처럼 표현하는 방법
예 문 한 번 열지 않고
   반추 동물처럼 죽음만 꺼내 씹었다

2. 강조하기

자신의 의도나 정서를 더욱 강력하게 표현하는 방법

반복법	같거나 비슷한 말을 반복하여 의미를 강조하는 방법 예 산에는 꽃이 피네, 꽃이 피네
열거법	비슷한 내용의 어구를 여러 개 늘어놓음으로써 문장의 내용을 강조하는 방법 예 비둘기, 강아지, 토끼, 노새, 노루, '프랑시스 잼', '라이너 마리아 릴케'
점층법	내용의 범위를 점점 넓히거나 내용의 정도를 점점 깊게 하는 방법 예 집, 마을, 나라와 세계
영탄법	감탄사나 감탄형 어미를 써서 감정을 강하게 또는 간절하게 표현하는 방법 예 산산히 부서진 이름이여!
과장법	실제보다 작거나 크게 표현하는 방법 예 티끌만한 잘못이 맷방석만하게 동산만하게 커 보이는 때가 많다
비교법	둘 이상의 대상을 견주어 나타내는 방법 예 양귀비꽃보다도 더 붉은 그 강물

3. 변화주기

단조로움을 피하기 위해 변화를 주는 표현 방법

반어법	표현하려는 본래의 뜻과 반대로 표현하는 방법 예 먼 훗날 당신이 찾으시면 / 그때에 내 말이 "잊었노라"
역설법	논리적으로 이치에 맞지 않으나 그 속에 진실이 담기도록 표현하는 방법 예 이것은 소리 없는 아우성
대구법	비슷한 문장 형식이 서로 호응하고, 짝을 이루면서 변화를 주는 방법 예 눈길 비었거든 바람 담을 지네, 바람 비었거든 인정 담을 지네
설의법	당연한 사실이나 분명한 결론의 내용을 의문문 형식으로 표현하는 방법 예 가난하다고 해서 사랑을 모르겠는가
도치법	어떠한 뜻을 강조하기 위해 말의 차례를 뒤바꾸어 쓰는 표현 방법 예 그 길을 만들 줄도 몰랐었네, 나는
생략법	글의 일부를 생략함으로써 글의 함축성을 더해주는 표현 방법 예 분분한 낙화……

핵심 쏙 이론 | 감정이입과 객관적 상관물

감정 이입	대상이 화자와 동일한 정서를 느끼는 것처럼 표현하는 방법 예 산꿩도 섧게 울은 슬픈 날이 있었다
객관적 상관물	화자의 정서를 부각하는 기능을 하는 것으로, 화자의 정서와 관련된 것이거나 화자의 정서와 대조적인 것 예 펄펄 나는 저 꾀꼬리 / 암수 서로 다정한데 / 외로울사 이내 몸은 / 뉘와 함께 돌아갈꼬

☑ **확인문제**

다음 시의 ㉠~㉢에서 역설적 표현이 사용된 것은?   2018 소방직 하반기

> ㉠ 매운 계절(季節)의 채찍에 갈겨
> 마침내 북방(北方)으로 휩쓸려 오다.
> 하늘도 그만 지쳐 끝난 고원(高原)
> ㉡ 서릿발 칼날진 그 위에 서다.
> 어데다 무릎을 꿇어야 하나
> ㉢ 한 발 재겨 디딜 곳조차 없다.
> 이러매 눈 감아 생각해 볼밖에
> ㉣ 겨울은 강철로 된 무지갠가 보다.
>   – 이육사, 「절정」

① ㉠   ② ㉡
③ ㉢   ④ ㉣

정답해설
'겨울은 강철로 된 무지갠가 보다'에서 화자는 강철과도 같은 차갑고 비정한 금속성의 이미지와 무지개의 황홀한 이미지를 결합시켜 비극적이면서도 황홀한 느낌을 표현하고 있다. 이는 극한적인 현실 상황에 대한 화자의 역설적 인식으로, 관조적 자세를 통해 비극적 상황을 초극하려는 의지를 표현한 것으로 볼 수 있다.

         정답 ④

01

초장과 중장에서 문답법은 활용하고 있으나, '술'과 '국' 두 가지 대상은 같은 맥락에서 제시한 대상이며 서로 대조를 이루는 것이 아니므로 '대조법'을 활용했다고 볼 수 없다. 그리고 종장에서 임의 만수무강을 기원하고 있음을 알 수 있다.

정답 ②

02

삶과 죽음을 대비시키는 대조의 기법을 사용하고 있다. 그리고 죽음을 상징하는 해골은 살아 있는 것처럼, 삶을 상징하는 두상은 죽은 것처럼 모순되게 나타낸 것은 역설적 표현에 해당한다.

정답 ②

---

01 (가)~(라)에 대한 설명으로 적절하지 않은 것은?

2019 지방직 9급

> (가) 고인(古人)도 날 몯보고 나도 고인(古人) 몯 뵈
>   고인(古人)을 몯 뵈도 녀던 길 알ᄑᆡ 잇늬
>   녀던 길 알ᄑᆡ 잇거든 아니 녀고 엇뎔고
> (나) 술은 어이ᄒᆞ야 됴ᄒᆞ니 누룩 섯글 타시러라
>   국은 어이ᄒᆞ야 됴ᄒᆞ니 염매(鹽梅) 톨 타시러라
>   이 음식 이 뜻을 알면 만수무강(萬壽無疆) ᄒᆞ리라
> (다) 우레ᄀᆞᆺ치 소ᄅᆞ나는 님을 번기ᄀᆞᆺ치 번뜻 만나
>   비ᄀᆞᆺ치 오락가락 구름ᄀᆞᆺ치 헤여지니
>   흉중(胸中)에 부롬ᄀᆞᆺ튼 흔숨이 안기 피듯 ᄒᆞ여라
> (라) 하하 허허 흔들 내 우음이 졍 우움가
>   하 어쳑 업서셔 늣기다가 그리 되게
>   벗님ᄂᆡ 웃디들 말구려 아귀 씌여디리라

① (가) : 연쇄법을 활용하여 고인의 길을 따르겠다는 의지를 드러내고 있다.
② (나) : 문답법과 대조법을 활용하여 임의 만수무강을 기원하고 있다.
③ (다) : 'ᄀᆞᆺ치'를 반복적으로 표현하여 운율감을 더하고 있다.
④ (라) : 냉소적 어조를 통해 상대에 대한 불편한 심기를 표출하고 있다.

---

02 밑줄 친 문장의 ㉠, ㉡에 들어갈 표현으로 옳은 것은?

2019 국회직 8급

> 삶과 죽음이 이웃처럼 붙어 있는 것을 극적으로 보여주는 조각 작품이 있다. 전시 공간에 뒹굴 듯이 던져져 있는 두 개의 머리는 꼭 달라붙어 있었다. 아래쪽 두상과 위쪽 두개골상이 작품의 제목처럼 각각 삶과 죽음을 상징하고 있음을 포착하기는 그리 어렵지 않다. 마치 시인 윤동주의 「또 다른 고향」에서 "고향에 돌아온 날 밤에 / 내 백골이 따라와 한 방에 누웠다."라는 시구를 조각으로 빚어 놓은 것 같다.
> 이 작품을 잘 들여다보면 해골이 잠든 듯 살포시 눈을 감은 아래쪽 두상의 볼을 물어뜯고 있는데, 언뜻 보면 죽음이 삶을 잠식하는 듯하다. 그런데 작가는 해골을 붉은색 계열의 빛깔로 표현하였다. 흔히 떠올리는 백골의 이미지와는 동떨어져 있다. 죽음을 상징하는 해골이 피가 도는 것처럼 살아 있고, 오히려 삶을 상징하는 아래쪽 두상은 죽은 것처럼 피부색이 납빛이다. 살아 있는 해골과 죽어 있는 삶이라니! 이렇게 되면 삶과 죽음의 경계가 모호해진다. 작가는 죽음 안에 삶이 들어 있고 삶 안에 죽음이 숨 쉬고 있음을 ㉠과(와) ㉡의 기법으로 표현하고 있다.

	㉠	㉡
①	비교	모순
②	대조	역설
③	대립	묘사
④	분석	대조
⑤	묘사	대칭

CHAPTER 03 현대 문학

핵심 쏙 이론 | 현대 문학의 흐름

시대	특징	주요 경향
개화기	• 고전 문학과 현대 문학의 양식이 공존하던 시기 • 현대 문학으로 이행하는 과도기	• 신체시 • 신소설
1920 년대	• 3·1 운동의 실패로 인한 암울한 분위기 • 우리나라의 특색을 반영한 현대문학이 자리를 잡으면서 다양한 갈래가 나타남 • 고전소설과 다른 양상의 현대소설이 본격화	• 퇴폐적 낭만주의 • 저항시, 사상시, 서정시 • 시조 부흥 운동 • 사실주의 소설 • 경향문학
1930 년대	• 문학 양식의 성숙과 일제의 문화통치가 맞물려 현대문학 초기의 전성기를 맞이 • 많은 문인들의 배출과 여러 가지 사상의 공존으로 다양한 갈래가 나타남 • 이후 태평양 전쟁으로 민족말살통치가 강화되면서 문학의 암흑기로 들어감	• 사실주의 • 모더니즘 • 순수시, 생명시, 저항시 • 역사소설, 가족사소설, 농촌소설
해방 직후	• 식민지 시대에 대한 반성과 청산을 위한 문학 창작 • 이념의 대립이 뚜렷해지고 문학에도 그러한 양상 반영	• 친일 행각에 대한 반성 • 일제 강점기의 참상에 대한 고발 • 유고집 • 계급문학과 순수문학의 대립 • 비판의식과 윤리의식
1950 년대	• 한국전쟁의 영향을 받은 문학 다수 창작 • 한국전쟁의 이후 폐허가 된 현실을 바라보는 다양한 시각이 나타남	• 전시문학 : 적개심이나 반공을 강조한 문학 • 전후문학 : 전쟁의 상처를 다루는 문학 • 후기 모더니즘
1960 년대~ 1970 년대	• 독재와 경제발전의 분위기 속에서 정치적, 사회적 문제가 발생하였고, 그것을 문학을 통해 조명하고 해결하고자 하는 흐름이 나타남 • 전후의 삶을 복구하고자 하는 움직임이 나타남	• 현실참여시와 민중시 • 순수문학 • 전후문학 : 이념을 탈피하여 화해를 주장하고, 개개인의 삶에 더욱 주목한 문학
1980 년대 이후	• 이전의 문학이 이어지면서도 큰 변화의 전기를 맞이함 • 민주화라는 사회의 가장 큰 과제가 해결되면서 참여문학과 순수문학에 대한 논란이 사그라짐에 따라 문학의 소재와 양상으로 확장됨 • 자본주의 사회의 문제점이 대두되면서 문학에 반영됨 • 인간의 자아와 내면에 주목하던 흐름이 인간의 몸에 대한 흐름으로 확장됨	

☑ 확인문제

다음 시에 대한 감상으로 적절하지 않은 것은? 2017 국가직 9급

> 아무도 그에게 수심(水深)을 일러준 일이 없기에
> 흰나비는 도무지 바다가 무섭지 않다.
>
> 청(靑)무우밭인가 해서 내려갔다가는
> 어린 날개가 물결에 절어서
> 공주처럼 지쳐서 돌아온다.
>
> 삼월(三月)달 바다가 꽃이 피지 않아서 서글픈
> 나비 허리에 새파란 초생달이 시리다.
>
> – 김기림, 「바다와 나비」

① '청(靑)무우밭'은 '바다'와 대립되는 이미지로 쓰였다.
② '흰나비'는 '바다'의 실체에 대해 정확하게 모르고 있었다.
③ 화자는 '공주처럼' 나약한 나비의 의지 부족과 방관적 태도를 비판한다.
④ '삼월(三月)달 바다'와 '새파란 초생달'은 모두 차가운 이미지로 사용되었다.

정답해설

"공주처럼 지쳐서 돌아온다."는 순진하고 나약한 나비가 냉혹한 현실인 '바다'를 만나 좌절하고 상처받은 모습을 나타낸다. 화자는 '나비'를 비판하는 것이 아니라 오히려 1930년대 근대화 과정에서 밀려오는 서구 문명에 적응하지 못하고 방황하는 지식인의 모습을 '나비'에 투영하고 있다.

정답 ③

㉠~㉣을 시의 흐름에 맞게 설명한 것으로 적절하지 않은 것은?

2016 국가직 9급

> 열무 삼십 단을 이고
> 시장에 간 우리 엄마
> 안 오시네, ㉠ 해는 시든 지 오래
> 나는 ㉡ 찬밥처럼 방에 담겨
> ㉢ 아무리 천천히 숙제를 해도
> 엄마 안 오시네, 배춧잎 같은 발
> 소리 타박타박
> 안 들리네, 어둡고 무서워
> ㉣ 금 간 창틈으로 고요히 빗소리
> 빈방에 혼자 엎드려 훌쩍거리던
>
> 아주 먼 옛날
> 지금도 내 눈시울을 뜨겁게 하는
> 그 시절, 내 유년의 윗목.
> — 기형도, 「엄마 걱정」

① ㉠ : 해가 지고 밤이 깊어간 시간의 경과가 나타나 있다.

② ㉡ : 관심 받지 못해 외로운 상황이 나타나 있다.

③ ㉢ : 공부하기 싫은 어린이의 마음이 나타나 있다.

④ ㉣ : 넉넉하지 않은 가정 형편이 나타나 있다.

정답해설

제시된 시는 기형도의 「엄마 걱정」으로 시인의 가난하고 외롭던 어린 시절과 엄마에 대한 기억을 주제로 하고 있다. ㉢은 장에 간 엄마를 기다리는 화자의 마음이 잘 드러난 부분으로, 시간이 빨리 흘러가지 않는다고 느끼는 어린 화자의 심리를 내포하고 있다.

정답 ③

---

01 시

핵심 쏙 이론 | 시의 종류

형식	정형시	정해진 형식에 맞게 쓴 시
	자유시	정해진 형식 없이 자유롭게 쓴 시
	산문시	행의 구분 없이 줄글로 쓴 시
내용	서정시	개인의 감정이나 생각을 표현한 시
	서경시	자연의 경치를 읊은 시
	서사시	역사적 사건이나 신화, 영웅의 이야기를 쓴 시
	극시	희곡의 형식으로 쓴 시
목적	순수시	시 언어의 예술성을 중시하며 사상이나 교훈을 전달하지 않는 시
	참여시	정치적 · 사상적 목적을 이루기 위하여 지은 시

1. 시의 3요소

(1) 주제(의미적 요소)

① 시에 나타난 중심생각

② 함축적 의미 : 시에서 압축적으로 창조한 새로운 의미

예

> 내 고장 칠월은
> 청포도가 익어가는 시절.
>
> 이 마을 전설이 주저리주저리 열리고
> 먼 데 하늘이 꿈꾸며 알알이 들어와 박혀
> …
> — 이육사, 〈청포도〉

→

- 청포도 : 청신하고 풍요로운 고향, 광복의 희망
- 전설 : 과거의 평화로운 삶
- 하늘 : 희망, 이상, 꿈

(2) 운율(음악적 요소) : 시에 쓰인 말에서 느껴지는 가락

① 운율을 이루는 요소

㉠ 동일한 음수(글자 수)를 반복한다.

㉡ 동일한 음보(마디)를 반복한다.

㉢ 동일한 소리(음)를 반복한다.

㉣ 동일한 단어를 반복한다.

㉤ 짜임이 같거나 비슷한 시구를 반복(대구)한다.

㉥ 의성어나 의태어를 사용한다.

② 종류

외형률	음수율	글자 수의 규칙적인 반복에 의해 이루어지는 운율
	음보율	소리를 내는 시간의 길이가 같은 말의 단위가 되풀이되어 이루어지는 운율
	음위율	시의 행이나 연의 일정한 위치에 같은 음을 배치함으로써 이루어지는 운율
내재율		일정한 규칙 없이 배열된 시어 속에 숨어있는 운율

예

이런들 어떠하며 저런들 어떠하리
만수산 드렁칡이 얽혀진들 어떠하리
우리도 이같이 얽혀져 백년까지 누리리라

– 이방원, 「하여가」

→ 3 · 4(4 · 4)조, 4음보
'어떠하리'의 반복
대구 형성

(3) 심상(감각적 요소) : 시를 읽을 때 떠오르는 이미지

시각적 심상	눈으로 보는 듯이 떠오르는 감각 예 산은 구강산 보랏빛 석산(박목월, 「산도화」)
청각적 심상	귀로 소리를 듣는 듯이 떠오르는 감각 예 새벽부터 돌 깨는 산울림에 떨다가(김광섭, 「성북동 비둘기」)
후각적 심상	코로 냄새를 맡는 듯이 떠오르는 감각 예 어마씨 그리운 솜씨에 향그러운 꽃지짐(김상옥, 「사향」)
미각적 심상	혀로 맛을 보는 듯이 떠오르는 감각 예 메마른 입술에 쓰디쓰다(정지용, 「고향」)
촉각적 심상	피부를 통해 닿는 듯이 떠오르는 감각 예 서러운 서른 살, 불현듯 아버지의 서느런 옷자락을 느끼는 것은(김종길, 「성탄제」)
공감각적 심상	하나의 감각을 다른 감각으로 전이하여, 둘 이상의 감각이 어우러진 새로운 느낌 예 분수처럼 흩어지는 푸른 종소리(김광균, 「외인촌」)

☑ 확인문제

밑줄 친 단어가 상징하는 것과 가장 유사한 것은?   2016 국가직 9급

나 하늘로 돌아가리라.
새벽빛 와 닿으면 스러지는
이슬 더불어 손에 손을 잡고,

나 하늘로 돌아가리라.
노을빛 함께 단둘이서
기슭에서 놀다가 구름 손짓하면은,

나 하늘로 돌아가리라.
아름다운 이 세상 소풍 끝내는 날,
가서, 아름다웠더라고 말하리
라……

– 천상병, 「귀천(歸天)」

① 어머니는 눈물로 진주를 만드신다.
② 반짝이는 나뭇잎은 어린 아이들의 옷음 같다.
③ 잠을 깨고 나니 고된 인생도 한바탕 꿈처럼 여겨졌다.
④ 얽매인 삶보다는 구름 같은 삶이 훨씬 좋을 때가 있다.

정답해설

제시된 작품은 천상병의 「귀천」으로 밑줄 친 시어 '이슬'은 영롱한 아름다움을 지니고 있지만 금방 소멸하고마는 '덧없는 것, 순간적인 것' 등을 상징한다. ③의 '꿈' 또한 깨어나면 '금방 사라지는 것'이므로 '이슬'과 그 의미가 가장 유사하다.

정답 ③

> 들길은 마을에 들자 붉어지고
> 마을 골목은 들로 내려서자 푸
> 르러졌다
> 바람은 넘실 천 이랑 만 이랑
> 이랑 이랑 햇빛이 갈라지고
> 보리도 허리통이 부끄럽게 드러
> 났다
> 꾀꼬리는 여태 혼자 날아 볼 줄
> 모르나니
> 암컷이라 쫓길 뿐
> 수놈이라 쫓을 뿐
> 황금 빛난 길이 어지럴 뿐
> 얇은 단장하고 이양 가득 차 있는
> 산봉우리야 오늘 밤 너 어디로
> 가 버리련?
>
> – 김영랑, 「오월」

① 반복을 통해 운율을 형성하고 있다.
② 시선의 이동에 따라 시상이 전개되
　고 있다.
③ 색채 대비를 통해 풍경을 선명하게
　드러내고 있다.
④ 직유를 통해 산봉우리를 친근감 있
　게 표현하고 있다.

정답해설

산봉우리를 여인으로 의인화함으로써
친근감을 드러내고 있으나, 직유의 표
현은 사용되지 않았다.

정답 ④

2. 시인-화자-대상의 관계

(1) 화자

　① 주제를 효과적으로 드러내기 위해 시인이 창조한 인물이다.

　② 시인 자신과 일치하거나 그렇지 않은 경우가 있다.

　③ 직접 드러나거나 숨어있는 경우가 있다.

(2) 대상 : 시의 주제를 드러내기 위한 개념

　① 화자가 바라보는 구체적인 사물이다.

　② 청자도 해당된다.

예

엄마야 누나야 강변 살자 뜰에는 반짝이는 금모래 빛 뒷문 밖에는 갈잎의 노래 엄마야 누나야 강변 살자 – 김소월, 「엄마야 누나야」	• 화자 : 소년 → 이상향의 순수함을 부각시 　킨다. • 대상 : 강변 혹은 엄마와 누나

3. 시상 전개 방식

시간의 흐름	과거에서 현재로 이어지는 시간의 흐름이나 계절의 순차적 흐름에 따라 전개하는 방식
공간의 이동	이동 경로에 따라 달라지는 공간의 순차적인 변화에 따라 전개하는 방식
시선의 이동	근경에서 원경 또는 원경에서 근경으로 이동하거나 여러 소재로 시선을 옮겨 가며 전개하는 방식
기승전결	'시상 제기(기) → 시상의 반복 및 심화(승) → 시상 전환(전) → 핵심 정서 제시(결)'의 순서로 전개하는 과정
선경후정	앞에 관찰한 풍경을 제시하고, 그에 대한 화자의 정소를 뒤에 제시하는 방식
소재의 대비	대조적인 의미(이미지)를 지니는 소재를 대비시키면서 전개하는 방식
점층적 전개	시상이 전개될수록 감정이나 의지를 점차 고조시키면서 전개하는 방식
정서적 추이	미묘하게 변화되어 가는 화자의 정서를 따라가면서 전개하는 방식

4. 대표 작품

(1) 김소월

① 「진달래꽃」

> 나 보기가 역겨워
> 가실 때에는
> 말없이 고이 보내 드리오리다.
>
> 영변에 약산
> 진달래꽃
> 아름 따다 가실 길에 뿌리오리다.
>
> 가시는 걸음 걸음
> 놓인 그 꽃을
> 사뿐히 즈려 밟고 가시옵소서.
>
> 나 보기가 역겨워
> 가실 때에는
> 죽어도 아니 눈물 흘리오리다.

② 「산유화」

> 산에는 꽃 피네
> 꽃이 피네.
> 갈 봄 여름 없이
> 꽃이 피네.
>
> 산에
> 산에
> 피는 꽃은
> 저만치 혼자서 피어 있네.
>
> 산에서 우는 작은 새여,
> 꽃이 좋아
> 산에서
> 사노라네.
>
> 산에는 꽃 지네
> 꽃이 지네.
> 갈 봄 여름 없이
> 꽃이 지네.

③ 「초혼」

> 산산이 부서진 이름이여!
> 허공중에 헤어진 이름이여!
> 불러도 주인 없는 이름이여!
> 부르다가 내가 죽을 이름이여!

> 심중에 남아 있는 말 한 마디는
> 끝끝내 마저 하지 못하였구나.
> 사랑하던 그 사람이여!
> 사랑하던 그 사람이여!
>
> 붉은 해는 서산(西山) 마루에 걸리었다.
> 사슴의 무리도 슬피 운다.
> 떨어져 나가 앉은 산 위에서
> 나는 그대의 이름을 부르노라.
>
> 설움에 겹도록 부르노라.
> 설움에 겹도록 부르노라.
> 부르는 소리는 비껴가지만
> 하늘과 땅 사이가 너무 넓구나.
>
> 선 채로 이 자리에 돌이 되어도
> 부르다가 내가 죽을 이름이여!
> 사랑하던 그 사람이여!
> 사랑하던 그 사람이여!

(2) 한용운

① 「님의 침묵」

> 님은 갔습니다. 아아, 사랑하는 나의 님은 갔습니다.
> 푸른 산빛을 깨치고, 단풍나무 숲을 향하야 난 적은 길을 걸어서, 차마 떨치고 갔습니다.
> 황금의 꽃같이 굳고 빛나든 옛 맹서는 차디찬 티끌이 되야서 한숨의 미풍에 날아갔습니다.
> 날카로운 첫 키스의 추억은 나의 운명의 지침을 돌려놓고, 뒷걸음쳐서 사러졌습니다.
> 나는 향기로운 님의 말소리에 귀먹고, 꽃다운 님의 얼골에 눈 멀었습니다.
> 사랑도 사람의 일이라, 만날 때는 미리 떠날 것을 염려하고 경계하지 아니한 것은 아니지만, 이별은 뜻밖의 일이 되고, 놀란 가슴은 새로운 슬픔에 터집니다.
> 그러나 이별을 쓸데없는 눈물의 원천을 만들고 마는 것은 스스로 사랑을 깨치는 것인 줄 아는 까닭에, 걷잡을 수 없는 슬픔의 힘을 옮겨서 새 희망의 정수박이에 들어부었습니다.
> 우리는 만날 때에 떠날 것을 염려하는 것과 같이, 떠날 때에 다시 만날 것을 믿습니다.
> 아아, 님은 갔지마는 나는 님을 보내지 아니하았습니다.
> 제 곡조를 못 이기는 사랑의 노래는 님의 침묵을 휩싸고 돕니다.

② 「나룻배와 행인」

> 나는 나룻배
> 당신은 행인(行人)
>
> 당신은 흙발로 나를 짓밟습니다.
> 나는 당신을 안고 물을 건너갑니다.
> 나는 당신을 안으면 깊으나 옅으나 급한 여울이나 건너갑니다.
>
> 만일 당신이 아니 오시면 나는 바람을 쐬고 눈비를 맞으며 밤에서 낮까지 당신을 기다리고 있습니다.
> 당신은 물만 건너면 나를 돌아보지도 않고 가십니다그려.
> 그러나 당신이 언제든지 오실 줄만은 알아요.
> 나는 당신을 기다리면서 날마다 날마다 낡아 갑니다.
>
> 나는 나룻배
> 당신은 행인

(3) 윤동주

① 「쉽게 쓰여진 시」

> 창(窓) 밖에 밤비가 속살거려
> 육첩방(六疊房)은 남의 나라.
>
> 시인이란 슬픈 천명(天命)인 줄 알면서도
> 한 줄 시(詩)를 적어 볼까,
>
> 땀내와 사랑내 포근히 품긴
> 보내 주신 학비 봉투를 받아
> 대학 노트를 끼고
> 늙은 교수의 강의를 들으러 간다.
>
> 생각해 보면 어린 때 동무들
> 하나, 둘, 죄다 잃어버리고
> 나는 무얼 바라
> 나는 다만, 홀로 침전(沈澱)하는 것일까?
>
> 인생(人生)은 살기 어렵다는데
> 시(詩)가 이렇게 쉽게 씌어지는 것은 부끄러운 일이다.
>
> 육첩방(六疊房)은 남의 나라
> 창(窓) 밖에 밤비가 속살거리는데,
>
> 등불을 밝혀 어둠을 조금 내몰고,
> 시대(時代)처럼 올 아침을 기다리는 최후(最後)의 나.
>
> 나는 나에게 작은 손을 내밀어
> 눈물과 위안으로 잡은 최초(最初)의 악수(握手).

② 「참회록」

> 파란 녹이 낀 구리 거울 속에
> 내 얼굴이 남아 있는 것은
> 어느 왕조(王朝)의 유물(遺物)이기에
> 이다지도 욕될까.
>
> 나는 나의 참회(懺悔)의 글을 한 줄에 줄이자.
> ― 만 이십사 년 일 개월을
> 무슨 기쁨을 바라 살아 왔던가.
>
> 내일이나 모레나 그 어느 즐거운 날에
> 나는 또 한 줄의 참회록(懺悔錄)을 써야 한다.
> ― 그때 그 젊은 나이에
> 왜 그런 부끄런 고백(告白)을 했던가.
>
> 밤이면 밤마다 나의 거울을
> 손바닥으로 발바닥으로 닦아 보자.
>
> 그러면 어느 운석(隕石)
> 밑으로 홀로 걸어가는
> 슬픈 사람의 뒷모양이
> 거울 속에 나타나온다.

③ 「자화상」

> 산모퉁이를 돌아 논가 외딴 우물을 홀로 찾아가선
> 가만히 들여다봅니다.
>
> 우물 속에는 달이 밝고 구름이 흐르고 하늘이
> 펼치고 파아란 바람이 불고 가을이 있습니다.
>
> 그리고 한 사나이가 있습니다.
> 어쩐지 그 사나이가 미워져 돌아갑니다.
>
> 돌아가다 생각하니 그 사나이가 가엾어집니다.
> 도로 가 들여다보니 사나이는 그대로 있습니다.
>
> 다시 그 사나이가 미워져 돌아갑니다.
> 돌아가다 생각하니 그 사나이가 그리워집니다.
>
> 우물 속에는 달이 밝고 구름이 흐르고
> 하늘이 펼치고 파아란 바람이 불고 가을이 있고
> 추억처럼 사나이가 있습니다.

(4) 이육사

① 「절정」

매운 계절(季節)의 채찍에 갈겨
마침내 북방(北方)으로 휩쓸려 오다.

하늘도 그만 지쳐 끝난 고원(高原)
서릿발 칼날진 그 위에 서다.

어데다 무릎을 꿇어야 하나
한 발 재겨 디딜 곳조차 없다.

이러매 눈 감아 생각해 볼밖에
겨울은 강철로 된 무지갠가 보다.

② 「청포도」

내 고장 칠월은
청포도가 익어 가는 시절.

이 마을 전설이 주저리주저리 열리고,
먼 데 하늘이 꿈꾸며 알알이 들어와 박혀,

하늘 밑 푸른 바다가 가슴을 열고
흰 돛단배가 곱게 밀려서 오면,
내가 바라는 손님은 고달픈 몸으로
청포(靑袍)를 입고 찾아온다고 했으니,

내 그를 맞아, 이 포도를 따 먹으면,
두 손을 함뿍 적셔도 좋으련.

아이야, 우리 식탁엔 은쟁반에
하이얀 모시 수건을 마련해 두렴

(5) 신석정, 「들길에 서서」

푸른 산이 흰구름을 지니고 살 듯
내 머리 위에는 항상 푸른 하늘이 있다

하늘을 향하고 산림(山林)처럼 두 팔을 드러낼 수 있는 것이
얼마나 숭고한 일이냐

두 다리는 비록 연약하지만 젊은 산맥으로 삼고
부절히 움직인다는 둥근 지구를 밟았거니……

푸른 산처럼 든든하게 지구를 디디고 사는 것은 얼마나 기
쁜 일이냐

뼈에 저리도록 '생활'은 슬퍼도 좋다
저문 들길에 서서 푸른 별을 바라보자……
푸른 별을 바라보는 것은 하늘 아래 사는 거룩한 나의 일과
거니……

(6) 이용악, 「풀벌레 소리 가득 차 있었다」

우리집도 아니고
일가집도 아닌 집
고향은 더욱 아닌 곳에서
아버지의 침상(寢牀) 없는 최후(最後)의 밤은
풀벌레 소리 가득 차 있었다.

노령(露領)을 다니면서까지
애써 자래운 아들과 딸에게
한 마디 남겨 두는 말도 없었고,
아무을만(灣)
설룽한 니코리스크의 밤도 완전히 잊으셨다.
목침을 반듯이 벤 채.

다시 뜨시잖는 두 눈에
피지 못한 꿈의 꽃봉오리가 갈앉고,
얼음장에 누우신 듯 손발은 식어 갈 뿐
입술은 심장의 영원한 정지(停止)를 가리켰다.
때늦은 의원(醫員)이 아모 말없이 돌아간 뒤
이웃 늙은이의 손으로
눈빛 미명은 고요히
낯을 덮었다.

우리는 머리맡에 엎디어
있는 대로의 울음을 다아 울었고
아버지의 침상 없는 최후의 밤은
풀벌레 소리 가득 차 있었다.

(7) 김광균, 「추일서정」

낙엽은 폴란드 망명 정부의 지폐
포화(砲火)에 이지러진
도룬 시의 가을 하늘을 생각케 한다.
길은 한 줄기 구겨진 넥타이처럼 풀어져
일광(日光)의 폭포 속으로 사라지고
조그만 담배 연기를 내뿜으며
새로 두 시의 급행 열차가 들을 달린다.
포플라 나무의 근골(筋骨) 사이로
공장의 지붕은 흰 이빨을 드러내인 채
한 가닥 구부러진 철책(鐵柵)이 바람에 나부끼고
그 위에 셀로판지로 만든 구름이 하나.
자욱한 풀벌레 소리 발길로 차며
호올로 황량(荒凉)한 생각 버릴 곳 없어
허공에 띄우는 돌팔매 하나
기울어진 풍경의 장막(帳幕) 저 쪽에
고독한 반원(半圓)을 긋고 잠기어 간다.

(8) 김기림, 「바다와 나비」

아무도 그에게 수심(水深)을 일러 준 일이 없기에
흰 나비는 도무지 바다가 무섭지 않다.

청(靑)무우밭인가 해서 내려갔다가는
어린 날개가 물결에 절어서
공주처럼 지쳐서 돌아온다.

삼월달 바다가 꽃이 피지 않아서 서글픈
나비 허리에 새파란 초생달이 시리다.

(9) 백석

① 「고향」

나는 북관(北關)에 혼자 앓아누워서
어느 아침 의원(醫員)을 뵈이었다.
의원은 여래(如來) 같은 상을 하고 관공(關公)의 수염을
드리워서
먼 옛적 어느 나라 신선(神仙)같은데
새끼손톱 길게 돋은 손을 내어
묵묵하니 한참 맥을 짚더니
문득 물어 고향이 어데냐 한다.
평안도(平安道) 정주(定州)라는 곳이라 한즉
그러면 아무개 씨(氏) 고향이란다.
그러면 아무개 씰 아느냐 한즉
의원은 빙긋이 웃음을 띠고
막역지간(莫逆之間)이라며 수염을 쓴다.
나는 아버지로 섬기는 이라 한즉
의원은 또다시 넌즈시 웃고
말없이 팔을 잡아 맥을 보는데
손길은 따스하고 부드러워
고향도 아버지도 아버지의 친구도 다 있었다.

② 「남신의주 유동 박시봉방」

어느 사이에 나는 아내도 없고, 또,
아내와 같이 살던 집도 없어지고,
그리고 살뜰한 부모며 동생들과도 멀리 떨어져서,
그 어느 바람 세인 쓸쓸한 거리 끝에 헤매이었다.
바로 날도 저물어서,
바람은 더욱 세게 불고, 추위는 점점 더해 오는데,
나는 어느 목수(木手)네 집 헌 샅을 깐,
한 방에 들어서 쥔을 붙이었다.

이리하여 나는 이 습내 나는 춥고, 누긋한 방에서,
낮이나 밤이나 나는 나 혼자도 너무 많은 것같이 생각하며,
딜옹배기에 북덕불이라도 담겨 오면,
이것을 안고 손을 쬐며 재 위에 뜻없이 글자를 쓰기도
하며,
또 문 밖에 나가지두 않구 자리에 누워서,
머리에 손깍지베개를 하고 굴기도 하면서,
나는 내 슬픔이며 어리석음이며를 소처럼 연하여 쌔김
질하는 것이었다.
내 가슴이 꽉 메어 올 적이며,
내 눈에 뜨거운 것이 핑 괴일 적이며,
또 내 스스로 화끈 낯이 붉도록 부끄러울 적이며,
나는 내 슬픔과 어리석음에 눌리어 죽을 수밖에 없는 것
을 느끼는 것이었다.

그러나 잠시 뒤에 나는 고개를 들어,
허연 문창을 바라보든가 또 눈을 떠서 높은 천정을 쳐다
보는 것인데,
이때 나는 내 뜻이며 힘으로, 나를 이끌어가는 것이 힘
든 일인 것을 생각하고,
이것들보다 더 크고, 높은 것이 있어서, 나를 마음대로
굴려가는 것을 생각하는 것인데,

이렇게 하여 여러 날이 지나는 동안에,
내 어지러운 마음에는 슬픔이며, 한탄이며, 가라앉을 것
은 차츰 앙금이 되어 가라앉고,
외로운 생각만이 드는 때쯤 해서는,
더러 나줏손에 쌀랑쌀랑 싸락눈이 와서 문창을 치기도
하는 때도 있는데,
나는 이런 저녁에는 화로를 더욱 다가 끼며, 무릎을 꿇
어보며,
어느 먼 산 뒷옆에 바우섶에 따로 외로이 서서,
어두워 오는데 하이야니 눈을 맞을, 그 마른 잎새에는,
쌀랑쌀랑 소리도 나며 눈을 맞을,
그 드물다는 굳고 정한 갈매나무라는 나무를 생각하는
것이었다.

(10) 조지훈

① 「승무」

얇은 사(紗) 하이얀 고깔은
고이 접어서 나빌레라.

파르라니 깎은 머리
박사(薄紗) 고깔에 감추오고,

두 볼에 흐르는 빛이
정작으로 고와서 서러워라.

빈 대(臺)에 황촉(黃燭)불이 말없이 녹는 밤에
오동잎 잎새마다 달이 지는데.

소매는 길어서 하늘은 넓고,
돌아설 듯 날아가며 사뿐히 접어 올린 외씨버선이여.

까만 눈동자 살포시 들어
먼 하늘 한 개 별빛에 모두오고,

복사꽃 고운 뺨에 아롱질 듯 두 방울이야
세사(世事)에 시달려도 번뇌(煩惱)는 별빛이라.

휘어져 감기우고 다시 접어 뻗는 손이
깊은 마음 속 거룩한 합장(合掌)인 양하고,

이 밤사 귀또리도 지새는 삼경(三更)인데,
얇은 사(紗) 하이얀 고깔은 고이 접어서 나빌레라.

② 「낙화」

꽃이 지기로소니
바람을 탓하랴.

주렴 밖에 성긴 별이
하나 둘 스러지고

귀촉도 울음 뒤에
머언 산이 다가 서다.

촛불을 꺼야 하리
꽃이 지는데

꽃 지는 그림자
뜰에 어리어

하이얀 미닫이가
우련 붉어라.

묻혀서 사는 이의
고운 마음을

아는 이 있을까
저허하노니

꽃이 지는 아침은
울고 싶어라.

(11) 김영랑

① 「모란이 피기까지는」

모란이 피기까지는
나는 아직 나의 봄을 기다리고 있을 테요.

모란이 뚝뚝 떨어져 버린 날,
나는 비로소 봄을 여읜 설움에 잠길 테요.

오월 어느 날, 그 하루 무덥던 날,
떨어져 누운 꽃잎마저 시들어 버리고는

천지에 모란은 자취도 없어지고,
뻗쳐 오르던 내 보람 서운케 무너졌느니.

모란이 지고 말면 그뿐, 내 한 해는 다 가고 말아,
삼백 예순 날 하냥 섭섭해 우옵내다.

모란이 피기까지는
나는 아직 기둘리고 있을 테요, 찬란한 슬픔의 봄을.

② 「오월」

들길은 마을에 들자 붉어지고
마을 골목은 들로 내려서자 푸르러졌다.

바람은 넘실 천(千)이랑 만(萬)이랑
이랑 이랑 햇빛이 갈라지고
보리도 허리통이 부끄럽게 드러났다.

꾀꼬리는 엽태 혼자 날아 볼 줄 모르나니
암컷이라 쫓길 뿐
수놈이라 쫓을 뿐
황금 빛난 길이 어지럴 뿐
얇은 단장하고 아양 가득 차 있는
산봉우리야. 오늘 밤 너 어디로 가 버리련?

(12) 정지용

① 「유리창 1」

유리(琉璃)에 차고 슬픈 것이 어른거린다.
열없이 붙어서서 입김을 흐리우니
길들은 양 언 날개를 파닥거린다.
지우고 보고 지우고 보아도
새까만 밤이 밀려나가고 밀려와 부딪히고,
물 먹은 별이, 반짝, 보석처럼 박힌다.
밤에 홀로 유리(琉璃)를 닦는 것은
외로운 황홀한 심사이어니,
고운 폐혈관(肺血管)이 찢어진 채로
아아, 늬는 산(山)새처럼 날아갔구나!

② 「향수」

넓은 벌 동쪽 끝으로
옛이야기 지줄대는 실개천이 회돌아 나가고,
얼룩백이 황소가
해설피 금빛 게으른 울음을 우는 곳,

　　– 그곳이 차마 꿈엔들 잊힐리야.

질화로에 재가 식어지면
비인 밭에 밤바람 소리 말을 달리고,
엷은 졸음에 겨운 늙으신 아버지가
짚베개를 돋아 고이시는 곳,

　　– 그곳이 차마 꿈엔들 잊힐리야.

흙에서 자란 내 마음
파아란 하늘빛이 그리워
함부로 쏜 화살을 찾으려
풀섶 이슬에 함추름 휘적시던 곳,

　　– 그곳이 차마 꿈엔들 잊힐리야.

전설(傳說)바다에 춤추는 밤물결 같은
검은 귀밑머리 날리는 어린 누이와
아무렇지도 않고 예쁠 것도 없는
사철 발 벗은 아내가
따가운 햇살을 등에 지고 이삭 줍던 곳

　　– 그곳이 차마 꿈엔들 잊힐리야.

하늘에는 성근 별
알 수도 없는 모래성으로 발을 옮기고,
서리 까마귀 우지짖고 지나가는 초라한 지붕,
흐릿한 불빛에 돌아앉아 도란도란거리는 곳.

　　– 그곳이 차마 꿈엔들 잊힐리야.

(13) 박목월

① 「하관」

棺(관)이 내렸다
깊은 가슴 안에 밧줄로 달아 내리듯.
주여
용납하옵소서.
머리맡에 성경을 얹어주고
나는 옷자락에 흙을 받아
좌르르 下直(하직)했다.

그 후로
그를 꿈에서 만났다.
턱이 긴 얼굴이 나를 돌아보고
형님!
불렀다.
오오냐. 나는 全身(전신)으로 대답했다.
그래도 그는 못 들었으리라.
이제
네 음성을
나만 듣는 여기는 눈과 비가 오는 세상.

너는 어디로 갔느냐.
그 어질고 안스럽고 다정한 눈짓을 하고.
형님!
부르는 목소리는 들리는데
내 목소리는 미치지 못하는.
다만 여기는
열매가 떨어지면
툭 하는 소리가 들리는 세상.

② 「산이 날 에워싸고」

산이 날 에워싸고
씨나 뿌리고 살아라 한다.
밭이나 갈고 살아라 한다.

어느 산자락에 집을 모아
아들 낳고 딸을 낳고
흙담 안팎에 호박 심고
들찔레처럼 살아라 한다.
쑥대밭처럼 살아라 한다.

산이 날 에워싸고
그믐달처럼 사위어지는 목숨
구름처럼 살아라 한다.
바람처럼 살아라 한다.

(14) 서정주

① 「국화 옆에서」

한 송이의 국화꽃을 피우기 위해
봄부터 소쩍새는 그렇게 울었나 보다

한 송이의 국화꽃을 피우기 위해
천둥은 먹구름 속에서
또 그렇게 울었나 보다

그립고 아쉬움에 가슴 조이던
머언 먼 젊음의 뒤안길에서
인제는 돌아와 거울 앞에 선
내 누님같이 생긴 꽃이여

노오란 네 꽃잎이 피려고
간밤에 무서리가 저리 내리고
내게는 잠도 오지 않았나 보다

② 「귀촉도」

눈물 아롱아롱
피리 불고 가신 님의 밟으신 길은
진달래 꽃비 오는 서역(西域) 삼만리.
흰 옷깃 여며 여며 가옵신 님의
다시 오진 못하는 파촉(巴蜀) 삼만 리.

신이나 삼아 줄 걸 슬픈 사연의
올올이 아로새긴 육날 메투리.
은장도 푸른 날로 이냥 베어서
부즐없은 이 머리털 엮어 드릴 걸.

초롱에 불빛 지친 밤하늘
구비구비 은핫물 목이 젖은 새.
차마 아니 솟는 가락 눈이 감겨서
제 피에 취한 새가 귀촉도 운다.
그대 하늘 끝 호올로 가신 님아.

③ 「추천사 – 춘향의 말 1」

향단(香丹)아 그넷줄을 밀어라.
머언 바다로
배를 내어 밀듯이.
향단아.

이 다소곳이 흔들리는 수양버들나무와
베갯모에 놓이듯 한 풀꽃더미로부터,
자잘한 나비 새끼 꾀꼬리들로부터.
아주 내어 밀듯이, 향단아.

산호(珊瑚)도 섬도 없는 저 하늘로
나를 밀어 올려 다오.
채색(彩色)한 구름같이 나를 밀어 올려 다오.
이 울렁이는 가슴을 밀어 올려 다오!

서(西)으로 가는 달같이는
나는 아무래도 갈 수가 없다.

바람이 파도(波濤)를 밀어 올리듯이
그렇게 나를 밀어 올려 다오.
향단아.

(15) 유치환, 「깃발」

이것은 소리 없는 아우성.
저 푸른 해원(海原)을 향하여 흔드는
영원한 노스탤지어의 손수건.
순정은 물결같이 바람에 나부끼고
오로지 맑고 곧은 이념(理念)의 푯대 끝에
애수(哀愁)는 백로처럼 날개를 펴다.
아, 누구던가
이렇게 슬프고도 애달픈 마음을
맨 처음 공중에 달 줄을 안 그는

(16) 신동엽, 「껍데기는 가라」

껍데기는 가라.
사월도 알맹이만 남고
껍데기는 가라.

껍데기는 가라.
동학년(東學年) 곰나루의, 그 아우성만 살고
껍데기는 가라.

그리하여, 다시
껍데기는 가라.
이곳에선, 두 가슴과 그 곳까지 내논
아사달 아사녀가
중립(中立)의 초례청 앞에 서서
부끄럼 빛내며
맞절할지니

껍데기는 가라.
한라에서 백두까지
향그러운 흙가슴만 남고
그 모오든 쇠붙이는 가라.

(17) 김수영

① 「눈」

눈은 살아 있다.
떨어진 눈은 살아 있다.
마당 위에 떨어진 눈은 살아 있다.

기침을 하자.
젊은 시인(詩人)이여 기침을 하자.
눈 위에 대고 기침을 하자.
눈더러 보라고 마음 놓고 마음 놓고
기침을 하자.

눈은 살아 있다.
죽음을 잊어버린 영혼(靈魂)과 육체(肉體)를 위하여
눈은 새벽이 지나도록 살아 있다.

기침을 하자.
젊은 시인이여 기침을 하자.
눈을 바라보며
밤새도록 고인 가슴의 가래라도
마음껏 뱉자.

② 「풀」

풀이 눕는다.
비를 몰아 오는 동풍에 나부껴
풀은 눕고
드디어 울었다.
날이 흐려서 더 울다가
다시 누웠다.

풀이 눕는다.
바람보다도 더 빨리 눕는다.
바람보다도 더 빨리 울고
바람보다도 먼저 일어난다.

날이 흐리고 풀이 눕는다.
발목까지
발밑까지 눕는다.
바람보다 늦게 누워도
바람보다 먼저 일어나고
바람보다 늦게 울어도
바람보다 먼저 웃는다.
날이 흐리고 풀뿌리가 눕는다.

(18) 김광섭, 「성북동 비둘기」

성북동 산에 번지가 새로 생기면서
본래 살던 성북동 비둘기만이 번지가 없어졌다.
새벽부터 돌 깨는 산울림에 떨다가
가슴에 금이 갔다.
그래도 성북동 비둘기는
하느님의 광장 같은 새파란 아침 하늘에
성북동 주민에게 축복의 메시지나 전하듯
성북동 하늘을 한 바퀴 휘 돈다.

성북동 메마른 골짜기에는
조용히 앉아 콩알 하나 찍어 먹을
넓찍한 마당은커녕 가는 데마다
채석장 포성이 메아리쳐서

피난하듯 지붕에 올라앉아
아침 구공탄 굴뚝 연기에서 향수를 느끼다가
산 1번지 채석장에 도로 가서
금방 따낸 돌 온기(溫氣)에 입을 닦는다.

예전에는 사람을 성자(聖者)처럼 보고
사람 가까이
사람과 같이 사랑하고
사람과 같이 평화를 즐기던
사랑과 평화의 새 비둘기는
이제 산도 잃고 사람도 잃고
사랑과 평화의 사상까지
낳지 못하는 쫓기는 새가 되었다.

(19) 신경림

① 「목계장터」

하늘은 날더러 구름이 되라 하고
땅은 날더러 바람이 되라 하네.
청룡 흑룡 흩어져 비 개인 나루
잡초나 일깨우는 잔바람이 되라네.
뱃길이라 서울 사흘 목계 나루에
아흐레 나흘 찾아 박가분 파는
가을 볕도 서러운 방물장수 되라네.

산은 날더러 들꽃이 되라 하고
강은 날더러 잔돌이 되라 하네.
산서리 맵차거든 풀 속에 얼굴 묻고
물여울 모질거든 바위 뒤에 붙으라네.
민물 새우 끓어 넘는 토방 툇마루
석삼 년에 한 이레쯤 천치로 변해
짐 부리고 앉아 쉬는 떠돌이가 되라네.

하늘은 날더러 바람이 되라 하고
산은 날더러 잔돌이 되라 하네.

② 「농무」

징이 울린다 막이 내렸다
오동나무에 전등이 매어달린 가설 무대
구경꾼이 돌아가고 난 텅빈 운동장
우리는 분이 얼룩진 얼굴로
학교 앞 소주집에 몰려 술을 마신다
답답하고 고달프게 사는 것이 원통하다
꽹과리를 앞장세워 장거리로 나서면
따라붙어 악을 쓰는 건 쪼무래기들뿐
처녀애들은 기름집 담벽에 붙어서서
철없이 킬킬대는구나
보름달은 밝아 어떤 녀석은
서림이처럼 해해대지만 이까짓
산구석에 처박혀 발버둥친들 무엇하랴

비료값도 안 나오는 농사 따위야
아예 여편네에게나 맡겨두고
쇠전을 거쳐 도수장 앞에 와 돌 때
우리는 점점 신명이 난다
한 다리를 들고 날나리를 불거나
고갯짓을 하고 어깨를 흔들거나

(20) 김춘수

① 「꽃」

내가 그의 이름을 불러주기 전에는
그는 다만
하나의 몸짓에 지나지 않았다.

내가 그의 이름을 불러주었을 때
그는 나에게로 와서
꽃이 되었다.

내가 그의 이름을 불러 준 것처럼
나의 이 빛깔과 향기에 알맞은
누가 나의 이름을 불러 다오.
그에게로 가서 나도
그의 꽃이 되고 싶다.

우리들은 모두
무엇이 되고 싶다.
나는 너에게 너는 나에게
잊혀지지 않는 하나의 눈짓이 되고 싶다.

② 「샤갈의 마을에 내리는 눈」

샤갈의 마을에는 3월에 눈이 온다.
봄을 바라고 섰는 사나이의 관자놀이에
새로 돋은 정맥(靜脈)이
바르르 떤다.
바르르 떠는 사나이의 관자놀이에
새로 돋은 정맥을 어루만지며
눈은 수천 수만의 날개를 달고
하늘에서 내려와 샤갈의 마을의
지붕과 굴뚝을 덮는다.
3월에 눈이 오면
샤갈의 마을의 쥐똥만한 겨울 열매들은
다시 올리브빛으로 물이 들고
밤에 아낙들은
그 해의 제일 아름다운 불을
아궁이에 지핀다.

안심Touch

(21) 김남조, 「설일」

겨울 나무와 바람
머리채 긴 바람들은 투명한 빨래처럼
진종일 가지 끝에 걸려
나무도 바람도
혼자가 아닌 게 된다.

혼자는 아니다.
누구도 혼자는 아니다.
나도 아니다.
실상 하늘 아래 외톨이로 서 보는 날도
하늘만은 함께 있어 주지 않던가.

삶은 언제나
은총(恩寵)의 돌층계의 어디쯤이다.
사랑도 매양
섭리(攝理)의 자갈밭의 어디쯤이다.

이적진 말로써 풀던 마음
말없이 삭이고
얼마 더 너그러워져서 이 생명을 살자.
황송한 축연이라 알고
한 세상을 누리자.

새해의 눈시울이
순수의 얼음꽃
승천한 눈물들이 다시 땅위에 떨구이는
백설을 담고 온다.

(22) 박재삼, 「추억에서」

진주 장터 생어물전(生魚物廛)에는
바닷밑이 깔리는 해 다 진 어스름을.

울엄매의 장사 끝에 남은 고기 몇 마리의
빛 발(發)하는 눈깔들이 속절없이
은전(銀錢)만큼 손 안 닿는 한(恨)이던가
울엄매야 울엄매.

별밭은 또 그리 멀어
우리 오누이의 머리 맞댄 골방 안 되어
손시리게 떨던가 손시리게 떨던가,

진주 남강(南江) 맑다 해도
오명 가명
신새벽이나 별빛에 보는 것을,
울엄매의 마음은 어떠했을꼬
달빛 받은 옹기전의 옹기들같이
말없이 글썽이고 반짝이던 것인가.

(23) 강은교, 「우리가 물이 되어」

우리가 물이 되어 만난다면
가문 어느 집에선들 좋아하지 않으랴.
우리가 키 큰 나무와 함께 서서
우르르 우르르 비오는 소리로 흐른다면.

흐르고 흘러서 저물녘엔
저 혼자 깊어지는 강물에 누워
죽은 나무 뿌리를 적시기도 한다면.
아아, 아직 처녀인
부끄러운 바다에 닿는다면.

그러나 지금 우리는
불로 만나려 한다.
벌써 숯이 된 뼈 하나가
세상에 불타는 것들을 쓰다듬고 있나니.

만 리 밖에서 기다리는 그대여
저 불 지난 뒤에
흐르는 물로 만나자.
푸시시 푸시시 불 꺼지는 소리로 말하면서
올 때는 인적 그친
넓고 깨끗한 하늘로 오라.

(24) 김상용, 「남으로 창을 내겠소」

남(南)으로 창(窓)을 내겠소.
밭이 한참 갈이
괭이로 파고
호미론 풀을 매지요.

구름이 꼬인다 갈 리 있소.
새 노래는 공으로 들으랴요.
갱냉이가 익걸랑
함께 와 자셔도 좋소.

왜 사냐건
웃지요.

(25) 천상병, 「귀천」

나 하늘로 돌아가리라.
새벽빛 와 닿으면 스러지는
이슬 더불어 손에 손을 잡고,

나 하늘로 돌아가리라.
노을빛 함께 단 둘이서
기슭에서 놀다가 구름 손짓하면은,

나 하늘로 돌아가리라.
아름다운 이 세상 소풍 끝내는 날,
가서, 아름다웠다고 말하리라……

(26) 김광규, 「대장간의 유혹」

제 손으로 만들지 않아
한꺼번에 싸게 사서
마구 쓰다가
망가지면 내다버리는
플라스틱 물건처럼 느껴질 때
나는 당장 버스에서 뛰어내리고 싶다
현대 아파트가 들어서며
홍은동 사거리에서 사라진
털보네 대장간을 찾아가고 싶다
풀무질로 이글거리는 불 속에
시우쇠처럼 나를 달구고
모루 위에서 벼리고
숫돌에 갈아
시퍼런 무쇠낫으로 바꾸고 싶다
땀흘리며 두들겨 하나씩 만들어낸
꼬부랑 호미가 되어
소나무 자루에서 송진을 흘리면서
대장간 벽에 걸리고 싶다
지금까지 살아온 인생이
온통 부끄러워지고
직지사 해우소
아득한 나락으로 떨어져내리는
똥덩이처럼 느껴질 때
나는 가던 길을 멈추고 문득
어딘가 걸려 있고 싶다

▼ 소설
현실에 있음직한 일을 상상하여 꾸며
쓴 산문 문학

02 소설▼

1. 소설의 특성

(1) **허구성** : 현실에 있음직한 일을 상상력을 바탕으로 꾸며 낸다.

(2) **진실성** : 현실에 있음직한 사건을 바탕으로 삶의 진솔한 이야기를 담고 있다.

(3) **산문성** : 운율에 구애받지 않고 줄글로 표현했다.

(4) **서사성** : 인물, 사건, 배경을 바탕으로 하나의 줄거리를 형성한다.

(5) **예술성** : 문체, 구성 등을 통해 예술적인 아름다움을 드러낸다.

2. 소설의 3요소

(1) **주제** : 작품의 근본적인 의미이며, 작가가 나타내고자 하는 중심 사상이다.

(2) **문체** : 작품 속에 나타난 작가의 개성적 특색으로 작품의 전체적 인상을 결정짓는 요소이다.

(3) **구성** : 이야기의 내용을 효과적으로 표현하기 위하여, 유기적으로 질서 있게 배치하는 방법이다.

① 구성 단계

발단	인물, 배경의 소개와 사건의 실마리 제시
전개	본격적인 갈등의 시작
위기	갈등의 고조
절정	갈등이 최고조에 이르고, 갈등 해소의 실마리 제시
결말	갈등의 해소와 사건의 마무리

예 전성태, 「소를 줍다」

- 발단 : 가난한 농민의 아들인 '나'는 소를 갖고 싶어 하는데, 장마 때 강물에 떠내려 온 소를 줍게 된다.
- 전개 : 주운 소를 두고 '나'와 아버지가 갈등을 하다가 주인이 나타날 때까지만 소를 키우기로 한다.
- 위기 : 소 주인이 나타나 소를 찾아가자 아버지와 '나'는 그 소를 사서 데려오려고 한다.
- 절정 : 끝내 소를 찾아오지 못한 아버지가 식구들 앞에서 눈물을 보인다.
- 결말 : 한참 뒷날, 아버지는 우리 집 소유의 소를 갖게 되고 잘 길러낸다.

✅ **확인문제**
다음 글에 대한 이해로 적절하지 않은
것은?   2018 국가직 9급

> 우리 장인님은 약이 오르면 이렇게 손버릇이 아주 못됐다. 또 사위에게 이 자식 저 자식 하는 이놈의 장인님은 어디 있느냐. 오죽해야 우리 동리에서 누굴 물론하고 그에게 욕을 안 먹는 사람은 명이 짜르다 한다. 조그만 아이들까지도 그를 돌아세 놓고 욕필이(본 이름이 봉필이니까), 욕필이, 하고 손가락질을 할 만치 두루 인심을 잃었다. 하나 인심을 정말 잃었다면 욕보다 읍의 배참봉 댁 마름으로 더 잃었다. 번이 마름이란 욕 잘 하고 사람 잘 치고 그리고 생김 생기길 호박개 같아야 쓰는 거지만 장인님은 외양에 똑 됐다. 장인께 닭 마리나 좀 보내지 않는다든가 애벌논 때 품을 좀 안 준다든가 하면 그해 가을에는 영락없이 땅이 뚝뚝 떨어진다. 그러면 미리부터 돈도 먹이고 술도 먹이고 안달재신으로 돌아치던 놈이 그 땅을 슬쩍 돌아앉는다.
> – 김유정, 「봄봄」

① 마름의 특성을 동물의 외양에 빗대어 낮잡아 표현했다.
② 비속어와 존칭어를 혼용하여 해학적 표현을 구사했다.
③ 여러 정황을 거론하며 장인의 됨됨이가 마땅치 않음을 드러냈다.
④ 장인과 소작인들 사이의 뒷거래 장면을 생생하게 묘사하여 제시했다.

정답해설
소작인들이 마름인 장인에게 닭을 보내지 않거나 품을 주지 않으면 소작할 땅을 얻지 못했다는 내용을 통해 장인과 소작인들 사이의 뒷거래 장면을 짐작할 수 있다. 하지만 서술자를 통해 직접 제시하고 있으며 장면을 생생하게 묘사한 것은 아니다.

정답 ④

② 구성 유형

이야기의 수	단순 구성	하나의 사건으로만 이야기가 전개되는 구성 예 김시습, 「이생규장전」 : 이생과 최랑이 부모의 반대와 전쟁이라는 장애를 무릅쓰고 인연을 이어감
	복합 구성	두 개 이상의 사건에 대한 이야기가 얽혀서 전개되는 구성 예 염상섭, 「만세전」 : 아내가 위독하다는 전보를 받고도 답답한 심정에 술집을 전전함(동경) / 조선인들의 실상을 알고 분노(서울로 가는 길) / 아내의 장례를 치름(서울)
사건의 진행 순서	평면적 구성	시간의 흐름에 따라 전개되는 구성 (추보식 구성) 예 김만중, 「사씨남정기」 : 아이가 없는 사씨가 남편 유연수에게 첩 교씨를 들이기를 청했다가 결국 교씨의 모함으로 쫓겨남. 교씨는 동청과 짜고 유연수까지 유배를 가게 하나 혐의가 풀린 유연수는 사씨와 재회하고 교씨를 처형함
	입체적 구성	사건이 시간의 흐름에 따르지 않고 뒤바뀌어 전개되는 구성 예 박완서, 「그 여자네 집」 : '나'는 북한 주민 돕기 시 낭송회 참석을 계기로 곱단이와 만득이의 사랑과 이별 이야기를 회상함. 이후 만득이 부부를 만나서 순애의 푸념을 듣기도 하나, 결국 만득이에 대한 오해가 풀림 (역순행적 구성)

핵심 (쏙)이론 | 액자식 구성

하나의 이야기 속에 또 하나의 이야기가 들어 있는 구성으로 이야기의 핵심 내용인 내부 이야기(안-이야기)와 이를 둘러싸고 있는 외부 이야기(겉-이야기)로 이루어져 있다.
예 윤흥길, 「종탑 아래에서」 : 환갑을 목전에 둔 초등학교 동기들이 어린 시절의 기억을 회상하는 형식으로 순박한 소년 '나(건호)'와 끔찍한 전쟁의 상처를 갖고 있는 '명은'의 만남을 통해 한국 전쟁이라는 시대적 아픔을 사랑과 구원으로 치유하는 과정을 전달함

3. 소설의 구성 3요소

(1) 인물 : 작품 속에 등장하는 사람

① 인물의 유형

중요도	중심인물	사건을 이끌어 가는 주요 인물 예 염상섭, 「삼대」의 조의관, 조상훈, 조덕기
	주변인물	사건의 진행을 돕는 부수적인 인물 예 염상섭, 「삼대」의 이필순, 수원댁
역할	주동인물	갈등을 이끌어 가는 중심 인물 예 작자 미상, 「유충렬전」의 유충렬
	반동인물	주동 인물과 대립하면서 갈등을 빚는 인물 예 작자 미상, 「유충렬전」의 정한담
집단의 대표성	전형적 인물	특정 집단이나 계층을 대표하는 인물 예 조세희, 「난쟁이가 쏘아올린 작은 공」의 아버지
	개성적 인물	한 개인만의 독특한 성격을 드러내는 인물 예 김시습, 「이생규장전」의 최랑

때는 한창 바쁠 추수 때이다. 농군치고 송이 ⊙ 파적 나올 놈은 생겨나도 않았으리라. 하나 그는 꼭 해야만 할 일이 없었다. 싶으면 하고 말면 말고 그저 그뿐. 그러함에는 먹을 것이 더러 있느냐면 있기는커녕 부쳐 먹을 농토조차 없는, 계집도 없고 자식도 없고, 방은 있대야 남의 곁방이요 잠은 ⓒ 새우잠이요. 하지만 오늘 아침만 해도 한 친구가 찾아와서 벼를 털 텐데 일 좀 와 해달라는 걸 마다하였다. 몇 푼 바람에 그까짓 걸 누가 하느냐보다는 송이가 좋았다. 왜냐면 이 땅 삼천리강산에 늘여 놓인 곡식이 말짱 뉘 것이람. 먼저 먹는 놈이 임자 아니냐. 먹다 걸릴 만치 그토록 양식을 쌓아 두고 일이다 무슨 ⓒ 난장 맞을 일이람. 걸리지 않도록 먹을 궁리나 할 게지. 하기는 그도 한 세 번이나 걸려서 구메밥으로 ② 사관을 틀었다마는 결국 제 밥상 위에 올라앉은 제 몫도 자칫하면 먹다 걸리긴 매일반……
– 김유정, 「만무방」

① ⊙ : 심심풀이
② ⓒ : 안잠
③ ⓒ : 몰매
④ ② : 양쪽 팔꿈치와 무릎 관절

정답해설
• 새우잠 : 새우처럼 등을 구부리고 자는 잠. 주로 모로 누워 불편하게 자는 잠을 이르는 말이다.
• 안잠 : 여자가 남의 집에서 먹고 자며 그 집의 일을 도와 주는 일. 또는 그런 여자를 이르는 말이다.

정답 ②

성격 변화 여부	평면적 인물	사건이 진행되는 동안 성격이 변하지 않는 인물
		예 김만중, 「구운몽」의 육관대사
	입체적 인물	사건의 전개에 따라 성격이 변하는 인물
		예 김만중, 「구운몽」의 성진(양소유)

② 인물 제시 방법
　⊙ 직접 제시 : 서술자가 인물의 성격이나 심리를 직접 설명하는 방법
　ⓒ 간접 제시 : 인물의 행동, 대화 또는 외양 묘사를 통해 인물의 성격이나 심리를 독자가 짐작하게 하는 방법
　　예 김유정, 「만무방」

> **직접 제시**
> 　응오는 진실한 농군이었다. 나이 서른하나로 무던히 철났다 하고 동리에서 쳐 주는 모범 청년이었다.
> → 응오의 성실하고 진실한 성품을 직접적으로 제시함
>
> **간접 제시**
> 　그는 눈살을 흘낏 맞히고는 하나를 더 꺼내어,
> 　"옛수, 또 하나 잡숫게유."
> 　내던져 주곤 댓돌에 가래침을 탁 뱉었다. 그제야 식성이 좀 풀리는지 그 가축으로 웃으며,
> 　"아이구, 이거 자꾸 주면 어떻게 해."
> 　"어떡허긴, 자꾸 살찌게유."
> 　하고 한마디 툭 쏘고 일어서다가 무엇을 생각함인지 다시 툇마루에 주저앉았다.
> → 응칠의 말과 행동을 통해 주막 할머니의 태도에 불쾌한 심리를 드러냄

(2) 사건 : 인물이 일으키는 일(행동) → 갈등
　① 외적 갈등

인물 대 인물	등장인물과 그와 대립하는 인물 사이의 갈등
	예 최일남, 「흐르는 북」 : 평생을 북을 치며 방랑하다가 아들 집에 얹혀사는 민 노인(민익태)과 그에게 상처받고 고학으로 입신한 아들 사이의 갈등
인물 대 사회	등장인물과 그를 둘러싼 사회 윤리나 제도 사이의 갈등
	예 심훈, 「상록수」 : 일제에 저항하여 계몽운동에 힘쓰는 채영신의 갈등
인물 대 운명	개인의 삶이 인간의 힘으로는 어찌할 수 없는 운명에 의해 좌우되는 데서 오는 갈등
	예 김동리, 「역마」 : 역마살을 극복하지 못하고 떠도는 성기네 집안 남자들
인물 대 자연	등장인물과 그의 행동을 제한하는 자연 현상과의 갈등
	예 김정한, 「사하촌」 : 가뭄으로 고통 받는 농민들 간의 갈등

　② 내적 갈등 : 개인의 내부에서 상반된 자아가 대립
　　예 박완서, 「나목」 : 두 오빠의 죽음에 대한 죄책감과, 아들을 잃고 의욕 없이 살아가는 어머니로부터 벗어나고자 하는 이경의 갈등

③ **복선** : 사건이나 인물의 행동에 필연성을 부여하기 위해 앞으로 전개될 사건의 발생 가능성을 미리 짐작할 수 있도록 하는 이야기적 장치

예 작자 미상, 「심청전」: 심청이 큰 수레를 타고 가는 심 봉사의 꿈은 심청이 인당수에 빠져 죽게 된다는 것과 이후 왕후가 된다는 것을 암시

(3) 배경 : 인물이 행동하고, 사건을 일으키는 시간, 장소, 상황

① **시간적 배경** : 좁은 의미의 시간, 시대, 계절
② **공간적 배경** : 사건이 일어나는 구체적 장소
③ **사회적 배경** : 작품 속 인물들이 활동하는 시대, 역사적 상황

예 작자 미상, 「박씨전」

- 시간적 배경 : 1636년~1637년 경
- 공간적 배경 : 조선
- 사회적 배경 : 병자호란
→ 박 씨의 영웅적 행적을 통해 병자호란으로 치욕을 씻고 민족적 자존심을 회복하고자 함

4. 서술자와 시점

서술자 '나'	1인칭 주인공 시점	주인공 '나'가 자신의 이야기를 하는 방식 • 주인공 내면세계의 표현에 효과적 • 독자에게 친근감과 신뢰감 조성 예 오정희, 「중국인 거리」: 중국인 거리에서 주변의 다양한 인물들을 경험하며 성장하는 주인공의 내면을 구체적으로 보여 줌
	1인칭 관찰자 시점	보조 인물인 '나'가 주인공을 관찰하며 이야기 하는 방식 • 서술자의 눈에 비친 세계만 한정적으로 다룸 • 독자의 상상력을 자극 　→ '나'의 성격이나 역할에 따라 주제를 전달하는 방식이 달라짐 예 윤흥길, 「장마」: 어린 시절을 회상하는 어른인 '나'의 시각을 통해 할머니들의 대립의 이면에 있는 사상의 대립을 객관적으로 전달함
서술자 '작가'	작가 (3인칭) 관찰자 시점	작가가 관찰자 입장에서 인물을 관찰하여 이야기 하는 방식 • 서술자와 인물 간의 거리가 멂 • 사건 전개의 의미나 작가의 의도에 대해 독자들이 폭 넓게 상상해 볼 수 있음 예 황순원, 「소나기」: 아름다운 산골을 배경으로 소년과 소녀의 순수하고 비극적인 사랑을 담담하게 그려냄
	전지적 작가 시점	작가가 인물의 심리적 변화까지 모두 파악하는 방식 • 서술자와 인물 간의 거리가 가까우며, 서술자가 인물이나 사건에 대해 직접 평가하기도 함 • 독자의 상상력을 제한할 수 있음 예 채만식, 「태평천하」: 편집자적 논평을 통해 윤직원의 반민족적 행태를 풍자

5. 대표 작품

(1) 염상섭, 「만세전」

> ...
>
> 아직까지도 조선 유학생이라면 돈 있는 집 자질이요, 인물 좋다고 동경바닥서 평판이 좋은데, 문과대학생이 이런 데에서는 장을 치는 '태평시대'다. 나는 동창생들에게 끌려 우연히 와 본 뒤로 벌써 반년 가까이 드나드는 동안에 이만큼 친숙하여졌다. 이런 자유의 세계에서만도 얼마쯤 무차별이요 노골적 멸시를 안 받는 데에, 감정이 눅어지고 마음이 솔깃하여 내 발길은 자연 잦았던 것이다.
>
> ...
>
> 그들은 여전히 이야기를 계속하고 있다.
> "그래 촌에 들어가면 위험하진 않은가요?"
> 조선에 처음 간다는 시골자가 또다시 입을 벌렸다.
> "뭘요, 어딜 가든지 조금도 염려 없쉐다. 생번이라 하여도 요보는 온순한데다가, 가는 곳마다 순사요 헌병인데 손 하나 꼼짝할 수 있나요. 그걸 보면 데라우치 상이 참 손아귀 힘도 세지만 인물은 인물이야!"
> 매우 감격한 모양이다.
> "그래 촌에 들어가서 할 게 뭐예요?"
> "할 것이야 많지요. 어딜 가기로 굶어 죽을 염려는 없지만. 요새 돈 몰 것이 똑 하나 있지요. 자본 없이 힘 안 들고…… 하하하."
> 표독한 위인이 충동이는 수작이다.
>
> ...
>
> 나는 여기까지 듣고 깜짝 놀랐다. 그 불쌍한 조선 노동자들이 속아서 지상의 지옥 같은 일본 각지의 공장과 광산으로 몸이 팔리어 가는 것이 모두 이런 도적놈 같은 협잡 부랑배의 술중(術中)에 빠져서 속아 넘어가는구나 하는 생각을 하며 나는 다시 한 번 그자의 상판대기를 치어다보지 않을 수 없었다.
>
> ...
>
> 나는 한 열흘 더 있다가 졸업 논문도 있고 아무래도 학교 일이 걱정이 되어서 떠나고 말았다. 정거장에는 큰집 형님, 병화 내외, 을라 들이 나왔다. 을라는 입도 벌리지 않고 오도카니 섰고, 병화 내외도 플랫폼의 보꾹에 매달린 시계만 쳐다보며 선하품을 하고 섰었다. 그러나 병화의 얼굴에는 그렇게 보아서 그런지 모든 오해를 풀고, 인제는 안심하였다는 듯이 화평한 기색이 도는 것 같았다.
> 차가 떠나려 할 제 큰집 형님은 승강대에 섰는 나에게로 가까이 다가서며,
> "내년 봄에 나오면 어떻게 속현(續絃)할 도리를 차려야 하지 않겠나?"
> 하고 난데없는 소리를 하기에, 나는,

> "겨우 무덤 속에서 빠져나가는데요? 따뜻한 봄이나 만나서 별장이나 하나 장만하고 거드럭거릴 때가 되거든요……!"
> 하며 웃어 버렸다.

(2) 박태원

① 「소설가 구보 씨의 일일」

> ...
>
> 구보는 고독을 느끼고, 사람들 있는 곳으로, 약동하는 무리들이 있는 곳으로 가고 싶다 생각한다. 그는 눈앞의 경성역을 본다. 그곳에는 마땅히 인생이 있을 게다. 이 낡은 서울의 호흡과 또 감정이 있을 게다. 도회의 소설가는 모름지기 이 도회의 항구와 친하여야 한다. 그러나 물론 그러한 직업의식은 어떻든 좋았다. 다만 구보는 고독을 삼등 대합실 군중 속에 피할 수 있으면 그만이다.
>
> 그러나 오히려 고독은 그곳에 있었다. 구보가 한옆에 끼어 앉을 수도 없게시리 사람들은 그곳에 빽빽하게 모여 있어도, 그들의 누구에게서도 인간 본래의 온정을 찾을 수는 없었다. 그들은 거의 옆의 사람에게 한마디 말을 건네는 일도 없이, 오직 자기네들 사무에 바빴고 그리고 간혹 말을 건네도, 그것은 자기네가 타고 갈 열차의 시각이나 그러한 것에 지나지 않았다.
>
> ...
>
> 구보는 한구석에가 서서 그의 앞에 앉아있는 노파를 본다. 그는 뉘 집에 드난을 살다가 이제 늙고 또 쇠잔한 몸을 이끌어, 결코 넉넉하지 못한 어느 시골, 딸네집이라도 찾아가는지 모른다. 이미 굳어버린 그의 안면 근육은 어떠한 다행한 일에도 펴질 턱없고, 그리고 그의 몽롱한 두 눈은 비록 그의 딸의 그지없는 효양(孝養)을 가지고도 감동시킬 수 없을지 모른다. 노파 옆에 앉은 중년의 시골 신사는 그의 시골서 조그만 백화점을 경영하고 있을 게다. 그의 점포에는 마땅히 주단포목도 있고, 일용잡화도 있고, 또 흔히 씌우는 약품도 갖추어 있을게다.
>
> ...
>
> 구보는 그 시골 신사가 노파와의 사이에 되도록 간격을 가지려고 노력하는 것을 발견하고, 그리고 그를 업신여겼다.
>
> ...
>
> 개찰구 앞에 두 명의 사내가 서 있었다. 낡은 파나마에 모시 두루마기 노랑 구두를 신고, 그리고 손에 조그만 보따리 하나도 들지 않은 그들을, 구보는, 확신을 가져 무직자라고 단정한다. 그리고 이 시대의 무직자들은, 거의 다 금

광 브로커에 틀림없었다. 구보는 새삼스러이 대합실 안팎을 둘러본다. 그러한 인물들은, 이곳에도 저곳에도 눈에 띄었다.

황금광 시대(黃金狂時代).

저도 모를 사이에 구보의 입술에서는 무거운 한숨이 새어 나왔다. 황금을 찾아, 황금을 찾아, 그것도 역시 숨김없는 인생의, 분명히, 일면이다. 그것은 적어도, 한 손에 단장과 또 한 손에 공책을 들고, 목적 없이 거리로 나온 자기보다는 좀 더 진실한 인생이었을지도 모른다. 시내에 산재한 무수한 광무소(鑛務所). 인지대 백 원. 열람비 오 원. 수수료 십 원. 지도대 십팔 전…… 출원 등록된 광구, 조선 전토(全土)의 칠 할. 시시각각으로 사람들은 졸부가 되고, 또 몰락해 갔다. 황금광시대. 그들 중에는 평론가와 시인, 이러한 문인들조차 끼어 있었다. 구보는 일찍이 창작을 위해 그의 벗의 광산에 가 보고 싶다 생각하였다. 사람들의 사행심, 황금의 매력, 그러한 것들을 구보는 보고, 느끼고, 하고 싶었다. 그러나 고도의 금광열은, 오히려, 총독부 청사, 동측 최고층, 광무과 열람실에서 볼 수 있었다…….

...

문득, 한 사나이가 둥글넓적한, 그리고 또 비속(卑俗)한 얼굴에 웃음을 띠고, 구보 앞에 그의 모양 없는 손을 내민다. 그도 벗이라면 벗이었다. 중학 시대의 열등생. 구보는 그래도 약간 웃음에 가까운 표정을 지어 보이고, 그리고 단장 든 손을 그대로 내밀어 그의 손을 가장 엉성하게 잡았다. 이거 얼마만이야. 어디, 가나. 응, 자네는ㅡ.

구보는 친하지 않은 사람에게 '자네' 소리를 들으면 언제든 불쾌하였다. '해라'는, 해라는 오히려 나았다. 그 사나이는 주머니에서 금시계를 꺼내 보고, 다음에 구보의 얼굴을 쳐다보며, 저기 가서 차라도 안 먹으려나. 전당포 집의 둘째 아들. 구보는 그러한 사나이와 자리를 같이 하여 차를 마실 생각은 없었다. 그러나 그러한 경우에 한 개의 구실을 지어, 그 호의를 사절할 수 있도록 구보는 용감하지 못하다. 그 사나이는 앞장을 섰다. 자, 그럼 저리로 가지. 그러나 그것은 구보에게만 한 말이 아니었다.

...

② 「천변풍경」

...

"저어기, 개천에서 올라오는 저 사람이 인제 어딜 가는지 알아내시겠에요?"

"어디, 누구?"

"저거, 땅꾼 아니냐?"

"땅꾼요?"

"거지 대장 말야."

"저건 둘째 대장예요. 근데 지금 어딜 가는지 아시겠에요?"

"인석, 그걸 내가 으떻게 아니?"

그러면 소년은 가장 자랑스러이,

"인제 보세요. 저어 다리께 가게루 갈 테니."

"어디……. 참, 딴은 가게로 들어가는구나. 저눔이 담밸 사러 갔을까?"

"아무것두 안 사구 그냥 나올 테니 보세요. 자아, 다시 돌쳐서서 이쪽으로 오죠?"

"그래 인젠 저눔이 어딜 가누."

"인제, 개천가 선술집으루 들어갈 테니 보세요."

"어디……. 참, 딴은 술집으루 들어가는구나. 그래두 저눔이 가게서 뭐든지 샀겠지. 그냥 거긴 갔다 올 까닭이 있나?"

"왜 들어가는지 아르켜 드릴까요? 저 사람이, 곧잘, 다리 밑으루 들어가서, 게서, 거지들한테 돈을 십 전이구 이십 전이구 얻어 갖거든요. 그래 그걸루 술두 사 먹구, 밥두 사먹구 허는데, 그게 거지들이 동냥해 들인 거니, 이십 전이구, 삼십 전이구 간에, 모두 동전 한 푼짜릴 거 아녜요? 근데 저 사람이 동전 가지군 절대 술집엘 안 들어가거든요. 그래 은제든지 꼭 가게루 가서 그걸 모두 십 전짜리루 바꿔 달래서…….'

...

(3) 이상, 「날개」

...

아내가 외출만 하면 나는 얼른 아랫방으로 와서 그 동쪽으로 난 들창을 열어 놓고, 열어 놓으면 들이비치는 볕살이 아내의 화장대를 비춰 가지각색 병들이 아롱이 지면서 찬란하게 빛나고 이렇게 빛나는 것을 보는 것은 다시없는 내 오락이다. 나는 쪼끄만 '돋보기'를 꺼내 가지고 아내만이 사용하는 지리가미를 끄실려 가면서 불장난을 하고 논다. 평행 광선을 굴절시켜서 한 초점에 모아 가지고 그 초점이 따끈따끈해지다가, 마지막에는 종이를 끄실리기 시작하고 가느다란 연기를 내면서 드디어 구멍을 뚫어 놓는 데까지에 이르는 고 얼마 안 되는 동안의 초조한 맛이 죽고 싶을 만치 내게는 재미있었다.

이 장난이 싫증이 나면 나는 또 아내의 손잡이 거울을 가지고 여러 가지로 논다. 거울이란 제 얼굴을 비출 때만 실용품이다. 그 외의 경우에는 도무지 장난감인 것이다.

...

여러 번 자동차에 치일 뻔하면서 나는 그대로 경성역으로 찾아갔다. 빈자리와 마주 앉아서 이 쓰디쓴 입맛을 거두기 위하여 무엇으로나 입가심을 하고 싶었다.

커피! 좋다. 그러나 경성역 홀에 한 걸음 들여 놓았을 때 나는 내 주머니에는 돈이 한 푼도 없는 것을, 그것을 깜박 잊었던 것을 깨달았다. 또 아뜩하였다. 나는 어디선가 그저 맥없이 머뭇머뭇하면서 어쩔 줄을 모를 뿐이었다. 얼빠진 사람처럼 그저 이리갔다 저리갔다 하면서……

나는 어디로 어디로 들입다 쏘다녔는지 하나도 모른다. 다만 몇 시간 후에 내가 미쓰꼬시 옥상에 있는 것을 깨달았을 때는 거의 대낮이었다.

나는 거기 아무 데나 주저앉아서 내 자라 온 스물 여섯 해를 회고하여 보았다. 몽롱한 기억 속에서는 이렇다는 아무 제목도 불그러져 나오지 않았다.

나는 또 내 자신에게 물어 보았다. 너는 인생에 무슨 욕심이 있느냐고, 그러나 있다고도 없다고도, 그런 대답은 하기가 싫었다. 나는 거의 나 자신의 존재를 인식하기조차도 어려웠다.

허리를 굽혀서 나는 그저 금붕어를 들여다보고 있었다. 금붕어는 참 잘도 생겼다. 작은놈은 작은놈대로 큰놈은 큰놈대로 다 싱싱하니 보기 좋았다. 내려 비치는 오월 햇살에 금붕어들은 그릇 바탕에 그림자를 내려뜨렸다. 지느러미는 하늘하늘 손수건을 흔드는 흉내를 낸다. 나는 이 지느러미 수효를 헤어 보기도 하면서 굽힌 허리를 좀처럼 펴지 않았다. 등허리가 따뜻하다.

나는 또 회탁의 거리를 내려다보았다. 거기서는 피곤한 생활이 똑 금붕어 지느러미처럼 흐늑흐늑 허비적거렸다. 눈에 보이지 않는 끈적끈적한 줄에 엉켜서 헤어나지들을 못한다. 나는 피로와 공복 때문에 무너져 들어가는 몸뚱이를 끌고 그 회탁의 거리 속으로 섞여 가지 않는 수도 없다 생각하였다.

...

우리 부부는 숙명적으로 발이 맞지 않는 절름발이인 것이다. 내나 아내나 제 거동에 로직을 붙일 필요는 없다. 변해(辨解)할 필요도 없다. 사실은 사실대로 오해는 오해대로 그저 끝없이 발을 절뚝거리면서 세상을 걸어가면 되는 것이다. 그렇지 않을까?

그러나 나는 이 발길이 아내에게로 돌아가야 옳은가 이것만은 분간하기가 좀 어려웠다. 가야 하나? 그럼 어디로 가나?

이때 뚜우-하고 정오 사이렌이 울었다. 사람들은 모두 네 활개를 펴고 닭 처럼 푸드덕거리는 것 같고 온갖 유리와 강철과 대리석과 지폐와 잉크가 부글부글 끓고 수선을 떨고 하는 것 같은 찰나, 그야말로 현란을 극한 정오다.

나는 불현듯이 겨드랑이가 가렵다. 아하, 그것은 내 인공의 날개가 돋았던 자국이다. 오늘은 없는 이 날개. 머릿속에서는 희망과 야심의 말소된 페이지가 딕셔너리 넘어가듯 번뜩였다.

나는 걷던 걸음을 멈추고 그리고 어디 한 번 이렇게 외쳐 보고 싶었다.

날개야 다시 돋아라.

날자. 날자. 날자. 한 번만 더 날자꾸나.

한 번만 더 날아 보자꾸나.

(4) 김유정, 「봄봄」

...

점순이는 뭐 그리 썩 예쁜 계집애는 못된다. 그렇다구 또 개떡이냐 하면 그런 것도 아니고, 꼭 내 아내가 돼야 할 만치 그저 툽툽하게 생긴 얼굴이다. 나보다 십년이 아래니까 올해 열여섯인데 몸은 남보다 두 살이나 덜 자랐다. 남은 잘도 훤칠히 들 크건만 이건 위아래가 뭉툭한 것이 내 눈에는 헐없이 감참외 같다. 참외 중에는 감참외가 제일 맛좋고 예쁘니까 말이다. 둥글고 커다란 눈은 서글서글하니 좋고 좀 지쳐 찢어졌지만 입은 밥술이나 톡톡히 먹음직하니 좋다. 아따, 밥만 많이 먹게 되면 팔자는 고만 아니냐. 헌데 한 가지 과가 있다면 가끔가다 몸이(장인님이 이걸 채신이 없이 들까분다고 하지만) 너무 빨리 빨리 논다. 그래서 밥을 나르다가 때없이 풀밭에서 깨빡을 쳐서 흙투성이 밥을 곧잘 먹인다. 안 먹으면 무안해 할까봐서 이걸 씹고 앉았느라면 으적으적 소리만 나고 돌을 먹는 겐지 밥을 먹는 겐지…….

...

내가 다 먹고 물러섰을 때, 그릇을 와서 챙기는데 난 깜짝 놀라지 않았느냐. 고개를 푹 숙이고 밥함지에 그릇을 포개면서 날더러 들으라는지 혹은 제 소린지,

"밤낮 일만 하다 말 텐가!"

하고 혼자서 쫑알거린다. 고대 잘 내외하다가 이게 무슨 소린가, 하고 난 정신이 얼떨떨했다. 그러면서도 한편 무슨 좋은 수나 없는가 싶어서 나도 공중을 대고 혼잣말로,

"그럼 어떡해?"

하니까,

"성례시켜 달라지 뭘 어떡해."

하고 되알지게 쏘아붙이고 얼굴이 빨개져서 산으로 그저 도망질친다.

나는 잠시 동안 어떻게 되는 심판인지 맥을 몰라서 그 뒷모양만 덤덤히 바라보았다. 봄이 되면 온갖 초목이 물이 오르고 싹이 트고 한다. 사람도 아마 그런가 보다, 하고 며칠 내에 부쩍(속으로) 자란 듯 싶은 점순이가 여간 반가운 것이 아니다. 이런 걸 멀쩡하게 아직 어리다구 하니까…….

...

"부려만 먹구 왜 성례 안 하지유!"

나는 이렇게 호령했다. 허지만, 장인님이 선뜻 오냐 낼이라두 성례시켜 주마 했으면 나도 성가신 걸 그만두었을지 모른다. 나야 이러면 때린 건 아니니까 나중에 장인 쳤다는 누명도 안 들을 터이고 얼마든지 해도 좋다.

한번은 장인님이 헐떡헐떡 기어서 올라오드니 내 바짓가랭이를 요렇게 노리고서 단박 웅켜잡고 매달렸다. 악, 소리를 치고 나는 그만 세상이 다 팽그르 도는 것이,

"빙장님! 빙장님! 빙장님!"

"이 자식! 잡아먹어라, 잡아먹어!"

"아! 아! 할아버지! 살려 줍쇼, 할아버지!"

하고 두 팔을 허둥지둥 내절 적에는 이마에 진땀이 쭉 내솟고 인젠 참으로 죽나 부다 했다. 그래두 장인님은 놓질 않드니 내가 기어 땅바닥에 쓰러져서 거진 까무러치게 되니까 놓는다. 더럽다. 더럽다. 이게 장인님인가?

나는 한참을 못 일어나고 쩔쩔맸다. 그러나 얼굴을 드니 (눈엔 참 아무것도 보이지 않았다.) 사지가 부르르 떨리면서 나도 엉금엉금 기어가 장인님의 바짓가랭이를 꽉 웅키고 잡아나꿨다.

...

내가 머리가 터지도록 매를 얻어맞은 것이 이 때문이다. 그러나 여기가 또한 우리 장인님이 유달리 착한 곳이다. 여느 사람이면 사경을 주어서라도 당장 내쫓았지, 터진 머리를 불솜으로 손수 지져 주고, 호주머니에 히여 한 봉을 넣어주고, 그리고

"올 갈엔 꼭 성례를 시켜 주마. 암말 말구 가서 뒷골의 콩밭이나 얼른 갈아라."

하고 등을 뚜덕여 줄 사람이 누구냐.

나는 장인님이 너무나 고마워서 어느덧 눈물까지 났다. 점순이를 남기고 인젠 내쫓기려니 하다 뜻밖의 말을 듣고,

"빙장님! 인제 다시는 안 그러겠어유……"

이렇게 맹서를 하며 불랴살야 지게를 지고 일터로 갔다.

(5) 이효석, 「메밀꽃 필 무렵」

여름 장이란 애시당초에 글러서, 해는 아직 중천에 있건만 장판은 벌써 쓸쓸하고 더운 햇발이 벌여놓은 전 휘장 밑으로 등줄기를 훅훅 볶는다. 마을 사람들은 거지반 돌아간 뒤요, 팔리지 못한 나뭇군패가 길거리에 궁싯거리고들 있으나 석윳병이나 받고 고깃마리나 사면 족할 이 축들을 바라고 언제까지든지 버티고 있을 법은 없다. 춥춥스럽게 날아드는 파리떼도 장난군 각다귀들도 귀치않다. 얽둑배기요 왼손잡이인 드팀전의 허생원은 기어코 동업의 조선달에게 낚아보았다.

...

이지러는 졌으나, 보름을 갓 지난 달은 부드러운 빛을 흐붓이 흘리고 있다. 대화까지는 칠십 리의 밤길, 고개를 둘이나 넘고 개울을 하나 건너고 벌판과 산길을 걸어야 된다. 길은 지금 긴 산허리에 걸려 있다. 밤중을 지난 무렵인지, 죽은 듯이 고요한 속에서 짐승 같은 달의 숨소리가 손에 잡힐 듯이 들리며, 콩 포기와 옥수수 잎새가 한층 달에 푸르게 젖었다.

산허리는 온통 메밀밭이어서 피기 시작한 꽃이 소금을 뿌린 듯이 흐붓한 달빛에 숨이 막힐 지경이다. 붉은 대궁이 향기같이 애잔하고, 나귀들의 걸음도 시원하다. 길이 좁은 까닭에 세 사람은 나귀를 타고 외줄로 늘어섰다. 방울 소리가 시원스럽게 딸랑딸랑 메밀밭께로 흘러간다.

...

"모친의 친정은 원래부터 제천이었던가?"

"웬걸요. 시원스리 말은 안 해주나 봉평이라는 것만은 들었죠."

"봉평, 그래 그 아비 성은 무엇이구?"

"알 수 있나요. 도무지 듣지를 못했으니까."

"그 그렇겠지."

하고 중얼거리며 흐려지는 눈을 까물까물하다가 허생원은 경망하게도 발을 빗디디었다. 앞으로 고꾸라지기가 바쁘게 몸째 풍덩 빠져버렸다. 허위적거릴수록 몸을 걷잡을 수 없어 동이가 소리를 치며 가까이 왔을 때에는 벌써 퍽으나 흘렀다. 옷째 쫄딱 젖으니 물에 젖은 개보다도 참혹한 꼴이었다. 동이는 물 속에서 어른을 해깝게 업을 수 있었다. 젖었다고는 하여도 여윈 몸이라 장정 등에는 오히려 가벼웠다.

(6) 이청준, 「병신과 머저리」

...

붉은 화광이 창문에 비쳤다.

'무엇을 태우고 있을까.'

종이 찢는 소리가 이따금씩 들렸다. 나는 벌떡 일어나 문을 열고 밖으로 나갔다. 아주머니가 먼저 나를 보았다. 아무 표정도 없었다. 형은 댓돌을 타고 앉아서 그 원고 뭉치를 한 장 한 장 뜯어내어 불에다 던져 넣고 있었다. 한참 만에야 형은 천천히 고개를 돌려 나를 쳐다보았다. 그 얼굴이 비죽비죽 웃고 있었다. 형은 다시 불붙고 있는 원고지 쪽으로 얼굴을 돌려 버렸다.

"병신 새끼!"

형은 나에게인지, 형 아닌 남에게라기에는 너무나 탈진한 목소리로 중얼거렸다. 그러나 그것은 나에게 한 말이었다. 다음 순간 형은 다시 나를 똑바로 쳐다보았다.

"너의 그 귀여운 아가씨는 정말 널 싫어했니?"

...

"병신 새끼……."

이번에는 형이 손으로는 연신 원고지를 찢어 불에 넣으면서도 눈길만은 내 쪽을 향해 분명히 말했다.

"그래 도망간 아가씨의 얼굴을 그리고 싶어졌군!"

나는 아직도 더 참을 수 있다고 생각했다. 아주머니는 여전히 형과 나의 얼굴을 무표정하게 번갈아 보고만 서 있었다.

"다 소용없는 짓이야…… 오해였어."

형이 벌떡 몸을 일으키는 체하며 호령을 했다.

"기껏해야 김 일병이나 죽인 주제에…… 임마, 넌 이걸 모두 읽고 있었다…… 불쌍한 김 일병을…… 그 아가씨가 널 싫어한 건 당연하다."

...

비로소 몸 전체가 까지는 듯한 아픔이 전해 왔다. 그것은 아마 형의 아픔이었을 것이다. 형은 그 아픔 속에서 이를 물고 살아왔다. 그는 그 아픔이 오는 곳을 알고 있는 것이다. 그리하여 그것은 견딜 수 있었고, 그것을 견디는 힘은 오히려 형을 살아 있게 했고 자기를 주장할 수 있게 했다. 그러던 형의 내부는 검고 무거운 것에 부딪혀 지금 산산조각이 나고 있었다.

그렇다고 해도 이제 형은 곧 일을 시작하게 될 것이다. 형은 자기가 솔직하게 시인할 용기를 가지고, 마지막에는 관모의 출현이 착각이든 아니든, 사실로서 오는 것에 보다 순종하여, 관념을 파괴해 버릴 수 있는 힘이 있었다. 무엇보다도 형은 그 아픈 곳을 알고 있었으니까. 어쨌든 형은 지금까지 지켜 온 그 아픈 관념의 성은 무너지고 말았지만, 그만한 용기는 계속해서 형에게 메스를 휘두르게 할 것이다. 그것은 무서운 창조력일 수도 있었다.

그러나 – 나는 멍하니 드러누워 생각을 모으려고 애를 썼다. 나의 아픔은 어디서 온 것인가. 혜인의 말처럼 형은 6·25의 전상자이지만, 아픔만이 있고 그 아픔이 오는 곳이 없는 나의 환부는 어디인가. 혜인은 아픔이 오는 곳이 없으면 아픔도 없어야 할 것처럼 말했지만, 그렇다면 지금 나는 엄살을 부리고 있다는 것인가.

나의 일은. 그 나의 화폭은 깨어진 거울처럼 산산조각이 나 있었다. 그것을 다시 시작하기 위하여 나는 지금까지보다 더 많은 시간을 망설이며 허비해야 하는지도 모른다.

어쩌면 그것은 나의 힘으로는 영영 찾아내지 못하고 말 얼굴일는지도 모를 일이었다. 나의 아픔 가운데에는 형에게서처럼 명료한 얼굴이 없었다.

...

(7) 조세희, 「난장이가 쏘아올린 작은 공」

...

사람들은 아버지를 난장이라고 불렀다. 사람들은 옳게 보았다. 아버지는 난장이였다. 불행하게도 사람들은 아버지를 보는 것 하나만 옳았다. 그 밖의 것들은 하나도 옳지 않았다. 나는 아버지·어머니·영호·영희, 그리고 나를 포함한 다섯 식구의 모든 것을 걸고 그들이 옳지 않다는 것을 언제나 말할 수 있다. 나의 모든 것이라는 표현에는 다섯 식구의 목숨이 포함되어 있다. 천국에 사는 사람들은 지옥을 생각할 필요가 없다. 그러나 우리 다섯 식구는 지옥에 살면서 천국을 생각했다. 단 하루라도 천국을 생각해 보지 않은 날이 없다. 하루하루의 생활이 지겨웠기 때문이다. 우리의 생활은 전쟁과 같았다. 우리는 그 전쟁에서 날마다 지기만 했다. 그런데도 어머니는 모든 것을 잘 참았다. 그러나 그 날 아침 일만은 참기 어려웠던 것 같다.

"통장이 이걸 가져왔어요."

내가 말했다. 어머니는 조각마루 끝에 앉아 아침식사를 하고 있었다.

"그게 뭐냐?"

"철거 계고장예요."

"기어코 왔구나."

어머니가 말했다.

"그러니까 집을 헐라는 거지? 우리가 꼭 받아야 할 것 중의 하나가 이제 나온 셈이구나!"

어머니는 식사를 중단했다. 나는 어머니의 밥상을 내려다보았다. 보리밥에 까만 된장, 그리고 시든 고추 두어 개와 졸인 감자. 나는 어머니를 위해 철거 계고장을 천천히 읽었다.

...

어머니는 조각마루 끝에 앉아 말이 없었다. 벽돌 공장의 높은 굴뚝 그림자가 시멘트 담에서 꺾어지며 좁은 마당을 덮었다. 동네 사람들이 골목으로 나와 뭐라고 소리치고 있었다. 통장은 그들 사이를 비집고 나와 방죽 쪽으로 걸음을 옮겼다. 어머니는 식사를 끝내지 않은 밥상을 들고 부엌으로 들어갔다. 어머니는 두 무릎을 곧추세우고 앉았다. 그리고 손을 들어 부엌 바닥을 한 번 치고 가슴을 한 번 쳤다. 나는 동사무소로 갔다. 행복동 주민들이 잔뜩 몰려들어 자기의 의견들을 큰 소리로 말하고 있었다. 들을 사람은 두셋밖에 안 되는데 수십 명이 거의 동시에 떠들어대고 있었다. 쓸데없는 짓이었다. 떠든다고 해결될 문제는 아니었다.

...

그날 밤 승용차 안의 사나이가 우리 동네의 나머지 입주권을 모두 사 버렸다. 그는 다른 투기업자들이 이십만 원에 사는 것을 이십오만 원씩 주고 모두 사버렸다. 그날 밤에도 영희는 팬지 꽃 앞에 앉아 기타를 쳤다. 영희는 팬지 꽃 두 송이를 따 하나는 기타에 꽂고 하나는 머리에 꽂았다. 그리고, 꼼짝도 하지 않고 기타만 쳤다. 사나이가 아버지에게 담배를 권했다.

"이십오만 원이 분명하죠?"

어머니가 물었다. 사나이를 따라온 나이 든 사람이 검은 가방을 열어 돈을 보여 주었다. 그는 마루에 앉아 매매계약서를 썼다. 어머니가 방으로 들어가 서류가 든 봉투와 도장을 가지고 나왔다. 아버지는 계약서 매도자란에 '朴不伊'라고 쓰고 도장을 눌렀다. 나이 든 사람은 아버지의 이름을 제대로 읽지 못했다. 아버지 이름이 갖는 아픈 바람의 뜻을 그가 알 리 없었다. 어머니는 소중하게 싸 두었던 것들을 하나하나 넘겨주었다.

식칼 자국이 난 표찰, 아침 수저를 놓고 가슴을 세 번 치게 한 철거 계고장, 집을 헐값에 버리기 위해 생전 처음 내본 인감 증명 두 통, 미리 서명해 두었던 명의 변경 신청서, 힘 하나 없는 식구들의 이름과 나이가 차례로 적혀 있는 주민 등록 등본 두 통.

마당가 팬지 꽃 앞에 앉아 있던 영희가 고개를 숙였다. 사나이가 돈을 내밀었다. 어머니는 머리를 저으며 뒤로 물러앉았다. 아버지가 그것을 받았다. 꼭 삼 초 동안 들고 있다가 어머니에게 넘겨주었다. 어머니는 두 손으로 돈을 받아 들었다.

…

(8) 황석영, 「삼포 가는 길」

…

"감옥뿐 아니라, 세상이란 게 따지면 고해 아닌가……."

정 씨는 벗어서 불가에다 쬐고 있던 잠바를 입으면서 중얼거렸다.

"어둡기 전에 어서 가야지."

그들은 일어났다. 아직도 불길 좋게 타고 있는 모닥불 위에 눈을 한 움큼씩 덮었다. 산천이 차츰 희미하게 어두워졌다. 새들이 이리저리로 깃을 찾아 숲에 모여들고 있었다. 영달이가 백화에게 물었다.

"그래 이제 어떡할 셈요, 집에 가면……?"

백화가 대답을 않고 웃기만 했다. 정 씨가 말했다.

"시집가야지 뭐."

"시집은 안 가요. 이제 와서 무슨 시집이에요. 조용히 틀어박혀 집의 농사나 거들지요. 동생들이 많아요."

…

사방이 어두워지자 그들도 얘기를 그쳤다. 어디에나 눈이 덮여 있어서 길을 잘 분간할 수가 없었다. 뒤에 처졌던 백화가 눈 덮인 길의 고랑에 빠져 버렸다. 발이라도 삐었는지 백화는 꼼짝 못하고 주저앉아 신음을 했다. 영달이가 달려들어 싫다고 뿌리치는 백화를 업었다. 백화는 영달이의 등에 업히면서 말했다.

"무겁죠?"

영달이는 대꾸하지 않았다. 백화가 어린애처럼 가벼웠다. 등이 불편하지도 않았고 어쩐지 가뿐한 느낌이었다. 아마 쇠약해진 탓이리라 생각하니, 영달이는 어쩐지 대전에서의 옥자가 생각나서 눈시울이 화끈했다. 백화가 말했다.

"어깨가 참 넓으네요. 한 세 사람쯤 업겠어."

"댁이 근수가 모자라니 그렇다구."

…

정 씨 옆에 앉았던 노인이 두 사람의 행색과 무릎 위의 배낭을 눈 여겨 살피더니 말을 걸어 왔다.

"어디 일들 가슈?"

"아뇨, 고향에 갑니다."

"고향이 어딘데……"

"삼포라구 아십니까?"

"어 알지, 우리 아들놈이 거기서 도자를 끄는데……"

"삼포에서요? 거 어디 공사 벌릴 데나 됩니까. 고작해야 고기잡이나 하구 감자나 매는데요."

"어허! 몇 년 만에 가는 거요?"

"십 년."

노인은 그렇겠다며 고개를 끄덕였다.

"말두 말우 거긴 지금 육지야. 바다에 방둑을 쌓아 놓구, 추럭이 수십 대씩 돌을 실어 나른다구."

"뭣땜에요?"

"낸들 아나, 뭐 관광 호텔을 여러 채 짓는담서 복잡하기가 말할 수 없데."

"동네는 그대루 있을까요?"

"그대루가 뭐요. 맨 천지에 공사판 사람들에다 장까지 들어섰는걸."

…

(9) 이청준, 「눈길」

…

그녀는 나의 참을성 없는 심경의 변화를 나무란 것이었다. 그리고 그 매정스런 결단을 원망하고 있는 것이었다. 까닭 없는 연민과 애원기 같은 것이 서려있는 그녀의 눈길이 그것을 더욱 분명히 하고 있었다.

"그래, 일이 그리 바쁘다면 가 봐야 하기는 하겠구나. 바쁜 일을 받아 놓고 온 사람을 붙잡는다고 들을 일이겠냐."

한동안 입을 다물고 앉아 있던 노인이 마침내 체념을 한 듯 다시 입을 열어 왔다.

"항상 그렇게 바쁜 사람인 줄은 안다마는, 에미라고 이렇게 먼 길을 찾아와도 편한 잠자리 하나 못 마련해 주는 내 맘이 아쉬워 그랬던 것 같구나."

말을 끝내고 무연스런 표정으로 장죽 끝에 풍년초를 꾹꾹 눌러 담기 시작한다. 너무도 간단한 체념이었다. 담배통에 풍년초를 눌러 담고 있는 그 노인의 얼굴에는 아내에게서와 같은 어떤 원망기 같은 것도 찾아볼 수가 없었다. 당신 곁을 조급히 떠나고 싶어 하는 그 매정스런 아들에 대한 아쉬움 같은 것도 엿볼 수가 없었다. 성냥불도 붙이려 하지 않고 언제까지나 그 풍년초 담배만 꾹꾹 눌러 채우고 앉아 있는 노인의 눈길은 차라리 무표정에 가까운 것이었다.

나는 그 너무도 간단한 노인의 체념에 오히려 불쑥 짜증이 치솟았다.

나는 마침내 자리를 일어섰다. 그러고는 그 노인의 무표정에 밀려나기라도 하듯 방문을 나왔다.

장지문 밖 마당가에 작은 치자나무 한 그루가 한낮의 땡볕을 견디고 서 있었다.

...

"눈길을 혼자 돌아가다 보니 그 길엔 아직도 우리 둘 말고는 아무도 지나간

사람이 없지 않았겠냐? 눈발이 그친 신작로 눈 위에 저하고 나하고 둘이 걸어온 발자국만 나란히 이어져 있구나."

"그래서 어머님은 그 발자국 때문에 아들 생각이 더 간절하셨겠네요."

"간절하다뿐이었겠냐. 신작로를 지나고 산길을 들어서도 굽이굽이 돌아온 그 몹쓸 발자국들에 아직도 도란도란 저 아그 목소리나 따뜻한 온기가 남아 있는 듯만 싶었제. 산비둘기만 푸르륵 날아올라도 저 아그 넋이 새가 되어 다시 되돌아오는 듯 놀라지고, 나무들이 눈을 쓰고 서 있는 것만 보아도 뒤에서 금세 저 아그 모습이 뛰어나올 것만 싶었지야. 하다 보니 나는 굽이굽이 외지기만 한 그 산길을 저 아그 발자국만 따라 밟고 왔더니라. 내 자석아, 내 자석아, 너하고 둘이 온 길을 이제는 이 몹쓸 늙은것 혼자서 너를 보내고 돌아가고 있구나!"

"어머님 그때 우시지 않았어요?"

"울기만 했겠냐. 오목오목 디뎌 논 그 아그 발자국마다 한도 없는 눈물을 뿌리며 돌아왔제. 내 자석아, 내 자석아, 부디 몸이나 성히 지내거라. 부디부디 너라도 좋은 운 타서 복 받고 살거라……. 눈앞이 가리도록 눈물을 딸구면서 눈물로 저 아그 앞길만 빌고 왔제……."

나는 아직도 눈을 뜰 수가 없었다. 불빛 아래 눈을 뜨고 일어날 수가 없었다. 사지가 마비된 듯 가라앉아 있는 때문만이 아니었다. 졸음기가 아직 아쉬워서도 아니었다. 눈꺼풀 밑으로 뜨겁게 차오르는 것을 아내와 노인 앞에 보일 수가 없었다. 그것이 너무도 부끄러웠기 때문이었다. 아내는 이번에도 그러는 나를 알고 있었던 것 같았다.

"여보, 이젠 좀 일어나 보세요. 일어나서 당신도 말을 좀 해 보세요."

그녀가 느닷없이 나를 세차게 흔들어 깨웠다. 그녀의 음성은 이제 거의 울부짖음에 가까웠다. 그래도 나는 일어날 수가

없었다. 뜨거운 것을 숨기기 위해 눈꺼풀을 꾹꾹 눌러 참으면서 내처 잠이 든 척 버틸 수밖에 없었다.

...

(10) 윤흥길, 「아홉 켤레의 구두로 남은 사내」

...

"십만 원 가까이 빌릴 수 없을까요!"

밑도 끝도 없이 그는 이제까지의 수줍음이 싹 가시고 대신 도발적인 감정 같은 걸로 그득 채워진 얼굴을 들어 내 면전에 대고 부르짖었다. 담배 한 대만 꾸자는 식으로 십만 원 소리가 허망히도 나왔다. 내가 잠시 어리둥절해 있는 사이에 그는 매우 사나운 기세로 말을 보태는 것이었다.

"수술을 해야 된답니다. 엑스레이도 찍어 봤는데 아무 이상이 없답니다. 모든 게 다 정상이래요. 모체 골반두 넉넉허구요. 조기 파수도 아니구 전치 태반도 아니구요. 쌍둥이는 더더욱 아니구요. 이렇게 정상적인데도 이십사 시간이 넘도록 배가 위에 달라붙는 경우는 태아가 돌다가 탯줄을 목에 감았을 때뿐이랍니다. 제기랄, 탯줄을 목에 감았다는군요. 빨리 손을 쓰지 않으면 산모나 태아나 모두 위험하대요."

어색하게 들린 것은 그가 '제기랄'이라고 씹어뱉은 그 대목뿐이었다. 평상시의 권씨답지 않은 그 말만 빼고는 그럴 수 없이 진지한 이야기였다. 아니다. 그가 처음으로 점잖지 못한 그 말을 사용했기 때문에 내 귀엔 더욱 더 진지하게 들렸을지도 모른다. 나는 한동안 망설이지 않을 수 없었다. 그의 진지함 앞에서 '아아, 그거 참 안됐군요'라든가 '그래서 어떡하죠' 하는 상투적인 말로 섣불리 이쪽의 감정을 전달하기엔 사실 말이지 '십만 원 가까이'는 내게 너무나 큰 부담이었다. 집을 살 때 학교에다 진 빚을 아직 절반도 못 가린 처지였다. 정상 분만비 1, 2만 원 정도라면 또 모르지만 단순히 권씨를 도울 작정으로 나로서는 거금에 해당하는 10만 원 가까이를 또 빚진다는 건 무리도 이만저만이 아니었다. 뿐만 아니라 집안에서 경제권을 장악하고 있는 아내의 양해도 없이 멋대로 그런 큰일을 저질러도 괜찮을 만큼 나는 자유롭지도 못했다.

...

"누군 뭐 들어오고 싶어서 들어왔나? 피치 못한 사정 땜에 어쩔 수 없이……."

나는 강도를 안심시켜 편안한 맘으로 돌아가게 만들 절호의 기회라고 판단했다.

"그 피치 못한 사정이란 게 대개 그렇습니다. 가령 식구 중에 누군가가 몹시 아프다든가 빚에 몰려서……."

그 순간 강도의 눈이 의심의 빛으로 가득 찼다. 분개한 나머지 이가 딱딱 마주칠 정도로 떨면서 그는 대청마루를 향해 나갔다. 내 옆을 지나쳐 갈 때 그의 몸에서는 역겨울만큼 술 냄새

가 확 풍겼다. 그가 허둥지둥 끌어안고 나가는 건 틀림없이 갈기갈기 찢어진 한 줌의 자존심일 것이었다. 애당초 의도했던 바와는 달리 내 방법이 결국 그를 편안케 하기는커녕 오히려 더욱 더 낭패케 만들었음을 깨닫고 나는 그의 등을 향해 말했다.

"어렵다고 꼭 외로우란 법은 없어요. 혹 누가 압니까. 당신도 모르는 사이에 당신을 아끼는 어떤 이웃이 당신의 어려움을 덜어 주었을지?"

"개수작 마! 그 따위 이웃은 없다는 걸 난 똑똑히 봤어! 난 이제 아무도 안 믿어!"

그는 현관에 벗어 놓은 구두를 신고 있었다. 그 구두를 보기 위해 전등을 켜고 싶은 충동이 불현듯 일었으나 나는 꾹 눌러 참았다. 현관문을 열고 마당으로 내려선 다음 부주의하게도 그는 식칼을 들고 왔던 자기 본분을 망각하고 엉겁결에 문간방으로 들어가려 했다. 그의 실수를 지적하는 일은 훗날을 위해 나로서는 부득이한 조처였다.

"대문은 저쪽입니다."

문간방 부엌 앞에서 한동안 망연해 있다가 이윽고 그는 대문 쪽을 향해 느릿느릿 걷기 시작했다. 비틀비틀 걷기 시작했다. 대문에 다다르자 그는 상체를 뒤틀어 이쪽을 보았다.

"이래봬도 나 대학까지 나온 사람이오."

누가 뭐라고 그랬나. 느닷없이 그는 자기 학력을 밝히더니만 대문을 열고는 보안등 하나 없는 칠흑의 어둠 저편으로 자진해서 삼켜져 버렸다.

...

(11) 임철우, 「사평역」

막차는 좀처럼 오지 않았다.

별로 복잡한 내용이랄 것도 없는 장부를 마저 꼼꼼히 확인해 보고 나서야 늙은 역장은 돋보기 안경을 벗어 책상 위에 놓고 일어선다.

벌써 삼십 분이나 지났군.

출입문 위쪽에 붙은 낡은 벽시계가 여덟 시 십 오분을 가리키고 있다. 하긴 뭐 벌써라는 말을 쓰는 것도 새삼스럽다고 그는 고쳐 생각한다. 이렇게 작은 산골 간이역에서 제 시간에 정확히 도착하는 완행 열차를 보기가 그리 쉬운 일은 아님을 익히 알고 있는 탓이다. 더구나 오늘은 눈까지 내리고 있지 않은가.

...

청년은 다시 유리창 밖을 내다본다. 밤새 오려는가. 송이송이 쏟아져 내리고있다. 대합실 안에서 새어나간 불빛이 유리창 가까운 땅바닥 위에 수북하게 쌓인 눈을 비치고 있다. 하얗게 쏟아지는 눈발을 망연히 바라보며 청년은 그것이 무수한 나비 떼 같다고 생각한다.

그래. 나비떼야. 활활 타오르는 불길 속으로 밤이 되면 미친 듯 날아들어와 비명조차 지르지 못하고 타 죽어 가는 수많은 흰 나비떼들……

...

사람들은 약속이나 한 듯 말을 잊었다. 어쩌면 그들은 열차를 기다리고 있다는 사실조차 망각하고 있는 것인지도 모른다. 중년 사내는 담배를 입에 문 채 성냥불을 당기려다 말고 멍하니 난로의 불빛을 들여다보고 있다. 노인을 안고 있는 농부도, 대학생도, 쭈그려 앉은 아낙네들도, 서울 여자도, 머플러를 쓴 춘심이도 저마다의 손바닥들을 불빛 속에 적셔두고 망연한 시선을 난로 위에 모은 채 모두들 아무 말도 하지 않았다. 저만치 홀로 떨어져 앉아 있는 미친 여자도 지금은 석고상으로 고요히 정지해 있다. 이따금 노인의 기침소리가 났고, 난로 속에서 톱밥이 톡톡 튀어올랐다.

"흐유, 산다는 게 대체 뭣이간디……"

불현듯 누군가 나직이 내뱉었다.

그러자 사람들은 그 말꼬리를 붙잡고 저마다 곰곰히 생각해 보기 시작한다. 정말이지 산다는 게 도대체 무엇일까……

...

하지만 결국 역장은 김씨를 깨우러 가기 전에 톱밥을 더 가져다가 난로에 부어 줘야겠다고 생각하며 천천히 사무실로 돌아가고 있었다. 눈은 밤새 내내 내릴 모양이었다.

03 수필 ▼

1. 수필의 특징

(1) **사실적** : 다른 문학과 달리 사실을 바탕으로 하여 쓰는 글이며 수필 속의 '나'는 글쓴이 자신이다.

(2) **주관적 · 개성적** : 작가의 생활태도, 성격, 인생관 등이 그대로 나타난다.

(3) **자기 고백적** : 자신의 삶을 통한 깨달음을 고백한다.

(4) **다양한 제재** : 체험, 사회, 역사, 자연 등 모든 것이 제재가 될 수 있다.

(5) **자유로운 형식** : 형식의 제한을 받지 않고 붓 가는 대로 쓰는 글이다.

(6) **비전문적** : 자신의 경험을 바탕으로 누구나 쓸 수 있는 대중적인 문학 갈래이다.

(7) **멋과 운치의 문학** : 번뜩이는 유머와 위트를 통해 문학적인 멋을 더한다.

　예 박완서, 「운수 안 좋은 날」

> 전철에서 겪은 무례한 젊은 엄마와의 짧은 사건을 통해 젊은 세대의 문제점에 대해 날카롭게 비판하고, 올바른 심성에 대한 글쓴이의 생각을 드러냄

2. 수필의 종류

(1) 태도에 따라

구분	경수필	중수필
소재	작가의 일상적인 경험	사회 문제 등 철학적 내용
성격	주관적, 자기 고백적, 감성적, 정서적	객관적, 사회적, 지적, 철학적, 논리적
내용	신변잡기적이고 가벼운 내용	시사적이고 무거운 내용
표현	문장의 흐름이 가볍고 경쾌한 느낌	논설문에 가까운 논리적이고 무거운 느낌
예시	박완서, 「사랑의 입김」 : 어머니의 입김을 통해 현대사회에서 사라져 가는 사랑의 가치와 중요성에 대해 강조함	민태원, 「청춘예찬」 : 젊은이들의 피 끓는 정열, 원대한 이상, 건강한 육체를 들어 청춘을 찬미하고 격려함

(2) 진술 방식에 따라

① **교훈적 수필** : 체험, 사색을 바탕으로 교훈적 내용을 서술한 수필

　예 나희덕, 「내 유년의 울타리는 탱자나무였다」 : 어릴 때 탱자나무 가시에 찔렸던 경험을 통해 삶이 주는 고통을 회피하지 말고 슬기롭게 받아들여 삶의 자양분으로 삼아야 한다는 깨달음을 보여 준다.

② **희곡적 수필** : 극적인 요소를 지닌 사건을 서술한 수필

　예 계용묵, 「구두」 : 구두에 박은 징 때문에 길에서 앞서 가던 여자에게 오해를 받은 이야기

③ **서정적 수필** : 일상이나 자연에서 느낀 감정과 정서를 표현한 수필

　예 이상, 「산촌 여정」 : 뭉게구름을 바라보며 느끼는 여름의 흥취

④ **서사적 수필** : 내용의 사실성, 정확성이 중시되며 이야기를 전하는 형식으로 서술한 수필

　예 피천득, 「은전 한 닢」 : 은전의 진위를 알고 싶어 전당포를 다니는 거지를 쫓은 이야기

3. 수필의 구성 요소

(1) 주제 : 작품 속에 드러나는 중심 생각, 수필의 주제는 제재에 대한 작가의 해석이나 의미 부여를 통해 이루어진다.

(2) 제재 : 작품에 쓰인 재료, 수필의 제재는 체험, 관찰, 사색, 독서 등을 통해 얻어진다.

(3) 구성 : 주제를 효과적으로 전달하기 위한 짜임, 어떤 구성 방법도 취할 수 있다.

(4) 문체 : 작가의 개성적인 특징이 드러나는 문장의 양식이다.

문장의 길이	간결체	문장이 짧고 호흡이 빠른 문체
	만연체	문장이 길고 호흡이 느린 문체
표현의 강조	강건체	굳세고 씩씩한 기운이 느껴지는 문체
	우유체	부드럽고 차분하며 우아한 문체
수식의 유무	건조체	별다른 수식 없이 사실만을 담담하게 표현한 문체
	화려체	수식어와 수사법을 많이 사용하여 화려하게 표현한 문체

4. 대표 작품

(1) 이상, 「권태」

어서, 차라리 어둬 버리기나 했으면 좋겠는데 - 벽촌(僻村)의 여름날은 지리해서 죽겠을 만치 길다.

동(東)에 팔봉산, 곡선은 왜 저리도 굴곡이 없이 단조로운고? 서를 보아도 벌판, 남을 보아도 벌판, 북을 보아도 벌판, 아 - 이 벌판은 어쩌라고 이렇게 한이 없이 늘어 놓았을꼬? 어쩌자고 저렇게까지 똑같이 초록색 하나로 되어 먹었노?

농가(農家)가 가운데 길 하나를 두고 좌우로 한 십여 호씩 있다. 휘청거린 소나무 기둥, 흙을 주물러 바른 벽, 강낭대로 둘러싼 울타리, 울타리를 덮은 호박넝쿨, 모두가 그게 그것같이 똑같다.

어제 보던 대싸리나무, 오늘도 보는 김 서방, 내일도 보아야 할 흰둥이, 검둥이.

해는 100도(百度) 가까운 볕을 지붕에도, 벌판에도, 뽕나무에도, 암탉 꼬랑지에도 내려쪼인다. 아침이나 저녁녘이나 뜨거워서 견딜 수가 없는 염서(炎署)가 계속된다.

나는 아침을 먹었다. 그러나 무작정 널따란 백지 같은 '오늘'이라는 것이 내 앞에 펼쳐져 있으면서 무슨 기사(記事)라도 좋으니 강요한다. 나는 무엇이고 하지 않으면 안 된다. 무엇을 해야 할 것인가 연구해야 된다. 그럼 — 나는 최 서방네 집 사랑 툇마루로 장기나 두러 갈까? 그것 좋다.

최 서방은 들에 나갔다. 최 서방네 사랑에는 아무도 없나 보다. 최 서방의 조카가 낮잠을 잔다. 아하 내가 아침을 먹은 것은 열 시나 지난 후니까, 최 서방의 조카로서는 낮잠 잘 시간에 틀림없다.

나는 최 서방의 조카를 깨워 가지고 장기를 한 판 벌이기로 한다. 최 서방의 조카로서는, 그러니까 나와 장기 두는 것 그것부터가 권태다. 밤낮 두어야 마찬가지 바에는 안 두는 것이 차라리 낫지 — 그러나 안 두면 또 무엇을 하나? 둘밖에 없다. 지는 것도 권태여늘 이기는 것이 어찌 권태 아닐 수 있으랴? 열 번 두어서 열 번 내리 이기는 장난이란 열 번 지는 이상으로 싱거운 장난이다. 나는 참 싱거워서 견딜 수 없다.

한 번쯤 져 주리라. 나는 한참 생각하는 체하다가 슬그머니 위험한 자리에 장기 조각을 갖다 놓는다. 최 서방의 조카는 하품을 쓱 한 번 하더니 이윽고 둔다는 것이 딴전이다. 으레 질 것이니까, 골치 아프게 수를 보고 어쩌고 하기도 싫다는 사상이리라. 아무렇게나 생각나는 대로 장기를 갖다 놓고는 그저 얼른얼른 끝을 내어 져 줄 만큼 져 주면 상승장군(常勝將軍)은 이 압도적 권태를 이기지 못해 제 출물에 가 버리겠지 하는 사상(思想)이리라. 가고 나면 또 낮잠이나 잘 작정이리라.

나는 부득이 또 이긴다. 이제 그만 두잔다. 물론 그만 두는 수밖에 없다. 일부러 져 준다는 것조차 어려운 일이다. 나는 왜 저 최 서방의 조카처럼 아주 영영 방심 상태가 되어 버릴 수가 없나? 이 질식한 것 같은 권태 속에서도 사세(些細)한 승부에 구속을 받나? 아주 바보가 되는 수는 없나?

내게 남아 있는 이 치사스러운 인간 이욕(人間利慾)이 다시 없이 밉다. 나는 이 마지막 것을 면해야 한다. 권태를 인식하는 신경마저 버리고 완전히 허탈해 버려야 한다.

(2) 법정, 「무소유」

...

지난해 여름 장마가 갠 어느 날 봉선사로 운허 노사(耘虛老師)를 뵈러 간 일이 있었다. 한낮이 되자 장마에 갇혔던 햇볕이 눈부시게 쏟아져 내리고 앞 개울 물 소리에 어울려 숲 속에서는 매미들이 있는 대로 목청을 돋구었다.

아차! 이때에야 문득 생각이 난 것이다. 난초를 뜰에 내놓은 채 온 것이다. 모처럼 보인 찬란한 햇볕이 돌연 원망스러워졌다. 뜨거운 햇볕에 늘어져 있을 난초잎이 눈에 아른거려 더 지체할 수가 없었다. 허둥지둥 그 길로 돌아왔다. 아니나 다를까, 잎은 축 늘어져 있었다. 안타까워하며 샘물을 길어다 축여 주고 했더니 겨우 고개를 들었다. 하지만 어딘가 생생한 기운이 빠져 버린 것 같았다.

나는 이 때 온몸으로, 그리고 마음속으로 절절히 느끼게 되었다. 집착(執着)이 괴로움인 것을. 그렇다, 나는 난초에게 너무 집착해 버린 것이다. 이 집착에서 벗어나야겠다고 결심했다. 난(蘭)을 가꾸면서는 산철 — 승가(僧家)의 유행기(游行期) — 에도 나그네 길을 떠나지 못한 채 꼼짝 못 하고 말았다. 밖에 볼 일이 있어 잠시 방을 비울 때면 환기가 되도록 들창문을 조금 열어 놓아야 했고, 분(盆)을 내놓은 채 나가다가 뒤미처 생각하고는 되돌아와 들여 놓고 나간 적도 한두 번이 아니었다. 그것은 정말 지독한 집착이었다.

며칠 후, 난초처럼 말이 없는 친구가 놀러 왔기에 선뜻 그의 품에 분을 안겨주었다. 비로소 나는 얽매임에서 벗어난 것이다. 날 듯 홀가분한 해방감. 삼 년 가까이 함께 지낸 '유정(有情)'을 떠나보냈는데도 서운하고 허전함보다 홀가분한 마음이 앞섰다. 이때부터 나는 하루 한 가지씩 버려야겠다고 스스로 다짐을 했다. 난을 통해 무소유(無所有)의 의미 같은 걸 터득하게 됐다고나 할까.

...

(3) 이희승, 「딸깍발이」

'딸깍발이'란 것은 '남산(南山)골 샌님'의 별명이다. 왜 그런 별호(別號)가 생겼느냐 하면, 남산골 샌님은 지나 마르나 나막신을 신고 다녔으며, 마른 날은 나막신 굽이 굳은 땅에 부딪쳐서 딸깍딸깍 소리가 유난하였기 때문이다. 요새 청년들은 아마 그런 광경을 못 구경하였을 것이니, 좀 상상하기에 곤란할는지 알 수 없다. 그러나 일제 시대에 일인들이 '게다'를 끌고 '콘크리트' 길바닥을 걸어다니던 꼴을 기억하고 있다면 딸깍발이라는 명칭이 붙게 된 까닭도 이해할 수 있을 것이다.

겨울이 오니 땔나무가 있을 리 만무하다. 동지 설상(雪上) 삼척 냉돌에 변변치도 못한 이부자리를 깔고 누웠으니, 사뭇 뼈가 저려 올라오고 다리 팔 마디에서 오도독 소리가 나도록 온몸이 곱아 오는 판에, 사지를 웅크릴 대로 웅크리고, 안간힘을 꽁꽁 쓰면서 이를 악물다 못해 박박 갈면서 하는 말이,

"요놈, 요 괘씸한 추위란 놈 같으니, 네가 지금은 이렇게 기승을 부리지마는, 어디 내년 봄에 두고 보자."

하고 벼르더란 이야기가 전하지마는, 이것이 옛날 남산골 '딸깍발이'의 성격을 단적으로 가장 잘 표현한 이야기다. 사실로 졌지마는, 마음으로 안 졌다는 앙큼한 자존심, 꼬장꼬장한 고지식, 양반은 얼어 죽어도 겻불은 쬐지 않는다는 지조, 이 몇 가지들이 그들의 생활 신조였다.

실상 그들은 가명인(假明人, 사대주의자)이 아니었다. 우리나라를 소중화(小中華)로 만든 것은 어쭙지않은 관료들의 죄요, 그들의 허물이 아니었다. 그들은 너무 강직하였다. 목이 부러져도 굴하지 않는 기개, 사육신(死六臣)도 이 샌님의 부류요, 삼학사(三學士, 병자호란 때의 충신)도 '딸깍발이'의 전형인 것이다. 올라가서는 포은 선생(圃銀先生)도 요, 근세로는 민충정공(閔忠正公)도 그다.

국호(國號)와 왕위 계승에 있어서 명(明), 청(淸)의 승낙을 얻어야 했고, 역서(曆書, 주역ㆍ달력)의 연호를 그들의 것으로 하지 않으면 안 되었지마는, 역대 임금의 시호(諡號)를 제대로 올리고, 행정면에 있어서 내정의 간섭을 받지 않은 것은 그래도 이 샌님 혼(魂)의 덕택일 것이다. 국사에 통탄한 사태가 벌어졌을 적에 직언(直言)으로써 지존에서 직소한 것도 이 샌님의 족속인 유림에서가 아니고 무엇인가. 임란(壬亂) 당년에 국가의 운명이 단석(旦夕, 절박한 상태)에 박도(가까이 닥침) 되었을 때, 각지에서 봉기한 의병의 두목들도 다 이 '딸깍발이' 기백이 구현(具現)인 것이 의심없다. 구한국 말엽(末葉)에 단발령(斷髮令)이 내렸을 적에, 각지의 유림(儒林)들이 맹렬하게 반대의 상서를 올려서, "이 목은 잘릴지언정 이 머리는 깎을 수 없다[此頭可斷 此髮不可斷]."고 부르짖고 일어선 일이 있었으니, 그 일 자체는 미혹(迷惑)하기 짝이 없었지마는, 죽음도 개의하지 않고 덤비는 그 의기야말로 본받음직하지 않은 바도 아니다.

이와 같이 '딸깍발이'는 온통 못생긴 짓만 하고 있었던 것이 아니라, 훌륭한 점도 적잖이 가지고 있었던 것이다. 쾨쾨한 샌님이라고 넘보고 깔보기만 하기에는 너무도 좋은 일면을 지니고 있었던 것이다.

현대인은 너무 약다. 전체를 위하여 약은 것이 아니라, 자기 중심, 자기 본위로만 약다. 백년대계(百年大計)를 위하여 영리한 것이 아니라, 당장 눈앞의 일에만 아름 아름하는 고식지계(姑息之計)에 현명하다. 염결(廉潔, 청렴결백)에 밝은 것이 아니라, 극단의 이기주의(利己主義)에 밝다. 이것은 실상은 현명한 것이 아니요, 우매(愚昧)하기 짝이 없는 일이다. 제 꾀에 제가 빠져서 속아 넘어갈 현명이라고나 할까.

우리 현대인도 '딸깍발이'의 정신을 좀 배우자.

첫째, 그 의기를 배울 것이요, 둘째, 그 강직(剛直)을 배우자. 그 지나치게 청렴한 미덕은 오히려 분간을 하여가며 배워야 할 것이다.

(4) 윤오영, 「달밤」

내가 잠시 낙향(落鄕)해서 있었을 때 일.

어느 날 밤이었다. 달이 몹시 밝았다. 서울서 이사 온 윗마을 김 군을 찾아갔다. 대문은 깊이 잠겨 있고 주위는 고요했다. 나는 밖에서 혼자 머뭇거리다가 대문을 흔들지 않고 그대로 돌아섰다.

맞은편 집 사랑 툇마루엔 웬 노인이 한 분 책상다리를 하고 앉아서 달을 보고 있었다. 나는 걸음을 그리로 옮겼다. 그는 내가 가까이 가도 별 관심을 보이지 아니했다.

"좀 쉬어가겠습니다."

하며 걸터앉았다. 그는 이웃 사람이 아닌 것을 알자,

"아랫마을서 오셨소?"

하고 물었다.

"네, 달이 하도 밝기에……."

"음! 참 밝소."

허연 수염을 쓰다듬었다.

두 사람은 각각 말이 없었다. 푸른 하늘은 먼 마을에 덮여 있고, 뜰은 달빛에 젖어 있었다. 노인이 방으로 들어가더니, 안으로 통한 문소리가 나고 얼마 후에 다시 문소리가 들리더니, 노인은 방에서 상을 들고 나왔다. 소반에는 무청김치 한 그릇, 막걸리 두 사발이 놓여 있었다.

"마침 잘 됐소, 농주(農酒) 두 사발이 남았더니……."

하고 권하며, 스스로 한 사발을 쭉 들이켰다. 나는 그런 큰 사발의 술을 먹어본 적은 일찍이 없었지만 그 노인이 마시는 바람에 따라 마셔 버렸다.

이윽고,

"살펴 가우."

하는 노인의 인사를 들으며 내려왔다. 얼마쯤 내려오다 돌아보니, 노인은 그대로 앉아 있었다.

04 극문학

1. 특징

(1) 무대 상연을 전제로 하여 시·공간과 등장인물 수 등의 제약이 있다.

(2) 관객과 대면한 상태에서 이루어지므로 사건을 현재형으로 표현한다.

(3) 서술자 없이 인물들의 대사와 행동으로 사건을 전개한다.

(4) 인물의 성격, 의지로 인한 대립과 갈등으로 구성된다.

2. 구성

(1) 구성 요소

해설	첫머리에서 등장인물, 배경 등을 설명한 부분		
대사	등장인물의 말 → 사건의 진행, 인물의 성격 제시, 극의 분위기 조성, 주제 암시		
	대화	인물들이 주고받는 말	
	독백	상대방 없이 혼자 하는 말	
	방백	관객에게는 들리지만, 무대 위의 상대방에게는 들리지 않는다는 약속 아래 하는 말	
지문 (지시문)	등장인물의 행동이나 표정, 무대 배경의 변화 등을 설명하는 것 → 대사와의 어울림이 중요		
	무대 지시문	무대 장치와 음향 효과 등 무대 상황을 지시하는 글	
	동작 지시문	인물들의 행동이나 표정, 말투 등을 지시하는 글	

(2) 구성 단위

막	한 편의 연극을 나누는 가장 큰 단위로, 무대의 휘장이 올랐다가 내릴 때까지의 단위
장	막보다 작은 단위로, 무대 장면이 변하지 않고 이루어지는 사건의 한 토막

(3) 구성 단계

발단	인물, 배경의 소개, 사건의 실마리 제시
전개	사건이 복잡해지며 갈등이 점점 고조
절정	갈등 최고조
하강	사건의 전환, 갈등 해소의 실마리 제시
대단원	갈등의 해소와 사건의 마무리

3. 대표 작품

(1) 유치진, 「토막」

...

명서 처 : 아니, 삼조가 뭣을 보냈을까? 입때 한 마디 소식두 없던 애가…… (소포를 끌러서 궤짝을 떼어 보고)

금녀 : (깜짝 놀라) 어머니!

명서 처 : (자기의 눈을 의심하듯이) 대체 이게 …… 이게? 에그머니, 맙소사! 이게 웬일이냐?

명서 처 : (되려 멍청해지며, 궤짝에 쓰인 글자를 읽으며) 최명수의 백골.

금녀 : 오빠의?

명서 처 : 그럼, 신문에 난 게 역시! 아아, 이 일이 웬일이냐? 명수야! 네가 왜 이 모양으로 돌아왔느냐! (백골 상자를 꽉 안는다)

금녀 : 오빠!

명서 : 나는 여태 개 돼지같이 살아 오문서, 한 마디 불평두 입 밖에 내지 않구 꾸벅구벅 일만 해 준 사람이여. 무엇 때문에, 무엇 때문에 내 자식을 이 지경을 맨들어 보내느냐? 응, 이 육실헐 놈들! (일어서려고 애쓴다)

금녀 : (눈물을 씻으며) 아버지! (하고 붙든다)

명서 : 놓아라! 명수는 어디루 갔니? 다 기울어진 이 집을 뉘게 맡겨 두구 이눔은 어딜?

금녀 : 아버지! 아버지!

명서 : (궤짝을 들구 비틀거리며) 이놈들아, 왜 뼉다구만 내게 갖다 맽기느냐? 내 자식을 죽인 눔이 이걸 마저 처치해라! (기진하여 쓰러진다. 궤짝에서 백골이 쏟아진다. 밭은 기침 한동안)

명서 처 : (흩어진 백골을 주우며) 명수야, 내 자식아! 이 토막에서 자란 너는 백골이나마 우리를 찾아왔다. 인제는 나는 너를 기다려서 애태울 것두 없구, 동지 섣달 기나긴 밤을 울어 새우지 않아도 좋다! 명수야, 이제 너는 내 품안에 돌아왔다.

명서 : …… 아아, 보기 싫다! 도루 가져가래라!

금녀 : 아버지, 서러 마세유. 서러워 마시구 이대루 꼭 참구 살아가세유. 네, 아버지! 결코 오빠는 우릴 저버리진 않을 거예유. 죽은 혼이라두 살아 있어, 우릴 꼭 돌봐 줄 거예유. 그때까지 우린 꼭 참구 살아가유. 예, 아버지!

명서 : …… 아아, 보기 싫다! 도루 가지고 가래라!

금녀의 어머니는 백골을 안치하여 놓고, 열심히 무어라고 중얼거리며 합장한다. 바람소리, 적막을 찢는다.

― 막(幕) ―

(2) 나소운, 이종기(이범선 원작), 「오발탄」

S# 67. 정신 병원 진료실

4, 5년 전의 어머니가 병상에 반듯이 누워 있다. 멍하니 어느 피안(彼岸)을 바라보는 눈.

어머니 : 가자!

그 옆에 청진기를 손에 들고 있는 의사.
그 앞에 마주 서 있는 좀 말쑥한 철호.

철호 : 도대체 어디로 가자고 저러실까요. 선생님!

의사 : 과거에는 생활이 윤택하셨다니까 아마 그 당시로 돌아가자시거나 아니면 우리 현실보다 나은 세계 ― 말하자면 영겁(永劫)의 나라일 테죠.

철호 : 선생님! 회복될 수 있을까요?

의사 : 글쎄요. 한 삼사 년 치료를 받아 보시면 그때 어떤 결론이 나오겠죠.

S# 68. 산비탈 길
뚜벅뚜벅 걷고 있는 철호.

S# 69. 피난민 수용소 안

담요바지 철호의 아내가 주워 모은 널빤지 조각을 이고 들어와 부엌에 내려놓고 흩어진 머리칼을 치키며 숨을 돌리고 있다.
철호의 소리 ― "저걸 저토록 고생시킬 줄이야."
담요바지 아내의 모습 위에 O·L(부드러운 화면 전환)
여학교 교복을 입고 강당에 서서 노래를 부르고 있는 그 시절의 아내. 또 O·L되며 신부 차림의 아내가 노래를 부르고 있다. 그 옆에 상기되어 앉아 있는 결혼 피로연 석상의 철호. 노래는 '돌아오라 소렌토로'.

...

S# 7(4) 철호의 집 방 안

영호 : 취직이요? 형님처럼 전찻삯도 안 되는 월급을 받고 남의 살림이나 계산해주란 말예요? 싫습니다.

철호 : 그럼 뭐 뾰족한 수가 있는 줄 아니?

영호 : 있지요. 남처럼 용기만 조금 있으면.

철호 : 용기?

영호 : 네. 분명히 용기지요.

철호 : 너 설마 엉뚱한 생각을 하고 있는 건 아니겠지?

영호 : 엉뚱하긴 뭐가 엉뚱해요.

철호 : (버럭 소리를 지르며) 영호야! 그렇게 살자면 이 형도 벌써 잘살 수 있었단 말이다.

영호 : 저도 형님을 존경하지 않는 건 아녜요. 가난하더라도 깨끗이 살자는 형님을……. 하지만 형님! 인생이 저 골목에서 십 환짜리를 받고 코 흘리는 어린애들에게 보여 주는 요지경이라면야 가지고 있는 돈 값만치 구멍으로 들여다보고 말 수도 있죠. 그렇지만 어디 인생이 자기 주머니 속의 돈액수만치만 살고 그만둘 수 있는 요지경인가요? 형님의 어금니만 해도 푹푹 쑤시고 아픈 걸 견딘다고 절약이 되는 건 아니죠. 그러니 비극이 시작되는 거죠. 지긋지긋하게 살아야 하니까 문제죠. 왜 우리라고 좀 더 넓은 테두리까지 못 나가라는 법이 어디 있어요.

영호는 반쯤 끌러 놨던 넥타이를 풀어서 방구석에 픽 던진다. 철호가 무겁게 입을 연다.

철호 : 그건 억설이야.
영호 : 억설이요?
철호 : 네 말대로 꼭 잘살자면 양심이구 윤리구 버려야 한다는 것 아니냐.
영호 : 천만에요.

(3) 이강백, 「파수꾼」

촌장 : 이것, 네가 보낸 거니?
다 : 네, 촌장님.
촌장 : 나를 이 곳에 오도록 해서 고맙다. 한 가지 유감스러운 건, 이 편지를 가져온 운반인이 도중에서 읽어 본 모양이더라. '이리 떼는 없구, 흰 구름뿐.' 그 수다쟁이가 사람들에게 떠벌리고 있다. 조금 후엔 모두들 이 곳으로 몰려올 거야. 물론 네 탓은 아니다. 넌 나 혼자만을 와 달라구 하지 않았니? 몰려오는 사람들은, 말하자면 불청객이지. 더구나 어떤 사람은 도끼까지 들고 온다더라.
다 : 도끼는 왜 들고 와요?
촌장 : 망루를 부순다구 그런단다. '이리 떼는 없구 흰 구름뿐.' 이것이 구호처럼 외쳐지구 있어. 그 성난 사람들만 오지 않는다면 난 너하구 딸기라도 따러 가고 싶다. 난 어디에 딸기가 많은지 알고 있거든. 이리 떼를 주의하라는 팻말 밑엔 으레히 잘 익은 딸기가 가득하단다.
다 : 촌장님은 이리가 무섭지 않으세요?
촌장 : 없는 걸 왜 무서워하겠니?
  ...
촌장 : 얘야, 이리 떼는 처음부터 없었다. 없는 걸 좀 두려워한다는 것이 뭐가 그렇게 나쁘다는 거냐? 지금까지 단 한 사람도 이리에게 물리지 않았단다. 마을은 늘 안전했어. 그리고 사람들은 이리 떼에 대항하기 위해서 단결했어. 그들은 질서를 만든 거야. 질서, 그게 뭔지 넌 알기나 하니? 모를 거야, 너는. 그건 마을을 지켜 주는 거란다. 물론 저 충직한 파수꾼에겐 미안해. 수천 개의 쓸모없는 덫들을 보살피고 양철북을 요란하게 두들겼다. 허나 말이다. 그의 일생이 그저 헛되다고만 할 순 없어. 그는 모든 사람들을 위해 고귀하게 희생한 거야. 난 네가 이러한 것들을 이해해 주기 바란다. 만약 네가 새벽에 보았다는 구름만을 고집한다면, 이런 것들은 모두 허사(虛事)가 된다. 저 파수꾼은 늙도록 헛북이나 친 것이 되구, 마을의 질서는 무너져 버린다. 얘야, 넌 이렇게 모든 걸 헛되게 하고 싶진 않겠지?
  ...
촌장 : 그래? 그럼 너는 내일까지 기다려야 해. (괴로워하는 파수꾼 다를 껴안으며) 오늘은 나에게 맡겨라. 그러면 나도 내일은 너를 따라 흰 구름이라 외칠 테니.
다 : 꼭 약속하시는 거죠?
촌장 : 물론 약속하지.
  ...

01 다음 시에 나타난 시적 화자의 태도와 가장 가까운 것은?

2017 소방직 하반기

> 남(南)으로 창(窓)을 내겠소. / 밭이 한참갈이 / 괭이로 파고 / 호미론 김을 매지요.
>
> 구름이 꼬인다 갈 리 있소. / 새 노래는 공으로 들으랴오. / 강냉이가 익걸랑 / 함께 와 자셔도 좋소.
>
> 왜 사냐건 / 웃지요.
>
> — 김상용, 「남으로 창을 내겠소」

① 나 하늘로 돌아가리라. / 아름다운 이 세상 소풍 끝내는 날, / 가서, 아름다웠더라고 말하리라……
　　　　　　　　　　　　　　　　　　　　　　　　— 천상병, 「귀천(歸天)」

② 선 채로 이 자리에 돌이 되어도 / 부르다가 내가 죽을 이름이여! / 사랑하던 그 사람이여! / 사랑하던 그 사람이여!
　　　　　　　　　　　　　　　　　　　　　　　　— 김소월, 「초혼(招魂)」

③ 비료값도 안 나오는 농사 따위야 / 아예 여편네에게나 맡겨 두고 / 쇠전을 거쳐 도수장 앞에 와 돌 때 / 우리는 점점 신명이 난다. / 한 다리를 들고 날나리를 불거나 / 고 갯짓을 하고 어깨를 흔들거나
　　　　　　　　　　　　　　　　　　　　　　　　— 신경림, 「농무(農舞)」

④ 성북동 산에 번지가 새로 생기면서 / 본래 살던 성북동 비둘기만이 번지가 없어졌다. / 새벽부터 돌 깨는 산울림에 떨다가 / 가슴에 금이 갔다.
　　　　　　　　　　　　　　　　　　　　　　　　— 김광섭, 「성북동 비둘기」

01
제시된 시에서 시적 자아는 소박한 전원생활을 동경하면서 삶에 대한 관조와 달관의 자세를 보여 준다.
① 죽음을 절망으로 여기지 않고 세상의 삶을 아름다운 소풍으로 여기는 모습을 통해 삶에 대한 달관과 죽음에 대한 관조적 자세를 느낄 수 있다.
정답 ①

02 다음 시에 대한 설명으로 적절하지 않은 것은?

2018 소방직 하반기

> 산이 날 에워싸고 / 씨나 뿌리며 살아라 한다. / 밭이나 갈며 살아라 한다.
>
> 어느 짧은 산자락에 집을 모아 / 아들 낳고 딸을 낳고 / 흙담 안팎에 호박 심고 / 들찔레처럼 살아라 한다. / 쑥대밭처럼 살아라 한다.
>
> 산이 날 에워싸고 / 그믐달처럼 사위어지는 목숨 / 그믐달처럼 살아라 한다. / 그믐달처럼 살아라 한다.
>
> — 박목월, 「산이 날 에워싸고」

① 화자는 순수하고도 탈속적인 세계를 지향하고 있다.

② 유사한 통사 구조의 반복을 통해 주제를 강조하고 있다.

③ 화자는 자신의 소망을 '산'이 자신에게 말하는 것처럼 표현하고 있다.

④ 화자는 절제된 감정으로 '산'과의 일정한 거리를 유지하려 하고 있다.

02
감정의 절제는 맞는 지적이나 화자는 '신(= 자연)'과 일정한 거리를 유지하려 하는 것이 아니라 조화를 이루는 삶을 동경하고 있다.
정답 ④

CHAPTER 04

고전 문학

▼ 고대가요
집단적이고 서사적인 문학에서 개인적이고 서정적인 시가로 분리되면서 생성 발전된 초기 시가

☑ **확인문제**

다음 시가의 전개 방식으로 옳은 것은?

2017 국가직 9급

> 龜何龜何
> 首其現也
> 若不現也
> 燔灼而喫也
>
> – 「구지가」

① 요구 – 위협 – 환기 – 조건
② 환기 – 요구 – 조건 – 위협
③ 위협 – 조건 – 환기 – 요구
④ 조건 – 요구 – 위협 – 환기

정답해설

고대가요 「구지가」는 4구체 한역 시가로 전한다. 제의에서 처음 신을 부르는 의식을 통해 주의를 환기시킨 후 제의 목적(소망)을 요구하고, '이를 들어주지 않는다면'과 같이 조건을 내걸어 마지막 위협을 가하고 있다. 따라서 시가의 전개 방식은 '환기(1구) – 요구(2구) – 조건(3구) – 위협(4구)'이 적절하다.

정답 ②

01 고대가요▼

1. 특징

(1) 제의에서 비롯된 종합 예술의 형태에서 태동하였다.

(2) 의식요, 노동요의 성격을 지닌 집단 가요에서 개인적 서정을 노래한 작품으로 변천되었다.

(3) 대개 구비 전승되다가 후대에 기록되었다.

2. 주요 작품

작품	내용	출전
「공무도하가(公無渡河歌)」	백수광부의 처가 물에 빠져 죽은 남편에 대해 애도하는 노래(고조선 시기)	『해동역사』
「구지가(龜旨歌)」	가락국의 구간이 수로왕의 강림을 기원하는 주술적인 노래(김수로왕 신화)	『삼국유사』
「황조가(黃鳥歌)」	임을 잃은 슬픔을 객관적 상관물인 꾀꼬리를 통해 표현한 노래(유리왕 저)	『삼국사기』
「정읍사(井邑詞)」	현전하는 유일한 백제가요(고려속요의 형태로 기록), 행상 나간 남편을 걱정하는 아내의 노래	『악학궤범』
「해가(海歌)」	용에게 납치된 수로 부인을 구출하기 위해 부른 주술적 노래(수로 부인 설화)	『삼국유사』

3. 대표 작품

(1) 백수광부의 처, 「공무도하가(公無渡河歌)」

公無渡河(공무도하)
[그대 물을 건너지 마오.]

公竟渡河(공경도하)
[그대 그래도 물을 건너시네.]

墮河而死(타하이사)
[물에 빠져 죽으니]

當奈公何(당내공하)
[이제 그대 어찌 할꼬.]

(2) 가락국 구간, 「구지가(龜旨歌)」

龜何龜何(구하구하)
[거북아 거북아.]

首其現也(수기현야)
[머리를 내어라.]

若不現也(약불현야)
[내놓지 않으면]

燔灼而喫也(번작이끽야)
[구워서 먹으리.]

(3) 유리왕, 「황조가(黃鳥歌)」

翩翩黃鳥(편편황조)
[펄펄 나는 꾀꼬리는]

雌雄相依(자웅상의)
[암수 서로 정다운데]

念我之獨(염아지독)
[외로워라 이 내 몸은]

誰其與歸(수기여귀)
[누구와 돌아갈까.]

(4) 작자 미상, 「정읍사(井邑詞)」

돌하 노피곰 도ᄃ샤
어긔야 머리곰 비취오시라.
어긔야 어강됴리
아으 다롱디리
[달님이시여 높이 높이 떠서
멀리멀리 비춰주십시오.]

져재 녀러신고요
어긔야 즌 ᄃ를ᄃ디욜셰라.
어긔야 어강됴리
[시장에 가셨는지요
진흙탕을 디딜까 두렵습니다.]

어느이다 노코시라
어긔야 내 가논 ᄃ점그롤셰라.
어긔야 어강됴리
아으 다롱디리
[어디든 잘 계십시오.
내 (마음) 가는 곳 저물까 두렵습니다.]

02 설화▼

1. 특징

(1) 일정한 서사구조를 지니고 있다.

(2) 구전되다가 고려 시대 이후 『삼국사기』, 『삼국유사』, 『수이전』 등에 문자로 기록되었다.

(3) 무속신앙이나 토테미즘 등이 바탕이 되었다.

2. 갈래

구분	신화	전설	민담
배경	태초의 신성한 장소	구체적인 시간과 장소	막연한 시간과 장소
주인공의 특성	신적 능력 발휘	비범한 인간 – 비극적 결말	평범한 인간 – 운명 개척
증거물	우주, 국가 등 포괄적 증거물	개별적 사물, 장소 등	보편적 증거물
전승자의 태도	신성하다고 믿음	진실하다고 믿음	흥미롭다고 믿음
전승 범위	민족적 범위	지역적 범위	세계적 범위

3. 주요 신화

단군신화	천상을 주관하는 신인 환인의 아들 환웅이 지상에 뜻을 두고 강림해 웅녀와 결합하여 단군을 낳고, 그가 홍익인간의 이념을 바탕으로 고조선을 건국하였다는 이야기
박혁거세 신화	진한의 여섯 촌이 왕을 세우려 할 때에 양산 아래 나정에 흰 말이 꿇어앉아 있는 곳에 알이 있는 것을 발견하고는 알에서 태어난 아이를 왕으로 추대하고 알영정가의 계룡의 갈빗대에서 나온 여자와 맺어주었다는 이야기
김수로왕 신화	구지봉에서 아홉 추장이 백성을 모아 노래를 부르며 제사를 지내자 여섯 알이 담겨 있는 상자가 내려와 그 알에서 태어난 자들을 육가야의 왕으로 삼았는데 가장 큰 왕이 수로왕이었고 그가 야유타국의 공주와 혼인했다는 이야기
주몽신화 (동명왕 신화)	부여의 주몽이 고난을 극복하고 고구려를 건국하기까지의 과정을 담은 전형적인 영웅이야기로 천신 해모수와 해신(수신) 유화의 결합으로 태어난 알에서 탄생했다는 천강신화와 난생신화의 결합 형태를 가진 이야기

4. 대표 작품

(1) 작자 미상, 단군신화

고기(古記)에 이렇게 전한다.

옛날 환인(桓因) — 제석(帝釋)을 이른다. — 의 서자(庶子) 환웅(桓雄)이 계셨는데, 항상 천하(天下)에 뜻을 두고 인간 세상을 탐내어 구하였다. 아버지가 아들의 뜻을 알고 삼위태백(三危太伯)을 내려다보니, 인간 세계를 널리 이롭게 할 만하였다. 이에 천부인(天符印) 세 개를 주어, 내려가서 세상을 다스리게 하였다.

환웅은 그 무리 3천 명을 거느리고 태백산(太伯山) 꼭대기 — 태백산은 지금의 묘향산(妙香山)이다. — 의 신단수(神壇樹) 아래에 내려와서 이곳을 신시(神市)라고 부르니, 이분이 곧 환웅천왕(桓雄天王)이다. 그는 풍백(風伯)·우사(雨師)·운사(雲師)를 거느리고 곡식·수명·질병·형벌·선악 등을 주관하고, 인간 세상의 삼백예순 가지 일을 맡아서 인간 세계를 다스리고 교화(敎化)하였다.

이때 곰 한 마리와 범 한 마리가 같은 굴에서 살았는데, 항상 신웅(神雄, 환웅)에게 사람 되기를 빌었다. 이때 신(神, 환웅)이 신령한 쑥 한 심지와 마늘 스무 개를 주면서 말하였다.

"너희들이 이것을 먹고 백 일 동안 햇빛을 보지 않는다면 곧 사람이 될 것이다."

곰과 범은 이것을 받아서 먹었다. 기(忌)한 지 21일(三七日)만에 곰은 여자가 되었으나, 범은 능히 기(忌)하지 못했으므로 사람이 되지 못했다.

웅녀(熊女)는 그와 혼인할 상대가 없었으므로, 항상 단수(壇樹) 아래에서 아이를 배기를 기원하였다. 이에 환웅이 임시로 변하여 웅녀와 혼인하여 아들을 낳으니 이름을 단군 왕검(檀君王儉)이라 하였다.

단군은 요(堯)임금이 왕위에 오른 지 50년이 되는 경인년(庚寅年) — 요임금이 왕위에 오른 해는 무진년(戊辰年)이다. 따라서 요임금 50년은 정사년(丁巳年)이지 경인년(庚寅年)이 아니다. 아마 잘못된 부분이 있는 듯하다. — 에 평양성(平壤城) — 지금의 서경(西京) — 에 도읍을 정하고, 비로소 조선(朝鮮)이라 일컬었다. 또 백악산(白岳山) 아사달(阿斯達)로 도읍을 옮겼는데, 그곳을 궁홀산(弓忽山), — '궁'(弓)은 '방'(方)으로 된 데도 있다. — 또는 금미달(今彌達)이라고도 한다. 단군은 여기서 1천 5백 년 동안 나라를 다스렸다.

주(周)나라의 무왕(武王)이 왕위에 오른 기묘년(己卯年)에 기자(箕子)를 조선에 봉하니, 단군은 장당경(藏唐京)으로 옮겼다. 뒤에 단군은 아사달에 돌아와 은거하다가 산신이 되었는데, 그때 나이가 1천 9백 8세였다.

(2) 작자 미상, 주몽신화(동명왕신화)

고구려는 곧 졸본 부여(卒本扶餘)다. 혹 지금의 화주(和州)니 성주(成州)니 하는 것은 모두 잘못된 것이다. 졸본주는 요동(遼東)의 경계에 있다. 국사 고려 본기(本記)에는 다음과 같이 쓰여 있다.

시조 동명왕(東明王)은 성(姓)은 고씨(高氏)요, 이름은 주몽(朱蒙)이다. 이보다 앞서, 북부여 왕 해부루(解夫婁)가 동부여로 피해 가고, 부루가 죽자 금와(金蛙)가 왕위를 이었다.

금와는 그때 한 여자를 대백산 남쪽 우발수에서 만났는데, 그녀가 이렇게 말했다.

"나는 하백의 딸 유화입니다. 동생들과 놀러 나왔을 때 한 남자가 나타나 자신이 천제의 아들 해모수라고 하며 웅신산 아래 압록강 가에 있는 집으로 유인하여 사통하였습니다. 그러고는 저를 떠나가서 돌아오지 않았습니다. 부모는 제가 중매도 없이 다른 사람을 따라간 것을 꾸짖어 이곳으로 귀양을 보내 살도록 했습니다."

금와가 괴이하게 여겨 유화를 방 안에 남몰래 가두어 두었더니, 햇빛이 비추었다. 그녀가 피하자 햇빛이 따라와 또 비추었다. 이로 인해 임신하여 알을 하나 낳았는데, 크기가 다섯 되쯤 되었다. 왕이 이것을 개, 돼지에게 던져 주었지만 모두 먹지 않았고, 길에다 버렸으나 말과 소가 그 알을 피해 갔으며, 들판에 버리니 새나 짐승이 알을 덮어 주었다. 왕은 그것을 깨뜨리려 했지만 깨어지지 않았으므로 유화에게 돌려주었다. 유화가 천으로 알을 부드럽게 감싸 따뜻한 곳에 두자 어린아이가 껍질을 깨고 나왔는데, 골격과 겉모습이 영특하고 기이하였다.

나이 겨우 일곱에 용모와 재략이 비범했으며, 스스로 활과 화살을 만들어 백 번 쏘아 백 번 맞추었다. 나라의 풍속에 활 잘 쏘는 사람을 주몽이라 하였으므로 이로써 이름을 삼았다.

금와에게는 아들이 일곱 있었는데, 항상 주몽과 함께 놀았다. 그러나 그들의 기예가 주몽에게 미치지 못하자 맏아들 대소가 말했다.

"주몽은 사람에게서 태어난 것이 아니니 일찍이 도모하지 않으면 후환이 있을 것입니다."

왕은 듣지 않고 주몽에게 말을 기르도록 했다. 주몽은 준마를 알아보고 먹이를 조금씩 주어 마르게 하고, 늙고 병든 말은 잘 먹여 살찌게 했다. 왕은 살찐 말은 자기가 타고 주몽에게는 마른 말을 주었다. 왕의 아들들과 여러 신하들이 함께 주몽을 해치려 하자, 그 사실을 알게 된 주몽의 어머니가 아들에게 말했다.

"나라 사람들이 너를 해치려고 하는데, 너의 재략이라면 어디 간들 살지 못하겠느냐? 빨리 떠나거라."

그래서 주몽은 오이 등 세 사람과 벗을 삼아 떠나 개사수에 이르렀으나 건널 배가 없었다. 추격하는 병사들이 문득 닥칠까 두려워서 이에 채찍으로 하늘을 가리키며 빌었다.

"나는 천제의 손자이고, 하백의 외손이다. 황천후토(皇天后土)는 나를 불쌍히 여겨 급히 주교(舟橋)를 내려 주소서."

하고 활로 물을 쳤다. 그러자 물고기와 자라가 다리를 만들어 주어 강을 건너게 했다. 그러고는 다리를 풀어 버렸으므로 뒤쫓던 기병은 건너지 못했다. 졸본주에 이르러 마침내 도읍을 정했으며, 미처 궁궐을 짓지는 못하고 단지 비류수(沸流水)가에 초가집을 지어 살면서 국호를 고구려라 하였다. 이로 인해 고(高)를 성씨로 삼았다.

03 향가

향찰로 기록된 우리나라의 노래

1. 특징

(1) 시기 : 삼국 시대 말엽에 발생하여 통일신라 때 성행하였으며, 고려 초기까지 이어졌다.

(2) 표기 : 한자의 음과 훈을 빌려 쓰는 향찰로 기록되었다.

(3) 형식 : 길이에 따라 나누며, 배경설화가 있는 것이 특징이다.

4구체	향가의 초기 형태로 민요나 동요가 정착된 것
8구체	4구체에서 10구체로 이행하는 형태
10구체	사뇌가, 가장 정제된 형태로 4 · 4 · 2구의 3장으로 이루어진 형태

(4) 작자 : 다양하게 나타나는데, 특히 화랑 또는 승려가 많다.

(5) 내용 : 주술적인 것, 불교적인 것, 화랑의 덕을 기리는 것, 개인적 서정을 표현한 것 등이 있다.

다음 작품에 대한 설명으로 적절한 것은?
2017 지방직 하반기

> 생사(生死) 길은
> 예 있으매 머뭇거리고 나는 간다
> 는 말도
> 못다 이르고 어찌 갑니까.
> 어느 가을 이른 바람에
> 이에 저에 떨어질 잎처럼
> 한 가지에 나고 가는 곳 모르온저.
> 아아, 미타찰(彌陀刹)에서 만날 나
> 도(道) 닦아 기다리겠노라.
>   – 월명사, 「제망매가」

① 시적 대상과의 재회에 대한 소망을 담고 있다.
② 반어적 표현을 통해 화자의 정서를 부각하고 있다.
③ 세속의 인연에 미련을 두지 않은 구도자의 자세를 드러내고 있다.
④ 상황 인식 – 객관적 서경 묘사 – 종교적 기원의 3단 구성으로 되어 있다.

정답해설
9~10행의 '아아, 미타찰(彌陀刹)에서 만날 나 / 도(道) 닦아 기다리겠노라.' 에서 시적 대상인 '누이'를 다시 만나고자 함을 알 수 있다. 미타찰(彌陀刹)은 불교적 이상세계를 의미한다.
정답 ①

CHAPTER 04 고전 문학 **185**

다음 ㉠~㉢에 대한 설명으로 적절하지 않은 것은?　2018 소방직 상반기

생사로(生死路)는
예 이샤매 저히고
㉠ 나는가누다 말ㅅ도
몯 다 닏고 가누닛고
어느 ᄀᆞ술 ㉡ 이른 ᄇᆞᄅᆞ매
이에저에뼈딜 닙다이
㉢ ᄒᆞᄃᆞᆫ 가재 나고
㉣ 가논 곧 모ᄃᆞ온뎌
아으 미타찰(彌陀刹)애 맛보올 내
도(道) 닷가 기드리고다.
　　　　　－ 월명사, 「제망매가」

① ㉠ 화자가 작품 속에 있음을 알 수가 있다.
② ㉡ 누이가 일찍 죽었음을 알 수 있다.
③ ㉢ 같은 부모에게서 태어난 혈육임을 알 수 있다.
④ ㉣ 삶과 죽음 사이의 거리감을 느낀다.

정답해설
㉠의 '나'는 죽은 누이이므로 화자가 작품 속에 있음을 알 수 있는 근거가 될 수 없다. 작품 속에서 작중 화자는 9행의 '맛보올 내'이다.
　　　　　　　　　　정답 ①

2. 주요 작품

형식	작품명	작자	연대	내용
4구체	「서동요(薯童謠)」	서동	진평왕	최초의 향가. 서동이 선화 공주를 사모하여 아내로 맞아들이기 위해 아이들에게 부르게 한 동요
	「풍요(風謠)」	미상	선덕여왕	양지가 영묘사 장죽존상을 주조할 때 장안의 남녀들이 진흙을 나르며 불렀다는 노동요
	「도솔가(兜率歌)」	월명사	경덕왕	해가 나타나므로 괴별을 없애기 위해 부른 산화 공덕의 노래. 일명 산화가
	「헌화가(獻花歌)」	견우노인	성덕왕	소를 몰고 가던 노인이 수로 부인에게 꽃을 꺾어 바치며 불렀다는 노래. 탐미적 성격의 노래. 민심 안정을 위한 굿노래
8구체	「모죽지랑가(慕竹旨郎歌)」	득오	효소왕	죽지랑을 사모하여 부른 추모가
	「처용가(處容歌)」	처용	헌강왕	아내를 침범한 역신에게 관용을 베풀어 역신을 감복시킨 주술적인 노래
10구체	「혜성가(彗星歌)」	융천사	진평왕	노래를 지어 내침한 왜구와 큰 별을 범한 혜성을 물리쳤다는 주술적인 노래
	「원왕생가(願往生歌)」	광덕(아내)	문무왕	극락왕생을 바라는 불교 신앙이 담긴 노래
	「원가(怨歌)」	신충	효성왕	효성왕이 약속을 지키지 않아서 노래를 지어 잣나무에 붙였다는 주술가. 8구만 전함
	「제망매가(祭亡妹歌)」	월명사	경덕왕	죽은 누이를 추모하여 제를 올리어 부른 노래. 사뇌가의 모범
	「찬기파랑가(讚耆婆郎歌)」	충담사	경덕왕	기파랑의 덕을 찬양하며 부른 추모가. 문답으로 된 최초의 노래. 사뇌가의 모범
	「안민가(安民歌)」	충담사	경덕왕	임금 · 신하 · 백성의 역할을 강조한 치국의 노래
	「도천수관음가(禱千手觀音歌)」	희명	경덕왕	분황사 관음보살에게 아들이 눈을 뜨게 해 주기를 기원하는 기도의 노래
	「우적가(遇賊歌)」	영재	원성왕	영재가 대현령에서 도둑을 만나 도둑을 회개시킨 설도의 노래
	「보현십원가(普賢十願歌)」	균여대사	고려 광종	화엄종가로서 보현행원의 사상을 고취하여 불교의 교리를 대중에게 펴기 위해 지은 노래

3. 대표 작품

(1) 백제 무왕, 「서동요(薯童謠)」

善化公主主隱 (선화공주주은) [선화공주님은]	薯童房乙 (서동방을) [맛둥서방을]
他密只嫁良置古 (타밀지가량치고) [남 몰래 결혼하고]	夜矣卯乙抱遣去如 (야의묘을포견거여) [밤에 몰래 안고 간다.]

(2) 견우노인, 「헌화가(獻花歌)」

紫布岩乎邊希
(자포암호변희)
[자줏빛 바윗가에]

執音乎手母牛放教遣
(집음호수모우방교견)
[잡고 있는 암소 놓게 하시고]

吾肹不喻慚肹伊賜等
(오힐불유참힐이사등)
[나를 아니 부끄러워하신다면]

花肹折叱可獻乎理音如
(화힐절질가헌호리음여)
[꽃을 꺾어 바치오리다.]

(3) 득오, 「모죽지랑가(慕竹旨郎歌)」

去隱春皆林米
(거은춘개리미)
[지나간 봄을 그리워함에]

毛冬居叱沙哭屋尸以憂音
(모동거질사곡옥시이우음)
[모든 것이 울면서 시름하는구나.]

阿冬音乃叱好支賜烏隱
(아동음내질호지사오은)
[아름다움 나타내신]

貌史年數就音墮支行齊
(모사년수취음타지행제)
[얼굴이 주름살을 지니려 하는구나.]

目煙廻於尸七史伊衣
(목연회어시칠사이의)
[눈 깜박할 사이에]

逢烏支惡知作乎下是
(봉오지악지작호하시)
[만나 뵈올 기회를 지으리이다(만들겠나이다).]

郎也慕理尸心未行乎尸道尸
(낭야모리시심미행호시도시)
[낭이여, 그리워하는 마음의 가는 길]

蓬次叱巷中宿尸夜音有叱下是
(봉차질항중숙시야음유질하시)
[다북쑥 우거진 마을에 잘 밤인들 있으리이까.]

(4) 월명사, 「제망매가(祭亡妹歌)」

生死路隱
(생사로은)
[삶과 죽음의 길은]

此矣有阿米次兮伊遣
(차의유아미차힐이견)
[예 있으매 두려워하고]

吾隱去內如辭叱都
(오은거내여사질도)
[나는 간다는 말도]

毛如云遣去內尼叱古
(모여운견거내니질고)
[못 다 이르고 갔는가.]

於內秋察早隱風未
(어내추찰조은풍미)
[어느 가을 이른 바람에]

此矣彼矣浮良落尸葉如
(차의피의부량락시엽여)
[여기저기에 떨어지는 잎처럼]

一等隱枝良出古
(일등은지량출고)
[한 가지에 나고]

去奴隱處毛冬乎丁
(거노은처모동호정)
[가는 곳 모르는구나.]

阿也彌陀刹良逢乎吾
(아야미타찰량봉호오)
[아아, 미타찰(극락)에 만나볼 나는]

道修良待是古如
(도수량대시고여)
[도 닦으며 기다리겠노라.]

(5) 충담사

① 「찬기파랑가(讚耆婆郎歌)」

咽嗚爾處米
(열오이처미)
[(구름을) 열어젖히매]

露曉邪隱月羅理
(로효야은월라리)
[나타난 달이]

白雲音逐干浮去隱安支下
(백운음축간부거은안지하)
[흰 구름 따라 (서쪽으로) 떠가는 것 아니냐?]

沙是八陵隱汀理也中
(사시팔릉은정리야중)
[새파란 냇가에]

耆郎矣兒史是史藪邪
(기랑의모사시사수야)
[기랑의 모습이 있구나.]

逸烏川理叱磧惡希
(일오천리질적악희)
[이로부터 냇가 조약돌에]

郎也持以支如賜烏隱
(랑야지이지여사오은)
[낭(기파랑)이 지니시던]

心未際叱肹逐内良齊
(심미제질힐축내량제)
[마음의 끝을 따르련다.]

阿耶栢史叱枝次高支好
(아야백사질지차고지호)
[아아, 잣나무 가지 높아]

雪是毛冬乃乎尸花判也
(설시모동내호시화판야)
[서리조차 모르실 화랑의 우두머리여.]

② 「안민가(安民歌)」

君隱父也
(군은부야)
[임금은 아버지며]

臣隱愛賜尸母史也
(신은애사시모사야)
[신하는 사랑하실 어머니요.]

民焉狂尸恨阿孩古
(민언광시한아해고)
[백성은 어린아이라고 한다면]

爲賜尸知民是愛尸知古如
(위사시지민시애시지고여)
[백성이 사랑받음을 알 것입니다.]

窟理叱大肹生以支所音物生
(굴리질대힐생이지소음물생)
[구물거리며 살아가는 백성들]

此肹食惡支治良羅
(차힐식악지치량라)
[이들을 먹여 다스리어]

此地肹捨遣只於冬是去於丁
(차지힐사유지어동시거어정)
[이 땅을 버리고서 어디로 갈 것인가 한다면]

爲尸知國惡支持以支如右如
(위시지국악지지이지지고지)
[나라 안이 다스려질 것임을 알 것입니다.]

後句君如臣多支民隱如爲内尸等焉
(후구군여신다지민은여위내시등언)
[아아, 임금답게 신하답게 백성답게 한다면]

國惡太平恨音叱如
(국악태평한음질여)
[나라 안이 태평할 것입니다.]

04 한시▾

1. 형식

(1) 절구 : 근체시 형식의 하나로 기·승·전·결의 네 구로 이루어져 있다.

5언 절구
○○/○○○
○○/○○●
○○/○○○
○○/○○●

7언 절구
○○○○/○○●
○○○○/○○●
○○○○/○○○
○○○○/○○●

(2) 율시 : 여덟 구로 이루어진 한시체이다.

5언 율시
○○/○○○
○○/○○●
○○/○○●
○○/○○●
○○/○○○
○○/○○●
○○/○○○
○○/○○●

7언 율시
○○○○/○○●
○○○○/○○●
○○○○/○○○
○○○○/○○●
○○○○/○○○
○○○○/○○●
○○○○/○○○
○○○○/○○●

2. 주요 작품

작품	작가	형식	내용
「여수장우중문시 (與隋將于仲文詩)」	을지문덕	5언 고시	수나라 장군 우중문에게 항복을 종용하는 노래
「야청도의성 (夜聽擣衣聲)」	양태사	7얼 배율	타국에서 다듬이질 소리를 들으며 고국을 그리워하는 마음
「추야우중(秋夜雨中)」	최치원	5언 절구	자신을 알아주지 않는 세상에 대한 괴로움
「제가야산독서당 (題伽倻山讀書堂)」	최치원	7언 절구	세상을 멀리하고 산중에 은둔하고 싶은 심정
「사리화(沙里花)」	이제현	7언 절구	권력자들의 수탈을 참새에 빗대어 표현한 노래
「부벽루(浮碧樓)」	이색	5언 율시	지난 역사를 회고하며 무상함에 대해 한탄한 노래
「송인(送人)」	정지상	7언 절구	대동강을 배경으로 이별의 슬픔을 표현한 노래
「보리타작(打麥行)」	정약용	행(行)	육체와 정신이 조화를 이룬 농민들의 삶 예찬
「탐진촌요(耽津村謠)」	정약용	7언 절구	탐관오리들의 수탈 고발
「고시(古詩) 8」	정약용	5언 고시	지배층의 횡포와 백성들의 고통을 우화적 기법을 활용 하여 표현한 노래
「절명시(絕命詩)」	황현	7언 절구	망국의 한과 지식인으로서의 고뇌와 비판

▼ 한시
중국 한문학의 영향을 받아, 한문을 이용하여 우리의 사고와 정서를 표현한 정형시

☑ 확인문제
다음 글에 대한 이해로 가장 적절한 것은?　　　　2018 국가직 9급

> (가) 내 마음 베어 내어 저 달을 만들고져 / 구만 리 장천(長天)의 번듯이 걸려 있어 / 고운 님 계신 곳에 가 비추어나 보리라
> (나) 열다섯 아리따운 아가씨가 / 남부끄러워 이별의 말 못 하고 / 돌아와 겹겹이 문을 닫고는 / 배꽃 비친 달 보며 흐느낀다

① (가)와 (나)에서 '달'은 사랑하는 마음을 임에게 전달하는 매개체이다.
② (가)의 '고운 님'과, (나)의 '아리따운 아가씨'는 화자가 사랑하는 대상이다.
③ (가)의 '나'는 적극적인 태도로, (나)의 '아가씨'는 소극적인 태도로 정서를 드러낸다.
④ (가)의 '장천(長天)'은 사랑하는 임이 머무르는 공간이고, (나)의 '문'은 사랑하는 임에 대한 마음을 숨기는 공간이다.

정답해설
(가)는 정철의 「내 마음 베어 내어」, (나)는 임제의 「무어별」이다.
(가)의 화자는 자신의 마음을 달로 만들어 임에게 사랑을 전하고 싶다고 하며 적극적인 태도를 드러내고 있고, (나)의 화자(아가씨)는 부끄러워 이별의 말도 못하고 돌아오는 소극적 태도를 드러내고 있다.

정답 ③

3. 대표 작품

(1) 최치원, 「추야우중(秋夜雨中)」

秋風唯苦吟(추풍유고음)
[가을바람에 괴로이 읊나니]

世路少知音(세로소지음)
[세상에 나를 알아주는 이 없구나.]

窓外三更雨(창외삼경우)
[창 밖 삼경엔 비만 내리는데]

燈前萬里心(등전만리심)
[등불 앞엔 만 리를 가는 마음.]

(2) 정지상, 「송인(送人)」

雨歇長堤草色多(우헐장제초색다)
[비 갠 긴 둑에 풀빛이 푸른데]

送君南浦動悲歌(송군남포동비가)
[남포에 임 보내니 노랫소리 구슬퍼라.]

大洞江水何時盡(대동강수하시진)
[대동강 물은 어느 때나 마를 것인가?]

別淚年年添綠波(별루년년첨록파)
[이별의 눈물을 해마다 푸른 물에 더하는 것을.]

(3) 정약용

① 「보리타작(打麥行)」

新篘濁酒如湩白(신추탁주여동백)
[새로 거른 막걸리 젖빛처럼 뿌옇고]

大碗麥飯高一尺(대완맥반고일척)
[큰 사발에 보리밥, 높기가 한 자로세.]

飯罷取枷登場立(반파취가등장입)
[밥 먹자 도리깨 잡고 마당에 나서니]

雙肩漆澤翻日赤(쌍견칠택번일적)
[검게 탄 두 어깨 햇볕 받아 번쩍이네.]

呼邪作聲擧趾齊(호사작성거지제)
[옹헤야 소리 내며 발맞추어 두드리니]

須臾麥穗都狼藉(수유맥수도랑자)
[삽시간에 보리 낟알 온 마당에 가득하네.]

雜歌互答聲轉高(잡가호답성전고)
[주고받는 노랫가락 점점 높아지는데]

但見屋角紛飛麥(단견옥각분비맥)
[보이느니 지붕 위에 보리티끌뿐이로다.]

觀其氣色樂莫樂(관기기색락막락)
[그 기색 살펴보니 즐겁기 짝이 없어]

了不以心爲形役(료불이심위형역)
[마음이 몸의 노예 되지 않았네.]

樂園樂郊不遠有(락원락교불원유)
[낙원이 먼 곳에 있는 게 아닌데]

何苦去作風塵客(하고거작풍진객)
[무엇하러 벼슬길에 헤매고 있으리요.]

② 「탐진촌요(耽津村謠)」

棉布新治雪樣鮮(면포신치설양선)
[새로 짜낸 무명이 눈결같이 고왔는데]

黃頭來博吏房錢(황두래박이방전)
[이방 줄 돈이라고 황두가 뺏어가네]

漏田督稅如星火(누전독세여성화)
[누전 세금 독촉이 성화같이 급하구나]

三月中旬道發船(삼월중순도발선)
[삼월 중순 세곡선(稅穀船)이 서울로 떠난다고.]

③ 「고시(古詩) 8」

燕子初來時(연자초래시)
[제비 한 마리 처음 날아와]

喃喃語不休(남남어불휴)
[지지배배 그 소리 그치지 않네.]

語意雖未明(어의수미명)
[말하는 뜻 분명히 알 수 없지만]

似訴無家愁(사소무가수)
[집 없는 서러움을 호소하는 듯]

榆槐老多穴(유괴로다혈)
["느릅나무 화나무 묵어 구멍 많은데]

何不此淹留(하불차엄유)
[어찌하여 그 곳에 깃들지 않니?"]

燕子復喃喃(연자부남남)
[제비 다시 지저귀며]

似與人語酬(사여인어수)
[사람에게 말하는 듯]

榆穴款來啄(유혈관래탁)
["느릅나무 구멍은 황새가 쪼고]

槐穴蛇來搜(괴혈사래수)
[화나무 구멍은 뱀이 와서 뒤진다오."]

▼ **고려가요**
고려 시대에 창작된 가요의 총칭 또는 고려 시대에 평민들 사이에서 불리다가 궁중으로 편입된 속요

1. 특징

분류	고려가요(속요)	경기체가
작가	평민 → 궁중음악으로 편입	신진사대부
내용	소박하고 풍부하며 진솔한 서민들의 생활 감정	사물이나 경치, 학식 자랑, 사대부의 호탕한 기상과 자부심
형식	분절체(분연체), 후렴구 발달	분절체(전절은 길고 후절은 짧음), '경 긔 엇더ㅎ니잇고'의 후렴구
운율	3 · 3 · 2조, 3음보	1~3행(3음보), 5행(2음보)가 반복되는 4음보
표기	구전되다가 한글 창제 이후 『악학궤범』, 『악장가사』, 『시용향악보』 등에 수록	한문구 나열, 부분적인 이두 사용
의의	아름다운 우리말 표현, 유려한 율조, 소박하고 꾸밈없는 감정의 표출	가사 문학에 영향

☑ **확인문제**
다음 작품과 가장 유사한 정서를 지니는 것은?　2017 사회복지직

> 가시리 가시리잇고 나는
> 부리고 가시리잇고 나는
> 위 증즐가 대평셩딕(大平盛代)
>
> 날러는 엇디 살라 ㅎ고
> 부리고 가시리잇고 나는
> 위 증즐가 대평셩딕(大平盛代)
>
> 잡스와 두어리마ᄂᆞᆫ
> 선ᄒᆞ면 아니 올셰라
> 위 증즐가 대평셩딕(大平盛代)
>
> 셜온 님 보내ᄋᆞᆸ노니 나는
> 가시ᄂᆞᆫ 듯 도셔 오쇼셔 나는
> 위 증즐가 대평셩딕(大平盛代)

① 한용운, 「님의 침묵」
② 김상용, 「남으로 창을 내겠소」
③ 서정주, 「국화 옆에서」
④ 김소월, 「진달래꽃」

정답해설
작자, 연대 미상의 고려 가요 「가시리」는 이별의 정한(情恨)을 노래한 작품이다. 악곡명은 '귀호곡'으로 불리며, 전통적이고 인고의 정신을 지닌 여성 화자를 설정하여 임을 향한 애절한 사랑을 노래하였다. 이러한 임을 향한 애상적 정서는 김소월의 「진달래꽃」으로 계승되었다.

정답 ④

2. 주요 작품

(1) 고려가요

작품	출전	형식	내용
「가시리」	『악장가사』	전4절, 1절은 2행, 3 · 3 · 2조	연인과의 이별의 정한을 담은 노래
「정읍사」 (井邑詞)	『악학궤범』	3연 6구체	아내가 행상 나간 남편의 안전을 기원하는 노래
「동동」 (動動)	『악학궤범』, 『악장가사』	서사 포함, 전13절, 월령체	임에 대한 연정을 열두 달의 자연 현상 및 세시 풍속과 관련지은 노래
「만전춘」 (滿殿春)	『악장가사』, 『시용향악보』	전5절, 시조가 형성되어 가는 과정	남녀 간의 사랑을 노골적으로 표현한 노래
「사모곡」 (思母曲)	『악장가사』, 『시용향악보』	단련된 6구체, 고려 속요 중 가장 짧음	부모의 사랑 중 어머니의 사랑이 더 큼을 강조한 노래
「쌍화점」 (雙花店)	『악장가사』	전4절, 반복적인 내용이 많음	남녀 관계의 음탕한 내용으로 충렬왕 연회 때 사용된 노래
「서경별곡」 (西京別曲)	『악장가사』	전14절	서경을 배경으로 남녀의 애정과 이별에 대한 진솔한 노래
「정과정곡」 (鄭瓜亭曲)	『악학궤범』	10구체 향가의 변형	산접동새에 빗대어 임금을 그리워하는 마음을 드러낸 노래
「정석가」 (鄭石歌)	『악장가사』	전6연 11절, 3 · 3 · 4조	남녀 간의 변함없는 사랑 또는 태평성대에 대한 송축을 다룬 노래

「처용가」 (處容歌)	『악장가사』	희곡적 요소	신라 향가인 「처용가」에 처용의 모습과 역신에 대한 노래를 붙여 지은 것. 처용무 · 처용희 등으로 발전
「청산별곡」 (靑山別曲)	『악장가사』	전8절, 1절이 4구, 연속음조	현실 도피적 사상이 반영된 인생무상의 노래

(2) 경기체가

작품	작자	출전	형식	내용
「한림별곡」 (翰林別曲)	한림제유	『악학궤범』, 『악장가사』, 『고려사』「악지」	8장, 3 · 3 · 4조	신진사대부들의 학식에 대한 과시. 과시적 · 귀족적 · 향락적 · 풍류적인 노래. 최초의 경기체가
「관동별곡」 (關東別曲)	안축	『근재집』	전8장	작자가 강원도 순찰사 재직 시 관동의 경치를 담은 노래
「죽계별곡」 (竹溪別曲)	안축	『근재집』	전5장, 이두로 지어짐	작자의 고향인 풍기 땅 순흥(죽계)의 경치를 표현한 노래

3. 대표 작품

(1) 정서, 「정과정곡(鄭瓜亭曲)」

님믈 그리ᅀᆞ와 우니다니
[내가 임을 그리워하며 울며 지내니]

산(山) 졉동새 난 이슷ᄒ요이다.
[산 접동새와 난 (처지가) 비슷합니다.]

아니시며 거츠르신 ᄃᆞᆯ 아으
[(내가 역모에 가담했다는 말은) 옳지 않으며 거짓이라는 것을]

잔월효성(殘月曉星)이 아ᄅᆞ시리이다.
[잔월효성(지는 달 새벽 별)만이 알고 있을 것입니다.]

넉시라도 님은 ᄒᆞᆫ디녀져라 아으
[넋이라도 임과 함께 지내고 싶어라.]

벼기더시니 뉘러시니잇가.
[(내가 허물이 있다고) 우기던 이는 누구였습니까?]

과(過)도 허믈도 천만(千萬) 업소이다.
[(나는) 잘못도 허물도 전혀 없습니다.]

ᄆᆞᆯ힛마리신뎌
[뭇 사람들이 참소하던 말입니다.]

ᄉᆞᆯ읏븐뎌 아으
[슬프구나!]

니미 나ᄅᆞᆯ ᄒᆞ마 니ᄌᆞ시니잇가.
[임께서 벌써 나를 잊으셨습니까?]

아소 님하, 도람 드르샤 괴오쇼셔.
[아! 님이여, 내 사연을 들으시고 다시 나를 사랑해 주소서.]

(2) 작자 미상, 「청산별곡(靑山別曲)」

살어리 살어리랏다, 靑山에 살어리랏다.
멀위랑 ᄃᆞ래랑 먹고 靑山에 살어리랏다.
얄리얄리 얄랑셩 얄라리 얄라.
[살겠노라 살겠노라. 청산에서 살겠노라.
머루와 다래를 먹고 청산에서 살겠노라.]

우러라 우러라 새여, 자고 니러 우러라 새여,
널라와 시름 한 나도 자고 니러 우니노라.
얄리얄리 얄랑셩 얄라리 얄라.
[우는구나(울어라) 우는구나 새여, 자고 일어나서 우는구나 새여,
너보다 걱정(근심)이 많은 나도 자고 일어나서 울며 지내노라.]

가던 새 가던 새 본다, ᄆᆞᆯ 아래 가던 새 본다.
잉무든 장글란 가지고 ᄆᆞᆯ 아래 가던 새 본다.
얄리얄리 얄랑셩 얄라리 얄라.
[가던 새(날아가던 새, 또는 갈던 밭) 가던 새 보았느냐? 물 아래 들판에 가던 새를 보았느냐?
이끼 묻은 연장(쟁기)을 가지고 물 아래로 가던 새를 보았느냐?]

이링공 뎌링공 ᄒᆞ야 나즈란 디내와손뎌.
오리도 가리도 업슨 바므란 ᄯᅩ엇디 호리라.
얄리얄리 얄랑셩 얄라리 얄라.
[이럭저럭하여 낮은 지내 왔지만,
올 사람도 갈 사람도 없는 밤은 또 어찌하리오.]

어듸라 더디던 돌코, 누리라 마치던 돌코,
믜리도 괴리도 업시 마자셔 우니노라.
얄리얄리 얄랑셩 얄라리 얄라.
[어디에다 던지던 돌인가? 누구를 맞히려던 돌인가?
미워할 사람도 사랑할 사람도 없이 (그 돌에) 맞아서 울고 있노라.]

살어리 살어리랏다. 바ᄅᆞ래 살어리랏다.
ᄂᆞᄆᆞ자기 구조개랑 먹고 ᄇᆞᄅᆞ래 살어리랏다.
얄리얄리 얄랑셩 얄라리 얄라.
[살겠노라 살겠노라. 바다에서 살겠노라.
나문재와 굴 조개를 먹고, 바다에서 살겠노라.]

가다가 가다가 드로라, 에정지 가다가 드로라.
사ᄉᆞ미 짒ㅅ대예 올아셔 奚琴(해금)을 혀거 드로라.
얄리얄리 얄랑셩 얄라리 얄라.
[가다가 가다가 듣노라. 외딴 부엌을 지나가다가 듣노라.
사슴(사슴으로 분장한 광대)이 장대에 올라가서 해금을 켜는 것을 듣노라.]

가다니 ᄇᆡ브른 도긔 설진 강수를 비조라.
조롱곳 누로기 ᄆᆡ와 잡ᄉᆞ와니 내 엇디ᄒᆞ리잇고.
얄리얄리 얄랑셩 얄라리 얄라.
[가다니 (배가) 불룩한 술독에 독한 술을 빚는구나.
조롱박꽃 모양의 누룩이 매워 (나를) 붙잡으니, 낸들 어찌하리오.]

(3) 작자 미상, 「가시리」

가시리 가시리잇고 나는
ᄇ리고 가시리잇고 나는
위 증즐가 태평성ᄃ(太平盛代)
[가시렵니까. 가시렵니까.
(나를) 버리고 가시렵니까?]

날러는 엇디 살라 ᄒ고
ᄇ리고 가시리잇고 나는
위 증즐가 태평성ᄃ(太平盛代)
[나더러는 어찌 살라 하고
(나를) 버리고 가시렵니까?]

잡ᄉ와 두어리마ᄂᄂ
선ᄒ면 아니 올셰라
위 증즐가 태평성ᄃ(太平盛代)
[(임을) 붙잡아 두고 싶지마는
서운하면 아니 올까 두렵습니다.]

셜온님 보내ᄋ노니 나는
가시는 ᄃ도셔 오쇼셔 나는
위 증즐가 태평성ᄃ(太平盛代)
[서러운 임을 보내오니
가시자마자 돌아서서 오십시오.]

(4) 작자 미상, 「서경별곡(西京別曲)」

서경(西京)이 아즐가 서경(西京)이 셔울히 마르는
위 두어렁셩 두어렁셩 다링디리
[서경이 아 서경이 서울이지마는.]

닷곤ᄃ 아즐가 닷곤ᄃ 쇼셩경 ·고외마른
위 두어렁셩 두어렁셩 다링디리
[새로 만든 아 새로 만든 작은 서울을 사랑하지만]

여히므론 아즐가 여히므론 질삼뵈 ᄇ리시고
위 두어렁셩 두어렁셩 다링디리
[이별하기보단 아 이별하기보단 길쌈하던 베를 버리고서라도]

괴시란ᄃ 아즐가 괴시란ᄃ 우러곰 좃니노이다.
위 두어렁셩 두어렁셩 다링디리
[사랑만 해 주신다면 아 사랑만 해 주신다면 울면서라도 따르
겠습니다.]

구스리 아즐가 구스리 바회예 디신돌
위 두어렁셩 두어렁셩 다링디리
[구슬이 아 구슬이 바위 위에 떨어진들]

긴히ᄯ 아즐가 긴힛ᄯ 그츠리잇가 나는
위 두어렁셩 두어렁셩 다링디리
[끈이야 아 끈이야 끊어지겠습니까?]

즈믄 ᄒ를 아즐가 즈믄 ᄒ를 외오곰 녀신돌
위 두어렁셩 두어렁셩 다링디리
[(임과 헤어져) 천 년을 아 천 년을 홀로 살아간들]

신(信)잇ᄃ 아즐가 신(信)잇ᄃ 그츠리잇가 나는
위 두어렁셩 두어렁셩 다링디리.
[(임에 대한) 믿음이야 아 믿음이야 끊어지겠습니까?]

대동강(大同江) 아즐가 대동강(大同江) 너븐디 몰라셔
위 두어렁셩 두어렁셩 다링디리
[대동강 아 대동강이 넓은 줄을 몰라서]

ᄇ 내여 아즐가 ᄇ 내여 노ᄒ다 샤공아
위 두어렁셩 두어렁셩 다링디리
[배를 내어 아 배를 내어 놓았느냐. 사공아.]

네 가시 아즐가 네 가시 럼난디 몰라셔
위 두어렁셩 두어렁셩 다링디리
[네 아내가 아 네 아내가 음란한 줄을 몰라서]

녈 ᄇ예 아즐가 녈 ᄇ예 연즌다 샤공아
위 두어렁셩 두어렁셩 다링디리
[다니는 배에 아 다니는 배에 몸을 실었느냐. 사공아]

대동강(大同江) 아즐가 대동강(大同江) 건넌편 고즐여
위 두어렁셩 두어렁셩 다링디리
[(나의 임은) 대동강 아 대동강 건너편 꽃(다른 여자)을]

ᄇ 타 들면 아즐가 ᄇ 타 들면 것고리이다 나는
위 두어렁셩 두어렁셩 다링디리
[배를 타고 가면 아 배를 타고 가면 꺾을 것입니다.]

(5) 작자 미상, 「동동(動動)」

德(덕)으란 곰ᄇ예 받ᄌ고, 福(복)으란 림ᄇ예 받ᄌ고,
德(덕)이여 福(복)이라 ᄒ놀 나ᄉ라 오소이다.
아으 動動(동동)다리.
[덕은 뒤에(뒷잔에, 신령님께) 바치옵고, 복은 앞에(앞잔에, 임
에게) 바치오니 / 덕이며 복이라 하는 것을 드리러 오십시오.]

正月(정월)ㅅ나릿므른 아으 어져 녹져 ᄒ논ᄃ,
누릿 가온ᄃ 나곤 몸하 ᄒ올로 녈셔.
아으 動動(동동)다리.
[정월의 냇물은 아아, 얼었다가 녹으려 하는데 / 세상에 태어난
이 몸은 홀로 살아가는구나.]

二月(이월)ㅅ보로매, 아으 노피 현 燈(등)ㅅ블 다호라.
萬人(만인) 비취실ㅈ스싓샷다.
아으 動動(동동)다리.
[2월 보름(연등일)에, 아아 높이 켠 등불 같구나. / 온 백성(만인)을 비추실 모습이로구나.]

三月(삼월) 나며 開(개)흔 아으 晩春(만춘) 돌욋고지여.
ᄂᆞ미 브롤 즈슬 디녀 나샷다.
아으 動動(동동)다리.
[3월 지나면서 핀 아아 늦봄의 진달래꽃이여 / 남이 부러워할 모습을 지니셨구나.]

四月(사월) 아니 니저 아으 오실셔 곳고리새여.
므슴다 錄事(녹사)니몬 녯나를 닛고신뎌.
아으 動動(동동)다리.
[4월을 아니 잊고 아아 오셨구나. 꾀꼬리 새여. / 어찌하여 녹사(綠事)님은 옛날의 나를 잊으셨는가?]

五月 五日(오월오일)애, 아으 수릿날 아촘 藥(약)은
즈믄 힐 長存(장존)ㅎ살 藥(약)이라 받줍노이다.
아으 動動(동동)다리.
[5월 5일(단오일)에 아아 단옷날 아침에 먹는 약은 / 천 년을 사실 약이기에 바치옵니다.]

六月(유월)ㅅ보로매, 아으 별해 ᄇ룐 빗 다호라.
도라보실 니믈 적곰 좃노이다.
아으 動動(동동)다리.
[6월 보름(유두일)에 아아 벼랑에 버려진 빗 같구나. / 돌아보실 임을 잠시나마 따르겠나이다.]

七月(칠월)ㅅ보로매, 아으 百種(백종) 排(배)ㅎ야 두고,
니믈 혼 ᄃᆡ 녀가져 願(원)을 비숩노이다.
아으 動動(동동)다리.
[7월 보름(백중일)에 아아 온갖 종류의 음식을 차려 두고 / 임과 함께 살아가고자 하는 소원을 비옵나이다.]

八月(팔월)ㅅ보로몬, 아으 嘉俳(가배) 나리마론,
니믈 뫼셔 녀곤 오늘낤嘉俳(가배)샷다.
아으 動動(동동)다리.
[8월 보름(한가위)은 아아 한가윗날이지마는 / 임을 모시고 지내야만 오늘이 뜻있는 한가위이도다.]

九月 九日(구월구일)애, 아으 藥(약)이라 먹논 黃花(황화)
고지 안해 드니 새셔 가만ㅎ얘라.
아으 動動(동동)다리.
[9월 9일(중양절)에 아아 약으로 먹는 국화 / 꽃이 집 안에 피니 초가집 안이 고요하구나.]

十月(시월)애 아으 져미연 ᄇ롯 다호라.
것거 ᄇ리신 後(후)에 디니실 혼 부니 업스샷다.
아으 動動(동동)다리.
[10월에 아아 베어 버린 보리수나무 같구나. / 꺾어 버리신 후에 (나무를) 지니실 한 분이 없으시도다.]

十一月(십일월)ㅅ봉당 자리예 아으 汗衫(한삼) 두퍼 누워
슬흘ᄉ라온뎌 고우닐 스싀옴 녈셔.
아으 動動(동동)다리.
[11월 봉당 자리에, 아아 한삼을 덮고 누워 / 슬프구나. 고운 임을 (여의고) 제각기 살아가는구나.]

十二月(십이월)ㅅ분디남ㄱ로 갓곤 아으 나을 盤(반)잇 져 다호라.
니믜알픠 드러 얼이노니 소니 가재다 므릇ᄉᆞᆸ노이다.
아으 動動(동동)다리.
[12월 분지나무로 깎은 아아 (임에게) 차려 드릴 소반 위의 젓가락 같구나. / 임의 앞에 들어 놓았더니 손님이 가져다가 입에 물었나이다.]

(6) 작자 미상, 「정석가(鄭石歌)」

딩아 돌하 當今(당금)에 계샹이다.
딩아 돌하 當今(당금)에 계샹이다.
先王聖代(션왕셩ᄃᆡ)예 노니ᄋᆞ와지이다.
[징이여 돌이여 지금에 계십니다.
징이여 돌이여 지금에 계십니다.
이 좋은 태평성대에 놀고 싶습니다.]

삭삭기 셰몰애 별헤 나ᄂᆞᆫ
삭삭기 셰몰애 별헤 나ᄂᆞᆫ
구은 밤 닷 되를 심고이다.
그 바미 우미 도다 삭나거시아
그 바미 우미 도다 삭나거시아
有德(유덕)ㅎ신 님을 여히ᄋᆞ와지이다.
[바삭바삭한 가는 모래 벼랑에
바삭바삭한 가는 모래 벼랑에
구운 밤 닷 되를 심습니다.
그 밤이 움이 돋아 싹이 나야만
그 밤이 움이 돋아 싹이 나야만
유덕하신 임을 이별하고 싶습니다.]

玉(옥)으로 蓮(련)ㅅ고즐 사교이다.
玉(옥)으로 蓮(련)ㅅ고즐 사교이다.
바회 우희 接主(졉듀)ㅎ요이다.

그 고지 三同(삼동)이 퓌거시아
그 고지 三同(삼동)이 퓌거시아
有德(유덕)ᄒ신 님 여희ᄋᆞ와지이다.
[옥으로 연꽃을 새깁니다.
옥으로 연꽃을 새깁니다.
(그 꽃을) 바위 위에 접을 붙입니다.
그 꽃이 세 묶음이 피어야만
그 꽃이 세 묶음이 피어야만
유덕하신 임을 이별하고 싶습니다.]

므쇠로 텰릭을 물아 나ᄂᆞ
므쇠로 텰릭을 물아 나ᄂᆞ
鐵絲(텰ᄉ)로 주름 바고이다.
그 오시 다 헐어시아
그 오시 다 헐어시아
有德(유덕)ᄒ신 님 여희ᄋᆞ와지이다.
[무쇠로 철릭(무관의 제복)을 재단하여
무쇠로 철릭을 재단하여
철사로 주름을 박습니다.
그 옷이 다 헐어야만
그 옷이 다 헐어야만
유덕하신 임을 이별하고 싶습니다.]

므쇠로 한쇼를 디여다가
므쇠로 한쇼를 디여다가
鐵樹山(텰 슈산)애 노호이다.
그 쇠 鐵草(텰초)를 머거아
그 쇠 鐵草(텰초)를 머거아
有德(유덕)ᄒ신 님 여희ᄋᆞ와지이다.
[무쇠로 큰 소(황소)를 만들어서
무쇠로 큰 소를 만들어서
쇠로 된 나무가 있는 산에 놓습니다.
그 소가 쇠로 된 풀을 먹어야만
그 소가 쇠로 된 풀을 먹어야만
유덕하신 임을 이별하고 싶습니다.]

구스리 바회예 디신ᄃᆞᆯ
구스리 바회예 디신ᄃᆞᆯ
긴힛ᄃᆞᆫ 그츠리잇가
즈믄 ᄒᆡ를 외오곰 녀신ᄃᆞᆯ
즈믄 ᄒᆡ를 외오곰 녀신ᄃᆞᆯ
信(신)잇ᄃᆞᆫ 그츠리잇가.
[구슬이 바위에 떨어진들
구슬이 바위에 떨어진들
끈이야 끊어지겠습니까?
천 년을 외로이 살아간들
천 년을 외로이 살아간들
(임에 대한) 믿음이야 끊어지겠습니까?]

(7) 한림제유, 「한림별곡(翰林別曲)」

원슌문(元淳文) 인노시(仁老詩) 공노ᄉ륙(公老四六)
니정언(李正言) 딘한림(陳翰林) 솽운주필(雙韻走筆)
튱긔ᄃᆡ쳑(冲基對策) 광균경의(光鈞經義) 량경시부(良鏡詩賦)
위 시댱(試場)ㅅ경(景)긔 엇더ᄒ니잇고.
엽(葉) 금혹ᄉ(琴學士)의 옥슌문싱(玉笋門生) 금혹ᄉ(琴學士)의 옥슌문싱(玉笋門生)
위 날조차 몃 부니잇고.

[현대어]
유원순의 문장, 이인로의 시, 이공로의 사륙변려문 / 이규보와 진화의 쌍운을 맞추어 빨리 써 내려간 글 / 유충기의 대책문, 민광균의 경서 뜻풀이, 김양경의 시와 부 / 아, 과거 시험장의 광경, 그것이야 말로 어떻습니까? / 금의가 배출한 뛰어난 많은 제자들, 금의가 배출한 뛰어난 많은 제자들 / 아, 나까지 몇 분입니까?

당한서(唐漢書) 장로ᄌ(莊老子) 한류문집(韓柳文集)
니두집(李杜集) 난ᄃᆡ집(蘭臺集) 빅락텬집(白樂天集)
모시상서(毛試尙書) 쥬역춘추(周易春秋) 쥬ᄃᆡ례귀(周戴禮記)
위 주(註)조처 내 외ᄋᆞᆫ 경(景) 긔 엇더ᄒ니잇고.
엽(葉) 대평광기(大平廣記) ᄉ빅여권(四百餘卷) 대평광기(大平廣記) ᄉ빅여권(四百餘卷)
위 력남(歷覽)ㅅ경(景) 긔 엇더ᄒ니잇고.

[현대어]
당서와 한서, 장자와 노자, 한유와 유종원의 문집 / 이백과 두보의 시집, 난대 영사들의 시문집, 백거이의 문집 / 시경과 서경, 주역과 춘추, 대대례와 소대례 / 아, 주석마저 내리 외우는 광경, 그것이야 말로 어떻습니까? / 태평광기 400여 권, 태평광기 400여 권 / 아, 두루 읽는 광경, 그것이야 말로 어떻습니까?

당당당(唐唐唐) 당츄ᄌ(唐揪子) 조협(皁莢) 남긔
홍(紅)실로 홍(紅)글위 ᄆᆡ요이다.
혀고시라 밀오시라 뎡소년(鄭少年)하.
위 내 가논 ᄃᆡ 놈 갈셰라.
엽(葉) 샥옥셤셤(削玉纖纖) 솽슈(雙手)ㅅ길헤 샥옥셤셤(削玉纖纖) 솽슈(雙手)ㅅ길헤
위 휴슈동유(携手同遊)ㅅ경(景) 긔 엇더ᄒ니잇고.

[현대어]
호두나무, 쥐엄나무에다 / 붉은 실로 붉은 그네를 매었습니다. / 그네를 당기시라 밀어시라 정 소년이여. / 아! 내가 가는 곳에 남이 갈까 두렵구려. / 마치 옥을 깎은 듯이 고운 두 손길에 / 아! 마주 잡고 노니는 광경, 그것이 어떻습니까?

06 가전체 문학▼

1. 특징

(1) 사물을 의인화하여 사회를 비판하고 교훈을 주고자 하는 교술문학이다.

(2) 패관문학과 달리 개인의 순수 창작물이다.

(3) 창의성이 상당히 가미된 허구적인 작품으로 소설에 가까운 형식을 보여 준다.

(4) 일대기 형식으로 구성되어 있고, 마지막에 작자의 평을 덧붙였다.

2. 주요 작품

작품	작자	소재	내용
「국순전」 (麴醇傳)	임춘	술	술을 의인화하여 당대 정치현실을 풍자하고 술로 인한 패가망신을 경계
「공방전」 (孔方傳)	임춘	돈	돈의 폐해는 삶을 그릇되게 하므로 후환을 막기 위해 재물을 탐하는 것을 경계
「국선생전」 (麴先生傳)	이규보	술	술의 긍정적인 면을 통해 위국충절의 사회적 교훈을 주는 이야기. 소인배들이 득세하고 오히려 뛰어난 인물들이 소외되는 현실을 풍자·비판하며 군자의 처신을 경계
「청강사자현부전」 (淸江使者玄夫傳)	이규보	거북	속된 무리와 어울리지 않는 어진 사람의 행실을 거북을 통해 묘사
「저생전」 (楮生傳)	이첨	종이	종이를 의인화하여 위정자들에게 올바른 정치를 권유
「죽부인전」 (竹夫人傳)	이곡	대나무	대나무를 의인화하여 남편을 잃고 절개를 지키다 생을 마친 인물을 통해 현숙하고 절개 있는 여성상 제시
「정시자전」 (丁侍者傳)	석식영암	지팡이	불교를 포교하고, 지도층의 겸허한 덕을 권유

3. 대표 작품

(1) 임춘, 「공방전(孔方傳)」

공방(孔方)의 자(字)는 관지(貫之)이니, 그 조상이 일찍이 수양산 속에 숨어 살아 아직 세상에 나와서 쓰여진 적이 없었다. 처음 황제(黃帝) 때에 조금 채용 되었으나, 성질이 굳세어 세상일에는 그리 세련되지 못하였다. 어느 날 황제가 상공(相工)을 불러 그를 보이니, 공(工)이 한참 들여다보고 말했다.

"이는 산야(山野)의 성질을 가져서 쓸 만한 것이 못 되오나, 만일 폐하가 만물을 조화(造化)하는 풀무와 망치를 써서 때를 긁고 빛을 낸다면 그 자질이 차차 드러날 것입니다. 왕자(王者)는 사람으로 하여금 그릇[器]이 되게 하오니, 원컨대 폐하께서는 이 사람을 저 완고한 구리[銅]와 함께 내버리지 마옵소서."

이리하여 차츰 공방의 이름이 세상에 드러나기 시작했다.

…

방(方)의 생김새는 밖은 둥글고 안은 모나며, 때에 따라 응변을 잘하여, 한(漢)나라에 벼슬하여 홍로경이 되었다. 그때에 오왕(五王) 비(濞)가 교만하고 주제넘어 권세를 도맡아 부렸는데, 방(方)이 그에게 붙어 많은 이(利)를 보았다.

…

그는 백성을 상대로 한 푼 한 리의 이익이라도 다투는 한편, 물건값을 낮추어 곡식을 천하게 하고, 화(貨)를 중(重)하게 하여 백성으로 하여금 근본을 버리고 사농공상(士農工商)의 끝을 좇게 하여 농사짓는 것을 방해했다. 이를 본 간관(諫官)들이 상소(上疏)하여 이것이 잘못이라고 간(諫)했으나 임금은 그 말을 듣지 않았다.

방(方)은 또 권세 있고 귀한 사람을 재치 있게 잘 섬겼다. 그들의 집에 드나들며 권세를 부리고, 그들을 등에 업고 벼슬을 팔아, 승진시키고 갈아치우는 것마저도 모두 방의 손에 매이게 되었다.

…

때로는 거리에 돌아다니는 나쁜 소년들과 어울려 바둑도 두고 투전도 했다. 이렇게 남과 사귀는 것을 좋아하므로 그때 사람들이 말하기를.

"공방의 말 한마디는 황금 백 근만 못하지 않다."

라고 하였다.

원제(元帝)가 위(位)에 오르자 공우(貢禹)가 글을 올려 아뢰기를.

"방(方)이 오랫동안 어려운 직책을 맡아 보면서, 농사가 국가의 근본임을 알지 못하고 한갓 장사치의 이(利)만을 일으켜 나라를 좀먹고 백성을 해하여 공사(公私)가 다 곤궁에 빠지게 되었습니다. 뇌물이 성행하고 청탁하는 일이 버젓이 행해지고 있습니다. 대저 '짐을 지고 또 타게 되면 도둑이 온다.'라고 한 것은 「주역」에 있는 분명한 경계이니, 청컨대 그를 면직시켜 욕심 많고 더러운 자를 징계하옵소서."

라고 하였다. 그때에 정권을 잡은 자 중에는 곡량(穀梁)의 학문을 쌓아 정계에 진출한 이가 있어, 군자(軍資)를 맡은 장수로 변방을 막는 방책을 세우려 했다. 이에 방(方)의 일을 미워하는 자들이 드디어 그 말을 도우니, 임금이 이들의 말을 들어 마침내 방(方)이 쫓겨나게 되었다.

…

(2) 이규보, 「국선생전(麴先生傳)」

국성(麴聖)의 자(字)는 중지(中之)니, 관향(貫鄉)은 주천(酒泉) 고을 사람이다. 어려서 서막(徐邈)에게 사랑을 받아, 막(邈)이 이름과 자를 지어 주었다. 그의 먼 조상은 본시 온(溫)이라는 고장의 사람으로 항상 힘써 농사를 지으면서 자급하면서 살고 있었는데, 정(鄭)나라가 주(周)나라를 칠 때에 포로가 되어 본국으로 돌아가지 못하였으므로, 그 자손의 일파가 정나라에서 살게 되었다. 그의 증조(曾祖)는 역사에 이름이 나타나지 않았고, 조부 모(牟)는 살림을 주천으로 옮겨, 이때부터 주천에서 살게 되었다. 아버지 차(醝)에 이르러서 비로소 벼슬길에 나아가 평원독우(平原督郵)의 직을 역임하였고, 사농경(司農卿) 곡(穀)씨의 딸과 결혼하여 성(聖)을 낳았다.

성은 어렸을 때부터 도량이 넓고 침착하여, 아버지의 손님이 그 아비를 보러 왔다가도 성을 유심히 보고 그를 사랑하였다. 손님들이 말하기를

"이 아이의 도량이 출렁출렁 넘실넘실 만경(萬頃)의 물결과 같아서, 가라앉히더라도 더 맑아지지 않으며, 뒤흔들어도 탁해지지 않으니 우리는 그대와 더불어 이야기하기보다는 성과 함께 기뻐함이 좋네."

성이 자라서, 중산에 사는 유영(劉伶), 심양에 사는 도잠(陶潛)과 벗이 되었다. 이들은 서로 말하기를,

"하루라도 이 친구를 만나지 못하면 심중에 비루함과 인색함이 생긴다."

라고 하며, 만날 때마다 해가 저물도록 같이 놀고, 서로 헤어질 때는 항상 섭섭해 하였고, 기쁨을 잊고 문득 마음이 황홀해서 돌아왔다.

국가에서 조구연(糟丘椽)을 시켰으나, 미처 나아가지 못하였고, 또 나라에서 청주종사(淸州從事)로 불러, 공경들이 계속하여 그를 조정에 천거했다. 위에서 명하여 공거(公車)를 보내서 부른 다음 목송(目送)하여 말하기를.

"저 군이 주천의 국생(麴生)인가? 짐(朕)이 그대의 향기로운 이름을 들은 지 오래다."

이보다 앞서 태사(太史)가 임금께 아뢰기를.

"지금 주기성(酒旗星)이 크게 빛을 낸다 하더니."

이렇게 아뢰고 나서 얼마 안 되어 성이 이른지라, 임금이 또한 이로써 더욱 기특하게 여겼다. 임금은 즉시 곧 주객 낭중(主客郎中) 벼슬을 시키고, 이윽고 국자 좨주(國子祭酒)로 올려

예의사(禮儀使)를 겸하게 되었다.

　무릇 조회(朝會)의 잔치와 종조(宗祖)의 제사, 천식(薦食), 진작(進酌)의 예(禮)가 임금의 뜻에 맞지 않음이 없는지라. 이에 임금은 그의 그릇이 듬직하다 하여 승진시켜 승정원 재상으로 있게 하고 후설(喉舌)의 직에 두고, 우례(優禮)로 하여 매양 들어와 출입할 적에도 교자(轎子)를 탄 채로 전(殿)에 오르라 명하며, 이름을 부르지 않고 국 선생(麴先生)이라 일컬었다. 임금의 마음이 불쾌함이 있어도 성이 들어와 뵈면 임금은 비로소 크게 웃으니 무릇 사랑받음이 모두 이와 같았다.

　원래 성은 성질이 구수하고 아량이 있었다. 날이 갈수록 사람들과 친근해졌고 특히 임금과는 조금도 스스럼없이 가까워졌다. 자연 임금의 사랑을 받게 되어 항상 따라다니면서 잔치 자리에서 함께 놀았다.

07 악장▼

1. 특징

(1) 조선 초 예악을 정비하는 과정에서 창작된 노래를 이른다.

(2) 나라의 제전(祭典)이나 연례(宴禮)와 같은 공식 행사 때 궁중 음악에 맞추어 불렀다.

(3) 주로 조선 왕조의 개국과 번영을 송축하였다.

2. 형식

한문악장	4언구 중심의 시경체와 장단구 중심의 초서체 등의 전통 형식
현토악장	기존 한시 작품에 우리말 토(吐)를 단 형식
국문악장	고려속요 및 경기가요의 영향을 받아 특정한 후렴구를 붙인 분절형식과 연장형식, 앞 절과 뒤 절이 대등한 분량으로 나타나는 장편형식 등 다양한 형식

3. 주요 작품

작품	작자	연대	내용
「납씨가(納氏歌)」	정도전	태조2년	태조가 야인(나하추)를 격파한 무공을 찬양
「정동방곡(靖東方曲)」	정도전	태조2년	태조의 위화도 회군을 찬양한 노래
「신도가(新都歌)」	정도전	태조3년	새로운 도읍지를 예찬하여 태조의 만수무강을 기원
「용비어천가(龍飛御天歌)」	정인지, 안지, 권제	세종27년	훈민정음으로 창작한 최초의 작품. 조선을 세우기까지 6조의 사적을 중국 고사와 대비하여 그 공덕을 기린 노래이다. 각 사적과 관련된 우리말 노래를 먼저 싣고 그에 대한 한역시를 덧붙임
「월인천강지곡(月印千江之曲)」	세종	세종29년	『석보상절』의 석가의 공덕과 관련해 석가모니를 찬양한 노래
「봉황음(鳳凰吟)」	윤회	세종	조선의 문물과 왕가의 태평을 기원한 노래
「감군은(感君恩)」	미상	미상	임금의 성덕과 성은을 찬양

▼ 악장

조선전기 궁중에서 국가의 공식적 행사인 제향이나 연향 때에 쓰이던 시가

☑ **확인문제**

밑줄 친 부분에 대한 설명으로 적절한 것은?　　2018년 국가직 9급

> 말싸물 ㉠ 솗ᄫᆞ리 하ᄃᆡ 天命을 疑心ᄒᆞ실ᄊᆡ ᄭᅮ므로 ㉡ 뵈아시니 놀애롤 브르리 ㉢ 하ᄃᆡ 天命을 모ᄅᆞ실ᄊᆡ ᄭᅮ므로 ㉣ 알외시니
>
> [말씀을 아뢸 사람이 많지만, 天命을 의심하시므로 꿈으로 재촉하시니 / 노래를 부를 사람이 많지만, 天命을 모르므로 꿈으로 알리시니]
> – 「용비어천가」 13장

① ㉠에서 '–이'는 주격을 나타내는 조사로 기능한다.
② ㉡에서 '–아시–'는 높임을 나타내는 선어말 어미로 기능한다.
③ ㉢에서 '–ᄃᆡ'는 이유를 나타내는 연결 어미로 기능한다.
④ ㉣에서 '–외–'는 사동을 나타내는 접미사로 기능한다.

정답해설

㉣의 '알외시니'는 현대어 '알리시니'로 해석할 수 있다. '알리시니'는 어간 '알–'에 사동 접미사 '–리–', 높임 선어말 어미 '–사–', 그리고 어미 '–니'를 사용하여 만들어진 말이다. 그러므로 ㉣에서 '–외–'는 사동을 나타내는 접미사로 기능한다고 판단할 수 있다.

정답 ④

4. 대표 작품

(1) 정인지 외, 「용비어천가(龍飛御天歌)」

1장

海東(해동) 六龍(육룡)이 ᄂᆞᄅ샤 일마다 天福(천복) 이시니
古聖(고성)이 同符(동부)ᄒ시니

[현대어]

우리나라의 여섯 성군이 나시어 하시는 일마다 하늘의 복을 받으시니. / 중국 옛 성왕들이 하신 일과 딱 들어맞으시니.

2장

불휘 기픈 남ᄀᆞᆫ ᄇᆞᄅ매 아니 뮐씨 곶 됴코 여름 하ᄂᆞ니
시미 기픈 므른 ᄀᆞ므래 아니 그츨씨 내히 이러 바ᄅ래 가ᄂᆞ니

[현대어]

뿌리가 깊은 나무는 바람에 흔들리지 아니하므로, 꽃이 좋고 열매가 많이 열리니. / 샘이 깊은 물은 가뭄에 그치지 아니하므로, 내가(냇물) 이루어져 바다에 가나니.

125장

千世(천세) 우희 미리 定(정)ᄒ샨 漢水(한수) 北(북)에 累仁開國(누인개국)ᄒ샤
ᅡ年(복년)이 ᄀᆞ업스시니
聖神(성신)이 니ᅀᆞ샤도 敬天勤民(경천근민)ᄒ샤ᅀᅡ 더욱 구드시리이다
님금하 아ᄅᆞ쇼셔 落水(낙수)예 山行(산행) 가 이셔 하나빌 미드니잇가.

[현대어]

천 년 전에 미리 정하신 한강 북쪽 땅에, (육조께서) 여러 대를 걸쳐 어진 덕을 쌓아 나라를 여시어, 점지해 받은 운수가 끝이 없으시니, / 성군의 자손이 대를 이으셔도 하늘을 공경하고 백성을 다스리는 데에 부지런히 힘쓰셔야 (왕권이) 더욱 굳건할 것입니다. / 임금이시여, 아소서. 낙수에 사냥하러 가 있으면서 조상만 믿으시겠습니까?

08 시조

▼ 시조
조선시대에 주로 창작된 3장 6구 45자 내외의 정형시

1. 특징

(1) 고려 후기에 시작됐다는 설이 우세했으나, 최근 조선 중기에 시작됐다는 설이 힘을 얻고 있다.

(2) 사대부나 기생이 주된 작자로, 조선 후기에 이르러 전문 가객이 활약하였다.

(3) 3장 6구 45자 내외의 구성으로 이루어져 있다.

초장	시상을 일으킴
중장	시상의 보완과 강조
종장	시상의 전환과 결론

(4) 운율은 3 · 4(4 · 4)조, 4음보의 외형률이며, 종장(3, 5, 4, 3)의 첫 음보는 반드시 3음절이어야 한다.

(5) 종류

형식	평시조	시조의 기본 형식에 따라 쓴 시조
	엇시조	평시조의 종장을 제외한 어느 한 구가 길어진 시조
	사설시조	평시조의 종장을 제외하고 두 구 이상이 길어진 시조
길이	단시조	한 수로만 이루어진 시조
	연시조	두 수 이상이 연을 이루고 있는 시조

2. 주요 작품

(1) 연군(戀君)과 우국(憂國)

작품	작자	내용
「구룸이 무심(無心)튼 말이」	이존오	임금의 예지를 가리는 간신의 횡포를 구름과 해에 빗대어 풍자한 노래
「방안에 혓는 촛불」	이개	임금에 대한 그리움을 임과 이별한 슬픔에 빗대어 표현한 노래
「천만 리 머나먼 길에」	왕방연	유배된 어린 단종에 대한 애절한 마음
「삼동에 뵈옷 닙고」	조식	임금의 승하를 애도한 노래
「가노라 삼각산(三角山)아」	김상헌	청나라에 볼모로 잡혀가는 우국지사의 비분강개
「철령 높은 봉을」	이항복	임금을 생각하는 신하의 절의를 강조하고, 억울한 심정을 호소한 노래
「한산섬 달 붉근 밤의」	이순신	왜란 중 나라를 근심하는 마음

(2) 지조와 충절

작품	작자	내용
「가마귀 빠오는 골에」	정몽주 모친	군자로서의 절의를 까마귀와 백로의 관계에 빗대어 나타낸 노래
「이 몸이 주거 주거」	정몽주	고려 왕조에 대한 변함없는 충절(단심가)
「눈 마즈 휘어진 대를」	원천석	고려 왕조에 대한 굳은 지조
「가마귀 눈비 마즈」	박팽년	변하지 않은 절개를 강조
「수양산 바라보며」	성삼문	백이와 숙제의 고사를 인용하여 굳은 절개를 표현
「이 몸이 죽어가서」	성삼문	죽음을 각오한 굳은 지조와 절의

(3) 망국의 한

작품	작자	내용
「백설(白雪)이 즈자진 골에」	이색	쇠퇴해 가는 왕조에 대한 탄식과 고뇌
「흥망이 유수ᄒ니」	원천석	고려의 패망과 역사의 허무함
「오백 년 도읍지를」	길재	망국의 한과 고려 왕조에 대한 회고의 정
「선인교(仙人橋) 나린 물이」	정도전	고려 왕조의 무상함

(4) 자연 속에서의 삶

작품	작자	내용
「십 년을 경영하여」	송순	자연 속에서의 소박한 삶의 모습
「두류산 양단수를」	조식	무릉도원 같은 지리산의 풍경 예찬
「대쵸볼 불근 골에」	황희	추수가 끝난 늦가을 농촌의 운치 있는 생활상
「청산도 절노절노」	송시열	무위자연(無爲自然)의 조화로운 삶을 추구하는 노래

(5) 연정(戀情)

작품	작자	내용
「동지(冬至)ㅅ 달 기나긴 밤을」	황진이	임이 부재한 시간을 줄여 임과 함께하는 시간을 늘리고자 하는 마음을 구체적으로 표현한 노래
「어져 내 일이야」	황진이	임을 보내고 그리워하는 정
「마음이 어린 후니」	서경덕	임이 오지 못하는 상황임에도 불구하고 임을 기다리는 간절한 그리움
「이화우(梨花雨) 흣쑬릴 제」	계랑	대조적 상황을 통해 임과 이별한 슬픔과 그리움
「묏버들 갈히 것거」	홍랑	묏버들을 매개로 한 임에 대한 사랑과 그리움
「임 그린 상사몽(相思夢)이」	박효관	임의 부재로 인한 외로움과 간절한 연모의 정

(6) 인정(人情)

작품	작자	내용
「이런들 엇더ᄒ며」	이방원	유연한 삶의 태도를 강조하며 정적을 회유하고자 하는 노래(하여가)
「이화(梨花)에 월백(月魄)하고」	이조년	봄밤에 느끼는 애상
「춘산(春山)에 눈 노기는 바람」	우탁	늙음을 되돌리고 싶은 마음을 표현한 노래
「ᄒ손에 막듸 잡고」	우탁	늙음에 대한 한탄을 해학적으로 표현한 노래
「노래 삼긴 사름」	신흠	노래를 통해 시름을 풀어보고자 하는 마음
「동기로 세 몸 되어」	박인로	사별한 형제를 그리워하는 마음
「반중 조홍(盤中早紅) 감이」	박인로	부모님이 돌아가셔서 효를 다하지 못하는 데 대한 안타까움

〈보기〉의 밑줄 친 부분과 가장 가까운
내용을 담은 시조는? 2019 서울시 9급

┌─ 보기 ─────────────┐
성현의 경전을 읽고 자기를 돌
이켜 보아서 환히 이해되지 않는
것이 있거든 모름지기 성현이 준
가르침이란 반드시 사람이 알 수
있고 행할 수도 있는 것에 대하여
말한 것임을 생각하라. 성현의 말
과 나의 소견이 다르다면 이것은
내가 힘쓴 노력이 철저하지 못한
까닭이다. 성현이 어찌 알기 어렵
고 행하기 어려운 것으로 나를 속
이겠는가? 성현의 말을 더욱 믿어
서 딴 생각이 없이 간절히 찾으면
장차 얻는 바가 있을 것이다.
└───────────────────┘

① 십년 ᄀ온 칼이 갑리(匣裏)에 우노
미라. / 관산(關山)을 부라보며 째
째로 모져 보니 / 장부(丈夫)의 위
국공훈(爲國功勳)을 어늬째에 드
리올고.
② 구곡(九曲)은 어드미고 문산(文山)
에 세모(歲暮)커다. / 기암괴석(奇
巖怪石)이 눈속에 뭇쳣셰라. / 유
인(遊人)은 오지 안이ᄒ고 볼쎳업
다 ᄒ드라.
③ 강호(江湖)에 겨월이 드니 눈 기픠
자히 남다. / 삿갓 빗기 쓰고 누역
으로 오슬 삼아. / 이 몸이 칩지 아
니히옴도 역군은(亦君恩)이샷다.
④ 고인(古人)도 날 못 보고 나도 고인
못 봬. / 고인을 못 봐도 녀든길 알
픠 잇늬. / 녀든길 알픠 잇거든 아
니 녀고 엇졀고.

정답해설
제시된 시의 '고인'은 '성현'을 가리키
는 것이며, 화자가 따르고자 하는 '고
인이 녀던 길'은 '성현이 다녔던 학문
의 길'이라고 할 수 있다. 따라서 제시
된 시가 성현의 가르침을 따른다는 것
과 관련된 내용을 담고 있다고 할 수
있다.

정답 ④

(7) 연시조

작품	작자	내용
「강호사시가(江湖四時歌)」	맹사성	강호에서 즐기는 자연과 임금의 은혜에 대한 감사
「오륜가(五倫歌)」	주세붕	삼강오륜(三綱五倫)의 교훈
「도산십이곡(陶山十二曲)」	이황	자연을 관조하는 모습과 학문 수양의 태도
「고산구곡가(高山九曲歌)」	이이	시공간의 변화에 따른 자연의 경치와 그에 대한 흥취
「훈민가(訓民歌)」	정철	유교 윤리를 구체적으로 실천할 것을 권장하는 노래
「어부사(漁父詞)」	이현보	속세를 떠나 강호에 묻혀 사는 어부의 한정(閑情)
「견회요(遣懷謠)」	윤선도	임금에 대한 변함없는 충성심과 더불어 남의 평가에 휘둘리지 않고 자신의 신념을 지키겠다는 의지
「만흥(漫興)」	윤선도	어지러운 현실 사회를 떠나서 자연 속에서 소박하게 사는 은사(隱士)의 한정(閑情)
「어부사시사(漁父四時詞)」	윤선도	자연 속에서 누리는 한가로운 삶을 어부의 생애에 빗댄 노래
「오우가(五友歌)」	윤선도	물[水], 바위[石], 소나무[松], 대나무[竹], 달[月]의 불변성과 영원성을 예찬한 노래
「매화사(梅花詞)」	안민영	매화의 고결한 아름다움을 예찬한 노래

(8) 사설시조

작품	작자	내용
「장진주사(將進酒辭)」	정철	이백의 '장진주'에 영향을 받은 권주가(勸酒歌)
「귓도리 져 귓도리」	미상	독수공방하는 쓸쓸한 마음을 귀뚜라미와의 교감을 통해 표현한 노래
「창(窓) 내고쟈 창(窓)을 내고쟈」	미상	마음속의 근심과 시름을 해소하고자 하는 마음
「딕들에 동난지이 사오」	미상	게젓을 파는 장수의 모습을 통해 현학적 태도를 비판하는 노래
「논밭 갈아 기음 매고」	미상	농촌에서 바쁜 일과를 보내면서 마음의 여유를 잃지 않는 모습을 표현한 노래
「싀어머님 며느라기 낫바」	미상	시댁에서 구박당하는 며느리의 원망

3. 대표 작품

(1) 이황, 「도산십이곡(陶山十二曲)」

1수

이런들 엇더ᄒ며 뎌런들 엇더ᄒ료.
草野愚生(초야우생)이 이러타 엇더ᄒ료.
ᄒ믈며 泉石膏肓(천석고황)을 고텨 므슴ᄒ료.

[현대어]

이런들 어떠하며 저런들 어떠하랴? / 시골에 파묻혀 있는 어리
석은 사람이 이렇다고 한들 어떠하랴? / 하물며 자연을 사랑하
는 것이 고질병처럼 굳어졌으매 고쳐 무엇하리오.

9수

고인(古人)도 날 몯보고 나도 고인(古人) 몯뵈.
고인(古人)을 몯봐도 녀던 길 알퍼 잇닉.
녀던 길 알퍼 잇거든 아니 녀고 엇뎔고.

[현대어]

옛 성현도 나를 보지 못하고 나도 옛 성현들을 뵙지 못했네. /
옛 성현들을 못 뵙지만 그분들이 행하던 길이 앞에 놓여 있네.
/ 그 행하던 길이 앞에 있는데 아니 행하고 어찌하겠는가?

10수

당시(當時)예 녀든 길흘 몃 히룰 ᄇ려 두고,
어듸 가 ᄃ니다가 이제아 도라온고.
이제아 도라오나니 년 디 ᄆ음 마로리.

[현대어]

전에 힘썼던 학문의 길을 몇 년이나 내버려 두고,
어디로 가서 돌아다니다가 이제야 돌아왔는고?
이제나마 돌아왔으니 딴 곳에 마음 두지 않으리.

11수

청산(靑山)은 엇뎨ᄒ야 만고(萬古)애 프르며.
유수(流水)는 엇뎨ᄒ야 주야(晝夜)애 긋디 아니ᄂ고.
우리도 그치디 마라 만고상청(萬古常靑)호리라.

[현대어]

청산은 어찌하여 만고의 세월을 푸르며
흐르는 물은 또 어찌하여 밤낮으로 그치지 않는가.
우리도 저 청산과 유수처럼 그치지 않고 만고에 푸르리라.

(2) 맹사성, 「강호사시가(江湖四時歌)」

춘사(春詞)

강호(江湖)에 봄이 드니 미친 흥(興)이 절로 난다.
탁료 계변(濁醪溪邊)에 금린어(錦鱗魚)ㅣ 안주로다.
이 몸이 한가(閒暇)히옴도 역군은(亦君恩)이샷다.

[현대어]

강호(자연)에 봄이 찾아오니 깊은 흥이 절로 일어난다. / 막걸
리를 마시며 노는 시냇가에 싱싱한 물고기가 안주로다. / 이 몸
이 이렇게 한가하게 지내는 것도 역시 임금의 은혜이시도다.

하사(夏詞)

강호(江湖)에 녀름이 드니 초당(草堂)에 일이 업다.
유신(有信)ᄒᆫ 강파(江波)ᄂᆞᆫ 보내ᄂᆞ니 ᄇ람이다.
이 몸이 서늘히옴도 역군은(亦君恩)이샷다.

[현대어]

강호에 여름이 찾아오니 초당에 있는 이 몸은 할 일이 별로 없
다. / 신의 있는 강의 물결은 보내는 것이 시원한 바람이다. /
이 몸이 시원하게 지내는 것도 역시 임금의 은혜이시도다.

추사(秋詞)

강호(江湖)에 ᄀ올이 드니 고기마다 술져 잇다.
소정(小艇)에 그믈 시러 흘리 씌여 더뎌 두고,
이 몸이 소일(消日)히옴도 역군은(亦君恩)이샷다.

[현대어]

강호에 가을이 찾아드니 물고기마다 살이 올라 있다.
작은 배에 그물을 싣고 가서 물결 따라 흐르게 던져 놓고,
이 몸이 소일하며 지내는 것도 역시 임금의 은혜이시도다.

동사(冬詞)

강호(江湖)에 겨월이 드니 눈 기픠자히 남다.
삿갓 빗기 쓰고 누역으로 오슬 삼아,
이 몸이 칩지 아니히옴도 역군은(亦君恩)이샷다.

[현대어]

강호에 겨울이 찾아오니 눈의 깊이가 한 자가 넘는다. / 삿갓을
비스듬히 쓰고 도롱이를 둘러 덧옷을 삼으니, / 이 몸이 이렇게
춥지 않게 지내는 것도 역시 임금의 은혜이시도다.

(3) 이현보, 「어부사(漁父詞)」

> **1수**
> 이듕에 시름 업스니 어부의 생애(生涯)이로다.
> 일엽편주(一葉片舟)를 만경파(萬頃波)에 띄워 두고,
> 인세(人世)를 다 니젯거니 날 가는 주를 알랴.
>
> **[현대어]**
> 이런 속에(인간 세상 중에) 걱정할 것 없는 것은 어부의 생활이로다. / 한 척의 조그마한 배를 끝없이 넓은 바다 위에 띄워 놓고, / 인간 세상의 일을 다 잊었으니 세월 가는 줄을 알겠는가?
>
> **2수**
> 구버는 천심녹수(千尋綠水) 도라보니 만첩청산(萬疊靑山)
> 십장홍진(十丈紅塵)이 언매나 フ롓는고,
> 강호(江湖)애 월백(月白)ᄒ거든 더욱 무심(無心)ᄒ얘라.
>
> **[현대어]**
> (아래로) 굽어보니 천 길이나 되는 푸른 물, 돌아보니 겹겹이 쌓은 푸른 산 / 열 길이나 되는 속세의 티끌(어수선한 세상사)이 얼마나 가려졌는가. / 강호에 밝은 달이 밝게 비치니 더욱 무심하구나.
>
> **3수**
> 청하(靑荷)애 바볼 ᄡ고 녹류(綠柳)에 고기 ᄢᅦ여
> 노적화총(蘆荻花叢)에 비 미야 두고,
> 일반(一般) 청의미(淸意味)를 어늬 부니 아ᄅᆞ실고.
>
> **[현대어]**
> 푸른 연잎에다 밥을 싸고 푸른 버들가지에 잡은 물고기를 꿰어, / 갈대꽃이 우거진 떨기에 배를 매어두니, / 이런 일반적인 맑은 재미를 어느 사람이 알 것인가.
>
> **4수**
> 산두(山頭)에 한운(閑雲)이 기(起)ᄒ고 수중(水中)에 백구(白鷗)이 비(飛)라.
> 무심(無心)코 다정(多情)ᄒ니 이 두 거시로다.
> 일생(一生)에 시르믈 닛고 너를 조차 노로리라.
>
> **[현대어]**
> 산머리에는 한가로운 구름이 일고 물 위에는 갈매기가 날고 있네. / 아무런 사심 없어 다정한 것으로는 이 두 가지뿐이로다. / 한평생의 근심 걱정을 잊어버리고 너희들과 더불어 놀리라.
>
> **5수**
> 장안(長安)을 도라보니 북궐(北闕)이 천 리(千里)로다.
> 어주(漁舟)에 누어신들 니즌 스치 이시랴.
> 두어라, 내 시름 아니라 제세현(濟世賢)이 업스랴.

> **[현대어]**
> 서울을 돌아보니 궁궐(임금님 계신 곳)이 천 리로구나. / 고기 잡이배에 누워 있은들 (나랏일을) 잊은 적이 있으랴 / 두어라, 내가 걱정할 일 아니다. 세상을 구제할 현인이 없겠느냐?

(4) 윤선도

① 「어부사시사(漁父四時詞)」

> **춘사(春詞) 4**
> 우는 거시 벅구기가 프른 거시 버들숩가
> 이어라 이어라
> 어촌(漁村) 두어 집이 닛 속의 나락들락
> 지국총(至菊悤) 지국총(至菊悤) 어ᄉ와(於思臥)
> 말가ᄒ 기픈 소희 온갓 고기 뛰노ᄂᆞ다
>
> **[현대어]**
> 우는 것이 뻐꾸기인가 푸른 것이 버드나무 숲인가. / 노 저어라 노 저어라 / 어촌 두어 집이 안개 속에 들락날락하는구나. / 찌그덩 찌그덩 어기여차 / 맑고 깊은 못에 온갖 고기 뛰노는구나.
>
> **하사(夏詞) 2**
> 년닙희 밥 싸 두고 반찬으란 쟝만 마라
> 닫 드러라 닫 드러라
> 청약립(靑蒻笠)은 써 잇노라 녹사의(綠蓑依) 가져오냐
> 지국총(至菊悤) 지국총(至菊悤) 어ᄉ와(於思臥)
> 무심(無心)ᄒ 빅구(白鷗)는 내 좃는가 제 좃는가
>
> **[현대어]**
> 연잎에 밥을 싸 두고 반찬은 준비하지 마라 / 닻 들어라 닻 들어라 / 삿갓은 이미 쓰고 있노라 도롱이 가져 왔느냐? / 찌그덩 찌그덩 어기여차 / 무심한 갈매기는 내가 저를 쫓는 것인가, 제가 나를 쫓는 것인가?
>
> **추사(秋詞) 2**
> 슈국(水國)의 ᄀᆞ올히 드니 고기마다 슬져 읻다
> 닫 드러라 닫 드러라
> 만경딍파(萬頃澄波)의 슬ᄏᆞ지 용여(容與)ᄒ쟈
> 지국총(至菊悤) 지국총(至菊悤) 어ᄉ와(於思臥)
> 인간(人間)을 도라보니 머도록 더욱 됴타
>
> **[현대어]**
> 보길도(유배된 작가가 거처하는 섬)에 가을이 되니 고기마다 살쪄 있다. / 닻 올려라 닻 올려라 / 끝없이 넓고 맑은 물에서 실컷 놀아 보자. / 찌그덩 찌그덩 어기여차 / 인간 세상을 돌아보니 멀수록 더욱 좋구나.

동사(冬詞) 4

간밤의 눈 갠 후(後)에 경물(景物)이 달랃고야
이어라 이어라
압희는 만경류리(萬頃琉璃) 뒤희는 천텹옥산(千疊玉山)
지국총(至菊念) 지국총(至菊念) 어ᄉ와(於思臥)
션계(仙界)ㄴ가 불계(佛界)ㄴ가 인간(人間)이 아니로다

[현대어]

지난 밤 눈이 그친 후에 경치가 달라졌구나. / 노 저어라
노 저어라 / 앞에는 넓고 맑은 바다. 뒤에는 겹겹이 둘러
있는 흰 산 / 찌그덩 찌그덩 어기여차 / 신선의 세계인지
불교 세계인지 인간 세상은 아니로다.

② 「만흥(漫興)」

1수

산슈간(山水間) 바회 아래 뛰집을 짓노라 ᄒ니
그 몰론 놈들은 웃는다 ᄒ다마는
어리고 햐암의 뜻듸는 내 분(分)인가 ᄒ노라.

[현대어]

산수 간 바위 아래 띠집을 지으려 하니 / 그것을 모르는 남
들은 비웃는다지만 / 어리석고 시골뜨기인 내 생각에는 내
분수에 맞는 것이라 하노라.

2수

보리밥 픗ᄂᆞ물을 알마초 머근 후(後)에
바횟긋 믉ᄀᆞ의 슬ᄏᆞ지 노니노라.
그나믄 녀나믄 일이야 부롤 줄이 이시랴.

[현대어]

보리밥과 풋나물을 알맞게 먹은 후에
바위 끝이나 물가에서 실컷 노니노라.
그밖에 다른 일이야 부러워할 줄이 있으랴.

3수

잔 들고 혼자 안자 먼 뫼흘 ᄇᆞ라보니
그리던 님이 오다 반가옴이 이리ᄒᆞ랴.
말ᄉᆞᆷ도 우움도 아녀도 몯내 됴하ᄒᆞ노라.

[현대어]

잔을 들고 혼자 앉아 먼 산을 바라보니
그리워하는 임이 온들 반가움이 이보다 더하겠는가.
말도 없고 웃음도 없지만 마냥 좋아하노라.

4수

누고셔 삼공(三公)도곤 낫다ᄒᆞ더니 만승(萬乘)이 이만
ᄒᆞ랴.
이제로 헤어든 소부(巢父) 허유(許由)ㅣ 냑돗더라.
아마도 임천한흥(林泉閑興)을 비길 곳이 업세라.

[현대어]

누가 삼정승보다 낫다더니 일만 수레를 가진 천자라고 한
들 이만 하겠는가. / 이제와 생각해 보니 소부와 허유가 영
리했구나. / 아마도 자연 속에서 한가로이 지내는 흥취는
비할 데가 없으리라.

5수

내 셩이 게으르더니 하ᄂᆞ히 아ᄅᆞ실샤.
인간 만ᄉ(人間萬事)를 ᄒᆞᆫ 일도 아니 맛뎌.
다만당 ᄃᆞ토리 업슨 강산(江山)을 딕희라 ᄒᆞ시도다.

[현대어]

내 성품이 게으르더니 하늘이 아시어,
인간만사를 한 가지 일도 아니 맡겨,
다만 다툴 이 없는 강산을 지키라고 하시도다.

6수

강산이 됴타 ᄒᆞᆫ돌 내 분(分)으로 누얻ᄂᆞ냐.
님군 은혜(恩惠)를 이제 더옥 아노이다.
아무리 갑고쟈 ᄒᆞ야도 히올 일이 업세라.

[현대어]

강산이 좋다고 한들 내 분수로 누워 있겠는가.
임금의 은혜인 것을 이제 더욱 알겠도다.
아무리 갚고자 하여도 내가 할 수 있는 일이 없구나.

(5) 주세붕, 「오륜가(五倫歌)」

1수(서사)

사롬 사롬마다 이 말ᄉᆞᆷ 드러ᄉᆞ라.
이 말ᄉᆞᆷ 아니면 사롬이오 사롬 아니니.
이 말ᄉᆞᆷ 닛디 말오, 빈호고야 마로리이다.

[현대어]

사람 사람들마다 이 말씀(삼강오륜)을 들으십시오.
이 말씀이 아니면 사람이면서도 사람이 아닌 것이니,
이 말씀을 잊지 않고 배우고야 말 것입니다.

2수

아바님 날 나ᄒᆞ시고 어마님 날 기ᄅᆞ시니.
부모(父母)옷 아니시면 내 모미 업슬랏다.
이 덕을 갑ᄑᆞ려 ᄒᆞ니 하ᄂᆞᆯ ᄀᆞ이 업스샷다.

[현대어]

아버님이 나를 낳으시고 어머님이 나를 기르시니,
부모님이 아니셨더라면 이 몸이 없었을 것입니다.
이 덕을 갚으려 하니 하늘처럼 끝이 없습니다.

3수

동과 항것과롤 뉘랴셔 삼기신고.
벌와 가여미삭 이 뜨둘 몬져 아니,
ᄒ 므ᅀᆞ매 두 뜯 업시 소기지나 마옵새이다.

[현대어]
종과 상전의 구별을 누가 만들어 내었던가.
벌과 개미들이 이 뜻을 먼저 아는구나.
한 마음에 두 뜻을 가지는 일이 없도록 속이지나 마십시오.

4수

지아비 밭 갈라 간 ᄃᆡ 밥고리 이고 가,
반상을 들오ᄃᆡ 눈썹의 마초이다.
친코도 고마오시니 손이시나 다ᄅᆞ실가.

[현대어]
남편이 밭을 갈러 간 곳에 밥을 담은 광주리를 이고 가서, / 밥
상을 들이되 (지아비의) 눈썹 높이까지 공손히 들어 바칩니다.
/ (남편은) 친하고도 고마우신 분이시니 손님을 대하는 것과 무
엇이 다르겠습니까?

5수

형(兄)님 자신 져즐 내 조쳐 머궁이다.
어와 뎌 아ᅀᆞ야 어머님 너 ᄉᆞ랑이아.
형제(兄弟)옷 불화(不和)ᄒ면 개 도티라 ᄒ리라.

[현대어]
형님이 잡수신 젖을 내가 따라 먹습니다.
아아, 우리 아우야 너는 어머님의 사랑이로다.
형제간에 화목하지 못하면 남들이 개나 돼지라 할 것입니다.

6수

늘그니는 부모(父母) 곧고 얼우는 형(兄) ᄀᆞᄐᆞ니,
ᄀᆞᄐᆞᆫᄃᆡ 불공(不恭)ᄒ면 어듸가 다롤고.
날료셔 므디어시든 절ᄒᆞ고야 마로리이다.

[현대어]
노인은 부모님 같고, 어른은 형님 같으니, / 이와 같은데 공손
하지 않으면 (짐승과) 어디가 다른가. / 나로서는 (노인과 어른
들을) 맞이하게 되면 절하고야 말 것입니다.

(6) 정철, 「훈민가(訓民歌)」

2수

형아 아이야 네 솔홀 만져 보아.
뉘손ᄃᆡ 타 나관ᄃᆡ 양지(樣姿)조차 ᄀᆞᄐᆞᆫ다.
한 졋 먹고 길러나 이셔 닷 ᄆᆞ음을 먹디 마라.

[현대어]
형아, 아우야, 네 살을 만져 보아라.
누구에게서 태어났기에 그 모습조차도 같은 것인가?
한 젖을 먹고 자라나 어찌 다른 마음을 먹을 수가 있겠느냐?

4수

어버이 사라신 제 섬길 일란 다ᄒ여라.
디나간 휘면 애둛다 엇디ᄒ리.
평싱애 고텨 못홀 이리 이쑨인가 ᄒ노라.

[현대어]
부모님께서 살아 계실 동안에 섬기는 일을 다하여라.
돌아가신 뒤에는 애달프다 해도 어찌할 것인가.
평생에 다시 할 수 없는 일은 부모 섬기는 일인가 하노라.

13수

오늘도 다 새거다, 호믜메고 가쟈ᄉᆞ라.
내 논 다 ᄆᆡ여든 네 논 졈 ᄆᆡ여 주마.
올 길헤 뽕 ᄯᅡ다가 누에 머겨 보쟈ᄉᆞ라.

[현대어]
오늘도 날이 다 밝았다. 호미 메고 가자꾸나.
내 논의 김 다 매거든 네 논도 매어 주마.
돌아오는 길에 뽕을 따다가 누에도 먹여 보자꾸나.

14수

비록 못 니버도 ᄂᆞ미 오슬 앗디 마라.
비록 못 먹어도 ᄂᆞ미 밥을 비디 마라.
ᄒᆞᆫ적곳 ᄢᅵ 시른 휘면 고텨 씻기 어려우리.

[현대어]
비록 옷이 없어서 못 입어도 남의 옷을 빼앗지 마라.
비록 음식이 없어서 못 먹어도 남의 밥을 얻어먹지 마라.
한 번이라도 때가 묻은 후에는 다시 씻기 어려우니라.

(7) 길재, 「오백 년 도읍지를」

> 오백 년(五百年) 도읍지(都邑地)를 필마(匹馬)로 도라드니,
> 산천(山川)은 의구(依舊)흐되 인걸(人傑)은 간 듸 업다.
> 어즈버 태평연월(太平烟月)이 꿈이런가 흐노라.
>
> [현대어]
> 오백 년 도읍지를 한 필의 말을 타고 돌아 들어가니
> 산천은 예나 다름이 없으나 인재들은 간 곳이 없구나.
> 아아, (고려의) 태평했던 시절이 한낱 꿈처럼 허무하도다.

(8) 성삼문, 「수양산 바라보며」

> 수양산(首陽山) 바라보며 이제(夷劑)를 한(恨)흐노라.
> 주려 주글진들 채미(採薇)도 흐는 것가.
> 비록애 푸새엣 거신들 긔 뉘 싸헤 낫드니.
>
> [현대어]
> 수양산을 바라보면서 지조를 끝까지 지키지 못한 백이와 숙제를 원망하며 한탄하노라. / 차라리 굶주려 죽을망정 고사리는 왜 캐어 먹었단 말인가? / 비록 산에서 아무렇게나 자라는 풀이라 하더라도 그것이 누구의 땅에서 났단 말인가?

(9) 원천석, 「눈 마자 휘여진 대를」

> 눈 마즈 휘여진 디를 뉘라셔 굽다턴고.
> 구블 절(節)이면 눈 속의 프를소냐.
> 아마도 세한 고절(歲寒孤節)은 너뿐인가 흐노라.
>
> [현대어]
> 눈을 맞아 휘어진 대나무를 누가 굽었다고 하던가.
> 굽힐 절개라면 눈 속에서 어찌 푸르겠는가.
> 아마도 한겨울의 추위에 피어나는 절개는 너뿐인가 하노라.

(10) 이개, 「방 안에 혓는 촛불」

> 방(房) 안에 혓는 촉(燭)불 눌과 이별(離別)흐엿관듸,
> 것츠로 눈물 디고 속타는 줄 모르는고.
> 뎌 촉(燭)불 날과 갓트여 속타는 줄 모로다.
>
> [현대어]
> 방 안에 켜 있는 촛불은 누구와 이별을 하였기에, / 겉으로 눈물을 흘리면서 속이 타 들어가는 줄을 모르는가. / 저 촛불도 나와 같아서 (겉으로 슬픔의 눈물만 흘릴 뿐) 속이 타는 줄 모르는구나.

(11) 황진이

① 「동지(冬至)ㅅ 달 기나긴 밤을」

> 동지(冬至)ㅅ둘 기나긴 밤을 한 허리를 버혀 내어,
> 춘풍(春風) 니불 아릐 서리서리 너헛다가,
> 어론 님 오신 날 밤이여든 구뷔구뷔 펴리라.
>
> [현대어]
> 동짓달 기나긴 밤의 한 가운데를 베어 내어
> 봄바람처럼 따뜻한 이불 속에 서리서리 넣어 두었다가
> 정든 임이 오시는 날 밤이면 굽이굽이 펴리라.

② 「어져 내 일이야」

> 어져 내 일이야 그릴 줄을 모로드냐
> 이시라 흐더면 가랴마는 제구투여
> 보뉘고 그리는 情은 나도 몰라 흐노라
>
> [현대어]
> 아! 내 일이야 그릴 줄을 몰랐더냐.
> 있으라 했더라면 구태여 갔겠는가.
> 보내고 그리워하는 마음은 나도 몰라 하노라.

(12) 계량, 「이화우(梨花雨) 흣쑬릴 제」

> 이화우(梨花雨) 흣쑬릴 제 울며 잡고 이별(離別)흔 님.
> 추풍 낙엽(秋風落葉)에 저도 날 싱각는가.
> 천 리(千里)에 외로온 쑴만 오락가락 흐노매.
>
> [현대어]
> 배꽃이 비처럼 흩날리던 때에 서로 울며 손을 잡고 이별한 임. / 가을 바람에 나뭇잎 떨어지는 이때에 임도 나를 생각하고 계실까. / 천 릿길 떨어진 곳에서 외로운 꿈만 오락가락하는구나.

(13) 송순, 「십년을 경영하여」

> 십년(十年)을 경영(經營)흐야 초려삼간(草廬三間) 지어 닛니,
> 나 흔 간 둘 흔 간에 청풍(淸風) 흔 간 맛져 두고,
> 강산(江山)은 드릴 듸 업스니 둘너 두고 보리라.
>
> [현대어]
> 십 년 동안 계획하여 초가삼간 지어 내니, / 나 한 칸, 달 한 칸에, 청풍 한 칸 맡겨 두고, / 강과 산은 (집 안에) 들여놓을 데가 없으니 (집 밖에 병풍처럼) 둘러 두고 보리라.

(14) 김상헌, 「가노라 삼각산아」

가노라 삼각산(三角山)아 다시 보자 한강수(漢江水)야.
고국 산천(古國山川)을 떠나고자 하랴마는,
시절(時節)이 하 수상(殊常)하니 올동 말동 하여라.

[현대어]
가노라 삼각산아, 다시 보자 한강수야.
고국 산천을 떠나고자 하겠는가마는,
시절이 너무 이상하니 올 동 말 동 하여라.

(15) 작자 미상, 「창(窓) 내고쟈 창(窓)을 내고쟈」

창을 내고쟈 창을 내고쟈 이 내 가슴에 창을 내고쟈
고모장지 세살장지 들장지 암돌져귀 수돌져귀 빈목걸새 크
나큰 쟝도리로 똥닥바가 이 내 가슴에 창 내고쟈
잇다감 하 답답할 제면 여다져 볼가 하노라

[현대어]
창을 내고 싶구나, 창을 내고 싶구나. 이 내 가슴에 창을 내고
싶구나. / 고모장지, 세살장지, 들장지, 열장지(문의 종류), 암톨
쩌귀, 수톨쩌귀(문 닫는 데 쓰이는 도구), 배목걸쇠(배목으로 거
는 쇠)를 커다란 장도리로 뚝딱 박아서 / 이 내 가슴에 창을 내
고 싶구나. 이따금 너무 답답할 때면 (그 창문을) 여닫아 볼까
하노라.

(16) 작자 미상, 「딕들에 동난지이 사오」

딕(宅)들에 동난지이 사오. 져 쟝스야, 네 황후 긔 무서시라
웨는다. 사쟈.
외골내육(外骨內肉), 양목(兩目)이 상천(上天), 전행 후행
(前行後行), 소(小)아리 팔족(八足), 대(大)아리 이족(二足). 청
쟝(淸醬) 으스슥 하는 동난지이 사오.
쟝스야, 하 거북히 웨지 말고 게젓이라 하렴은.

[현대어]
사람들이여, 동난젓 사오. 저 장수야, 네 물건 그것이 무엇이라
외치느냐? 사자. / 밖은 뼈요 안은 살이고 두 눈은 위로 솟아
하늘을 향하고 앞으로 가고 뒤로 가며 작은 발 여덟 개, 큰 발
두 개, 맑은 간장에 (씹으면) 아스슥 소리가 나는 동난젓 사오.
/ 장수야, 너무 거북하게 말하지 말고 게젓이라 하려무나.

09 가사

▼ 가사

형식상 운문이며, 내용상 교술인 시와 산문의 중간 형태인 문학 양식

1. 특징

(1) 조선 초기 사대부계층에 의해 확고한 문학 양식으로 자리 잡아 근대 초기까지 창작되었다.

(2) 사대부가 주 작자층이었으나 조선 후기로 가면서 평민, 여성까지 확대되었다.

(3) 행에 제한을 두지 않는 연속체 율문 형식으로 시와 산문(교술)의 형식을 동시에 지닌다.

(4) 3 · 4(4 · 4)조, 4음보의 정형적 운율이 나타난다.

2. 종류

사대부가사	• 강호한정과 안빈낙도를 노래한 가사 • 임금에 대한 그리움을 나타낸 연군가사 • 정치적 패배로 인해 유배를 당해 유배지에서 겪는 고난의 생활상을 기술하면서 우국지정을 토로한 유배가사 • 유교적 실천 윤리를 규범적으로 제시하거나 경세적 교훈을 주제로 한 가사 • 전란의 피해와 처참한 현실, 거기에서 오는 비애와 의분을 토로한 가사 • 우리나라의 역사나 가문의 전통을 노래한 가사 • 지리 · 풍물 · 풍속 · 인사 등 신변에 대한 관심을 표현한 가사
규방가사	• 시집가는 딸에게 시집살이에 필요한 생활 규범을 가르칠 목적에서 지은 계녀가류 • 일반 부녀자들이 지켜야 할 도리를 서술한 도덕가류 • 시집살이의 괴로움이나 신세한탄이 나타난 생활체험가사 • 자녀의 장래를 축복해 주거나 부모의 회갑이나 회혼을 맞아 장수를 송축하는 송축가류 • 꽃놀이나 여행의 즐거움을 노래한 풍류가류
서민가사	• 기존 관념에 대한 도전이 나타난 가사 • 인간 본능을 표출하는 가사 • 현실적 모순의 폭로와 비판이 드러난 가사
종교가사	• 불교가사 • 천주교가사 • 동학가사 • 유교가사
개화가사	• 계몽적 개화사상을 주장한 가사 • 반제구국(反帝救國)을 주장하면서 밑으로부터의 개혁을 의식하고 신문화 수용을 비판한 가사

☑ 확인문제

㉠과 ㉡에 대한 설명으로 적절한 것은?

2019 국가직 9급

> 헌 먼덕[1] 숙여 쓰고 축 없는 짚신에 설피설피 물러오니
> 　풍채 적은 형용에 ㉠ 개 짖을 뿐이로다
> 　와실(蝸室)에 들어간들 잠이 와서 누었으랴
> 　북창(北窓)을 비겨 앉아 새벽을 기다리니
> 　무정한 ㉡ 대승(戴勝)[2]은 이내 한을 돋우도다
> 　종조(終朝) 추창(惆悵)[3]하며 먼 들을 바라보니
> 　즐기는 농가(農歌)도 흥 없이 들리나다
> 　세정(世情) 모르는 한숨은 그칠 줄을 모르도다

> * 1) 먼덕 : 짚으로 만든 모자
> 　2) 대승(戴勝) : 오디새
> 　3) 추창(惆悵) : 슬퍼하는 모습
> 　　　　－ 박인로, 「누항사(陋巷詞)」

① ㉠은 실재하는 존재물이고, ㉡은 상상적 허구물이다.

② ㉠은 화자의 절망을 나타내고, ㉡은 화자의 희망을 나타낸다.

③ ㉠은 화자의 내면을 상징하고, ㉡은 화자의 외양을 상징한다.

④ ㉠은 화자의 초라함을 부각시키고, ㉡은 화자의 수심을 깊게 한다.

정답해설

㉠ '개'는 소를 빌리지 못해 위축된 화재풍채 적은 형용)를 향해 짖으며, 화자의 초라한 처지를 부각시키는 대상이다.

㉡ '대승(오디새)'은 농사 걱정으로 잠 못 이루는 화자의 '한을 돋우는', 걱정을 심화시키는 대상이다.

정답 ④

☑ 확인문제

(가)와 (나)를 비교한 설명으로 적절한 것은?　　　　　2018 지방직 9급

(가) 문밖에 가랑비 오면 방 안은 큰 비 오고 부엌에 불을 때면 천장은 굴뚝이요 흙 떨어진 윗대궁기 바람은 살 쏜 듯이 들이불고 틀만 남은 헌 문짝 멍석으로 창과 문을 막고 방에 반듯 드러누워 가만히 바라보면 천장은 하늘별자리를 그려놓은 그림이요, 이십팔수(二十八宿)를 세어 본다. 이렇게 곤란이 더욱 심할 제. 철모르는 자식들은 음식 노래로 조르는데, 아이고, 어머니! 나는 용미봉탕에 잣죽 좀 먹었으면 좋겠소.

(나) 한 달에 아홉 끼를 얻거나 못 얻거나 십 년 동안 갓 하나를 쓰거나 못 쓰거나 안표누공(顔瓢屢空)인들 나같이 비었으며 원헌(原憲)의 가난인들 나같이 심할까. 봄날이 길고 길어 소쩍새가 재촉커늘 동쪽 집에 따비 얻고 서쪽 집에 호미 얻어 집 안에 들어가 씨앗을 마련하니 올벼 씨 한 말은 반 넘어 쥐 먹었고 기장 피 조 팥은 서너 되 붙었거늘 많고 많은 식구 이리하여 어이 살리.

* 윗대궁기 : 나뭇가지 등으로 엮어 흙을 바른 벽에 생긴 구멍
* 안표누공(顔瓢屢空) : 공자(孔子)의 제자 안회(顔回)의 표주박이 자주 빔
* 원헌(原憲) : 공자의 제자

① (가)와 달리 (나)는 읽을 때의 리듬이 규칙적이다.
② (가)와 (나)는 모두 상황을 사실적으로 묘사하고 있다.
③ (가)와 (나)는 현재의 상황을 운명으로 수용하고 있다.
④ (가)는 상황을 긍정적으로, (나)는 부정적으로 인식하고 있다.

정답해설
(가)는 판소리계 소설인 「흥부전」이고, (나)는 가사인 정훈의 「탄궁가」이다. (나)는 4음보로 구성되어 있으므로(한 달에/아홉 끼를/얻거나/못 얻거나) 리듬이 규칙적이다.

정답 ①

시기 분류	전개 양상 및 주요 작품
발생 시기 (조선 성종)	가사 발생에 대해서는 경기체가 · 시조 · 악장 · 민요의 영향 등 많은 견해가 있으나 정극인의 「상춘곡」을 최초의 가사로 보는 것이 통설이다.
성종 이후 (임진왜란까지)	가사의 종행이 시조의 종장과 같은 '정격가사'가 유행하였다. 주제로는 강호가사가 주류를 이루었으며 기행가사, 유배가사, 교훈가사 등이 등장하였다. 대표적인 작품으로는 송순의 「면앙정가」, 정철의 「성산별곡」, 「관동별곡」, 「사미인곡」, 「속미인곡」이 있으며, 허난설헌의 「규원가」는 규방가사의 출발로 높은 의의를 가진다.
개화가사 이전 (임진왜란 이후)	전쟁 및 당쟁 등으로 인해 피폐해진 시대상이 반영되어 있다. 4 · 4조 율격이 파괴되었고, 장편 기행가사 · 전쟁가사 등이 등장하였으며, 규방가사가 양산되고 서민가사가 출현하였다. 대표적인 작품으로는 박인로의 「선상탄」과 「누항사」, 김인겸의 「일동장유가」 그리고 「우부가」, 「용부가」, 「노처녀가」, 「덴동어미화전가」 등이 있다. 이후 「농가월령가」와 같은 실용적인 목적을 가진 가사가 등장하였고, 천주교가사 및 동학가사가 창작되었다.

3. 주요 작품

작품	작자	내용
「상춘곡(賞春曲)」	정극인	자연 속에서 안빈낙도(安貧樂道)하며, 봄의 경치를 예찬
「만분가(萬憤歌)」	조위	귀양살이의 억울함과 연군의 정을 노래
「면앙정가 (俛仰亭歌)」	송순	면앙정에서 자연을 즐기는 풍류와 임금의 은혜에 감사하는 마음을 표현
「성산별곡 (星山別曲)」	정철	성산의 사계절 풍경과 식영정 주인의 풍류를 예찬
「관동별곡 (關東別曲)」	정철	강원도 관찰사로 부임하여 관동 지방을 순회하는 과정을 그린 가사로, 관동8경의 아름다운 경치와 선정(善政)에 대한 포부, 위정자로서의 역할과 자연인으로서의 욕망 사이의 갈등 등을 표현
「사미인곡 (思美人曲)」	정철	연군지정(戀君之情)을 남녀 간의 애정에 빗대어 애절하게 노래
「속미인곡 (續美人曲)」	정철	두 여인의 대화체로 임금을 그리는 정을 표현
「규원가(閨怨歌)」	허난설헌	남편의 사랑을 받지 못하고 독수공방하는 여인의 한을 그린 가사
「선상탄(船上歎)」	박인로	임진왜란 직후를 배경으로 전쟁의 참혹함과 태평성대에 대한 희망을 노래
「고공가(雇工歌)」	허전	농사를 나랏일에 비유하여 당시 관리들의 행태를 비판
「누항사(陋巷詞)」	박인로	굶주림과 추위가 닥치고 수모가 심하지만 가난을 원망하지 않겠다는 태도를 표현
「농가월령가 (農家月令歌)」	정학유	1년 동안 농가에서 해야 할 일과 세시풍속을 나타낸 가사

4. 대표 작품

(1) 정극인,「상춘곡(賞春曲)」

[1]

紅塵(홍진)에 뭇친 분네 이내 生涯(생애) 엇더ᄒᆞᆫ고. 녯 사ᄅᆞᆷ 風流(풍류)ᄅᆞᆯ 미ᄎᆞᆯ가 못미ᄎᆞᆯ가. 天地間(천지간) 男子(남자) 몸이 날만ᄒᆞᆫ 이 하건마ᄂᆞᆫ, 山林(산림)에 뭇쳐 이셔 至樂(지락)을 ᄆᆞ롤것가. 數間茅屋(수간모옥)을 碧溪水(벽계수) 앏픠 두고, 松竹(송죽) 鬱鬱裏(울울리)예 風月主人(풍월주인) 되어셔라.

[현대어]

속세에 묻혀 사는 사람들아, 이 나의 생활하는 모습이 어떠한가? 옛 사람의 운치 있는 생활을 내가 따를까? 못 따를까? 천지간 남자로 태어난 몸으로서 나와 같은 사람이 많건마는, 어찌하여 그들은 나처럼 산림에 묻혀 사는 자연의 지극한 즐거움을 모른단 말인가? 초가삼간을 맑은 시냇가 앞에 지어 놓고, 송죽이 울창한 속에 풍월주인이 되어 있도다.

[2]

엇그제 겨을 지나 새봄이 도라오니, 桃花杏花(도화행화)ᄂᆞᆫ 夕陽裏(석양리)예 퓌여 잇고, 綠楊芳草(녹양방초)ᄂᆞᆫ 細雨中(세우중)에 프르도다. 칼로 몰아 낸가, 붓으로 그려 낸가. 造化神工(조화신공)이 物物(물물)마다 헌ᄉᆞ롭다. 수풀에 우는 새ᄂᆞᆫ 春氣(춘기)ᄅᆞᆯ ᄆᆞᆺ내 겨워 소리마다 嬌態(교태)로다.

[현대어]

엊그제 겨울 지나 새봄이 돌아오니, 복사꽃 살구꽃이 석양 속에 피어 있고, 푸른 버들 꽃다운 풀은 가랑비 속에 푸르도다. 조물주가 칼로 재단해 내었는가? 붓으로 그려 내었는가? 조물주의 신기한 재주가 사물마다 야단스럽다. 숲 속에 우는 새는 봄기운을 끝내 이기지 못하여 소리마다 아양을 떠는 모습이로다.

[3]

物我一體(물아일체)어니, 興(흥)이이 다ᄅᆞᆯ소냐. 柴扉(시비)예 거러 보고, 亭子(정자)애 안자 보니, 逍遙吟詠(소요음영)ᄒᆞ야, 山日(산일)이 寂寂(적적)ᄒᆞᄃᆡ, 閒中眞味(한중진미)ᄅᆞᆯ 알 니 업시 호재로다.

[현대어]

물아일체거니, 흥이야 다르겠는가? 사립문 주변을 걸어 보기도 하고, 정자에도 앉아 보며, 이리저리 거닐며 나직이 시를 읊조려, 산 속의 하루가 적적한데, 한가로움 속의 참다운 즐거움을 아는 이 없이 나 혼자로구나.

[4]

이바 니웃드라. 山水(산수)구경 가쟈스라. 踏靑(답청)으란 오ᄂᆞᆯ ᄒᆞ고, 浴沂(욕기)란 來日(내일)ᄒᆞ새. 아ᄎᆞᆷ에 採山(채산)ᄒᆞ고, 나조히 釣水(조수)ᄒᆞ새.

[현대어]

여보게 이웃 사람들아, 산수 구경 가자꾸나. 산책은 오늘하고, 냇가에서 목욕하는 일은 내일하세. 아침에는 산에서 나물을 캐고, 저녁에는 고기를 낚으세.

[5]

ᄀᆞ괴여 닉은 술을 葛巾(갈건)으로 밧타 노코, 곳나모 가지 것거, 수 노코 먹으리라. 和風(화풍)이 건ᄃᆞᆺ 부러 綠水(녹수)ᄅᆞᆯ 건너오니, 淸香(청향)은 잔에 지고, 落紅(낙홍)은 옷새 진다. 樽中(준중)이 뷔엿거ᄃᆞᆫ 날ᄃᆞ려 알외여라. 小童(소동) 아ᄒᆡᄃᆞ려 酒家(주가)에 술을 믈어, 얼운은 막대 집고, 아ᄒᆡ는 술을 메고, 微吟緩步(미음완보)ᄒᆞ야 시냇ᄀᆞ의 호자 안자, 明沙(명사) 조ᄒᆞᆫ 믈에 잔 시어 부어 들고, 淸流(청류)ᄅᆞᆯ 굽어보니, 쩌오ᄂᆞ니 桃花(도화) ㅣ로다. 武陵(무릉)이 갓갑도다. 져 ᄆᆡ이 긘 거인고.

[현대어]

이제 막 익은 술을 두건으로 걸러 놓고, 꽃나무 가지 꺾어, 잔 수를 세면서 술을 먹으리라. 화창한 봄바람이 문득 불어 푸른 들을 건너오니, 맑은 향기는 술잔에 가득하고, 붉은 꽃잎은 옷에 떨어진다. 술독이 비었으면 나에게 알려라. 아이에게 술집에 술이 있는지 물어 술을 사다가, 어른은 지팡이를 짚고, 아이는 술동이를 메고, 나직이 흥얼거리면서 시냇가에 혼자 앉아, 고운 모래 바닥을 흐르는 맑은 물에 잔을 씻어 들고, 맑은 시냇물을 굽어보니, 떠오는 것이 복숭아꽃이로구나. 무릉도원이 가까운 듯하다. 아마 저 들이 무릉도원인가?

[6]

松間(송간) 細路(세로)에 杜鵑花(두견화)ᄅᆞᆯ 부치 들고, 峰頭(봉두)에 급피 올나 구름 소긔 안자 보니, 千村萬落(천촌만락)이 곳곳이 버러 잇니. 煙霞日輝(연하일휘)ᄂᆞᆫ 錦繡(금수)ᄅᆞᆯ 재폇ᄂᆞᆫ 듯. 엇그제 검은 들이 봄빗도 有餘(유여)ᄒᆞ샤.

[현대어]

소나무 숲 사이의 좁은 길에, 진달래꽃을 붙들고, 산봉우리에 급히 올라 구름 속에 앉으니, 수많은 촌락은 여기저기 늘려 있고, 안개와 놀과 빛나는 햇빛은 비단을 펼친 듯 아름답구나. 엊그제까지 거뭇거뭇한 들에 봄빛이 넘쳐흐르는구나.

[7]
功名(공명)도 날 씌우고, 富貴(부귀)도 날 씌우니, 淸風明月(청
풍명월) 外(외)예 엇던 벗이 잇ᄉ올고. 單瓢陋巷(단표누항)에
흣튼 혜음 아니 ᄒᆞᆫ닉. 아모타 백년행락이 이만한 ᄃᆞᆯ 엇지ᄒᆞ리.

[현대어]
부귀 공명이 날 꺼리니(내가 부귀 공명을 싫어하니), 아름다운
자연 외에 어떤 벗이 있으리오. 누추한 곳에서 가난한 생활을
하여도 잡생각은 아니하네. 아무튼 한평생 즐겁게 지내는 일이
이만하면 족하지 아니한가?

(2) 정철

① 「관동별곡(關東別曲)」

[1]
江湖(강호)에 病(병)이 깁퍼 竹林(듁님)의 누엇더니, 關
東(관동) 八白里(팔빅니)에 方面(방면)을 맛디시니, 어와
聖恩(셩은)이야 가디록 罔極(망극)ᄒᆞ다.

[현대어]
자연을 사랑하는 마음이 고질병이 되어 은거지인 창평
에서 지내고 있었는데, 8백 리나 되는 강원도 관찰사의 직
분을 맡겨 주시니, 아아, 임금님의 은혜야말로 갈수록 끝이
없다.

[2]
延秋門(연츄문) 드러ᄃᆞ라 慶會(경회) 南門(남문) ᄇᆞ라보
며, 하직하고 믈러나니 玉節(옥절)이 알픠셧다. 平丘驛(평
구역) 몰을 ᄀᆞ라 黑水(흑슈)로 도라드니, 蟾江(셤강)은 어
드메오, 雉岳(티악)이 여긔로다.

[현대어]
경복궁의 서쪽 문인 연추문으로 달려 들어가 경회루의
남쪽 문을 바라보면서 임금께 하직을 하고 물러나니, 관
찰사의 신표인 옥절이 앞에 서 있다. 평구역(양주)에서 말
을 갈아타고 흑수(여주)로 돌아드니, 섬강(원주)은 어디인
가 치악산(원주)이 여기로구나.

[3]
昭陽江(쇼양강) ᄂᆞ린 믈이 어드러로 든단 말고. 孤臣去
國(고신거국)에 白髮(빅발)도 하도 할샤. 東州(동쥐) 밤 계
오 새와 北寬亭(븍관뎡)의 올나ᄒᆞ니, 三角山(삼각산) 第一
峯(뎨일봉)이 ᄒᆞ마면 뵈리로다. 弓王大闕(궁왕대궐) 터희
烏鵲(오작)이 지지괴니, 千古(천고) 興亡(흥망)을 아ᄂᆞᆫ다,
몰ᄋᆞᄂᆞᆫ다. 澮陽(회양) 녜일홈이 마초아 ᄀᆞ톨시고. 汲長孺(
급댱유) 風采(풍쳬)를 고텨 아니 볼 게이고.

[현대어]
소양강에 흘러내리는 물은 어디로 흘러든다는 말인가?
임금 곁을 떠나는 외로운 신하가 근심, 걱정이 많기도 많구
나. 동주(철원)에서 밤을 겨우 새워 북관정에 올라가니, 임
금 계신 서울의 삼각산 제일 높은 봉우리가 웬만하면 보일
것도 같구나. 옛날 태봉국 궁예 왕의 대궐 터였던 곳에 까
마귀와 까치가 지저귀니, 한 나라의 흥하고 망함을 알고 우
는가. 모르고 우는가. (내가 관찰사 방면을 받은 지역인) 회
양이 옛날 한(漢)나라에 있던 '회양'이라는 이름과 공교롭
게도 같구나. 중국의 회양 태수(太守)로 선정을 베풀었다는
급장유의 풍채를 이곳 회양에서 (나를 통해) 다시 볼 것이
아닌가?

[4]
營中(영듕)이 無事(무ᄉ)하고 時節(시절)이 三月(삼월)인
제, 花川(화천) 시내길히 風樂(풍악)으로 버더 잇다. 行裝(
힝장)을 다 썰티고 石逕(셕경)의 막대 디퍼, 白千洞(빅쳔
동) 겨티 두고 萬瀑洞(만폭동) 드러가니, 은 ᄀᆞᄐᆞᆫ무지게,
옥 ᄀᆞᄐᆞᆫ 용의 초리, 섯돌며 ᄲᅳᆷ는 소ᄅᆡ 십리의 ᄌᆞ자시니,
들을 제ᄂᆞᆫ 우레러니 보니ᄂᆞ 눈이로다.

[현대어]
감영 안이 무사하고, 시절이 3월 호시절인 때, 화천
(花川)으로 가는 시냇길이 금강산으로 뻗어 있다. 행장을
간편히 하고, 돌길에 지팡이를 짚고, 백천동을 지나서 만폭
동으로 들어가니, 은같이 하얀 무지개, 옥같이 고운 용의
꼬리처럼 아름다운 폭포가 섞여 돌며 내뿜는 소리가 십 리
밖까지 퍼졌으니, 멀리서 들을 때에는 우렛소리 같더니, 가
까이서 바라보니 온통 하얀 눈과 같구나.

[5]
金剛臺(금강딕) 민 우층의 仙鶴(션학)이 삿기 치니 春
風(츈풍) 玉笛聲(옥뎍셩)의 첫ᄌᆞᆷ을 ᄭᆡ돗던디, 縞衣玄裳(호
의현샹)이 半空(반공)의 소소 ᄯᅳ니, 西湖(셔호) 녯 主人(쥬
인)을 반겨셔 넘노ᄂᆞ 듯.

[현대어]
금강대 맨 꼭대기에서 선학이 새끼를 치니, 봄바람에 들
려오는 옥피리 소리에 첫 잠을 깨었던지, 흰 저고리와 검은
치마로 단장한 것과 같은 학이 공중에 솟아 뜨니, 서호의
옛 주인이었던 임포를 반기듯 나를 반겨서 넘노는 듯하구
나!

[6]

　　小香爐(쇼향노) 눈 아래 구버보고, 正陽寺(정양ᄉ) 眞歇臺(진헐딕) 고텨 올나 안즌마리, 廬山(녀산) 진면목이 여긔야 다 뵈ᄂᆞ다. 어와 조화옹이 헌ᄉ토 헌ᄉ홀샤. 놀거든 뛰디 마나, 셧거든 솟디 마나. 부용을 고잣ᄂᆞᆫ 듯, 빅옥을 믓ᄀᆞᆫ 듯, 東明(동명)을 박츠ᄂᆞᆫ 듯, 북극을 괴왓ᄂᆞᆫ 듯. 놉흘시고 望高臺(망고딕), 외로올샤 穴望峯(혈망봉)이 하ᄂᆞᆯᄒᆡ 추미러 므ᄉ일을 ᄉ로리라. 千萬劫(천만겁) 디나도록 구필 줄 모ᄅᆞᄂᆞᆫ다. 어와 너여이고, 너 ᄀᆞᄐᆞ니 ᄯᅩ 잇ᄂᆞᆫ가.

[현대어]

　　소향로봉과 대향로봉을 눈 아래 굽어보고, 정양사 진헐대에 다시 올라 앉으니, 여산같이 아름다운 금강산의 참모습이 여기서야 다 보인다. 아아, 조물주의 솜씨가 야단스럽기도 야단스럽구나. 저 수많은 봉우리들이 나는 듯하면서도 뛰는 듯도 하고, 우뚝 섰으면서도 솟은 듯하니. 참으로 장관이로다. 또 연꽃을 꽂아 놓은 듯, 백옥을 묶어 놓은 듯, 동해를 박차는 듯, 북극성을 떠받쳐 괴고 있는 듯하구나. 높기도 하구나 망고대여, 외롭기도 하구나 혈망봉이여 (망고대와 혈망봉은) 하늘에 치밀어 무슨 일을 아뢰려고 오랜 세월이 지나도록 굽힐 줄 모르는가? 아, 너로구나. 너 같은 지조와 절개를 지닌 것이 또 있겠는가?

[7]

　　開心臺(기심딕) 고텨 올나 衆香城(듕향셩) ᄇ라보며, 만이쳔봉을 녁녁히 혀여ᄒᆞ니 峯(봉)마다 밋쳐 잇고 긋마다 서린 긔운, 묽거든 조티 마나, 조커든 묽디 마나. 뎌 긔운 흐터 내야 人傑(인걸)을 ᄆᆞᆫ돌고쟈. 형용도 그지업고 體勢(톄셰)도 하도 할샤. 天地(텬디) 삼기실 제 自然(ᄌᆞ연)이 되연마ᄂᆞᆫ, 이제 와 보게 되니 有情(유정)도 유정홀샤.

[현대어]

　　개심대 다시 올라 중향성을 바라보며, 만 이천 봉을 분명히 헤아려 보니, 봉마다 맺혀 있고, 끝마다 서린 기운, 맑거든 깨끗하지 말거나, 깨끗하거든 맑지나 말 것이지. 맑고 깨끗한 저 산봉우리의 빼어남이여! 저 맑고 깨끗한 기운을 흩어 내어 뛰어난 인재를 만들고 싶구나. 생긴 모양도 각양각색 다양도 하구나. 천지가 생겨날 때에 저절로 이루어진 줄 알았지만, 이제 와서 보니 모두가 뜻이 있게 만들어진 듯하구나!

[8]

　　毗盧峯(비로봉) 上上頭(샹샹두)의 올라 보니 긔 뉘신고. 東山(동산) 泰山(태산)이 어ᄂᆞ야 놉돗던고. 魯國(노국) 조븐 줄도 우리ᄂᆞ 모ᄅᆞ거든, 넙거나 넙은 天下(텬하) 엇찌ᄒᆞ야 젹닷 말고. 어와 뎌 디위ᄅᆞᆯ 어이ᄒᆞ면 알 거이고 오ᄅᆞ디 못ᄒᆞ거니 ᄂᆞ려가미 고이홀가.

[현대어]

　　금강산의 최고봉인 비로봉 맨 꼭대기에 올라 본 사람이 누구이신가? (공자는 동산에 올라 노나라가 작음을 알고, 태산에 올라 천하가 작다고 했는데) 동산과 태산의 어느 것이 비로봉보다 높던가? 노나라가 좁은 줄도 우리는 모르거늘, 하물며 넓고 넓은 천하를 공자는 어찌하여 작다고 했는가? 아! 공자와 같은 그 높고 넓은 경지를 어찌하면 알 수 있겠는가? (비로봉에 올라도 공자의 높은 경지에) 오르지 못하는데 내려감이 무엇이 이상할까?

[9]

　　원통골 ᄀᆞᄂᆞ 길로 獅子峯(ᄉᆞᄌᆞ봉)을 차자가니, 그 알픠 너러바회 화룡쇠 되어셰라. 千年(천년) 老龍(노룡)이 구비구비 서려 이셔, 晝夜(듀야)의 흘녀 내여 滄海(창해)예 니어시니, 風雲(풍운)을 언제 어더 三日雨(삼일우)를 디련ᄂᆞᆫ다. 陰崖(음애)예 이온 플을 다 살와 내여ᄉᆞ라.

[현대어]

　　원통골의 좁은 길로 지나 사자봉을 찾아가니, 그 앞에 넓은 바위가 화룡소(化龍沼)가 되었구나. 마치 천 년 묵은 늙은 용이 굽이굽이 서려 있는 것 같은 화룡소의 물이 밤낮으로 물을 흘려 내어 넓은 바다에 이었으니, (바람과 구름을 타고 승천하여 비를 뿌리는 전설 속의 용처럼) 바람과 구름을 얻어 흡족한 비를 내리려느냐? 그늘진 낭떠러지에 시든 풀을 다 살려 내려무나.

[10]

　　摩河衍(마하연) 妙吉祥(묘길샹) 雁門(안문)재 너머 디여, 외나모 써근 ᄃᆞ리 佛頂臺(블뎡딕) 올라ᄒᆞ니, 千尋絕壁(천심절벽)을 半空(반공)애 셰여 두고, 은하슈 한 구비를 촌촌히 버혀 내여, 실ᄀᆞ티 플텨이셔 뵈ᄀᆞ티 거러시니, 圖經(도경) 열 두 구비, 내 보ᄆᆡᄂᆞ 여러히라. 李謫仙(이뎍션) 이제 이셔 고텨 의논ᄒᆞ게 되면, 녀산이 여긔도곤 낫단 말 못 ᄒᆞ려니.

　마하연, 묘길상, 안문재를 넘어 내려가 썩은 외나무다리를 건너 불정대에 올라, (눈앞에 펼쳐진 십이 폭포는) 천 길이나 되는 절벽을 공중에 세워 두고, 은하수 큰 굽이를 마디마디 잘라내어, 실처럼 풀어서 베처럼 걸어 놓았으니, 「산수도경」에는 열두 굽이라 하였으나, 내가 보기에는 그보다 더 되어 보인다. 만일, 이백이 지금 있어서 다시 의논하게 되면, 여산 폭포가 여기보다 낫다는 말은 못 할 것이다.

[11]

　산듕을 미양 보랴, 동ᄒᆡ로 가쟈ᄉᆞ라. 藍輿緩步(남여완보)ᄒᆞ야 山映樓(산영누)의 올나ᄒᆞ니, 녕농벽계와 수셩뎨됴ᄂᆞ 니별을 怨(원)ᄒᆞᄂᆞ 듯, 旌旗(정기)를 썰티니오식이 넘노ᄂᆞ 듯, 고각을 섯부니 海雲(히운)이 다 것ᄂᆞ 듯. 명사길 니근 ᄆᆞᆯ이 醉仙(취션)을 빗기 시러, 바다할 겻ᄐᆡ 두고 ᄒᆡ당화로 드러가니, 白鷗(ᄇᆡᆨ구)야 ᄂᆞ디 마라, 네 버딘 줄 엇디 아ᄂᆞ.

　내 금강 산중의 경치만 매양 보겠는가? 이제는 동해로 가자꾸나. 남여를 타고 천천히 걸어서 산영루에 오르니, 눈부시게 반짝이는 시냇물과 여러 소리로 우짖는 산새는 나와의 이별을 원망하는 듯하고, 관찰사의 행렬을 상징하는 깃발을 휘날리니 오색이 넘나드는 듯하며, 북과 나팔을 섞어 부니 바다 위에 구름이 다 걷히는 듯하다. 모랫길에 익숙한 말이 취한 신선(작가 자신)을 비스듬히 태우고, 해변의 해당화 핀 꽃밭으로 들어가니, 백구야 날지 마라. 내가 네 벗인 줄 어찌 아느냐?

[12]

　金幱窟(금난굴) 도라 드러 叢石亭(총셕뎡) 올라ᄒᆞ니, ᄇᆡᆨ옥누 남은 기동 다만 네히 셔 잇고야. 공슈의 셩녕인가, 鬼斧(귀부)로 다ᄃᆞ문가 구ᄐᆞ야 六面(뉵면)은 므어슬 象(샹)톳던고.

　금란굴 돌아들어 총석정에 올라가니, 옥황상제가 거처하던 백옥루의 기둥 네 개만 서 있는 듯하구나. 옛날 중국의 명장(名匠)인 공수가 만든 작품인가? 조화를 부리는 귀신의 도끼로 다듬었는가? 구태여 육면으로 된 돌기둥은 무엇을 본떴는가?

[13]

　고셩을란 뎌만 두고 三日浦(삼일포)롤 ᄎᆞ자가니, 丹書(단셔)ᄂᆞ 완연ᄒᆞ되 四仙(ᄉᆞ션)은 어ᄃᆡ가니, 예 사흘 머믄 후의 어ᄃᆡ 가 ᄯᅩ 머믈고. 仙遊潭(선유담) 永郞湖(영낭호) 거긔나 가 잇ᄂᆞᆫ가. 淸澗亭(쳥간뎡) 萬景臺(만경ᄃᆡ) 몃 고ᄃᆡ 안돗던고.

　고성을 저만큼 두고 삼일포를 찾아가니, 그 남쪽 봉우리 벼랑에 '영랑도남석행(永郎徒南石行)'이라고 쓴 붉은 글씨가 뚜렷이 남아 있으나, 이 글을 쓴 네 명의 신선은 어디 갔는가? 여기서 사흘 동안 머무른 뒤에 어디 가서 또 머물렀던고? 선유담, 영랑호 거기나 가 있는가? 청간정. 만경대를 비롯하여 몇 군데서 앉아 놀았던가?

[14]

　梨花(니화)ᄂᆞ 볼셔 디고 졉동새 슬피 울 제, 落山(낙산) 동반으로 의샹ᄃᆡ예 올라 안자, 일출을 보리라 밤듕만 니러ᄒᆞ니, 祥雲(샹운)이 집픠ᄂᆞᆫ 동, 六龍(뉵뇽)이 바퇴ᄂᆞᆫ 동, 바다ᄒᆡᆺ더날 제ᄂᆞᆫ 萬國(만국)이 일위더니, 天中(텬듕)의 티ᄯᅥ니 毫髮(호발)을 헤리로다. 아마도 녈구름 근쳐의 머믈셰라. 詩仙(시션)은 어ᄃᆡ 가고 咳唾(히타)만 나맛ᄂᆞ니. 天地間(텬디간) 壯(장)ᄒᆞᆫ 긔별 ᄌᆞ셔히도 홀셔이고.

　배꽃은 벌써 지고 소쩍새 슬피 울 때, 낙산사 동쪽 언덕으로 의상대에 올라 앉아, 해돋이를 보려고 한밤중쯤 일어나니, 상서로운 구름이 뭉게뭉게 피어나는 듯, 여섯 마리 용이 해를 떠받치는 듯, 바다에서 솟아오를 때에는 온 세상이 흔들리는 듯하더니, 하늘에 치솟아 뜨니 머리카락도 헤아릴 만큼 밝도다. 혹시나 지나가는 구름이 해 근처에 머무를까 두렵구나. 이백은 어디 가고 훌륭한 시구만 남았느냐? 천지간 굉장한 소식이 (이백의 시에) 자세히도 표현되었구나.

[15]

　斜陽峴山(샤양현산)의 躑躅(뎍튝)을 므니ᄇᆞᆲ와, 羽蓋芝輪(우개지륜)이 鏡浦(경포)로 ᄂᆞ려가니, 十里(십리) 氷紈(빙환)을 다리고 고텨 다려, 長松(댱숑) 울흔 소개 슬ᄏᆞ장 펴디시니, 믈결도 자도 잘샤 모래를 헤리로다. 孤舟解纜(고쥬히람)ᄒᆞ야 亭子(뎡ᄌᆞ) 우희 올나가니, 江門橋(강문교) 너믄 겨퇴 大洋(대양)이 거긔로다. 동눙ᄒᆞ탸 이 긔샹 활원ᄒᆞ댜 뎌 경계, 이도곤 ᄀᆞ존 ᄃᆡ ᄯᅩ 어듸 잇닷 말고. 紅粧(홍장) 古事(고ᄉᆞ)랄 헌ᄉᆞ타 ᄒᆞ리로다. 江陵(강능) 大都護(대도호) 風俗(풍쇽)이 됴흨시고, 節孝旌門(절효졍문)이 골골이 버러시니 比屋可封(비옥가봉)이 이제도 잇다 ᄒᆞ다.

[현대어]

해가 비스듬히 질 무렵에 현산의 철쭉꽃을 잇달아 밟으며, 우개지륜(신선이 타는 수레)을 타고 경포로 내려가니, 십 리나 뻗쳐 있는 얼음같이 흰 비단을 다리고 다린 것 같은, 맑고 잔잔한 호수가 큰 소나무 숲으로 둘러싼 속에 한껏 펼쳐져 있으니, 물결도 잔잔하기도 잔잔하여 물속 모래알까지도 셀 수 있겠구나. 한 척의 배를 띄워 호수를 건너 정자 위에 올라가니, 강문교 넘은 곁에 동해가 거기로구나. 조용하구나 이 경포의 기상이여, 넓고 아득하구나 저 동해의 경계여, 이곳보다 아름다운 경치를 갖춘 곳이 또 어디 있단 말인가? 과연 고려 우왕 때 박신과 홍장의 고사가 야단스럽게 느껴질 만큼 조용하고 아름답구나. 강릉 대도호부의 풍속이 좋기도 하구나. 충신, 효자, 열녀를 표창하기 위해 세운 정문이 동네마다 널렸으니, 요순 시절의 태평성대가 지금도 있다고 하겠도다.

[16]

眞珠館(진주관) 竹西樓(듁셔류) 五十川(오십천) 느린 믈이, 太白山(태빅산) 그림재롤 동회로 다마 가니, 출하리 한강의 木覓(목멱)의 다히고져. 王程(왕뎡)이 유흔ᄒ고 풍경이 못 슬믜니, 幽懷(유회)도 하도 할샤, 客愁(긱수)도 둘 듸 업다. 仙槎(선사)롤 쯰워 내어 斗牛(두우)로 向(향)ᄒ살가, 仙人(션인)을 ᄎᄌ려 丹穴(단혈)의 머므살가.

[현대어]

진주관 죽서루 아래 오십천의 흘러내리는 물이 태백산의 풍경을 동해로 담아 가니, 차라리 그 물줄기를 임금 계신 한강으로 돌려 서울의 남산에 대고 싶구나. 관리로서의 임무는 유한하고, 풍경은 볼수록 싫증나지 않으니, 마음속에 깊이 품은 생각이 많기도 많고 나그네의 시름도 달랠 길 없구나. 신선이 타는 뗏목을 띄워 내어 북두성과 견우성으로 향할까? 사선을 찾으러 단혈에 머무를까?

[17]

天根(텬근)을 못내 보와, 望洋亭(망양뎡)의 올은말이, 바다 밧근 하늘이니 하늘 밧근 므서신고. ᄀᆺ득 노흔 고래, 뉘라셔 놀내관듸, 블거니 씀거니 어즈러이 구는디고. 은산을 것거 내여 六合(뉵합)의 느리난 듯, 五月長天(오월댱텬)의 白雪(빅셜)은 므슨 일고.

[현대어]

하늘의 맨 끝을 끝내 못 보고 망양정에 오르니, 바다 밖은 하늘인데 하늘 밖은 무엇인가? 가뜩이나 성난 고래(파도)를 누가 놀라게 하기에, (물을) 불거니 뿜거니 하면서 어지럽게 구는 것인가? (파도가) 은산을 꺾어 내어 온 세상에 흩뿌려 내리는 듯, 오월 드높은 하늘에 백설(물보라)은 무슨 일인가?

[18]

저근덧 밤이 드러 風浪(풍랑)이 定(뎡)ᄒ거ᄂᆞᆯ, 扶桑咫尺(부상지쳑)의 明月(명월)을 기드리니, 瑞光千丈(셔광쳔댱)이 뵈는 ᄃᆺ 숨는고야. 珠簾(주렴)을 고텨 것고, 玉階(옥계)를 다시 쓸며, 啓明星(계명셩) 돗도록 곳초 안자 ᄇ라보니, 白蓮花(빅년화) ᄒᆞᆫ 가지롤 뉘라셔 보내신고, 일이 됴흔 세계 ᄂᆞᆷ대되 다 뵈고져. 流霞酒(뉴하쥬) ᄀᆞ득 부어 ᄃᆞᆯ려 무론 말이, 영웅은 어듸가며, 四仙(ᄉᆞ션)은 긔 뉘러니, 아미나 맛나 보아 녯 긔별 뭇쟈 ᄒᆞ니, 선산 동회예 갈 길히 머도 멀샤.

[현대어]

잠깐 사이에 밤이 되어 바람과 물결이 가라앉기에, 해 뜨는 곳 가까이에서 명월을 기다리니, 상서로운 빛줄기가 보이는 듯하다가 숨는구나. 구슬을 꿰어 만든 발을 다시 걷어 올리고 옥돌같이 고운 층계를 다시 쓸며, 샛별이 돋아오를 때까지 꼿꼿이 앉아 바라보니, 저 바다에서 솟아오르는 흰 연꽃 같은 달덩이를 어느 누가 보내셨는가? 이렇게 좋은 세상을 모두에게 보이고 싶구나. 신선이 마시는 술을 가득 부어 손에 들고 달에게 묻는 말이, "옛날의 영웅은 어디 갔으며, 신라 때 사선은 누구더냐?" 아무나 만나 보아 영웅과 사선에 관한 옛 소식을 묻고자 하니, 신선이 있다는 동해에 갈 길이 멀기도 하구나.

[19]

송근을 베여 누어 픗줌을 얼픗 드니, 쑴애 ᄒᆞᆫ 사롬이 날ᄃ려 닐온 말이, 그듸롤 내 모르랴. 上界(샹계)예 眞仙(진션)이라. 黃庭經(황뎡경) 一字(일ᄌᆞ)롤 엇디 그릇 닐거 두고, 인간의 내려와서 우리롤 쫄오는다. 저근덧 가디마오. 이 술 ᄒᆞᆫ 잔 머거 보오. 븍두셩 기우려 滄海水(챵ᄒᆡ슈) 부어 내여, 저 먹고 날 머겨놀 서너 잔 거후로니, 和風(화풍)이 習習(습습)ᄒᆞ야 兩腋(냥익)을 추혀 드니, 九萬里長空(구만리댱공)애 져기면 ᄂᆞ리로다.

[현대어]

소나무 뿌리를 베고 누워 선잠이 얼핏 들었는데, 꿈에 한 사람(신선)이 나에게 이르기를, "그대를 내 모르랴? 그대는 하늘의 신선이라. 황정경 한 글자를 어찌 잘못 읽고 인간 세상에 내려와서 우리를 따르는가? 잠시 가지 말고 이 술 한 잔 먹어 보오." 북두칠성과 같은 국자를 기울여 동해물 같은 술을 부어 내어, 저 먹고 나에게도 먹이거늘, 서너 잔을 기울이니 온화한 봄바람이 산들산들 불어 양 겨드랑이를 추켜올리니, 아득히 하늘도 웬만하면 날 것 같구나.

[20]

이 술 가져다가 四海(ᄉᆞ해)예 고로 ᄂᆞ화, 億萬蒼生(억만창싱)을 다 醉(취)케 밍근 후의, 그제야 고텨 맛나 ᄯᅩ ᄒᆞᆫ 잔 ᄒᆞ쟛고야. 말 디쟈 학을 ᄐᆞ고 九空(구공)의 올나가니, 空中玉簫(공듕옥쇼) 소리 어제런가 그제런가. 나도 ᄌᆞᆷ을 ᄭᆡ여 바다ᄒᆞᆯ 구버보니, 기픠ᄅᆞᆯ 모ᄅᆞ거니 ᄀᆞ인들 엇디 알리. 明月(명월)이 千山萬落(쳔산만낙)의 아니 비췬ᄃᆡ업다.

[현대어]

"이 신선주를 가져다가 온 세상에 고루 나눠 온 백성을 다 취하게 만든 후에, 그때에야 다시 만나 또 한 잔 하자꾸나." 말이 끝나자, 신선은 학을 타고 높은 하늘에 올라가니, 공중의 옥피리 소리가 어제던가 그제던가 어렴풋하네. 나도 잠을 깨어 바다를 굽어보니, 깊이를 모르는데 하물며 끝인들 어찌 알리? 명월이 온 세상에 아니 비친 곳이 없다.

② 「속미인곡(續美人曲)」

[1] 갑녀

뎨 가ᄂᆞᆫ 뎌 각시 본 듯도 ᄒᆞ뎌이고. 텬샹(天上) 빅옥경(白玉京)을 엇디ᄒᆞ야 니별(離別)ᄒᆞ고, ᄒᆡ 다 뎌 져믄 날의 눌을 보라 가시ᄂᆞᆫ고.

[현대어]

저기 가는 저 각시 본 듯도 하구나. 천상의 백옥경(임금이 계시는 대궐)을 어찌하여 이별하고, 해가 다 져서 저문 날에 누구를 만나러 가시는가?

[2] 을녀

어와 네여이고 내 ᄉᆞ셜 드러 보오. 내 얼굴 이 거동이 님 괴얌즉 ᄒᆞᆫ가마는 엇딘디 날 보시고 네로다 녀기실시 나도 님을 미더 군ᄠᅳ디 전혀 업서 이리야 교 틱야 어ᄌᆞ러이 구돗썬디 반기시는 ᄂᆞᆺ비치 녜와 엇디 다ᄅᆞ신고. 누어 싱각ᄒᆞ고 니러 안자 혜여ᄒᆞ니 내 몸의 지은 죄 뫼ᄀᆞ티 빠혀시니 하늘히라 원망ᄒᆞ며 사ᄅᆞᆷ이라 허믈ᄒᆞ랴. 셜워 플텨 혜니 조믈(造物)의 타시로다.

[현대어]

아, 너로구나. 내 사정 이야기 들어 보오. 내 모습과 이 나의 태도가 임에게 사랑을 받음직한가마는, 어쩐지 나를 보시고 너로구나 하고 여기시기에(사랑하시기에) 나도 임을 믿어 딴 생각이 전혀 없어 응석과 아양을 부리며 지나치게 굴었던지 (임께서 나를) 반기시는 얼굴빛이 옛날과 어찌 다르신고? 누워 생각하고 일어나 앉아 헤아려 보니 내 몸의 지은 죄가 산같이 쌓였으니 하늘이라 원망하겠으며, 사람을 탓하겠는가. 서러워 풀어 헤아려 보니 조물주의 탓이로다.

[3] 갑녀

글란 싱각 마오.

[현대어]

그렇게는 생각하지 마오.

[4] 을녀

미친 일이 이셔이다. 님을 뫼셔 이셔 님의 일을 내 알거니, 믈 ᄀᆞᄐᆞᆫ 얼굴이 편ᄒᆞ실 적 몃 날일고. 츈한고열(春寒苦熱)은 엇디ᄒᆞ야 디내시며 츄일동쳔(秋日冬天)은 뉘라셔 뫼셧ᄂᆞᆫ고. 쥭조반죠셕(粥早飯朝夕) 뫼 녜와 ᄀᆞᆺ티 셰시ᄂᆞᆫ가. 기나긴 밤의 ᄌᆞᆷ은 엇디 자시ᄂᆞᆫ고.

[현대어]

마음에 맺힌 일이 있습니다. 예전에 임을 모시어서 임의 일을 내가 알거니, 물같이 연약한 몸이 편하실 때가 몇 날일까? 이른 봄날의 추위와 여름철의 무더위는 어떻게 지내시며, 가을과 겨울은 누가 모셨는가? 자릿조반과 아침, 저녁 진지는 예전과 같이 잘 잡수시는가? 기나긴 밤에 잠은 어떻게 주무시는가?

[5] 을녀

님다히 쇼식(消息)을 아므려나 아쟈 ᄒᆞ니 오늘도 거의로다. ᄂᆡ일이나 사롬올가. 내 ᄆᆞ음 둘 ᄃᆡ 업다. 어드러로 가쟛말고. 잡거니 밀거니 놉픈 뫼히 올라가니 구롬은 코니와 안개는 므스 일고. 산쳔(山川)이 어둡거니 일월(日月)을 엇디 보며 지쳑(咫尺)을 모ᄅᆞ거든 쳔리(千里)ᄅᆞᆯ ᄇᆞ라보랴. ᄎᆞᆯ하리 믈ᄀᆞ의 가 ᄇᆡ 길히나 보쟈 ᄒᆞ니 ᄇᆞ람이야 믈결이야 어둥졍 된뎌이고. 샤공은 어ᄃᆡ 가고 븬ᄇᆡ만 걸렷ᄂᆞ니. 강텬(江天)의 혼쟈 셔셔 디ᄂᆞᆫ ᄒᆡᄅᆞᆯ 구버보니 님다히 쇼식(消息)이 더욱 아득ᄒᆞ뎌이고.

[현대어]

　임 계신 곳의 소식을 어떻게 해서라도 알리려고 하니, 오늘도 거의 저물었구나. 내일이나 임의 소식 전해 줄 사람이 올까? 내 마음 둘 곳이 없다. 어디로 가자는 말인가? (나무, 바위 등을) 잡기도 하고 밀기도 하면서 높은 산에 올라가니, 구름은 물론이거니와 안개는 또 무슨 일로 저렇게 끼여 있는가? 산천이 어두우니 해와 달을 어떻게 바라보며, 눈앞의 가까운 곳도 모르는데 천 리나 되는 먼 곳을 바라볼 수 있으랴. 차라리 물가에 가서 뱃길이나 보려고 하니 바람과 물결로 어수선하게 되었구나. 뱃사공은 어디 가고 빈 배만 걸렸는가? 강가에 혼자 서서 지는 해를 굽어보니 임 계신 곳의 소식이 더욱 아득하구나.

[6] 을녀

　모첨(茅簷) 춘 자리의 밤듕만 도라오니 반벽쳥등(半壁靑燈)은 눌 위ᄒ야 불갓는고. 오르며 ᄂ리며 헤쓰며 바니니 져근덧 녁진(力盡)ᄒ야 풋ᄌᆷ을 잠간 드니 졍셩(精誠)이 지극ᄒ야 ᄭᅮ의 님을 보니 옥(玉) ᄀ튼 얼굴이 반(半)이나마 늘거셰라. ᄆᆞ음의 머근 말숨 슬ᄏᆞ장 ᄉᆞᆯᄫᆞ쟈 ᄒ니 눈믈이 바라 나니 말인들 어이ᄒ며 졍(情)을 못다ᄒ야 목이조차 메여ᄒ니 오뎐된 계셩(鷄聲)의 ᄌᆷ은 엇디 ᄭᅢ돗던고.

[현대어]

　초가집 찬 잠자리에 한밤중이 돌아오니, 벽 가운데 걸려 있는 등불은 누구를 위하여 밝았는가? 산을 오르내리며 여기저기를 헤매며 시름없이 오락가락하니 잠깐 사이에 힘이 다하여 풋잠을 잠깐 드니 정성이 지극하여 꿈에 임을 보니 옥과 같이 곱던 (임의) 모습이 반 넘게 늙었구나. 마음속에 품은 생각을 실컷 사뢰려고 하였더니 눈물이 계속 나니 말인들 어찌 하며 정을 못다 풀어 목마저 메니 방정맞은 닭소리에 잠은 어찌 깨었는가?

[7] 을녀

　어와, 허ᄉᆞ(虛事)로다. 이 님이 어디 간고. 결의 니러 안자 창(窓)을 열고 ᄇ라보니 어엿븐 그림재 날 조촐 ᄯᆞ로이로다. 촐하리 싀여디여 낙월(落月)이나 되야 이셔 님 겨신 창(窓) 안히 번드시 비최리라.

[현대어]

　아, 헛된 일이로구나. 이 임이 어디 갔는가? 꿈결에 일어나 앉아 창을 열고 바라보니 가엾은 그림자만이 나를 따를 뿐이로다. 차라리 죽어 없어져서 지는 달이나 되어 임 계신 창 안에 환하게 비추리라.

[8] 갑녀

　각시님 돌이야ᄏ니와 구ᄌᆞᆫ 비나 되쇼셔.

[현대어]

　각시님 달은커녕 궂은비나 되시옵소서.

(3) 허난설헌, 「규원가(閨怨歌)」

[1]

　엇그제 저멋더니 ᄒ마 어이 다 늘거니. 少年行樂(소년행락) 생각ᄒ니 일러도 속졀업다. 늘거야 서른말슴 ᄒ자니 목이 멘다.

[현대어]

　엊그제까지 젊었는데, 어찌 벌써 이렇게 다 늙어 버렸는가? 어릴 때 즐겁게 지냈던 일을 생각하니 말해도 소용이 없구나. 이렇게 늙은 뒤에야 서러운 사연을 말하자니 목이 멘다.

[2]

　父生(부생) 母育(모육) 辛苦(신고)ᄒ야 이 내 몸 길러 낼 제 公後配匹(공후배필)은 못 바라도 君子好逑(군자호구) 願(원)ᄒ더니, 三生(삼생)의 怨業業(원원업업)이오 月下(월하)의 緣分(연분)으로, 長安遊俠(장안유협) 경박자를 ᄭᅮᆷ ᄀᆞ치 만나 잇셔, 當時(당시)의 用心(용심)ᄒ기 살어름 디디는 듯,

[현대어]

　부모님이 나를 낳아 기르시며 몹시 고생하여 이내 몸 길러 낼 때, 높은 벼슬아치의 배필은 바라지 못한다 할지라도 군자의 좋은 짝이 되기를 바랐었는데, 전생에 지은 원망스러운 업보(業報)요 부부의 인연으로 장안의 호탕하면서도 경박한 사람을 꿈같이 만나 당시에 시집살이에 남편 시중 들면서 조심하기를 마치 살얼음을 디디는 듯했다.

[3]

　三五(삼오) 二八(이팔) 겨오 지나 天然麗質(천연여질) 절로이니, 이 얼골 이 態度(태도)로 百年期約(백년기약) ᄒ얏더니, 年光(연광)이 훌훌ᄒ고 造物(조물)이 多猜(다시)ᄒ야, 봄바람 가을 믈이 뵈오리 북 지나듯 雪鬢花顔(설빈화안) 어디 두고 面目可憎(면목가증) 되거고나. 내 얼골 내 보거니 어느 님이 날 괼소냐. 스스로 慙愧(참괴)ᄒ니 누구를 怨望(원망)ᄒ리.

[현대어]

　열다섯 살 열여섯 살을 겨우 지나 타고난 아름다운 모습이 저절로 피어나니, 이 얼굴 이 태도로 평생을 약속하였는데 세월이 빨리 지나고 조물주마저 다 시기하여 세월이 베틀의 베올 사이에 북이 지나가듯 빨리 지나가 꽃같이 젊고 아름답던 얼굴 어디 두고 모습이 밉게도 변했구나. 내 얼굴을 내가 보고 알거니와 어느 임이 이러한 나를 사랑해 주실 것인가? 스스로 부끄러워 하니 누구를 원망하리오?

[4]

三三五五(삼삼오오) 冶游園(야유원)의 새 사람이 나단 말
가. 곳 피고 날 저물 제 정처 업시 나가 잇어, 白馬(백마) 金鞭(
금편)으로 어듸어듸 머무는고. 遠近(원근)을 모르거니 消息(소
식)이야 더욱 알랴. 인연을 긋쳐신들 싱각이야 업슬소냐. 얼골
을 못 보거든 그립기나 마르려믄, 열두 때 김도 길샤 설흔 날,
支離(지리)ᄒ다.

[현대어]

여러 사람이 떼를 지어 다니는 술집에 새 기생이 나타났다
는 말인가? 꽃 피고 날 저물 때 정처 없이 나가서 호사로운 행
장을 하고 어디어디 머물러 노는가? (바깥출입이 없어) 원근(遠
近) 자리를 모르는데, 임의 소식이야 더욱 알 수 있으랴. 겉으로
는 인연을 끊었지만 그렇다고 임에 대한 생각이야 어찌 없겠는
가. 임의 얼굴을 못 보거든 그립지나 말았으면 좋으련만, 하루
열두 때가 길기도 길구나. 한 달 서른 날이 지루하기만 하다.

[5]

玉窓(옥창)에 심ᄀᆫ 梅花(매화) 몃 번이나 피여 진고, 겨울
밤 차고 찬 제 자최눈 섯거 치고, 여름날 길고 길제 구즌 비ᄂᆫ
므스 일고. 三春花柳(삼춘화류) 好時節(호시절)의 景物(경물)
이 시름업다. 가을 둘 방에 들고 悉率(실솔)이 상에 울 제, 긴
한숨 디ᄂᆫ 눈물 속절 업시 헴만 만타. 아마도 모진 목숨 죽기
도 어려울사.

[현대어]

규방 앞에 심은 매화 몇 번이나 피었다 졌는가. 겨울 밤 차
고 찬 때 적은 눈 섞어 내리고 여름 낮 길고 긴 때 굳은비는 무
슨 일인가. 봄날 꽃 피고 버들잎이 돋아나는 좋은 계절에 아름
다운 경치를 보아도 아무 감흥도 일어나지 않는다. 가을 달이
방에 들이 비치고 귀뚜라미가 침상에서 울 때, 긴 한숨과 떨어
뜨리는 눈물에 생각만 헛되이 많다. 이 모진 목숨 죽기도 어렵
구나.

[6]

도로혀 풀쳐 혜니 이리 ᄒ여 어리 ᄒ리. 靑燈(청등)을 돌라
노코 綠綺琴(녹기금) 빗기 안아, 碧蓮花(벽련화) 한 곡조를 시
름 조ᄎ 섯거 타니, 瀟湘(소상) 夜雨(야우)의 댓소리 섯도ᄂᆞᆫ 둧,
華表(화표) 千年(천년)의 別鶴(별학)이 우는ᄂᆞᆫ 둧. 玉手(옥수)
의 타는 手段(수단) 녯 소래 잇다마ᄂᆞᆫ, 芙蓉帳(부용장) 寂寞(적
막)ᄒ니 뉘 귀에 들리소니. 肝腸(간장)이 九曲(구곡) 되야 구븨
구븨 쓴쳐서라.

[현대어]

돌이켜 여러 가지 일을 생각하니 이렇게 살아가서 어찌 하
겠는가. 등불을 둘러놓고 푸른 빛깔로 아름답게 꾸민 거문고를
비스듬히 안아 벽련화 한 곡을 시름에 싸여 타니, 소상강 밤비
가 댓잎 소리 섞여 들리는 듯하고, 망주석에 천 년만에 찾아온
특별한 학이 울고 있는 듯하다. 가냘프고 고운 손으로 타는 솜
씨는 옛 가락이 그대로 남아 있다마는 연꽃 무늬가 있는 휘장
을 친 방안이 텅 비었으니 누구의 귀에 들리겠는가? 구곡 간장
이 구비구비 끊어지는 것 같구나.

[7]

출하리 잠을 드러 꿈의나 보려 ᄒ니, 바람의 디ᄂᆞᆫ 닢과 풀
속에 우는 즘생, 므스 일 원수로서 잠조차 깨오ᄂᆞᆫ다. 天上(천
상)의 牽牛織女(견우직녀) 銀河水(은하수) 막혀셔도, 七月(칠
월) 七夕(칠석) 一年一度(일년일도) 失期(실기)치 아니거든, 우
리 님 가신 후는 弱水(약수) 가렷관듸, 오거나 가거나 消息(소
식)조차 쓰쳣는고. 欄干(난간)의 비겨 셔서 님 가신 듸 바라보
니, 草露(초로)ᄂᆞᆫ 맷쳐 잇고 暮雲(모운)이 디나갈 제 竹林(죽
림) 푸른 고듸 새 소리 더욱 설다. 세상의 서룬 사람 수업다 ᄒ
려니와, 薄明(박명)ᄒ 紅顔(홍안)이야 날 가ᄐ니 ᄯ또 이실가. 아
마도 이 님의 지위로 살 동 말 동 ᄒ여라.

[현대어]

차라리 잠이 들어 꿈에나 임을 보려 하니 바람에 지는 나뭇
잎 소리와 풀 사이에서 우는 벌레 소리는 나와 무슨 원수가 졌
기에 나의 잠마저 깨우는고? 하늘의 견우성과 직녀성은 은하
수가 막혔어도 칠월 칠석 일 년에 한 번씩 기약을 어기지 않고
만나는데, 우리 임 가신 후는 무슨 장애물이 가리었기에 오고
가는 소식마저 끊어졌는가? 난간에 기대어 서서 임 가신 곳을
바라보니, 풀에 이슬은 맺혀 있고 저녁 구름이 지나 갈 때, 대
나무 숲 우거진 푸른 곳에는 새 소리가 더욱 섧게 들린다. 세상
에는 서러운 사람이 많다고 하지만 기구한 팔자를 가진 여자야
나와 같은 이가 또 있겠는가? 아마도 이 임의 탓으로 살 듯 말
듯 하구나.

(4) 박인로, 「누항사(陋巷詞)」

[1]

어리고 우활(迂闊)홀산 이 닉 우히 더니 업다. 길흉화복
(吉凶禍福)을 하날긔 부쳐 두고, 누항(陋巷) 깁푼 곳의 초막(草
幕)을 지어 두고, 풍조우석(風朝雨夕)에 석은 딥히 셥히 되야,
셔홉 밥 닷홉 죽(粥)에 연기(煙氣)도 하도 할샤. 설 데인 숙냉
(熟冷)애 뷘 비 쇠일 쑨이로다. 생애(生涯) 이러 다 장부(丈
夫) 쯧을 옴길넌가. 안빈일념(安貧一念)을 젹을망정 품고 이
셔, 수의(隨宜)로 살려 니 날로 조차 저어(齟齬) 다.

[현대어]

어리석고 세상 물정에 어둡기로는 나보다 더한 사람이 없
다. 좋고 나쁜 운수들을 하늘에 맡겨 두고 누추한 깊은 곳에 초
가를 지어 두고 고르지 못한 날씨에 썩은 짚이 땔감이 되어 세
홉 밥 다섯 홉 죽에 연기가 많기도 많구나. 덜 데운 숭늉으로
고픈 배를 속일 뿐이로다. 살림살이가 이렇게 구차하다고 한들
대장부의 뜻을 바꿀 것인가. 가난한 가운데서도 편안한 마음으
로 지내겠다는 한결 같은 마음을 적을망정 품고 있어서 옳은
일을 좇아 살려 하니 날이 갈수록 어긋난다.

[2]

 올히 부족(不足)거든 봄이라 유여(有餘) 며, 주머니 뷔
엿거든 병(瓶)의라 담겨시랴. 빈곤(貧困) 인생(人生)이 천지
간(天地間)의 나뿐이랴. 기한(飢寒)이 절신(切身) 다 일단심
(一丹心)을 이질 가. 분의 망신(奮義忘身) 야 죽어야 말녀
너겨, 우탁 우랑(于橐于囊)의 줌줌이 모아 녀코, 병과(兵戈) 오
재(五載)예 감사심(敢死心)을 가져 이셔, 이시섭혈(履尸涉血)
 야 몃 백전(百戰)을 지늬연고.

[현대어]

가을이 부족한데 봄이라고 (생활이) 여유가 있겠으며 주머니
가 비었는데 술병에 술이 담겨 있으랴? 가난한 인생이 천지간
에 나뿐이랴. 배고픔과 추위가 몸에 사무치게 절실하다 하여도
일편단심을 잊을 것인가. 의에 분발하여 내 몸을 잊고 죽고야
말겠노라는 마음먹어 전대와 망태에 한 줌 한 줌 모아 넣고 전
란 오 년 동안에 죽고 말리라는 마음을 가지고 있어 주검을 밟
고 피를 건너가 몇 백 전쟁을 치렀던가.

[3]

일신(一身)이 여가(餘暇) 잇사 일가(一家)를 도라보랴. 일노
장수(一奴長鬚)는 노주분(奴主分)을 이젓거든, 고여춘급(告余
春及)을 어늬 사이 싱각 리. 경당문노(耕當問奴)인돌 눌 드려
물롤 고. 궁경가색(躬耕稼穡)이 늬 분(分)인 줄 알리로다. 신
야경수(莘野耕叟)와 농상경옹(壟上耕翁)을 천(賤)타 리 업
것마 , 아므려 갈고젼돌 어늬 쇼로 갈로손고.

[현대어]

이 한 몸이 여유가 있어 집안을 돌보겠는가. 긴 수염이 난
종은 종과 주인 간의 분수를 잊어버렸는데 나에게 봄이 왔다고
일러 줄 것을 어떻게 기대할 수 있겠는가. 밭가는 일은 마땅히
종에게 물어야 한다지만 누구에게 물을 것인가. 몸소 농사를
짓는 것이 내 분수인 줄 알겠도다. 잡초 많은 들에서 밭을 갈던
늙은이(탕왕의 재상이 된 이윤)와 밭두둑 위에서 밭 갈던 늙은
이(진나라의 진승)를 천하다고 할 사람이 없건마는 아무리 갈
고자 한들 어느 소로 갈겠는가.

[4]

한기태심(旱旣太甚) 야 시절(時節)이 다 느즌 제, 서주(西
疇) 놉흔 논애 잠깐 긴 녈비예, 도상(道上) 무원수(無源水)를
반만 만 되혀 두고, 쇼 흔 젹듀마 고 엄섬이 는 말삼, 친절
(親切)호라 너건 집의 달 업슨 황혼(黃昏)의 허위허위 다라가
셔 구디 다둔 문(門) 밧긔 어득히 혼자 셔셔 큰 기춤 아함이를
양구(良久)토록 온 후(後)에, 어화 긔 뉘신고 염치(廉恥) 업
산 늬옵노라.

[현대어]

가뭄이 극심하여 농사철이 다 늦은 때 서쪽 두둑 높은 논에
잠깐 지나가는 비에 길 위에 흐르는 물을 잠깐만 대어 두고
"소 한 번 주마."하고 엉성하게 하는 말을 (듣고) 친절하다고
여긴 집에 달이 없는 저녁에 허우적허우적 달려가서 굳게 닫은
문 밖에 우두커니 혼자 서서 "에헴."하는 인기척을 꽤 오래도
록 한 후에 "어. 거기 누구신가?" 묻기에 "염치없는 저올시다."

[5]

초경(初更)도 거읜 긔 엇지 와 겨신고 연년(年年)에 이러
 기 구차 줄 알건만 쇼 업슨 궁가(窮家)애 헤염 만하 왓
삽노라 공 니나 갑시나 주엄즉도 다마 다만 어제 밤의
건넨 집 져 사람이 목 불근 수기치(雉)를 옥지읍(玉脂泣)게 쑤
어 늬고 간 이근 삼해주(三亥酒)를 취(醉)토록 권(勸) 거든 이
러한 은혜(恩惠) 어이 아니 갑흘넌고 내일(來日)로 주마 고
큰 언약(言約) 야거든 실약(失約)이 미편(未便) 니 사설이
어려왜라 실위(實爲) 그러 면 혈마 어이 고 헌 먼덕 수기 스
고 측 업슨 집신애 설피설피 물너오니 풍채(風採) 저근 형용
(形容)애 긔 즈칠 쑨이로다.

[현대어]

"초경도 거의 지났는데 무슨 일로 와 계신고?" "해마다 이러기에 구차한 줄 알지마는 소 없는 궁핍한 집에 근심이 많아 왔습니다." "공짜로나 값을 치거나 간에 (소를 빌려) 주었으면 좋겠지마는 다만 어젯밤의 건넛집에 사는 사람이 목이 붉은 수꿩을 구슬 같은 기름이 끓어오르게 구워 내고 갓 익은 좋은 술을 취하도록 권하였는데 이러한 은혜를 어떻게 갚지 않겠는가. 내일 (소를 빌려) 주마 하고 굳은 약속을 하였기에 약속을 어기기가 편하지 않으니 말씀하기가 어렵구료."(한다.) 사실이 그렇다면 설마 어찌하겠는가. 헌 모자를 숙여 쓰고 축 없는 짚신을 신고 맥없이 물러나오니 풍채 적은 내 모습에 개가 짖을 뿐이로다.

[6]

와실(蝸室)에 드러간들 잠이 와사 누어시랴. 북창(北牕)을 비겨 안자 싀배를 기다리니, 무정(無情)ᄒᆞᆫ 대승(戴勝)은 이ᄂᆡ 한(恨)을 도우ᄂᆞ다. 종조추창(終朝惆悵)ᄒᆞ며 먼 들흘 바라보니, 즐기는 농가(農歌)도 흥(興) 업서 들리ᄂᆞ다. 세정(世情) 모ᄅᆞᆫ 한숨은 그칠 줄을 모르ᄂᆞ다. 아ᄭᆞ온 져 소뷔는 벗보님도 됴홀세고, 가시 엉긘묵은 밧도 용이(容易)케 갈련마는, 허당반벽(虛堂半壁)에 슬듸업시 걸려고야. 춘경(春耕)도 거의거다 후리쳐 더뎌 두쟈.

[현대어]

초라한 집에 들어간들 잠이 와서 누워 있겠는가. 북쪽 창에 기대 앉아 새벽을 기다리니 정이 없는 오디새는 나의 한을 북돋우는구나. 아침이 끝날 때까지 슬퍼하며 먼 들을 바라보니 즐기는 농부들의 노래도 흥이 없게 들리는구나. 세상물정을 모르는 한숨은 그칠 줄을 모른다. 아까운 저 쟁기는 쟁기의 날도 좋구나. (소만 있다면) 가시가 엉킨 밭도 쉽게 갈 수 있으련마는 빈집 벽 가운데 쓸데없이 걸려 있구나. 봄갈이도 거의 다 지났다. 팽개쳐 던져두자.

[7]

강호(江湖) ᄒᆞᆫ 꿈을 ᄭᅮ언지도 오리러니, 구복(口腹)이 위루(爲累)ᄒᆞ야 어지버 이져떠라. 첨피기욱(瞻彼淇燠)혼ᄃᆡ 녹죽(綠竹)도 하도 할샤. 유비 군자(有斐君子)들아, 낙ᄃᆡ ᄒᆞ나 빌려ᄉᆞ라. 노화(蘆花) 깁픈 곳애 명월청풍(明月淸風) 벗이 되야, 님ᄌᆡ 업슨 풍월강산(風月江山)애 절로절로 늘그리라. 무심(無心)한 백구(白鷗)야 오라 ᄒᆞ며 말라 ᄒᆞ랴. 다토리 업슬손 다문 인가 너기로라.

[현대어]

자연과 더불어 살겠다는 꿈을 꾼 지도 오래려니 먹고 사는 것이 누가 되어 아 잊었도다. 저 기수의 물가를 바라보니 푸른 대나무가 많기도 많구나. 학식과 인력이 풍부한 선비들아 낚싯대 하나 빌리자꾸나. 갈대꽃 깊은 곳에 밝은 달과 맑은 바람의 벗이 되어 임자가 없는 자연 속에서 근심 없이 늙으리라. 욕심 없는 갈매기야 (나더러) 오라고 하며 말라고 하랴. 다툴 이가 없는 것은 다만 이뿐인가 여기노라.

[8]

무상(無狀)한 이 몸애 무슨 지취(志趣) 이스리마는, 두세 이렁 밧논를 다무거 더뎌 두고, 이시면 죽(粥)이오 업시면 굴물망졍, 남의 집 남의 거슨 전혀 부러 말렷스라. ᄂᆡ 빈천(貧賤) 슬히 너겨 손을 헤다 물너가며, 남의 부귀(富貴) 불리 너겨 손을 치다 나아오랴. 인간(人間) 어늬 일이 명(命) 밧긔 삼겨시리. 빈이무원(貧而無怨)을 어렵다 ᄒᆞ건마는 ᄂᆡ 생애(生涯) 이러호ᄃᆡ 설운 뜻은 업노왜라. 단사표음(簞食瓢飮)을 이도 족(足)히 너기로라. 평생(平生) ᄒᆞᆫ 뜻이 온포(溫飽)애는 업노왜라. 태평천하(太平天下)애 충효(忠孝)를 일을 삼아, 화형제(和兄弟) 신붕우(信朋友) 외다 ᄒᆞ리 뉘 이시리. 그 밧긔 남은 일이야 삼긴 ᄃᆡ로 살럿노라.

[현대어]

보잘것없는 이 몸이 무슨 소원이 있으랴마는 두어 이랑의 밭과 논을 다 묵혀 던져두고, 있으면 죽이요 없으면 굶을망정 남의 집, 남의 것은 전혀 부러워하지 않겠노라. 나의 빈천함을 싫게 여겨 손을 내젓는다고 물러가며, 남의 부귀를 부럽게 여겨 손짓을 한다고 나아오랴? 인간 세상의 어느 일이 운명 밖에 생겼겠느냐? 가난하여도 원망하지 않음을 어렵다고 하건마는 내 생활이 이러하되 서러운 뜻은 없다. 한 도시락의 밥을 먹고, 한 표주박의 물을 마시는 어려운 생활도 만족스럽게 여기노라. 평생의 한 뜻이 따뜻하게 입고, 배불리 먹는 데에는 없도다. 태평스런 세상에 충성과 효도를 일삼아, 형제간에 화목하고 벗끼리 신의 있게 사귀는 일을 그르다 할 사람이 누가 있겠느냐? 그밖에 나머지 일이야 타고난 대로 살아가겠노라.

10 고전 소설▼

▼ 고전 소설
근대 이전에 창작된 소설

1. 특징(현대 소설과 비교)

구분	고전 소설	현대 소설
인물	전형적, 평면적	개성적, 입체적
사건	비현실적, 우연적	현실적, 필연적
배경	막연함, 비현실적	구체적, 현실적
구성	일대기적 구성	다양함
주제	권선징악, 유교적 교훈	다양함
결말	행복한 결말	다양함
시점	전지적 작가 시점	일정하지 않음
문체	운문체, 문어체	산문체, 구어체
작가	대개 불분명함	알려져 있음

2. 주요 작품

핵심 쏙 이론 | 「금오신화(金鰲新話)」

「금오신화」는 김시습(1435~1493)이 지은 우리나라 최초의 소설이며 전기소설집이다. 여기서의 '신화'란 전기(傳記) 유형이나 가전체 형태와는 다른 더 허구적이고 개성적인 작품이라는 뜻인데, 이는 작가 개인의 창작 의식이 반영된 제목이라고 할 수 있다. 과거 문학작품의 주인공들은 영웅적인 능력으로 세상에 위명을 떨쳤던 데 반해 「금오신화」의 다섯 주인공은 문학적 재능은 있으나 탈속적인 사람들이라는 것에 그 의미가 깊다. 이는 '방외인'으로 불렸던 작가 김시습과 매우 흡사한데 이를 통해 작가의 개인적인 감정이 투영된 소설로 보기도 한다.

작품	내용
「용궁부연록 (龍宮赴宴錄)」	글재주에 능한 한생이 용왕의 초청으로 용궁을 방문하여 공주가 거처할 별궁의 상량문을 지어 주고 극진한 대접을 받고 돌아온다는 전기적인 이야기
「남염부주지 (南炎浮洲志)」	박생이 꿈속에서 염라대왕을 만나 문답을 나누는 이야기. 박생이 염부주가 되는 것으로 이야기 종결
「이생규장전 (李生窺牆傳)」	죽음을 초월한 남녀 간의 애정담. 부모의 반대와 홍건적의 난이라는 장애를 모두 이겨내고 끝까지 사랑을 성취한 이야기로, 현실적인 내용과 환상적인 내용이 공존
「만복사저포기 (萬福寺樗蒲記)」	불우한 서생 양생이 한스럽게 죽은 여인을 만나 이루는 생사를 초월한 사랑
「취유부벽정기 (醉遊浮碧亭記)」	고조선 및 고구려에 대한 회고가 담긴 이야기. 송도의 홍생이 평양의 부벽정을 찾아 시를 지으며 취하여 놀다가 기자 조선 마지막 임금의 딸을 만나 시로 문답을 나누었다는 이야기

(1) 군담소설 : 대개 전쟁을 배경으로 하며, 영웅소설이 주를 이룬다.

① 역사군담소설 : 실제 역사 인물이 주인공으로 주로 비극적으로 끝난다.

작품	배경	내용
「임진록 (壬辰錄)」	임진왜란	임진왜란의 과정을 그린 옴니버스식 구성의 소설. 김덕령의 죽음이나 충무공의 승전 등 사실에 기반한 내용과 더불어 왜병을 물리치고 도술로 왜왕의 항복을 받는 사명당의 활약 등 허구적인 내용이 가미
「곽재우전」		전란이 일어나자 붉은 옷을 입고 재산을 털어 많은 장사들을 규합하여 기개로써 왜군을 격파한 곽재우의 활약
「김덕령전」		간신들의 참소로 억울하게 죽은 의병장 김덕령의 생애와 업적
「임경업전」	병자호란	실존인물인 임경업이 전란에서 활약을 펼치나 간신 김자점에 의해 암살당하는 과정을 그린 소설. 지배층의 무능에 대한 비판
「박씨전」		초인적인 능력을 가진 여인이 가정에서 인정받고, 국난을 극복하는 과정을 그린 한글소설. 병자호란의 치욕을 보상받고자 하는 의도와 여성들의 지위향상에 대한 소망

② 창작군담소설 : 가상의 인물이 주인공인 소설로 주로 행복한 결말을 맞는다.

작품	배경	내용
「조웅전」	송나라	아버지를 죽게 한 원수에게 복수하고 동시에 태자와 나라를 구하는 인물의 활약이 나타난 소설. 자유연애에 대한 내용이 나타남
「홍계월전」	명나라	주인공이 부모와 헤어졌다가 만나는 과정에서 벌이는 활약을 보여주는 한글소설. 남녀의 능력 차이에 따른 갈등과 극복 과정
「유충렬전」	병자호란	영웅서사구조의 전형으로 충신이 간신의 모함으로 철저하게 몰락했다가 그의 자손이 간신의 반역을 평정하면서 다시 권력과 부귀공명을 획득한다는 내용. 병자호란의 실상과 함께 청나라에 대한 적개심 표현

(2) 애정소설 : 윤리적, 관습적인 규범이나 사회적인 신분 제약에 의한 고난의 극복을 주제로 삼는 것이 많았다.

작품	작자	내용
「구운몽 (九雲夢)」	김만중	김만중이 유배지에서 어머니를 위로하기 위해 지은 한글소설로, 세속에 대한 욕망을 지닌 수도자 성진과 팔선녀가 하룻밤 꿈을 통해 깨달음을 얻고 큰 도를 얻었다는 이야기
「운영전」	미상	궁녀인 운영과 김 진사 사이의 금지된 사랑을 다룬 비극적인 결말의 한글소설
「숙영낭자전」	미상	양반가정을 배경으로 하여 도선사상에 바탕을 둔 비현실적 사건을 중심으로 이루어진 한글소설. 애정을 사이에 둔 부모와 자식 사이의 갈등이 나타남
「채봉감별곡(彩鳳感別曲)」	미상	아버지의 매관매직으로 인해 기구한 처지에 놓인 주인공이 끝내 사랑을 성취하는 과정을 그린 한글소설. 청춘 남녀의 사랑마저 가로막는 부패한 사회 현실에 대한 비판 의식을 표현

(3) 가정소설 : 상층 여성들을 겨냥해 만들어진 것으로 추정된다. 가정에서 일어나는 처첩 및 의붓형제들 간의 갈등이 주된 소재이다. 당시 사회에서 강조되었던 열(烈)이나 효(孝) 등이 중요한 가치로 나타난다.

작품	작자	내용
「사씨남정기(謝氏南征記)」	김만중	첩 교씨의 악행으로 인한 처첩 간의 갈등과 사씨의 고행을 그린 소설로, 사씨의 모습을 통해 절대적인 부덕(婦德)을 나타냄
「창선감의록(彰善感義錄)」	조성기	중국 명나라를 배경으로 하여 일부다처제와 대가족제도 하에서 시기로 인해 일어나는 가정의 풍파를 다룬 권선징악적 이야기

(4) 사회소설 및 풍자소설 : 사회제도의 모순을 비판하거나, 당시 사회 또는 특정 인물의 군상과 과오를 풍자한 소설이다.

작품	내용
「홍길동전」	적서차별로 인한 한을 품고 세상에 나온 홍길동이 활약하는 이야기. 활빈당을 조직해 사회에 저항하고 백성을 돕다가, 결국 조선을 떠나 율도국을 정벌하고 이상국을 건설
「전우치전」	여우를 속여 도술을 얻은 전우치가 백성을 돕고, 권력자를 희롱하다 서화담과의 대결에서 패배해 태백산으로 들어간 이야기. 홍길동전과 같은 강한 사회비판의식이 드러나지 않는 것이 특징
「배비장전」	양반의 위선적인 생활을 풍자한 것으로, 배비장이 제주도에 갔다가 기생 애랑에게 빠져 수모를 당한 이야기
「옹고집전」	옹고집이 중을 학대하다가 그 중이 만든 가짜 옹고집 때문에 집에서 쫓겨나 고생 끝에 잘못을 뉘우치고 착한 사람이 되는 과정
「이춘풍전」	호조에서 거액을 빌린 이춘풍이 기생 추월에게 빠져 돈을 몽땅 빼앗기자, 춘풍의 처 김씨가 남장을 하고 회계비장이 되어 추월을 규탄하고 남편을 골려준다는 이야기. 위선적인 남성 중심 사회에 대한 비판

(5) 판소리계 소설

① 본래 설화 형태였던 이야기에 살을 붙여 판소리를 만들고, 판소리 사설을 소설로 재구성하여 판소리계 소설이 성립되었다는 설과 인기 소설이 판소리의 대본이 되었다는 설이 대립하고 있다.

② 익숙한 이야기의 변주와 인쇄술의 발달로 크게 인기를 끌었으며 개화기까지 그 명맥이 이어졌다.

작품	내용
「춘향전」	조선조 사회에서 가장 미천한 기생 춘향이 절개를 지킴으로써 양반의 아들 이도령과의 사랑을 성취한 이야기
「심청전」	눈이 먼 아버지를 위해 목숨을 바치고 결국 복을 받은 주인공을 통해 효의 가치를 전달하는 이야기
「흥부전」	권선징악적 구조를 통해 형제간의 우애를 강조하는 이야기. 조선 후기의 사회·경제적 변동 속에서 탄생한 전형적인 인물들의 대비
「토끼전」 (별주부전)	동물을 의인화하여 부패한 지배층을 비판하고 나라에 대한 충성을 강조

이때 춘향이는 사령이 오는지 군노가 오는지 모르고 주야로 도련님을 생각하여 우는데, ㉠ 생각지 못할 우환을 당하려 하니 소리가 화평할 수 있겠는가. 한때나마 빈 방살이할 계집아이라 목소리에 청승이 끼어 자연히 슬픈 애원성이 되니 ㉡ 보고 듣는 사람의 심장인들 아니 상할 것인가. 임 그리워 서러운 마음 밥맛없어 밥 못 먹고 불안한 잠자리에 잠 못 자고 도련님 생각으로 상처가 쌓여 피골이 상접하고 양기가 쇠진하여 진양조 울음이 되어 노래를 부른다. 갈까 보다. 갈까 보다. 임을 따라 갈까 보다. 천 리라도 갈까 보다. 만 리라도 갈까 보다. 바람도 쉬어 넘고 수진이 날진이 해동청 보라매도 쉬어 넘는 높은 고개 동선령 고개라도 임이 와 날 찾으면 신발 벗어 손에 들고 아니 쉬고 달려가리. ㉢ 한양 계신 우리 낭군 나와 같이 그리워하는가, 무정하여 아주 잊고 나의 사랑 옮겨다가 다른 임을 사랑하는가? ㉣ 이렇게 한참을 서럽게 울 때 사령 등이 춘향의 슬픈 목소리를 들으니 목석이라도 어찌 감동을 받지 않겠는가? 봄눈 녹듯 온몸에 맥이 탁 풀렸다.

– 작자 미상, 「춘향전」

① ㉠   ② ㉡
③ ㉢   ④ ㉣

정답해설
㉢은 춘향이 도련님을 그리워하며 서러운 심정을 노래하는 부분으로 서술자의 개입은 드러나지 않는다.
정답 ③

핵심 쏙 이론 | 판소리

소리꾼이 고수의 북장단에 맞추어 긴 서사적인 이야기를 소리와 몸짓을 곁들이며 구연하는 우리 고유의 민속 예술의 한 형태

• 특징
 – 현실적인 삶을 그리고 있으면서도 극적인 내용이 많다.
 – 희곡적 구성을 취하고 있으며 대체로 4음보의 운문체이다.
 – 양반들이 사용하는 한문 어투와 평민들이 사용하는 일상 언어가 모두 담겨있다.
 – 풍자와 해학이 풍부하게 나타난다.
• 구성 요소

창(소리)	판소리의 주축을 이루는 음악적 요소로 광대가 가락을 맞추어 부르는 노래
아니리(사설)	창을 하는 중간중간에 가락을 붙이지 않고 이야기하듯 엮어 나가는 사설로 사건의 변화, 시간의 경과, 작중인물 간의 대화, 주인공의 심리 묘사 등을 제시
발림(너름새)	소리꾼이 소리의 극적 전개를 돕기 위해 몸짓이나 손짓으로 하는 동작
추임새	고수가 창 사이사이 흥을 돋우기 위하여 삽입하는 소리

(6) 실학자들의 사회 비판적인 소설 : 조선 후기에는 문란해진 정치·사회의 각성을 요구하는 실학자들의 문필활동이 활발해졌으며 자신들의 생각을 소설로 나타내기도 하였다.

핵심 쏙 이론 | 연암 박지원의 소설

실학자 출신으로 사회를 비판하는 대표적 작가인 연암 박지원은 방대한 분량의 기행문 「열하일기」와 다수의 한문소설이 수록된 문집 「연암집」 등을 남겼으며, 풍자와 해학이 돋보이는 문체를 보였다.

작품	내용
「허생전」	사회 개혁에 대해 시험하고, 개혁의 방법을 제안하는 허생을 통해 양반의 무능과 허위적 명분론, 경제구조의 취약점을 비판하는 소설
「호질(虎叱)」	호랑이를 통해 유학자들 및 수절과부의 위선을 폭로
「양반전」	양반 매매를 위한 문서를 작성하는 과정을 통해 양반들의 허례허식과 그 부패상을 폭로
「예덕선생전(穢德先生傳)」	인분을 나르는 엄행수를 통해 양반들의 위선을 공박(攻駁)하고 무실역행(務實力行)의 참된 인간상을 보여주는 이야기
「광문자전(廣文者傳)」	신의 있고 진실된 거지 광문을 통해 바람직한 인간상을 제시하는 소설

3. 대표작품

(1) 김시습, 「이생규장전(李生窺牆傳)」

> …
>
> 이생은 황폐한 들에 숨어서 목숨을 보전하다가 도적의 무리가 떠났다는 소식을 듣고 부모님이 살던 옛집을 찾아갔다. 그러나 집은 이미 병화(兵火)에 타 버리고 없었다. 다시 처가에 가 보니 행랑채는 쓸쓸하고 집 안에는 쥐들이 우글거리고 새들만 지저귈 뿐이었다. 이생은 슬픔을 이기지 못해 작은 누각에 올라갔다. 눈물을 거두고 길게 한숨을 쉬며 날이 저물도록 앉아서 지난날을 생각해 보니 완연히 한바탕 꿈만 같았다.
>
> 밤중이 거의 되자 희미한 달빛이 들보를 비춰 주는데 낭하에서 발자국 소리가 들려왔다. 그 소리는 먼 데서 차차 가까이 다가왔다. 살펴보니 사랑하는 최씨가 거기에 있었다. 이생은 그녀가 이미 이승에 없는 사람임을 알고 있었으나 너무나 사랑하는 마음에 반가움이 앞서 의심도 하지 않았다.
>
> …
>
> 이튿날 최씨가 이생과 함께 옛날 살던 개령동을 찾아가니 거기에는 금·은 몇 덩어리와 재물이 약간 있었다. 그들은 두 집 부모님의 유골을 거두어 금·은과 재물을 팔아서 각각 오관산 기슭에 합장하고는, 나무를 세우고 제사를 드려 모든 예절을 다 마쳤다.
>
> 그 후 이생은 벼슬을 구하지 않고 최씨와 함께 살았다. 도망하여 목숨을 부지했던 하인들도 돌아왔다. 이생은 이후로 인간사를 싫어하여 친척이나 귀한 손님의 길흉사에도 가지 않고 늘 최씨와 함께 시를 주고받으면서 금실 좋게 함께 즐거워하였다.
>
> 어느 날 저녁, 최씨가 이생에게 이르기를,
>
> "세 번씩이나 가약(佳約)을 맺었으나, 세상일이 서로 어긋나기만 합니다. 아직 실컷 즐기지도 못했는데 슬픈 이별이 문득 닥쳐왔군요."
>
> "어찌하여 이러는 거요?"
>
> 최씨가 말했다.
>
> "저승길 가는 운명은 피할 수가 없습니다. 천제(天帝)께서는 첩과 낭군의 연분이 끊어지지 않았고 또 죄도 없었기에, 저를 잠시 머물게 하여 낭군과 근심을 풀도록 했던 것입니다. 인간 세상에 오래 머물면서 이승 사람을 미혹시킬 수는 없습니다."
>
> 이어 하녀에게 명하여 술을 올리게 하고는 '옥루춘(玉樓春)' 한 곡을 노래하면서 이생에게 술을 권했다.
>
> 도적떼 밀려와서 온 세상이 싸움터인데,
> 구슬 꽃 흩어지고 원앙도 짝 잃었네.
> 여기저기 널린 유해(遺骸)는 묻어 주는 이 없고
> 얼룩진 유혼(遊魂)은 하소연할 곳도 없구나.
> 고당루(高唐樓)에 한번 내려온 무산(巫山) 선녀

> 깨진 거울이 다시 갈라지니 마음이 참담하도다.
> 이제 한번 이별하면 두 세계가 아득히 멀어
> 저승과 이승 사이 소식조차 막히리.
>
> 한 마디 부를 때마다 삼킨 눈물이 흘러내려 거의 곡조를 이루지 못하였다. 이생도 참담한 심정을 걷잡지 못했다.
>
> …

(2) 김만중

① 「구운몽(九雲夢)」

> …
>
> '스스로 제 몸을 보니 일백여덟 낱 염주(念珠)가 손목에 걸렸고, 머리를 만지니 갓 깎은 머리털이 가칠가칠하였으니, 완연히 소화상의 몸이요 다시 대승상의 위의(威儀) 아니니, 정신이 황홀하여 오랜 후에 비로소 제 몸이 연화 도량(道場) 성진(性眞) 행자인 줄 알고 생각하니, 처음에 스승에게 수책(受責)하여 풍도(酆都)로 가고, 인세(人世)에 환도하여 양가의 아들 되어 장원 급제 한림학사 하고, 출장입상(出將入相)하여 공명신퇴(功名身退)하고, 양 공주와 육 낭자로 더불어 즐기던 것이 다 하룻밤 꿈이라. 마음에 필연 사부가 나의 염려를 그릇함을 알고 나로 하여금 이 꿈을 꾸어 인간 부귀와 남녀 정욕이 다 허사인 줄 알게 함이로다.'
>
> 급히 세수하고 의관을 정제하며 방장에 나아가니 다른 제자들이 이미 다 모였더라. 대사가 소리하여 묻되, "성진아, 인간 부귀를 지내니 과연 어떠하더뇨?"
>
> 성진이 고두하며 눈물을 흘려 가로되,
>
> "성진이 이미 깨달았나이다. 제자가 불초하여 염려를 그릇 먹어 죄를 지으니 마땅히 인세에 윤회할 것이어늘, 사부가 자비하사 하룻밤 꿈으로 제자의 마음을 깨닫게 하시니 사부의 은혜를 천만겁이라도 갚기 어렵도소이다."
>
> 대사가 가로되,
>
> "네 승흥하여 갔다가 흥진하여 돌아왔으니 내 무슨 간예함이 있으리오? 네 또 이르되 '인세에 윤회할 것을 꿈을 꾸었다.' 하니 이는 인세와 꿈을 다르다 함이니 네 오히려 꿈을 채 깨지 못하였도다. '장주가 꿈에 나비 되었다가 나비 장주 되니', 어느 것이 거짓 것이요 어느 것이 참된 것인 줄 분변치 못하나니, 어제 성진과 소유가 어느 것은 정말 꿈이요 어느 것은 꿈이 아니뇨?"
>
> 성진이 가로되,
>
> "제자가 아득하여 꿈과 참된 것을 알지 못하니 사부는 설법하사 제자를 위하여 자비하사 깨닫게 하소서."
>
> …

② 「사씨남정기(謝氏南征記)」

두 부인이 이어서 시비를 돌아보며 물었다.

"부인은 어디 계시냐? 내 직접 가 보아야겠다."

시비는 두 부인을 모시고 사 씨가 있는 곳으로 갔다. 사 씨는 누추한 방에 거적을 깔고 있어 보기에도 처참했다. 나무 비녀와 베치마에 다북쑥처럼 헝클어진 머리를 하고 있는데, 몸은 초췌하여 의복도 이기지 못할 듯했다.

사 씨는 두 부인을 맞아 절을 올린 후 말했다.

"숙숙께서 영귀하여 멀리 떠나시지요. 그러나 돌아보건대 저는 상복을 입은 사람이고 또한 씻을 수 없는 죄명을 지고 있어, 감히 뜰에 나가 경하 드리며 떠나시는 길을 바라볼 수 없습니다. 집에 오셨다는 말을 들었지만 또한 나가서 뵈올 수가 없었습니다. 이생에서는 다시 존안을 대할 날이 없을 듯하여 무궁한 한으로 여기고 있었는데, 뜻밖에도 부인께서 이 누추한 곳까지 왕림하셨습니다."

"오라버니께서 임종하실 때 한림을 내게 부탁하셨지. 그 말씀이 아직도 귀에 남아 있네. 내가 조카를 잘 인도하지 못한 탓에, 자네를 이 지경에 이르게 했어. 모두 내 허물일세. 그런데 내가 몇 해 전에 자네에게 했던 말을 혹시 지금도 기억하고 있는가?"

사 씨는 다시 절을 하고 대답했다.

"마음속에 깊이 간직하고 있습니다. 어찌 잊을 날이 있겠습니까? 제가 눈은 있으나 사람을 알아보지 못하여 이 지경에 이르렀습니다. 어찌 감히 하늘을 원망하고 사람을 탓할 수 있겠습니까?"

…

한림은 화를 벌컥 냈다.

"투부가 처음에 저주를 했을 때, 나는 부부의 정의를 생각하여 차마 적발할 수가 없었다. 그 후 신성현에서 더러운 행실을 한 단서가 이미 드러났을 때에도 죄를 묻지 않았어. 지금 또 이렇게 세상에 보기 드문 흉악한 짓을 하다니……. 이 사람을 집안에 그대로 둔다면 조상께서 제사를 흠향하지 않으시고, 자손도 완전히 끊어질 거야."

한림은 교 씨를 위로하였다.

"오늘은 이미 저물었네. 날이 밝으면 일가들을 모아 사당에 고한 후에 투부를 내칠 것이네. 그리고 자네를 부인으로 삼을 것이야. 쓸데없이 슬퍼하지 말게. 꽃 같은 얼굴만 상하겠네."

교 씨는 눈물을 거두며 대답했다.

"그같이 조치하시다니……. 이제 첩의 원한이 거의 풀렸습니다. 하지만 부인의 자리를 첩이 어찌 감당하겠습니까?"

한림은 즉시 일가들에게 통지하여 아침에 모두 사당 아래로 모이게 했다.

아아! 유 소사는 지하에서 일어날 수 없고 두 부인도 만 리나 멀리 떠났으니, 누가 한림의 뜻을 돌릴 수 있겠는가?

여러 시비들이 달려가 사 씨에게 그 전말을 고하고 통곡하였다.

(3) 작자 미상, 「운영전」

…

무녀는 목욕과 세수를 한 후 화장을 짙게 하고 이러저러한 패물로 화려하게 몸치장을 했습니다. 방에는 꽃을 가득히 수놓은 담요와 구슬 방석을 펼쳐 놓고 어린 종에게 문밖에 나가서 진사를 기다리게 하였습니다. 진사가 또 와서, 무녀의 얼굴과 꾸밈새가 화려하고 펼쳐 놓은 것들이 아름다운 것을 보고, 마음속으로 이상하게 생각하고 있는데 무녀가 말했습니다.

"오늘 저녁이 어떠한 저녁이기에 당신처럼 훌륭하신 분을 만나 뵙게 되었는지요?"

진사는 마음이 무녀에게 있지 않았기 때문에 그 말에 대답을 하지 않고 근심스러운 기색으로 가만히 앉아 있었습니다. 그러자 무녀가 화를 내며 말했습니다.

"어찌하여 나이 어린 남자가 과부의 집에 왕래하는 것을 꺼려하지 않습니까?"

진사가 말했습니다.

"그대가 만약 신통하다면 어찌해서 내가 온 뜻을 모르리오?"

무녀는 즉시 신을 모신 자리로 나아가 신령(神靈)에게 절을 한 뒤, 방울을 흔들고 거문고를 어루만지면서 온몸을 덜덜 떨었습니다. 잠시 후에 무녀는 몸을 돌이키며 말했습니다.

"낭군은 참으로 불쌍하도다! 이치에 맞지 않는 꾀로써 이루기 어려운 계획을 이루려고 하니, 그 뜻을 이루지 못할 뿐만 아니라 채 삼 년이 못 되어 저세상 사람이 되리이다!"

진사가 울면서 사례(謝禮)하여 말했습니다.

"자네가 비록 말하지 않더라도 나 역시 알고 있네. 그러나 가슴속에 원한이 맺혀 온갖 약으로도 풀지 못하고 있네. 만약 신통한 그대 덕분에 다행히 편지를 전달할 수만 있다면 죽어도 영광스러울 것일세."

…

(4) 작자 미상, 「춘향전」

근읍(近邑) 수령이 모여든다. 운봉 영장(營將), 구례, 곡성, 순창, 옥과, 진안, 장수 원님이 차례로 모여든다. 좌편에 행수 군관(行首軍官), 우편에 청령 사령(聽令使令), 한가운데 본관(本官)은 주인이 되어 하인 불러 분부하되,

"관청색(官廳色) 불러 다담(茶啖)을 올리라. 육고자(肉庫子) 불러 큰 소를 잡고, 예방(禮房) 불러 고인(鼓人)을 대령하고, 승발(承發) 불러 차일(遮日)을 대령하라. 사령 불러 잡인(雜人)을 금하라."

이렇듯 요란할 제, 기치(旗幟) 군물(軍物)이며 육각 풍류(六角風流) 반공에 더 있고, 녹의홍상(綠衣紅裳) 기생들은 백수 나삼(白手羅衫) 높이 들어 춤을 추고, 지야자 두덩실 하는 소리 어사 마음이 심란하구나.

"여봐라, 사령들아. 네의 원전(前)에 여쭈어라. 먼 데 있는 걸인이 좋은 잔치에 당하였으니 주효(酒肴) 좀 얻어먹자고 여쭈어라."

저 사령 거동 보소.

"어느 양반이관대, 우리 안전(案前)님 걸인 혼금(閽禁)하니 그런 말은 내도 마오."

등 밀쳐 내니 어찌 아니 명관(名官)인가. 운봉이 그 거동을 보고 본관에게 청하는 말이

"저 걸인의 의관은 남루하나 양반의 후예인 듯하니, 말석에 앉히고 술잔이나 먹여 보냄이 어떠하뇨"

본관 하는 말이, "운봉 소견대로 하오마는……."

하니 '마는' 소리 훗입맛이 사납겠다. 어사 속으로, '오냐, 도적질은 내가 하마. 오라는 네가 져라.'

운봉이 분부하여, "저 양반 듭시래라."

어사또 들어가 단좌(端坐)하여 좌우를 살펴보니, 당상(堂上)의 모든 수령 다담을 앞에 놓고 진양조 양양(洋洋)할 제 어사또 상을 보니 어찌 아니 통분하랴. 모 떨어진 개상판에 닥채저붐, 콩나물, 깍두기, 막걸리 한 사발 놓았구나. 상을 발길로 탁 차 던지며 운봉의 갈비를 직신.

"갈비 한 대 먹고지고."

"다라도 잡수시오."

하고 운봉이 하는 말이

"이러한 잔치에 풍류로만 놀아서는 맛이 적사오니 차운(次韻) 한 수씩 하여 보면 어떠하오."

"그 말이 옳다."

하니 운봉이 운(韻)을 낼 제, 높을 고(高)자, 기름 고(膏)자 두 자를 내어 놓고 차례로 운을 달제 어사또 하는 말이

"걸인도 어려서 추구권(抽句卷)이나 읽었더니, 좋은 잔치 당하여서 주효를 포식하고 그저 가기 무렴(無廉)하니 차운 한 수 하사이다."

운봉이 반겨 듣고 필연(筆硯)을 내어 주니 좌중(座中)이 다 못하여 글 두 귀[句]를 지었으되, 민정(民情)을 생각하고 본관의 정체(正體)를 생각하여 지었것다.

"금준 미주(金樽美酒)는 천인혈(千人血)이요, 옥반 가효(玉盤佳肴)는 만성고(萬姓膏)라.

촉루락시(燭淚落時) 민루락(民淚落)이요, 가성고처(歌聲高處) 원성고(怨聲高)라."

이 글의 뜻은,

'금동이의 아름다운 술은 일만 백성의 피요, 옥소반의 아름다운 안주는 일만 백성의 기름이라. 촛불 눈물 떨어질 때 백성 눈물 떨어지고, 노랫소리 높은 곳에 원망소리 높았더라.'

이렇듯이 지었으되, 본관은 몰라보고 운봉이 이 글을 보며 내념(內念)에

'아뿔싸, 일이 났다.'

이때, 어사또 하직하고 간 연후에 공형(公兄) 불러 분부하되, "야, 야, 일이 났다."

공방(工房) 불러 포진(鋪陳) 단속, 병방(兵房) 불러 역마(驛馬) 단속, 관청색 불러 다담 단속, 옥 형리(刑吏) 불러 죄인 단속, 집사(執事) 불러 형구(刑具) 단속, 형방(刑房) 불러 문부(文簿) 단속, 사령 불러 합번(合番) 단속, 한참 이리 요란할 제 물색없는 저 본관이

"여보, 운봉은 어디를 다니시오"

"소피(所避)하고 들어오오."

본관이 분부하되, "춘향을 급히 올리라."고 주광(酒狂)이 난다.

이때에 어사또 군호(軍號)할 제, 서리(胥吏) 보고 눈을 주니 서리, 중방(中房) 거동 보소. 역졸(驛卒) 불러 단속할 제 이리 가며 수군, 저리 가며 수군수군, 서리 역졸 거동 보소. 외올 망건(網巾), 공단(貢緞) 쎄기 새 평립(平笠) 눌러 쓰고 석 자 감발 새 짚신에 한삼(汗衫), 고의(袴衣) 산뜻 입고 육모방치 녹피(鹿皮) 끈을 손목에 걸어 쥐고 예서 번뜻 제서 번뜻, 남원읍이 우군 우군, 청파 역졸(靑坡驛卒) 거동보소. 달 같은 마패(馬牌)를 햇빛같이 번듯 들어

"암행 어사 출도(出道)야!"

외는 소리, 강산이 무너지고 천지가 뒤눕는 듯, 초목 금순(草木禽獸)들 아니 떨랴.

남문에서 "출도야!"

북문에서 "출도야!"

동 · 서문 출도 소리 청천에 진동하고, "공형 들라!"

외는 소리, 육방(六房)이 넋을 잃어, "공형이오."

등채로 휘닥딱

"애고 중다."

"공방, 공방!"

공방이 포진 들고 들어오며, "안 하려던 공방을 하라더니 저 불 속에 어찌 들랴."

등채로 후닥딱

"애고, 박 터졌네."

좌수, 별감 넋을 잃고, 이방, 호방 실혼(失魂)하고, 삼색 나졸(三色羅卒) 분주하네.

모든 수령 도망할 제 거동 보소. 인궤(印櫃) 잃고 과줄 들고, 병부(兵符) 잃고 송편 들고, 탕건(宕巾) 잃고 용수 쓰고, 갓 잃고 소반(小盤) 쓰고, 칼집 쥐고 오줌 누기. 부서지느니 거문고요, 깨지느니 북, 장고라. 본관이 똥을 싸고 멍석 구멍 새앙쥐 눈 뜨듯 하고 내아(內衙)로 들어가서

"어 추워라, 문 들어온다, 바람 닫아라. 물 마른다, 목 들여라."

관청색은 상을 잃고 문짝 이고 내달으니, 서리, 역졸 달려들어 후닥딱

"애고, 나 죽네!"

이때 수의 사또 분부하되, "이 골은 대감이 좌정하시던 골이라, 훤화(喧譁)를 금하고 객사(客舍)로 사처(徙處)하라."

좌정(座定) 후에 "본관은 봉고 파직(封庫罷職)하라."

분부하니, "본관은 봉고 파직이요!"

사대문에 방 붙이고 옥 형리 불러 분부하되, "네 골 옥수(獄囚)를 다 올리라."

호령하니 죄인을 올리거늘, 다 각각 문죄(問罪) 후에 무죄자 방송(放送)할새,

"저 계집은 무엇인다"

형리 여짜오되, "기생 월매 딸이온데, 관정(官庭)에 포악(暴惡)한 죄로 옥중에 있삽내다."

"무슨 죄다"

형리 아뢰되, "본관 사또 수청(守廳)으로 불렀더니 수절(守節)이 정절(貞節)이라 수청 아니 들려 하고, 관전(官前)에 포악한 춘향이로소이다."

어사또 분부하되, "너만 년이 수절한다고 관정 포악하였으니 살기를 바랄쏘냐. 죽어 마땅하되 내 수청도 거역할까"

춘향이 기가 막혀

"내려오는 관장(官長)마다 개개이 명관이로구나. 수의(繡衣) 사또 듣조시오. 층암 절벽(層巖絕壁) 높은 바위 바람 분들 무너지며, 청송 녹죽(靑松綠竹) 푸른 남기 눈이 온들 변하리까? 그런 분부 마옵시고 어서 바삐 죽여 주오."

하며,

"향단아, 서방님 어디 계신가 보아라. 어젯밤에 옥문간에 와 계실 제 천만 당부하였더니 어디를 가셨는지, 나 죽는 줄 모르는가."

어사또 분부하되, "얼굴을 들어 나를 보라."

하시니, 춘향이 고개를 들어 대상(臺上)을 살펴보니 걸객(乞客)으로 왔던 낭군, 어사또로 뚜렷이 앉았구나. 반 웃음 반 울음에

"얼씨구나 좋을씨고. 어사 낭군 좋을씨고. 남원 읍내 추절(秋節) 들어 떨어지게 되었더니, 객사에 봄이 들어 이화 춘풍(李花春風) 날 살린다. 꿈이냐 생시냐, 꿈을 깰까 염려로다."

한참 이리 즐길 적에 춘향 모 들어와서 가없이 즐거하는 말을 어찌 다 설화(說話)하랴. 춘향의 높은 절개 광채 있게 되었으니 어찌 아니 좋을쏜가.

어사또 남원 공사(公事) 닦은 후에 춘향 모녀와 향단이를 서울로 치행(治行)할 제, 위의(威儀) 찬란하니 세상 사람들이 누가 아니 칭찬하랴. 이때, 춘향이 남원을 하직할새, 영귀(榮貴)하게 되었건만 고향을 이별하니 일희일비(一喜一悲)가 아니 되랴.

"놀고 자던 부용당(芙蓉堂)아, 너 부디 잘 있거라. 광한루(廣寒樓), 오작교(烏鵲橋)며 영주각(瀛州閣)도 잘 있거라. 춘초(春草)는 연년록(年年綠)하되 왕손(王孫)은 귀불귀(歸不歸)라, 날로 두고 이름이라. 다 각기 이별할 제 만세 무량(萬歲無量) 하옵소서, 다시 보긴 망연(茫然)이라."

이때, 어사또는 좌우도(左右道) 순읍(巡邑)하여 민정을 살핀 후에 서울로 올라가 어전(御前)에 숙배(肅拜)하니, 삼당상(三堂上) 입시(入侍)하사 문부(文簿)를 사정(査定) 후에 상이 대찬(大讚)하시고 즉시 이조 참의(吏曹參議) 대사성(大司成)을 봉하시고, 춘향으로 정렬 부인(貞烈夫人)을 봉하시니, 사은(謝恩) 숙배하고 물러 나와 부모전에 뵈온대, 성은(聖恩)을 축수(祝壽)하시더라.

이때, 이판(吏判), 호판(戶判), 좌우 영상(左右領相) 다 지내고, 퇴사(退仕) 후 정렬 부인으로 더불어 백 년 동락할새, 정렬 부인에게 삼남 이녀를 두었으니, 개개이 총명하여 그 부친을 압두(壓頭)하고 계계승승(繼繼承承)하여 직거 일품(職居一品)으로 만세 유전(萬世流傳) 하더라.

(5) 박지원

① 「허생전」

> ...
>
> 하루는 그 처가 몹시 배가 고파서 울음 섞인 소리로 말했다.
>
> "당신은 평생 과거(科擧)를 보지 않으니, 글을 읽어 무엇 합니까?"
>
> 허생은 웃으며 대답했다.
>
> "나는 아직 독서를 익숙히 하지 못하였소."
>
> "그럼 장인바치 일이라도 못 하시나요?"
>
> "장인바치 일은 본래 배우지 않은 걸 어떻게 하겠소?"
>
> "그럼 장사는 못 하시나요?"
>
> "장사는 밑천이 없는 걸 어떻게 하겠소?"
>
> 처는 왈칵 성을 내며 소리쳤다.
>
> "밤낮으로 글을 읽더니 기껏 '어떻게 하겠소?' 소리만 배웠단 말씀이오? 장인바치 일도 못 한다, 장사도 못 한다면, 도둑질이라도 못 하시나요?"
>
> 허생은 읽던 책을 덮어 놓고 일어나면서,
>
> "아깝다. 내가 당초 글 읽기로 십 년을 기약했는데, 인제 칠 년인걸……."
>
> 하고 휙 문밖으로 나가 버렸다.

허생이 탄식하면서, "이제 나의 조그만 시험이 끝났구나."

하고, 이에 남녀 이천 명을 모아 놓고 말했다.

"내가 처음에 너희들과 이 섬에 들어올 때엔 먼저 부(富)하게 한 연후에 따로 문자를 만들고 의관(衣冠)을 새로 제정하려 하였더니라. 그런데 땅이 좁고 덕이 옅으니, 나는 이제 여기를 떠나련다. 다만, 아이들을 낳거들랑 오른손에 숟가락을 쥐고, 하루라도 먼저 난 사람이 먼저 먹도록 양보케 하여라."

다른 배들을 모조리 불사르면서,

"가지 않으면 오는 이도 없으렷다."

하고 돈 오십만 냥을 바다 가운데 던지며,

"바다가 마르면 주워 갈 사람이 있겠지. 백만 냥은 우리나라에도 용납할 곳이 없거늘, 하물며 이런 작은 섬에서랴!"

했다. 그리고 글을 아는 자들을 골라 모조리 함께 배에 태우면서,

"이 섬에 화근을 없애야 되지."

했다.

허생은 나라 안을 두루 돌아다니며 가난하고 의지 없는 사람들을 구제했다.

...

밤에 이 대장은 구종들도 다 물리치고 변씨만 데리고 걸어서 허생을 찾아갔다. 변씨는 이 대장을 문 밖에 서서 기다리게 하고 혼자 먼저 들어가서, 허생을 보고 이 대장이 몸소 찾아온 연유를 이야기했다. 허생은 못 들은 체하고,

"당신 차고 온 술병이나 어서 이리 내놓으시오."

했다. 그리하여 즐겁게 술을 들이켜는 것이었다. 변씨는 이 대장을 밖에 오래 서 있게 하는 것이 민망해서 자주 말하였으나, 허생은 대꾸도 않다가 야심해서 비로소 손을 부르게 하는 것이었다. 이 대장이 방에 들어와도 허생은 자리에서 일어서지도 않았다. 이 대장은 몸 둘 곳을 몰라 하며 나라에서 어진 인재를 구하는 뜻을 설명하자, 허생은 손을 저으며 막았다.

"밤은 짧은데 말이 길어서 듣기에 지루하다. 너는 지금 무슨 벼슬에 있느냐?"

"대장이오."

"그렇다면 너는 나라의 신임받는 신하로군. 내가 와룡 선생(臥龍先生) 같은 이를 천거하겠으니, 네가 임금께 아뢰어서 삼고초려(三顧草廬)를 하게 할 수 있겠느냐?"

이 대장은 고개를 숙이고 한참 생각하더니,

"어렵습니다. 제이(第二)의 계책을 듣고자 하옵니다."

...

② 「호질(虎叱)」

정(鄭)이라는 어느 고을에 벼슬을 탐하게 여기지 않는 학자가 살았으니 북곽선생(北郭先生)이었다. 그는 나이 마흔에 손수 교정(校正)해 낸 책이 만 권이었고, 또 구경(九經)의 뜻을 부연해서 다시 저술한 책이 일만 오천 권이었다.

천자(天子)가 그의 행의(行義)를 가상히 여기고 제후(諸侯)들이 그 명망을 존경하고 있었다.

그 고장 동쪽에는 동리자(東里子)라는 미모의 과부가 있었다. 천자가 그 절개를 가상히 여기고 제후가 그 현숙함을 사모하여, 그 마을의 둘레를 봉(封)해서 '동리과부지려(東里寡婦之閭)'라고 했다. 이처럼 동리자가 수절을 잘 하는 부인이라 했는데 실은 슬하의 다섯 아들이 저마다 성(姓)을 달리하고 있었다.

어느 날 밤, 다섯 놈의 아들들이 서로 이르기를,

"강 건너 마을에서 닭이 울고 강 저편 하늘에 샛별이 반짝이는데 방 안에서 흘러나오는 말소리는 어찌도 그리 북곽 선생의 목청을 닮았을까."

하고, 다섯 놈이 차례로 문틈을 들여다보았다. 동리자가 북곽 선생에게, "오랫동안 선생님의 덕을 사모했사온데 오늘 밤은 선생님 글 읽는 소리를 듣고자 하옵니다."

라고 간청하매, 북곽 선생은 옷깃을 바로잡고 점잖게 앉아서 시(詩)를 읊는 것이 아닌가.

...

다섯 놈이 방을 둘러싸고 우르르 쳐들어갔다. 북곽 선생은 크게 당황하여 도망쳤다. 사람들이 자기를 알아볼까 겁이 나서 모가지를 두 다리 사이로 쑤셔박고 귀신처럼 춤추고 낄낄거리며 문을 나가서 내닫다가 그만 들판의 구덩이 속에 빠져 버렸다. 그 구덩이에는 똥이 가득 차 있었다. 간신히 기어올라 머리를 들고 바라보니 뜻밖에 범이 길목에 앉아 있는 것이 아닌가. 범은 북곽 선생을 보고 오만상을 찌푸리고 구역질을 하며 코를 싸쥐고 외면을 했다.

"어허, 유자(儒者)여! 더럽다."

북곽 선생은 머리를 조아리고 범 앞으로 기어가서 세 번 절하고 꿇어앉아 우러러 아뢴다.

"호랑님의 덕은 지극하시지요. 대인은 그 변화를 본받고, 제왕은 그 걸음을 배우며, 자식된 자는 그 효성을 본받고, 장수는 그 위엄을 취하며, 거룩하신 이름은 신령스러운 용의 짝이 되는지라, 풍운의 조화를 부리시매 하토(下土)의 천신(賤臣)은 감히 아랫바람에 서옵나이다."

범은 북곽 선생을 여지없이 꾸짖었다.

"내 앞에 가까이 오지 마라. 내 듣건대 유(儒)는 유(諛, 아첨)라 하더니 과연 그렇구나. 네가 평소에 천하의 악명을 죄다 나에게 덮어씌우더니, 이제 사정이 급해지자 면전에서 아첨을 떠니 누가 곧이듣겠느냐."

...

③ 「광문자전(廣文者傳)」

광문(廣文)은 비렁뱅이다. 그는 예전부터 종루(鐘樓) 시장 바닥에 돌아다니며 밥을 빌었다. 길거리의 여러 비렁뱅이 아이들이 광문을 두목으로 추대하여, 자기들의 보금자리인 구멍집을 지키게 하였다.

하루는 날씨가 춥고 진눈깨비가 흩날렸는데, 여러 아이들이 서로 이끌고 밥을 빌러 나갔다. 한 아이만 병에 걸려 따라가지 못하였다. 얼마 뒤에 그 아이가 더욱 추워하더니, 신음 소리마저 아주 구슬퍼졌다. 광문이 그를 매우 불쌍히 여겨, 직접 구걸하러 나가서 밥을 얻었다. 병든 아이에게 먹이려고 했지만, 그 아이는 벌써 숨결이 지고 말았다.

여러 아이들이 돌아와서는, '광문이 그 아이를 죽였다'고 의심하였다. 그래서 서로 의논하여 광문을 두들기고는 내쫓았다. 광문이 밤중에 엉금엉금 기어서 동네 안으로 들어가, 그 집 개를 놀래 깨웠다. 집주인이 광문을 잡아 묶자, 광문이 이렇게 외쳤다.

"나는 원수를 피해서 온 놈이유. 도둑질할 뜻은 없어유. 영감님이 내 말을 믿지 않는다면, 아침 나절 종로 시장 바닥에서 밝혀드리겠어유."

그의 말씨가 순박하였으므로, 주인 영감도 마음속으로 광문이 도둑이 아닌 것을 알아챘다. 그래서 새벽에 풀어 주었다.

광문이 고맙다는 인사를 하고는, 떨어진 거적을 달라 하여 가지고 떠났다. 집주인이 끝내 몹시 이상히 여겨 그 뒤를 밟아 멀찍이서 바라보니, 거지 아이들이 시체 하나를 끌고 수표교(水標橋)에 와서 그 시체를 다리 밑으로 던져 버리는데, 광문이 다리 속에 숨어 있다가 떨어진 거적으로 그 시체를 싸서 가만히 짊어지고 가, 서쪽 교외 공동묘지에다 묻고서 울다가 중얼거리다가 하는 것이었다.

...

(6) 작자 미상, 「유충렬전」

...

주부 여쭈오되,

"폐하, 어찌 망령되게 허락하였습니까? 왕실은 미약하고 외적은 강성하니, 이는 자는 범을 찌름과 같고 드는 토끼를 놓침이라. 한낱 새알이 천 근의 무게를 견디리까? 가련한 백성 목숨 백 리 사장(沙場) 외로운 혼이 되면 그것인들 아니 적악(積惡)이리오. 엎드려 바라옵건대 황상은 기병치 마옵소서."

천자 그 말을 들으시고 여러 가지로 생각하던 차에, 한담과 일귀 일시에 합주하되,

"유심의 말을 듣사오니 죽여도 애석하지 않으니, 오국 간신과 같은 무리로소이다. 대국을 저버리고 도적놈만 칭찬하여 개미 무리를 대국에 비하고 한낱 새알을 폐하에게 비하니, 일대의 간신이요 만고의 역적이라. 신 등은 저어하건대 유심의 말이 가달을 못 치게 하니 가달과 동심하여 내응이 된 듯하니 유심의 목을 먼저 베고 가달을 치사이다."

천자가 허락하니,

한림학사 왕공렬이 유심 죽인단 말을 듣고 땅에 엎드려 주왈, "주부 유심은 선황제 개국 공신 유기의 자손이라. 위인이 정직하고 일심이 충직하오니 남적을 치지 말자는 말이 사리에 당연하옵거늘, 그 말을 죄라 하와 충신을 죽이시면 태조 황제 사당 안에 유 상공을 배향하였으니 춘추로 제사 지낼 때에 무슨 면목으로 뵈오며, 유심을 죽이면 직간할 신하 없사올 것이니, 황상은 생각하와 죄를 용서하옵소서."

...

(7) 작자 미상, 「박씨전」

상공이 신부를 데리고 길을 떠나, 날이 저물매 여관에 들어가, 신랑과 신부를 데리고 한 방에 들어가니, 신부 무릎께를 벗고 앉을새, 그 용모를 보니 형용이 흉칙하여 보기가 염려로운지라. 얽기는 고석(古石) 같고, 붉은 중에, 입과 코가 한 데 닿고, 눈은 달팽이 구멍 같고, 치불거지고, 입은 크기가 두 주먹을 넣어도 오히려 넉넉하며, 이마는 메뚜기 이마 같고, 머리털은 짧고 심히 부하니, 그 형용을 차마 보지 못하겠더라. 상공과 신랑이 한 번 보매, 다시 볼 수 없어 간담이 떨어지는 듯하고 정신이 없어 두 눈이 어두운지라. 상공이 겨우 정신을 차려, 다시금 생각하되,

'사람이 이같이 추비(醜鄙)하니, 응당 규중(閨中)에서 늙힐지언정 남의 집에 출가치는 아니할 터이로되, 구태여 나를 보고 허혼(許婚)하였으니, 이 사람이 필연 아는 일이 있을 터이요, 또한 인물은 이러하나 이 또한 인생이라. 만일 내가 박대하면 더욱 천지간 버린 사람이 될 것이니, 아무커나 내가 중히 여겨야 복이 되리라.'

하고, 시백더러

"오늘날 신부를 보니 내 집이 복이 많고, 네 몸에 무궁한 경사(慶事)가 있을 것이니, 어찌 기쁘지 아니하랴."

하고, 행로에 참참이 신부의 마음을 편케 하며 음식도 각검하더라.

…

부인이 계화로 하여금 적진을 대하여 크게 외쳐 왈,

"무지한 오랑캐 놈아, 내 말을 들어라. 너희 왕은 우리를 모르고 너 같은 구상유취(口尙乳臭)를 보내어 조선을 침노하니, 국운이 불행하여 패망을 당하였거니와 무슨 연고로 아국 인물을 거두어 가려 하는가. 만일 왕비를 모셔 갈 뜻을 두면 너희 등을 함몰할 것이니 신명을 돌아보라."

하거늘, 호장이 차언을 듣고 소왈,

"너의 말이 가장 녹록하도다. 우리는 이미 조선 왕의 항서를 받았으니, 데려가기와 아니 데려가기는 우리 장중에 달렸으니 그런 말은 구차히 말라."

하며 능욕이 무수하거늘, 계화가 다시 일러 왈,

"너희 등이 일향 마음을 고치지 아니한다면 나의 재주를 구경하라."

하고 언파에 무슨 진언을 외더니, 문득 공중으로부터 두 줄 무지개 일어나며 우박이 담아 붓듯이 오며, 순식간에 급한 비와 설풍이 내리고 얼음이 일어, 호진장졸이며 말굽이 얼음에 붙어 떨어지지 아니하여 촌보를 운동치 못 할지라. 호장이 그제야 깨달아 가로되,

"당초에 귀비 분부하시되, '조선에 신인이 있을 것이니 부디 우의정 이시백의 집 후원을 범치 말라.' 하시거늘 우리 일찍 깨닫지 못하고, 또한 일시지문을 생각하여 귀비의 부탁을 잊고 이곳에 와서 도리어 앙화를 받아 십만 대병을 다 죽일 뿐 아니라, 골대도 무죄히 죽고 무슨 면목으로 귀비를 뵈오리오. 우리 여차한 일을 당하였으니 부인에게 비느니만 못하다."

하고 호장 등이 갑주를 벗어 안장에 걸고 손을 묶어 팔문진 앞에 나아가 복지청죄(伏地請罪)하여 가로되,

"소장이 천하에 횡행하고 조선까지 나왔으되 무릎을 한번 꿇은 바가 없더니, 부인 장하에 무릎을 꿇어 비나이다."

…

다음 글에 대한 설명으로 옳지 않은 것은?   2016 국가직 9급

거사는 이렇게 대답했다.
"얼굴이 잘생기고 예쁜 사람은 맑고 아른아른한 거울을 좋아하겠지만, 얼굴이 못생겨서 추한 사람은 오히려 맑은 거울을 싫어할 것입니다. 그러나 잘생긴 사람은 적고 못생긴 사람은 많기 때문에, 만일 맑은 거울 속에 비친 추한 얼굴을 보기 싫어할 것인즉 흐려진 그대로 두는 것이 나을 것입니다. 그래서 차라리 깨쳐 버릴 바에야 먼지에 흐려진 그대로 두는 것이 나을 것입니다. 먼지로 흐리게 된 것은 겉뿐이지 거울의 맑은 바탕은 속에 그냥 남아 있는 것입니다. 만약 잘생기고 예쁜 사람을 만난 뒤에 닦고 갈아도 늦지 않습니다. 아! 옛날에 거울을 보는 사람들은 그 맑은 것을 취하기 위함이었지만, 내가 거울을 보는 것은 오히려 흐린 것을 취하는 것인데, 그대는 이를 어찌 이상스럽게 생각합니까?" 하니 나그네는 아무 대답이 없었다.
— 이규보, 「경설」

① 잘생긴 사람이 적고 못생긴 사람이 많다는 말에서 거사의 현실인식을 알 수 있다.
② 용모에 대한 거사의 논의는 도덕성, 지혜, 안목 등을 비유한 것으로 볼 수 있다.
③ 잘생기고 예쁜 사람을 만난 후 거울을 닦겠다는 말에서 거사가 지닌 처세관을 엿볼 수 있다.
④ 이상주의적이고 결백한 자세로 현실에 맞서고자 하는 거사의 높은 의지가 드러나 있다.

정답해설
제시된 글은 지나치게 결백하고 이상적인 자세가 아닌 현실과 타협하고 수용할 줄 아는 처세(處世)를 강조하고 있다. 따라서 이상주의적이고 결백한 자세로 현실에 맞서고자 하는 거사의 높은 의지가 드러나 있다는 설명은 옳지 않다.
정답 ④

11 고전 수필▼

1. 특징

(1) 현대수필과 달리 소설을 제외한 산문을 포괄하는 개념이다.

(2) 한문수필은 보편적이고 객관적인 성격이 강하다.

(3) 조선 후기 산문화 경향에 따라 다양한 한글 수필이 창작되었다.

(4) 내간체 수필의 경우 운문체에서 탈피하려는 양상이 나타난다.

2. 종류

(1) 한문 수필

논(論)	사리를 판단하여 시비를 밝히는 문체로, 논설문과 유사함. 정치를 논한 것, 도덕을 논한 것, 경을 해석한 것, 역사를 논한 것, 이기(理氣)와 성명(性命)을 논한 것, 그리고 자신의 처지를 감상적으로 말한 것 등이 있음
설(說)	이치에 따라서 사물을 해석하고 자신의 의견을 서술하는 문체. 자신의 시각으로 사물의 뜻과 이치를 풀이하며 자유롭고 상세하게 그에 대한 의견을 설명하는 것. 사실을 전달하거나 체험을 서술하는 부분과 그에 대한 의견이나 깨달음을 나타내는 구성으로 이루어짐. 대부분 직접적으로 자신의 의견을 드러내기 보다는 다른 사물에 빗대어 비유하거나 풍자하는 우의적인 표현 방법을 사용함
기(記)	사실을 그대로 적은 글로 사물에 대한 객관적인 관찰과 동시에 기록하여 영구히 잊지 않고 기념하고자 하는 데에 목적을 두는 글
의(議)	본래 '의(宜 ; 마땅하다, 적당하다)'라는 뜻으로 '논의' 또는 '의논'한다는 뜻으로 쓰임. 의는 정도(正道)에 근거하여 이치를 밝히거나, 올바른 방향에서 정사를 논하는 것. 옛날의 옳은 사례를 끌어와 오늘의 잘못을 밝히거나, 근원을 따져서 말류의 잘못을 바로잡는 등의 형태로 나타남
전(傳)	사람의 평생사적을 기록하여 후세에 전하는 것. 열전(列傳)은 대체로 역사상의 위인들에 대해 기록하고 있으나, 사전(私傳)은 꼭 위인만이 아니라 일반인 가운데서도 미덕이나 재예(才藝)가 있거나 선행을 일삼아 후세에 전할 만하다고 여겨지는 사람에 대해 다룸

(2) 한글 수필

서간 (書簡)	소식을 서로 알리거나 용건을 적어 보내는 글. 모든 문장은 기록(記錄)과 문서(文書)로 구분 되며, 이 중 문서는 공적(公的)인 것과 사적(私的)인 것으로 분류됨. 서간은 특별한 경우를 빼고는 사문서에 속하는 것을 지칭
기행 (紀行)	여행의 체험이나 감상을 기술한 글로, 유람이나 유배의 경험을 바탕으로 쓴 것 등이 있음
애제 (涯際)	죽은 사람에 대하여 슬픈 뜻을 표하는 글이나, 사물에 대해 쓰기도 함

3. 주요 작품

작품	작자	내용
「서포만필 (西浦漫筆)」	김만중	송강 정철의 가사 작품에 대한 비평으로 문학 작품은 자국의 말로 표현 할 때 진정한 의미가 있음을 주장
「일야구도하기 (一夜九渡河記)」	박지원	요동에서 하룻밤에 아홉 번 강을 건넌 체험을 통해 외물(外物)에 현혹되 지 않고 마음을 다스리는 일이 중요함을 강조
「호곡장론」 (통곡할 만한 자리)	박지원	광활한 요동 벌판을 보며 느끼는 감회를 통해 칠정(七情)에 대한 기존의 인식을 비판
「한중록」	혜경궁 홍씨	사도세자의 참변을 중심으로 자신의 파란만장한 인생을 회고
「조침문(弔針文)」	미상	제문 형식을 차용하여 부러진 바늘을 애도한 글
「규중칠우쟁론기」 (閨中七友爭論記)	미상	바느질 도구들을 의인화하여 공치사만 일삼는 이기적인 세태를 풍자하고 역할과 직분에 따라 성실한 삶을 살 것을 강조

4. 대표 작품

(1) 이규보

① 「이옥설(理屋說)」

행랑채가 퇴락하여 지탱할 수 없게끔 된 것이 세 칸이었다. 나는 마지못하여 이를 모두 수리하였다. 그런데 그중의 두 칸은 앞서 장마에 비가 샌 지가 오래 되었으나, 나는 그것을 알면서도 이럴까 저럴까 망설이다가 손을 대지 못했던 것이고, 나머지 한 칸은 비를 한 번 맞고 샜던 것이라 서둘러 기와를 갈았던 것이다. 이번에 수리하려고 본즉 비가 샌 지 오래 된 것은 그 서까래, 추녀, 기둥, 들보가 모두 썩어서 못 쓰게 되었던 까닭으로 수리비가 엄청나게 들었고, 한 번밖에 비를 맞지 않았던 한 칸의 재목들은 완전하여 다시 쓸 수 있었던 까닭으로 그 비용이 많지 않았다.

나는 이에 느낀 것이 있었다. 사람의 몸에 있어서도 마찬가지라는 사실을. 잘못을 알고서도 바로 고치지 않으면 곧 그 자신이 나쁘게 되는 것이 마치 나무가 썩어서 못 쓰게 되는 것과 같으며, 잘못을 알고 고치기를 꺼리지 않으면 해(害)를 받지 않고 다시 착한 사람이 될 수 있으니, 저 집의 재목처럼 말끔하게 다시 쓸 수 있는 것이다.

뿐만 아니라 나라의 정치도 이와 같다. 백성을 좀먹는 무리들을 내버려두었다가는 백성들이 도탄에 빠지고 나라가 위태롭게 된다. 그런 연후에 급히 바로잡으려 하면 이미 썩어 버린 재목처럼 때는 늦은 것이다. 어찌 삼가지 않겠는가.

② 「슬견설(虱犬說)」

어떤 손[客]이 나에게 이런 말을 했다.

"어제 저녁엔 아주 처참한 광경을 보았습니다. 어떤 불량한 사람이 큰 몽둥이로 돌아다니는 개를 쳐서 죽이는데, 보기에도 너무 참혹하여 실로 마음이 아파서 견딜 수가 없었습니다. 그래서 이제부터는 맹세코 개나 돼지의 고기를 먹지 않기로 했습니다."

이 말을 듣고, 나는 이렇게 대답했다.

"어떤 사람이 불이 이글이글하는 화로를 끼고 앉아서, 이를 잡아서 그 불 속에 넣어 태워 죽이는 것을 보고, 나는 마음이 아파서 다시는 이를 잡지 않기로 맹세했습니다."

손이 실망하는 듯한 표정으로,

"이는 미물이 아닙니까? 나는 덩그렇게 크고 육중한 짐승이 죽는 것을 보고 불쌍히 여겨서 하는 말인데, 당신은 구태여 이를 예로 들어서 대꾸하니, 이는 필연코 나를 놀리는 것이 아닙니까?"

하고 대들었다. 나는 좀 구체적으로 설명할 필요를 느꼈다.

"무릇 피(血)와 기운(氣)이 있는 것은 사람으로부터 소, 말, 돼지, 양, 벌레, 개미에 이르기까지 모두가 한결같이 살기를 원하고 죽기를 싫어하는 것입니다. 어찌 큰 놈만 죽기를 싫어하고, 작은 놈만 죽기를 좋아하겠습니까? 그런즉, 개와 이의 죽음은 같은 것입니다. 그래서 예를 들어서 큰 놈과 작은 놈을 적절히 대조한 것이지, 당신을 놀리기 위해서 한 말은 아닙니다. 당신이 내 말을 믿지 못하겠으면 당신의 열 손가락을 깨물어 보십시오. 엄지손가락만이 아프고 그 나머지는 아프지 않습니까? 한 몸에 붙어 있는 큰 지절(支節)과 작은 부분이 골고루 피와 고기가 있으니, 그 아픔은 같은 것이 아니겠습니까? 하물며, 각기 기운과 숨을 받은 자로서 어찌 저 놈은 죽음을 싫어하고 이 놈은 좋아할 턱이 있겠습니까? 당신은 물러가서 눈 감고 고요히 생각해 보십시오. 그리하여 달팽이의 뿔을 쇠뿔과 같이 보고, 메추리를 대붕(大鵬)과 동일시하도록 해 보십시오. 연후에 나는 당신과 함께 도(道)를 이야기하겠습니다."

라고 했다.

(2) 이곡, 「차마설(借馬說)」

내가 집이 가난해서 말이 없으므로 혹 빌려서 타는데, 여위고 둔하여 걸음이 느린 말이면, 비록 급한 일이 있어도 감히 채찍질을 가하지 못하고 조심조심하여 곧 넘어질 것같이 여기다가, 개울이나 구렁을 만나면 곧 내려 걸어가므로 후회하는 일이 적었다. 발이 높고 귀가 날카로운 준마로서 잘 달리는 말에 올라타면 의기양양하게 마음대로 채찍질하여 고삐를 놓으면 언덕과 골짜기가 평지처럼 보이니 심히 장쾌하였다. 그러나 어떤 때에는 위태로워서 떨어지는 근심을 면치 못하였다.

아! 사람의 마음이 옮겨지고 바뀌는 것이 이와 같을까? 남의 물건을 빌려서 하루 아침 소용에 대비하는 것도 이와 같거든, 하물며 참으로 자기가 가지고 있는 것이랴.

그러나 사람이 가지고 있는 것이 어느 것이나 빌리지 아니한 것이 없다. 임금은 백성으로부터 힘을 빌려서 높고 부귀한 자리를 가졌고, 신하는 임금으로부터 권세를 빌려 은총과 귀함을 누리며, 아들은 아비로부터, 지어미는 지아비로부터, 비복(婢僕)은 상전으로부터 힘과 권세를 빌려서 가지고 있다.

그 빌린 바가 또한 깊고 많아서 대개는 자기 소유로 하고 끝내 반성할 줄 모르고 있으니, 어찌 미혹(迷惑)한 일이 아니겠는가?

그러다가도 혹 잠깐 사이에 그 빌린 것이 도로 돌아가게 되면, 만방(萬邦)의 임금도 외톨이가 되고, 백승(百乘)을 가졌던 집도 외로운 신하가 되니, 하물며 그보다 더 미약한 자야 말할 것이 있겠는가?

맹자가 일컫기를 "남의 것을 오랫동안 빌려 쓰고 있으면서 돌려 주지 아니하면, 어찌 그것이 자기의 소유가 아닌 줄 알겠는가?" 하였다.

내가 여기에 느낀 바가 있어서 차마설을 지어 그 뜻을 넓히노라.

(3) 김만중, 「서포만필(西浦漫筆)」

송강(松江)의 관동별곡(關東別曲), 전후 사미인가(前後思美人歌)는 우리나라의 이소(離騷), 굴원의 시이나, 그것은 문자(文字)로써는 쓸 수가 없기 때문에 오직 악인(樂人)들이 구전(口傳)하여 서로 이어받아 전해지고 혹은 한글로 써서 전해질 뿐이다. 어떤 사람이 칠언시로써 관동별곡을 번역하였지만, 아름답게 될 수가 없었다. 혹은 택당(澤堂)이 소시(少時)에 지은 작품이라고 하지만, 옳지 않다.

구마라습(鳩摩羅什)이 말하기를,

"천축인(天竺人)의 풍속은 가장 문채(文彩)를 숭상하여 그들의 찬불사(讚佛詞)는 극히 아름답다. 이제 이를 중국어로 번역하면 단지 그 뜻만 알 수 있지, 그 말씨는 알 수 없다."

하였다. 이치가 정녕 그럴 것이다.

사람의 마음이 입으로 표현된 것이 말이요, 말의 가락이 있는 것이 시가문부(詩歌文賦)이다. 사방의 말이 비록 같지는 않더라도 진실로 말할 수 있는 사람이 각각 그 말에 따라서 가락을 맞춘다면, 다같이 천지를 감동시키고 귀신을 통할 수가 있는 것은 유독 중국만이 그런 것은 아니다. 지금 우리나라의 시문은 자기 말을 버려두고 다른 나라 말을 배워서 표현한 것이니, 설사 아주 비슷하다 하더라도 이는 단지 앵무새가 사람의 말을 하는 것이다. 여염집 골목길에서 나무꾼이나 물 긷는 아낙네들이 에야디야 하며 서로 주고받는 노래가 비록 저속하다 하여도 그 진가(眞假)를 따진다면, 정녕 학사(學士) 대부(大夫)들의 이른바 시부(詩賦, 산문 시)라고 하는 것과 같은 입장에서 논할 수는 없다.

하물며 이 삼별곡(三別曲)은 천기(天機)의 자발(自發)함이 있고, 이속(夷俗)의 비리(鄙俚)함도 없으니, 자고로 좌해(左海)의 진문장(眞文章)은 이 세 편뿐이다. 그러나 세 편을 가지고 논한다면, 후미인곡이 가장 높고 관동별곡과 전미인곡은 그래도 한자어를 빌려서 수식을 했다.

(4) 박지원, 「일야구도하기(一夜九渡河記)」

내가 아직 요동에 들어오지 못했을 때 바야흐로 한여름이라, 뜨거운 볕 밑을 가노라니 홀연 큰 강이 앞에 당하는데 붉은 물결이 산같이 일어나 끝을 볼 수 없으니, 이것은 대개 천 리 밖에서 폭우(暴雨)가 온 것이다. 물을 건널 때는 사람들이 모두 머리를 우러러 하늘을 보는데, 나는 생각하기에 사람들이 머리를 들고 쳐다보는 것은 하늘에 묵도(黙禱)하는 것인 줄 알았더니, 나중에 알고 보니 물을 건너는 사람들이 물이 돌아 탕탕히 흐르는 것을 보면, 자기 몸은 물이 거슬러 올라가는 것 같고, 눈은 강물과 함께 따라 내려가는 것 같아서 갑자기 현기가 나면서 물에 빠지는 것이기 때문에 그들이 머리를 우러러보는 것은 하늘에 비는 것이 아니라, 물을 피하여 보지 않으려 함이다. 또한 어느 겨를에 잠깐 동안의 목숨을 위하여 기도할 수 있으랴.

그 위험함이 이와 같으니, 물소리도 듣지 못하고 모두 말하기를,

"요동 들은 평평하고 넓기 때문에 물소리가 크게 울지 않는 거야."

하지만 이것은 물을 알지 못하는 것이다. 요하(遼河)가 일찍이 울지 않는 것이 아니라 특히 밤에 건너 보지 않은 때문이니, 낮에는 눈으로 물을 볼 수 있으므로 눈이 오로지 위험한 데만 보느라고 도리어 눈이 있는 것을 걱정하는 판인데, 다시 들리는 소리가 있을 것인가. 지금 나는 밤중에 물을 건너는지라 눈으로는 위험한 것을 볼 수 없으니, 위험은 오로지 듣는 데만 있어 바야흐로 귀가 무서워하여 걱정을 이기지 못하는 것이다.

...

나는 이제야 도(道)를 알았도다. 마음이 어두운 자는 귀와 눈이 누(累)가 되지 않고, 귀와 눈만을 믿는 자는 보고 듣는 것이 더욱 밝혀져서 병이 되는 것이다.

이제 내 마부가 발을 말굽에 밟혀서 뒤차에 실리었으므로, 나는 드디어 혼자 고삐를 늦추어 강에 띄우고 무릎을 구부려 발을 모으고 안장 위에 앉았으니, 한 번 떨어지면 강이나 물로 땅을 삼고, 물로 옷을 삼으며, 물로 몸을 삼고, 물로 성정을 삼으니, 이제야 내 마음은 한번 떨어질 것을 판단한 터이므로 내 귓속에 강물 소리가 없어지고 무릇 아홉 번 건너는데도 걱정이 없어 의자 위에서 좌와(坐臥, 앉음과 누움)하고 기거(起居)하는 것 같았다.

옛날 우(禹, 고대 중국의 왕)는 강을 건너는데, 황룡(黃龍)이 배를 등으로 떠받치니 지극히 위험했으나 사생(死生)의 판단이 먼저 마음속에 밝고 보니, 용이거나 지렁이이거나 크거나 작거나가 족히 관계될 바 없었다. 소리와 빛은 외물(外物)이니 외물이 항상 이목(耳目, 눈과 귀)에 누가 되어 사람으로 하여금 똑바로 보고 듣는 것을 잃게 하는 것이 이 같거늘, 하물며 인생이 세상을 지나는데 그 험하고 위태로운 것이 강물보다 심하고, 보고 듣는 것이 문득 병이 되는 것임에랴.

나는 또 우리 산중으로 돌아가 다시 앞 시냇물 소리를 들으면서 이것을 증험(證驗, 증거로 삼을 만한 경험)해 보고 몸 가지는 데 교묘하고 스스로 총명한 것을 자신하는 자에게 경고하는 바이다.

(5) 유씨 부인, 「조침문(弔針文)」

유세차(維歲次, 이 해의 차례는 모년(某年) 모월(某月) 모일(某日)에, 미망인(未亡人) 모씨(某氏)는 두어 자 글로써 침자(針者, 바늘)에게 고(告)하노니, 인간 부녀(人間婦女)의 손 가운데 종요로운(중요한) 것이 바늘이로대, 세상 사람이 귀히 아니 여기는 것은 도처(到處)에 흔한 바이로다. 이 바늘은 한낱 작은 물건(物件)이나, 이렇듯이 슬퍼함은 나의 정회(情懷)가 남과 다름이라. 오호 통재(嗚呼痛哉)라, 아깝고 불쌍하다. 너를 얻어 손 가운데 지닌 지우금(于今, 지금까지) 이십칠 년이라. 어이 인정(人情)이 그렇지 아니하리요. 슬프다. 눈물을 잠깐 거두고 심신(心身)을 겨우 진정(鎭定)하여, 너의 행장(行狀, 살아 있을 때의 행적)과 나의 회포(懷抱)를 총총히(하나하나) 적어 영결(永訣)하노라.

연전(年前)에 우리 시삼촌(媤三村)께옵서 동지상사(冬至上使, 동짓달에 중국으로 가는 사신) 낙점(落點)을 무르와(관직에 임명되어), 북경(北京)을 다녀오신 후에, 바늘 여러 쌈(바늘의 단위, 24개)을 주시거늘, 친정(親庭)과 원근 일가(遠近一家)에게 보내고, 비복(婢僕)들도 쌈쌈이 나눠주고, 그 중에 너를 택(擇)하여 손에 익히고 익히어 지금까지 해포 되었더니, 슬프다, 연분(緣分)이 비상(非常)하여, 너희를 무수(無數)히 잃고 부러뜨렸으되, 오직 너 하나를 연구(年久)히 보전(保全)하니, 비록 무심(無心)한 물건(物件)이나 어찌 사랑스럽고 미혹(迷惑)지 아니하리오. 아깝고 불쌍하며, 또한 섭섭하도다.

나의 신세(身世) 박명(薄命)하여 슬하(膝下)에 한 자녀(子女) 없고, 인명(人命)이 흉완(凶頑)하여 일찍 죽지 못하고, 가산(家産)이 빈궁(貧窮)하여 침선(針線)에 마음을 붙여, 널로 하여 생애(生涯, 생계)를 도움이 적지 아니하더니, 오늘날 너를 영결(永訣)하니, 오호 통재(嗚呼痛哉)라, 이는 귀신(鬼神)이 시기(猜忌)하고 하늘이 미워하심이로다.

아깝다 바늘이여, 어여쁘다 바늘이여, 너는 미묘(微妙)한 품질(品質)과 특별(特別)한 재치(才致)를 가졌으니, 물중(物中)의 명물(名物)이요, 철중(鐵中)의 쟁쟁(錚錚, 가장 뛰어남)이라. 민첩(敏捷)하고 날래기는 백대(百代)의 협객(俠客)이요, 굳세고 곧기는 만고(萬古)의 충절(忠節)이라 추호(秋毫) 같은 부리는 말하는 듯하고, 두렷한 귀는 소리를 듣는 듯한지라. 능라(綾羅)와 비단(緋緞)에 난봉(鸞鳳)과 공작(孔雀)을 수놓을 제, 그 민첩하고 신기(神奇)함은 귀신(鬼神)이 돕는 듯하니, 어찌 인력(人力)이 미칠 바리요.

오호 통재(嗚呼痛哉)라, 자식(子息)이 귀(貴)하나 손에서 놓일 때도 있고, 비복(婢僕)이 순(順)하나 명(命)을 거스를 때 있나니, 너의 미묘(微妙)한 재질(才質)이 나의 전후(前後)에 수응(酬應)함을 생각하면, 자식에게 지나고(보다 낫고) 비복(婢僕)에게 지나는지라. 천은(天銀, 품질 좋은 은)으로 집을 하고, 오색(五色)으로 파란을 놓아 곁고름에 채였으니, 부녀(婦女)의 노리개라. 밥 먹을 적 만져 보고 잠잘 적 만져 보아, 널로 더불어

벗이 되어, 여름 낮에 주렴(珠簾)이며, 겨울밤에 등잔(燈盞)을 상대(相對)하여, 누비며, 호며, 감치며, 박으며, 공그릴 때에, 겹실을 꿰었으니 봉미(鳳尾)를 두르는 듯, 땀땀이 떠갈 적에, 수미(首尾)가 상응(相應)하고, 솔솔이 붙여 내매 조화(造化)가 무궁(無窮)하다. 이생에 백년동거(百年同居)하렸더니, 오호 애재(嗚呼哀哉)라, 바늘이여.

금년 시월 초십일 술시(戌時)에, 희미한 등잔 아래서 관대(冠帶) 깃을 달다가, 무심중간(無心中間)에 자끈동 부러지니 깜짝 놀라와라. 아야 아야 바늘이여, 두 동강이 났구나. 정신(精神)이 아득하고 혼백(魂魄)이 산란(散亂)하여, 마음을 빻아 내는 듯, 두골(頭骨)을 깨쳐 내는 듯, 이윽토록 기색혼절(氣塞昏絕)하였다가 겨우 정신을 차려, 만져 보고 이어 본들 속절없고 하릴없다. 편작(扁鵲, 중국 전국 시대의 유명한 의사)의 신술(神術)로도 장생불사(長生不死) 못하였네. 동네 장인(匠人)에게 때이런들 어찌 능히 때일손가. 한 팔을 베어 낸 듯, 한 다리를 베어 낸 듯, 아깝다 바늘이여, 옷섶을 만져 보니, 꽂혔던 자리 없네. 오호 통재(嗚呼痛哉)라, 내 삼가지 못한 탓이로다.

무죄(無罪)한 너를 마치니, 백인(伯仁)이 유아이사(由我而死, 나로 인한 죽음)라, 누를 한(恨)하며 누를 원(怨)하리요. 능란(能爛)한 성품(性品)과 공교(工巧)한 재질을 나의 힘으로 어찌 다시 바라리요. 절묘(絕妙)한 의형(儀形)은 눈 속에 삼삼하고, 특별한 품재(稟才)는 심회(心懷)가 삭막(索莫)하다. 네 비록 물건(物件)이나 무심(無心)하지 아니하면, 후세(後世)에 다시 만나 평생 동거지정(平生同居之情)을 다시 이어, 백년고락(百年苦樂)과 일시 생사(一時生死)를 한 가지로 하기를 바라노라. 오호 애재(嗚呼哀哉)라, 바늘이여.

12 민속극▼

1. 탈춤의 특징

향유 계층	주로 일반 서민들이 향유
구성	독립된 여러 개의 장면이 하나로 엮인 옴니버스식 구성
내용	서민들의 생활상과 의식을 바탕으로 당대 사회의 불합리한 현실을 폭로하고 풍자하는 해학성이 돋보임
배경	시간과 공간의 설정이 자유로워 극적 갈등을 구현하기에 유리
무대	• 공연하는 곳이 무대가 됨 • 무대와 객석의 구분이 명확하지 않음 • 관객이나 악공 등이 극에 능동적으로 참여할 수 있음

2. 주된 과장(양반과장)

인물들의 등장	벙거지를 쓰고 채찍을 든 말뚝이와 비정상적인 모습을 한 양반들이 등장
양반에 대한 말뚝이의 조롱	말뚝이가 양반 소개, 담배 금지 등의 재담을 통해 양반을 희롱하고, 이 과정에서 보여 주는 양반들의 어리석은 모습을 통해 양반들의 허세가 폭로됨
양반들의 허세 폭로	양반들이 시조 읊기, 글짓기, 파자 놀이를 하는 과정에서 지식인 계층으로서의 신분적 특성을 과시하려 하지만 오히려 무식함을 드러냄
취발이에 대한 양반들의 문초	취발이를 잡아들이라는 양반들의 명령에 따라 말뚝이가 취발이를 잡아오고, 취발이를 심문하는 과정에서 양반들의 탐욕과 어리석음이 드러남
인물들의 퇴장	일제히 어울려서 춤추다가 퇴장

3. 주요 작품

봉산탈춤	다른 가면극에 비해 한문 시구(詩句)를 많이 활용하며, 말장난 · 야유 등이 심한 편. 제4노장 춤마당의 첫째거리가 많이 알려진 노장춤으로 노장이 소무의 유혹에 빠져 타락하는 장면을 격조 높게 풍자함
통영오광대놀이	제2과장 풍자탈과장은 다른 지방 가면극의 양반과장에 해당하는 것으로, 양반에 대한 말뚝이의 조롱은 매우 신랄하게 나타남. 그러나 파계승에 대한 풍자는 약한 편
양주별산대놀이	다른 지역의 가면극에 비해서 매우 사실적. 양반을 풍자하는 정도에 있어서도 양주별산대놀이는 하회별신굿탈놀이와 봉산탈춤의 중간쯤에 위치
하회별신굿탈놀이	탈놀이가 따로 연행되는 것이 아니라, 굿의 절차 가운데 탈놀이가 포함. 풍자 위주의 다른 가면극과는 다른 양상을 보이며, 풍자의 대상이 되는 양반 · 선비는 한계 지배층에 가까움(선비보다는 양반이 향촌사회에 직접적인 영향을 미치는 관료층에 더 근접한 인물)

핵심 쏙 이론 | 재담의 구조

갈등 발생		갈등 해소
말뚝이의 조롱 → 양반의 호통	→	말뚝이의 변명 → 양반의 안심

↓

비슷한 구조를 지닌 재담을 반복하여 양반의 어리석음을 부각하는 한편,
양반에 대한 조롱과 비판의 효과를 극대화

안심Touch

4. 대표 작품

(1) 작자 미상, 「봉산탈춤(양반과장)」

제6과장 양반춤 : 양반의 허세와 위선 풍자. 조롱-질책-변명-화해의 구조

말뚝이 : (벙거지를 쓰고 채찍을 들었다. 굿거리장단에 맞추어 양반 삼형제를 인도하여 등장)

양반 삼형제 : [말뚝이 뒤를 따라 굿거리장단에 맞추어 점잔을 피우나, 어색하게 춤을 추며 등장. 양반 삼형제 맏이는 샌님(生員), 둘째는 서방님(書房), 끝은 도련님(道令)이다. 샌님과 서방님은 흰 창옷에 관을 썼다. 도련님은 남색 쾌자에 복건을 썼다. 샌님과 서방님은 언청이이며 (샌님은 언청이 두 줄, 서방님은 한 줄이다), 부채와 장죽을 가지고 있고, 도련님은 입이 삐뚤어졌고, 부채만 가졌다. 도련님은 일절 대사는 없으며, 형들과 동작을 같이하면서 형들의 면상을 부채로 때리며 방정맞게 군다]

말뚝이 : (가운데쯤에 나와서) 쉬이. (음악과 춤 멈춘다) 양반 나오신다아! 양반이라고 하니까 노론(老論), 소론(少論), 호조(戶曹), 병조(兵曹), 옥당(玉堂)을 다 지내고 삼정승(三政丞), 육판서(六判書)를 다 지낸 퇴로 재상(退老宰相)으로 계신 양반인 줄 알지 마시오. 개잘량이라는 '양'자에 개다리소반이라는 '반'자 쓰는 양반이 나오신단 말이오.

양반들 : 야아, 이놈, 뭐야아!

말뚝이 : 아, 이 양반들, 어찌 듣는지 모르갔소. 노론, 소론, 호조, 병조, 옥당을 다 지내고 삼정승, 육판서 다 지내고 퇴로 재상으로 계신 이 생원네 삼 형제분이 나오신다고 그리 하였소.

양반들 : (합창) 이 생원이라네. (굿거리장단으로 모두 춤을 춘다. 도령은 때때로 형들의 면상을 치며 논다. 끝까지 그런 행동을 한다)

말뚝이 : 쉬이. (반주 그친다) 여보, 구경하시는 양반들, 말씀 좀 들어 보시오. 짤따란 곰방대로 잡숫지 말고 저 연죽전(煙竹廛)으로 가서 돈이 없으면 내게 기별이래도 해서 양칠간죽(洋漆竿竹), 자문죽(自紋竹)을 한 발 가웃씩 되는 것을 사다가 육모깍지 희자죽(喜子竹), 오동수복(梧桐壽福) 연변죽을 사다가 이리저리 맞추어 가지고 저 재령(載寧) 나무리 거이 낚시 걸듯 죽 걸어 놓고 잡수시오.

양반들 : 뭐야!

말뚝이 : 아, 이 양반들, 어찌 듣소. 양반 나오시는데 담배와 훤화(喧譁, 시끄럽게 떠듦)를 금하라고 그리 하였소.

양반들 : (합창) 훤화를 금하였다네. (굿거리장단으로 모두 춤을 춘다)

말뚝이 : 쉬이. (춤과 반주 그친다) 여보, 악공들 말씀 들으시오. 오음 육률(五音六律, 양반의 상징) 다 버리고 저 버드나무 홀뚜기 뽑아다 불고 바가지 장단 좀 쳐 주오.

양반들 : 야아, 이놈, 뭐야!

말뚝이 : 아, 이 양반들, 어찌 듣소. 용두, 해금(奚琴), 북, 장고, 피리, 젓대 한 가락도 뽑지 말고 건 건드러지게(아주 멋지게) 치라고 그리 하였소.

양반들 : (합창) 건 건드러지게 치라네. (굿거리장단으로 춤을 춘다)

생원 : 쉬이. (춤과 장단 그친다) 말뚝아.

말뚝이 : 예에.

생원 : 이놈, 너도 양반을 모시지 않고 어디로 그리 다니느냐?

말뚝이 : 예에. 양반을 찾으려고 찬밥 국 말어 일조식(日早食) 하고, 마구간에 들어가 노새 원님을 끌어다가 등에 솔질을 쌀쌀하여 말뚝이님 내가 타고 서양(西洋) 영미(英美), 법덕(法德), 동양 3국 무른 메주 밟듯 하고, 동은 여울이요, 서는 구월이라, 동여울 서구월 남드리 북향산 방방곡곡(坊坊曲曲) 면면촌촌(面面村村)이, 바위 틈틈이 모래 쨈쨈이, 참나무 결결이 다 찾아다녀도 샌님 비뚝한 놈도 없습디다.

...

생원 : 네 이놈, 양반을 모시고 나왔으면 새처(양반의 거처, 침소)를 정하는 것이 아니고 어디로 이리 돌아다니느냐?

말뚝이 : (채찍을 가지고 원을 그으며 한 바퀴 돌면서) 예에, 이 마만큼 터를 잡고 참나무 울장을 드문드문 꽂고, 깃을 푸근 푸근히 두고, 문을 하늘로 낸 새처를 잡아놨습니다.

생원 : 이놈, 뭐야!

말뚝이 : 아, 이 양반, 어찌 듣소. 자좌오향(子坐午向)에 터를 잡고, 난간 팔자(八字)로 오련각(五聯閣)과 입구(口)자로 집을 짓되, 호박 주초(琥珀柱礎)에 산호(珊瑚) 기둥에 비취 연목(翡翠椽木)에 금파(金波) 도리를 걸고 입구(口)자로 풀어 짓고, 쳐다보니 천판자(天板子)요, 내려다보니 장판방(壯版房)이라. 화문석(花紋席) 칫다 펴고 부벽서(付壁書)를 바라보니 동편에 붙은 것이 담박녕정(澹泊寧靜) 네 글자가 분명하고, 서편을 바라보니 백인당중유태화(百忍堂中有泰和)가 완연히 붙어 있고, 남편을 바라보니 인의예지(仁義禮智)가, 북편을 바라보니 효자충신(孝子忠信)이 분명하니, 이는 가위 양반의 새처방이 될 만하고, 문방제구(文房諸具) 불작시면 옹장봉장, 궤(櫃) 두지, 자기 함롱(函籠), 반다지, 샛별 같은 놋요강, 놋대야 받쳐 요기 놓고, 양칠간죽, 자문죽을 이리저리 맞춰 놓고, 삼털 같은 칼담배를 저 평양 동 푸루 선창에 돼지 똥물에다 축축 축여 놨습니다.

생원 : 이놈, 뭐야!

말뚝이 : 아, 이 양반, 어찌 듣소. 쇠털 같은 담배를 꿀물에다 축여 놨다 그리 하였소.

양반들 : (합창) 꿀물에다 축여 놨다네. (굿거리 장단에 맞춰 일제히 춤춘다. 한참 추다가 춤과 음악이 끝나고 새처방으로 들어간 양을 한다)

양반들 : (새처 안에 앉는다)

…

생원 : 쉬이. (음악과 춤을 멈춘다) 여보게, 동생. 우리가 본시 양반이라, 이런 데 가만히 있자니 갑갑도 하네. 우리 시조(時調) 한 수씩 불러 보세.

서방 : 형님, 그거 좋은 말씀입니다.

양반들 : (시조를 읊는다) "……반 남아 늙었으니 다시 젊지는 못하리라……." 하하. (하고 웃는다. 양반 시조 다음에 말뚝이가 자청하여 소리를 한다)

말뚝이 : "낙양성 십리허에, 높고 낮은 저 무덤에……."

생원 : 다음은 글이나 한 수씩 지어 보세.

서방 : 그럼 형님이 먼저 지어 보시오.

생원 : 그러면 동생이 운자(韻字)를 내게.

서방 : 네, 제가 한 번 내 드리겠습니다. '산'자, '영'잡니다.

생원 : 아, 그것 어렵다. 여보게, 동생. 되고 안 되고 내가 부를 터이니 들어 보게. [영시조(詠時調)로] "울룩줄룩 작대산(作大山)하니, 황천풍산(黃川豊山)에 동선령(洞仙嶺)이라."

서방 : 하하. (형제, 같이 웃는다.) 거 형님, 잘 지었습니다.

생원 : 동생 한 귀 지어 보세.

서방 : 그럼 형님이 운자를 하나 내십시오.

생원 : '총'자, '못'잘세.

서방 : 아, 그 운자 벽자(僻字)로군. (한참 끙끙거리다가) 형님, 한 마디 들어 보십시오. (영시조로) "짚세기 앞총은 헝겊총하니, 나막신 뒤축에 거멀못이라."

…

생원 : 그러면 이번엔 파자(破字. 수수께끼)나 하여 보자. 주둥이는 하얗고 몸뚱이는 알락달락한 자가 무슨 자냐?

서방 : (한참 생각하다가) 네에, 거 운고옥편(韻考玉篇)에도 없는 자인데, 그것 참 어렵습니다. 그 피마자(蓖麻子)라고 하는 자가 아닙니까?

생원 : 아, 거 동생 참 용할세.

서방 : 형님, 내가 그럼 한 자 부르라우?

생원 : 부르게.

서방 : 논두렁에 살피 짚고 섰는 자가 무슨 잡니까?

생원 : (한참 생각하다가) 아, 그것 참 어려운 잘세. 그것은 논 임자가 아닌가?

서방 : 하하, 그것 형님 잘 맞혔습니다. (이러는 동안에 취바리 살짝 들어와 한편 구석에 서 있다)

생원 : 이놈, 말뚝아.

말뚝이 : 예에.

생원 : 나랏돈 노랑돈 칠 푼 잘라먹은 놈. 상통이 무르익은 대초빛 같고, 울룩줄룩 배미 잔등 같은 놈을 잡아들여라.

말뚝이 : 그놈이 힘이 무량대각(無量大角)이요, 날램이 비호(飛虎) 같은데, 샌님의 전령(傳令)이나 있으면 잡아올는지 거 저는 잡아 올 수 없습니다.

생원 : 오오, 그리 하여라. 옜다. 여기 전령 가지고 가거라. (종이에 무엇을 써서 준다)

말뚝이 : (종이를 받아들고 취발이한테로 가서) 당신 잡히었소.

취발이 : 어데, 전령 보자.

말뚝이 : (종이를 취발이에게 보인다)

취발이 : (종이를 보더니 말뚝이에게 끌려 양반의 앞에 온다)

말뚝이 : (취발이 엉덩이를 양반 코앞에 내밀게 하며) 그놈 잡아들였소.

생원 : 아, 이놈 말뚝아. 이게 무슨 냄새냐?

말뚝이 : 예, 이놈이 피신(避身)을 하여 다니기 때문에, 양치를 못 하여서 그렇게 냄새가 나는 모양이다.

생원 : 그러면 이놈의 모가지를 뽑아서 밑구녕에다 갖다 박아라.

…

말뚝이 : 샌님, 말씀 들으시오. 시대가 금전이면 그만인데, 하필 이놈을 잡아다 죽이면 뭣 하오? 돈이나 몇 백 냥 내라고 하야 우리끼리 노나 쓰도록 하면, 샌님도 좋고 나도 돈냥이나 벌어 쓰지 않겠소. 그러니 샌님은 못 본 체하고 가만히 계시면 내 다 잘 처리하고 갈 것이니, 그리 알고 계시오. (굿거리장단에 맞추어 일제히 어울려서 한바탕 춤추다가 전원 퇴장한다)

01

제시된 작품은 허난설헌의 「봄비」이다. 화자는 담장 위에 떨어진 ② '杏花(행화, 살구꽃)'를 젊은 시절을 허망하게 흘려보낸 자신의 모습으로 표현하고 있다. 따라서 ② '杏花'가 객관적 상관물이면서 시적 자아와 동일시되는 제재라 할 수 있다.

정답 ④

01 밑줄 친 시어의 '외롭고 쓸쓸한 화자의 심정'을 나타내기 위해 동원된 객관적 상관물로서 화자 자신과 동일시되는 소재는? 2017 지방직 9급

> ③ 春雨暗西池 / 봄비 내리니 서쪽 못은 어둑한데
> 輕寒襲 ① 羅幕 / 찬바람은 비단 장막으로 스며드네.
> 愁依小 ② 屏風 / 시름에 겨워 작은 병풍에 기대니
> 牆頭 ② 杏花落 / 담장 위에 살구꽃이 떨어지네.

① ③
③ ②
② ①
④ ②

02

제시문은 대상들 사이의 유사점을 말하지도 않고 특성을 설명하지도 않는다.

정답 ③

02 다음 글에 대한 설명으로 적절하지 않은 것은? 2015 국가직 9급

> 나는 집이 가난하여 말이 없어서 간혹 남의 말을 빌려 탄다. 노둔하고 여윈 말을 얻게 되면 일이 비록 급하더라도 감히 채찍을 대지 못하고 조심조심 금방 넘어질 듯 여겨서 개울이나 구렁을 지날 때는 말에서 내려 걸어가므로 후회할 일이 적었다. 발굽이 높고 귀가 쭝긋하여 날래고 빠른 말을 얻게 되면 의기양양 마음대로 채찍질하고 고삐를 늦추어 달리니 언덕과 골짜기가 평지처럼 보여 매우 장쾌하지만 말에서 위험하게 떨어지는 근심을 면치 못할 때가 있었다. 아! 사람의 마음이 옮겨지고 바뀌는 것이 이와 같을까? 남의 물건을 빌려서 하루아침의 소용에 쓰는 것도 이와 같은데, 하물며 참으로 자기가 가지고 있는 것이야 어떻겠는가?
>
> — 이곡, 「차마설(借馬說)」

① 경험을 통한 통찰력이 돋보인다.
② 우의적 기법을 적절히 활용하고 있다.
③ 대상들 사이의 유사점을 통해 대상의 특성을 설명하고 있다.
④ 일상사와 관련지어 글쓴이의 주장을 설득력 있게 드러내고 있다.

자몽;

스스로 꿈꾸다

PART

04

비문학

CHAPTER 01

독서

---

01 독해의 원리

1. 독해의 기본 원리

(1) **사실적 독해** : 글을 통해 독자에게 전달하고자 하는 정보와 관계 표현 방식을 이해하는 것

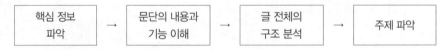

핵심 정보 파악 → 문단의 내용과 기능 이해 → 글 전체의 구조 분석 → 주제 파악

① 핵심어를 통해 문단의 중심 내용 찾기

    ㉠ 문단 수준에서 핵심어를 파악한다.

    ㉡ 핵심어를 중심으로 중심 화제를 파악한다.

    ㉢ 화제에 대한 글쓴이의 설명이나 의견을 요약하며 문단의 중심 내용을 정리한다.

② 문단의 연결 관계와 중심 내용 찾기

    ㉠ 각 문단의 중심 내용을 정리한다.

    ㉡ 글 전체의 주제가 들어 있는 주요 문단이나 문장을 파악한다.

    ㉢ 문단 간의 연관성을 파악한다.

    ㉣ 내용 전개 방식이나 글의 구조적 특성을 정리한다.

(2) **추론적 독해** : 글 속에 명시적으로 드러난 정보를 근거로 하여 숨겨진 정보, 즉 글의 전제, 생략된 내용, 글쓴이의 의도나 관점 등을 추리하는 것

① **생략된 정보 추론하기** : 제시된 글의 내용을 토대로 숨겨진 의미, 생략된 내용을 찾거나, 찾아낸 의미를 다른 상황에 적용하는 것
　㉠ 전후 문맥을 통해 생략되거나 삭제된 문장, 문단 등의 내용을 추리한다.
　㉡ 글의 주제나 문맥의 흐름을 통해 글을 이루는 각 요소들이 어떤 관계로 연결되는지 파악한다.

② **전개된(될) 내용 추론하기** : 제시된 내용들을 바탕으로 하여 이미 전개된 내용이나 다음에 이어질 내용을 추리하는 것
　㉠ 글의 중심 화제를 파악하고 각 단락의 요지문을 작성한 뒤, 주제문을 정리해 본다.
　㉡ 각 단락들의 논리적 관계를 파악한다.
　㉢ 중심 화제에 대한 글쓴이의 태도를 확인한다.
　㉣ 글의 통일성을 고려하여 주제에 부합하면서 보충되어야 할 내용을 추리한다.

③ **문맥적 의미 파악하기** : 주어진 단어나 구절, 문장이 전후 문맥에서 어떤 의미로 이해될 수 있는지 파악하는 것
　㉠ 전체 글의 내용과 논리의 흐름을 파악한다.
　㉡ 주어진 단어나 구절, 문장의 핵심어가 앞이나 뒤에서 반복되어 나온 경우, 그것들이 어떤 의미로 사용되고 어떤 조건 속에 위치해 있는지 파악한다.
　㉢ 전체 글의 내용적·논리적인 흐름과 밑줄 친 부분의 전후 문맥의 흐름 및 핵심어의 의미의 연관성을 고려한다.

④ **다른 상황에 적용하기** : 글 속에 제시된 정보를 활용하여 그와 유사한 새로운 상황에 적용하는 것
　㉠ 문맥을 고려하여 제시된 이론이나 원리의 핵심이 무엇인지 파악한다.
　㉡ 제시된 글이 말하고자 하는 바가 무엇인지를 파악하고 다른 상황과 대비해 본다.

⑤ **글쓴이의 태도·관점·의도 추리하기** : 글의 표현과 글에 드러난 정보에 전제되어 있는 글쓴이의 태도·관점이나, 글쓴이가 글을 쓴 목적이나 동기, 글을 통해 얻으려는 효과 등을 밝혀 집필 의도를 추론하는 것
　㉠ 중심 화제를 파악한다.
　㉡ 화제를 활용하여 주제문으로 정리한다.
　㉢ 주어진 화제에 대해 글쓴이가 직·간접적으로 제시한 생각을 파악하여 어떤 태도나 관점을 보이고 있는지 추리한다.

보기
┌─────────────────────────────┐

　　폴 매카트니는 도축장의 벽이 유리로 되어 있다면 모든 사람이 채식주의자가 될 거라고 말한 적이 있다. 우리가 식육 생산의 실상을 안다면 계속해서 동물을 먹을 수 없으리라고 그는 믿었다. 그러나 어느 수준에서는 우리도 진실을 알고 있다. 식육 생산이 깔끔하지도 유쾌하지도 않은 사업이라는 것을 안다. 다만 그게 어느 정도인지는 알고 싶지 않다. 고기가 동물에게서 나오는 줄은 알지만 동물이 고기가 되기까지의 단계들에 대해서는 짚어 보려 하지 않는다. 그리고 동물을 먹으면서 그 행위가 선택의 결과라는 사실조차 생각하려 들지 않는 수가 많다. 이처럼 우리가 어느 수준에서는 불편한 진실을 의식하지만 동시에 다른 수준에서는 의식을 못하는 일이 가능할 뿐 아니라 불가피하도록 조직되어 있는 게 바로 폭력적 이데올로기다.

└─────────────────────────────┘

① 채식주의자
② 식육 생산의 실상
③ 동물을 먹는 행위
④ 폭력적 이데올로기

정답해설

〈보기〉에서 글쓴이는 폭력적 이데올로기에 대해 설명하면서, 그 예로 고기가 동물에게서 나오는 줄은 알지만 동물이 고기가 되기까지의 단계에 대해서 짚어 보려 하지 않고, 또한 동물을 먹는 행위가 선택의 결과라는 사실조차 생각하려 들지 않는다고 비판하고 있다. 따라서 제시문의 비판 대상으로 옳지 않은 것은 ①이다.

정답 ①

---

(3) 비판적 독해 : 언어 이해 과정에서 여러 준거에 의해 분석된 내용을 바탕으로 적절성 또는 가치를 파악하는 것

사실적 독해	→	추론적 독해	→	글 내용이나 견해의 신뢰성과 타당성 판단

① **내적 준거에 의한 비판** : 글 내부의 조직 원리, 즉 글의 표현이나 내용에 대하여 글의 부분들과 전체의 관계를 중심으로 비판하는 것

적절성 평가	글의 내용과 표현이 글을 쓰는 목적과 대상에 비추어 적절한지 평가하는 것 • 제시된 자료가 적절하며 글쓴이의 관점이 문제의 핵심에 제대로 접근하고 있는가? • 단어와 어구의 의미가 정확하게 사용되었는가? • 말하고자 하는 내용이 적절한 문체, 어조, 관점 등에 의해 표현되었는가?
유기성 평가	• 제재나 주제를 대하는 태도가 한결같은가? • 한 편의 글에서 어떤 부분이 주제에 잘 부합되는가? • 둘 이상의 주제가 들어 있지는 않은가?
타당성 평가	• 주장을 뒷받침하는 논거가 논리적으로 타당한 것인가? • 어떤 결론을 도출해 나가는 전개 과정이 논리적으로 타당한가?

② **외적 준거에 의한 비판** : 글이 존재하는 상황, 즉 일반적 진리, 사회적 상황, 독자의 배경 지식 등과 관련하여 가치를 평가하는 것

신뢰성 평가	• 내용의 진위 여부에 초점을 맞추어 그 내용이 사실로서 믿을 만한가? • 어떤 의견을 제시하기 위한 전제 자체가 믿을 만한가?
효용성 평가	• 제시된 글이 독자에게 현실적으로 어떤 쓸모가 있는가? • 사실을 소개하거나 의견을 제시하는 글에서 그것이 독자의 지식이나 사고 및 행동에 어떤 교훈적 변화를 줄 수 있는가?
공정성 평가	• 글에 대해 일부의 사람이 아니라, 대부분의 사람들이 공감할 수 있는가? • 상식적 판단에 비추어 타당성이 있는가?

2. 독해의 요소

(1) 문단 간의 관계

중심 문단	주지	글쓴이가 나타내려고 하는 중심 생각을 담은 문단 예 국가는 젊은 세대가 출산을 긍정적으로 생각하도록 적절한 환경을 마련해야 할 것이다
	결론	앞부분의 내용을 요약 · 정리하는 문단 예 이처럼 독자적인 우주 기술의 확보는 국가의 이미지를 높이는 데 기여하며, 경제적 파급 효과뿐만 아니라 국가 안보에 중요한 역할을 한다
뒷받침 문단	도입	글을 쓰는 동기나 목적, 글의 방향 등을 제시하여 독자의 관심을 끄는 문단 예 최근 들어 우리 바다는 심각한 위기에 처해 있다. 해마다 더욱 나빠지는 바다 환경을 이대로 방치하면 더 이상 돌이킬 수 없는 상황에 이를지도 모른다
	전제	중심 내용을 전개하기 위해 먼저 내세우는 문단 예 돈은 적게 벌지만 부자보다 훨씬 더 행복하게 살고, 더 가치 있는 일을 하는 사람도 많다 → 경제적인 수치만으로 부를 평가하고 그 속에서 행복을 찾 으려고 하는 사회는 머지않아 수명을 다하게 될 것이다
	부연	앞부분의 내용에서 부족한 부분을 보충하는 문단 예 사물을 볼 때에는 어느 면이 더 중요하고 어느 면이 덜 중요한지를 똑똑히 식 별할 줄 알아야 한다 → 보도 기사에는 '리드'라는 것이 있다. 그 보도의 가장 중요한 부분을 '리드'로 하여 기사를 작성한다. 그런데 기사의 어느 부분을 '리드'로 잡느냐에 따라 기사가 독자에 미치는 영향이 크게 달라진다. 사물의 어느 면이 중요한가는 관심도에 따라 다르며, 관심도는 이해관계에 따라 달라 진다
	상술	앞부분의 내용을 자세하게 설명하는 문단 예 황사는 중국 황허 강 상류의 사막, 몽골과 중국 사이에 있는 건조 지대와 고비 사막, 중국 북서부의 타클라마칸 사막과 한반도에서 가까운 만주 지역 등에서 생긴 먼지를 가리킨다 → 겨우내 얼어 있던 흙은 봄이 되어 녹으면서 잘 부서 지는 작은 모래 먼지가 된다. 이것이 강한 바람을 타고 '모래 폭풍'이 되어 하 늘에 오르는 것이다
	첨가	앞부분의 내용에 덧붙이는 문단 예 아까시나무는 공기 중의 질소를 흡수하여 저장하는 균이 있어서 스스로 땅을 기름지게 만든다 → 게다가 아까시나무의 꽃은 한 해 약 1천억 원 이상의 수 입을 양봉 농가에 안겨 주는 중요한 밀원이기도 하다
	예시	구체적인 예를 드는 문단 예 산불 피해를 막기 위해서는 불에 잘 타지 않는 나무를 심어야 한다 → 우리 주변의 산에서 흔히 보이는 도토리가 열리는 참나무인 상수리나무, 갈참나무, 굴참나무, 졸참나무, 떡갈나무 등은 300~400℃까지 열기를 견딘다

(가) 그러나 사람들은 소유에서 오는 행복은 소중히 여기면서 정신적 창조와 인격적 성장에서 오는 행복은 모르고 사는 경우가 많다.
(나) 소유에서 오는 행복은 낮은 차원의 것이지만 성장과 창조적 활동에서 얻는 행복은 비교할 수 없이 고상한 것이다.
(다) 부자가 되어야 행복해진다고 생각하는 사람은 스스로 부자라고 만족할 때까지는 행복해지지 못한다.
(라) 하지만 최소한의 경제적 여건에 자족하면서 정신적 창조와 인격적 성장을 꾀하는 사람은 얼마든지 차원 높은 행복을 누릴 수 있다.
(마) 자기보다 더 큰 부자가 있다고 생각될 때는 여전히 불만과 불행에 사로잡히기 때문이다.

① (나) – (라) – (가) – (다) – (마)
② (나) – (가) – (마) – (라) – (다)
③ (다) – (마) – (라) – (나) – (가)
④ (다) – (라) – (마) – (가) – (나)

정답해설

(마)의 앞부분에는 경제적 요인이 행복의 조건이 아니라는 내용이 와야 한다. 따라서 '(다) – (마)'의 순서가 되어야 한다. (가)와 (나)는 '소유에서 오는 행복'이라는 공통 화제를 가지고 있으므로 인접해 있어야 하며, 접속어를 고려할 때 '(나) – (가)'의 순서가 적절하다. (라)는 (마)의 내용에 대한 반론을 제시하며 '차원 높은 행복'이라는 새로운 화제를 제시하고 있으므로 '(마) – (라)'의 순서가 되어야 한다. 따라서 문맥에 따른 배열은 '(다) – (마) – (라) – (나) – (가)'가 적절하다.

정답 ③

(2) 접속어의 쓰임

순접	앞의 내용을 이어받아 연결 예 그리고
역접	앞의 내용과 상반되는 내용을 이어줌 예 그러나, 그렇지만, 하지만, 그래도
인과	앞뒤 문장을 '원인'과 '결과'로 이어줌 예 그래서, 따라서, 그러므로, 그러니까, 왜냐하면
대등 병렬	앞뒤의 내용을 같은 자격으로 나열하면서 이어줌 예 또는, 혹은, 및, 이와 함께
첨가 보충	앞의 내용에 새로운 내용을 덧붙이거나 보충 예 그리고, 더구나, 게다가, 아울러, 그뿐 아니라
확언 요약	앞의 내용을 바꾸어 말하거나 간추려 짧게 요약 예 요컨대, 즉, 결국, 말하자면
전환	뒤의 내용이 앞의 내용과는 다른, 새로운 생각이나 사실일 때 화제를 바꾸며 이어줌 예 그런데, 그러면, 한편, 다음으로, 여기에, 아무튼
예시	앞의 내용에 대해 구체적인 예를 들어 설명 예 예컨대, 예를 들면, 이를테면

핵심 (통) 비결 | 접속어를 활용하여 주요 문장 찾기

1 요약이나 결론을 이끌어 내는 접속어가 쓰인 문장 : '그러므로, 따라서, 그래서' 등

접속어 다음 내용이 문단의 중심 내용과 밀접한 관련이 있으므로, 해당 접속어 뒤에서 중심 내용을 찾는다.

2 역접이나 전환의 접속어가 쓰인 문장 : '그러나, 한편, 그런데' 등

내용을 강조하기 위해서 흐름을 전환하는 전략을 사용한 것이므로, 해당 접속어 뒤에서 중심 내용을 찾는다.

3 확언, 요약의 접속어가 쓰인 문장 : '요컨대, 즉, 결국, 말하자면' 등

중요한 내용이어서 구체적으로 설명하는 것이므로, 해당 접속어 앞뒤에서 중심 내용을 찾는다.

02 글의 진술 방식 및 논증 방식

1. 글의 진술 방식

(1) 설명 : 어떤 지식이나 정보를 독자에게 제공하기 위해서 사용하는 진술 방식. 이해를 목적으로 하기 때문에 내용을 쉽게 풀이하고 조리 있게 해명해야 한다.

> 예
>
> 모든 동물에게 공통되는 생명의 특징은 무엇일까? 대표적으로 숨을 쉰다는 사실을 들 수 있다. 숨쉬기는 동물의 각 기관이 제 기능을 발휘하는 데 없어서는 안 되는 활동이다. 숨을 쉬지 못하면 산소가 세포로 전달되지 못해 세포가 활동하는데 필요한 에너지를 생산할 수 없게 된다. 이렇게 되면 생명체는 더 이상 생명을 유지할 수 없다. 이처럼 생명 활동에 중요한 호흡은 과학적 개념으로 볼 때 산소를 들이마시고 이산화탄소를 내보내는 것을 의미한다.

(2) 논증 : 주장이나 견해를 내세워 독자를 설득하는 진술 방식. 논리적 근거를 통해 주장의 타당성을 증명한다.

> 예
>
> 소설은 꾸며낸 이야기이다. 즉, 허구의 일종이다. 물론 허구라 해서 모두 소설은 아니다. 진실을 갖지 않은 허구는 허위이다. 소설로서의 허구는 그 나름의 진실을 내포하고 있다. 이는 소설적 진실이라고 한다. 그러니까 소설에서의 허구는 단순히 꾸며낸 이야기가 아니라 있을 법한 일, 사실의 재현 및 진실의 전달을 효과적으로 하기 위한 서술 방법이다.

(3) 묘사 : 대상의 외양이나 상태를 그림 그리듯이 생생하게 그려내는 진술 방식. 구체적이고 감각적인 표현을 할 수 있다.

> 예
>
> 길은 지금 긴 산허리에 걸려 있다. 밤중을 지난 무렵인지 죽은 듯이 고요한 속에서 짐승같은 달의 숨소리가 손에 잡힐 듯이 들리며, 콩포기와 옥수수 잎새가 한층 달에 푸르게 젖었다. 산허리는 온통 메밀밭이어서 피기 시작한 꽃이 소금을 뿌린 듯이 흐뭇한 달빛에 숨이 막힐 지경이다. 붉은 대궁이 향기같이 애잔하고 나귀들의 걸음도 시원하다. 길이 좁은 까닭에, 세 사람은 나귀를 타고 외줄로 늘어섰다. 방울소리가 시원스럽게 딸랑딸랑 메밀밭께로 흘러간다. 앞장선 허생원의 이야기소리는 꽁무니에 선 동이에게는 확적히는 안 들렸으나, 그는 그대로 서운한 제멋에 적적하지는 않았다.
>
> — 이효석, 「메밀꽃 필 무렵」

다음 글의 논리적 구조로 가장 옳은 것은?　　　　　2015 서울시 9급

　　자유란 인간의 특성 중의 하나로서 한 개인이 스스로 판단하고 행동하며 그 결과에 대해 책임질 수 있는 능력을 의미한다. 그러한 능력을 극대화하기 위해서는 개인이 사회적인 여러 제약들, 가령 정치적, 경제적 및 문화적 제도나 권위, 혹은 억압으로부터 어느 정도의 거리를 유지하지 않으면 안 된다. 그러나 그 거리가 확보되면 될수록 개인은 사회로부터 고립되고 소외당하며 동시에 안정성과 소속감을 위협받을 뿐만 아니라 새로운 도전에 적나라하게 노출될 수밖에 없다. 이와 같이 새롭게 나타난 고독감이나 소외감, 무력감이나 불안감으로부터 벗어나기 위해 '자유로부터의 도피'를 감행하게 된다.

① 원인 – 결과
② 보편 – 특수
③ 일반 – 사례
④ 주장 – 근거

정답해설
• 자유란 개인이 스스로 판단하고 행동하며 그 결과에 대해 책임질 수 있는 능력이다(정의).
• 사회적인 제약으로부터 거리를 확보할수록 고립, 소외, 안정성과 소속감에 대한 위협, 도전에 대한 노출 등에 적나라하게 노출된다(원인).
• 이러한 문제로부터 벗어나기 위해 '자유로부터의 도피'를 감행한다(결과).

정답 ①

(4) **서사** : 어떤 현상의 변화, 사건의 진행 등을 시간의 흐름에 따라 표현하는 진술방식. 시간, 행동, 의미를 요소로 하며, 동적 대상을 시간적으로 표현한 것이다.

> 예
>
> 　　오늘 아침 중요한 약속이 있어서 시내에 나가는데 초행길이라 택시를 타고 가기로 했다. 집 앞에 서 있는데 빈 택시가 없었고, 간혹 지나가는 택시들은 이미 꽉 차서 합승조차 할 수 없었다. 약속 시간은 자꾸 다가오고, 날씨는 어찌나 추운지 온몸이 얼어붙는 듯했다. 그때 마침 택시 하나가 오더니 내 앞에 섰다. 젊은 기사가 내 목발을 보면서 말했다.
> 　　"이 손님을 모셔다 드리고 금방 올 테니까 한 2~3분만 기다리세요."
> 　　택시는 골목길로 들어갔고 나는 안도의 숨을 내쉬었다. 그런데 무슨 운명의 장난인지, 금방 빈 택시 하나가 오는 것이었다. 순간 나는 갈등했다. 그 차를 잡을지, 아니면 나를 위해서 곧 돌아오기로 한 택시를 기다려야 할지. 나는 그 고마운 기사를 기다리기로 하고 택시를 그냥 보냈다. 그런데 5분, 10분이 지나도 택시는 돌아오지 않았다.
> 　　15분 가량 지났을 때 나는 문득 '아차' 싶었다.
> 　　'또 속았구나.'
>
> 　　　　　　　　　　　　　　　　　　　　　　– 장영희, 「속는 자와 속이는 자」

(5) **과정** : 어떤 일이 되어 가는 경로에 따라 진술하는 방식. 어떠한 결과를 가져온 단계, 절차, 순서 등이 나타난다.

> 예
>
> 　　아이스크림은 4단계를 거쳐 제조된다. 먼저 원료를 꼼꼼히 점검하여 준비한다. 제조 원료에는 우유 또는 유지방, 설탕, 달걀, 안정제, 향료, 색소 등이 있다. 다음에 준비된 원료를 혼합통에 넣어 잘 섞은 다음에 혼합물을 예비 살균한다. 그런 다음에 예비 살균된 혼합물을 잘 펴지도록 균질화시키고 다시 살균한다. 마지막으로 균질화된 혼합물을 냉각시키고 다음에 잘 휘저어서 공기를 함유시킨 후에 동결시킨다. 이런 과정을 거쳐 만들어진 것이 아이스크림이다.

(6) **인과** : 어떤 결과를 가져오게 한 힘, 또는 이러한 힘에 의해 결과적으로 초래된 현상을 중심으로 하는 진술 방식. 일이 일어난 이유에 초점을 맞춘다.

> 예
>
> 　　산업 혁명 이후, 선진 공업국들의 경쟁적인 산업화와 20세기에 일어난 눈부신 과학 기술의 발달은 인류에게 물질문명의 편리함과 풍요로움을 선사하였다. 그러나 과다한 화석 에너지의 사용과 폭발적인 도시 인구의 증가로 말미암아 자연의 자정 능력을 훨씬 초과하는 대량의 대기 오염 물질과 산업 폐수 및 각종 쓰레기가 배출되어 전 지구적인 '환경 파괴' 위기가 초래되고 있다.

2. 글의 전개 방식

(1) 지정과 정의

지정	어떤 대상을 손으로 가리키듯 직접 설명해 주는 방법. 단순한 사실을 확인하거나 현상적 특징을 해명하는 데 이용된다. 예 금강산 3고탑이란 장연사 3층 석탑, 신계사 3층 석탑, 정양사 3층 석탑을 말하는데 이들은 형식과 구조가 매우 비슷할 뿐만 아니라 전형적인 9세기 석탑 양식을 보여주고 있어서 모두 하대신라에 개창 또는 중창되면서 세워진 것으로 보인다
정의	대상의 뜻을 풀이하는 방법. 대상이 지닌 본질적 속성을 해명한다. 예 신기루는 그 자리에 없는 어떤 대상이 마치 있는 것처럼 보이는 현상을 말한다. 그러나 신기루는 환상이나 눈속임이 아니라 원래 대상의 공기층의 온도 차 때문에 다른 곳에 보이게 되는 현상이다

핵심 쏙 이론 | 정의의 특성

- 피정의항은 정의항과 대등하다. 즉, 두 부분을 서로 바꾸어 놓아도 성립되어야 한다.
  예 등은 전기의 힘으로 방을 밝히는 조명 기구이다(정의항이 피정의항보다 범위가 좁다)
    연필은 필기도구이다(정의항이 피정의항보다 범위가 너무 넓다)
- 피정의항의 용어나 관념이 정의항에서 되풀이되어서는 안 된다.
  예 통계학자는 통계학을 연구하는 사람이다('통계학'을 다시 정의해야 하므로 순환 논리의 오류에 빠지게 된다)
- 피정의항이 부정이 아닌 한, 정의항도 부정적이어서는 안 된다.
  예 포유동물은 날개가 있는 짐승이 아니다
- 정의항에 비유나 상징 등 애매한 표현을 사용해서는 안 된다.
  예 간호사는 백의의 천사이다

(2) 예시

예시	구체적인 예를 들어 설명하는 방법. 일반적 · 추상적 진술을 뒷받침할 수 있다. 예 일반적으로 표음 문자는 언어의 음성적 차원이 아닌 음소적 차원에서 말소리를 적는다. 이를 테면 '부부[pubu]'의 경우 음성적 차원에서 무성음 [p]와 유성음 [b]로 발음하는 것을 음소적 차원에서는 모두 'ㅂ'으로 표시한다

(3) 비교와 대조

비교	둘 이상의 대상을 공통점이나 비슷한 점을 들어 설명하는 방법. 넓은 범위에서는 대조를 포함하는 개념이다. 예 영화는 스크린이라는 공간 위에 시간적으로 흐르는 예술이며, 연극 또한 무대라는 공간 위에 시간적으로 형상화한 예술의 한 분야이다
대조	둘 이상의 대상을 차이점이나 다른 점을 들어 설명하는 방법. 대조하는 대상이 동일 범주에 속해야 한다. 예 정선 아리랑이 느리고 구성진 데 비해, 밀양 아리랑은 흥겹고 힘차며, 진도 아리랑은 서글프면서도 해학적인 멋이 있다

(4) 분류와 분석

분류	대상을 일정한 기준에 따라 종류별로 나누어 제시하는 방법. 하나의 기준만을 적용해야 한다. 예 지붕은 어떤 자재를 써서 그것을 구성하느냐에 따라 새 지붕, 너새 지붕, 너와 지붕, 굴피 지붕, 초가 지붕, 기와 지붕으로 나뉜다. 형태에 따라서는 맞배 지붕, 팔작 지붕, 우진각 지붕, 육모 지붕, 갖은모 지붕, 정자 지붕, 십자 지붕, 고패 지붕, ㄷ자 지붕, ㅁ자 지붕, 솟을 지붕, 까치구멍 지붕 등으로 나뉜다
분석	대상을 구성하고 있는 요소로 나누어 제시하는 방법. 분석하기 전의 것과 후의 것 사이의 동질성이 없다. 예 무릇 살터를 잡는 데는 첫째, 자리가 좋아야 하고, 다음은 생리가 좋아야 하며, 다음으로 인심이 좋아야 하고, 또 다음은 아름다운 산과 물이 있어야 한다. 이 네 가지에서 하나라도 모자라면 살기 좋은 땅이 아니다

☑ **확인문제**

다음 글의 논증 구조를 옳게 파악한 것은?　　　　　2017 지방직 9급

　　㉠ 동물들의 행동을 잘 살펴보면 동물들도 우리가 사용하는 말 못지않은 의사소통 수단을 가지고 있는 듯이 보인다. ㉡ 즉, 동물들도 여러 가지 소리를 내거나 몸짓을 함으로써 자신들의 감정과 기분을 나타낼 뿐 아니라 경우에 따라서는 인간과 다를 바 없이 의사를 교환하고 있는 듯하다. ㉢ 그러나 그것은 단지 겉모습의 유사성에 지나지 않을 뿐이고 사람의 말과 동물의 소리에 아주 근본적인 차이가 존재한다는 점을 잊어서는 안 된다. ㉣ 동물들이 사용하는 소리는 단지 배고픔이나 고통 같은 생물학적인 조건에 대한 반응이거나, 두려움이나 분노 같은 본능적인 감정들을 표현하기 위한 것에 지나지 않는다. ㉤ 따라서, 동물들이 내는 소리가 때때로 의사소통의 수단으로 이용된다고 해서 그것을 대화나 토론이나 회의와 같은 언어활동이라고 할 수는 없다.

① ㉠은 논증의 결론으로 주제문이다.
② ㉡은 ㉠의 논리적 결함을 지적한 것이다.
③ ㉢은 ㉠, ㉡을 부정하고 새로운 논점을 제시한 것이다.
④ ㉤은 ㉢, ㉣에 대한 근거이다.

정답해설
㉠은 도입 문장으로 주제 문장이 아니다. ㉡은 ㉠의 상술 문장이며, ㉤이 주제 문장이다.
㉠ 도입(화제) – ㉡ 상술 – ㉢ 반론(새로운 논점 제시) – ㉣ 상술 – ㉤ 결론
　　　　　　　　　　　정답 ③

3. 논증

다른 사람을 설득하거나 자신의 주장을 정당화하기 위해 근거를 제시하여 자신의 주장이 타당하다는 것을 논리적으로 증명하는 방식

(1) 논증의 요소

① **명제** : 논설문의 주제와 연결되는 글쓴이의 주장
　㉠ 사실 명제 : 과거에서 현재에 걸쳐 일어난 일에 대한 명확한 사실을 주장하는 것이다.
　　예 시조는 조선 중기에 발생했다
　㉡ 가치 명제 : 제도나 이념, 사상, 예술 작품에 대해 가치 판단을 주장하는 것이다.
　　예 전통적인 육아방식이 더 바람직하다
　㉢ 정책 명제 : 행동의 방향까지 제시하여 결심을 이끌어 내는 것이다.
　　예 장애인의 고용을 촉진하기 위해서 장애인 고용 기업에 제공하는 혜택을 늘려야 한다
② **추론** : 어떤 판단이나 논거를 근거로 하여 자기주장이 옳음을 밝히는 것
　㉠ 연역적 추론 : 일반적인 원리나 법칙에서 구체적이고 개별적인 사실을 논증하는 방법

장점	• 전제들 속에 들어있는 내용을 결론에서 분명하게 밝혀줌 • 근거가 되는 전제가 참이면 결론도 언제나 참
단점	새로운 원리나 사실을 발견해 내기는 어려움

- 정언 삼단 논법 : 전제가 선택적이거나 가정적이 아닌 단정적인 말로 이루어진 삼단 논법

  예
사람은 죽는다	→ 대전제
소크라테스는 사람이다	→ 소전제
그러므로 소크라테스는 죽는다	→ 결론

- 가언 삼단 논법 : "만일 A라면 B이다.", "A이다. 그러므로 B이다"와 같은 명제가 대전제인 삼단 논법

  예

  전건 긍정
만일 안개가 끼면 비행기가 뜨지 않는다	→ 가언 명제
안개가 꼈다	→ 전건 긍정
그러므로 비행기가 뜨지 않을 것이다	→ 후건 긍정

  후건 부정
비가 오면 땅이 젖는다	→ 가언 명제
땅이 젖지 않았다	→ 후건 부정
그러므로 비가 오지 않는다	→ 전건 부정

핵심 ⑭ 이론 | 가언 삼단 논법의 오류

- 전건 부정의 오류 : 전건을 부정하여 후건 부정을 결론으로 이끌어 냄으로써 생기는 오류
  예 책을 많이 보면 눈이 나빠진다
  민수는 책을 보지 않는다
  그러므로 민수는 눈이 나빠지지 않는다
- 후건 긍정의 오류 : 후건을 긍정하여 전건 긍정의 결론을 도출함으로써 생기는 오류
  예 비가 오면 땅이 젖는다
  땅이 젖었다
  그러므로 비가 왔다

ⓒ 귀납적 추론 : 개별적이고 구체적인 사실에서 일반적이고 보편적인 법칙을 이끌어 내는 방법

장점	• 전제들 속에 포함되어 있지 않은 새로운 지식을 결론으로 삼아 지식을 확장 • 자연 과학의 법칙을 세우는 데 매우 유용
단점	하나의 예외만 발견되어도 결론이 부정됨

예
사자는 새끼를 낳는다. 원숭이도 새끼를 낳는다	→ 개별적 사실
사자, 원숭이는 포유류이다	→ (공통적 특성)
그러므로 포유류는 새끼를 낳는다	→ 결론

다음 글과 같은 방식으로 논리를 전개
한 것은?   2015 국가직 9급

진리가 사상의 체계에 있어 제
일의 덕이듯이 정의는 사회적 제도
에 있어 제일의 덕이다. 하나의 이
론은 그것이 아무리 멋지고 간명한
것이라 하더라도 만약 참되지 않다
면 거부되거나 수정되어야 한다.
이와 마찬가지로 법과 제도는 그것
이 아무리 효율적으로 잘 정비되어
있다고 하더라도 만약 정의롭지 않
다면 개혁되거나 폐기되어야 한다.

① 의지의 자유가 없는 사람에게는 책
임을 물을 수 없다. 그런데 인간에
게는 책임을 물을 수 있다. 그러므
로 인간의 의지는 자유롭다고 보아
야 한다.
② 여자는 생각하는 것이 남자와 다른
데가 있다. 남자는 미래를 생각하
지만 여자는 현재의 상태를 더 소
중하게 여긴다. 남자가 모험, 사업,
성 문제를 중심으로 생각한다면 여
자는 가정, 사랑, 안정성에 비중을
두어 생각한다.
③ 우리 강아지는 배를 문질러 주면
등을 바닥에 대고 누워버려. 그리
고 정말 기분 좋은 듯한 표정을 짓
지. 그런데 내 친구 강아지도 그렇
더라고. 아마 모든 강아지가 그런
속성을 가지고 있는 것 같아.
④ 인생은 여행과 같다. 간혹 험난한
길을 만나기도 하고, 예상치 않은
일을 당하기도 한다. 우연히 누군
가를 만나고 그들과 관계를 맺기도
한다. 여행을 끝내고 집으로 돌아
왔을 때 편안함을 느끼는 것처럼
생을 끝내고 죽음을 맞이할 때 우
리는 더없이 편안해질 것이다.

정답해설
제시문은 '진리'와 '정의'를 통하여 '법
과 제도'에 대하여 말하고 있다. 논리
전개 방식은 유추이다. ④는 인생을
친숙한 개념인 여행과 비교하여 서술
하고 있으므로 유추의 방식이 사용되
었다.
정답 ④

핵심 (쏙) 이론 | 연역추리와 귀납추리의 활용

• 주장 : 연역추리

대전제	인간의 특성과 능력을 제한하는 것은 바람직하지 않다

↓

소전제	성 역할을 구분하는 것은 인간의 특성을 제한하는 것이다

↓

결론	성 역할을 구분하는 것은 바람직하지 않다

• 논거 : 귀납추리
– 마거릿 미드의 조사

챔블리 족	여성이 공격적이고 남성이 나약한 모습을 보인다	→	남녀의 특성은 소속 사회의 문화에 의해 정해진다.
아라페시 족	남녀 모두 순하고 부드러운 기질을 지닌다		
문두구머 족	남녀 모두 공격적인 기질을 지닌다		

– 직업별 취업자 국제 통계

입법 공무원, 임원 및 관리자	• 한국 : 남성이 여성보다 약 10배가 많다 • 필리핀 : 여성이 남성보다 많다	→	남녀에게 적합한 역할이나 직업은 소속된 사회에 따라 달라진다.
전문 기술인	• 터키 : 남성이 여성보다 약 2배 많다 • 러시아 : 남성이 여성의 절반도 되지 않는다		
서비스 판매업	• 터키 : 남성이 여성보다 약 44배 많다 • 영국 : 남성이 여성의 3분의 1 수준이다		

ⓒ 유비 추론 : 두 대상의 유사성을 바탕으로 다른 점도 같으리라고 추리하는 방법
→ 대상 간의 유사성이 얼마나 본질적이고 적절한가에 따라 논증의 타당성이
결정된다.
예 동물은 숨을 쉬는 생물이다
식물도 동물처럼 생물이다
그러므로 식물도 숨을 쉴 것이다

핵심 (쏙) 이론 | 유추의 전개 방식

생소한 개념이나 복잡한 주제를 친숙한 개념이나 단순한 주제와 비교하여 설명하는 방식
예 고자(告子) 말하기를, "성품은 웅덩이에 고인 물과 같아서 동쪽으로 터놓으면 동쪽으로 흐르고, 서쪽
으로 터놓으면 서쪽으로 흐를 것이니, 사람의 성품이 착하냐 그렇지 않으냐를 구분할 수 없는 것은
마치 물의 동서(東西)를 구분할 수 없는 것과 같은 것이다."

ⓓ 변증법적 추론 : 사물이 정(正)·반(反)·합(合)의 세 단계를 거쳐 전개된다고
하는 추론 방식
→ 세계는 하나로 통합된 것이 아니라 여러 개로 나누어져 있으며 그 속에 존
재하는 모순이나 대립이 세상을 변화·발전시킨다는 전제에서 출발했다.

> 인간은 원래 선한 존재이다 → 정(正)
> 그러나 인간의 내면에는 악이 존재한다 → 반(反)
> 그러므로 인간은 선과 악을 지닌 양면적 존재이다 → 합(合)

③ 논거 : 확실한 근거와 함께 객관성, 타당성이 있어야 하고, 대표적이고 전형적인 것이어야 한다.

　　㉠ 사실 논거 : 역사적 사실, 통계 수치, 직접적인 경험 등 객관적인 사실을 근거로 한 것이다.

　　　　예 생활 쓰레기와 사업장 폐기물을 포함할 경우 하루에 12억 톤이라는 쓰레기가 발생하며 현재는 90%이상 매립하고 있다

　　㉡ 의견 논거 : 전문가 및 권위 있는 사람의 의견이나 증언, 일반적인 여론 등을 인용하는 것이다.

　　　　예 정확한 보도를 하기 위해서는 고도의 사회 과학적 소양과 문학적, 철학적 소양이 필요하다. 미국이 낳은 세계적인 대기자 올솝 형제가 "훌륭하고 정확한 보도는 본래 가장 주관적인 것이다."라고 한 것도 이러한 점을 지적해 말한 것으로 보아야 할 것이다. 정확한 보도가 필요하다고 생각되는 사실일수록, 오히려 고도의 주관적 보도를 통해 진실의 전달이 가능하다는 것을 깨달아야 한다

(2) 추론의 오류

① 언어적 오류 : 언어를 잘못 사용하거나 이해하는 데서 발생하는 오류

애매어 사용의 오류	둘 이상의 의미를 가진 말을 애매하게 사용해서 발생하는 오류 예 • 모든 인간은 죄인이다. 그러므로 우리 모두 경찰에 자수해야 한다 　• 인생은 꿈이다. 꿈은 생리작용이다. 그러므로 인생은 생리작용이다
애매문의 오류	애매한 문법 구조 때문에 뜻이 모호해져서 발생하는 오류 예 • 사람들이 많은 도시를 다니다보면 재미있는 일이 많이 생긴다 　• 준원 : 월드컵 대표 선수가 모두 부지런하지는 않아 　　혜민 : 오빠 말은 틀려. 이영표, 홍명보 선수는 얼마나 부지런한데
강조의 오류	문장의 한 부분을 부당하게 강조해서 생기는 오류 예 • A : 우리는 우리의 친구들에 대해서 험담을 해서는 안 돼 　　B : 그래? 그러면 선생님에 대한 험담은 상관없겠네? 　• 네 이웃의 여자를 탐하지 말라고 했으니 이웃이 아닌 사람의 여자는 탐해도 된다
은밀한 재정의의 오류	사전적인 의미에 자의적인 의미를 은밀하게 덧붙여서 발생하는 오류 예 • 미친 사람은 정신 병원에 수용돼야 해. 요즘 같은 세상에 뇌물을 받지 않다니, 미치지 않고서 그럴 수 있어? 그 친구 정신 병원에 보내 버려야겠어 　• 이 옷은 값이 싸다. 값이 싼 것은 쉽게 떨어진다. 그러므로 이 옷은 쉽게 떨어질 것이다
범주의 오류	단어의 범주를 잘못 인식하는 데서 발생하는 오류 예 • 난 그리 오래 살고픈 생각은 없어. 그저 내 손자 환갑이나 보고 죽었으면 좋겠어 　• 아버지, 저는 과학자가 되기보다는 물리학자가 되고 싶습니다

> 이 식당은 요즘 SNS에서 굉장
> 히 뜨고 있어. 그러니까 엄청 맛있
> 을 거야.

① 이 식당 음식을 꼭 먹어보도록 해.
   만나는 사람들마다 이 집 이야기를
   하는 걸 보니 맛이 괜찮은가 봐.
② 누구도 이 식당이 맛없다고 말한
   사람은 없어. 그러니까 엄청 맛있
   는 집이란 소리지.
③ 여기는 유명한 개그맨이 맛있다고
   한 식당이니까 당연히 맛있겠지.
   그러니까 꼭 여기서 먹어야 해.
④ 이번에는 이 식당에서 밥을 먹자.
   내가 얼마나 여기서 먹어 보고 싶
   었는지 몰라. 꼭 한번 오게 되기를
   간절하게 바랐어.

정답해설

제시된 예문은 '대중에 호소하는 오류'
에 속한다. 이와 같은 오류를 범하고
있는 것은 ①이다.

정답 ①

② 심리적 오류 : 적합한 자료를 근거로 삼지 않고 심리적인 면에 기대어 상대방을
   설득하려고 할 때 범하는 오류

인신공격의 오류	예 • 베이컨의 철학은 가치가 없다. 왜냐하면 그는 법관 시절에 뇌물을 받은 적이 있기 때문이다 • 김 의원이 제안한 법안은 부결 처리되어야 합니다. 그는 부동산 투기를 한 사람 아닙니까?
정황에 호소하는 오류	주장하는 자의 현재 직업, 처지와 같은 정황을 트집 잡아 그의 주장에 대해 비난 하는 오류 예 정부에 대해 그가 쓴 비판은 가치가 없다. 그는 공무원이기 때문이다
동정(연민)에 호소하는 오류	동정이나 연민 등의 감정을 이용하여 자신의 논지를 받아들이게 하는 오류 예 • 사장님, 제가 해고당하면 저희 식구들은 모두 굶어 죽습니다 • 피고는 일찍이 아버지를 여읜데다가 어린 동생들이 많으며, 어머니마저 중풍으로 병석에 누워 있습니다. 그러므로 피고에게 중형을 선고해서는 안 됩니다
위력 공포에 호소하는 오류	위력을 바탕으로 공포, 근심, 불안이 들게 하여 어떤 논지를 받아들이게 함으 로써 생기는 오류 예 • 이 안건이 받아들여지지 않는다면 차후에 일어나는 모든 사태의 책임은 귀측에 있음을 분명히 밝힙니다 • 나는 이 지역의 유권자들 다수를 끌어 모을 수 있소. 만일 당신이 이 법 안을 지지하지 않으면 분명 선거에서 유권자들이 당신에게 등을 돌릴 것 이오
잘못된 권위에 호소하는 오류	유명하거나 권위 있는 말을 그와 직접 관계가 없는 경우에 적용하는 데서 생 기는 오류. 특정한 분야의 권위자 또는 전문가를 다른 분야의 논증에 이용하 는 데서 생기는 오류 예 • 아인슈타인이 종교적인 인간을 초인간적인 만족감이 강한 사람이라고 했듯이, 종교는 초월적인 행복감이라고 할 수 있다 • 현재 당면한 경제적 문제를 해결하기 위해 우리는 노벨문학상 수상자 모 옌의 견해를 받아들여야 한다
원천 봉쇄의 오류(우물에 독 뿌리기)	반론이 제기될 수 있는 가능성을 원천적으로 차단하여 자신의 논지를 옹호하 는 오류 예 • 내 의견은 삼척동자도 알만한 것이니 이에 대해 반론을 제기하는 사람은 없을 것이다 • 나의 주장은 정의에 입각한 것입니다. 그러므로 내 주장에 반대하는 사 람은 불의의 편에 서 있는 것입니다
역공격의 오류 (피장파장의 오류)	비판받은 내용이 비판하는 사람에게도 해당된다는 점을 근거로 비판을 모면 하고자 하는 오류 예 당신은 내가 뇌물을 받았다고 비난할 자격이 없어요. 당신도 얼마 전에 부 정청탁을 받지 않았습니까?

③ 자료적 오류 : 주장과 전제 또는 논거가 되는 자료를 잘못 판단함으로써 발생하는 오류

우연의 오류 (원칙 혼동의 오류)	어떤 일반적인 규칙을 특수한 경우에 그대로 적용할 수 없음에도 적용함으로써 빚어지는 오류 예 • 모든 사람은 표현의 자유가 있다. 따라서 검사도 자신의 정치적인 견해를 법정에서 말할 수 있는 자유가 있다 • 거짓말을 하는 것은 도덕적으로 옳지 못하다. 따라서 의사가 위중한 환자에게 나을 수 있다고 하는 것은 옳지 못한 일이다
성급한 일반화의 오류 (역우연의 오류)	우연한 경우나 특수한 사실에서 일반적 원칙을 이끌어 내는 오류. 제한된 정보, 대표성을 결여한 사례, 불충분한 통계 자료 등을 근거로 하여 일반화하는 하는 데서 발생함 예 • 하나를 보면 열을 안다고, 지금 네 행동을 보니 너는 형편없는 애구나 • 음식점에 가면 음식을 빨리 달라고 하고, 운전할 땐 앞차가 조금만 늦게 가도 경적을 울려 대잖아. 이런 것을 보면 우리 민족은 성질이 급한 민족임에 틀림없어
논점 일탈의 오류	논점과 관계없는 것을 제시하여 논쟁을 회피하거나 무관한 결론에 이르게 하는 오류 예 • 누가 잘못했든 그렇게 싸우고만 있을 거야? 그렇게 할 일이 없으면 차라리 잠이나 자! • (취한 상태에서 살인을 하여 재판을 받고 있는 알콜 중독자를 변호하면서) 알코올 중독은 매우 심각한 사회적 문제입니다. 따라서 마땅히 이러한 사회적 문제를 해결하기 위한 노력이 필요합니다
인과 혼동의 오류 (거짓 원인의 오류)	단순히 시간상으로 선후 관계인 것을 인과 관계가 있다고 잘못 판단하는 오류 예 • 까마귀 날자 배 떨어진다 • 요즘 아이들은 성품이 거칠고 버릇이 나빠져 가고 있다. 이것은 학교에서의 윤리 교육 시간이 적기 때문이다
의도 확대의 오류	의도하지 않은 결과나 행위에 대해 의도가 작용했다고 보는 오류 예 • 담배를 피우면 폐암에 걸려 죽을 확률이 높아진다는 거 몰라? 그렇게 죽고 싶어? • 무단 횡단하던 그를 피하려다가 버스가 뒤집혀 많은 사람이 죽었잖아. 그렇기 때문에 그를 살인 죄로 구속하는 것이 마땅하다고 생각한다
순환 논증의 오류	증명하고자 하는 결론이 참인 근거는 전제에 의존하고, 그 전제가 참인 근거는 결론에 의존하여 순환적으로 논증하게 되는 오류(주장을 말만 바꾸어 결론에 다시 제시) 예 • 성경책에 쓰여 있기 때문에 하나님은 존재한다. 성경은 하나님의 계시로 쓰였기 때문에 믿을 수 있다 • 이웃 남자는 진실만 말하는 사람이다. 왜냐하면 그는 거짓말을 하지 않는 사람이기 때문이다
흑백 사고의 오류	어떤 집합의 원소가 단 두 개밖에 없다고 보는 오류. 즉, 논의의 대상이 실제로는 세 가지 이상의 요소로 나뉠 수 있는데, 두 가지 요소로만 나뉜다고 보는 데서 오는 잘못 예 • 나를 좋아하지 않는다고? 그럼 나를 싫어하는구나 • 자본주의를 찬성하지 않는 사람은 공산주의자이다

잘못된 유추의 오류(기계적인 유비 추리)	유비 추리를 적용할 때 서로 다른 사물의 우연적이며 비본질적인 속성을 비교하여 결론을 이끌어 냄으로써 생기는 오류 예 · '藥'과 '樂'은 글자 생김새부터가 비슷하다. 그러므로 약과 음악은 그 기원이 비슷하다 · 모든 유기체들은 탄생과 성장과 사멸의 과정을 거친다. 우리의 문명도 유기체적 성격을 지니고 있으므로 결국 멸망할 것이다
무지에 호소하는 오류	증명할 수 없거나 알 수 없는 사실을 근거로 들어 자신의 주장을 정당화하려는 오류 예 · 신이 없다는 걸 증명할 수 없다. 따라서 신은 존재한다 · 그녀가 나를 사랑하지 않는다는 증거가 있나요? 그런 증거가 없으니 그녀는 나를 사랑하는 것이 확실합니다
분할의 오류	집합적인 의미에서 참되다고 해서 개별적인 의미에서도 참되다고 논의하는 데서 빚어지는 오류 예 · 염화나트륨은 독성을 지니지 않는다. 그러므로 염소와 나트륨은 독성을 지니지 않는다 · 한국은 문화가 발달한 나라이다. 따라서 그 한국인도 문화적 소양이 뛰어날 것이다
합성(결합)의 오류	부분의 합을 전체와 동일시하는 데서 발생하는 오류. 개별적인 의미에서 참인 것을 집합적인 의미에서 참되다고 생각하는 데서 발생 예 · ○○ 야구단은 선수 하나하나가 모두 뛰어나다. 그러므로 ○○ 야구단은 뛰어난 야구단이다 · 산소는 불에 잘 타게 하는 성질을 갖고 있다. 물은 산소와 수소로 되어 있다. 그러므로 물은 불이 잘 타게 하는 성질을 지니고 있다
복합 질문의 오류	둘 이상의 질문이 하나의 답을 요구할 때 발생하는 오류. 대답하는 사람이 수긍할 수 없거나 혹은 수긍하고 싶지 않은 점을 수긍하게 하는 결과를 가져오는 질문을 하는 것 예 · 저한테 한 표를 던져 살기 좋은 나라를 건설해 보지 않으시겠습니까? · 형사 : 당신, 그 훔친 돈을 전부 유흥비에 썼지? 　용의자 : 아니에요 　형사 : 그럼 어디에 썼어? 　용의자 : 저 안 훔쳤다니까요 　형사 : 방금 훔쳤다고 했잖아. 솔직하게 말해
발생학적 오류	어떤 대상의 기원이 갖는 속성을 그 대상도 갖고 있다고 추측하는 데서 생기는 오류 예 · 예술은 원시 제천 의식에서 나왔다. 그러므로 현대의 음악도 제사의 목적을 띠고 있다 · 분석철학은 영미 제국주의의 철학이다. 따라서 제국주의 사상을 배격한다면 분석철학을 배워서는 안 된다

01 내용의 전개에 따라 바르게 배열한 것은? 2017 국가직 9급

> (가) 사물은 저것 아닌 것이 없고, 또 이것 아닌 것이 없다. 이쪽에서 보면 모두가 저것, 저쪽에서 보면 모두가 이것이다.
>
> (나) 그러므로 저것은 이것에서 생겨나고, 이것 또한 저것에서 비롯된다고 한다. 이것과 저것은 저 혜시(惠施)가 말하는 방생(方生)의 설이다.
>
> (다) 그래서 성인(聖人)은 이런 상대적인 방법에 의하지 않고, 그것을 절대적인 자연의 조명(照明)에 비추어 본다. 그리고 커다란 긍정에 의존한다. 거기서는 이것이 저것이고 저것 또한 이것이다. 또 저것도 하나의 시비(是非)이고 이것도 하나의 시비이다. 과연 저것과 이것이 있다는 말인가. 과연 저것과 이것이 없다는 말인가.
>
> (라) 그러나 그, 즉 혜시(惠施)도 말하듯이 삶이 있으면 반드시 죽음이 있고, 죽음이 있으면 반드시 삶이 있다. 역시 된다가 있으면 안 된다가 있고, 안 된다가 있으면 된다가 있다. 옳다에 의거하면 옳지 않다에 기대는 셈이 되고, 옳지 않다에 의거하면 옳다에 의지하는 셈이 된다.

① (가) – (나) – (다) – (라)
② (가) – (나) – (라) – (다)
③ (가) – (다) – (나) – (라)
④ (가) – (라) – (나) – (다)

01
지시어가 제시되지 않은 (가)가 맨 앞에 위치한다. (나)의 '혜시(惠施)가 말하는 방생(方生)의 설'이 (라)의 '즉 혜시(惠施)도 말하듯이'로 연결된다. 그리고 (라)의 '옳다에 의거하면 옳지 않다에 기대는 셈'이 되고, 옳지 않다에 의거하면 옳다에 의지하는 셈'이 (다)의 '이런 상대적인 방법'을 의미한다. 따라서 (나) – (라) – (다)로 연결된다.
정답 ②

02 다음 글에 대한 설명으로 적절하지 않은 것은? 2015 지방직 9급

> 몽타주는 두 개 이상의 상관성이 없는 장면을 배치함으로써 새로운 의미를 도출하는 것이다. 에이젠슈타인은 몽타주의 개념을 설명하기 위해 상형문자가 합해져서 회의문자가 만들어지는 과정에서 아이디어를 빌려 왔다. 그는 두 개의 묘사 가능한 것을 병치하여 시각적으로 묘사 불가능한 것을 재현하려 했다. 가령 사람의 '눈'과 '물'의 이미지를 충돌시켜 '슬픔'의 의미를 드러내며, '문' 그림 옆에 '귀' 그림을 놓아 '도청'의 이미지를 나타내는 식이다. 의미에 있어서 단일하고, 내용에 있어서 중립적이고 묘사적인 장면을 연결시켜 지적인 의미를 만들어 내는 것이 그가 구현하려 했던 몽타주의 개념이다.

① 몽타주는 상형문자의 형성 원리를 바탕으로 만들어진 기법이다.
② 몽타주는 묘사 가능한 대상을 병치하여 묘사 불가능한 것을 재현한다.
③ '눈'과 '물'의 이미지가 한 장면에 배치되어 '슬픔'이 표현된다.
④ '문'과 '귀'의 이미지가 결합하여 '도청'이라는 의미를 나타낸다.

02
몽타주는 '상형문자가 합해져서 회의문자가 만들어지는 과정에서 아이디어를 빌려' 온 것이므로 '상형문자의 형성 원리를 바탕으로 만들어졌다'고 말할 수 없다.
정답 ①

CHAPTER 02 화법

01 화법의 개념

1. 화법의 구성 요소

맥락

메시지

발신자 → 수신자

화자		말을 생산하는 사람. 청자 지향적인 태도를 갖추어야 함
청자		말의 내용을 수용하는 사람. 화자의 메시지를 자신의 경험과 지식을 바탕으로 재구성하여 수용하고, 말하는 상황이나 유형에 따라 듣는 방법을 달리함
메시지	언어적 메시지	언어 표현을 통해 어떤 정보를 담고 있는 메시지
	관계적 메시지	담화에 참여하는 사람들의 관계를 돈독하게 하려는 내용을 담은 메시지
맥락	상황 맥락	담화가 이루어지는 시간적 · 공간적 상황
	사회 · 문화적 맥락	의사소통에 관여하는 사회 · 문화적 상황

2. 화법의 표현 방식

(1) 언어적 표현

① 내용과 상황에 맞는 적절한 어휘를 선정한다.
② 어법에 맞게 말한다.
③ 표준어와 비표준어를 구별하여 사용한다.

(2) 반언어적 표현과 비언어적 표현

	억양	감정이나 의도에 따라 자연스럽게 변화를 주어 단조로움 회피
반언어적 표현	어조	말의 내용에 알맞게 달리함
	속도	청자가 자연스럽게 들을 수 있도록 빠르기 조절
	성량	1:1 대화는 너무 크지 않게 하는 것이 좋으며, 공적인 상황에서는 크게 말하는 것이 좋음

비언어적 표현	시선	상대에 따라 적절하게 조절
	표정	자신의 감정을 전달할 때는 표정에 자연스럽게 드러나는 것이 좋으나, 그렇지 않을 경우 감정이 표정에 드러나지 않도록 주의
	몸짓	문화적 차이를 이해하고, 오해를 받지 않도록 주의해서 사용

02 화법의 전략

1. 말하기 전략

(1) 배려하는 말하기 : 상대방에 대한 존중과 배려의 태도를 갖추는 데서 바람직한 의사소통이 시작된다.

① 상대방의 말에 맞장구를 쳐 준다.
② 상대방에게 관심을 보인다.
③ 상대방의 자신감을 북돋워 준다.
④ 긍정적인 측면에 초점을 둔다.
⑤ 상대방의 책임을 덜어 준다.

(2) 말하기 불안 : 여러 사람 앞에서 말을 하기에 앞서 또는 말을 하는 과정에서 개인이 경험하는 불안 증상

원인	• 말할 내용에 대한 준비 부족 및 주장에 대한 확신 결여 • 청중이 자신의 말을 어떻게 평가하고 반응할 것인가에 대한 염려 • 자신의 말에 대해 부정적으로 평가하거나 자신을 무능한 사람이라고 평가할지 모른다는 막연한 불안 심리 • 자아 개념이 부정적이거나 지나치게 소극적이고 부끄럼을 잘 타는 성격 • 대중 앞에서 말을 해 본 경험 부족 • 낯선 청중 및 친숙하지 않은 말하기 환경

⇓

대처 방안	카드식 실행 개요	• 말할 내용을 빠뜨리지 않고 말하도록 도움을 줌 • 카드를 보면서도 청중과의 교감 가능
	실제적 발표 연습	• 시간 안배에 큰 도움 • 심리적 안정감을 주어 말할 때의 두려움 감소
	인식의 전환	• 발표하는 것을 자신의 생각과 의견을 알릴 좋은 기회라고 생각 • 불안감을 긍정적으로 인식하도록 함 • 부정적 자아 개념, 강박 관념 등을 극복

☑ **확인문제**

다음 대담에 대한 설명으로 적절하지 않은 것은? 2016 국가직 9급

> **진행자** : 오늘은 우리의 전통 선박에 대해 재미있게 설명한 책인 「우리나라 배」에 대해 교수님과 이야기를 나눠보겠습니다. 김 교수님, 우리나라 전통 선박에 담긴 선조들의 지혜를 설명한 책 내용이 참 흥미롭던데요, 구체적인 사례 하나만 소개해주시겠습니까?
> **김 교수** : 판옥선에 담긴 선조들의 지혜를 소개해 드릴까 합니다. 혹시 판옥선에 대해 들어 보셨나요?
> **진행자** : 자세히는 모르지만 임진왜란 때 사용된 선박이라고 들었습니다.
> **김 교수** : 네. 판옥선은 임진왜란 때 활약한 전투함인데, 우리나라 해양 환경에 적합한 평저 구조로 만들어졌습니다.
> **진행자** : 아, 그렇군요. 교수님, 평저 구조가 무엇인지 말씀해 주시겠습니까?
> **김 교수** : 네, 그건 밑부분이 넓고 평평하게 만든 구조입니다. 그 때문에 판옥선은 수심이 얕은 바다에서는 물론, 썰물 때에도 운항이 가능했죠. 또한 방향 전환도 쉽게 할 수 있었습니다.
> **진행자** : 결국 섬이 많고 수심이 얕으면서 조수 간만의 차가 큰 우리나라 바다 환경에 적합한 구조라는 말씀이시군요?
> **김 교수** : 네. 그렇습니다.
> **진행자** : 선조들의 지혜가 참 대단합니다. 이런 특징을 가진 판옥선이 전투 상황에서는 얼마나 위력적이었는지 궁금한데, 더 설명해 주시겠습니까?

① 진행자는 김 교수에게 추가 설명을 요청하고 있다.
② 김 교수는 진행자의 의견에 동조하며 자신의 견해를 수정하고 있다.
③ 김 교수는 진행자의 부탁에 따라 소개할 내용을 선정하여 제시하고 있다.
④ 진행자는 김 교수의 설명을 듣고 자신의 이해가 맞는지 질문을 하고 있다.

정답해설
김 교수는 자신의 견해를 수정하지는 않았다.

정답 ②

(3) 부정적인 언어 : 상대방을 비하하고 낮잡아 이르는 표현이나 상대방을 차별하여 이르는 말

공격적 언어	다른 사람을 물리적·상징적으로 지배하기 위해 사람의 신체, 소유물, 정체성, 논쟁적인 사안에 대해 완벽하게 통제하려고 하는 모든 의사소통 행위	
	언어적 의사소통	• 인격과 능력에 대해 폄하하거나 부정적으로 평가하는 말 • 모욕적인 말이나 악담 • 놀리고 괴롭히며 조롱하고 저주하는 말 • 상스러운 말과 상대를 위협하는 말
	반언어적·비언어적 의사소통	• 목소리나 말투의 변화 • 찡그리거나 경멸하는 얼굴 표정 • 눈동자를 굴리거나 째려보는 행위
차별적 표현	• 신체적 특징 차별적 표현 : 장애, 용모 등 신체조건, 병력 등을 부각시키는 것 • 성차별적 표현 : 성별, 신체조건, 성 역할, 성별 속성, 성적 지향 등을 부각시키는 것 • 지역·국적 및 인종 차별적 표현 : 출신 지역, 국가, 민족, 인종, 피부색 등을 부각시키는 것 • 직업 및 지위 차별적 표현 : 직업, 종교, 혼인 여부, 임신 또는 출산, 가족 상황, 사상 또는 정치적 의견, 전과, 병력 등을 부각시키는 것	

⇓

• 상대방에게 모욕감과 수치심을 줌
• 언어 표현을 하는 사람이 자신의 인격을 스스로 훼손
• 공동체의 결속을 방해하고, 구성원들 간의 갈등을 불러일으킴

2. 듣기 전략

핵심 쏙 이론 │ 의사소통 목적에 따른 듣기의 유형

• 정보 전달 및 학습을 목적으로 하는 말하기(수업, 강연 등) → 정확하게 이해하며 듣기
• 상대방을 설득하려는 목적의 말하기(토론, 협상, 광고 등) → 비판적 듣기
• 친교를 목적으로 하는 대화 → 공감적 듣기

(1) 공감적 듣기 : 상대방의 말을 분석하거나 비판하기보다는 상대방의 말에 공감하며 상대방의 생각이나 감정을 깊이 있게 이해하면서 듣는 것

소극적인 들어주기	집중하기	상대방에게 관심을 표현하면서 대화 내용을 집중해서 듣는 방법 • 상대방을 잘 바라볼 수 있는 편안한 자세 • 자연스러우면서 적절한 상대와 눈 맞춤 • 상황에 맞는 적절한 반응을 통한 상대방에 대한 집중 예 선주 : 이모, 저 요새 많이 힘들어요 　　이모 : (선주의 눈을 맞추며) 우리 선주, 무슨 일 있니?
	격려하기	상대방이 대화를 계속 진행할 수 있도록 적절하게 반응하며 격려하는 방법 • 상대방이 계속 말을 할 수 있도록 대화를 이끌어 나감 • 주요한 어휘나 표현을 반복 • 미진한 부분에 대한 질문 예 선주 : 어렸을 때부터 피아니스트 말고는 생각해 본적이 없는데……. 저 피아니스트가 될 수 있을까요? 　　이모 : 그래. 선주는 어렸을 때부터 꼭 피아니스트가 되겠다고 했지. 이모는 선주 피아노 연주가 참 듣기 좋던데, 왜 그러니?
적극적인 들어주기	요약하기	상대방이 객관적 관점에서 문제에 접근할 수 있게 상대방의 말을 요약하여 말하는 방법 예 선주 : 요새 피아노 연습이 잘 안 돼요. 집중도 안 되고, 재미도 없고……. 연습 안 한다고 엄마한테 맨날 잔소리 들어요 　　이모 : 선주가 요새 피아노 연습하는 게 많이 힘들구나
	반영하기	상대방의 감정이나 의도를 헤아려 상대방이 한 말의 의미를 재구성해서 말해 주는 방법 • 상대방이 전달한 메시지를 어느 정도 이해했는지 나타냄 • 상대방이 청자의 말을 통해 자신의 혼란스러운 생각을 정리하도록 도움 예 선주 : 전 아무래도 피아노에 재능이 없는 것 같아요. 오늘 명은이가 피아노 치는 걸 봤는데 연주하는 게 저랑 완전히 차원이 다르더라고요 　　이모 : 아! 선주가 오늘 명은이가 피아노 치는 걸 보고 부러웠구나

(2) 비판적 듣기 : 정보를 무조건 수용하는 것이 아니라 상대가 전달한 메시지에 대해 판단하고 평가하며 듣는 것

신뢰성 평가	상대방이 제시하는 정보가 믿을만한지 판단 • 정확하지 않은 정보가 있는가? • 출처가 명확하지 않은 정보가 있는가? • 인정할 수 없는 권위를 근거로 한 정보가 있는가?
타당성 평가	주장과 근거가 이치에 맞는지 판단 • 주장을 뒷받침하는 근거가 있는가? • 근거가 충분한가? • 근거와 주장 간에 관련성이 있는가? • 근거에서 주장을 도출하는 과정에 오류가 없는가? • 근거에서 주장을 도출하는 데 영향을 미치는 다른 정보는 없는가?
공정성 평가	주장하는 바가 공평하고 정의로운 것인지 판단 • 주장하는 바가 어느 개인이나 특정 집단의 이익에 치우치지는 않았는가? • 주장하는 바가 사람이 지켜야 할 도리 및 현실의 이치에서 벗어나지 않았는가?

⇩

• 상대방의 말을 더 잘 이해할 수 있음
• 상대방의 말을 좀 더 합리적으로 판단할 수 있음
• 상대방의 말을 그대로 따르다 곤란한 상황에 빠질 위험을 줄일 수 있음

1. 대화

두 사람이 이상이 모여 말로써 자신의 생각이나 느낌을 표현하고 이해하는 상호교섭적 활동

2. 대화의 원리

(1) **공손성의 원리** : 대화할 때 상대방에게 공손하지 않은 표현은 최소화하고, 공손한 표현은 최대화하여 말해야 한다.

요령의 격률	상대방에게 부담이 되는 표현 대신 이익이 되는 표현을 할 것 예 책을 빌리러 갈 시간이 없어서 그런데 네가 책 좀 빌려주면 안 될까?
관용의 격률	문제를 자신의 탓으로 돌리는 표현을 하여 상대방이 이를 너그럽게 받아들이도록 말할 것 예 제가 내용을 잘 이해하지 못해서 그러는데 다시 한 번 설명해 주시겠어요?
칭찬의 격률	다른 사람에 대한 비방은 최대한 줄이고 칭찬을 많이 할 것 예 엄 선생님께서는 이렇게 재주 많은 따님을 두셔서 참 좋으시겠습니다
겸양의 격률	스스로를 낮추어 겸손하게 말할 것 예 부족한 솜씨인데 너그럽게 봐주셔서 감사합니다
동의의 격률	서로 의견이 다를 때, 차이점을 말하기보다 일치점을 강조하여 말할 것 예 주민 여러분께서 하수 처리장으로 인해 피해를 입을까봐 걱정하시는 것은 충분히 이해합니다. 따라서 비용이 더 들더라도 하수 처리장을 친환경적 공법으로 건립하고, 철저하게 관리하면서 1년에 한 번씩 주민 분들께 관리 현황 보고서를 보내 드리도록 하겠습니다

(2) 협력의 원리 : 대화 참여자가 대화의 목적에 성공적으로 도달하기 위해 서로 협력해야 한다.

양의 격률	대화의 목적에 필요한 양만큼 정보를 제공할 것 예 부적절한 예시 　민희 : 넌 언니가 있니? 　선영 : 아니 난 오빠가 있어. 오빠는 군대에 갔는데 1년 동안 사귄 여자 친구랑 헤어졌대
질의 격률	타당한 근거를 들어 진실을 말할 것 예 부적절한 예시 　선진 : 어제 동창회에서 노래 불렀다면서? 다들 칭찬하더라 　영빈 : 아니, 난 음악을 전공하지 않아서 노래를 못 불러. 그래서 어제도 안 불렀어 　희민 : 나 어제 네가 노래하는 걸 들었는데?
관련성의 격률	대화의 목적이나 주제와 관련된 것을 말할 것 예 부적절한 예시 　정석 : 지금 몇 시야? 　나리 : 시계 보면 되지. 지금 10시야 　정석 : 내가 시간을 몰라서 물어본 거니? 왜 이렇게 늦었냐고?
태도의 격률	모호하거나 중의적인 표현을 피하고, 간결하고 조리 있게 말하되 언어 예절에 맞게 말할 것 예 부적절한 예시 　선생님 : 상혁아, 넌 일 년에 책을 몇 권정도 읽니? 　상혁 : 그게 그러니까 책을 읽을 때는 많이 읽고, 안 읽을 때도 있고……

(3) 순서 교대의 원리 : 대화할 때 적절하게 순서를 교대해 가면서 말을 주고받아야 한다.

① 의사소통 상황에 맞게 화자와 청자의 역할이 원활하게 교대되어야 한다.

② 대화를 할 때는 대화의 흐름을 잘 살펴 자신의 대화 순서에 맞게 적절한 말을 해야 한다.

③ 상대방이 말하는 도중에 끼어들어서는 안 된다.

④ 대화를 독점하여 혼자만 말하지 않도록 해야 한다.

⑤ 대화의 화제와 상관없는 말을 해서는 안 된다.

⑥ 침묵만 지켜서는 안 된다.

　예 부적절한 예시

> 보라 : 오늘은 바람이 차네. 날씨가 더 추워지기 전에 단풍 구경을 가야 할 텐데. 어디로 갈까?
>
> 수현 : 일기예보에서 날씨가 춥다고 해서 새로 산 코트를 입고 나왔어. 어때?
>
> 보라 : 예쁘다. 잘 어울려. 그런데 우리 단풍 구경……
>
> 수현 : 코트가 생각보다 비싸서 고민했는데 마침 할인을 한다고 해서 샀어. 이 코트가 잘 어울린다고 칭찬을 얼마나 많이 들었는지 몰라. 그런데 코트를 옷장에 걸려고 보니까 옷장이 엉망인 거야. 그래서 이참에 옷장 정리하면서 옷을 많이 버렸어. 그러고 나니까 입을 게 없는 거 있지. 옷을 몇 벌 더 사야 할까봐

☑ 확인문제

다음 글을 근거로 할 때, 〈보기〉의 대화에서 ⓒ의 대답이 갖는 특징으로 적절하지 않은 것은? 　2016 국가직 9급

> 　그라이스(Grice)는 원활한 대화 진행을 위한 요건으로 네 가지의 '협력의 원리'를 제시한 바 있다. 첫째, 주고받는 대화의 목적에 필요한 만큼만 정보를 제공하고 필요 이상의 정보를 제공하지 말라는 양의 격률이다. 둘째, 진실한 정보만을 제공하도록 노력하고 증거가 불충한 것은 말하지 말라는 질의 격률이다. 셋째, 해당 대화 맥락과 관련되는 말을 하라는 관련성의 격률이다. 넷째, 모호하거나 중의적인 표현을 피하고 간결하고 조리 있게 말하라는 태도의 격률이다. 그러나 모종의 효과를 위해 이 네 가지의 격률을 위배하는 일은 일상 대화에서 빈번하게 이루어지는데, 일반적으로 언중들은 그것을 자연스럽게 받아들일 뿐 아니라 때에 따라서는 협력의 원리를 지키는 것이 예의에 어긋난 경우도 많다.

보기
　대화(1)
　㉠ : 체중이 얼마나 되니?
　㉡ : 55kg인데 키에 비해 가벼운 편입니다.
　대화(2)
　㉠ : 얼마 전 시민 운동회가 있었다며?
　㉡ : 응. 백 미터 달리기에서 비행기보다 빠른 사람을 봤어.
　대화(3)
　㉠ : 너 몇 살이니?
　㉡ : 형이 열일곱 살이고, 저는 열다섯 살이지요.
　대화(4)
　㉠ : 점심은 뭐 먹을래?
　㉡ : 생각해 보고 마음 내키는 대로요.

① 대화(1) : 관련성의 격률을 위배하였다.
② 대화(2) : 질의 격률을 위배하였다.
③ 대화(3) : 양의 격률을 위배하였다.
④ 대화(4) : 태도의 격률을 위배하였다.

정답해설

대화(1)에서 ㉡은 체중 외의 정보도 제공하여 '양의 격률'을 위배하였으나, 대화 맥락을 벗어난 말은 하지 않았으므로 '관련성의 격률'을 위배한 것은 아니다.

정답 ①

'샛강을 어떻게 살릴 수 있을까?'라는 주제에 대해 토의하고자 한다. 이에 대한 설명으로 적절하지 않은 것은?

2016 지방직 9급

토의는 어떤 공통된 문제에 대해 최선의 해결안을 얻기 위하여 여러 사람이 의논하는 말하기 양식이다. 패널 토의, 심포지엄 등이 그 대표적 예이다. ㉠ 패널 토의는 3~6인의 전문가들이 사회자의 진행에 따라, 일반 청중 앞에서 토의 문제에 대한 정보나 지식, 의견이나 견해 등을 자유롭게 주고받는 유형이다. 토의가 끝난 뒤에는 청중의 질문을 받고 그에 대해 토의자들이 답변하는 시간을 갖는다. 이 질의·응답 시간을 통해 청중들은 관련 문제를 보다 잘 이해하게 되고 점진적으로 해결 방안을 모색하게 된다. ㉡ 심포지엄은 전문가가 참여한다는 점, 청중과 질의·응답 시간을 갖는다는 점에서는 패널 토의와 그 형식이 비슷하다. 다만 전문가가 토의 문제의 하위 주제에 대해 서로 다른 관점에서 연설이나 강연의 형식으로 10분 정도 발표한다는 점에서는 차이가 있다.

① ㉠과 ㉡은 모두 '샛강 살리기'와 관련하여 전문가의 의견을 들은 이후, 질의·응답 시간을 갖는다.
② ㉠과 ㉡은 모두 '샛강을 어떻게 살릴 수 있을까?'라는 문제에 대해 최선의 해결책을 얻기 위함이 목적이다.
③ ㉡은 토의자가 샛강의 생태적 특성, 샛강 살리기의 경제적 효과 등의 하위 주제를 발표한다.
④ ㉠은 '샛강 살리기'에 대해 찬반 입장을 나누어 이야기한 후 절차에 따라 청중이 참여한다.

정답해설
찬반 입장을 나누어 이야기를 하는 것은 토의(討議)가 아닌 토론(討論)의 특징이다.

정답 ④

3. 토의

공동체의 문제점을 해결하기 위한 의사소통의 과정

(1) 종류

공식 토의	포럼	• 토의자가 강연을 하고 청중이 직접 참여하여 질문이나 의견을 제시 • 청중의 참여가 적극적으로 이루어질 수 있는 토의 방식
	심포지엄	• 권위자 또는 전문가의 주제 발표 후 청중들이 토의 문제를 여러 측면에서 나누어 발표하는 방식 • 연사가 처음부터 청중을 상대로 강연하고 청중과 직접 의사 교환을 함 • 해결책이 제한된다는 단점
	패널토의	• 패널들이 청중 앞에서 토의를 하고, 사회자의 유도에 따라 청중이 참여하는 방식 • 개별적 발표를 거치지 않고 직접 상호 간 토의에 참여 • 다양한 결론이 예상되는 논제를 토의하는 데 적합
비공식 토의	원탁토의	• 소규모 집단이 평등한 입장에서 자유롭게 비공식적으로 의견을 나누는 방식 • 토의 문제에 대한 의사 결정이 쉬움

(2) 토의 구성원의 역할

사회자	• 참여자들에게 토의 문제를 명확하게 규정 • 토의 절차에 따라 토의 참여자들이 논의할 사항을 제시 • 토의 참여자들에게 발언 기회를 공정하게 배분 • 토의 내용을 요약하고 종합하면서, 해결방안을 얻는 방향으로 토의를 유도해야 함 • 토의 참여자들 사이의 갈등과 의견 충돌을 조정하고 해결해야 함
토의 참여자	• 토의 문제에 대한 사전 지식을 갖추고 해결방안을 마련해야 함 • 토의에 적극적으로 참여하여 토의 목적을 달성해야 함 • 토의 절차를 숙지하고 사회자의 지시에 따라 질서를 지켜야 함 • 다른 참여자의 발언권 및 의사를 존중해야 함 • 자기의 주장을 말할 때는 발언권을 얻어 조리 있고 분명하게 표현해야 함

4. 토론

생활 속 문제나 사회적 이슈에 대해 서로 다른 의견을 가지고 상대를 설득하는 과정

(1) 논제 : 토론을 통해 해결하고자 하는 문제

사실 논제	사실에 대한 참과 거짓을 가리는 논제 예 독도는 대한민국의 영토이다
가치 논제	특정 신념이나 가치의 정당성이나 그것이 쟁점이 되는 현안을 평가하는 정의나 기준의 적절성을 평가하는 논제 예 연예인의 특기자 전형 입학은 정당하다

정책 논제	특정 정책이나 일련의 행동에 대해 채택 여부를 가리는 논제 예 일광 절약 시간제를 도입하자

(2) 과정

사회자의 논제 제시 및 논제에 대한 설명	→	쟁점에 대한 입론 및 상대편 토론자에 대한 논박	→	상대편 입론에 대한 반론	→

최종 반론 및 주장의 타당성 설명	→	논의된 내용의 정리 및 발표	→	판정

(3) 유형

① 고전식 토론 : 어떤 논제에 대해 찬성 측과 반대 측 각 2명이 한 조가 되어 토론한 후 배심원 또는 청중이 거수나 투표로 평결을 한다.

구분	찬성 측		반대 측	
	제1토론자	제2토론자	제1토론자	제2토론자
입론	① 발제와 입론		② 공박과 입론	
		③ 반박과 입론		④ 논박과 입론
반론	⑥ 공박과 변호		⑤ 반론과 변호	
		⑧ 논박과 변호		⑦ 반박과 변호

② 반대 신문식 토론 : 어떤 논제에 대해 찬성 측과 반대 측이 상대방에게 질문을 하여 상대방의 논지를 반박함으로써 승부를 가린다.

구분	찬성 측		반대 측	
	제1토론자	제2토론자	제1토론자	제2토론자
입론	① 입론			② 교차 조사
	④ 교차 조사		③ 입론	
		⑤ 입론	⑥ 교차 조사	
		⑧ 교차 조사		⑦ 입론
반론	⑩ 반박		⑨ 반박	
		⑫ 반박		⑪ 반박

다음의 여러 조건에 가장 잘 맞는 토론 논제는? 2019 국가직 9급

- 긍정 평서문으로 제시되어야 한다.
- 찬성과 반대의 대립이 분명하게 나타나야 한다.
- 쟁점이 하나여야 한다.
- 찬성이나 반대 어느 한 편에 유리하게 작용하는 정서적 표현을 사용해서는 안 된다.

① 징병제도는 유지해야 한다.
② 정보통신망법을 개선할 수는 없다.
③ 야만적인 두발 제한을 폐지해야 한다.
④ 내신 제도와 논술 시험을 개혁해야 한다.

정답해설
징병제도는 유지해야 한다.
- 유지해야 한다. → '긍정 평서문'이어야 한다는 조건에 부합한다.
- 징병제도를 유지해야 한다(찬성). / 징병제도를 폐지해야 한다(반대). → '찬성과 반대의 대립'이 분명해야 한다는 조건에 부합한다.
- 징병제도의 유지 여부(쟁점) → 하나의 쟁점'이라는 조건에 부합한다.
- 정서적 표현을 파악할 수 없다. → 한쪽에 치우친 정서적 표현 금지'라는 조건에 부합한다.

정답 ①

토론자들의 주장을 가장 적절하게 분석한 것은?　　2016 지방직 9급

> 사회자 : 최근 보이스피싱 범죄가 모든 금융권으로 확산되면서 피해액이 늘어나고 있습니다. 이에 금융 당국이 은행에도 일부 보상 책임을 지게 하는 방안을 검토하는 것으로 알려지고 있습니다. 이에 대해 어떻게 생각하십니까?
> 영수 : 개인들이 자신의 정보를 잘못 관리한 책임까지 은행에서 진다는 것은 문제가 있습니다. 도와드릴 수 있다면 좋겠지만, 은행 입장에서도 한계가 있는 부분이 있어 안타까울 뿐입니다.
> 민수 : 소비자들이 자신의 개인 정보 관리에 다소 부주의함이 있다는 것은 인정합니다. 그러나 개인의 부주의를 얘기하는 것보다는 정부가 근본적인 해결책을 모색하는 것이 더욱 시급합니다.

① 영수와 달리, 민수는 보이스피싱 피해에 대한 책임을 소비자에게만 전가해서는 안 된다고 생각한다.
② 영수와 민수는 보이스피싱 범죄의 확산에 대한 일차적 책임이 은행과 정부에 있다고 생각한다.
③ 영수와 민수는 보이스피싱 범죄로 인한 피해를 방지하기 위해 은행에서 노력하고 있다고 생각한다.
④ 영수는 보이스피싱 범죄를 근본적으로 해결하기 위해 은행의 역할을, 민수는 정부의 역할을 강조한다.

정답해설

영수는 보이스피싱 피해에 대한 책임이 개인에게 있으며, 이를 은행에서 진다는 것은 적절하지 않다고 보는 입장이다. 반면 민수는 보이스피싱에 대한 책임을 개인의 부주의로만 볼 것이 아니라 정부 차원에서 해결책을 찾아야 한다고 보고 있다.

정답 ①

(4) 토론 구성원의 역할

사회자	• 토론의 논제를 소개하고 토론 규칙을 미리 알려줄 것 • 토론이 원만하게 이루어지도록 공정하게 토론을 진행 • 중간에 토론자의 발표 내용을 요약·정리하고, 적절한 질문을 하여 토론 진행을 도움 • 토론 참여자 간에 의견 대립이 심할 경우 중재
토론 참여자	• 토론의 규칙을 지키고, 상대편의 의견을 경청 • 자신의 주장을 조리 있고 분명하게 제시하고, 상대방의 주장을 논리적으로 반박 • 타당한 근거와 구체적인 증거자료를 들어 의견을 분명하게 제시
청중	• 객관적인 입장에서 찬성 측과 반대 측의 발언을 경청 • 논거의 정확성, 타당성, 신뢰성을 평가 • 토론에 집중하여 토의가 잘 진행될 수 있도록 도움

핵심 (쏙) 이론 | 상대방의 주장을 평가하는 기준

신뢰성	상대방이 근거로 제시한 정보나 자료가 믿을 만한지를 따져 보아야 함
타당성	상대방의 주장과 근거가 이치에 맞고 합리적인지를 검토해 보아야 함
공정성	상대방의 주장이 공평하고 정의로운지를 판단해 보아야 함

5. 연설

여러 사람 앞에서 자기의 생각을 말하는 공적인 말하기

(1) 특징

① 듣는 이를 설득하기 위한 말하기이다.
② 듣는 이의 행동 및 태도를 변화시켜 문제를 해결하기 위한 것이다.
③ 다수의 청중을 상대로 하는 말하기이다.

(2) 과정

과정	방법
계획하기	• 문제 상황을 파악하고, 문제점이 발생한 원인과 문제 해결의 필요성을 탐색 • 문제 상황에 적절한 대안을 생각 • 청중 분석 : 청중의 규모(인원수), 연령, 성별, 관심, 흥미, 성향, 지적 수준, 태도

⇓

내용 선정하기	• 실효성 있는 주장을 핵심 주장과 하위 주장으로 나누어 구체화 • 예상되는 반대 의견(반론)을 고려 • 객관적인 자료를 바탕으로 근거를 준비

⇓

내용 조직하기 (3단 구성)	• 처음 : 주제와 관련지어 듣는 이의 흥미를 끌 수 있는 내용을 구성 • 중간 : 해결하여야 할 문제와 그 문제에 대한 구체적인 해결 방안(주장) 제시. 그것을 뒷받침할 수 있는 근거 마련 • 끝 : 내용을 희망적으로 마무리하고, 듣는 이의 실천을 요구하는 내용 제시

⇓

표현하기	• 듣는 이가 이해하기 쉽게 문장이나 낱말을 여러 번 반복하여 사용 • 여러 사람 앞에서 말하기 위한 것이므로 높임말 사용 • 청중의 요구를 고려하여 청중이 공감할 수 있도록 표현 • 강조성 : 중심 내용을 강하고 분명하게 제시 • 통일성 : 연설의 내용이 하나의 주제를 중심으로 산만하지 않게 전개되어야 함

⇓

연설하기	• 듣는 이의 특징과 연설시간을 고려 • 발음을 분명하게 하고, 말의 속도를 너무 빠르지 않게 조절 • 연설내용에 맞는 반언어적 · 비언어적 표현을 활용 • 시선 처리는 자신감 있게 하고, 청중 모두를 골고루 쳐다볼 것 • 연설을 매끄럽게 진행할 수 있도록 충분히 연습

핵심 쏙 이론 │ **연설의 종류**

정보 전달 연설	지식이나 정보를 알려 주기 위한 연설
설득 연설	청중의 생각이나 행동이 바뀌도록 유도하는 연설
환담 연설	상대편을 즐겁게 하기 위한 연설

6. 협상

개인이나 집단 간에 존재하는 의견 차이나 갈등을 해소하기 위하여 당사자나 대표자가 협의하는 일

(1) 필요성

갈등 · 문제의 발생		합리적 조정
• 배경, 가치관, 생활 태도의 차이 • 생각과 입장의 차이 • 목표와 이익의 차이	→ 협상 →	개인이나 집단 간의 충돌을 막고 조화로운 관계를 유지할 수 있게 해 준다.

(2) 협상의 절차

문제 상황 찾기	의견 대립으로 인해 갈등이 발생할 만한 문제 상황 모색

⇓

문제 분석하기	문제의 중요성, 갈등의 원인 및 당사자들에게 미친 영향, 문제 해결 가능성을 따져 협상의 필요성을 점검

⇓

의견 교환하기	시간과 장소를 정하여 갈등의 상대와 만나 문제를 확인하고 서로의 요구사항을 전달

⇓

의견 이해하기	상대방의 의견을 경청하고 상대의 처지와 요구 사항을 이해하며 자신이 양보할 것과 받아들여야 할 것이 무엇인지 판단

⇓

문제 해결하기	협의와 조정을 통하여 문제를 해결

(3) 협상의 바람직한 태도와 전략

① 협상의 쟁점과 갈등 상황을 분명하게 하되 상대방의 입장과 처지를 이해한다.

② 갈등 해결을 위하여 문제에 적극적으로 나선다.

③ 요구 사항, 양보할 수 있는 것 등을 구체적으로 결정하고 유연하게 대처한다.

④ 대표자의 권한과 한계를 확실하게 해두고 공평한 절차를 협의한다.

⑤ 반박에 대응하는 등 다양한 상황에 적절하게 대처하고 반론을 펼친다.

⑥ 상대방의 의견을 요약해서 말하기, 비언어적 표현 활용하기, 상대방의 처지에 공감 표명하기 등 협의와 존중을 통해 문제를 해결 한다.

01 다음 대화 상황에서 의사소통에 장애가 일어났다고 한다면, 그 이유로 가장 적절한 것은?

2018 지방직 9급

> **교사** : 동아리 보고서를 오늘까지 내라고 하지 않았니?
> **학생1** : 네, 선생님. 다정이가 다 가지고 있는데, 아직 안 왔어요.
> **교사** : 이거, 큰일이네. 오늘이 마감인데.
> **학생1** : 그러게요. 큰일이네요. 다정이가 집에도 없는 것 같아요.
> **학생2** : 어떡해? 다정이 때문에 우리 모두 점수 깎이는 거 아니야? 네가 동아리 회장이니까 네가 책임져.
> **학생1** : 아니, 뭐라고? 다정이가 보고서 작성하기로 지난 회의에서 결정한 거잖아.
> **교사** : 자, 그만들 해. 이럴 때가 아니잖아. 어서 빨리 다정이한테 연락이나 해 봐. 지금 누구 잘 잘못을 따질 상황이 아니야.
> **학생3** : 제가 다정이 연락처를 아니까 연락해 볼게요.

① 교사가 권위적인 태도로 상황을 무마하려 하고 있다.
② 학생1이 자신의 책임을 면하기 위해 변명으로 일관함으로써 의사소통이 단절되고 있다.
③ 학생2가 대화 맥락을 고려하지 않고 끼어들어 책임을 언급함으로써 갈등이 생겨나고 있다.
④ 학생3이 본질과 관계없는 말을 언급함으로써 상황을 무마하려고 하고 있다.

01

학생2는 다정이가 동아리 보고서를 가지고 오지 못한 상황에서 동아리 회장한테 그 책임을 묻고 있다. 즉, 학생 2가 대화 맥락을 고려하지 않고, 문제 원인을 제대로 짚어내지 못한 상황에서 끼어들면서 갈등이 생겨나고 있음을 확인할 수 있다.

정답 ③

02 토론에서 사회자가 하는 역할에 대한 설명으로 가장 적절한 것은?

2019 지방직 국어 9급

① 토론을 시작하면서 논제가 타당한지 토론자들의 의견을 묻는다.
② 토론자들에게 토론의 전반적인 방향과 유의점에 대해 안내한다.
③ 청중의 의견을 수렴하여 대안을 제시함으로써 쟁점을 약화시킨다.
④ 토론자의 주장과 논거를 비판하는 견해를 개진하여 논쟁의 확산을 꾀한다.

02

토론에서 사회자는 기본적으로 토론이 절차에 따라 원만하게 이루어질 수 있도록 진행하는 역할을 한다. 따라서 사회자는 토론을 시작할 때 토론자들이 토론의 논제를 정확하게 이해하고, 토론의 규칙을 잘 지키면서 의견을 제시할 수 있도록 토론의 전반적인 방향과 유의점에 대해 안내한다.

정답 ②

CHAPTER 03 작문

PART 04 비문학

☑ 확인문제

다음의 개요를 기초로 하여 글을 쓸 때, 주제문으로 가장 적절한 것은?

2017 지방직 9급

서론 : 최근의 수출 실적 부진 현상
본론 : 수출 경쟁력의 실태 분석
1. 가격 경쟁력 요인
ㄱ. 제조 원가 상승
ㄴ. 고금리
ㄷ. 환율 불안정
2. 비가격 경쟁력 요인
ㄱ. 기업의 연구 개발 소홀
ㄴ. 품질 개선 부족
ㄷ. 판매 후 서비스 부족
ㄹ. 납기의 지연결론 : 분석 결과의 요약 및 수출 경쟁력 향상 방안 제시

① 정부가 수출 분야 산업을 적극 지원해야 한다.
② 내수 시장의 기반을 강화하는 데 역량을 모아야 한다.
③ 기업이 연구 개발비 투자를 늘리고 품질 향상에 많은 노력을 기울여야 한다.
④ 수출 경쟁력을 좌우하는 요인을 분석한 후 그에 맞는 방안을 마련해야 한다.

정답해설

'문제 제기 – 문제에 대한 분석 – 해결 방안'이라는 구조의 개요이므로 주제문으로 적절한 것은 ④ '수출 경쟁력을 좌우하는 요인을 분석한 후 그에 맞는 방안을 마련해야 한다.'이다.

정답 ④

1. 쓰기의 과정

글쓴이가 여러 가지 생각을 펼쳐 나가며 의미를 구성하는 과정

계획하기	작문 상황(글쓴이의 입장, 예상 독자의 요구, 글의 주제, 글을 쓰는 목적)을 분석하고, 그 결과를 바탕으로 어떤 내용을 어떤 방법으로 쓸지 결정	

⇓

내용 생성하기	작문 상황에 맞게 내용을 선정	
	브레인스토밍	목표 지향적으로 아이디어를 탐색해 나가는 활동으로 주제와 관련해 떠오르는 생각을 비판하지 않고 가능한 한 많이 떠올리는 방법
	자유 연상법	머릿속에 꼬리에 꼬리를 물고 떠오르는 생각의 흐름을 따라가면서 연쇄적으로 내용을 떠올리는 방법
	개요 작성	글에 포함되는 내용 간의 관계를 어구나 문장 형태로 제시하는 방법
	내용 구조도 활용	글의 주요 내용을 위계, 구조나 순서 등을 고려하여 그림이나 도표 형태로 표현하는 방법

⇓

내용 조직하기	생성한 내용을 짜임새 있게 배열	
	시간적 조직 방법	중심 내용을 사건이 발생한 순서대로 배열하는 방법
	공간적 조직 방법	중심 내용을 공간적 구조에 따라 순차적으로 배열하는 방법
	논리적 조직 방법	중심 내용을 문제와 해결, 원인과 결과, 주제별 구성 등 내용 사이의 관계에 따라 배열하는 방법

⇓

표현하기	독자가 내용을 쉽게 이해할 수 있고, 글쓴이 자신의 의도를 효과적으로 전달할 수 있도록 글로 표현

⇓

고쳐 쓰기	초고를 수정하고 보완

2. 내용을 조직할 때 고려할 점

(1) 내용 조직의 원리

통일성	글의 여러 내용이 하나의 주제로 밀접하게 연관되어야 함
응집성	글을 구성하는 내용들이 표면적으로 긴밀하게 연결되어야 함

(2) 일반적인 글의 구성 방식

처음	• 화제 및 문제 상황 제시 • 글의 목적 및 글을 쓴 동기 제시 • 화제 및 문제에 대한 관심 유발
중간	• 분석, 분류, 예시 등의 방법을 활용해 세부 내용 설명 • 문제의 원인을 분석하고 원인에 따른 구체적인 해결 방안 제시
끝	• 내용의 요약 및 정리 • 주제 및 주장 강조

3. 표현할 때 고려할 점

(1) 작문 상황에 맞는 단어를 선택한다.

(2) 어법에 맞는 문장을 구사한다.

(3) 적절한 표현 기법과 효과적이고 개성적인 문체를 사용한다.

(4) 시각 자료를 효과적으로 활용한다.

4. 고쳐 쓸 때 고려할 점

(1) 고쳐 쓰기의 원칙

부가의 원칙	글의 흐름에 따라 필요한 부분을 채워 넣고, 글을 쓴 의도가 잘 드러나는지, 이해하기 어려운 부분은 없는지, 논리적으로 타당한지 평가하여 고쳐 씀
삭제의 원칙	글의 흐름에 불필요하거나 지나치게 많이 들어간 내용을 삭제하고, 과장되었거나 표현이 장황하고 조잡하거나 전달 의도가 불분명한 부분은 과감하게 삭제
재구성의 원칙	내용을 효과적으로 전달하기 위하여 문단의 순서를 조정하거나, 자료의 배치 순서를 변경하고, 논리적인 구조를 고려하여 문장의 순서를 바꿈

〈보기〉를 근거로 판단할 때, ⊙∼@ 중 적절하지 않은 것은?

2018 국가직 9급

─ 보기 ─

통일성은 글의 내용이 하나의 주제로 긴밀하게 관련되는 특성을 말한다. 초고의 적절성을 평가할 때에는 글의 내용이 하나의 주제를 드러낼 수 있도록 선정되었는지, 그리고 중심 내용에 부합하는 하위 내용들로 선정되었는지를 검토한다.

사람들은 대개 수학 과목이 어렵다고 한다. 하지만 나는 수학 시간이 재미있다. ⊙ 바로 수업을 재미있게 진행하시는 수학 선생님 덕분이다. 수학 선생님은 유머로 딱딱한 수학 시간을 웃음바다로 만들곤 한다. ⓒ 졸리는 오후 시간에 뜬금없이 외국으로 수학여행을 가자고 하여 분위기를 부드럽게 만든 후 어려운 수학 문제를 쉽게 설명한 적도 있다. 그래서 우리 학교에서는 수학 선생님의 인기가 시들 줄 모른다. ⓒ 그리고 수학 선생님의 아들이 수학을 굉장히 잘한다는 소문이 나 있다. @ 내 수학 성적이 좋아진 것도 수학 선생님의 재미있는 수업덕택이다.

① ⊙
② ⓒ
③ ⓒ
④ @

정답해설

제시문의 요지는 수학 수업을 재미있게 진행하는 수학 선생님 덕분에 수학이 재미있다는 것이다. 따라서 ⓒ의 수학 선생님의 아들이 수학을 잘한다는 내용과는 아무런 연관 관계가 없기 때문에 통일성에 위배된다.

정답 ③

(2) 고쳐 쓰기의 과정

글 전체 수준	• 제목이 적절한지 판단 • 주제나 목적에 따라 체계적으로 구성되었는지 점검 • 문단의 연결 관계를 확인하고, 불필요한 내용을 삭제
문단 수준	• 한 문단에 하나의 중심 생각만 있는지 확인 • 논지가 명확하게 드러났는지 살펴보기 • 중심 문장과 뒷받침 문장이 긴밀하게 연결되었는지 확인 • 문장의 제시 순서와 문단의 길이를 점검
문장 수준	• 문장의 길이가 적절한지 살펴보기 • 상투적인 표현이나 의미 없는 표현을 삭제 • 어법 및 문장 성분의 호응 관계를 판단 • 모호하거나 중의적인 문장을 명확한 문장으로 고쳐 씀 • 불필요한 피동 표현이나 번역 투의 표현을 고쳐 씀 • 접속어 및 지시어가 적절하게 사용되었는지 판단
단어 수준	• 불필요하거나 빠뜨린 단어가 없는지 살펴보기 • 단어가 적절하게 쓰였는지 검토 • 맞춤법과 띄어쓰기를 점검 • 한자어나 외국어를 무분별하게 사용하지 않았는지 확인

기출로 **실력** 완성

01 리더십 부재와 잘못된 정책을 '등산'에 빗대어 설명한 것으로 가장 적절한 것은?

2015 국가직 9급

① 사공이 많으면 배가 산으로 간다는 속담처럼 말이 많으면 어느 산을 오를 것인지 결정할 수 없습니다.

② 등산로를 잘 알지 못하더라도 길잡이가 용기 있는 결단을 내리면 많은 사람들이 등산에 성공할 수 있습니다.

③ 길잡이가 방향을 잘못 가리키고 혼자 가 버리면 많은 사람들이 산 정상에 오를 수 없어 등산의 기쁨을 맛볼 수 없습니다.

④ 등산의 목적은 다른 사람들보다 먼저 봉우리에 올랐다는 기쁨 그 자체이므로 길잡이는 항상 등산하는 사람들이 경쟁할 수 있도록 도와야 합니다.

02 다음 글을 고쳐 쓰기 위한 방안으로 적절하지 않은 것은?

2017 국가직 하반기 9급

> 산업 폐기물 처리장이 들어서게 될 지역 주민들도 그 시설의 필요성은 인정하고 있다. ㉠ 그리고 그런 시설이 자기 고장에 들어서는 것을 받아들이려는 사람은 많지 않다. ㉡ 그 필요성은 인정하지만, 내 고장에는 안 된다는 것이다. 이러한 태도는 공공의 이익을 외면하는 ㉢ 지역 이기주의에 다름 아니다. 잊지 말아야 할 사실은 폐기물 처리장 건설을 뒤로 미루면 그로 인한 피해가 결국 ㉣ 우리 모두에게 돌아온다. 나와 내 이웃이 공존할 수 있는 사회를 만들기 위해서는 지역 이기주의를 타파해야 한다.

① ㉠은 앞뒤 문장을 자연스럽게 연결하기 위해 '그러나'로 바꾼다.

② ㉡은 주제와 상관없는 내용이므로 문단의 통일성을 위해 삭제한다.

③ ㉢은 우리말답지 않은 표현으로 '지역 이기주의이다'로 순화한다.

④ ㉣은 주어와 호응하지 않으므로 '우리 모두에게 돌아온다는 것이다'로 고친다.

03 다음 글을 고쳐 쓰기 위한 생각으로 적절하지 않은 것은?

2016 지방직 9급

> 창의적 사고는 기존의 사고방식을 ㉠ 돌파하는 데서 출발한다. 기본적으로 기존의 이론과 법칙을 비판적으로 살펴보고 자신만의 독창적 아이디어를 만들어 내는 일이 중요하다. ㉡ 그러나 이러한 창의적 사고가 단순히 개인의 독특함에서만 비롯되는 것은 아니다. 더욱 중요한 것은 창의적 사고가 사회적 · 문화적 환경과 적절한 교육을 통해 ㉢ 길러진다. 따라서 ㉣ 자신의 창의성을 계발하기 위해 주변의 사물을 비판적이고 새로운 시각으로 보는 노력을 게을리해서는 안 된다.

① ㉠ : 단어의 쓰임이 어색하므로 '탈피하는'으로 고친다.

② ㉡ : 앞뒤 문장을 자연스럽게 잇지 못하므로 '또한'으로 고친다.

③ ㉢ : 주술 호응이 되지 않으므로 '길러진다는 점이다'로 고친다.

④ ㉣ : 주장을 포괄하지 못하므로 '환경과 교육의 중요성'을 강조하는 내용으로 고친다.

01

'길잡이'가 리더, '방향을 잘못 가리키는 것'이 잘못된 정책, '혼자 가 버리는 것'이 리더십의 부재를 의미한다.

정답 ③

02

㉡은 앞부분의 '산업 폐기물 처리장이~시설의 필요성은 인정하고 있다.', '그런 시설이~자기 고장에 들어서는 것을 받아들이려는 사람은 많지 않다.'라는 내용을 요약한 문장이다. 따라서 통일성을 근거로 ㉡의 문장을 삭제하는 것은 적절하지 않다.

정답 ②

03

㉡ : 접속부사 '그러나'의 앞 문장에서는 자신만의 독창적 아이디어를 만드는 일이 중요하다고 하지만 뒤 문장에서는 창의적 사고가 단순히 개인의 독특함에서 비롯되는 것이 아니라고 하고 있다. 따라서 병렬 관계에 쓰이는 '또한'으로 고치는 것은 적절하지 않으며, 역접의 접속 부사 '그러나'를 쓰는 것이 적절하다.

정답 ②

자몽;

스스로 꿈꾸다

PART

05

어휘

CHAPTER 01 고유어

01 단위를 나타내는 말

1. 특정 사물을 세는 말

용어	개념	용어	개념
가리	• 단으로 묶은 곡식이나 장작 따위를 차곡차곡 쌓은 더미 • 곡식이나 장작 따위의 더미를 세는 단위. 한 가리는 스무 단 예 불이 나서 장작 두 가리가 다 타버렸다	모숨	• 한 줌 안에 들어올 만한 분량의 길고 가는 다란 물건 • 길고 가느다란 물건의, 한 줌 안에 들어올 만한 분량을 세는 단위 예 담배 한 모숨
가웃	되, 말, 자를 셀 때, 그 분량의 약 반에 해당하는 양의 단위를 나타내는 말 예 한 말 가웃	뭇	• 짚, 장작, 채소 따위의 작은 묶음을 세는 단위 • 볏단을 세는 단위 • 생선을 묶어 세는 단위. 한 뭇은 생선 열 마리를 이름 예 삼치 다섯 뭇 • 미역을 세는 단위. 한 뭇은 미역 열 장을 이름
갈이	논밭 넓이의 단위. 소 한 마리가 하루에 갈 만한 넓이로 대략 2,000평 정도를 의미함 예 써레, 보습, 쟁기, 소로 논밭 기경▼(起耕)하니 올벼논 텃밭이 여드레 갈이로다	바리	마소의 등에 잔뜩 실은 짐을 세는 단위 예 나무 한 바리
강다리	쪼갠 장작을 묶어 세는 단위. 한 강다리는 쪼갠 장작 백 개비를 이른다. 예 장작 한 강다리	발	길이의 단위. 한 발은 두 팔을 양옆으로 펴서 벌렸을 때 한쪽 손끝에서 다른 쪽 손끝까지의 길이 예 열두 발 상모
갓	굴비, 비웃 따위나 고비, 고사리 따위를 묶어 세는 단위. 한 갓은 굴비ㆍ비웃▼ 따위 열 마리, 또는 고비ㆍ고사리 따위 열 모숨을 한 줄로 엮은 것을 이름 예 굴비 열 갓	보	거리의 단위. 1보는 한 걸음 정도의 거리를 의미함 예 집까지 백 보 남았다
거리	오이나 가지 따위를 묶어 세는 단위. 한 거리는 오이나 가지 오십 개를 이름 예 가지 두 거리, 오이 세 거리	사리	• 국수, 새끼, 실 따위를 동그랗게 포개어 감은 뭉치 • 국수, 새끼, 실 따위의 뭉치를 세는 단위 예 국수 한 사리

▼ 기경(起耕)
• 논밭을 갊
• 묵힌 땅이나 생땅을 일구어 논밭을 만듦

▼ 비웃
청어(靑魚)를 식료품으로 이르는 말

고리	소주를 사발에 담은 것을 묶어 세는 단위. 한 고리는 소주 열 사발을 이름 예 소주 한 고리	손	한 손에 잡을 만한 분량을 세는 단위. 조기, 고등어, 배추 따위 한 손은 큰 것 하나와 작은 것 하나를 합한 것을 이르고, 미나리나 파 따위 한 손은 한 줌 분량을 이름 예 고등어 한 손
길	• 길이의 단위. 한 길은 여덟 자▼ 또는 열 자로 약 2.4m 또는 3m에 해당함 　예 천 길 낭떠러지 • 길이의 단위. 한 길은 사람의 키 정도의 길이	쌈	• 바늘을 묶어 세는 단위. 한 쌈은 스물네 개를 이름 　예 바늘 세 쌈 • 옷감, 피혁▼ 따위를 알맞은 분량으로 싸 놓은 덩이를 세는 단위 　예 빨랫감 두 쌈 • 금의 무게를 나타내는 단위. 한 쌈은 금 백 냥쯤
꾸러미	달걀 열 개를 묶어 세는 단위 예 달걀 한 꾸러미	옴큼	한 손으로 옴켜질 만한 분량을 세는 단위 예 주인아저씨 몰래 아이들은 쌀을 한 옴큼씩 집었다
닢	납작한 물건을 세는 단위. 흔히 돈이나 가마니, 멍석 따위를 셀 때 쓰임 예 가마니 다섯 닢	아름	• 두 팔을 둥글게 모아서 만든 둘레 　예 기둥의 둘레가 장정의 아름으로 네 아름이 넘는다 • 둘레의 길이를 나타내는 단위 　예 느티나무가 두 아름 가까이 되는구나 • 두 팔을 둥글게 모아 만든 둘레 안에 들 만한 분량을 세는 단위 　예 아내 생일날 남편이 꽃을 한 아름 사왔다
단	짚, 땔나무, 채소 따위의 묶음을 세는 단위 예 볏짚 한 단	우리	기와를 세는 단위. 한 우리는 기와 2천 장
담불	• 곡식이나 나무를 높이 쌓아 놓은 무더기 • 벼를 백 섬씩 묶어 세는 단위 　예 벼 한 담불	접	채소나 과일을 묶어 세는 단위. 한 접은 채소나 과일 백 개를 이름 예 배추 두 접
동	집채를 세거나 차례를 나타내는 단위 예 이 아파트 3동 앞에 분수가 있다	축	오징어를 묶어 세는 단위. 한 축은 오징어 스무 마리를 이름
두름	• 조기 따위의 물고기를 짚으로 한 줄에 열 마리씩 두 줄로 엮은 것 　예 비웃 두름을 엮다 • 고사리 따위의 산나물을 열 모숨 정도로 엮은 것	켤레	신, 양말, 버선 따위의 짝이 되는 두 개를 한 벌로 세는 단위 예 구두 한 켤레
땀	실을 꿴 바늘로 한 번 뜬 자국을 세는 단위 예 남편에게 선물하기 위해 바느질을 한 땀 한 땀 정성 들여 하였다	쾌	• 북어를 묶어 세는 단위. 한 쾌는 북어 스무 마리를 이름 • 예전에, 엽전을 묶어 세던 단위. 한 쾌는 엽전 열 냥을 이름
마리	짐승이나 물고기, 벌레 따위를 세는 단위 예 이번 생일에는 소 한 마리 잡아라	타래	사리어 뭉쳐 놓은 실이나 노끈 따위의 뭉치를 세는 단위 예 옷이나 장갑 따위를 털실로 뜨려면 몇 타래의 실이 들어갈까?

▼ 자
길이의 단위. 한 자는 한 치의 열 배로 약 30.3cm에 해당한다.

▼ 피혁(皮革)
날가죽과 무두질한 가죽을 아울러 이르는 말

▼ 리(里)

거리의 단위. 1리는 약 0.393km에 해당한다.

▼ 올

실이나 줄의 가닥을 세는 단위

☑ **확인문제**

괄호에 들어갈 숫자의 합은?

2017 지방직 9급

- 쌈 : 바늘 (　)개를 묶어 세는 단위
- 제(劑) : 한약의 분량을 나타내는 단위. 한 제는 탕약(湯藥) (　)첩
- 거리 : 한 거리는 오이나 가지 (　)개

① 80
② 82
③ 90
④ 94

정답해설

- 쌈 : 바늘을 묶어 세는 단위로, 한 쌈은 바늘 24개
- 제(劑) : 한약의 분량을 나타내는 단위로, 한 제는 탕약(湯藥) 20첩
- 거리 : 오이나 가지 따위를 묶어 세는 단위로, 한 거리는 오이나 가지 50개

→ 24+20+50＝94

정답 ④

명칭	의미	명칭	의미
마장	거리의 단위. 오 리▼나 십 리가 못 되는 거리를 이름	톨	밤이나 곡식의 낱알을 세는 단위 예 밤 한 톨
마지기	논밭 넓이의 단위. 한 마지기는 볍씨 한 말의 모 또는 씨앗을 심을 만한 넓이로, 지방마다 다르나 논은 약 150~300평, 밭은 약 100평 정도	통	편지나 서류, 전화 따위를 세는 단위 예 그녀에게 편지 수천 통을 보냈지만 아무런 답변이 없다
매	종이나 널빤지 따위를 세는 단위. 장으로 순화 예 이번 공에 200자 원고지 백 매를 썼다	톳	김을 묶어 세는 단위. 한 톳은 김 100장을 이름 예 김 한 톳
모	모시실을 묶어 세는 단위. 한 모는 모시실 열 올▼을 이름	필	일정한 길이로 말아 놓은 피륙을 세는 단위 예 비단 열 필과 흰 모시 스무 필

핵심 ᅙ 이론 | **단위 명사의 수량**

구분	명칭	의미
2	손	고등어나 꽁치, 조기 두 마리
10	갓	굴비, 비웃(청어) 따위를 묶어 세는 단위. 한 갓은 굴비, 비웃 따위 열 마리
	고리	소주를 사발에 담은 것을 묶어 세는 단위. 한 고리는 소주 열 사발
	꾸러미	달걀 열 개를 묶어 세는 단위
	뭇	생선을 묶어 세는 단위. 한 뭇은 생선 열 마리
	섬	부피의 단위. 한 섬은 한 말의 열 배로 약 180L 정도
	말	부피의 단위. 한 말은 한 되의 열 배로 약 18L 정도
	되	부피의 단위. 한 홉의 열 배로 약 1.8L 정도
	죽	옷이나 그릇 따위의 열 벌을 묶어 이르는 말
20	두름	조기 따위의 물고기를 짚으로 한 줄에 열 마리씩 두 줄로 엮은 것
	제	탕약 스무 첩
	축	오징어 스무 마리
	쾌	북어를 세는 단위. 한 쾌는 북어 스무 마리
24	쌈	바늘을 묶어 세는 단위. 한 쌈은 바늘 스물네 개
30	판	계란을 세는 단위. 한 판은 계란 삼십 개
50	거리	오이나 가지의 50개. 반 접이라고도 함
100	톳	김을 묶어 세는 단위. 한 톳은 김 100장
	접	채소나 과일 따위를 묶어 세는 단위. 한 접은 채소나 과일 백 개를 이름
	채	가공하지 아니한 인삼을 묶어 세는 단위. 한 채는 인삼 100근

02 나이를 나타내는 말

용어	개념
충년(沖年)	10살 안팎의 어린 나이
지학(志學)	15세. 『논어』에서 공자가 열다섯 살에 학문에 뜻을 두었다고 한 데서 나온 말
약관(弱冠)	20세를 달리 이르는 말. 공자가 스무 살에 관례▼를 한다고 한 데서 나온 말
이립(而立)	서른 살을 달리 이르는 말. 공자가 서른 살에 자립했다고 한 데서 나온 말
이모(二毛)	흰 머리털이 나기 시작하는 나이라는 뜻으로 32세를 이르는 말
불혹(不惑)	마흔 살을 달리 이르는 말. 공자가 마흔 살부터 세상일에 미혹▼되지 않았다고 한 데서 나온 말
조백(早白)	마흔 살 안팎의 나이에 머리가 세는 것
망오(望五)	쉰을 바라본다는 뜻으로, 나이 마흔하나를 이르는 말
상년(桑年)	마흔여덟 살을 달리 이르는 말. 桑의 속자인 '桒'을 분해하여 보면 '十'자가 넷이고, '八'자가 하나인 데서 나온 말
지천명 (知天命)	쉰 살▼을 달리 이르는 말. 공자가 쉰 살에 하늘의 뜻을 알았다고 한 데서 나온 말
이순(耳順)	예순 살을 달리 이르는 말. 공자가 예순 살부터 생각하는 것이 원만하여 어떤 일을 들으면 곧 이해가 된다고 한 데서 나온 말
환갑(還甲)	육십갑자의 '갑(甲)'으로 되돌아온다는 뜻으로, 예순한 살▼을 이르는 말
진갑(進甲)	62세. 환갑의 이듬해. 또는 그해의 생일
고희(古稀)	고래(古來)▼로 드문 나이란 뜻으로, 일흔 살▼을 이르는 말
서로(庶老)	서민 가운데 나이가 70세 이상 된 노인
망팔(望八)	여든을 바라본다는 뜻으로, 나이 일흔한 살을 이르는 말
희수(喜壽)	희(喜)자의 초서가 칠십칠(七十七)과 비슷하다는 이유로, 나이 '일흔일곱 살'을 달리 이르는 말
산수(傘壽)	80세를 달리 이르는 말. 산(傘)의 약자가 팔(八)을 위에 쓰고 십(十)을 밑에 쓰는 것에서 유래
망구(望九)	사람의 나이가 아흔을 바라본다는 뜻으로, 여든한 살을 이르는 말[= 망구순(望九旬)]
미수(米壽)	88세를 달리 이르는 말. '미(米)'자를 파자(破字)하면 팔십팔(八十八)이 되기 때문에 '미수(米壽)'가 88세를 이르는 말이 됨
구순(九旬)	90세를 달리 이르는 말[= 구질(九秩)]
백수(白壽)	99세를 달리 이르는 말. 백(百)자에서 일(一)을 빼면 백(白)자가 되는 데에서 나온 말
상수(上壽)	100세의 나이. 장수한 것을 상·중·하로 나누었을 때 가장 많은 나이[= 기이(期頤)]

▼ 관례(冠禮)
예전에 남자가 성년에 이르면 어른이 된다는 의미로 상투를 틀고 갓을 쓰게 하던 의례

▼ 미혹되다(迷惑−)
• 무엇에 홀려 정신이 차려지지 못하다.
• 정신이 헷갈리어 갈팡질팡 헤매게 되다.

▼ 50세를 나타내는 말
장가(杖家), 애년(艾年), 망륙(望六)

▼ 61세를 나타내는 말
주갑(周甲), 화갑(華甲), 환력(還曆), 회갑(回甲)

▼ 70세를 나타내는 말
칠순(七旬), 희년(稀年), 희수(稀壽), 종심(從心)

▼ 고래(古來)
옛날부터 줄곧

핵심 쏙 이론 | 여성의 나이를 지칭하는 고유어

용어	개념
파과(破瓜)	여자의 나이 16세(남자의 나이를 가리킬 때는 64세)
약령(弱齡), 약년(弱年)	젊은 나이
묘령(妙齡), 묘년(妙年)	스무 살 안팎의 여자 나이
방년(芳年), 방령(芳齡)	이십 세 전후의 한창 젊은 꽃다운 나이

03 길과 관련된 말

☑ 확인문제

밑줄 친 어휘의 뜻풀이로 바르지 않은 것은?   2014 국가직 9급

① 그는 속이 매우 슬겁다.
  – 슬겁다 : 마음씨가 너그럽고 미덥다.
② 그는 해거름에 가겠다고 말했다.
  – 해거름 : 해가 서쪽으로 넘어갈 때
③ 그는 길섶에 핀 코스모스를 보았다.
  – 길섶 : 시골 마을의 좁은 골목길
④ 그는 책장을 데면데면 넘긴다.
  – 데면데면 : 성질이 꼼꼼하지 않아 행동이 신중하거나 조심스럽지 않은 모양

정답해설
• 길섶 : 길의 가장자리, 풀이 나 있는 곳
• 고샅 : 시골 마을의 좁은 골목길
정답 ③

용어	개념
가풀막	몹시 가파르게 비탈진 곳 예 가풀막을 기어오르다
고샅	시골 마을의 좁은 골목길 예 우리는 고샅길로 접어들었다
길라잡이	길을 인도해 주는 사람이나 사물 예 길라잡이를 세우다
길섶	길의 가장자리. 길가 예 길섶에 코스모스가 피었다
난달	길이 여러 갈래로 통한 곳 예 가게의 위치는 난달이었다
모롱이	산모퉁이의 휘어 둘린 곳 예 대박이는 모롱이를 돌아 황톳길을 올라갔다
소롯길	사람이 적게 다니는 작은 길로 논둑길 같은 곳 예 소롯길로 가면 곧바로 가게에 다녀올 수 있다
숫눈길	눈이 와서 쌓인 뒤에 아직 아무도 지나가지 않은 길을 비유적으로 이르는 말 예 아침 일찍 숫눈길을 걷다보면 신비한 느낌이 든다
에움길	굽은 길. 또는 에워서 돌아가는 길 예 에움길로 우회하였다
오솔길	폭이 좁은 호젓한 길 예 그와 그녀는 오솔길을 거닐었다
자드락길	나지막한 산기슭의 비탈진 땅에 난 좁은 길 예 우리는 경사가 심한 자드락길을 내리달았다
조롱목	조롱 모양처럼 된 길목 예 조롱목에서 3시에 만나자
토막길	원줄기에서 몇 갈래로 갈라져 나온 짤막한 길 예 그 길 끝에는 토막길이 있었다
허방	땅바닥이 움푹 패어 빠지기 쉬운 구덩이 예 허방에 빠지다
후미	뒤쪽의 끝 예 열차의 후미에 그들이 타고 있었다

04 사람과 관련된 말

1. 사람의 태도나 성격과 관련된 말

용어	개념
가즈럽다	가진 것도 없으면서 가진 체하며 뻐기는 티가 있음
감궂다	• 태도나 외모 따위가 불량스럽고 험상궂음 • 논밭 따위가 일하기 힘들게 거칠고 험함
강다짐	• 밥을 국이나 물 없이, 또는 반찬 없이 그냥 먹음 • 남을 보수도 주지 아니하고 억지로 부림 • 억지로 또는 강압적으로 함 • 덮어놓고 억눌러 꾸짖음 • 이미 한 일이나 앞으로 할 일에 틀림이 없음을 매우 단단히 강조하여 확인함
강밭다	몹시 야박하고 인색함
개염	부러워하며 샘하여 탐내는 마음
갱충쩍다	행동 따위가 조심성이 없고 아둔함(= 갱충맞다)
거탈	실상이 아닌 다만 겉으로 드러난 태도
결기	못마땅한 것을 참지 못하고 성을 내거나 왈칵 행동하는 성미
곰살궂다	태도나 성질이 부드럽고 친절함
곰상스럽다	• 성질이나 행동이 싹싹하고 부드러운 데가 있음 • 성질이나 행동이 잘고 꼼꼼한 데가 있음
괘장	처음에는 할 듯하다가 갑자기 딴전을 부리고 하지 않음
괴란쩍다	얼굴이 붉어지도록 부끄러운 느낌이 있음
굼슬겁다	성질이 보기보다 너그럽고 부드러움
궁싯거리다	• 잠이 오지 아니하여 누워서 몸을 이리저리 뒤척거림 • 어찌할 바를 몰라 이리저리 머뭇거림
궤란쩍다	행동이 건방지거나 주제넘음
끌밋하다	모양이나 차림새 따위가 매우 깨끗하고 헌칠함▼
남상거리다	• 좀 얄밉게 자꾸 넘어다봄 • 남의 것을 탐내어 가지려고 자꾸 좀스럽게 기회를 엿봄
낫낫하다	• 꽤 보드랍고 무름 • 성격이 꽤 상냥함
냉갈령	몹시 매정하고 쌀쌀한 태도
네뚜리	사람이나 물건 따위를 대수롭지 않게 여김
두남두다	• 잘못을 두둔함 • 애착을 가지고 돌봄
두루춘풍	누구에게나 좋게 대하는 일. 또는 그런 사람을 비유적으로 이르는 말
드살	남을 휘어잡으며 드세게 구는 것
만수받이	아주 귀찮게 구는 말이나 행동을 싫증 내지 않고 잘 받아주는 일
모르쇠	아는 것이나 모르는 것이나 다 모른다고 잡아떼는 것

▼ 헌칠하다

키나 몸집 따위가 보기 좋게 어울리도록 큼

몽태치다	남의 물건을 슬그머니 훔쳐 가짐
무람없다	예의를 지키지 않으며 삼가고 조심하는 것이 없음
발림수작	살살 비위를 맞추기 위하여 하는 말이나 행동
발싸심	• 팔다리를 움직이고 몸을 비틀면서 비비적대는 짓 • 어떤 일을 하고 싶어서 안절부절못하고 들먹거리며 애를 쓰는 짓을 비유적으로 이르는 말
배상부리다	거만한 태도로 자기의 몸을 아껴 할 일을 제대로 하지 않고 꾀만 부림
배참	꾸지람을 듣고 그 화풀이를 다른 데다 함
뱀뱀이	예의범절이나 도덕에 대한 교양
버르집다	• 파서 헤치거나 크게 벌려 놓음 • 숨겨진 일을 밖으로 들추어냄 • 작은 일을 크게 부풀려 떠벌림
보깨다	일이 뜻대로 되지 않아 마음이 번거롭거나 불편하게 됨
비쌔다	• 어떤 일에 마음이 끌리면서도 겉으로 안 그런 체함 • 남의 부탁이나 제안에 여간해서 응하지 아니하는 태도를 보임 • 무슨 일에나 어울리기를 싫어함
사날	• 제멋대로만 하는 태도 • 비위 좋게 남의 일에 참견하는 일
산망	하는 짓이 까불까불하고 좀스러움
살갑다	• 집이나 세간 따위가 겉으로 보기보다는 속이 너름 • 마음씨가 부드럽고 상냥함 • 닿는 느낌 같은 것이 가볍고 부드러움
살천스럽다	쌀쌀하고 매서움
섟	불끈 일어나는 감정
설레발	몹시 서두르며 부산하게 구는 행동
성마르다	참을성이 없고 성질이 조급함
숫되다	순진하고 어수룩함
아망	아이가 오기를 부리는 태도가 있음
알심	은근히 동정하는 마음
어리눅다	일부러 어리석은 체함
엄전하다	태도나 행실이 정숙하고 점잖음
엉너리	남의 환심을 사기 위하여 어벌쩡▼하게 서두르는 짓
여낙낙하다	성품이 곱고 부드러우며 상냥함
열없다	• 좀 겸연쩍고 부드러움 • 담이 작고 겁이 많음 • 성질이 다부지지 못하고 묽음
웅숭깊다	생각이나 뜻이 크고 넓음
자발없다	행동이 가볍고 참을성이 없음
잔망스럽다	얄밉도록 맹랑한 데가 있음
주니	• 몹시 지루함을 느끼는 싫증 • 두렵거나 확고한 자신이 없어서 내키지 아니하는 마음

지닐총	보거나 들은 것을 잊지 아니하고 오래 지니는 재주
턱거리	남에게 무턱대고 억지로 떼를 쓸 만한 근거나 핑계
텁텁하다	까다롭지 아니하여 무던하고 소탈함
트레바리	이유 없이 남의 말에 반대하기를 좋아함. 또는 그런 성격을 지닌 사람
틀거지	듬직하고 위엄이 있는 겉모양
포달	암상▼이 나서 악을 쓰고 함부로 욕을 하며 대드는 일
푸접스럽다	보기에 붙임성이 없이 쌀쌀한 데가 있음
피새	급하고 날카로워 화를 잘 내는 성질
하리놀다	남을 헐뜯어 윗사람에게 일러바침
흐락	진실하지 아니하고 장난으로 하는 짓
희떱다	• 실속은 없어도 마음이 넓고 손이 큼▼ • 말이나 행동이 분에 넘치며 버릇이 없음

▼ 암상
남을 시기하고 샘을 잘 내는 마음. 또는 그런 행동

▼ 손이 크다
• 씀씀이가 후하고 큼
• 수단이 좋고 많음

2. 사람의 신체를 가리키는 말

(1) 얼굴

용어	개념
관자놀이	귀와 눈 사이의 맥박이 뛰는 곳
광대뼈	뺨의 튀어나온 부분을 이루는 네모꼴의 뼈. 눈구멍 아래쪽 모서리를 이룸[= 관골(顴骨)]
구레나룻	귀밑에서 턱까지 잇따라 난 수염
꼭뒤	뒤통수의 한가운데
당나귀뼈	아래턱의 좌우로 당나귀 턱처럼 삐죽하게 내민 뼈
멱살	• 사람의 멱▼ 부분의 살. 또는 그 부분 • 사람의 멱이 닿는 부분의 옷깃
보조개	말하거나 웃을 때에 두 볼에 움푹 들어가는 자국(= 볼우물)
뺨	얼굴의 양쪽 관자놀이에서 턱 위까지의 살이 많은 부분
살쩍	관자놀이와 귀 사이에 난 머리털
오만상	얼굴을 잔뜩 찌푸린 모양
이맛살	이마에 잡힌 주름살
하관	광대뼈를 중심으로 얼굴의 아래쪽 턱 부분

▼ 멱
목의 앞쪽

(2) 눈

용어	개념	용어	개념
눈두덩	눈언저리의 두두룩한 곳	눈시울	눈언저리의 속눈썹이 난 곳
눈망울	눈알 앞쪽의 도톰한 곳. 또는 눈동자가 있는 곳	눈웃음	소리 없이 눈으로만 가만히 웃는 웃음
눈매	눈이 생긴 모양새(= 눈맵시, 눈모)	눈초리	귀 쪽으로 가늘게 좁혀진 눈의 가장자리 (= 눈꼬리)
눈살	두 눈썹 사이에 잡히는 주름	중동	겹으로 된 눈동자

(3) 입

▼ 옥다
끝부분이 안쪽으로 오그라들어 있음

용어	개념
옥니	안으로 옥▼게 난 이
입아귀	입의 양쪽 구석(= 입꼬리)

(4) 귀

용어	개념
귓밥	귓바퀴의 아래쪽에 붙어 있는 살(= 귓불)
쪽박귀	손을 오밀조밀하게 오므려 모은 것처럼 생긴 귀
칼귀	칼처럼 굴곡이 없이 삐죽한 귀

(5) 상반신

용어	개념
개미허리	매우 가는 허리를 비유적으로 이르는 말
겨드랑이	양편 팔 밑의 오목한 곳
명치	사람의 복장뼈▼ 아래 한 가운데의 오목하게 들어간 곳. 급소의 하나이다.
어깨통	어깨의 둘레 또는 두 어깨 사이의 너비
잔허리	가는 허리
허구리	허리 좌우의 갈비뼈 아래 잘쏙한▼ 부분

▼ 복장뼈
가슴 한복판에 세로로 있는 짝이 없는 세 부분으로 된 뼈

▼ 잘쏙하다
긴 물건의 한 부분이 오목하게 쏙 들어가 있음

(6) 하반신

용어	개념
꽁무니	엉덩이를 중심으로 한, 몸의 뒷부분
복숭아뼈	발목 부근에 안팎으로 둥글게 나온 뼈(= 복사뼈)
오금	무릎의 구부러지는 오목한 안쪽부분
장딴지	종아리의 살이 불룩한 부분
정강이	무릎 아래에서 앞 뼈가 있는 부분
종아리	무릎과 발목 사이의 뒤쪽 근육 부분
허벅다리	넓적다리의 위쪽 부분
허튀	무릎과 발목 사이의 뒤쪽 근육 부분. '종아리'의 방언

3. 사람과 관련된 말

용어	개념
가납사니	• 쓸데없는 말을 지껄이기 좋아하는 수다스러운 사람 • 말다툼을 잘하는 사람
가린주머니	재물에 인색한 사람을 놀림조로 이르는 말
가살쟁이	가살▼을 잘 피우는 사람을 낮잡아 이르는 말
가시버시	'부부'를 낮잡아 이르는 말
각다귀	남의 것을 뜯어먹고 사는 사람을 비유적으로 이르는 말
간나위	간사한 사람이나 간사한 짓을 낮잡아 이르는 말
간살쟁이	간사스럽게 몹시 아양을 떠는 사람을 놀림조로 이르는 말
감때꾼	생김새나 모양이 매우 험상궂고 몹시 사나운 사람
감바리	잇속을 노리고 약삭빠르게 달라붙는 사람
개차반	개가 먹는 음식인 똥이라는 뜻으로, 언행이 몹시 더러운 사람을 속되게 이르는 말
고림보	몸이 약하여 늘 골골거리며 앓는 사람을 놀림조로 이르는 말
고명딸	아들 많은 집의 외딸
고삭부리	• 음식을 많이 먹지 못하는 사람 • 몸이 약하여서 늘 병치레를 하는 사람
구나방	말이나 행동이 모질고 거칠고 사나운 사람을 이르는 말
궁도련님	• 종친으로서 군에 봉해진 젊은 사람 • 예전에 거만하고 약삭빠른 궁방의 젊은 사람을 이르던 말 • 부유한 집에서 자라나 세상의 어려운 일을 잘 모르는 사람을 비유적으로 이르는 말
궐공	몸이 허약한 사람을 이르는 말
까리	길거리를 떠돌아다니는 사람을 속되게 이르는 말
꼼바리	마음이 좁고 지나치게 인색한 사람을 낮잡아 이르는 말
남산골샌님	가난하면서도 자존심만 강한 선비를 놀림조로 이르는 말
논다니	웃음과 몸을 파는 여자를 속되게 이르는 말

▼ 가살

말씨나 행동이 가량맞고 야살스러움. 또는 그런 짓

놋보	사람됨이 천하고 더러운 사람
늦깎이	• 나이가 많이 들어서 승려가 된 사람 • 나이가 많이 들어서 어떤 일을 시작한 사람 • 남보다 늦게 사리를 깨치는 일. 또는 그런 사람
대갈마치	온갖 어려운 일을 겪어서 아주 야무진 사람을 비유적으로 이르는 말
된서방	몹시 까다롭고 가혹한 남편
두루치기	한 사람이 여러 방면에 능통함. 또는 그런 사람
뚱딴지	• 완고하고 우둔하며 무뚝뚝한 사람을 놀림조로 이르는 말 • 행동이나 사고방식 따위가 너무 엉뚱한 사람을 놀림조로 이르는 말 • 심술 난 것처럼 뚱해서 붙임성이 적은 사람
만무방	• 염치가 없이 막된 사람 • 아무렇게나 생긴 사람
망석중	남이 부추기는 대로 따라 움직이는 사람을 비유적으로 이르는 말
모도리	빈틈없이 아주 여무진 사람
모리배	온갖 수단과 방법으로 자신의 이익만을 꾀하는 사람. 또는 그런 무리
몽니쟁이	몽니▼를 부리는 사람
무녀리	• 한 태에 낳은 여러 마리 새끼 가운데 가장 먼저 나온 새끼 • 말이나 행동이 좀 모자란 듯이 보이는 사람을 비유적으로 이르는 말
문외한	• 어떤 일에 직접 관계가 없는 사람 • 어떤 일에 전문적인 지식이 없는 사람
바닥쇠	• 벼슬이 없는 양반을 낮잡아 이르던 말 • 그 지방에 오래전부터 사는 사람을 낮잡아 이르는 말
바지저고리	• 바지와 저고리를 아울러 이르는 말 • 주견▼이나 능력이 전혀 없는 사람을 놀림조로 이르는 말 • '촌사람'을 속되게 이르는 말
반거들충이	무엇을 배우다가 중도에 그만두어 다 이루지 못한 사람
밥주머니	아무 일도 하지 않고 밥이나 축내는 쓸모없는 사람을 낮잡아 이르는 말
방망이꾼	남의 일에 끼어들어 방해하는 사람을 낮잡아 이르는 말
버커리	늙고 병들거나 또는 고생살이로 쭈그러진 여자를 속되게 이르는 말
범강장달이	키가 크고 우락부락하게 생긴 사람을 이르는 말
벗바리	뒷배▼를 보아 주는 사람
벽창호	고집이 세며 완고하고 우둔하여 말이 도무지 통하지 아니하는 무뚝뚝한 사람
부라퀴	• 몹시 아물고 암팡스러운▼ 사람 • 자신에게 이로운 일이면 기를 쓰고 덤벼드는 사람
불목하니	절에서 밥을 짓고 물을 긷는 일을 맡아서 하는 사람
샌님	• 생원님의 준말 • 얌전하고 고루한 사람을 놀림조로 이르는 말
숫사람	거짓이 없고 순진하여 어수룩한 사람
시골고라리	어리석고 고집 센 시골 사람을 놀림조로 이르는 말
시러베아들	실없는 사람을 낮잡아 이르는 말

▼ 몽니
정당한 대우를 받지 못할 때 권리를 주장하기 위하여 심술을 부리는 성질

▼ 주견(主見)
자기의 주장이 있는 의견

▼ 뒷배
겉으로 나서지 않고 뒤에서 보살펴 주는 일

▼ 암팡스럽다
몸은 작아도 야무지고 다부진 면이 있다.

시앗	남편의 첩
심마니	산삼을 캐는 것을 업으로 삼는 사람
악바리	• 성미가 깔깔하고 고집이 세며 모진 사람 • 지나치게 똑똑하고 영악한 사람
안잠자기	여자가 남의 집에서 먹고 자며 그 집의 일을 도와주는 일
얄개	야살스러운▼ 짓을 하는 아이
어리보기	말이나 행동이 다부지지 못하고 어리석은 사람을 낮잡아 이르는 말
얼간이	됨됨이가 변변하지 못하고 덜된 사람
어이딸	어미와 딸을 아울러 이르는 말
옹춘마니	소견이 좁고 융통성이 없는 사람
윤똑똑이	자기만 혼자 잘나고 영악한 체하는 사람을 낮잡아 이르는 말
자치동갑	한 살밖에 차이가 나지 않아 동갑이나 다름없는 나이. 또는 그런 사람
책상물림	책상 앞에 앉아 글공부만 하여 세상일을 잘 모르는 사람을 낮잡아 이르는 말
천둥벌거숭이	철없이 두려운 줄 모르고 함부로 덤벙거리거나 날뛰는 사람을 비유적으로 이르는 말
청맹과니	사리에 밝히 못하여 눈을 뜨고도 사물을 제대로 분간하지 못하는 사람을 비유적으로 이르는 말
치룽구니	어리석어서 쓸모가 없는 사람을 낮잡아 이르는 말
튀기	'혼혈인'을 낮잡아 이르는 말
트레바리	이유 없이 남의 말에 반대하기를 좋아함. 또는 그런 성격을 지닌 사람
팔난봉	가지각색의 온갖 난봉을 부리는 사람
핫아비	아내가 있는 남자(= 유부남)
핫어미	남편이 있는 여자(= 유부녀)
협잡꾼	옳지 아니한 방법으로 남을 속이는 짓을 하는 사람

▼ 야살스럽다
보기에 얄망궂고 되바라진 데가 있다.

☑ **확인문제**

제시된 단어의 뜻풀이가 바르지 않은
것은?   2014 서울시 9급
① 궁도련님 : 부유한 집에서 자라나
   세상의 어려운 일을 잘 모르는 사람
② 윤똑똑이 : 사리에 어둡고, 아는 것
   이 없는 사람
③ 책상물림 : 책상 앞에 앉아 글공부
   만 하여 세상일을 잘 모르는 사람
④ 두루치기 : 한 사람이 여러 방면에
   능통함. 또는 그런 사람
⑤ 대갈마치 : 온갖 어려운 일을 겪어
   서 아주 야무진 사람

정답해설
'윤똑똑이'는 '자기만 혼자 잘나고 영
악한 체하는 사람을 낮잡아 이르는
말'이다.

정답 ②

• 산 이름

용어	개념
삼각산(三角山)	북한산(北漢山)의 다른 이름. 백운대, 인수봉, 만경대의 세 봉우리가 있어 이렇게 부름
두류산(頭流山)	지리산(智異山)의 다른 이름
금강산(金剛山)	봄(금강산), 여름(봉래산), 가을(풍악산), 겨울(개골산)

• 우리나라의 별칭

용어	개념
해동(海東)	발해(渤海)의 동쪽이라는 뜻으로 예전에 우리나라를 이르던 말
청구(靑丘)	예전에 중국에서 우리나라를 이르던 말
대동(大東)	동방의 큰 나라라는 뜻으로, '우리나라'를 이르는 말
계림(鷄林)	예전 '우리나라'를 이르던 말. '신라'의 다른 이름
근역(槿域)	무궁화가 많은 땅이라는 뜻으로, '우리나라'를 이르는 말
동국(東國)	예전에 '우리나라'를 달리 이르던 말. 우리나라가 중국의 동쪽에 있었던 데서 유래
동방예의지국 (東邦禮儀之國)	동쪽에 있는 예의에 밝은 나라라는 뜻으로, 예전에 중국에서 우리나라를 이르던 말
배달나라	우리나라의 상고 시대 이름(= 배달)
좌해(左海)	바다의 동쪽이라는 뜻으로, 예전에 우리나라를 달리 이르던 말. 중국에서 볼 때 우리나라가 바다 동쪽에 위치해 있기 때문
진단(震檀)	우리나라를 예스럽게 이르는 말. '震'은 중국의 동쪽을 뜻하고, '檀'은 우리나라의 시조인 단군을 뜻하는 말

• 그 밖의 어휘

용어	개념
사고(四苦)	불교에서 말하는 인생의 네 가지 고통. 생고(生苦), 노고(老姑), 병고(病苦), 사고(死苦)[= 사환(四患)]
사서(四書)	유교 경전인 『논어』, 『맹자』, 『중용』, 『대학』을 통틀어 이르는 말
삼경(三經)	『시경』, 『서경』, 『주역』의 세 경서를 통틀어 이르는 말
세한삼우 (歲寒三友)	추운 겨울철의 세 벗이라는 뜻으로, 추위에 잘 견디는 '소나무, 대나무, 매화나무'를 통틀어 이르는 말
문방사우 (文房四友)	종이, 붓, 먹, 벼루의 네 가지 문방구

01 밑줄 친 말의 사전적 의미로 가장 적절한 것은? 2017 국가직 9급

> 아이들이야 학교 가는 시간을 빼고는 내내 밖에서만 노는데, 놀아도 여간 시망스럽게 놀지 않았다.
>
> − 최일남, 「노새 두 마리」

① 몹시 짓궂은 데가 있다.
② 생기 있고 힘차며 시원스럽다.
③ 어수선하여 질서나 통일성이 없다.
④ 보기에 태도나 행동이 가벼운 데가 있다.

01

'시망스럽다'는 몹시 짓궂은 데가 있다는 의미이다.

예 그는 말을 시망스럽게 해 다른 사람을 당황스럽게 한다

정답 ①

02 밑줄 친 말의 뜻이 옳지 않은 것은? 2017 지방직 9급

> 때는 한창 바쁠 추수 때이다. 농군치고 송이 ⊙ 파적 나올 놈은 생겨나도 않았으리라. 하나 그는 꼭 해야만 할 일이 없었다. 싶으면 하고 말면 말고 그저 그뿐. 그러함에는 먹을 것이 더러 있느냐면 있기는커녕 부쳐 먹을 농토조차 없는, 계집도 없고 자식도 없고, 방은 있대야 남의 곁방이요 잠은 ⓒ 새우잠이요. 하지만 오늘 아침만 해도 한 친구가 찾아와서 벼를 털 텐데 일 좀 와 해달라는 걸 마다하였다. 몇 푼 바람에 그까짓 걸 누가 하느냐보다는 송이가 좋았다. 왜냐면 이 땅 삼천리강산에 늘여 놓인 곡식이 말짱 뉘 것이람. 먼저 먹는 놈이 임자 아니냐. 먹다 걸릴 만치 그토록 양식을 쌓아 두고 일이다 무슨 ⓒ 난장 맞을 일이람. 걸리지 않도록 먹을 궁리나 할 게지. 하기는 그도 한 세 번이나 걸려서 구메밥으로 ⓔ 사관을 틀었다마는 결국 제 밥상 위에 올라앉은 제 몫도 자칫하면 먹다 걸리긴 매일반……
>
> − 김유정, 「만무방」

① ⊙ : 심심풀이
② ⓒ : 안잠
③ ⓒ : 몰매
④ ⓔ : 양쪽 팔꿈치와 무릎 관절

02

• 새우잠 : 새우처럼 등을 구부리고 자는 잠. 주로 모로 누워 불편하게 자는 잠을 이르는 말이다.
• 안잠 : 여자가 남의 집에서 먹고 자며 그 집의 일을 도와주는 일. 또는 그런 여자를 이르는 말이다.

정답 ②

CHAPTER 02 한자

01 동자이음어

降	내릴 강	下降(아래 하, 내릴 강)	說	말씀 설	說明(말씀 설, 밝을 명)
	항복할 항	降伏(항복할 항, 엎드릴 복)		달랠 세	遊說(놀 유, 달랠 세)
乾	하늘 건	乾坤(하늘 건, 땅 곤)	省	살필 성	省察(살필 성, 살필 찰)
	마를 건	乾燥(마를 건, 마를 조)		덜 생	省略(덜 생, 간략할 략)
	마를 간	乾物(마를 간, 물건 물)			
見	볼 견	見聞(볼 견, 들을 문)	數	셈 수	數値(셈 수, 값 치)
	뵈올 현	謁見(뵐 알, 뵈올 현)		자주 삭	頻數(자주 빈, 자주 삭)
				촘촘할 촉	數罟(촘촘할 촉, 그물 고)
更	고칠 경	變更(변할 변, 고칠 경)	食	먹을 식	飮食(마실 음, 먹을 식)
	다시 갱	更生(다시 갱, 날 생)		먹이 사	簞食(소쿠리 단, 먹이 사)
契	계약할 계	契約(맺을 계, 맺을 약)	惡	악할 악	劣惡(못할 열, 악할 악)
	애쓸 결	契活(애쓸 결, 살 활)		미워할 오	憎惡(미울 증, 미워할 오)
賈	장사 고	商賈(장사 상, 장사 고)	識	알 식	識見(알 식, 볼 견)
	성씨 가	賈氏(성씨 가, 성씨 씨)		적을 지	標識(표할 표, 적을 지)
滑	익살스러울 골	滑稽(익살스러울 골, 상고할 계)	易	바꿀 역	貿易(무역할 무, 바꿀 역)
	미끄러울 활	滑走(미끄러울 활, 달릴 주)		쉬울 이	安易(편안할 안, 쉬울 이)
龜	터질 균	龜裂(터질 균, 찢을 열)	率	비율 율	換率(바꿀 환, 비율 율)
	거북 귀	龜鑑(거북 귀, 거울 감)		거느릴 솔	率直(거느릴 솔, 곧을 직)
茶	차 다	茶菓(차 다, 과자 과)	咽	목구멍 인	咽喉(목구멍 인, 목구멍 후)
	차 차	茶禮(차 차, 예도 례)		목멜 열	嗚咽(슬플 오, 목멜 열)
丹	붉을 단	丹心(붉을 단, 마음 심)	炙	고기구울 자	膾炙(회 회, 구울 자)
	모란 란	牡丹(수컷 모, 모란 란)		고기구울 적	散炙(흩을 산, 구울 적)
宅	집 댁	媤宅(시집 시, 집 댁)	刺	찌를 자	諷刺(풍자할 풍, 찌를 자)
	집 택	住宅(살 주, 집 택)		찌를 척	刺殺(찌를 척, 죽일 살)
度	법도 도	制度(지을 제, 법도 도)	場	마당 장	市場(저자 시, 마당 장)
	헤아릴 탁	忖度(헤아릴 촌, 헤아릴 탁)		마당 량	道場(길 도, 마당 량)

讀	읽을 독	讀書(읽을 독, 글 서)	切	끊을 절	懇切(간절할 간, 끊을 절)
	구절 두	吏讀(벼슬아치 이, 구절 두)		온통 체	一切(한 일, 온통 체)
洞	마을 동	洞里(마을 동, 마을 리)	則	곧 즉	然則(그럴 연, 곧 즉)
	통달할 통	洞察(통달할 통, 살필 찰)		법칙 칙	原則(근원 원, 법칙 칙)
樂	즐길 락	快樂(쾌할 쾌, 즐길 락)	車	수레 차	自動車(스스로 자, 움직일 동, 수레 차)
	풍류 악	音樂(소리 음, 풍류 악)		수레 거	車馬(수레 거, 말 마)
	좋아할 요	樂山(좋아할 요, 뫼 산)	拓	넓을 척	開拓(열 개, 넓힐 척)
反	돌이킬 반	反對(돌이킬 반, 대할 대)		박을 탁	拓本(박을 탁, 근본 본)
	어려울 번	反畓(어려울 번, 논 답)	推	밀 추	推進(밀 추, 나아갈 진)
復	회복할 복	回復(돌아올 회, 회복할 복)		밀 퇴	推敲(밀 퇴, 두드릴 고)
	다시 부	復活(다시 부, 살 활)	便	편할 편	便紙(편할 편, 종이 지)
否	아니 부	否定(아니 부, 정할 정)		똥오줌 변	小便(작을 소, 똥오줌 변)
	막힐 비	否運(막힐 비, 옮길 운)	布	펼 포	布告(펼 포, 고할 고)
北	북녘 북	北韓(북녘 북, 한국 한)		베풀 보	布施(베풀 보, 베풀 시)
	달아날 배	敗北(패할 패, 달아날 배)	暴	사나울 폭	暴露(사나울 폭, 이슬 로)
索	삭막할 삭	索莫(삭막할 삭, 없을 막)		사나울 포	暴惡(사나울 포, 악할 악)
	찾을 색	索出(찾을 색, 날 출)	行	다닐 행	行路(다닐 행, 길 로)
殺	죽일 살	殺生(죽일 살, 날 생)		항렬 항	行列(항렬 항, 항렬 렬)
	감할 쇄	相殺(서로 상, 감할 쇄)	畫	그림 화	映畫(비칠 영, 그림 화)
狀	형상 상	狀態(형상 상, 모습 태)		그을 획	企畫(꾀할 기, 그을 획)
	문서 장	賞狀(상줄 상, 문서 장)			

☑ **확인문제**

단어의 밑줄 친 부분의 음이 다른 것은?

2016 지방직 9급

① 否認
② 否定
③ 否決
④ 否運

정답해설

'否'는 '아닐 부' 또는 '막힐 비'로 쓰인다.
④ 否運(막힐 비, 돌 운) : '막혀서 어려운 처지에 이른 운수' 또는 '불행한 운명'을 이르는 말이다.

정답 ④

1. 가공

한자	개념
加工 (더할 가, 장인 공)	• 원자재나 반제품을 인공적으로 처리하여 새로운 제품을 만들거나 제품의 질을 높임 예 목재 加工 • 남의 소유물에 노력을 가하여 새로운 물건을 만들어 내는 일
架空 (시렁 가, 빌 공)	• 어떤 시설물을 공중에 가설함 • 이유나 근거가 없이 꾸며 냄. 또는 사실이 아니고 거짓이나 상상으로 꾸며 냄 예 架空의 인물
可恐 (옳을 가, 두려울 공)	두려워하거나 놀랄 만함 예 핵무기의 可恐할 파괴력
歌工 (노래 가, 장인 공)	조선 시대에, 장악원에 속한 악공. 궁중의 제사나 잔치 때에 노래를 부르는 역할 수행
加功 (더할 가, 공 공)	형법에서, 남의 범죄 수행에 편의를 주는 모든 행위[= 방조(傍助)]

2. 가설

▼ 연역(演繹)
어떤 명제로부터 추론 규칙에 따라 결론을 이끌어 냄. 또는 그런 과정

한자	개념
假說 (거짓 가, 말씀 설)	• 어떤 사실을 설명하거나 어떤 이론 체계를 연역▼하기 위하여 설정한 가정 예 假說을 검증하다. • 사회 조사나 연구에서, 주어진 연구 문제에 대한 예측적 해답. 두 개의 변인이나 그 이상의 변인들 사이의 관계에 대한 추정적 또는 가정적 서술문의 형식으로 이루어짐
架設 (시렁 가, 베풀 설)	전깃줄이나 전화선, 교량 따위를 공중에 건너질러 설치함 예 전화 架設
加設 (더할 가, 베풀 설)	• 덧붙이거나 추가로 설치함 • 관직을 임시로 더 늘림
假設 (거짓 가, 베풀 설)	• 임시로 설치함 예 권투 시합을 위해 운동장 한가운데 假設 링을 만들었다. • 실제로 없는 것을 있는 것으로 침
街說 (거리 가, 말씀 설)	• 길거리에 떠도는 말이나 화젯거리[= 가담(街談)] • 세상의 평판

3. 가정

한자	개념
家庭 (집 가, 뜰 정)	• 한 가족이 생활하는 집 　예 유럽 여행 중 우연히 독일인 家庭에 초대받았다 • 가까운 혈연관계에 있는 사람들의 생활 공동체 　예 결혼하여 한 家庭을 이루다
假定 (거짓 가, 정할 정)	• 사실이 아니거나 또는 사실인지 아닌지 분명하지 않은 것을 임시로 인정함 　예 그의 의식 속에는 만약이라는 假定이 항상 존재하고 있다. • 결론에 앞서 논리의 근거로 어떤 조건이나 전제를 내세움. 또는 그 조건이나 　전제
家政 (집 가, 정사 정)	• 집안을 다스리는 일 • 가정생활을 처리해 나가는 수단과 방법
駕丁 (멍에 가, 고무래 정)	가마를 메는 사람(= 가마꾼)
苛政 (가혹할 가, 정사 정)	가혹한 정치 　예 독재자의 苛政 아래 신음하는 백성

4. 감사

한자	개념
感謝 (느낄 감, 사례할 사)	• 고마움을 나타내는 인사 　예 感謝 기도 • 고맙게 여김. 또는 그런 마음 　예 感謝의 인사를 올리다
監事 (볼 감, 일 사)	• 단체의 서무▼를 맡아보는 직책. 또는 그 직책에 있는 사람 • 법인의 재산이나 업무를 감사하는 상설 기관. 또는 그런 사람 • 선사에서, 주지를 대신하여 절의 재산을 맡아보는 승직 • 조선 시대에, 춘추관에 속하여 시정의 기록을 맡아보던 정일품 벼슬. 좌의정, 　우의정이 겸임
監査 (볼 감, 조사할 사)	감독하고 검사함. '지도 검사'로 순화 　예 監査에 걸리다
勘査 (헤아릴 감, 조사할 사)	잘 살펴 조사함
鑑査 (거울 감, 조사할 사)	주로 예술 작품의 우열이나 옳고 그름 따위를 감별하여 조사함 　예 이 작품은 鑑査 결과 모조품임이 드러났다

▼ 서무(庶務)
특별한 명목이 없는 여러 가지 일반적인 사무. 또는 그런 일을 맡은 사람

5. 감상

한자	개념
鑑賞 (거울 감, 상줄 상)	주로 예술 작품을 이해하여 즐기고 평가함 예 음악 鑑賞
感想 (느낄 감, 생각 상)	마음속에서 일어나는 느낌이나 생각 예 영화를 본 感想은 한마디로 '대단하다'였다
感傷 (느낄 감, 다칠 상)	하찮은 일에도 쓸쓸하고 슬퍼져서 마음이 상함. 또는 그런 마음 예 感傷에 젖다
感賞 (느낄 감, 상줄 상)	마음에 깊이 느끼어 칭찬함
監床 (볼 감, 평상 상)	귀한 사람에게 올릴 음식상을 미리 살펴봄

6. 감정

한자	개념
感情 (느낄 감, 뜻 정)	어떤 현상이나 일에 대하여 일어나는 마음이나 느끼는 기분 예 感情을 표현하다
鑑定 (거울 감, 정할 정)	사물의 특성이나 참과 거짓, 좋고 나쁨을 분별하여 판정함 예 鑑定을 의뢰하다
憾情 (섭섭할 감, 뜻 정)	원망하거나 성내는 마음 예 남편은 아내에게 憾情이 있다
戡定 (이길 감, 정할 정)	적을 물리치어 난리를 평정함
勘定 (헤아릴 감, 정할 정)	헤아려 정함

7. 개설

한자	개념
開設 (열 개, 베풀 설)	• 설비나 제도 따위를 새로 마련하고 그에 관한 일을 시작함 　예 항로 開設 • 은행에서 새로운 계좌를 마련하는 일. '냄, 새로 냄, 새로 엶, 엶'으로 순화
改設 (고칠 개, 베풀 설)	새로 수리하거나 기구를 바꾸어 설치함
槪說 (대개 개, 말씀 설)	내용을 줄거리만 잡아 대강 설명함. 또는 그런 글이나 책 예 고전 문학 槪說

8. 개정

한자	개념
改正 (고칠 개, 바를 정)	주로 문서의 내용 따위를 고쳐 바르게 함 예 악법의 改正에 힘쓰다
改定 (고칠 개, 정할 정)	이미 정하였던 것을 고쳐 다시 정함 예 대회 날짜 改定
改訂 (고칠 개, 바로잡을 정)	글자나 글의 틀린 곳을 고쳐 바로잡음 예 초판본을 改訂 보완하다
開政 (열 개, 정사 정)	• 정무▼를 보기 시작함 • 벼슬아치들의 인사에 관한 정사를 시작함

▼ 정무(政務)
정치나 국가 행정에 관계되는 사무

9. 결정

한자	개념
決定 (결단할 결, 정할 정)	행동이나 태도를 분명하게 정함. 또는 그렇게 정해진 내용 예 決定에 따르다
結晶 (맺을 결, 맑을 정)	애써 노력하여 보람 있는 결과를 이루는 것을 비유적으로 이르는 말 예 이 작품은 화가의 오랜 노력의 結晶이다
潔淨 (깨끗할 결, 깨끗할 정)	더러움 없이 깨끗함

10. 경계

한자	개념
境界 (지경 경, 지경 계)	• 사물이 어떠한 기준에 의하여 분간되는 한계 　예 꿈과 현실의 境界가 얼른 금이 그어지지 않았다 • 지역이 구분되는 한계 　예 학교 뒤는 境界가 없이 그대로 산이었다 • 인과의 이치에 따라 스스로 받는 과보▼
警戒 (깨우칠 경, 경계할 계)	• 뜻밖의 사고가 생기지 않도록 조심하여 단속함 　예 警戒를 늦추다 • 옳지 않은 일이나 잘못된 일들을 하지 않도록 타일러서 주의하게 함 　예 실패한 이야기를 글로 적어 세상에 대한 警戒로 삼다 • 적의 기습이나 간첩 활동 따위와 같은 예기치 못한 침입을 막기 위하여 주변을 살피면서 지킴 　예 警戒 근무를 서다
經界 (지날 경, 지경 계)	• 옳고 그른 경위가 분간되는 한계 　예 그는 아무리 화가 나도 經界를 넘는 행동은 하지 않는다 • 사물이 어떠한 기준에 의하여 분간되는 한계[= 경계(境界)]
鏡戒 (거울 경, 경계할 계)	분명히 타일러 다시는 같은 잘못을 저지르지 않도록 함

▼ 과보(果報)
인과응보

| 敬啓
(공경 경, 열 계) | 삼가 말씀드린다는 뜻으로 한문 투 편지의 첫머리에 쓰는 말(=경계자) |

11. 경기

한자	개념
競技 (다툴 경, 재주 기)	일정한 규칙 아래 기량과 기술을 겨룸. 또는 그런 일 예 아들이 태권도 競技에 출전했다
景氣 (볕 경, 기운 기)	매매나 거래에 나타나는 호황 · 불황 따위의 경제 활동 상태 예 부동산 景氣가 좋다
驚氣 (놀랄 경, 기운 기)	어린아이에게 나타나는 증상의 하나[= 경풍(驚風)] 예 驚氣를 일으키다
輕機 (가벼울 경, 틀 기)	한 사람이 들고 다닐 수 있을 정도로 비교적 가벼운 기관총(= 경기관총)

12. 고사

한자	개념
固辭 (굳을 고, 말씀 사)	제의나 권유 따위를 굳이 사양함 예 수차례의 固辭 끝에 결국에는 그 제의를 받아들이게 되었다
考查 (생각할 고/살필 고, 조사할 사)	• 자세히 생각하고 조사함 • 학생들의 학업 성적을 평가하는 시험 　예 학기마다 두 번씩 考査를 치른다 • 고려 · 조선 시대에, 관리의 근무 성적을 평가하여 결정하던 일[= 고과(考課)]
告祀 (고할 고, 제사 사)	액운(厄運)은 없어지고 풍요와 행운이 오도록 집안에서 섬기는 신(神)에게 음식을 차려 놓고 비는 제사 예 告祀를 지내다
故事 (연고 고, 일 사)	• 유래가 있는 옛날의 일. 또는 그런 일을 표현한 어구 　예 수주대토(守株待兔)의 故事를 아니? • 옛날부터 전해 오는 규칙이나 정례 　예 故事를 따르다. • 지나간 과거의 일
枯死 (마를 고, 죽을 사)	나무나 풀 따위가 말라 죽음. '말라 죽음'으로 순화 예 환경오염에 따른 나무의 枯死
古史 (옛 고, 사기 사)	옛날 역사
苦思 (쓸 고, 생각 사)	• 괴롭거나 고통스러운 생각 • 마음을 썩이며 깊이 생각함

13. 공용

한자	개념
共用 (한 가지 공, 쓸 용)	함께 씀. 또는 그런 물건 예 남녀 共用
功用 (공 공, 쓸 용)	공을 들인 보람이나 효과[= 공효(功效)]
功庸 (공 공, 떳떳할 용)	노력과 수고를 들여 이루어 낸 일의 결과[= 공적(功績)]
供用 (이바지할 공, 쓸 용)	준비하여 두었다가 씀

公用
(공평할 공, 쓸 용)
	• 공공의 목적으로 씀. 또는 그런 물건
	  예 公用 물품
	• 공적인 용무
	  예 公用 출장
	• 공공 단체에서 공적으로 쓰는 비용
	  예 국민들에게 쓰는 公用을 넉넉하게 해야 한다

14. 공유

한자	개념
共有 (한 가지 공, 있을 유)	두 사람 이상이 한 물건을 공동으로 소유함 예 나는 모든 것을 친구들과 共有하고 있다
公有 (공평할 공, 있을 유)	국가나 지방 자치 단체의 소유
恭惟 (공손할 공, 생각할 유)	삼가 공경하고 생각함

15. 관용

한자	개념
寬容 (너그러울 관, 얼굴 용)	남의 잘못을 너그럽게 받아들이거나 용서함. 또는 그런 용서 예 寬容을 베풀다
官用 (벼슬 관, 쓸 용)	정부 기관이나 국립 공공 기관에서 사용함 예 官用으로 처리하다

慣用
(익숙할 관, 쓸 용)
	• 습관적으로 늘 씀. 또는 그렇게 쓰는 것
	  예 慣用 수단
	• 오랫동안 써서 굳어진 대로 늘 씀. 또는 그렇게 쓰는 것
	  예 慣用 표현

밑줄 친 한자어의 쓰임이 문맥상 적절한 것은?　　　　2018 국가직 9급

① 초고를 校訂하여 책을 완성하였다.
② 내용이 올바른지 서로 交差검토하시오.
③ 전자 문서에 決濟를 받아 합격자를 확정하겠습니다.
④ 지금 제안한 계획은 수용할 수 없으니 提高바랍니다.

정답해설
校訂(학교 교, 바로잡을 정) : 남의 문장 또는 출판물의 잘못된 글자나 글귀 따위를 바르게 고침

정답 ①

16. 교정

한자	개념
矯正 (바로잡을 교, 바를 정)	• 틀어지거나 잘못된 것을 바로잡음 　예 척추 矯正 • 교도소나 소년원 따위에서 재소자의 잘못된 품성이나 행동을 바로잡음 　예 갱생을 위한 矯正 프로그램 • 골절이나 탈구로 어긋난 뼈를 본디로 돌리는 일
校庭 (학교 교, 뜰 정)	학교의 마당이나 운동장 예 방학 중이라 校庭은 쓸쓸히 비어 있었다
校訂 (학교 교, 바로잡을 정)	남의 문장 또는 출판물의 잘못된 글자나 글귀 따위를 바르게 고침
校正 (학교 교, 바를 정)	교정쇄와 원고를 대조하여 오자, 오식, 배열, 색 따위를 바르게 고침 예 校正을 안 했는지 책에 오자가 많다
教正 (가르칠 교, 바를 정)	가르쳐서 바르게 함

17. 기구

한자	개념
機構 (틀 기, 얽을 구)	• 많은 사람이 모여 어떤 목적을 위하여 구성한 조직이나 기관의 구성 체계 　예 관료 機構 • 기계적으로 구성되어 있는 조직이나 공식 따위의 내부 구성 　예 인체의 機構 • 역학적인 운동이나 작용을 하도록 구성되어 있는 기계나 도구 따위의 내부 구성 　예 동력 전달 機構
器具 (그릇 기, 갖출 구)	• 세간, 도구, 기계 따위를 통틀어 이르는 말 　예 의료 器具 • 예법에 필요한 것이 골고루 갖추어져 있는 형세 　예 器具 있게 장사를 지내다 • 어떤 일을 해결하는 데 수단이 되는 세력
祈求 (빌 기, 구할 구)	원하는 바가 실현되도록 빌고 바람 예 祈求를 드리다
奇句 (기특할 기, 글귀 구)	기발한 글귀
奇構 (기특할 기, 얽을 구)	기이한 구조
氣球 (기운 기, 공 구)	밀폐된 커다란 주머니에 수소나 헬륨 따위의 공기보다 가벼운 기체를 넣어, 그 부양력으로 공중에 높이 올라가도록 만든 물건 예 나는 氣球를 타고 세계를 여행하는 것이 꿈이다

18. 기대

한자	개념
期待 (기약할 기, 기다릴 대)	어떤 일이 원하는 대로 이루어지기를 바라면서 기다림 예 그의 부모님의 期待에 어긋나지 않는 아들이었다
旗帶 (기 기, 띠 대)	중요한 기(旗)의 위의 달던 좁고 긴 띠(= 기드림)
器臺 (그릇 기, 대 대)	밑이 둥근 항아리 따위의 그릇을 올려놓는 데 쓰던 받침(= 그릇 받침)
機臺 (틀 기, 대 대)	기계를 올려놓는 받침

19. 기상

한자	개념
氣像 (기운 기, 모양 상)	사람이 타고난 기개나 마음씨. 또는 그것이 겉으로 드러난 모양 예 늠름하고 활달한 氣像
氣象 (기운 기, 코끼리 상)	대기 중에서 일어나는 물리적인 현상을 통틀어 이르는 말. '날씨'로 순화 예 고산 지역은 氣象의 변화가 몹시 심하다
起牀 (일어날 기, 평상 상)	잠자리에서 일어남 예 起牀 시간
奇相 (기특할 기, 서로 상)	기이한 인상
奇想 (기이할 기, 생각 상)	좀처럼 짐작할 수 없는 별난 생각
氣相 (기운 기, 서로 상)	마음의 작용으로 얼굴에 드러나는 빛[= 기색(氣色)]

20. 기술

한자	개념
技術 (재주 기, 재주 술)	• 과학 이론을 실제로 적용하여 자연의 사물을 인간 생활에 유용하도록 가공하는 수단 예 그는 技術을 연마하기 위해 노력했다 • 사물을 잘 다룰 수 있는 방법이나 능력 예 그는 사람을 다루는 技術이 뛰어나다
記述 (기록할 기, 펼 술)	대상이나 과정의 내용과 특징을 있는 그대로 열거하거나 기록하여 서술함. 또는 그런 기록 예 역사 記述 방법
奇術 (기특할 기, 재주 술)	• 기묘한 솜씨나 재주 • 교묘한 눈속임으로 재미있게 부리는 재주

한자	
旣述 (이미 기, 펼 술)	이미 앞서 기술함

21. 논의

한자	개념
論議 (논할 논, 의논할 의)	어떤 문제에 대하여 서로 의견을 내어 토의함. 또는 그런 토의 예 통일을 위한 論議가 한창 진행 중이다
論意 (논할 논, 뜻 의)	논하는 말이나 글의 뜻이나 의도 예 이 글은 論意를 알 수 없다

22. 단정

한자	개념
斷定 (끊을 단, 정할 정)	딱 잘라서 판단하고 결정함 예 斷定을 내리다
單政 (홑 단, 정사 정)	한 나라의 일부 지역에서 단독으로 구성한 정부. '단독 정부'를 줄여 이르는 말 예 單政 반대 운동
端正 (끝 단, 바를 정)	옷차림새나 몸가짐 따위가 얌전하고 바름 예 端正한 용모
端整 (끝 단, 가지런할 정)	깨끗이 정리되어 가지런함

23. 대사

한자	개념
臺詞 (대 대, 말 사)	연극이나 영화 따위에서 배우가 하는 말. 대화, 독백, 방백이 있음 예 臺詞를 외우다
大使 (큰 대, 하여금 사)	나라를 대표하여 다른 나라에 파견되어 외교를 맡아보는 최고 직급 예 주한 프랑스 大使
大師 (큰 대, 스승 사)	• 부처와 보살을 높여 이르는 말 　예 大師께서는 어느 절로 가십니까? • 승려를 높여 이르는 말 　예 大師께서는 어느 절로 가시는지요 • 고려 시대의 법계 가운데 하나. 중대사의 아래, 대덕의 위
代謝 (대신할 대, 사례할 사)	생물체가 몸 밖으로부터 섭취한 영양물질을 몸 안에서 분해하고, 합성하여 생체 성분이나 생명 활동에 쓰는 물질이나 에너지를 생성하고 필요하지 않은 물질을 몸 밖으로 내보내는 작용 예 신진 代謝

24. 동기

한자	개념
童伎 (아이 동, 재간 기)	국악에서, 남자아이의 음악이나 춤
同期 (한 가지 동, 기약할 기)	• 같은 시기. 또는 같은 기간 　예 3월 중 수출 실적은 전년 同期 대비 32.5% 증가했다 • 학교나 훈련소 따위에서 같은 기(期) 　예 입사 同期 • 같은 시기에 같은 곳에서 교육이나 강습을 함께 받은 사람 　예 대학 同期인 그와 나는 노년에 접어든 지금까지도 절친한 사이이다
動機 (움직일 동, 틀 기)	• 어떤 일이나 행동을 일으키게 하는 계기 　예 작품을 쓰게 된 動機 • 음악 형식을 구성하는 가장 작은 단위
銅器 (구리 동, 그릇 기)	구리로 만든 그릇
同氣 (한 가지 동, 기운 기)	형제와 자매, 남매를 통틀어 이르는 말 예 同氣끼리 사이좋게 지내다

25. 매수

한자	개념
買收 (살 매, 거둘 수)	• 물건을 사들임. '사기, 사들이기'로 순화 　예 買收 가격 • 금품이나 그 밖의 수단으로 남의 마음을 사서 자기편으로 만드는 일 　예 돈에 買收되어 명예가 실추되었다
買受 (살 매, 받을 수)	물건을 사서 넘겨받음
枚數 (낱 매, 셈 수)	종이나 유리 따위의 장으로 셀 수 있는 물건의 수효 예 종이 枚數가 잘 맞지 않는다
買售 (살 매, 팔 수)	물건을 팔고 사는 일 예 이번 달에는 경기가 좋지 않아 買售가 잘 이뤄지지 않았다

26. 명문

한자	개념
名門 (이름 명, 문 문)	• 이름 있는 문벌. 또는 훌륭한 집안 　예 名門 출신 • 이름난 좋은 학교 　예 그는 名門 대학 출신이었다
明文 (밝을 명, 글월 문)	• 글로 명백히 기록된 문구. 또는 그런 조문(條文) 　예 明文 규정 • 사리가 명백하고 뜻이 분명한 글

名聞 (이름 명, 들을 문)	세상에 나 있는 좋은 소문 예 이곳은 좋은 쌀이 나오는 곳으로 名聞이 나 있다
命門 (목숨 명, 문 문)	• 사람의 복장뼈 아래 한가운데의 오목하게 들어간 곳 • 생명의 문 또는 생명의 근본이라는 뜻으로, 오른쪽 콩팥을 이르는 말 • 경혈의 이름. 제2 · 제3 허리뼈 극상 돌기 사이에 있음
銘文 (새길 명, 글월 문)	금석(金石)이나 기명(器皿) 따위에 새겨 놓은 글 예 이번에 발굴된 청동 거울의 뒷면에는 당신의 銘文이 새겨져 있다

27. 무고

한자	개념
誣告 (속일 무, 고할 고)	사실이 아닌 일을 거짓으로 꾸미어 해당 기관에 고소하거나 고발하는 일 예 誣告 혐의
巫瞽 (무당 무, 소경 고)	무당과 판수를 아울러 이르는 말
無告 (없을 무, 고할 고)	괴로운 처지를 하소연할 곳이 없음. 또는 그런 사람

無故
(없을 무, 연고 고)
	• 아무런 까닭이 없음
	  예 無故 결석
	• 사고 없이 평안함
	  예 집을 떠나 있는 동안 식구들의 無故를 빌었다

無辜 (없을 무, 허물 고)	아무런 잘못이나 허물이 없다 예 無辜한 백성을 괴롭히다

28. 방화

한자	개념
放火 (놓을 방, 불 화)	일부러 불을 지름 예 放火를 일삼았다
防火 (막을 방, 불 화)	불이 나는 것을 미리 막음 예 겨울철 防火 대책에 만전을 기하다
邦貨 (나라 방, 재물 화)	• 우리나라의 화폐 • 자기 나라의 화폐
邦畫 (나라 방, 그림 화)	자기 나라에서 제작된 영화. '국산 영화'로 순화 예 오랜만에 邦畫에 관객이 몰렸다

29. 병폐

한자	개념
病弊 (병 병, 폐단 폐)	병통과 폐단을 아울러 이르는 말 예 病弊를 극복하다
病廢 (병 병, 폐질 폐)	병으로 인하여 몸을 제대로 쓰지 못하게 됨
病斃 (병 병, 죽을 폐)	병으로 죽음[= 병사(病死)]

30. 부정

한자	개념
不正 (아닐 부, 바를 정)	올바르지 아니하거나 옳지 못함 예 不正을 방지하다
否定 (아닐 부, 정할 정)	그렇지 아니하다고 단정하거나 옳지 아니하다고 반대함 예 그녀는 긍정도 否定도 아닌 미소만 지었다
不淨 (아닐 부, 깨끗할 정)	• 깨끗하지 못함. 또는 더러운 것 • 사람이 죽는 따위의 불길한 일 　예 不淨이 들다
不定 (아닐 부, 정할 정)	일정하지 아니함 예 주거 不定
不貞 (아닐 부, 곧을 정)	부부가 서로의 정조를 지키지 아니함 예 외간 남자와 不貞을 저지르다

31. 사고

한자	개념
思考 (생각 사, 생각할 고)	• 생각하고 궁리함 　예 극단적인 思考를 배격하다 • 심상이나 지식을 사용하는 마음의 작용
事故 (일 사, 연고 고)	• 뜻밖에 일어난 불행한 일 　예 뜻밖의 事故에 대비하다 • 사람에게 해를 입혔거나 말썽을 일으킨 나쁜 짓 　예 事故를 치다 • 어떤 일이 일어난 까닭 　예 그가 결근한 事故를 알아보아라
史庫 (사기 사, 곳집 고)	고려 말기부터 조선 후기까지 실록 따위 국가의 중요한 서적을 보관하던 서고
四苦 (넉 사, 쓸 고)	인생의 네 가지 고통. 나는 것, 늙는 것, 병드는 것, 죽는 것

한자	
思顧 (생각 사, 돌아볼 고)	• 두루 생각함 • 돌이켜 생각함

32. 사상

한자	개념
史上 (사기 사, 윗 상)	역사에 나타나 있는 바 예 대회 史上 첫 우승을 차지하다
思想 (생각 사, 생각 상)	어떤 사물에 대하여 가지고 있는 구체적인 사고나 생각 예 봉건적 思想
死狀 (죽을 사, 형상 상)	• 거의 죽게 된 상태 • 죽어 버린 상태
死傷 (죽을 사, 다칠 상)	죽음과 부상 예 교통사고의 死傷者가 최소 1,000명은 넘는다
事象 (일 사, 코끼리 상)	• 관찰할 수 있는 사물과 현상 　예 아이의 눈에 외계의 事象이 조금씩 보이기 시작했다 • 어떤 실험이나 시행에서 일어날 수 있는 결과[= 사건(事件)]

33. 사실

한자	개념
事實 (일 사, 열매 실)	• 실제로 있었던 일이나 현재에 있는 일 　예 이 작품은 특정 事實과 관련 없다 • 겉으로 드러나지 아니한 일을 솔직하게 말할 때 쓰는 말 　예 나는, 事實은, 꼭 자신이 없었으나, 그래도 이 경우에 말하지 아니할 수 없 　　었다 • 자신의 말이 옳다고 강조할 때 쓰는 말 　예 事實이지 여기 와서 제대로 만족해 있는 자가 어딨느냐? • 일정한 법률 효과를 발생, 변경, 소멸시키는 원인이 되는 사물의 관계
史實 (사기 사, 열매 실)	역사에 실제로 있는 사실(事實) 예 그것이 史實에 대한 귀중한 단서이다
寫實 (베낄 사, 열매 실)	사물을 있는 그대로 그려 냄 예 寫實 묘사
私室 (사사 사, 집 실)	개인의 방 예 노부인은 우리를 그의 私室로 인도했다

34. 사유

한자	개념
思惟 (생각 사, 생각할 유)	• 대상을 두루 생각하는 일 • 개념, 구성, 판단, 추리 따위를 행하는 인간의 이성 작용[= 사고(思考)]
事由 (일 사, 말미암을 유)	일의 까닭 예 事由를 밝히다
私有 (사사 사, 있을 유)	개인이 사사로이 소유함. 또는 그런 소유물 예 토지의 私有
四有 (넉 사, 있을 유)	중생이 나서 죽고 다시 태어날 때까지의 기간을 넷으로 나눈 것

35. 사정

한자	개념
事情 (일 사, 뜻 정)	• 일의 형편이나 까닭 　예 집안 事情으로 조퇴를 했다 • 어떤 일의 형편이나 까닭을 남에게 말하고 무엇을 간청함 　예 아무리 事情해도 소용없다
査正 (조사할 사, 바를 정)	조사하여 그릇된 것을 바로잡음
司正 (맡을 사, 바를 정)	그릇된 일을 다스려 바로잡음 예 司正 위원
査定 (조사할 사, 정할 정)	조사하거나 심사하여 결정함 예 입학 査定

36. 수상

한자	개념
首相 (머리 수, 서로 상)	• 고려 시대와 조선 시대의 조정 우두머리를 지칭하는 말 • 조선 시대 의정부의 으뜸 벼슬 • 내각의 우두머리 　예 의원 내각제에서는 다수당의 우두머리가 首相이 되는 것이 일반적이다
受賞 (받을 수, 상줄 상)	상을 받음 예 그는 많은 대회에서 受賞을 한 경력이 있다
水上 (물 수, 윗 상)	• 물의 위. 또는 물길 　예 水上 가옥 • 흐르는 물의 상류
受傷 (받을 수, 다칠 상)	상처를 받음

殊常 (다를 수, 떳떳할 상)	보통과는 달리 이상하여 의심스러움 예 殊常한 기미를 보이다
愁傷 (근심 수, 다칠 상)	몹시 근심하여 마음이 상함

37. 수용

한자	개념
受容 (받을 수, 얼굴 용)	• 어떠한 것을 받아들임 　예 전통 예술의 현대적 受容 • 감상의 기초를 이루는 작용으로, 예술 작품 따위를 감성으로 받아들여 즐김
收容 (거둘 수, 얼굴 용)	범법자, 포로, 난민, 관객, 물품 따위를 일정한 장소나 시설에 모아 놓음 예 이 극장은 收容 인원이 얼마 되지 않는다
收用 (거둘 수, 쓸 용)	거두어들여 사용함 예 나라에서 收用 가능한 토지를 모두 매입했다
水茸 (물 수, 풀 날 용)	말리지 않은 녹용

38. 시기

한자	개념
時機 (때 시, 틀 기)	적당한 때나 기회 예 지금은 그런 말을 할 時機가 아니다
時期 (때 시, 기약할 기)	어떤 일이나 현상이 진행되는 시점. '때'로 순화 예 가을은 오곡백과가 무르익는 時期이다
始期 (비로소 시, 기약할 기)	어떤 일이 시작되는 때 예 공부를 시작한 始期는 2016년이다
猜忌 (시기할 시, 꺼릴 기)	남이 잘되는 것을 샘하여 미워함 예 猜忌와 질투

39. 시정

한자	개념
是正 (이 시, 바를 정)	잘못된 것을 바로 잡음 예 그녀는 고용 차별에 대한 是正을 요구했다
市政 (저자 시, 정사 정)	지방 자치 단체로서의 시의 행정 예 市政 보고 연설
時政 (때 시, 정사 정)	그 당시의 정치나 행정에 관한 일
始政 (비로소 시, 정사 정)	정치를 시작함
施政 (베풀 시, 정사 정)	정치를 시행함. 또는 그 정치 예 공정한 施政을 펴다
詩情 (시 시, 뜻 정)	시적인 정취 예 가을 들녘을 보며 詩情을 느끼는 사람이 많다

40. 신화

한자	개념
神話 (귀신 신, 말씀 화)	• 고대인의 사유나 표상이 반영된 신성한 이야기 　예 神話와 전설의 차이는 무엇인가? • 신비스러운 이야기 　예 기상천외한 그들의 행적은 하나의 神話로 남았다 • 절대적이고 획기적인 업적을 비유적으로 이르는 말 　예 김 사장의 성공 神話
神化 (귀신 신, 될 화)	• 신의 조화 　예 그 산의 설경은 神化로 이루어진 듯하다 • 신기한 변화 • 신(神)으로 변함
神火 (귀신 신, 불 화)	까닭 없이 저절로 일어나는 불(= 도깨비불)
身火 (몸 신, 불 화)	몸을 태우는 불이라는 뜻으로, 사람의 끝없는 욕심을 이르는 말

41. 심사

한자	개념
審査 (살필 심, 조사할 사)	자세하게 조사하여 등급이나 당락 따위를 결정함 예 審査를 통과했다
心思 (마음 심, 생각 사)	• 어떤 일에 대한 여러 가지 마음의 작용 　예 心思를 헤아리다 • 마음에 맞지 않아 어깃장을 놓고 싶은 마음 　예 고약한 心思가 나다
心事 (마음 심, 일 사)	마음속으로 생각하는 일. 또는 그 생각
深思 (깊을 심, 생각 사)	깊이 생각함. 또는 깊은 생각[= 담사(潭思)] 예 나는 산을 바라보며 深思와 묵도를 오래오래 하였다

42. 연기

▼ 생기
어떤 일이나 사건이 일어남

한자	개념
緣起 (인연 연, 일어날 기)	• 모든 현상이 생기▼(生起) 소멸하는 법칙 • 중생의 지혜로 이해할 수 있는 정도로 설법하는 일 • 절을 짓게 된 유래나 부처·고승의 염력에 대한 설화
延期 (늘일 연, 기약할 기)	정해진 기한을 뒤로 물려서 늘림 예 지급 延期 신청
演技 (펼 연, 재주 기)	배우가 배역의 인물, 성격, 행동 따위를 표현해 내는 일 예 나는 네가 演技를 잘한다는 것을 안다
煙氣 (연기 연, 기운 기)	무엇이 불에 탈 때에 생겨나는 흐릿한 기체나 기운 예 굴뚝에서 煙氣가 난다
年忌 (해 연, 꺼릴 기)	• 해마다 돌아오는 제삿날[= 기일(忌日)] • 운수가 사나운 해[= 액년(厄年)] • 사람이 죽은 뒤 3년, 7년이 되는 기일에 그 사람의 명복을 비느라고 불사(佛事)를 하는 일

43. 운명

한자	개념
運命 (옮길 운, 목숨 명)	• 인간을 포함한 모든 것을 지배하는 초인간적인 힘. 또는 그것에 의하여 이미 정하여 있는 목숨이나 처지 　예 運命에 맡기다 • 앞으로의 생사나 존망에 관한 처지 　예 조국의 運命을 걸머지다
殞命 (죽을 운, 목숨 명)	사람의 목숨이 끊어짐 예 형은 오랜 객지 생활로 아버지의 殞命을 보지 못했다

44. 의사

한자	개념
醫師 (의원 의, 스승 사)	• 일정한 자격을 가지고 병을 고치는 것을 직업으로 하는 사람 예 醫師의 진찰을 받다 • 서양 의술과 양약으로 병을 고치는 것을 직업으로 하는 사람
意思 (뜻 의, 생각 사)	무엇을 하고자 하는 생각 예 그녀와 결혼할 意思가 전혀 없다
義士 (옳을 의, 선비 사)	의로운 지사 예 義士 윤봉길
擬似 (비길 의, 닮을 사)	실제와 비슷함
義師 (옳을 의, 스승 사)	의로운 뜻을 품고 일어난 군사
議事 (의논할 의, 일 사)	• 회의에서 어떤 일을 의논함. 또는 그 회의 예 議事 진행 • 회의에서 의논할 사항
疑事 (의심할 의, 일 사)	의심스러운 일
疑辭 (의심할 의, 말씀 사)	의심스러운 말

45. 이상

한자	개념

以上
(써 이, 위 상)
	• 수량이나 정도가 일정한 기준보다 더 많거나 나음
	  예 키 180cm 以上
	• 순서나 위치가 일정한 기준보다 앞이나 위
	  예 以上에서 살핀 바를 간단히 요약하면 다음과 같다
	• 이미 그렇게 된 바에는
	  예 시작한 以上 끝까지 해야 한다
	• 서류나 강연 등의 마지막에 써서 '끝'의 뜻을 나타내는 말
	  예 이것으로 수업을 마친다. 以上

理想 (다스릴 이, 생각 상)	• 생각할 수 있는 범위 안에서 가장 완전하다고 여겨지는 상태 예 理想을 향한 열정 • 생각할 수 있는 가장 완전한 상태

異常
(다를 이, 떳떳할 상)
	• 정상적인 상태와 다름
	  예 異常 저온
	• 지금까지의 경험이나 지식과는 달리 별나거나 색다름
	• 의심스럽거나 알 수 없는 데가 있음
	  예 공항에서는 헌병들이 아무 異常이 없는지 검문하고 있었다

履霜 (밟을 이, 서리 상)	서리를 밟는다는 것은 곧 물이 얼 겨울철이 닥칠 징조라는 뜻으로, 징조를 보고 장차 다가올 일에 대비하여야 함을 경계하는 말

46. 이행

한자	개념
移行 (옮길 이, 다닐 행)	다른 상태로 옮아감 예 시장 경제 체제로의 移行 과정
履行 (밟을 이, 다닐 행)	• 실제로 행함 예 의무의 履行 • 채무자가 채무의 내용을 실행하는 일
已行 (이미 이, 다닐 행)	이미 결정함[= 기결(旣決)]
易行 (쉬울 이, 다닐 행)	행하기 쉬움

47. 인상

한자	개념
印象 (도장 인, 코끼리 상)	어떤 대상에 대하여 마음속에 새겨지는 느낌 예 무뚝뚝한 印象을 주다
人相 (사람 인, 서로 상)	• 사람 얼굴의 생김새. 또는 그 얼굴의 근육이나 눈살 따위 예 人相을 찡그리다 • 사람의 얼굴 생김새를 보고 점치는 일
引上 (끌 인, 위 상)	• 물건 따위를 끌어 올림 예 담뱃값 引上 • 물건값, 봉급, 요금 따위를 올림. '값 올림, 올림'으로 순화 예 공공요금의 引上 • 역도 경기 종목의 하나
刃傷 (칼날 인, 다칠 상)	칼날 따위에 다침. 또는 그런 상처
鱗狀 (비늘 인, 형상 상)	비늘 모양의 형상

48. 전기

한자	개념
電氣 (번개 전, 기운 기)	• 물질 안에 있는 전자 또는 공간에 있는 자유 전자나 이온들의 움직임 때문에 생기는 에너지의 한 형태 　예 電氣가 들어오다 • 저리거나 무엇에 부딪혔을 때 몸에 짜릿하게 오는 느낌을 비유적으로 이르는 말 　예 다리에 電氣가 오다
前期 (앞 전, 기약할 기)	• 일정 기간을 몇 개로 나눈 첫 시기 　예 前期 중세 국어 • 앞의 시기. 특히 앞의 결산기를 이름 　예 前期 이월금 • 기한보다 앞섬
傳記 (전할 전, 기록할 기)	• 한 사람의 일생 동안의 행적을 적은 기록 　예 이순신 傳記 • 전하여 듣고 기록함
轉機 (구를 전, 틀 기)	전환점이 되는 기회나 시기 예 轉機를 맞이하다
前記 (앞 전, 기록할 기)	어떤 대목을 기준으로 하여 그 앞부분에 씀. 또는 그런 기록 예 자세한 내용은 前記의 사항을 참조하시오

49. 전력

한자	개념
電力 (번개 전, 힘 력)	전류가 단위 시간에 하는 일. 또는 단위 시간에 사용되는 에너지의 양. 같은 전압과 전류의 곱으로 나타냄 예 電力 공급이 끊기다
戰力 (싸움 전, 힘 력)	전투나 경기 따위를 할 수 있는 능력 예 주전들의 부상으로 戰力이 많이 약화되었다
前歷 (앞 전, 지날 력)	과거의 경력 예 前歷을 숨기다
全力 (온전할 전, 힘 력)	모든 힘 예 全力을 기울이다
專力 (오로지 전, 힘 력)	오로지 한 가지 일에 온 힘을 다함 예 학문에 專力하다

50. 전세

한자	개념
傳貰 (전할 전, 세낼 세)	• 부동산의 소유자에게 일정한 금액을 맡기고 그 부동산을 일정 기간 동안 빌려 쓰는 일. 또는 그 돈 예 살던 집을 傳貰 놓고 아파트로 이사 갔다 • 전세를 받고 빌려 주는 방 예 傳貰를 살다
專貰 (오로지 전, 세낼 세)	계약에 의하여 일정 기간 동안 그 사람에게만 빌려주어 다른 사람의 사용을 금하는 일 예 專貰 버스
戰勢 (싸움 전, 형세 세)	전쟁, 경기 따위의 형세나 형편 예 종료 5분을 남기고 戰勢를 뒤집어 승리했다
田稅 (밭 전, 세금 세)	• 논밭에 부과되는 조세 • 고려 시대의 전시과나 조선 시대의 과전법에서 전조(田租)를 받는 사람이 다시 국가에 납부하는 세

51. 전형

한자	개념
典型 (법 전, 모형 형)	• 기준이 되는 형 • 같은 부류의 특징을 가장 잘 나타내고 있는 본보기 예 그는 고뇌하는 인간의 典型이다 • 자손이나 제자의 모양이나 행동이 그 조상이나 스승을 닮은 틀
銓衡 (사람 가릴 전, 저울대 형)	됨됨이나 재능 따위를 가려 뽑음. 또는 그런 일 예 銓衡을 거쳐 신입생을 선발한다
田形 (밭 전, 모양 형)	논이나 밭의 꼴
典刑 (법 전, 형벌 형)	• 예로부터 전하여 내려오는 법전(法典) • 한번 정하여져 변하지 아니하는 법 • 형벌을 관장함
全形 (온전할 전, 모양 형)	• 사물 전체의 모습이나 형상 예 건물 全形을 찍다 • 완전한 형체 예 흠잡을 데 없는 全形
轉形 (구를 전, 모양 형)	• 물건이 구르는 모양 • 형식이나 형태가 바뀜. 또는 형식이나 형태를 바꿈

52. 정의

한자	개념
定義 (정할 정, 옳은 의)	어떤 말이나 사물의 뜻을 명백히 밝혀 규정함. 또는 그 뜻 예 定義를 내리다.
正義 (바를 정, 옳을 의)	• 진리에 맞는 올바른 도리 　예 正義를 위하여 싸우다 • 바른 의의 • 개인 간의 올바른 도리. 또는 사회를 구성하고 유지하는 공정한 도리 　예 사회의 正義를 실현하다
情誼 (뜻 정, 정 의)	서로 사귀어 친하여진 정 예 두터운 情誼
正意 (바를 정, 뜻 의)	바른 뜻. 또는 올바른 생각
情意 (뜻 정, 뜻 의)	따뜻한 마음과 참된 의사를 통틀어 이르는 말

53. 조정

한자	개념
調整 (고를 조, 가지런할 정)	어떤 기준이나 실정에 맞게 정돈함 예 시내버스 노선의 調整
調停 (고를 조, 머무를 정)	• 분쟁을 중간에서 화해하게 하거나 서로 타협점을 찾아 합의하도록 함 　예 실무자 간의 이견 調停을 위한 회의가 열렸다 • 분쟁을 해결하기 위하여 법원이 당사자 사이에 끼어들어 쌍방의 양보를 통한 　합의를 이끌어 냄으로써 화해시키는 일
朝廷 (아침 조, 조정 정)	임금이 나라의 정치를 신하들과 의논하거나 집행하는 곳 예 朝廷의 신하들이 광해군을 몰아냈다
徂征 (갈 조, 칠 정)	가서 정벌함

54. 진정

한자	개념
眞情 (참 진, 뜻 정)	• 참되고 애틋한 정이나 마음 　예 眞情을 알아주다 • 참된 사정 　예 그는 일부러 眞情을 숨기고 말하지 않았다
眞正 (참 진, 바를 정)	거짓이 없이 참으로 예 선생님을 뵙게 되어 眞正 기쁩니다
陳情 (베풀 진, 뜻 정)	실정이나 사정을 진술함 예 陳情을 드리다

| 鎭靜
(진압할 진, 고요할 정) | • 몹시 소란스럽고 어지러운 일을 가라앉힘
예 여론의 鎭靜을 위해 담화를 발표했다
• 격앙된 감정이나 아픔 따위를 가라앉힘
예 너무 화가 나서 도저히 鎭靜을 할 수 없다 |
| 辰正
(별 진, 바를 정) | 진시의 한가운데. 오전 여덟 시를 이름 |

55. 현상

한자	개념
現象 (나타날 현, 코끼리 상)	• 인간이 지각할 수 있는, 사물의 모양과 상태 예 열대야 現象 • 본질이나 객체의 외면에 나타나는 상
現狀 (나타날 현, 형상 상)	나타나 보이는 현재의 상태 예 現狀을 극복하려는 의지
懸賞 (달 현, 상줄 상)	무엇을 모집하거나 구하거나 사람을 찾는 일 따위에 현금이나 물품 따위를 내걺. 또는 그 현금이나 물품 예 懸賞 공모
現像 (나타날 현, 모양 상)	• 노출된 필름이나 인화지를 약품으로 처리하여 상이 나타나도록 함 • 어떠한 형상으로 나타냄. 또는 그 형상
玄象 (검은 현, 코끼리 상)	하늘의 물상(物象). 일월성신(日月星辰) 따위를 이름

03 모양이 비슷한 한자

可 司	可否 가부(옳을 가, 아닐 부) 司法 사법(맡을 사, 법 법)	撒 散	撒布 살포(뿌릴 살, 베 포/펼 포) 擴散 확산(넓힐 확, 흩을 산)
恪 格	恪別 각별(삼갈 각, 나눌 별) 格式 격식(격식 격, 법 식)	洩 曳	漏洩 누설(샐 누, 샐 설/퍼질 예) 曳引 예인(끌 예, 끌 인)
勘 甚	勘定 감정(이길 감, 정할 정) 極甚 극심(극진할 극/다할 극, 심할 심)	甦 更	甦生 소생(깨어날 소, 날 생) 更生 갱생(다시 갱/고칠 경, 날 생)
腔 空	口腔 구강(입 구, 속 빌 강) 空間 공간(빌 공, 사이 간)	遡 朔	遡及 소급(거스를 소, 미칠 급) 朔望 삭망(초하루 삭, 바랄 망/보름 망)
坑 抗	坑夫 갱부(구덩이 갱, 지아비 부) 對抗 대항(대할 대, 겨룰 항)	猜 請	猜忌 시기(시기할 시, 꺼릴 기) 要請 요청(요긴할 요, 청할 청)
誇 洿	誇張 과장(자랑할 과, 베풀 장) 洿池 오지(웅덩이 오, 못 지)	燼 盡	灰燼 회신(재 회, 불탄 끝 신) 消盡 소진(사라질 소, 다할 진)

括活	一括 일괄(한 일, 묶을 괄) 生活 생활(날 생, 살 활)	弛也	解弛 해이(풀 해, 늦출 이) 必也 필야(반드시 필, 잇기 야)
攬覺	攪亂 교란(흔들 교, 어지러울 란) 覺醒 각성(깨달을 각, 깰 성)	蔗庶	甘蔗 감자(달 감, 사탕수수 자) 庶出 서출(여러 서, 날 출)
詭危	詭辯 궤변(속일 궤, 말씀 변) 危機 위기(위태할 위, 틀 기)	悛俊	改悛 개전(고칠 개, 고칠 전) 俊傑 준걸(준걸 준, 뛰어날 걸)
喫契	喫煙 끽연(먹을 끽, 연기 연) 契約 계약(맺을 계, 맺을 약)	塡眞	補塡 보전(기울 보, 메울 전) 眞僞 진위(참 진, 거짓 위)
拿合	拿捕 나포(잡을 나, 잡을 포) 合意 합의(합할 합, 뜻 의)	稠周	稠密 조밀(빽빽할 조, 빽빽할 밀) 周知 주지(두루 주, 알지)
懦儒	懦弱 나약(나약할 나, 약할 약) 儒學 유학(선비 유, 배울 학)	嗾族	使嗾 사주(하여금 사, 부추길 주) 家族 가족(집 가, 겨레 족)
儺難	儺禮 나례(푸닥거리 나, 예도 례) 非難 비난(아닐 비, 어려울 난)	叱匕	叱責 질책(꾸짖을 질, 꾸짖을 책) 匕首 비수(비수 비, 머리 수)
捺奈	捺印 날인(누를 날, 도장 인) 奈落 나락(어찌 나/어찌 내, 떨어질 락)	桎至	桎梏 질곡(차꼬 질, 수갑 곡) 至毒 지독(이를 지, 독 독)
凜稟	凜然 늠연(찰 늠, 그럴 연/불탈 연) 氣稟 기품(기운 기/보낼 희, 여쭐 품)	澄登	明澄 명징(밝을 명, 맑을 징) 登校 등교(오를 등, 학교 교)
疸旦	黃疸 황달(누를 황, 황달 달) 旦夕 단석(아침 단, 저녁 석)	齷足	齷齪 악착(악착할 악, 악착할 착) 不足 부족(아닐 부, 발 족/지나칠 주)
撞童	撞着 당착(칠 당, 붙을 착/나타날 저) 童謠 동요(아이 동/땅 이름 종, 노래 요)	站占	兵站 병참(병사 병, 역마을 참) 占領 점령(점령할 점, 거느릴 령)
鈍沌	鈍濁 둔탁(둔할 둔, 흐릴 탁) 混沌 혼돈(섞을 혼, 엉길 돈)	僭潛	僭濫 참람(주제넘을 참, 넘칠 람) 潛在 잠재(잠길 잠, 있을 재)
欒樂	團欒 단란(둥글 단, 둥글 란) 娛樂 오락(즐길 오, 즐길 락)	懺纖	懺悔 참회(뉘우칠 참, 뉘우칠 회) 纖維 섬유(가늘 섬, 벼리 유)
軋樂	軋轢 알력(삐걱거릴 알, 칠 력) 音樂 음악(소리 음, 노래 악)	劾欬	彈劾 탄핵(탄알 탄, 꾸짖을 핵) 廣欬 광해(넓을 광, 기침 해)
斂儉	苛斂 가렴(가혹할 가, 거둘 렴) 儉素 검소(검소할 검, 본디 소/흴 소)	擅壇	獨擅 독천(홀로 독, 멋대로 할 천) 敎壇 교단(가르칠 교, 단 단)
驀馬	驀進 맥진(말탈 맥, 나아갈 진) 騎馬 기마(말 탈 기, 말 마)	闡單	闡明 천명(밝힐 천, 밝을 명) 單純 단순(홑 단, 순수할 순)
頒分	頒布 반포(나눌 반, 베 포/펼 포) 分析 분석(나눌 분, 쪼갤 석)	諦帝	諦念 체념(살필 체, 생각 념) 皇帝 황제(임금 황, 임금 제)
雹包	雨雹 우박(비 우, 우박 박) 包含 포함(쌀 포, 머금을 함)	萃醉	拔萃 발췌(뽑을 발, 모을 췌) 心醉 심취(마음 심, 취할 취)

碑 牌	口碑 구비(입 구, 비석 비)	幟 識	旗幟 기치(기 기, 기 치)
	防牌 방패(막을 방, 패 패)		常識 상식(떳떳할 상/항상 상, 알 식)
唆 俊	敎唆 교사(가르칠 교, 부추길 사)	綻 定	綻露 탄로(터질 탄, 이슬 로)
	俊傑 준걸(준걸 준, 뛰어날 걸)		決定 결정(결단할 결, 정할 정)
徙 徒	移徙 이사(옮길 이, 옮길 사)	奪 準	剝奪 박탈(벗길 박, 빼앗을 탈)
	徒步 도보(무리 도, 걸음 보)		基準 기준(터 기, 준할 준)
斡 幹	斡旋 알선(돌 알/주장할 간, 돌 선)	攄 慮	攄得 터득(펼 터, 얻을 득)
	根幹 근간(뿌리 근, 줄기 간)		憂慮 우려(근심 우, 생각할 려)
隘 益	隘路 애로(좁을 애, 길 로)	堆 推	堆積 퇴적(쌓을 퇴, 쌓을 적)
	利益 이익(이로울 이, 더할 익)		推進 추진(밀 추, 나아갈 진)
冶 治	陶冶 도야(질그릇 도, 풀무 야)	辦 辨	辦得 판득(힘들일 판, 얻을 득)
	政治 정치(정사 정, 다스릴 치)		辨明 변명(분별할 변, 밝을 명)
咽 因	嗚咽 오열(슬플 오, 목멜 열)	涸 固	乾涸 건학(마를 건, 마를 학)
	因果 인과(인할 인, 실과 과)		頑固 완고(완고할 완, 굳을 고)
緩 煖	緩和 완화(느릴 완, 화할 화)	驩 觀	交驩 교환(사귈 교, 기뻐할 환)
	煖房 난방(더울 난, 방 방)		觀光 관광(볼 관, 빛 광)
擾 憂	騷擾 소요(떠들 소, 시끄러울 요)	肓 妄	膏肓 고황(기름 고, 명치끝 황)
	憂慮 우려(근심 우, 생각할 려)		妄言 망언(망령될 망, 말씀 언)
茸 耳	鹿茸 녹용(사슴 녹, 풀 날 용)	嚆 高	嚆矢 효시(울릴 효, 화살 시)
	耳目 이목(귀 이, 눈 목)		最高 최고(가장 최, 높을 고)
凝 疑	凝結 응결(엉길 응, 맺을 결)	嗅 臭	嗅覺 후각(맡을 후, 깨달을 각)
	疑心 의심(의심할 의, 마음 심)		惡臭 악취(악할 악, 냄새 취)
湮 煙	湮滅 인멸(묻힐 인, 꺼질 멸)	欣 欽	欣快 흔쾌(기쁠 흔, 쾌할 쾌)
	禁煙 금연(금할 금, 연기 연)		欽慕 흠모(공경할 흠, 그릴 모)
孕 乃	孕胎 잉태(아이 밸 잉, 아이 밸 태)	恰 合	恰似 흡사(흡사할 흡, 닮을 사)
	乃後 내후(이에 내, 뒤 후)		合倂 합병(합할 합, 아우를 병)

04 유의어(類義語)와 반의어(反意語)

1. 유의어(類義語)

이유나 근거가 없이 꾸며 냄	일이 되어 가는 과정이나 형편
• 架空 가공(시렁 가, 빌 공) • 虛構 허구(빌 허, 얽을 구)	• 狀況 상황(형상 상, 상황 황) • 情勢 정세(뜻 정, 형세 세)
가엾고 불쌍하다	안부나, 소식, 용무 따위를 적어 보내는 글
• 可憐 가련(옳을 가, 불쌍히 여길 련) • 惻隱 측은(슬퍼할 측, 숨을 은)	• 書簡 서간(글 서, 대쪽 간) • 書札 서찰(글 서, 편지 찰) • 便紙 편지(편할 편, 종이 지)
어떤 일에 대한 마음가짐이나 자세 따위가 유달리 특별함	약속한 기한이 되기 전에 돈을 미리 바침
• 各別 각별(각각 각, 나눌 별) • 特別 특별(특별할 특, 나눌 별)	• 先納 선납(먼저 선, 들일 납) • 豫納 예납(미리 예, 들일 납)
어떤 일에 간섭하여 참여함	어떤 일을 바람. 또는 그 바라는 것
• 干與 간여(방패 간, 더불 여) • 參與 참여(참여할 참, 더불 여)	• 所望 소망(바 소, 바랄 망) • 念願 염원(생각 념, 원할 원) • 希望 희망(바랄 희, 바랄 망)
상태, 모양, 성질 따위가 그와 같다고 봄. 또는 그렇다고 여김	평소의 행실
• 看做 간주(볼 간, 지을 주) • 置簿 치부(둘 치, 문서 부)	• 素行 소행(본디 소, 다닐 행) • 品行 품행(물건 품, 다닐 행)
한 국가나 단체의 비밀이나 상황을 몰래 알아내어 경쟁 또는 대립 관계에 있는 국가나 단체에 제공하는 사람	그릇된 것이나 묵은 것을 버리고 새롭게 함
• 間諜 간첩(사이 간, 염탐할 첩) • 諜者 첩자(염탐할 첩, 놈 자)	• 刷新 쇄신(인쇄할 쇄, 새 신) • 革新 혁신(가죽 혁, 새 신)
칡과 등나무가 서로 얽히는 것과 같이 개인이나 집단 사이에 목표나 이해관계가 달라 서로 적대시하거나 충돌함. 또는 그런 상태	잘 매만져 곱게 꾸밈
• 葛藤 갈등(칡 갈, 등나무 등) • 軋轢 알력(삐걱거릴 알, 칠 력)	• 修飾 수식(닦을 수, 꾸밀 식) • 治粧 치장(다스릴 치, 단장할 장)
간절히 바람	청하는 바를 들어줌
• 渴望 갈망(목마를 갈, 바랄 망) • 熱望 열망(더울 열, 바랄 망)	• 承諾 승낙(이을 승, 허락할 낙) • 許諾 허락(허락할 허, 허락할 락)
나쁜 버릇이나 풍습, 사상 따위가 영향을 주어 물이 들게 함	어떤 것을 미리 간접적으로 표현해 줌
• 感染 감염(느낄 감, 물들 염) • 傳染 전염(전할 전, 물들 염)	• 示唆 시사(보일 시, 부추길 사) • 暗示 암시(어두울 암, 보일 시)

돈이나 물건, 자원 따위를 낭비하지 않고 아껴 씀	한 겨레나 가계의 맨 처음이 되는 조상
• 儉約 검약(검소할 검, 맺을 약) • 節約 절약(마디 절, 맺을 약)	• 始祖 시조(비로소 시, 조상 조) • 鼻祖 비조(코 비, 조상 조)
으르고 협박함	우리 편 군대
• 劫迫 겁박(위협할 겁, 핍박할 박) • 威脅 위협(위엄 위, 위협할 협)	• 我軍 아군(나 아, 군사 군) • 友軍 우군(벗 우, 군사 군)
할 일에 대하여 어떻게 하기로 마음을 굳게 정함	남의 일이 잘되도록 주선하는 일
• 決心 결심(결단할 결, 마음 심) • 覺悟 각오(깨달을 각, 깨달을 오)	• 斡旋 알선(돌 알, 돌 선) • 周旋 주선(두루 주, 돌 선)
잘못되거나 부족하여 완전하지 못한 점	강한 힘으로 내리누름
• 缺點 결점(이지러질 결, 점 점) • 短點 단점(짧을 단, 점 점)	• 壓迫 압박(누를 압, 핍박할 박) • 威壓 위압(위엄 위, 누를 압)
있어야 할 것이 없어지거나 모자람	슬픔과 기쁨을 아울러 이르는 말
• 缺乏 결핍(이지러질 결, 모자랄 핍) • 不足 부족(아닐 부, 발 족)	• 哀歡 애환(슬플 애, 기쁠 환) • 喜悲 희비(기쁠 희, 슬플 비)
현상이나 사상, 행동 따위가 어떤 방향으로 기울어짐	혼인하기로 약속함
• 傾向 경향(기울 경, 향할 향) • 動向 동향(움직일 동, 향할 향)	• 約婚 약혼(맺을 약, 혼인할 혼) • 佳約 가약(아름다울 가, 맺을 약)
자신이 실제로 해 보거나 겪어 봄	어떤 사업이나 연구 따위에서 세운 공적
• 經驗 경험(지날 경, 시험 험) • 體驗 체험(몸 체, 시험 험)	• 業績 업적(업 업, 길쌈할 적) • 功績 공적(공적 공, 길쌈할 적)
규칙적으로 되풀이되는 자연 현상에 따라서 일 년을 구분한 것	일정한 돈을 받고 손님을 묵게 하는 집
• 季節 계절(계절 계, 마디 절) • 四季 사계(넉 사, 계절 계)	• 旅館 여관(나그네 여, 집 관) • 客舍 객사(손 객, 집 사)
주로 남의 나라에 있는 사람이 자신의 조상 때부터 살던 나라를 이르는 말	형세가 뒤집힘. 또는 형세를 뒤집음
• 故國 고국(연고 고, 나라 국) • 祖國 조국(조상 조, 나라 국)	• 逆轉 역전(거스를 역, 구를 전) • 反轉 반전(돌이킬 반, 구를 전)
예전과 지금을 아울러 이르는 말	'나이'의 높임말
• 古今 고금(옛 고, 이제 금) • 今昔 금석(이제 금, 예 석)	• 年歲 연세(해 연, 해 세) • 春秋 춘추(봄 춘, 가을 추)
힘을 내도록 격려하여 용기를 북돋움	운동 경기 따위에서 연달아 우승함
• 鼓吹 고취(북 고, 불 취) • 鼓舞 고무(북 고, 춤출 무)	• 連覇 연패(잇닿을 연, 으뜸 패) • 連勝 연승(잇닿을 연, 이길 승)
고래로 드문 나이란 뜻으로, 일흔 살을 이르는 말	싼값
• 古稀 고희(옛 고, 드물 희) • 從心 종심(좇을 종, 마음 심)	• 廉價 염가(청렴한 염, 값 가) • 低價 저가(낮을 저, 값 가)

사실을 옳지 아니하게 해석함	어떤 상태가 시간상으로 무한히 이어짐
• 曲解 곡해(굽을 곡, 풀 해) • 誤解 오해(그르칠 오, 풀 해)	• 永久 영구(길 영, 오랠 구) • 恒久 항구(항상 항, 오랠 구)
남의 사상이나 감정, 행동 따위에 공감하여 자기도 그와 같이 따르려 함	세력이나 살림이 줄어들어 보잘것없이 됨
• 共鳴 공명(한 가지 공, 울 명) • 首肯 수긍(머리 수, 즐길 긍)	• 零落 영락(떨어질 영, 떨어질 락) • 衰落 쇠락(쇠할 쇠, 떨어질 락)
현실적이지 못하거나 실현될 가망이 없는 것을 막연히 그리어 봄	영원히 잠든다는 뜻으로, 사람의 죽음을 이르는 말
• 空想 공상(빌 공, 생각 상) • 妄想 망상(망령될 망, 생각 상)	• 永眠 영면(길 영, 잠잘 면) • 他界 타계(다를 타, 지경 계)
힘을 써 이바지함	어떤 상태가 끝없이 이어짐. 또는 시간을 초월하여 변하지 아니함
• 貢獻 공헌(바칠 공, 드릴 헌) • 寄與 기여(부칠 기, 더불 여)	• 永遠 영원(길 영, 멀 원) • 永久 영구(길 영, 오랠 구)
정도가 지나치게 격렬함	고마움을 나타내거나 예의를 갖추기 위하여 보내는 돈이나 물건
• 過激 과격(지날 과, 격할 격) • 急進 급진(급할 급, 나아갈 진)	• 禮物 예물(예도 예, 물건 물) • 幣物 폐물(화폐 폐, 물건 물)
부주의나 태만 따위에서 비롯된 잘못이나 허물	느림과 빠름
• 過失 과실(지날 과, 잃을 실) • 失敗 실패(잃을 실, 패할 패)	• 緩急 완급(느릴 완, 급할 급) • 遲速 지속(더딜 지, 빠를 속)
잘못된 것이나 부정 따위를 바로잡아 고침	태도나 행동이 건방지거나 거만함
• 匡正 광정(바를 광, 바를 정) • 廓正 확정(클 확, 바를 정)	• 傲慢 오만(거만할 오, 거만할 만) • 倨慢 거만(거만할 거, 거만할 만)
줄기가 곧고 굵으며 높이가 8미터를 넘는 나무	특별히 잘 대우함
• 喬木 교목(높을 교, 나무 목) • 巨木 거목(클 거, 나무 목)	• 優待 우대(넉넉할 우, 기다릴 대) • 厚待 후대(두터울 후, 기다릴 대)
남을 꾀거나 부추겨서 나쁜 짓을 하게 함	어떤 사물이나 상태를 변화시키거나 일으키게 하는 근본이 된 일이나 사건
• 敎唆 교사(가르칠 교, 부추길 사) • 使嗾 사주(하여금 사, 부추길 주)	• 原因 원인(근원 원, 인할 인) • 理由 이유(다스릴 이, 말미암을 유)
어떤 일을 이루기 위하여 서로 의논하고 절충함	힘으로 으르고 협박함
• 交涉 교섭(사귈 교, 건널 섭) • 折衝 절충(꺾을 절, 찌를 충)	• 威脅 위협(위엄 위, 위협할 협) • 脅迫 협박(위협할 협, 핍박할 박)
행동이나 의사의 자유를 제한하거나 속박함	학교나 직장에서 상위 학년이나 직책으로 진급하지 못하고 그대로 남음
• 拘束 구속(잡을 구, 묶을 속) • 束縛 속박(묶을 속, 얽을 박)	• 留級 유급(머무를 유, 등급 급) • 落第 낙제(떨어질 락, 등급 제)

땅속 깊은 밑바닥이란 뜻으로, 죽은 뒤에 넋이 돌아가는 곳을 이르는 말	이름이 널리 알려져 있음
• 九泉 구천(아홉 구, 샘 천) • 黃泉 황천(누를 황, 샘 천)	• 有名 유명(있을 유, 이름 명) • 高名 고명(높을 고, 이름 명)
결혼할 상대자를 구함	낡은 제도를 고쳐 새롭게 함
• 求婚 구혼(구할 구, 혼인할 혼) • 請婚 청혼(청할 청, 혼인할 혼)	• 維新 유신(벼리 유, 새 신) • 革新 혁신(가죽 혁, 새 신)
거울로 삼아 본받을 만한 모범	수준이 낮거나 미숙하다
• 龜鑑 귀감(거북 귀, 거울 감) • 模範 모범(본뜰 모, 법 범)	• 幼稚 유치(어릴 유, 어릴 치) • 未熟 미숙(아닐 미, 익을 숙)
사물의 바탕이나 중심이 되는 중요한 것	사람으로서 마땅히 행하거나 지켜야 할 도리
• 根幹 근간(뿌리 근, 줄기 간) • 基礎 기초(터 기, 주춧돌 초)	• 倫理 윤리(인륜 윤, 다스릴 리) • 道德 도덕(길 도, 덕 덕)
일에 대한 대가로 고용주가 지급하는 돈	살림이 풍부함
• 給料 급료(줄 급, 헤아릴 료) • 給與 급여(줄 급, 더불 여)	• 潤澤 윤택(불을 윤, 못 택) • 豊富 풍부(풍년 풍, 부유할 부)
조금만 다쳐도 생명에 지장을 주는 몸의 중요한 부분	남의 물건이나 범죄인을 감춤
• 急所 급소(급할 급, 바 소) • 要點 요점(요긴할 요, 점 점)	• 隱匿 은닉(숨을 은, 숨길 닉) • 隱蔽 은폐(숨을 은, 덮을 폐)
어떤 일이 원하는 대로 이루어지기를 바라면서 기다림	대상을 필요에 따라 이롭게 씀
• 期待 기대(기약할 기, 기다릴 대) • 囑望 촉망(부탁할 촉, 바랄 망)	• 利用 이용(이로울 이, 쓸 용) • 活用 활용(살 활, 쓸 용)
사람의 재능과 도량을 아울러 이르는 말	장사 따위를 하여 남은 돈
• 器量 기량(그릇 기, 헤아릴 량) • 才能 재능(재주 재, 능할 능)	• 利潤 이윤(이로울 이, 불을 윤) • 利文 이문(이로울 이, 글월 문)
대기 중에서 일어나는 물리적인 현상을 통틀어 이르는 말	인정하여 허가함
• 氣象 기상(기운 기, 코끼리 상) • 氣候 기후(기운 기, 기후 후)	• 認可 인가(알/인정할 인, 옳을 가) • 許可 허가(허락할 허, 옳을 가)
먹을 것이 없어 배를 곯는 것	조상이 같은 겨레붙이, 또는 같은 조상의 친척
• 飢餓 기아(주릴 기, 주릴 아) • 饑饉 기근(주릴 기, 주릴 근)	• 一族 일족(한 일, 겨레 족) • 一門 일문(한 일, 문/집안 문)
기력과 체질을 아울러 이르는 말	비교되는 대상이 서로 어긋나지 아니하고 같거나 들어맞음
• 氣質 기질(기운 기, 바탕 질) • 性格 성격(품성 성, 격식 격)	• 一致 일치(한 일, 이를 치) • 合致 합치(합할 합, 이를 치)

사물이나 일 따위의 기본이 되는 토대	한 가닥의 털이라는 뜻으로, 극히 작은 정도를 이르는 말
• 基礎 기초(터 기, 주춧돌 초) • 根柢 근저(뿌리 근, 뿌리 저)	• 一毫 일호(한 일, 터럭 호) • 秋毫 추호(가을 추, 터럭 호)
인격이나 작품 따위에서 드러나는 고상한 품격	일정한 기준이나 원칙 없이 하고 싶은 대로 함
• 氣品 기품(기운 기, 물건 품) • 風格 풍격(바람 풍, 격식 격)	• 任意 임의(맡길 임, 뜻 의) • 恣意 자의(마음대로 자, 뜻 의)
운이 좋고 나쁨	어떤 일을 하는 데 필요한 재주와 능력
• 吉凶 길흉(길할 길, 흉할 흉) • 慶弔 경조(경사 경, 조상할 조)	• 才能 재능(재주 재, 능할 능) • 器量 기량(그릇 기, 헤아릴 량)
행동, 성격 따위가 느리고 게으름	뜻을 새겨 가며 자세히 읽음
• 懶怠 나태(게으를 나, 게으를 태) • 怠慢 태만(게으를 태, 거만할 만)	• 精讀 정독(정할 정, 읽을 독) • 熟讀 숙독(익을 숙, 읽을 독)
글이나 말이 매끄럽지 못하면서 어렵고 까다로움	사물의 중심이 되는 골자
• 難澁 난삽(어려울 난, 떫을 삽) • 難解 난해(어려울 난, 풀 해)	• 精髓 정수(정할 정, 뼛골 수) • 眞髓 진수(참 진, 뼛골 수)
일정한 기준이나 한도를 넘어서 함부로 씀	큰 죄를 짓고 죽은 사람들이 구원을 받지 못하고 끝없이 벌을 받는다는 곳
• 濫用 남용(넘칠 람, 쓸 용) • 誤用 오용(그르칠 오, 쓸 용)	• 地獄 지옥(땅 지, 옥 옥) • 奈落 나락(어찌 나, 떨어질 락)
양쯔강 같은 큰 하천의 근원도 잔을 띄울 만큼 가늘게 흐르는 시냇물이라는 뜻으로, 사물의 처음이나 기원을 이르는 말	살던 곳을 떠나 다른 곳으로 옮겨 삶
• 濫觴 남상(넘칠 남, 잔 상) • 嚆矢 효시(울릴 효, 화살 시)	• 轉居 전거(구를 전, 살 거) • 移轉 이전(옮길 이, 구를 전)
다른 사람의 말이나 행동, 형편 따위를 잘 알아서 긍정하고 이해함	결정권자 마음대로 결정하고 처리함
• 納得 납득(들일 납, 얻을 득) • 了解 요해(마칠 요, 풀 해)	• 專決 전결(오로지 전, 결단할 결) • 獨斷 독단(홀로 독, 끊을 단)
새장과 고삐라는 뜻으로, 남을 교묘한 꾀로 휘잡아서 제 마음대로 놀리거나 이용함	잘못이나 실수가 없도록 말이나 행동에 마음을 씀
• 籠絡 농락(대바구니 롱, 이을 락) • 戲弄 희롱(놀이 희, 희롱할 롱)	• 操心 조심(잡을 조, 마음 심) • 注意 주의(부을 주, 뜻 의)
목숨이 짧음	남을 공경하는 뜻으로 높여 부름
• 短命 단명(짧을 단, 목숨 명) • 薄命 박명(엷을 박, 목숨 명)	• 尊稱 존칭(높을 존, 일컬을 칭) • 敬稱 경칭(공경 경, 일컬을 칭)
얼굴, 머리, 옷차림 따위를 곱게 꾸밈	일흔 살을 달리 이르는 말
• 丹粧 단장(붉을 단, 단장할 장) • 化粧 화장(될 화, 단장할 장)	• 從心 종심(좇을 종, 마음 심) • 稀壽 희수(드물 희, 목숨 수)

능숙하여 막힘이 없는 말	제삼자로서 두 당사자 사이에 서서 일을 주선함
• 達辯 달변(통달할 달, 말씀 변) • 能辯 능변(능할 능, 말씀 변)	• 仲介 중개(버금/중간 중, 낄 개) • 居間 거간(살 거, 사이 간)
어떤 곳에 다다름	서울 이외의 지역
• 當到 당도(마땅 당, 이를 도) • 到達 도달(이를 도, 통달할 달)	• 地方 지방(땅 지, 모 방) • 鄕土 향토(시골/고향 향, 흙 토)
직장에서의 지위나 급료 따위의 근로 조건	직위나 자리에서 머물러 있음과 물러남
• 待遇 대우(기다릴 대, 만날 우) • 處遇 처우(곳 처, 만날 우)	• 進退 진퇴(나아갈 진, 물러날 퇴) • 去就 거취(갈 거, 나아갈 취)
큰 강	꾸짖어 나무람
• 大河 대하(클 대, 물 하) • 長江 장강(길 장, 강 강)	• 叱責 질책(꾸짖을 질, 꾸짖을 책) • 問責 문책(물을 문, 꾸짖을 책)
의사나 의견을 같이함	찬성과 반대를 아울러 이르는 말
• 同意 동의(한 가지 동, 뜻 의) • 贊成 찬성(도울 찬, 이룰 성)	• 贊反 찬반(도울 찬, 돌이킬 반) • 可否 가부(옳을 가, 아닐 부)
어떤 분야에서 가장 높은 자리나 지위에 오름	어떤 행동이나 견해, 제안 따위가 옳거나 좋다고 판단하여 수긍함
• 登極 등극(오를 등, 극진할 극) • 卽位 즉위(곧 즉, 자리 위)	• 贊成 찬성(도울 찬, 이룰 성) • 同意 동의(한 가지 동, 뜻 의)
나이가 들어 늙어 가는 시기	어떤 일의 뜻에 찬동하여 도와줌
• 晩年 만년(늦을 만, 해 년) • 老年 노년(늙을 노, 해 년)	• 贊助 찬조(도울 찬, 도울 조) • 協贊 협찬(화합할 협, 도울 찬)
심하게 욕하며 나무람	매우 짧은 시간
• 罵倒 매도(꾸짖을 매, 넘어질 도) • 詰責 힐책(물을 힐, 꾸짖을 책)	• 刹那 찰나(절 찰, 어찌 나) • 須臾 수유(모름지기 수, 잠깐 유)
훌륭하고 이름난 경치	하늘과 땅을 아울러 이르는 말
• 名勝 명승(이름 명, 이길 승) • 景勝 경승(볕 경, 이길 승)	• 天地 천지(하늘 천, 땅 지) • 乾坤 건곤(하늘 건, 땅 곤)
배반을 꾀함	더럽거나 어지러운 것을 쓸고 닦아서 깨끗하게 함
• 謀反 모반(꾀 모, 돌이킬 반) • 反逆 반역(돌이킬 반, 거스를 역)	• 淸掃 청소(맑을 청, 쓸 소) • 掃除 소제(쓸 소, 덜 제)
어떤 사실의 앞뒤, 또는 두 사실이 이치상 어긋나서 서로 맞지 않음을 이르는 말	마땅히 지급하여야 할 것을 지급하지 못하고 미룸
• 矛盾 모순(창 모, 방패 순) • 撞着 당착(칠 당, 붙을 착)	• 滯拂 체불(막힐 체, 떨칠 불) • 滯納 체납(막힐 체, 들일 납)
눈으로 직접 봄	잘 매만져 곱게 꾸밈
• 目睹 목도(눈 목, 볼 도) • 目擊 목격(눈 목, 칠 격)	• 治粧 치장(다스릴 치, 단장할 장) • 裝飾 장식(꾸밀 장, 꾸밀 식)

눈으로 읽는다는 뜻으로, 소리 없이 읽음을 이름	가까이하여 친한 사람
• 目讀 목독(눈 목, 읽을 독) • 黙讀 묵독(잠잠할 묵, 읽을 독)	• 親友 친우(친할 친, 벗 우) • 知己 지기(알 지, 몸 기)
무도에 관한 기술	비전문적이고 대체로 저속하며 일반 대중에게 쉽게 통할 수 있는 일
• 武術 무술(호반 무, 재주 술) • 武藝 무예(호반 무, 재주 예)	• 通俗 통속(통할 통, 풍속 속) • 大衆 대중(큰 대, 무리 중)
웃어른의 안부를 물음	재산을 모두 잃고 망함
• 問候 문후(물을 문, 기후 후) • 問安 문안(물을 문, 편안 안)	• 破産 파산(깨뜨릴 파, 낳을 산) • 倒産 도산(넘어질 도, 낳을 산)
어떤 일이 아직 그렇게 되지 않은 때	사물의 가치, 우열, 선악 따위를 평가하여 논함
• 未然 미연(아닐 미, 그럴 연) • 事前 사전(일 사, 앞 전)	• 評論 평론(평할 평, 논할 논) • 批評 비평(비평할 비, 평할 평)
소식이나 사정을 몰래 알려 줌	뛰어나거나 색다른 점이 없이 보통임
• 密通 밀통(빽빽할 밀, 통할 통) • 暗通 암통(어두울 암, 통할 통)	• 平凡 평범(평평할 평, 무릇 범) • 尋常 심상(찾을 심, 떳떳할/항상 상)
인정이 박함	마음속에 지니고 있는, 미래에 대한 계획이나 희망
• 薄情 박정(엷을 박, 뜻 정) • 冷淡 냉담(차가울 냉, 맑을 담)	• 抱負 포부(안을 포, 질 부) • 雄志 웅지(수컷 웅, 뜻 지)
나라와 겨레를 배반함	사물이 매우 위태로운 처지에 놓여 있음을 비유적으로 이르는 말
• 反逆 반역(돌이킬 반, 거스를 역) • 謀反 모반(꾀 모, 돌이킬 반)	• 風燈 풍등(바람 풍, 등 등) • 累卵 누란(여러 누, 알 란)
어떤 일이 처음 벌어짐	생각하는 것을 털어놓고 말함
• 發端 발단(필 발, 끝 단) • 始作 시작(처음 시, 지을 작)	• 披瀝 피력(헤칠 피, 스밀 력) • 告白 고백(고할 고, 흰 백)
물건, 편지, 서류 따위를 우편이나 운송 수단을 이용하여 보냄	몹시 괴롭히거나 가혹하게 대우함
• 發送 발송(필 발, 보낼 송) • 郵送 우송(우편 우, 보낼 송)	• 虐待 학대(모질 학, 기다릴 대) • 驅迫 구박(몰 구, 핍박할 박)
책, 글 따위에서 필요하거나 중요한 부분을 가려 뽑아냄	법령이나 규범에 적합함
• 拔萃 발췌(뽑을 발, 모을 췌) • 選擇 선택(고를 선, 고를 택)	• 合法 합법(합할 합, 법 법) • 適法 적법(맞을 적, 법 법)
어떤 일에 직접 나서서 관여하지 않고 곁에서 보기만 함	바다 밖의 다른 나라
• 傍觀 방관(곁 방, 볼 관) • 坐視 좌시(앉을 좌, 볼 시)	• 海外 해외(바다 해, 바깥 외) • 異域 이역(다를 이, 지경 역)

어떤 일을 해 나가거나 목적을 이루기 위하여 취하는 수단이나 방식	어떤 지위나 맡은 임무를 그만두게 함
• 方法 방법(모 방, 법 법) • 手段 수단(손 수, 층계 단)	• 解任 해임(풀 해, 맡길 임) • 罷免 파면(마칠 파, 면할 면)
은혜를 저버림	행동이나 일을 하도록 허용함
• 背恩 배은(등 배, 은혜 은) • 亡德 망덕(망할 망, 덕 덕)	• 許可 허가(허락할 허, 옳을 가) • 認可 인가(알 인, 옳을 가)
여럿 가운데에서 가장 뛰어난 사람이나 훌륭한 물건을 비유적으로 이르는 말	사물의 생긴 모양이나 상태
• 白眉 백미(흰 백, 눈썹 미) • 壓卷 압권(누를 압, 책 권)	• 形相 형상(모양 형, 서로 상) • 形態 형태(모양 형, 모습 태)
평범한 사내	나라를 보호하고 지킴
• 凡夫 범부(무릇 범, 사내 부) • 俗人 속인(풍속 속, 사람 인)	• 護國 호국(도울 호, 나라 국) • 衛國 위국(지킬 위, 나라 국)
세월의 흐름에 따라 바뀌고 변함	번거롭고 속된 세상을 비유적으로 이르는 말
• 變遷 변천(변할 변, 옮길 천) • 沿革 연혁(물 따라갈 연, 가죽 혁)	• 紅塵 홍진(붉을 홍, 티끌 진) • 風塵 풍진(바람 풍, 티끌 진)
두루 널리 미침	한결같이 다룸. 또는 일정한 규율
• 普遍 보편(넓을 보, 두루 편) • 一般 일반(한 일, 일반 반)	• 劃一 획일(그을 획, 한 일) • 一律 일률(한 일, 법칙 률)
숨어 있는 용이라는 뜻으로, 은거하여 세상에 나오지 않는 재사(才士)나 준걸을 이르는 말	보람 있게 쓰거나 쓰임
• 伏龍 복룡(엎드릴 복, 용 룡) • 臥龍 와룡(누울 와, 용 룡)	• 效用 효용(본받을 효, 쓸 용) • 效能 효능(본받을 효, 능할 능)
복작거리어 혼란스러움	거의 같을 정도로 비슷한 모양
• 複雜 복잡(겹칠 복, 섞일 잡) • 煩雜 번잡(번거로울 번, 섞일 잡)	• 恰似 흡사(흡사할 흡, 닮을 사) • 類似 유사(무리 유, 닮을 사)
어떤 일이 전에 실제로 일어난 예	잘되어 일어남과 못되어 없어짐
• 事例 사례(일 사, 법식 례) • 實例 실례(열매 실, 법식 례)	• 興亡 흥망(일 흥, 망할 망) • 盛衰 성쇠(성할 성, 쇠할 쇠)
휴식을 취하거나 건강을 위해서 천천히 걷는 일	말이나 행동으로 실없이 놀림
• 散策 산책(흩을 산, 꾀 책) • 散步 산보(흩을 산, 걸음 보) • 逍遙 소요(노닐 소, 멀 요)	• 戲弄 희롱(놀이 희, 희롱할 롱) • 籠絡 농락(대바구니/새장 농, 이을/얽을 락)
임시가 아닌 관례대로의 보통 때	트집을 잡아 거북할 만큼 따지고 듦
• 常時 상시(떳떳할 상, 때 시) • 恒時 항시(항상 항, 때 시)	• 詰難 힐난(물을 힐/꾸짖을 힐, 어려울 난) • 指彈 지탄(가리킬 지, 탄알 탄)

2. 반의어(反意語)

단어	훈음	뜻	단어	훈음	뜻
可決(가결) : 否決(부결)	옳을 가, 결단할 결	회의에서, 제출된 의안을 합당하다고 결정함	先天(선천) : 後天(후천)	먼저 선, 하늘 천	태어나면서부터 몸에 지니고 있는 것
	아닐 부, 결정할 결	의논한 안건을 받아들이지 아니하기로 결정함		뒤 후, 하늘 천	성질, 체질, 질환 따위와 관련하여, 태어난 뒤에 여러 가지 경험이나 지식에 의하여 지니게 된 것
架空(가공) : 實際(실제)	시렁 가, 빌 공	이유나 근거 없이 꾸며 냄	成功(성공) : 失敗(실패)	이룰 성, 공적 공	목적하는 바를 이룸
	열매 실, 즈음 제	사실의 경우나 형편		잃을 실, 패할 패	일을 잘못하여 뜻한 대로 되지 아니하거나 그르침
加熱(가열) : 冷覺(냉각)	더할 가, 더울 열	어떤 물질에 열을 가함	消極(소극) : 積極(적극)	사라질 소, 극진할 극	스스로 앞으로 나아가거나 상황을 개선하려는 기백이 부족하고 비활동적임
	찰 냉, 물리칠 각	식어서 차게 됨		쌓을 적, 극진할 극	대상에 대하여 긍정적이고 능동적으로 활동함
加入(가입) : 脫退(탈퇴)	더할 가, 들 입	조직이나 단체 따위에 들어감	騷亂(소란) : 靜肅(정숙)	떠들 소, 어지러울 란	시끄럽고 어수선함
	벗을 탈, 물러날 퇴	관계하고 있던 조직이나 단체 따위에서 관계를 끊고 물러남		고요할 정, 엄숙할 숙	조용하고 엄숙함
千涉(간섭) : 放任(방임)	방패 간, 건널 섭	직접 관계가 없는 남의 일에 부당하게 참견함	消費(소비) : 生産(생산)	사라질 소, 쓸 비	돈이나 물자, 시간, 노력 따위를 들이거나 써서 없앰
	놓을 방, 맡을 임	돌보거나 간섭하지 않고 제멋대로 내버려 둠		날 생, 낳을 산	인간이 생활하는 데 필요한 각종 물건을 만들어 냄
間歇(간헐) : 持續(지속)	사이 간, 쉴 헐	얼마 동안의 시간 간격을 두고 되풀이하여 일어났다 쉬었다 함	疏遠(소원) : 親近(친근)	소통할 소, 멀 원	지내는 사이가 두텁지 아니하고 거리가 있어서 서먹서먹함
	가질 지, 이을 속	어떤 상태가 오래 계속됨		친할 친, 가까울 근	사귀어 지내는 사이가 아주 가까움
感性(감성) : 理性(이성)	느낄 감, 성품 성	이성에 대응되는 개념으로, 외계의 대상 오관▼으로 감각하고 지각하여 표상을 형성하는 인간의 인식 능력	鎖國(쇄국) : 開國(개국)	쇠사슬 쇄, 나라 국	다른 나라와의 통상과 교역을 금지함
	다스릴 이, 성품 성	개념적으로 사유하는 능력을 감각적 능력에 상대하여 이르는 말		열 개, 나라 국	나라의 문호를 열어 다른 나라와 교류함
强硬(강경) : 柔和(유화)	강할 강, 굳을 경	굳세게 버티어 굽히지 않음	守節(수절) : 毁節(훼절)	지킬 수, 마디 절	절의를 지킴
	부드러울 유, 화할 화	성품이 부드럽고 온화함		헐 훼, 마디 절	절개나 지조를 깨뜨림

▼ 오관(五官)
다섯 가지 감각 기관

한자어	훈음	뜻	한자어	훈음	뜻
個別 (개별) : 全體 (전체)	낱 개, 나눌 별	여럿 중에서 하나씩 따로 나뉘어 있는 상태	收縮 (수축) : 膨脹 (팽창)	거둘 수, 줄일 축	부피나 규모가 줄어듦
	온전할 전, 몸 체	개개 또는 부분의 집합으로 구성된 것을 몰아서 하나의 대상으로 삼는 경우에 바로 그 대상		부를 팽, 부을 창	부풀어서 부피가 커짐
蓋然 (개연) : 必然 (필연)	덮을 개, 그럴 연	확실하게 단정할 수는 없지만 대개 그럴 것이라고 생각되는 상태	始作 (시작) : 終末 (종말)	비로소 시, 지을 작	어떤 일이나 행동의 처음 단계를 이루거나 그렇게 하게 함
	반드시 필, 그럴 연	사물의 관련이나 일의 결과가 반드시 그렇게 될 수밖에 없음		마칠 종, 끝 말	계속된 일이나 현상의 맨 끝
拒絶 (거절) : 承諾 (승낙)	막을 거, 끊을 절	상대편의 요구, 제안, 선물, 부탁 따위를 받아들이지 않고 물리침	愼重 (신중) : 輕率 (경솔)	삼갈 신, 무거울 중	매우 조심스러움
	이을 승, 허락할 낙	청하는 바를 들어줌		가벼울 경, 거느릴 솔	말이나 행동이 조심성 없이 가벼움
建設 (건설) : 破壞 (파괴)	세울 건, 베풀 설	건물, 설비, 시설 따위를 새로 만들어 세움	安全 (안전) : 危險 (위험)	편안 안, 온전할 전	위험이 생기거나 사고가 날 염려가 없음
	깨뜨릴 파, 무너질 괴	때려 부수거나 깨뜨려 헐어 버림		위태할 위, 험할 험	해로움이나 손실이 생길 우려가 있음
乾燥 (건조) : 濕潤 (습윤)	마를 건, 마를 조	말라서 습기가 없음	暗黑 (암흑) : 光明 (광명)	어두울 암, 검을 흑	어둡고 캄캄함
	젖을 습, 불을 윤	습기가 많은 느낌이 있음		빛 광, 밝을 명	밝고 환함
儉約 (검약) : 浪費 (낭비)	검소할 검, 맺을 약	돈이나 물건, 자원 따위를 낭비하지 않고 아껴 씀	抑壓 (억압) : 解放 (해방)	누를 억, 누를 압	자기의 뜻대로 자유로이 행동하지 못하도록 억지로 억누름
	물결 낭, 쓸 비	시간이나 재물 따위를 헛되이 헤프게 씀		풀 해, 놓을 방	구속이나 억압, 부담 따위에서 벗어나게 함
缺席 (결석) : 出席 (출석)	이지러질 결, 자리 석	나가야 할 자리에 나가지 않음	逆行 (역행) : 順行 (순행)	거스를 역, 다닐 행	보통의 방향과 반대 방향으로 거슬러 나아감
	날 출, 자리 석	어떤 자리에 나아가 참석함		순할 순, 다닐 행	차례대로 나아감
缺乏 (결핍) : 豊富 (풍부)	이지러질 결, 모자랄 핍	있어야 할 것이 없어지거나 모자람	連結 (연결) : 斷絶 (단절)	잇닿을 연, 맺을 결	사물과 사물 또는 현상과 현상이 서로 이어지거나 관계를 맺음
	풍년 풍, 부유할 부	넉넉하고 많음		끊을 단, 끊을 절	유대나 연관 관계를 끊음
缺陷 (결함) : 長點 (장점)	이지러질 결, 빠질 함	부족하거나 완전하지 못하여 흠이 되는 부분	永劫 (영겁) : 刹那 (찰나)	길 영, 위협할 겁	영원한 세월
	길 장, 점 점	좋거나 잘하거나 긍정적인 점		절 찰, 어찌 나	어떤 일이나 사물 현상이 일어나는 바로 그때

結合 (결합) : 分離 (분리)	맺을 결, 합할 합	둘 이상의 사물이나 사람 이 서로 관계를 맺어 하나 가 됨	溫情 (온정) : 冷情 (냉정)	따뜻할 온, 뜻 정	따뜻한 사랑이나 인정
	나눌 분, 떠날 리	서로 나뉘어 떨어짐		찰 냉, 뜻 정	태도가 정다운 맛이 없고 차가움
謙虛 (겸허) : 傲慢 (오만)	겸손할 겸, 빌 허	스스로 자신을 낮추고 비 우는 태도가 있음	柔弱 (유약) : 剛健 (강건)	부드러울 유, 약할 약	부드럽고 약함
	거만할 오, 거만할 만	태도나 행동이 건방지거 나 거만함		굳셀 강, 굳셀 건	의지나 기상이 굳세고 건 전함
輕減 (경감) : 加重 (가중)	가벼울 경, 덜 감	부담이나 고통 따위를 덜 어서 가볍게 함	愚昧 (우매) : 賢明 (현명)	어리석을 우, 어두울 매	어리석고 사리에 어두움
	덜 가, 무거울 중	부담이나 고통 따위를 더 크게 하거나 어려운 상태 를 심해지게 함		어질 현, 밝을 명	어질고 슬기로워 사리에 밝음
經度 (경도) : 緯度 (위도)	지날 경, 법도 도	지구 위의 위치를 나타내 는 좌표축 중에서 세로로 된 것	偶然 (우연) : 必然 (필연)	짝 우, 그럴 연	아무런 인과 관계가 없이 뜻하지 아니하게 일어난 일
	씨 위, 법도 도	지구 위의 위치를 나타내 는 좌표축 중에서 가로로 된 것		반드시 필, 그럴 연	사물의 관련이나 일의 결 과가 반드시 그렇게 될 수 밖에 없음
輕視 (경시) : 重視 (중시)	가벼울 경, 볼 시	대수롭지 않게 보거나 업 신여김	原告 (원고) : 被告 (피고)	언덕/ 근원 원, 고할 고	법원에 민사 소송을 제기 한 사람
	무거울 중, 볼 시	가볍게 여길 수 없을 만큼 매우 크고 중요하게 여김		입을 피, 고할 고	민사 소송에서, 소송을 당 한 측의 당사자
硬直 (경직) : 柔軟 (유연)	굳을 경, 곧을 직	몸 따위가 굳어서 뻣뻣하 게 됨. '굳음'으로 순화	遠郊 (원교) : 近郊 (근교)	멀 원, 들 교	도시에서 멀리 떨어져 있 는 지역
	부드러울 유, 연할 연	부드럽고 연함		가까울 근, 들 교	도시의 가까운 변두리에 있는 마을이나 들
高雅 (고아) : 卑俗 (비속)	높을 고, 맑을 아	뜻이나 품격 따위가 높고 우아함	原因 (원인) : 結果 (결과)	언덕/ 근원 원, 인할 인	어떤 사물이나 상태를 변 화시키거나 일으키게 하 는 근본이 된 일이나 사건
	낮을 비, 풍 속/범속할 속	격이 낮고 속됨		맺을 결, 실과 과	어떤 원인으로 결말이 생김
固定 (고정) : 流動 (유동)	굳을 고, 정할 정	한번 정한 대로 변경하지 아니함	違法 (위법) : 合法 (합법)	어긋날 위, 법 법	법률이나 명령 따위를 어김
	흐를 유, 움직일 동	액체 상태의 물질이나 전 류 따위가 흘러 움직임		합할 합, 법 법	법령이나 규범에 적합함
困難 (곤란) : 容易 (용이)	곤할 곤, 어려울 란	사정이 몹시 딱하고 어려움	義務 (의무) : 權利 (권리)	옳을 의, 굳셀 무	사람으로서 마땅히 하여 야 할 일. 곧 맡은 직분
	얼굴 용, 쉬울 이	어렵지 아니하고 매우 쉬움		권세 권, 이로울 리	어떤 일을 행하거나 타인 에 대하여 당연히 요구할 수 있는 힘이나 자격

供給 (공급) : 需要 (수요)	이바지할 공, 줄 급	요구나 필요에 따라 물품 따위를 제공함	依他 (의타) : 自立 (자립)	의지할 의, 다를 타	남에게 의지하거나 의뢰함
	쓰일 수, 요긴할 요	어떤 재화나 용역을 일정한 가격으로 사려고 하는 욕구		스스로 자, 설 립	남에게 예속되거나 의지하지 아니하고 스스로 섬
空想 (공상) : 現實 (현실)	빌 공, 생각 상	현실적이지 못하거나 실현될 가망이 없는 것을 막연히 그리어 봄	利己 (이기) : 利他 (이타)	이로울 이, 몸 기	자기 자신의 이익만을 꾀함
	나타날 현, 열매 실	현재 실제로 존재하는 사실이나 상태		이로울 이, 다를 타	자기의 이익보다는 다른 이의 이익을 더 꾀함
公的 (공적) : 私的 (사적)	공평할 공, 과녁 적	국가나 사회에 관계되는	利益 (이익) : 損失 (손실)	이로울 이, 더할 익	물질적으로나 정신적으로 보탬이 되는 것
	사사 사, 과녁 적	개인에 관계된		덜 손, 잃을 실	잃어버리거나 축가서 손해를 봄
過激 (과격) : 穩健 (온건)	지날 과, 격할 격	정도가 지나치게 격렬함	人爲 (인위) : 自然 (자연)	사람 인, 할 위	자연의 힘이 아닌 사람의 힘으로 이루어지는 일
	편안할 온, 굳셀 건	생각이나 행동 따위가 사리에 맞고 건실함		스스로 자, 그럴 연	사람의 힘이 더해지지 아니하고 세상에 스스로 존재하거나 우주에 저절로 이루어지는 모든 존재나 상태
君子 (군자) : 小人 (소인)	임금 군, 아들 자	행실이 점잖고 어질며 덕과 학식이 높은 사람	自立 (자립) : 依存 (의존)	스스로 자, 설 립	남에게 예속되거나 의지하지 아니하고 스스로 섬
	작을 소, 사람 인	도량이 좁고 간사한 사람		의지할 의, 있을 존	다른 것에 의지하여 존재함
歸納 (귀납) : 演繹 (연역)	돌아갈 귀, 들일 납	개별적인 특수한 사실이나 원리로부터 일반적이고 보편적인 명제 및 법칙을 유도해 내는 일	姉妹 (자매) : 兄弟 (형제)	윗누이 자, 누이 매	여자끼리의 동기
	펼 연, 풀 역	일반적인 사실이나 원리를 전제로 하여 개별적인 사실이나 보다 특수한 다른 원리를 이끌어 내는 추리를 이름		형 형, 아우 제	형과 아우를 아울러 이르는 말
僅少 (근소) : 過多 (과다)	겨우 근, 적을 소	얼마 되지 않을 만큼 아주 적음	自意 (자의) : 他意 (타의)	스스로 자, 뜻 의	자기의 생각이나 의견
	지날 과, 많을 다	너무 많음		다른 타, 뜻 의	다른 생각
急行 (급행) : 緩行 (완행)	급할 급, 다닐 행	급히 감	低俗 (저속) : 高尚 (고상)	낮을 저, 풍속 속	품위가 낮고 속됨
	느릴 완, 다닐 행	느리게 감		높을 고, 오히려 상	품위나 몸가짐이 속되지 아니하고 훌륭함

肯定 (긍정) : 否定 (부정)	즐길 긍, 정할 정	그러하다고 생각하여 옳 다고 인정함	貯蓄 (저축) : 消費 (소비)	쌓을 저, 모을 축	절약하여 모아 둠
	아닐 부, 정할 정	그렇지 아니하다고 단정 하거나 옳지 아니하다고 반대함		사라질 소, 쓸 비	돈이나 물자, 시간, 노력 따위를 들이거나 써서 없 앰
旣決 (기결) : 未決 (미결)	이미 기, 결단할 결	이미 결정함	長點 (장점) : 短點 (단점)	길 장, 점 점	좋거나 잘하거나 긍정적 인 점
	아닐 미, 결단할 결	아직 결정하거나 해결하 지 아니함		짧을 단, 점 점	잘못되고 모자라는 점
飢餓 (기아) : 飽食 (포식)	주릴 기, 주릴 아	먹을 것이 없어 배를 곯는 것	絶對 (절대) : 相對 (상대)	끊을 절, 대할 대	어떤 대상과 비교하지 아 니하고 그 자체만으로 존 재함
	배부를 포, 먹을 식	배부르게 먹음		서로 상, 대할 대	서로 마주 대함
記憶 (기억) : 忘却 (망각)	기록할 기, 생각할 억	이전의 인상이나 경험을 의식 속에 간직하거나 도 로 생각해 냄	正當 (정당) : 不當 (부당)	바를 정, 마땅 당	이치에 맞아 올바르고 마 땅함
	잊을 망, 물리칠 각	어떤 사실을 잊어버림		아닐 부, 마땅 당	이치에 맞지 아니함
緊張 (긴장) : 弛緩 (이완)	긴할 긴, 베풀 장	마음을 조이고 정신을 바 짝 차림	正午 (정오) : 子正 (자정)	바를 정, 낮 오	낮 열두 시
	늦출 이, 느릴 완	바짝 조였던 정신이 풀려 늦추어짐		아들 자, 바를 정	밤 열두 시
樂觀 (낙관) : 悲觀 (비관)	즐길 낙, 볼 관	인생이나 사물을 밝고 희 망적인 것으로 봄	定着 (정착) : 漂流 (표류)	정할 정, 붙을 착	일정한 곳에 자리를 잡아 붙박이로 있거나 머물러 삶
	슬플 비, 볼 관	인생을 어둡게만 보아 슬 퍼하거나 절망스럽게 여김		떠다닐 표, 흐를 류	물 위에 떠서 정처 없이 흘러감
濫用 (남용) : 節約 (절약)	넘칠 남, 쓸 용	일정한 기준이나 한도를 넘어서 함부로 씀	正統 (정통) : 異端 (이단)	바를 정, 거느릴 통	바른 계통
	마디 절, 맺을 약	함부로 쓰지 아니하고 꼭 필요한 데에만 써서 아낌		다를 이, 끝 단	전통이나 권위에 반항하 는 주장이나 이론
朗讀 (낭독) : 黙讀 (묵독)	밝을 낭, 읽을 독	글을 소리 내어 읽음	助長 (조장) : 抑制 (억제)	도울 조, 길 장	바람직하지 않은 일을 더 심해지도록 부추김
	잠잠할 묵, 읽을 독	소리를 내지 않고 속으로 글을 읽음		누를 억, 절제할 제	감정이나 욕망, 충동적 행 동 따위를 내리눌러서 그 치게 함
内容 (내용) : 形式 (형식)	안 내, 얼굴 용	그릇이나 포장 따위의 안 에 든 것	拙作 (졸작) : 傑作 (걸작)	옹졸할 졸, 지을 작	솜씨가 서투르고 보잘것 없는 작품
	모양 형, 법 식	사물이 외부로 나타나 보 이는 모양		뛰어날 걸, 지을 작	매우 훌륭한 작품

内包 (내포) :	안 내, 쌀 포	어떤 성질이나 뜻 따위를 속에 품음	晝間 (주간) :	낮 주, 사이 간	먼동이 터서 해가 지기 전 까지의 동안
外延 (외연)	바깥 외, 늘일 연	일정한 개념이 적용되는 사물의 전 범위	夜間 (야간)	밤 야, 사이 간	해가 진 뒤부터 먼동이 트 기 전까지의 동안
老鍊 (노련) :	늙을 노, 불 릴/단련할 련	많은 경험으로 익숙하고 능란함	主觀 (주관) :	임금/주인 주, 볼 관	자기만의 견해나 관점
未熟 (미숙)	아닐 미, 익을 숙	일 따위에 익숙하지 못하 여 서투름	客觀 (객관)	손 객, 볼 관	자기와의 관계에서 벗어 나 제삼자의 입장에서 사 물을 보거나 생각함
訥辯 (눌변) :	말 더듬거릴 눌, 말씀 변	더듬거리는 서툰 말솜씨	增進 (증진) :	더할 증, 나아갈 진	기운이나 세력 따위가 점 점 더 늘어 가고 나아감
能辯 (능변)	능할 능, 말씀 변	말을 능숙하게 잘함	減退 (감퇴)	덜 감, 물러날 퇴	기운이나 세력 따위가 줄 어 쇠퇴함
單獨 (단독) :	홑 단, 홀로 독	단 한 사람	支出 (지출) :	지탱할 지, 날 출	어떤 목적을 위하여 돈을 지급하는 일
共同 (공동)	한 가지 공, 한 가지 동	둘 이상의 사람이나 단체 가 함께 일을 하거나, 같 은 자격으로 관계를 가짐	收入 (수입)	거둘 수, 들 입	돈이나 물품 따위를 거두 어들임
單純 (단순) :	홑 단, 순수할 순	복잡하지 않고 간단함	直系 (직계) :	곧을 직, 맬 계	혈연이 친자 관계에 의하 여 직접적으로 이어져 있 는 계통
複雜 (복잡)	겹칠 복, 섞일 잡	일이나 감정 따위가 갈피 를 잡기 어려울 만큼 여러 가지가 얽혀 있음	傍系 (방계)	곁 방, 맬 계	시조가 같은 혈족 가운데 직계에서 갈라져 나온 친계
短縮 (단축) :	짧을 단, 줄일 축	시간이나 거리 따위가 짧 게 줄어듦	直接 (직접) :	곧을 직, 이을 접	중간에 제삼자나 매개물이 없이 바로 연결되는 관계
延長 (연장)	늘일 연, 길 장	시간이나 거리 따위를 본 래보다 길게 늘림	間接 (간접)	사이 간, 이을 접	중간에 매개가 되는 사람 이나 사물 따위를 통하여 맺어지는 관계
唐慌 (당황) :	당황할 당, 어 리둥절할 황	놀라거나 다급하여 어찌 할 바를 모름	進步 (진보) :	나아갈 진, 거닐 보	역사 발전의 합법칙성에 따라 사회의 변화나 발전 을 추구함
沈着 (침착)	잠길 침, 붙을 착	행동이 들뜨지 아니하고 차분함	保守 (보수)	지킬 보, 지킬 수	새로운 것이나 변화를 적 극적으로 받아들이기보다 는 전통적인 것을 옹호하 며 유지하려 함
都心 (도심) :	도읍 도, 마음 심	도시의 중심부	陳腐 (진부) :	베풀/묵을 진, 썩을 부	사상, 표현, 행동 따위가 낡아서 새롭지 못함
郊外 (교외)	들 교, 바깥 외	도시의 주변 지역	斬新 (참신)	벨 참, 새 신	새롭고 산뜻함

獨裁 (독재) : 民主 (민주)	홀로 독, 마를 재	특정한 개인, 단체, 계급, 당파 따위가 어떤 분야에서 모든 권력을 차지하여 모든 일을 독단으로 처리함	眞實 (진실) : 虛僞 (허위)	참 진, 열매 실	거짓이 없는 사실
	백성 민, 임금/주인 주	주권이 국민에게 있음		빌 허, 거짓 위	진실이 아닌 것을 진실인 것처럼 꾸민 것
獨創 (독창) : 模倣 (모방)	홀로 독, 비롯할 창	다른 것을 모방함이 없이 새로운 것을 처음으로 만들어 내거나 생각해 냄	質疑 (질의) : 應答 (응답)	바탕 질, 의심할 의	의심나거나 모르는 점을 물음
	본뜰 모, 본뜰 방	다른 것을 본뜨거나 본받음		응할 응, 대답할 답	부름이나 물음에 응하여 답함
動機 (동기) : 結果 (결과)	움직일 동, 틀 기	어떤 일이나 행동을 일으키게 하는 계기	最終 (최종) : 最初 (최초)	가장 최, 마칠 종	맨 나중
	맺을 결, 실과 과	어떤 원으로 결말이 생김		가장 최, 처음 초	맨 처음
鈍濁 (둔탁) : 銳利 (예리)	둔할 둔, 흐릴 탁	성질이 굼뜨고 흐리터분함	聰明 (총명) : 愚鈍 (우둔)	귀 밝을 총, 밝을 명	보거나 들은 것을 오래 기억하는 힘이 있음
	날카로울 예, 이로울 리	끝이 뾰족하거나 날이 선 상태에 있음		어리석을 우, 둔할 둔	어리석고 둔함
滅亡 (멸망) : 隆興 (융흥)	꺼질 멸, 망할 망	망하여 없어짐	抽象 (추상) : 具體 (구체)	뽑을 추, 코끼리 상	여러 가지 사물이나 개념에서 공통되는 특성이나 속성 따위를 추출하여 파악하는 작용
	높을 융, 일 흥	형세가 세차게 일어남		갖출 구, 몸 체	사물이 직접 경험하거나 지각할 수 있도록 일정한 형태와 성질을 갖춤
名目 (명목) : 實質 (실질)	이름 명, 눈 목	겉으로 내세우는 이름	充足 (충족) : 不足 (부족)	채울 충, 발 족	넉넉하여 모자람이 없음
	열매 실, 바탕 질	실제로 있는 본바탕		아닐 부, 발 족	필요한 양이나 기준에 미치지 못해 충분하지 아니함
名譽 (명예) : 恥辱 (치욕)	이름 명, 기릴/명예 예	세상에서 훌륭하다고 인정되는 이름이나 자랑	就任 (취임) : 辭任 (사임)	나아갈 취, 맡길 임	새로운 직무를 수행하기 위하여 맡은 자리에 처음으로 나아감
	부끄러울 치, 욕될 욕	수치와 모욕을 아울러 이르는 말		말씀/사양할 사, 맡길 임	맡아보던 일자리를 스스로 그만두고 물러남
模糊 (모호) : 分明 (분명)	본뜰/모호할 모, 풀칠할/죽 호	말이나 태도가 흐리터분하여 분명하지 않음	親密 (친밀) : 疎遠 (소원)	친할 친, 빽빽할 밀	지내는 사이가 매우 친하고 가까움
	나눌 분, 밝을 명	모습이나 소리 따위가 흐릿함이 없이 똑똑하고 뚜렷함		성길 소, 멀 원	지내는 사이가 두텁지 아니하고 거리가 있어서 서먹서먹함

文語 (문어) : 口語 (구어)	글월 문, 말씀 어	일상적인 대화에서 쓰는 말이 아닌, 주로 글에서 쓰는 말	快樂 (쾌락) : 苦痛 (고통)	쾌할 쾌, 즐거울 락	유쾌하고 즐거움
	입 구, 말씀 어	글에서만 쓰는 특별한 말이 아닌, 일상적인 대화에서 쓰는 말		쓸 고, 아플 통	몸이나 마음의 괴로움과 아픔
敏捷 (민첩) : 遲鈍 (지둔)	민첩할 민, 빠를 첩	재빠르고 날쌤	敗北 (패배) : 勝利 (승리)	패할 패, 달아날 배	겨루어서 짐
	더딜/늦을 지, 둔할 둔	굼뜨고 미련함		이길 승, 이로울 리	겨루어서 이김
反抗 (반항) : 服從 (복종)	돌이킬 반, 겨룰 항	다른 사람이나 대상에 맞서 대들거나 반대함	閉鎖 (폐쇄) : 開放 (개방)	닫을 폐, 쇠사슬 쇄	문 따위를 닫아걸거나 막아 버림
	옷 복, 좇을 종	남의 명령이나 의사를 그대로 따라서 좇음		열 개, 놓을 방	문이나 어떠한 공간 따위를 열어 자유롭게 드나들고 이용하게 함
背恩 (배은) : 報恩 (보은)	등/배반할 배, 은혜 은	은혜를 저버림	閉會 (폐회) : 開會 (개회)	닫을 폐, 모일 회	집회나 회의가 끝남
	갚을/알릴 보, 은혜 은	은혜를 갚음		열 개, 모일 회	회의나 회합 따위를 시작함
服從 (복종) : 抵抗 (저항)	옷 복, 좇을 종	남의 명령이나 의사를 그대로 따라서 좇음	暴露 (폭로) : 隱蔽 (은폐)	사나울 폭, 이슬 로	알려지지 않았거나 감춰져 있던 사실을 드러냄
	막을 저, 겨룰 항	어떤 힘이나 조건에 굽히지 아니하고 거역하거나 버팀		숨을 은, 덮을 폐	덮어 감추거나 가리어 숨김
富貴 (부귀) : 貧賤 (빈천)	부유할 부, 귀할 귀	재산이 많고 지위가 높음	豊年 (풍년) : 凶年 (흉년)	풍년 풍, 해 년	곡식이 잘 자라고 잘 여물어 평년보다 수확이 많은 해
	가난할 빈, 천할 천	가난하고 천함		흉할 흉, 해 년	농작물이 예년에 비하여 잘되지 아니하여 굶주리게 된 해
扶桑 (부상) : 咸池 (함지)	도울 부, 뽕나무 상	해가 뜨는 동쪽 바다	合法 (합법) : 違法 (위법)	합할 합, 법 법	법령이나 규범에 적합함
	다 함, 못 지	해가 진다고 하는 서쪽의 큰 못		어긋날 위, 법 법	법률이나 명령 따위를 어김
分離 (분리) : 統合 (통합)	나눌 분, 떠날 리	서로 나뉘어 떨어짐	現實 (현실) : 理想 (이상)	나타날 현, 열매 실	현재 실제로 존재하는 사실이나 상태
	거느릴 통, 합할 합	둘 이상의 조직이나 기구 따위를 하나로 합침		다스릴 이, 생각 상	생각할 수 있는 범위 안에서 가장 완전하다고 여겨지는 상태
紛爭 (분쟁) : 和解 (화해)	어지러울 분, 다툴 쟁	말썽을 일으키어 시끄럽고 복잡하게 다툼	好材 (호재) : 惡材 (악재)	좋을 호, 재목 재	증권 거래에서, 시세 상승의 요인이 되는 조건
	화할 화, 풀 해	싸움하던 것을 멈추고 서로 가지고 있던 안 좋은 감정을 풀어 없앰		악할 악, 재목 재	증권 거래소에서 시세 하락의 원인이 되는 조건

不運 (불운) :	아닐 불, 옮길 운	운수가 좋지 않음	好況 (호황) :	좋을 호, 상황 황	경기가 좋음
幸運 (행운)	다행 행, 옮길 운	좋은 운수	不況 (불황)	아닐 불, 상황 황	경기가 나쁨
非凡 (비범) :	아닐 비, 무릇 범	보통 수준보다 훨씬 뛰어남	紅塵 (홍진) :	붉을 홍, 티끌 진	번거롭고 속된 세상을 비 유적으로 이르는 말
平凡 (평범)	평평할 평, 무릇 범	뛰어나거나 색다른 점이 없이 보통임	仙界 (선계)	신선 선, 지경 계	신선이 산다는 곳
奢侈 (사치) :	사치할 사, 사치할 치	필요 이상의 돈이나 물건 을 쓰거나 분수에 지나친 생활을 함	擴大 (확대) :	넓힐 확, 큰 대	모양이나 규모 따위를 더 크게 함
儉素 (검소)	검소할 검, 흴/본디 소	사치하지 않고 꾸밈없이 수수함	縮小 (축소)	줄일 축, 작은 소	모양이나 규모 따위를 줄 여서 작게 함
死後 (사후) :	죽을 사, 뒤 후	죽고 난 이후	獲得 (획득) :	얻을 획, 얻을 득	얻어 내거나 얻어 가짐
生前 (생전)	날 생, 앞 전	살아 있는 동안	喪失 (상실)	잃을 상, 잃을 실	어떤 것이 아주 없어지거 나 사라짐
削減 (삭감) :	깎을 삭, 덜 감	깎아서 줄임	劃一 (획일) :	그을 획, 한 일	모두가 한결같아서 변함 이 없음
添加 (첨가)	더할 첨, 더할 가	이미 있는 것에 덧붙이거 나 보탬	多樣 (다양)	많을 다, 모양 양	모양, 빛깔, 형태, 양식 따 위가 여러 가지로 많음
削除 (삭제) :	깎을 삭, 덜 제	깎아 없애거나 지워 버림	厚待 (후대) :	두터울 후, 기다릴 대	아주 잘 대접함
添加 (첨가)	더할 첨, 더할 가	이미 있는 것에 덧붙이거 나 보탬	薄待 (박대)	엷을 박, 기다릴 대	인정 없이 모질게 대함
散在 (산재) :	흩을 산, 있을 재	여기저기 흩어져 있음	後退 (후퇴) :	뒤 후, 물러날 퇴	뒤로 물러남
密集 (밀집)	빽빽할 밀, 모을 집	빈틈없이 빽빽하게 모임	前進 (전진)	앞 전, 나아갈 진	앞으로 나아감
上昇 (상승) :	윗 상, 오를 승	낮은 데서 위로 올라감	興奮 (흥분) :	일 흥, 떨칠 분	어떤 자극을 받아 감정이 북받쳐 일어남
下降 (하강)	아래 하, 내릴 강	높은 곳에서 아래로 향하 여 내려옴	安靜 (안정)	편안할 안, 고요할 정	육체적 또는 정신적으로 편안하고 고요함
詳述 (상술) :	자세할 상, 펼 술	자세하게 설명하여 말함	稀薄 (희박) :	드물 희, 엷을 박	기체나 액체 따위의 밀도 나 농도가 진지 못하고 낮 거나 엷음
略述 (약술)	간략할 약, 펼 술	간략하게 논술함	濃厚 (농후)	짙을 농, 두터울 후	맛, 빛깔, 성분 따위가 매 우 짙음

☑ **확인문제**
두 한자어의 의미 관계가 나머지 셋과
다른 것은?   2016 국가직 9급
① 광정(匡正) - 확정(廓正)
② 부상(扶桑) - 함지(咸池)
③ 중상(中傷) - 비방(誹謗)
④ 갈등(葛藤) - 알력(軋轢)

정답해설
부상(扶桑)과 함지(咸池)는 반의 관계
의 한자어이다.
• 부상(扶桑) : 1. 해가 뜨는 동쪽 바
다, 2. 중국 전설에서 해가 뜨는 동
쪽 바닷속에 있다고 하는 상상의 나
무 또는 그 나무가 있다는 곳
• 함지(咸池) : 해가 진다고 하는 서
쪽의 큰 못

정답 ②

01

- 일조(一朝) : 하루아침에
- 일조(日照) : 햇볕이 내리쬠. '볕 쬠'
  으로 순화

정답 ④

01 밑줄 친 말의 한자 표기가 옳지 않은 것은?   2017년 지방직 9급

> 지조란 것은 순일한 정신을 지키기 위한 불타는 신념이요, 눈물겨운 정성이며, 냉철한 ⊙ 확집(確執)
> 이요, 고귀한 투쟁이기까지 하다. 지조가 교양인의 ⓛ 위의(威儀)를 위하여 얼마나 값지고 그것이 국민
> 의 교화에 미치는 힘이 얼마나 크며, 따라서 지조를 지키기 위한 괴로움이 얼마나 가혹한가를 헤아리는
> 사람들은 한 나라의 지도자를 평가하는 기준으로서 먼저 그 지조의 ⓒ 강도(强度)를 살피려 한다. 지조
> 가 없는 지도자는 믿을 수가 없고 믿을 수 없는 지도자는 따를 수가 없기 때문이다. 자기의 명리만을
> 위하여 그 동지와 지지자와 추종자를 @ 일조(日照)에 함정에 빠뜨리고 달아나는 지조 없는 지도자의
> 무절제와 배신 앞에 우리는 얼마나 많이 실망하였는가.
>
> – 조지훈, 「지조론」

① ㉠   ② ㉡

③ ㉢   ④ ㉣

02

㉠~㉣에 들어갈 한자어를 순서대로
바르게 나열하면 '論議 – 論據 – 論
駁–論題' 순이다.

- ㉠ 論議(논할 논, 의논할 의) : 어떤 문
  제에 대하여 서로 의견을 내어 토
  의함을 이르는 말이다.
- ㉡ 論據(논할 논, 근거 거) : 어떤 이론
  이나 논리, 논설 따위의 근거를 이
  르는 말이다.
- ㉢ 論駁(논할 논, 논박할 박) : 어떤 주
  장이나 의견에 대하여 그 잘못된
  점을 조리 있게 공격하여 말함을
  이르는 말이다.
- ㉣ 論題(논할 논, 제목 제) : 토론, 논
  의, 논문 등 제목이나 주제를 이르
  는 말이다.

정답 ①

02 ㉠~㉣에 들어갈 한자어를 순서대로 바르게 나열한 것은?   2017 국가직 하반기 9급

> 토론은 어떤 의견이나 제안에 대해 찬성과 반대의 뚜렷한 의견 대립을 가지는 사람들이 논리적으로
> 상대방을 설득하는 (㉠) 형태이다. 찬성자와 반대자는 각기 (㉡)를 밝히고, 상대방의 주장을 비판하
> 며, 주장의 정당성과 합리성이 상대방에게 인정될 수 있도록 자기의 주장을 펴 나간다. 토론에서 자기
> 주장이 옳다는 것을 상대방이 인정하도록 하려면, 상대로 하여금 (㉢)의 여지를 가지지 못하게 해야
> 한다. 따라서 토론 참가자는 (㉣)에 대한 충분한 자료 수집 및 정보 검토를 통해 자신의 주장에 대해
> 충분히 생각하고, 자기 의견을 논리적으로 분명하게 드러내기 위한 화법(話法)을 연구하는 것이 필요
> 하다.

	㉠	㉡	㉢	㉣
①	論議	論據	論駁	論題
②	論議	論制	論遽	論搏
③	論意	論旨	論難	論述
④	論意	論志	論據	論題

CHAPTER 03 한자성어

01 주제별 한자성어

1. 진정한 친구

肝膽相照 (간담상조)	간과 쓸개를 내놓고 서로에게 내보인다는 뜻으로 서로 마음을 터놓고 친밀히 사귐	伯牙絕鉉 (백아절현)	'백아가 거문고 줄을 끊어 버렸다'는 뜻으로, 자기를 알아주는 절친한 벗, 즉 지기지우(知己之友)의 죽음을 슬퍼함을 이르는 말
管鮑之交 (관포지교)	관중과 포숙처럼 친구 사이가 다정함을 이르는 말로, 친구 사이의 매우 다정하고 허물없는 교제, 우정이 아주 돈독한 친구 관계, 허물없는 친구 사이를 이르는 말	水魚之交 (수어지교)	물과 물고기의 사귐이라는 뜻으로, 임금과 신하 또는 부부 사이처럼 매우 친밀한 관계, 서로 떨어질 수 없는 친한 사이를 일컫는 말
金蘭之契 (금란지계)	쇠처럼 단단하고 난초 향기처럼 그윽한 사귐의 의리를 맺는다는 뜻으로, 사이좋은 벗끼리 마음을 합치면 단단한 쇠도 자를 수 있고, 우정의 아름다움은 난의 향기와 같이 아주 친밀한 친구 사이를 이름(= 금란지교)	竹馬故友 (죽마고우)	대나무 말을 타고 놀던 옛 친구라는 뜻으로, 어릴 때부터 가까이 지내며 자란 친구를 이르는 말[≒ 竹馬舊誼(죽마구의)]
金石之交 (금석지교)	금석의 사귐이라는 뜻으로, 쇠와 돌처럼 변함없는 굳은 사귐을 말함	芝蘭之交 (지란지교)	영지와 난초의 향기로운 향기 같은 벗 사이의 교제
莫逆之間 (막역지간)	막▼역한 벗의 사이	知音 (지음)	거문고 소리를 듣고 안다는 뜻으로, 자기의 속마음까지 알아주는 친구. 백아(伯牙)와 종자기(鍾子期) 사이의 고사로부터 (거문고) 소리를 알아듣는다는 뜻에서 유래
莫逆之友 (막역지우)	마음이 맞아 서로 거스르는 일이 없는, 생사를 같이 할 수 있는 친밀한 벗	布衣之交 (포의지교)	베옷조차 벗어줄 정도의 친구

▼ 莫
없을 막, 저물 모, 덮을 멱

2. 상황의 변화

隔世之感 (격세지감)	세상의 변천이 심함. 다른 세상이 된 것 같은 느낌[= 今昔之感(금석지감)]	吳越同舟 (오월동주)	서로 원수의 사이인 오나라 사람과 월나라 사람이 같은 배를 탄다는 뜻으로, 어려운 상황에서는 원수라도 협력하게 된다는 것과 뜻이 전혀 다른 사람들이 한자리에 있게 됨을 의미함
桑田碧海 (상전벽해)	뽕나무밭이 푸른 바다가 되었다는 뜻으로, 세상이 몰라 볼 정도로 바뀐 것이나 세상의 모든 일이 엄청나게 변해버린 것을 의미함[= 滄桑之變(창상지변)]	天旋地轉 (천선지전)	세상일이 크게 변함

3. 삼자의 이익

犬兔之爭 (견토지쟁)	개와 토끼가 싸우다 지쳐서 둘 다 쓰러져 숨어 있는 것을 지나가던 농부가 주워서 이득을 봄	漁父之利 (어부지리)	어부의 이익이란 뜻으로, 둘이 다투는 틈을 타서 엉뚱한 제3자가 이익을 가로챔을 이르는 말

4. 뛰어난 인재

群鷄一鶴 (군계일학)	닭의 무리 가운데 있는 한 마리의 학이란 뜻. 즉 여러 평범한 사람들 가운데 있는 뛰어난 한 사람을 이르는 말	棟梁之材 (동량지재)	마룻대와 들보로 쓸 만한 재목이라는 뜻으로, 나라의 중임을 맡을 만한 큰 인재
囊中之錐 (낭중지추)	주머니 속의 송곳이란 뜻으로, 재능이 뛰어난 사람은 숨어 있어도 남의 눈에 띄게 됨을 이르는 말	白眉 (백미)	마 씨 오형제 중에서 가장 재주가 뛰어난 맏이 마량이 눈썹이 희었다는 데서 나온 말

5. 일관성이 없음

變化無常 (변화무상)	변화가 많아서 종잡을 수 없음[≒ 變化無雙(변화무쌍)]	早變夕改 (조변석개)	아침, 저녁으로 뜯어 고친다는 뜻으로, 계획이나 결정 따위를 자주 바꾸는 것을 이름

6. 불가능한 일

緣木求魚 (연목구어)	나무에 올라가서 물고기를 구한다는 뜻으로, 목적이나 수단이 일치하지 않아 성공이 불가능하거나, 허술한 계책으로 큰일을 도모하는 것을 의미함	陸地行船 (육지행선)	육지에서 배를 저으려 한다는 뜻으로, 곧 되지 않을 일을 억지로 하고자 함을 비유

7. 위태로운 형세

累▼卵之勢 (누란지세)	알을 쌓아놓은 위태로운 형세라는 뜻으로, 몹시 위험한 형세를 비유적으로 이르는 말	百尺竿頭 (백척간두)	백 자나 되는 높은 장대 위에 올라섰다는 뜻으로, 위태로움이 극도에 달함[≒ 竿頭之勢(간두지세)]
命在頃刻 (명재경각)	거의 죽게 되어 숨이 곧 넘어갈 지경에 이름	風前燈火 (풍전등화)	바람 앞에 놓인 등불이란 뜻으로, 사물이 오래 견디지 못하고 매우 위급한 자리에 놓여 있음을 가리키거나 사물이 덧없음을 가리키는 말[≒ 風前燈燭(풍전등촉)]

▼ 累
여러 루, 자주 루, 벌거벗을 라(나), 땅 이름 럽(엽)

8. 이러지도 저러지도 못하는 상황

鷄肋 (계륵)	닭의 갈빗대라는 뜻으로, 먹기에는 너무 양이 적고 버리기에는 아까워 이러지도 저러지도 못하는 형편을 이르는 말	四面楚歌 (사면초가)	사방에서 들리는 초나라의 노래라는 뜻으로, 적에게 둘러싸인 상태나 누구의 도움도 받을 수 없는 고립 상태에 빠짐을 이르는 말
罔知所措 (망지소조)	너무 당황하거나 급하여 어찌할 줄을 모르고 갈팡질팡함	五里霧中 (오리무중)	짙은 안개가 5리나 끼어 있는 속에 있다는 뜻으로, 무슨 일에 대하여 방향이나 갈피를 잡을 수 없음
四顧無親 (사고무친)	사방을 돌아보아도 의지할 데가 없음	進退兩難 (진퇴양난)	앞으로 나아가기도 어렵고 뒤로 물러나기도 어려움[≒ 진퇴유곡(進退維谷)]

9. 아주 무식함

目不識丁▼ (목불식정)	고무래를 보고도 그것이 고무래 정자인 줄 모른다는 뜻으로, 글자를 전혀 모름, 또는 그런 사람을 비유해 이르는 말[≒ 일자무식(一字無識)]	魚魯不辨 (어로불변)	어(魚)자와 노(魯)자를 구별하지 못한다는 뜻으로, 몹시 무식함을 비유해 이르는 말

▼ 목불식정과 관련된 속담
낫 놓고 기역자도 모른다.

10. 원수지간

犬猿之間 (견원지간)	개와 원숭이의 사이처럼, 매우 사이가 나쁜 관계[= 犬猫之間(견묘지간)]	水火相剋 (수화상극)	물과 불이 서로 공존할 수 없음

11. 평범한 사람들

甲男乙女 (갑남을녀)	갑이라는 남자와 을이라는 여자라는 뜻으로, 신분이나 이름이 알려지지 아니한 그저 평범한 사람들을 이르는 말 보통 평범한 사람들을 뜻함	樵童汲婦 (초동급부)	땔나무를 하는 아이와 물을 긷는 여자라는 뜻으로, 보통 사람을 뜻함
張三李四 (장삼이사)	장 씨의 셋째 아들과 이 씨의 넷째 아들이란 뜻으로, 성명이나 신분이 뚜렷하지 못한 평범한 사람들을 의미하거나 사람에게 성리(性理)▼가 있음이 아나, 그 모양이나 이름을 지어 말할 수 없음을 비유하는 뜻으로 사용됨	匹夫匹婦 (필부필부)	평범한 남자와 평범한 여자

▼ 性理(성품 성, 다스릴 리)
인성(人性)과 천리(天理)

12. 융통성이 없어 매우 고지식함

刻舟求劍 (각주구검)	칼을 강물에 떨어뜨리자 뱃전에 그 자리를 표시(表示)했다가 나중에 그 칼을 찾으려 한다는 뜻으로, 판단력(判斷力)이 둔하여 융통성이 없고 세상일에 어둡고 어리석다는 뜻	守株待兔 (수주대토)	그루터기를 지켜 토끼를 기다린다는 뜻으로, 고지식하고 융통성이 없어 구습(舊習)과 전례(前例)만 고집(固執)함

13. 자연

江湖閑情 (강호한정)	자연을 예찬하며 한가로이 즐김	樂山樂水 (요산요수)	산수의 자연을 즐기며 좋아함
箕山潁水 (기산영수)	소부와 허유가 귀를 씻은 곳	悠悠自適 (유유자적)	속세를 떠나 아무 속박 없이 조용하고 편안하게 삶
武陵桃源 (무릉도원)	복숭아 꽃 피는 아름다운 곳	吟風弄月 (음풍농월)	바람을 음미하며 달을 희롱함[≒ 吟風詠月(음풍영월)]
煙霞痼疾 (연하고질)	산수(山水)의 좋은 경치(景致)를 깊이 사랑하는 마음이 대단히 강(強)해 마치 고치지 못할 병(病)이 든 것 같음을 비유해 이르는 말	風月主人 (풍월주인)	맑은 바람과 밝은 달 따위의 아름다운 자연을 즐기는 사람
煙霞日輝 (연하일휘)	안개와 노을과 빛나는 햇살	泉石膏肓 (천석고황)	샘과 돌이 고황에 들었다는 뜻으로, 고질병(痼疾病)이 되다시피 산수, 풍경(風景)을 좋아함을 일컫는 말

14. 아무리 실패해도 굴하지 아니함

磨斧爲針 (마부위침)	도끼를 갈아 바늘을 만듦[≒ 摩斧作 針(마부작침)]	愚公移山 (우공이산)	쉬지 않고 꾸준하게 한 가지 일만 열심 히 하면 마침내 큰일을 이룰 수 있음
十伐之木 (십벌지목)	열 번 찍어 안 넘어가는 나무가 없음 을 이르는 말	七顚八起 (칠전팔기)	일곱 번 넘어지면 여덟 번째 일어난 다는 뜻으로, 실패(失敗)를 거듭하여 도 굴하지 않고 다시 일어섬[≒ 四顚 五起(사전오기)]

15. 효도

望雲之情 (망운지정)	객지에서 부모를 생각하는 마음	風樹之歎 (풍수지탄)	부모(父母)에게 효도(孝道)를 다하려고 생각할 때에는 이미 돌아가셔서 그 뜻 을 이룰 수 없음을 이르는 말
反哺報恩 (반포보은)	까마귀가 음식을 물어 와 부모를 봉 양함. 자식(子息)이 부모가 길러 준 은혜(恩惠)에 보답(報答)하는 것[= 反 哺之孝(반포지효)]	昏定晨省 (혼정신성)	저녁에는 잠자리를 보아 드리고, 아침 에는 문안(問安)을 드린다는 뜻으로, 자식(子息)이 아침저녁으로 부모의 안 부(安否)를 물어서 살핌을 이르는 말

16. 애정과 그리움

勞心焦思 (노심초사)	몹시 마음을 쓰며 애를 태움	輾轉反側 (전전반측)	이리 뒤척 저리 뒤척 한다는 뜻으로, 걱정거리로 마음이 괴로워 잠을 이루 지 못함을 이르나 원래는 미인을 사 모하여 잠을 이루지 못함을 이르는 표현
想思不忘 (상사불망)	사랑하는 남녀(男女)가 서로 그리워 해 잊지 못함	輾轉不寐 (전전불매)	누워서 이리저리 뒤척이며 잠을 이루 지 못한다는 말
寤寐不忘 (오매불망)	자나 깨나 잊지 못함	鶴首苦待 (학수고대)	학처럼 목을 길게 빼고 기다린다는 뜻으로, 몹시 기다림을 이르는 말

17. 마음에서 마음으로 전함

以心傳心 (이심전심)	'석가(釋迦)와 가섭이 마음으로 마음에 전한다'는 뜻으로, 말로써 설명(說明)할 수 없는 심오(深奧)한 뜻은 마음으로 깨닫는 수밖에 없다는 말 또는, 마음과 마음이 통(通)하고, 말을 하지 않아도 의사(意思)가 전달(傳達)된다는 의미[= 심심상인(心心相印)]	教外別傳 (교외별전)	경전(經典) 바깥의 특별(特別)한 전승(傳承)이라는 뜻으로, 마음과 마음으로 뜻을 전(傳)함

18. 학문하는 노력

☑ **확인문제**

밑줄 친 '마'의 뜻이 다른 하나는?

2014 지방직 9급

① 마이동풍
② 주마간산
③ 천고마비
④ 절차탁마

정답해설

절차탁마(切磋琢磨) → 갈 마(磨) : 학문이나 인격을 갈고 닦음

정답 ④

手不釋卷 (수불석권)	손에서 책을 놓지 않는다는 뜻으로, 늘 책을 가까이하여 학문(學問)을 열심히 함	晝耕夜讀 (주경야독)	낮에는 농사를 짓고, 밤에는 공부함
切磋琢磨 (절차탁마)	옥돌을 자르고 줄로 쓸고 끌로 쪼고 갈아 빛을 낸다는 뜻으로, 학문(學問)이나 인격(人格)을 갈고 닦음	走馬加鞭 (주마가편)	달리는 말에 채찍질하기라는 속담(俗談)의 한역으로, 형편(形便)이나 힘이 한창 좋을 때에 더욱 힘을 더한다는 말이나 힘껏 하는 데도 자꾸 더 하라고 격려(激勵)하는 것을 의미함

19. 한바탕의 헛된 꿈

南柯一夢 (남가일몽)	남쪽 가지에서의 꿈이란 뜻으로, 덧없는 꿈이나 한때의 헛된 부귀영화(富貴榮華)를 이르는 말	一場春夢 (일장춘몽)	한바탕의 봄꿈처럼 헛된 영화(榮華)나 덧없는 일이란 뜻으로, 인생(人生)의 허무(虛無)함을 비유하여 이르는 말

20. 필요하면 쓰고, 필요하지 않으면 버림

甘呑苦吐 (감탄고토)	달면 삼키고 쓰면 뱉는다는 뜻으로 사리(事理)에 옳고 그름을 돌보지 않고, 자기(自己) 비위에 맞으면 취(取)하고 싫으면 버린다는 뜻	兎死狗烹 (토사구팽)	사냥하러 가서 토끼를 잡으면 사냥하던 개는 쓸모가 없게 되어 삶아 먹는다는 뜻으로, 필요(必要)할 때 요긴(要緊)하게 써 먹고 쓸모가 없어지면 가혹(苛酷)하게 버리는 것을 의미함. 일이 있을 때는 실컷 부려먹다가 일이 끝나면 돌보지 않고 헌신짝처럼 버리는 세정(世情)을 비유해 이르는 말

21. 미래

前途有望 (전도유망)	앞으로 잘 될 희망(希望)이 있거나 장래(將來)가 유망(有望)함을 의미[= 전정만리(前程萬里)]	鵬程▼萬里 (붕정만리)	'붕새가 날아갈 길이 만 리'라는 뜻으로, 머나먼 노정(路程) 또는 사람의 앞날이 매우 요원하다는 뜻

▼ 程
한도 정, 길 정

22. 약자의 설움

間於齊楚 (간어제초)	제(齊)나라와 초(楚)나라 사이라는 뜻으로, 약(弱)한 자가 강(强)한 자들 사이에 끼여 괴로움을 받음을 이르는 말	鯨戰蝦死 (경전하사)	고래 싸움에 새우가 죽는다는 속담(俗談)으로 강자(强者)끼리 싸우는 틈에 끼여 약자(弱者)가 아무런 상관(相關)없이 화(禍)를 입는다는 말

23. 견문이 좁음

井底之蛙 (정저지와)	우물 밑의 개구리, 소견(所見)이나 견문(見聞)이 몹시 좁은 것	坐井觀天 (좌정관천)	우물 속에 앉아 하늘을 쳐다본다는 뜻으로, 견문(見聞)이 매우 좁거나 세상(世上) 물정(物情)을 너무 모르는 것을 의미함

24. 때가 늦음

亡羊補牢 (망양보뢰)	양을 잃고서 우리를 고친다는 뜻으로, 실패(失敗)한 후(後)에 일을 대비(對備)함. 또는 이미 어떤 일을 실패(失敗)한 뒤에 뉘우쳐도 소용이 없음을 의미함[= 실마치구(失馬治廐)]	晩時之歎 (만시지탄)	때늦은 한탄(恨歎)이라는 뜻으로, 시기(時期)가 늦어 기회(機會)를 놓친 것이 원통(冤痛)해서 탄식(歎息)함을 이르는 말[≒ 서제막급(噬臍莫及)]
死後藥方文▼ (사후약방문)	죽은 뒤에야 약방문(藥方文)을 쓴다는 뜻으로, 이미 때가 지난 후에 대책을 세우거나 후회해도 소용없다는 말	雨後送傘 (우후송산)	비 온 뒤에 우산(雨傘)을 보낸다는 뜻으로, 이미 지나간 일에 쓸데없는 말과 행동을 보태는 경우를 말함

▼ 약방문
현대의 처방전

25. 학문의 어려움

多岐亡羊 (다기망양)	달아난 양을 찾다가 여러 갈래 길에 이르러 길을 잃었다는 뜻으로, 학문(學問)의 길이 여러 갈래로 나뉘어져 있어 진리(眞理)를 찾기 어려움. 또는 방침(方針)이 많아 할 바를 모르게 됨을 의미함	亡羊之歎 (망양지탄)	달아날 양을 쫓는데 갈림길이 많아서 잃어버리고 탄식한다는 뜻으로, 학문(學問)의 길이 여러 갈래로 나뉘어져 있어 진리(眞理)를 찾기 어려움. 또는 방침(方針)이 많아 할 바를 모르게 됨을 의미함

26. 시작, 출발

根源 (근원)	물줄기의 근본(根本). 사물이 생겨나는 본바탕[≒ 基源(기원)]	創始 (창시)	어떤 사상(思想)이나 학설(學說) 등(等)을 처음 내세움[≒ 創開(창개), 提唱(제창)]
萌芽 (맹아)	식물(植物)에 새로 트는 싹	嚆矢 (효시)	전쟁터에서 우는 화살을 쏘아 개전(開戰)의 신호(信號)로 삼는다는 뜻으로 모든 일의 시초(始初)

27. 가난

男負女戴 (남부여대)	남자는 짐을 등에 지고 여자는 짐을 머리에 인다는 뜻으로, 사람들이 살 곳을 찾아 세간을 이거나 지고 이리저리 떠돌아다니는 것을 이르는 말	三旬九食 (삼순구식)	한 달에 아홉 번 밥을 먹는다는 뜻으로, 집안이 가난하여 먹을 것이 없어 굶주린다는 말

28. 가혹한 정치

苛斂誅求 (가렴주구)	가혹(苛酷)하게 세금(稅金)을 거두거나 백성(百姓)의 재물(財物)을 억지로 빼앗음	苛政猛於虎 (가정맹어호)	가혹(苛酷)한 정치(政治)는 호랑이보다 더 사납다는 뜻으로, 가혹한 정치의 폐해(弊害)를 비유하는 말

29. 공직자의 긍정적인 자세

犬馬之勞 (견마지로)	임금이나 나라를 위해 충성을 다하는 것을 비유한 말	先公後私 (선공후사)	사(私)보다 공(公)을 앞세움이란 뜻으로, 사사(私事)로운 일이나 이익(利益)보다 공익(公益)을 앞세움
見危致命 (견위치명)	나라의 위급(危急)함을 보고 목을 바침	先憂後樂 (선우후락)	남보다 먼저 근심하고, 남보다 나중에 즐거워 함
滅私奉公 (멸사봉공)	사(私)를 버리고 공(公)을 위해 힘써 일함[≒ 斥邪衛正(척사위정), 읍참마속(泣斬馬謖)]	易地思之 (역지사지)	상대편의 처지나 입장에서 먼저 생각해보고 이해함
殺身成仁 (살신성인)	인의(仁義)를 위하여 목숨을 바침	清廉潔白 (청렴결백)	고결하고 재물 욕심이 없음

30. 공직자의 부정적인 자세

牽强附會 (견강부회)	도리와 이치와는 상관없이 자기의 주장만을 내세우려 하는 것	我田引水 (아전인수)	제 논에 물대기
見利忘義 (견리망의)	이익을 보면 의리를 잊음	羊頭狗肉 (양두구육)	양머리를 걸어놓고 개고기를 판다는 뜻으로, 겉은 훌륭해 보이나 속은 그렇지 못한 것, 겉과 속이 서로 다른 것, 말과 행동(行動)이 일치(一致)하지 않는 것을 의미함
口蜜腹劍 (구밀복검)	입으로는 달콤함을 말하나 뱃속에는 칼을 감추고 있다는 뜻으로, 겉으로는 친절(親切)하나 마음속은 음흉(陰凶)한 것을 품었음을 비유하여 일컫는 말	推己及人 (추기급인)	제 마음을 표준삼아 남의 마음을 추측한다는 뜻
面從腹背 (면종복배)	겉으로는 순종(順從)하는 체하고 속으로는 딴 마음을 먹음[≒ 面從後言(면종후언)]	表裏不同 (표리부동)	겉과 속이 같지 않음이란 뜻으로, 마음이 음흉(陰凶)하여 겉과 속이 다름

31. 향수(鄕愁)

看雲步月 (간운보월)	고향(故鄕) 생각이 간절(懇切)하여, 낮에는 고향(故鄕) 쪽 구름을 보고, 밤에는 달을 보며 거닌다는 뜻	首丘初心 (수구초심)	여우가 죽을 때에 고향을 향(向)해 머리를 두고 초심으로 돌아간다는 뜻으로, 근본(根本)을 잊지 않음. 또는 죽어서라도 고향(故鄕) 땅에 묻히고 싶어 하는 마음을 의미함

32. 환경의 중요성

橘化爲枳 (귤화위지)	강남(江南)의 귤을 강북(江北)에 심으면 탱자가 된다는 뜻으로, 사람도 환경(環境)에 따라 기질(氣質)이 변한다는 말	三遷之敎 (삼천지교)	맹자(孟子)의 교육(敎育)을 위하여 그 어머니가 세 번이나 집을 옮겼다는 고사로, 생활환경(生活環境)이 교육(敎育)에 큰 구실을 함을 말함
近墨者黑 (근묵자흑)	먹을 가까이 하면 검게 된다는 뜻으로, 좋지 못한 사람과 가까이 하면 악에 물들게 됨	芝蘭之室 (지란지실)	향초가 있어 좋은 향기가 나는 방이란 뜻으로, 선인 군자를 이름

33. 입장의 변화

賊反荷杖 (적반하장)	도둑이 도리어 몽둥이를 든다는 뜻으로, 잘못한 사람이 도리어 잘 한 사람을 나무라는 경우(境遇)를 이르는 말	主客顚倒 (주객전도)	주인(主人)은 손님처럼 손님은 주인(主人)처럼 행동(行動)한다는 것으로 입장(立場)이 뒤바뀜

34. 지금까지 없었던 일

未曾有 (미증유)	지금까지 한 번도 있어본 적이 없음	前無後無 (전무후무)	전(前)에도 없었고 앞으로도 있을 수 없음
前代未聞 (전대미문)	지난 시대(時代)에는 들어 본 적이 없다는 뜻으로, 매우 놀랍거나 새로운 일을 이르는 말	前人未踏 (전인미답)	이전(以前) 사람이 아직 밟지 않았다는 뜻으로, 지금까지 아무도 손을 대거나 발을 디딘 일이 없음

35. 모순

矛盾 (모순)	창과 방패(防牌)라는 뜻으로, 말이나 행동(行動)의 앞뒤가 서로 일치(一致)되지 아니함	自家撞着 (자가당착)	자기(自己)의 언행(言行)이 전후(前後) 모순되어 일치하지 않음
二律背反 (이율배반)	두 가지 규율이 서로 반대된다는 뜻으로, 동일(同一) 법전(法典)에 포함되는 개개 법문(法文) 간의 모순. 또는 같은 근거(根據)를 가지고 정당하다고 주장되는 서로 모순되는 두 명제(命題), 서로 모순되는 명제 즉 정립(定立)과 반립(反立)이 동등(同等)의 권리(權利)를 가지고 주장되는 것을 일컫는 말	自己矛盾 (자기모순)	자기(自己) 스스로에 대(對)한 모순

36. 태평한 세월

康衢煙月 (강구연월)	강구(康衢)는 사통오달의 큰길로서 사람의 왕래(往來)가 많은 거리, 연월(煙月)은 연기(煙氣)가 나고 달빛이 비친다는 뜻으로, 태평(太平)한 세상(世上)의 평화(平和)로운 풍경(風景)	太平聖代 (태평성대)	어질고 착한 임금이 다스리는 태평(太平)한 세상(世上)
比屋可封 (비옥가봉)	집집마다 표창할 인물이 많다는 뜻으로, 어진 사람이 많음을 이르는 말	含哺鼓腹 (함포고복)	잔뜩 먹고 배를 두드리며 즐김[≒ 飽食暖衣(포식난의)]

37. 실속이 없음

虛禮虛飾 (허례허식)	예절(禮節), 법식(法式) 등을 겉으로만 꾸며 번드레하게 하는 일	虛張聲勢 (허장성세)	헛되이 목소리의 기세(氣勢)만 높인다는 뜻으로, 실력(實力)이 없으면서도 허세(虛勢)로만 떠벌림

38. 후배나 제자가 더 뛰어남

靑出於藍 (청출어람)	푸른색이 쪽에서 나왔으나 쪽보다 더 푸르다는 뜻으로, 제자(弟子)가 스승보다 나은 것을 비유하는 말	後生可畏 (후생가외)	젊은 후학(後學)들을 두려워할 만하다는 뜻으로, 후진(後進)들이 선배들보다 젊고 기력(氣力)이 좋아, 학문을 닦음에 따라 큰 인물(人物)이 될 수 있으므로 가히 두렵다는 말

39. 실력 향상

刮目相對 (괄목상대)	눈을 비비고 다시 보며 상대(相對)를 대(對)한다는 뜻으로, 다른 사람의 학식(學識)이나 업적(業績)이 크게 진보(進步)한 것을 말함	日就月將 (일취월장)	날마다 달마다 성장(成長)하고 발전(發展)한다는 뜻으로 학업(學業)이 날이 가고 달이 갈수록 진보(進步)함을 이름

40. 독서

男兒須讀 五車書 (남아수독 오거서)	남자(男子)라면 모름지기 다섯 수레에 실은 만큼의 책을 읽어야 한다는 뜻	韋編三絶 (위편삼절)	옛날에 공자(孔子)가 주역을 즐겨 열심히 읽은 나머지 책을 맨 가죽 끈이 세 번이나 끊어졌다는 데서 유래한 말로 한 권의 책을 몇 십 번이나 되풀이해서 읽음을 비유하는 말
博而精 (박이정)	여러 방면(方面)으로 널리 알 뿐만 아니라 깊게도 앎. 즉, '나무도 보고 숲도 본다'는 뜻	晝耕夜讀 (주경야독)	낮에는 농사(農事)를 짓고, 밤에는 공부(工夫)한다는 뜻으로, 바쁜 틈을 타서 어렵게 공부함을 이르는 말

41. 나이

志學 (지학)	학문에 뜻을 둠, 15세를 일컬음	耳順 (이순)	나이 60세를 이르는 말로, 공자(孔子)가 60세가 되어 천지(天地) 만물(萬物)의 이치(理致)에 통달(通達)하게 되고, 듣는 대로 모두 이해(理解)하게 된 데서 온 말
弱冠 (약관)	남자(男子)가 스무 살에 관례(冠禮)를 한다는 데서, 남자(男子)의 스무 살 된 때를 일컫는 말	古稀 (고희)	70세를 일컬음. '일흔 살까지 산다는 것은 옛날에는 드문 일이라는 뜻. 인생칠십고래희(人生七十古來稀)에서 유래한 말
而立 (이립)	30세를 일컬음. 30살쯤에 가정(家庭)과 사회(社會)에 모든 기반(基盤)을 닦는다는 것을 의미함	喜壽 (희수)	희(喜)자를 칠로도 썼기 때문에 희수(喜壽)는 七+七세 즉 77세를 일컬음
不惑 (불혹)	미혹(迷惑)하지 아니한다는 뜻으로, 나이 마흔 살을 일컫는 말	米壽 (미수)	미(米)자를 분해하면 팔십팔(八十八)이 되기 때문에 미수(米壽)는 '여든 여덟 살(88세)'의 다른 이름

☑ 확인문제

나이와 한자어가 바르게 연결된 것은?
2018 서울시 9급

① 62세 – 화갑(華甲)
② 77세 – 희수(喜壽)
③ 88세 – 백수(白壽)
④ 99세 – 미수(米壽)

정답해설

희수(喜壽) : 일흔일곱 살을 달리 이르는 말이다.

정답 ②

知天命 (지천명)	나이 50세를 말함. 50세에 드디어 천명(天命)을 알게 된다는 나이	白壽 (백수)	백(百)에서 일(一)을 빼면 백(白) 즉 百에서 하나를 빼면 99세가 됨

42. 전쟁

乾坤一擲 (건곤일척)	하늘이냐 땅이냐를 한 번 던져서 결정(決定)한다는 뜻으로, 운명(運命)과 흥망(興亡)을 걸고 단판으로 승부(勝負)나 성패를 겨룸. 또는 오직 이 한 번에 흥망성쇠(興亡盛衰)가 걸려 있는 일을 의미함	背水之陣 (배수지진)	'물을 등지고 진을 친다'는 뜻으로, 물을 등지고 적과 싸울 진을 치는 진법(陣法). 물러설 곳이 없으니 목숨을 걸고 싸울 수밖에 없는 지경(地境)을 이르는 말
捲土重來 (권토중래)	'흙먼지를 날리며 다시 온다'는 뜻으로 한 번 실패(失敗)에 굴하지 않고 몇 번이고 다시 일어남. 패한 자가 세력(勢力)을 되찾아 다시 쳐들어옴. 또는 한번 실패(失敗)하고 나서 다시 그 일에 도전(挑戰)함을 의미함	臥薪嘗膽 (와신상담)	섶에 눕고 쓸개를 씹는다는 뜻으로, 원수(怨讐)를 갚으려고 온갖 괴로움을 참고 견딤을 이르는 말

43. 소문

流言蜚語 (유언비어)	아무 근거(根據) 없이 널리 퍼진 소문(所聞). 터무니없이 떠도는 말 뜬소문(所聞)	道聽途說 (도청도설)	길거리에서 들은 이야기를 곧 그 길에서 다른 사람에게 말한다는 뜻으로, 거리에서 들은 것을 남에게 아는 체하며 말함. 깊이 생각 않고 예사로 듣고 말함. 또는 길거리에 떠돌아다니는 뜬소문을 의미함

44. 기쁨

錦上添花 (금상첨화)	비단(緋緞) 위에 꽃을 더한다는 뜻으로, 좋은 일에 또 좋은 일이 더하여짐을 이르는 말	拍掌大笑 (박장대소)	손뼉을 치면서 크게 웃음[≒ 破顔大笑(파안대소)]
多多益善 (다다익선)	많으면 많을수록 더욱 좋다는 말	抱腹絶倒 (포복절도)	배를 안고 넘어진다는 뜻. 몹시 우스워서 배를 안고 몸을 가누지 못할 만큼 웃음

45. 슬픔

哀而不悲 (애이불비)	속으로는 슬프지만 겉으로는 슬프지 않은 체함	哀而不傷▼ (애이불상)	슬퍼하되 정도를 넘지 아니함

▼ 傷
다칠 상, 해칠 상, 애태울 상, 근심할 상

46. 분노

悲憤慷慨 (비분강개)	슬프고 분(憤)한 느낌이 마음속에 가득 차 있음	切齒扼腕 (절치액완)	이를 갈고, 팔을 걷어 올리며 주먹을 꽉 쥔다는 뜻으로, 매우 분(憤)하여 벼르는 모습을 이르는 말
切齒腐心 (절치부심)	이를 갈고 마음을 썩인다는 뜻으로, 대단히 분(憤)하게 여기고 마음을 썩임	天人共怒 (천인공노)	하늘과 사람이 함께 분노(憤怒)한다는 뜻으로, 누구나 분노(憤怒)할 만큼 증오(憎惡)스러움. 또는 도저히 용납(容納)될 수 없음의 비유

47. 무례함

傍若無人 (방약무인)	곁에 아무도 없는 것처럼 여긴다는 뜻으로, 주위(周圍)에 있는 다른 사람을 전혀 의식(意識)하지 않고 제멋대로 행동(行動)하는 것을 이르는 말	破廉恥瀚 (파렴치한)	수치(羞恥)를 수치(羞恥)로 알지 아니하는 사람. 부끄러움을 모르는 사람
眼下無人 (안하무인)	눈 아래에 사람이 없다는 뜻으로, 사람됨이 교만(驕慢)하여 남을 업신여김을 이르거나 태도(態度)가 몹시 거만(倨慢)하여 남을 사람같이 대하지 않는 것을 의미함	厚顔無恥 (후안무치)	얼굴이 두껍고 부끄러움이 없다는 뜻으로, 뻔뻔스러워 부끄러워할 줄 모름

48. 불행

鷄卵有骨 (계란유골)	계란에도 뼈가 있다는 속담으로, 운수가 나쁜 사람은 좋은 기회를 만나도 역시 일이 잘 안 됨을 이르는 말	雪上加霜 (설상가상)	눈 위에 또 서리가 내린다는 뜻으로, 어려운 일이 겹치거나 환난(患難)이 거듭됨을 비유하는 말

49. 만족감

安分知足 (안분지족)	자기(自己) 분수(分數)에 만족(滿足)하여 다른 데 마음을 두지 아니함	安貧樂道 (안빈낙도)	구차(苟且)하고 궁색(窮塞)하면서도 그것에 구속(拘束)되지 않고 평안(平安)하게 즐기는 마음으로 살아감. 또는 가난에 구애(拘礙)받지 않고 도(道)를 즐김

☑ 확인문제

한자성어의 뜻풀이로 옳지 않은 것은?
2017 지방직 하반기 9급

① 결초보은(結草報恩) : 죽은 뒤에라도 은혜를 잊지 않고 갚음을 이르는 말
② 방약무인(傍若無人) : 어떤 약으로도 치료할 수 없는 상태임
③ 절치부심(切齒腐心) : 몹시 분하여 이를 갈며 속을 썩임
④ 점입가경(漸入佳境) : 들어갈수록 점점 재미가 있음

정답해설

傍若無人(곁 방, 같을 약, 없을 무, 사람 인) : 곁에 아무도 없는 것처럼 여긴다는 뜻으로, 주위에 있는 다른 사람을 전혀 의식하지 않고 제멋대로 행동하는 것을 이르는 말이다.

정답 ②

50. 임시방편

姑息之計 (고식지계)	임시로 처리하거나 이리저리 주선하여 꾸며 내는 계책	臨時變通 (임시변통)	갑자기 생긴 일을 우선 간단하게 둘러맞추어 처리함
彌縫策 (미봉책)	눈가림만 하는 일시적인 계책(計策)	下石上臺 (하석상대)	아랫돌 빼서 윗돌 괴기라는 뜻으로, 임기응변으로 어려운 일을 처리함을 이르는 말[≒ 上下撑石(상하탱석)]

51. 불가능하고 소용없는 일

螳螂拒轍 (당랑거철)	자기의 힘을 헤아리지 않고 무모하게 대듦[≒ 螳螂之斧(당랑지부)]	以卵投石 (이란투석)	계란으로 바위치기[≒ 鷄卵投石(계란투석)]
猫項懸鈴 (묘항현령)	고양이 목에 방울 달기[≒ 猫頭縣鈴(묘두현령)]	指天射魚 (지천사어)	물고기를 잡으려고 쏘는데 하늘을 바라보고 겨눔
緣木求魚 (연목구어)	나무에 올라 고기를 구함[≒ 上山求魚(상산구어)]	卓上空論 (탁상공론)	현실성이 없는 허황한 이론이나 논의[≒ 机上空論(궤상공론)]

52. 나라의 멸망

麥秀之嘆 (맥수지탄)	보리 이삭이 무성함을 탄식한다는 뜻[≒ 麥秀黍油(맥수서유)]	黍離之歎 (서리지탄)	기장만이 무성한 것을 탄식한다는 뜻[≒ 麥秀之詩(맥수지시)]

53. 실력이 비슷함

難兄難弟 (난형난제)	누구를 형이라 하고 누구를 아우라 하기 어렵다는 뜻	大同小異 (대동소이)	조금씩 차이는 있지만 거의 같고 비슷비슷함
莫上莫下 (막상막하)	더 낫고 더 못함의 차이가 거의 없음	龍虎相搏 (용호상박)	용과 범의 싸움
伯仲之勢 (백중지세)	서로 우열을 가리기 힘든 형세	春蘭秋菊 (춘란추국)	봄의 난초와 가을의 국화는 어느 것이 더 낫다고 할 수 없음

54. 엄청난 차이

天壤之差 (천양지차)	하늘과 땅처럼 큰 차이[≒ 天壤之判(천양지판), 宵壤之判(소양지판)]	雲泥之差 (운니지차)	구름과 진흙의 차이

55. 빈틈없이 준비함

居安思危 (거안사위)	편안할 때도 위태로울 때의 일을 생각하여 대비해야 함	有備無患 (유비무환)	평소에 준비가 철저하면 후에 근심이 없음[≒ 綢繆(주무)]

56. 인생의 화복

塞翁之馬 (새옹지마)	변방 노인의 말이라는 뜻으로, 인생만사가 어느 것이 복이 되고 어느 것이 화가 될지 예측하기 어렵기에 마냥 화를 슬퍼하고 복을 기뻐할 것이 아님을 이르는 말[≒ 陰地轉 陽地變(음지전 양지변)]	興盡悲來 (흥진비래)	즐거운 일이 다하면 슬픈 일이 닥쳐온다는 말[≒ 興亡盛衰(흥망성쇠)]
轉禍爲福 (전화위복)	화가 바뀌어 복이 됨	苦盡甘來 (고진감래)	고생 끝에 낙이 온다는 뜻

57. 타인의 잘못으로 교훈을 얻음

反面教師 (반면교사)	다른 사람이나 사물의 부정적인 측면에서 가르침을 얻음	他山之石 (타산지석)	다른 산의 나쁜 돌도 아름다운 옥을 가리는 데 도움이 됨

58. 협동과 어울림

孤掌難鳴 (고장난명)	손바닥도 부딪쳐야 소리가 남[≒ 紙丈對擧輕(지장대거경)]	類類相從 (유유상종)	같은 무리끼리 서로 왕래하여 사귐
教學相長 (교학상장)	가르치거나 배우거나 서로에게 도움이 됨	啐啄同機 (줄탁동기)	알을 깨려면 새끼와 어미닭이 안팎에서 동시에 쪼아야 함[≒ 啐啄同時(줄탁동시)]
同病相憐 (동병상련)	같은 병을 앓고 있는 사람끼리 서로 가엾게 여긴다는 뜻[≒ 초록동색(草綠同色)]	狐死兔悲 (호사토비)	여우가 죽으니 토끼가 슬퍼함[≒ 狐死兔泣(호사토읍)]
十匙一飯 (십시일반)	열 숟가락이면 밥 한 그릇	渾然一體 (혼연일체)	생각, 행동, 의지 따위가 완전히 하나가 됨[≒ 混融一體(혼융일체)]

59. 아첨

曲學阿世 (곡학아세)	그릇된 학문으로 세상에 아첨함, 배운 것을 나쁘게 씀	巧言令色 (교언영색)	교묘한 말과 알랑거리는 얼굴

60. 놀림

朝三暮四 (조삼모사)	아침에 세 개, 저녁에 네 개라는 뜻으로, 당장 눈앞에 나타나는 차별만을 알고 그 결과가 같다는 것을 모름을 비유. 간사(奸邪)한 꾀를 써서 남을 속임을 이르는 말	指鹿爲馬 (지록위마)	중국 진나라 때의 환관 조고가 자신의 권력을 과시하기 위해 사슴을 가리켜 말이라 하여 황제를 희롱한 일화

61. 무관심

袖手傍觀 (수수방관)	소매에 손을 넣고 곁에서 보기만 한다, 강 건너 불구경하기	吾不關焉 (오불관언)	상관해야 할 일에 간섭하지 않고 그대로 둠

62. 많은 것 가운데 극히 적은 것

九牛一毛 (구우일모)	소 아홉 마리에서 털 하나가 빠진 정도	鳥足之血 (조족지혈)	새 발의 피
滄海一粟 (창해일속)	큰 바다에 좁쌀 한 알[= 大海一滴(대해일적)]	紅爐點雪 (홍로점설)	벌겋게 달아오른 화로에 내리는 눈

63. 쓸모없음

錦衣夜行 (금의야행)	비단 옷을 입고 돌아다님. 어울리지 않은 옷차림	夏爐冬扇 (하로동선)	여름의 화로와 겨울의 부채
無用之物 (무용지물)	쓸모없는 물건이나 사람	畵蛇添足 (화사첨족)	필요 없는 부분까지 그려 넣어 도리어 실패할 때
有名無實 (유명무실)	이름만 그럴듯하고 실속은 없음	畵中之餅 (화중지병)	그림의 떡[≒ 畵餠充饑(화병충기)]

64. 가난

艱難辛苦 (간난신고)	몹시 힘들고 어려우며 고생스러움	貧而無怨 (빈이무원)	가난해도 세상에 대한 원망(怨望)이 없음
桂玉之艱 (계옥지간)	식량(食量) 구하기가 계수나무 구하듯이 어렵고, 땔감을 구하기가 옥을 구하는 만큼이나 어려울 정도로 생활이 곤란함[≒ 桂玉之嘆(계옥지탄)]	貧則多事 (빈즉다사)	가난한 살림에 일은 많음
男負女戴 (남부여대)	가난한 사람들이 떠돌아다니며 사는 것	三旬九食 (삼순구식)	서른 날에 아홉 끼니 밖에 못 먹음[≒ 朝飯石粥(조반석죽)]
簞食瓢飮 (단사표음)	한 소쿠리의 밥과 표주박의 물[≒ 簞瓢陋巷(단표누항)]	糊口之策 (호구지책)	가난한 살림에서 겨우 먹고살아 가는 방책[≒ 糊口之計(호구지계)]

65. 은혜와 배신

刻骨難忘 (각골난망)	은혜를 입은 고마움이 뼈에 깊이 새겨져 잊혀지지 않음	白骨難忘 (백골난망)	죽어도 잊지 못할 큰 은혜를 입음
結草報恩 (결초보은)	은혜가 사무쳐 죽어서도 잊지 않고 갚음	恩反爲仇 (은반위구)	은혜를 베푼 것이 도리어 원수가 됨 [≒ 恩反爲讐(은반위수)]
背恩忘德 (배은망덕)	남에게 입은 은덕을 저버리고 배신함	人面獸心 (인면수심)	얼굴은 사람의 모습을 하였으나 마음은 짐승과 같다는 뜻

66. 욕심과 지나침

見蚊拔劍 (견문발검)	하찮은 일에 너무 거창하게 덤비는 것을 비유[≒ 怒蠅拔劍(노승발검)]	小貪大失 (소탐대실)	작은 것을 탐하다가 큰 손실을 입는다는 뜻[≒ 欲巧反拙(욕교반졸)]
矯角殺牛 (교각살우)	조그만 일에 힘쓰다가 큰일을 그르침 [≒ 矯枉過直(교왕과직)]	欲速不達 (욕속부달)	일을 빨리 하려고 하면 도리어 이루지 못함
過猶不及 (과유불급)	지나친 것은 미치지 못한 것과 같다는 뜻	針小棒大 (침소봉대)	작은 일을 크게 불리어 떠벌림

67. 집중

無念無想 (무념무상)	무아의 경지에 이르러 일체의 상념을 떠남	無障無礙 (무장무애)	아무런 거리낌이 없음
無我之境 (무아지경)	정신이 한곳에 온통 쏠려 스스로를 잊고 있는 경지[≒ 忘我之境(망아지경)]	三昧境 (삼매경)	잡념을 떠나서 오직 하나의 대상에만 정신을 집중하는 경지

01

'天衣無縫(천의무봉)'은 '선녀의 옷에는 바느질한 자리가 없다'는 말로, '시나 문장이 기교를 부린 흔적이 없어 극히 자연스럽다.'는 뜻이다. 따라서 '일부러 꾸미지 않아도 자연스럽고 아름답다.'는 말과 일맥상통한다.

정답 ③

02

㉠ 장광설(長廣舌 : 길 장, 넓을 광, 혀 설)
  1. 길고도 세차게 잘하는 말솜씨
  2. 쓸데없이 장황하게 늘어놓는 말
㉡ 유언비어(流言蜚語 : 흐를 유, 말씀 언, 바퀴 비, 말씀 어) : 아무 근거 없이 널리 퍼진 소문
㉢ 변명(辨明 : 분별할 변, 밝을 명)
  1. 어떤 잘못이나 실수에 대하여 구실을 대며 그 까닭을 말함
  2. 옳고 그름을 가려 사리를 밝힘
  ≒ 변백(辯白)

정답 ①

03

'雪上加霜(설상가상)'은 눈 위에 서리가 덮인다는 뜻으로, 난처한 일이나 불행한 일이 잇따라 일어남을 이르는 말이다. 따라서 임시변통은 될지 모르나 그 효력이 오래가지 못할 뿐만 아니라 결국에는 사태가 더 나빠짐을 비유적으로 이르는 '언 발에 오줌 누기'와는 의미가 다르다.

정답 ③

---

01 다음 (   ) 속에 들어갈 말로 가장 적절한 것은?　　　　2019 지방직 9급

> 방랑시인 김삿갓의 시는 해학과 풍자로 가득 차 있는데, 무슨 시든 단숨에 써 내리는 一筆揮之인데다 가히 (   )의 상태라서 일부러 꾸미지 않았는데도 자연스럽고 아름답다.

① 花朝月夕
② 韋編三絕
③ 天衣無縫
④ 莫無可奈

---

02 밑줄 친 말을 한자로 바르게 표기한 것은?　　　　2017 지방직 9급

> • 지루한 ㉠ 장광설로 인해 관중들은 하나씩 자리를 뜨기 시작했다.
> • 정보화 사회일수록 ㉡ 유언비어가 떠돌 수 있는 가능성도 높다.
> • 잘못을 저질렀다면 궁색한 ㉢ 변명보다 정직한 시인이 현명한 대응이다

	㉠	㉡	㉢
①	長廣舌	流言蜚語	辨明
②	長廣舌	流言非語	辯明
③	長廣說	流言蜚語	辯明
④	長廣說	流言非語	辨明

---

03 서로 의미가 유사한 속담과 한자성어를 짝지은 것이다. 관련이 없는 것끼리 묶은 것은?　　　　2019 서울시 9급

① 원님 덕에 나팔 분다 – 狐假虎威
② 소 잃고 외양간 고친다 – 晩時之歎
③ 언 발에 오줌 누기 – 雪上加霜
④ 낫 놓고 기역자도 모른다 – 目不識丁

CHAPTER 04

속담 · 관용어

속담/관용어	내용
갈치가 갈치 꼬리 문다	같은 처지에 있는 무리들이 돕기는커녕 서로 모함하거나 해치는 것[= 망둥이 제 동무 잡아먹는다, 동족상잔(同族相殘)]
강원도 포수	한 번 간 후 다시 돌아오지 않거나, 매우 늦게야 돌아오는 사람[= 감감 무소식, 지리산 포수, 함흥차사(咸興差使)]
개 꼬리 삼년 묵어도 황모 못 된다	원래부터 본바탕이 나쁜 것은 아무리 가도 그 본질을 바꾸지 못함[= 삼년구미 불위황모(三年狗尾 不爲黃毛)]
개밥의 도토리	개는 도토리를 먹지 않는다는 뜻으로, 따돌림을 받아서 여럿의 축에 끼지 못하는 사람을 의미함[= 구반상실(狗飯橡實)]
계란에도 뼈가 있다	운이 좋지 않은 사람은 좋은 기회를 만나도 잘 되지 않음[= 계란유골(鷄卵有骨)]
계란으로 바위 깨기	대항해도 도저히 이길 수 없는 경우[= 이란투석(以卵投石)]
고래 싸움에 새우 등 터진다	약한 사람이 강자들 틈에 끼어 피해를 입게 됨[= 경전하사(鯨戰蝦死)]
고생 끝에 낙이 온다	어렵고 고된 날들을 겪으면 언젠가는 즐겁고 좋은 날이 옴[= 고진감래(苦盡甘來)]
고양이 목에 방울 달기	실행하기 어려운 것을 굳이 의논함[= 猫頭懸鈴(묘두현령)]
공든 탑이 무너지랴	노력을 다하여 이룩한 일은 그 결과가 헛되지 않음[= 적공지탑 기훼호(積功之塔 豈毀乎)]
과부 설움은 홀아비가 안다	곤란한 처지는 비슷한 처지에 놓여 있는 사람이 잘 알 수 있음[= 과부 설움은 서방 잡아먹은 년이 안다, 과부의 심정은 홀아비가 알고 도적놈의 심보는 도적놈이 잘 안다, 동병상련(同病相憐)]
귀에 걸면 귀고리, 코에 걸면 코걸이	자기에게 이로운 대로 이유를 붙이는 경우나 관점에 따라 다르게 해석되는 경우를 이르는 말[= 이현령비현령(耳懸鈴鼻懸鈴)]
그림의 떡	원하는 것이지만 이용할 수 없고 차지할 수 없음[= 화중지병(畫中之餠)]
긁어 부스럼	아무렇지도 않은 일을 굳이 건드려서 걱정을 일으킴[= 무병자구(無病自灸)]
까마귀 날자 배 떨어진다	우연히 취한 행동이 관계가 있는 것처럼 의심을 받게 됨[= 오비이락(烏飛梨落)]
꼬리가 길면 밟힌다	남모르게 하는 행동도 결국에는 들킴[= 조구지 필대시(鳥久止 必帶矢)]
꿩 먹고 알 먹고 둥지 털어 불 땐다	한 가지의 일로 두 가지 이상의 이익을 봄[= 일거양득(一擧兩得)]
남의 잔치에 배 놓으라 감 놓으라 한다	쓸데없는 간섭[= 타인지연왈리왈시(他人之宴曰梨曰柿)]
낫 놓고 기역 자도 모른다	사람이 글자를 모르거나 아주 무식함[= 목불식정(目不識丁)]

안심Touch

▼ 경마
남이 탄 말의 고삐를 잡고 말을 모는
일. 또는 그 고삐

제 배 부르니 종 배고픈 줄 모른다	자신의 처지만 알고 다른 사람의 사정을 이해하지 못함[= 아복기포 불찰노기(我腹旣飽 不察奴飢)]
내 코가 석 자다	처지가 바쁘거나 힘들어 누구를 도울 수 없음[= 오비삼척(吾鼻三尺)]
내가 부를 노래를 사돈이 부른다	내가 할 말을 오히려 상대방이 함[= 아가사창(我歌査唱)]
늙은 말이 콩 마다할까	좋아하는 것을 거절하거나 싫어할 리 없음. 또는 좋아하는 것을 더 욕심내는 태도[= 노마염태호(老馬厭太乎)]
달리는 말에 채찍질	기세가 좋을 때 더 힘을 가함. 또는 힘껏 하는데도 자꾸 더 하라고 함[= 주마가편(走馬加鞭)]
닭 쫓던 개 지붕 쳐다본다	하던 일이 실패로 돌아갔거나 남보다 뒤떨어져 어찌할 수가 없음[= 구축계옥 지제(狗逐鷄屋只睇)]
더도 덜도 말고 늘 가윗날만 같아라	추수를 하는 가윗날처럼 먹고 사는 것이 편해지기를 바람[= 가야물감야물(加也勿減也勿)]
등 치고 간 내먹다	겉으로는 위하면서 속으로는 해를 끼침[= 구밀복검(口蜜腹劍)]
등잔 밑이 어둡다	가까운 사람이 도리어 잘 알기 어려움[= 등하불명(燈下不明)]
소 가는 데 말도 간다	남이 하는 일은 나도 할 수 있음[= 마행처 우역거(馬行處 牛亦去)]
말 타면 경마▼ 잡히고 싶다	인간의 욕심은 끝이 없음[= 말을 타면 노비를 거느리고 싶다, 득롱망촉(得隴望蜀)]
말 한마디로 천 냥 빚을 갚는다	말만 잘하면 어렵거나 불가능한 일도 해결할 수 있음[= 일자천금(一字千金)]
맺은 놈이 풀지	시작한 사람이 일의 끝을 맺어야 함[= 결자해지(結者解之)]
며느리 늙어 시어미 된다	남 밑에서 고생하던 일을 잊고 아랫사람에게 심하게 대함[= 개구리 올챙이적 생각 못한다, 부로위고(婦老爲姑)]
모기 보고 칼 빼기	대단하지 않은 일에 화를 냄. 또는 작은 일에 쓸데없이 자존심을 부림[= 중을 보고 칼을 뽑는다, 견문발검(見蚊拔劍)]
목마른 놈이 우물 판다	필요한 사람이 일을 서둘러 하게 되어 있음[= 갑갑한 놈이 송사한다, 갈이천정(渴而穿井)]
물 위의 기름	서로 어울리지 못하는 사이[= 수상유(水上油)]
믿는 도끼에 발등 찍힌다	잘될 것으로 믿고 있던 일이나 사람에게 배신을 당함[= 자부월족(自斧刖足)]
발 없는 말이 천리를 간다	소문은 순식간에 퍼지기 때문에 말을 조심할 필요가 있음[= 무족지언 비우천리(無足之言 飛于千里)]
불면 꺼질까 쥐면 터질까	어린 자녀를 애지중지하는 부모의 사랑[= 쥐면 꺼질까 불면 날까, 금지옥엽(金枝玉葉)]
빈대 잡으려다 초가삼간 태운다	당장 마땅치 않은 점을 없애려다 큰 손해를 입음[= 빈대 미워 집에 불 놓는다, 쇠뿔 잡다가 소 죽인다, 교각살우(矯角殺牛)]
산 사람의 입에 거미줄 치랴	힘든 삶에도 사람은 죽지 않고 살아가기 마련임. 또는 살림이 어려워지더라도 살아가기 마련임[= 생구불망(生口不網)]
서 발 막대[장대] 거칠 것 없다	가난한 집안이라 세간이 없어 거칠 것이 없음. 또는 주위에 거리낄 것이 아무것도 없음[= 삼순구식(三旬九食)]
서당 개 삼 년에 풍월을 한다	아무것도 모르던 사람이라도 어떤 분야에 오래 있으면 어느 정도의 지식과 경험을 갖게 됨[= 독서당 개가 맹자 왈 한다, 당구삼년폐풍월(堂狗三年吠風月)]
세 살 버릇 여든까지 간다	어릴 때 배운 나쁜 버릇은 늙을 때까지 계속되기 때문에 어린 시절부터 잘 가르쳐야 한다는 말[= 삼세지습 지우팔십(三歲之習 至于八十)]

소 귀에 경 읽기	아무리 잘 가르쳐도 알아듣지 못함[= 우이독경(牛耳讀經)]
솔 심어 정자(亭子)	소나무 씨를 심어 정자를 짓는다는 뜻으로, 어떤 일의 시작부터 성공까지는 너무 까마득함[= 식송망정(植松望亭)]
수박 겉핥기	사물이나 사물의 내면은 모르고 겉만 앎[≒ 주마간산(走馬看山)]
신 신고 발바닥 긁기라	어떠한 일에 직접 닿지 못하여 안타까움. 또는 쓸데없는 일[= 격화소양(隔靴搔癢)]
쏘아 놓은 살이요 엎질러진 물이다	한 번 저지른 일은 다시 고치거나 중지할 수 없음[= 쏟아진 물, 기호지세(騎虎之勢)]
아는 것이 병	정확하지 않은 지식은 도움이 되지 않음. 또는 모르면 편한 것을 굳이 알아 괴로움[= 식자우환(識字憂患)]
아니 땐 굴뚝에 연기 나랴	아무 일이 없는 것이 아닌 어떤 일이 있기 때문에 결과가 나타남[= 돌불연불생연(突不燃不生煙)]
아랫돌 빼서 윗돌 괴기	난처한 상황에 임시변통으로 이리저리 둘러맞추어 일함[= 하석상대(下石上臺)]
암탉이 울면 집안이 망한다	가정에서 아내가 남편을 제쳐두고 남편의 일에 간섭하면 일의 진행이 어렵다는 말[= 빈계지신(牝鷄之晨)]
어물전 망신은 꼴뚜기가 시킨다	못난 사람일수록 같이 있는 동료를 망신시킴[= 일어혼전천(一魚混全川)]
언 발에 오줌 누기	급한 상황에 임시변통으로 한 행동이 결국에는 더 나빠짐[= 동족방뇨(凍足放尿)]
엎친 데 덮친 격	나쁜 일이 겹쳐 일어남[= 설상가상(雪上加霜)]
열 번 찍어 아니 넘어가는 나무가 없다	어떠한 사람의 마음이 굳세더라도 여러 번 권하면 마음이 변할 수도 있다는 말[= 십벌지목(十伐之木)]
오르지 못할 나무 쳐다보지도 말라	능력 밖의 일에 욕심내지 말라는 뜻[= 난상지목 물앙(難上之木 勿仰)]
외손뼉이 울랴	일은 혼자 하는 것이 아닌 상대와 같이 해야 좋은 성과를 낸다는 뜻. 또는 상대 없는 분쟁은 없음을 의미함[= 고장난명(孤掌難鳴)]
우는 아이에게 젖 주기	어떤 일에 있어서도 자신이 요구하여야 원하는 것을 얻을 수 있음[= 읍아수유(泣兒授乳)]
원님 덕에 나발 분다	남의 위세 덕에 자신도 덩달아 호강하게 됨[= 호가호위(狐假虎威)]
이가 없으면 잇몸으로 산다	없으면 없는 대로 그럭저럭 살아나갈 수 있음[= 치망순역지(齒亡脣亦支)]
같은 값이면 다홍치마	같은 정도의 값이나 노력이 필요하면 더 좋은 것을 선택함[= 동가홍상(同價紅裳)]
입 다물기를 병마개 막듯이 하라	말을 잘못하면 화를 당하게 됨. 또는 벌어먹고 살려면 괴로운 일이나 아니꼬운 일이라도 참아야 함[= 입이 원수, 수구여병(守口如瓶)]
제 논에 물 대기	자신에게만 이롭게 일을 처리함[= 아전인수(我田引水)]
종로에서 뺨 맞고 한강에서 눈 흘긴다	모욕을 당할 때는 아무말도 못하고 다른 데에 화를 냄[= 노갑이을(怒甲移乙)]
죽은 자식 나이 세기	이미 끝난 일은 자꾸 생각해 보아야 소용없음[= 망자계치(亡子計齒)]
지나친 것은 모자라는 것과 같다	지나친 것이나 모자란 것이나 좋지 못함[≒ 과유불급(過猶不及)]
천 리 길도 한 걸음부터	무슨 일이나 그 일의 시작이 중요함[= 등고자비(登高自卑)]
콩 심은 데 콩 난다	모든 일은 원인을 바탕으로 결과가 나타남[= 종두즉두(種豆得豆)]

☑ **확인문제**

다음과 같은 뜻의 속담은?

2015 지방직 9급

> 임시변통은 될지 모르나 그 효력이 오래가지 못할 뿐만 아니라 결국에는 사태가 더 나빠진다는 것을 말한다.

① 빈대 잡으려다 초가삼간 태운다
② 언 발에 오줌 누기
③ 여름 불도 쬐다 나면 서운하다
④ 밑 빠진 독에 물 붓기

정답해설

언 발을 녹이려고 오줌을 누어 봤자 효력이 별로 없다는 뜻으로, 임시변통(臨時變通)은 될지 모르나 그 효력이 오래가지 못할 뿐만 아니라 결국에는 사태가 더 나빠짐을 비유적으로 이르는 말이다.

정답 ②

티끌 모아 태산	아무리 작은 것도 모이면 큰 덩어리가 됨[= 진합태산(塵合泰山)]
하나를 듣고 열을 안다	총명하고 뛰어남[= 문일지십(聞一知十)]
하룻강아지 범 무서운 줄 모른다	철없이 함부로 덤비는 경우. 또는 상대를 얕보고 덤비는 경우[= 범 모르는 하룻강아지, 비루먹은▼ 강아지 대호(大虎)를 건드린다, 일일지구 부지외호(一日之狗 不知畏虎)]
호랑이는 죽어서 가죽을 남기고, 사람은 죽어서 이름을 남긴다	호랑이는 죽을 때 귀한 가죽을 남기고, 사람은 죽을 때 생전의 공적으로 명예(명성)를 남긴다는 뜻[= 호사유피인사유명(虎死留皮人死留名)]
호랑이도 제 말하면 온다	다른 사람에 관한 이야기를 하다가 공교롭게 그 사람이 나타나는 경우. 또는 입조심 해야 함을 이르는 말[= 담호호지(談虎虎至)]

▼ 비루먹다
개, 말, 나귀 따위의 피부가 헐어서 털이 빠지고, 이런 현상이 차차 온몸에 번지는 병에 걸림

01 '권력의 무상함'을 나타내는 속담으로 가장 옳지 않은 것은? 2018 서울시 9급

① 달도 차면 기운다.

② 열흘 붉은 꽃이 없다.

③ 물도 가다 구비를 친다.

④ 꽃이 시들면 오던 나비도 안 온다.

01
물도 가다 구비를 친다 : 사람의 한평생에는 전환기가 있기 마련이라는 말
정답 ③

02 밑줄 친 말의 의미는? 2017 지방직 9급

> 몇 달 만에야 <u>말길이 되어</u> 겨우 상대편을 만나 보았다.

① 남의 말이 끝나자마자 이어 말하다.

② 자신이 소개하는 길이 트이다.

③ 어떤 말이 상정되거나 토론이 되다.

④ 마음에 당겨 재미를 붙이다.

02
밑줄 친 말 다음에 '상대방을 만나 보았다.'라는 말이 이어지므로 이를 통해 밑줄 친 관용어의 의미를 파악할 수 있다. '말길이 되다'는 관용어로 '남에게 소개하는 의논의 길이 트이다.'라는 뜻이다.
정답 ②

03 다음 중 관용적 표현이 쓰이지 않은 문장은? 2016 소방직 9급

① 아름이는 영희의 콧대를 꺾었다.

② 드디어 그 공사의 첫 삽을 떴다.

③ 철수는 이번 시험에서 미역국을 먹었다.

④ 영희는 음식 만드는 일을 제일 꺼린다.

03
문장에서 '꺼리다'는 '사물이나 일 따위가 자신에게 해가 될까 하여 피하거나 싫어하다.'라는 직접적 의미가 쓰인 것으로, 관용적 표현이 사용되지 않았다.
정답 ④

안심Touch

자몽;

스스로 꿈꾸다

도서 구매자를 위한

시대PLUS⁺
9급 공무원
온라인
특강

온라인 강의 본연에
실력을 더하다!

NAVER 검색창에

| 시대플러스 | ▾ | 🔍 | 를 검색하세요!

9급 공무원 국어, 영어, 한국사, 행정학개론,
행정법총론, 사회복지학개론 등
최신기출 무료 특강 제공

무료특강 이용방법

시대플러스(sdedu.co.kr/sidaeplus) 접속 →
9급 공무원 → 9급 기출특강 → 동영상 특강 →
해당 과목 선택 후 수강

최신기출 무료특강

합격의 길로 가는 최단기 코스!

▣ 최신기출문제를 하나하나 분석한 시대공무원 강사만의 온라인
　특강을 경험해 보세요.

▣ 시대고시기획 회원이라면 누구나 강의를 들어보실 수 있습니다.

▣ 최신기출 무료특강으로 영역별 중요 유형부터 풀이방법까지 단
　번에 잡아보세요!

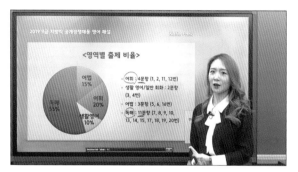

※ 본 특강은 무료 제공 영상입니다.

9급 핵심이론 온라인 특강

합격의 길로 가는 최고의 코스!

▣ 공무원 합격의 힘! 가장 중요한 공무원 핵심이론을 실력 있는
　저자에게 들어보세요.

▣ 공무원 교재와 함께 기본부터 빠르고 확실하게 다잡을 수 있습
　니다.

▣ 방대한 공무원 수험 과목을 핵심이론으로 가볍게 공부해 보세요!

※ 본 특강은 유료 제공 영상입니다.

지금 바로 시대플러스로 실력 쌓기!

 시대플러스 접속
www.sdedu.co.kr/sidaeplus

 공무원 메뉴 선택

공무원, 경찰, 소방, 국가정보원 등
막강 자료 누리기!

공무원 수험생이라면 주목!

2022년 대비 시대고시기획이 준비한
직렬별 기출이 답이다 시리즈!

일반행정직
9급 공무원

교육행정직
9급 공무원

사회복지직
9급 공무원

법원직
9급 공무원

검찰직
9급 공무원

국회직
8급 공무원

합격의 길! 공무원 합격은 역시 기출이 답이다!

두꺼운 이론서 대신 핵심만 모아 담았다!

핵심플러스 +

공무원 시험을 준비하기 위한 최적의 교재!

9급 공무원 기본서 시리즈

1 국어
2 영어
3 한국사
4 사회복지학개론

핵심이론 + 최신기출문제 + 단원별문제 + 최종모의고사

▶ 공무원 시험의 출제경향을 분석한 핵심이론 수록
▶ 시험 경향을 파악할 수 있는 최신기출문제 수록
▶ 이론을 최종 점검할 수 있는 단원별문제와 최종모의고사 수록
▶ 최신기출 무료특강 제공

두꺼운 이론서 대신 핵심만 모아 담았다!

핵심플러스 +

핵심이론 + 최신기출문제 + 단원별문제 + 최종모의고사

9급 공무원 기본서

국어

장세희 편저

[부록편]

무원 시험에 빈출되는
심이론 완벽 맞춤 정리

별 이론을 최종 점검하는 단원별문제와 최종모의고사 2회분 수록
면서 공부할 수 있는 쏙쏙 문학 해제집 PDF 제공
출 무료특강 제공

 (주)시대고시기획

목차

自夢

자몽;

스스로 꿈꾸다

부록편

自夢

자몽;

스스로 꿈꾸다

PART

01

최신기출문제

CHAPTER 01

2021년 국가직 9급 기출문제

01 ○△×

맞춤법에 맞는 것만으로 묶은 것은?

① 돌나물, 꼭지점, 페트병, 낚시꾼
② 흡입량, 구름양, 정답란, 칼럼난
③ 오뚝이, 싸라기, 법석, 딱따구리
④ 찻간(車間), 홧병(火病), 셋방(貰房), 곳간(庫間)

02 ○△×

㉠의 단어와 의미가 같은 것은?

> 친구에게 줄 선물을 예쁜 포장지에 ㉠ 싼다.

① 사람들이 안채를 겹겹이 싸고 있다.
② 사람들은 봇짐을 싸고 산길로 향한다.
③ 아이는 몇 권의 책을 싼 보퉁이를 들고 있다.
④ 내일 학교에 가려면 책가방을 미리 싸 두어라.

03 ○△×

가장 자연스러운 문장은?

① 날씨가 선선해지니 역시 책이 잘 읽힌다.
② 이렇게 어려운 책을 속독으로 읽는 것은 하늘의 별 따기이다.
③ 내가 이 일의 책임자가 되기보다는 직접 찾기로 의견을 모았다.
④ 그는 시화전을 홍보하는 일과 시화전의 진행에 아주 열성적이다.

04 ○△×

다음 글의 설명 방식으로 적절하지 않은 것은?

> 빛 공해란 인공조명의 과도한 빛이나 조명 영역 밖으로 누출되는 빛이 인간의 건강하고 쾌적한 생활을 방해하거나 환경에 피해를 주는 상태를 말한다. 국제 과학 저널인 『사이언스 어드밴스』의 '전 세계 빛 공해 지도'에 따르면, 우리나라는 빛 공해가 심각한 국가이다. 빛 공해는 멜라토닌 부족을 초래해 인간에게 수면 부족과 면역력 저하 등의 문제를 유발하고, 농작물의 생산량 저하, 생태계 교란 등의 문제를 일으킨다.

① 빛 공해의 정의를 제시하고 있다.
② 빛 공해의 주요 요인인 인공조명의 누출 원인을 제시하고 있다.
③ 자료를 인용하여 빛 공해가 심각한 국가로 우리나라를 제시하고 있다.
④ 사례를 들어 빛 공해의 악영향을 제시하고 있다.

05 ○△×

㉠, ㉡의 사례로 옳은 것만을 짝지은 것은?

> 용언의 불규칙활용은 크게 ㉠ 어간만 불규칙하게 바뀌는 부류, ㉡ 어미만 불규칙하게 바뀌는 부류, 어간과 어미 둘 다 불규칙하게 바뀌는 부류로 나눌 수 있다.

	㉠	㉡
①	걸음이 빠름	꽃이 노람
②	잔치를 치름	공부를 함
③	라면이 불음	합격을 바람
④	우물물을 품	목적지에 이름

06 ☐△✕

㉠~㉣의 의미로 적절하지 않은 것은?

二月ㅅ 보로매 아으 노피 ㉠ 현 燈ㅅ블 다호라
萬人 비취실 즈싀샷다 아으 動動다리
三月나며 開한 아으 滿春 들욋고지여
ᄂᆡ미 브롤 ㉡ 즈슬 디녀 나샷다 아으 動動다리
四月 아니 ㉢ 니저 아으 오실셔 곳고리새여
㉣ 므슴다 錄事니믄 녯 나를 닛고신뎌 아으 動動다리
　　　　　　　　　　　　 – 작자 미상, 「動動」에서 –

① ㉠은 '켠'을 의미한다.
② ㉡은 '모습을'을 의미한다.
③ ㉢은 '잊어'를 의미한다.
④ ㉣은 '무심하구나'를 의미한다.

07 ☐△✕

한자 표기가 옳은 것은?

① 그분은 냉혹한 현실(現室)을 잘 견뎌 냈다.
② 첫 손님을 야박(野薄)하게 대해서는 안 된다.
③ 그에게서 타고난 승부 근성(謹性)이 느껴진다.
④ 그는 평소 희망했던 기관에 채용(債用)되었다.

08 ☐△✕

다음 토의에 대한 설명으로 적절하지 않은 것은?

사회자 : 오늘의 토의 주제는 '통일 시대의 남북한 언어가 나아갈 길'입니다. 먼저 최○○ 교수님께서 '남북한 언어 차이와 의사소통'이라는 제목으로 발표해 주시겠습니다.
최 교수 : 남한과 북한의 말은 비슷하지만 다른 점이 있습니다. 남한과 북한의 어휘 차이가 대표적입니다. 남한과 북한의 어휘 차이를 분석한 결과, …(중략)… 앞으로도 남북한 언어 차이에 대한 연구가 지속되어야 합니다.
사회자 : 이로써 최 교수님의 발표를 마치겠습니다. 다음은 정○○ 박사님의 '남북한 언어의 동질성 회복방안'에 대한 발표가 있겠습니다.
정 박사 : 앞으로 통일을 대비해 남북한 언어의 다른 점을 줄여 나가는 노력이 필요합니다. 실제로도 남한과 북한의 학자들로 구성된 '겨레말큰사전 편찬위원회'에서는 남북한 공통의 사전인 『겨레말큰사전』을 만들며 서로의 차이를 이해하고 받아들이기 위한 노력을 하고 있습니다. …(중략)…
사회자 : 그러면 질의응답이 있겠습니다. 시간상 간략하게 질문해 주시기 바랍니다.
청중 A : 두 분의 말씀 잘 들었습니다. 남북한 언어의 차이와 이를 극복하는 방안을 말씀하셨는데요. 그렇다면 통일 시대에 대비한 언어 정책에는 무엇이 있을까요?

① 학술적인 주제에 대해 발표 형식으로 진행되고 있다.
② 사회자는 발표자 간의 이견을 조정하여 의사결정을 유도하고 있다.
③ 발표자는 주제에 대한 자신의 견해를 밝혀 청중에게 정보를 제공하고 있다.
④ 청중 A는 발표자의 발표 내용을 확인하고 주제와 관련된 질문을 하고 있다.

09

㉠~㉣은 '공손하게 말하기'에 대한 설명이다. ㉠~㉣을 적용한 B의 대답으로 적절하지 <u>않은</u> 것은?

> ㉠ 자신을 상대방에게 낮추어 겸손하게 말해야 한다.
> ㉡ 상대방의 처지를 고려하여 상대방이 부담을 갖지 않도록 말해야 한다.
> ㉢ 상대방이 관용을 베풀 수 있도록 문제를 자신의 탓으로 돌려 말해야 한다.
> ㉣ 상대방의 의견에서 동의하는 부분을 찾아 인정해 준 다음에 자신의 의견을 말해야 한다.

① ㉠ A : "이번에 제출한 디자인 시안 정말 멋있었어."
　　 B : "아닙니다. 아직도 여러모로 부족한 부분이 많습니다."

② ㉡ A : "미안해요. 생각보다 길이 많이 막혀서 늦었어요."
　　 B : "괜찮아요. 쇼핑하면서 기다리니 시간 가는 줄 몰랐어요."

③ ㉢ A : "혹시 내가 설명한 내용이 이해 가니?"
　　 B : "네 목소리가 작아서 내용이 잘 안 들렸는데 다시 한 번 크게 말해 줄래?"

④ ㉣ A : "가원아, 경희 생일 선물로 귀걸이를 사주는 것은 어때?"
　　 B : "그거 좋은 생각이네. 하지만 경희의 취향을 우리가 잘 모르니까 귀걸이 대신 책을 선물하는 게 어떨까?"

10

하버마스의 주장에 부합하는 사례로 가장 적절한 것은?

> 하버마스는 18세기부터 현대까지 미디어의 등장 배경과 발전 과정을 분석하면서, 공공 영역의 부상과 쇠퇴를 추적했다. 하버마스에게 공공 영역은 일반적 쟁점에 대한 토론과 의견을 형성하는 공공 토론의 민주적 장으로서 역할을 한다.
> 하버마스는 17세기와 18세기 유럽 도시의 살롱에서 당시의 공공 영역을 찾았다. 비록 소수의 사람들만이 살롱 토론 문화에 참여했으나, 공공 토론을 통해 정치적 문제를 해결하는 논리를 도입할 수 있었기 때문에 살롱이 초기 민주주의 발전에 중요한 역할을 했다고 그는 주장한다. 적어도 살롱문화의 원칙에서 공개적 토론을 위한 공공 영역은 각각의 참석자들에게 동등한 자격을 부여했다.
> 그러나 하버마스에 따르면, 현대 사회에서 민주적 토론은 문화 산업의 발달과 함께 퇴보했다. 대중매체와 대중오락의 보급은 공공 영역이 공허해지는 원인으로 작용했다. 상업적 이해관계는 공공의 이해관계에 우선하게 되었다. 공공 여론은 개방적이고 합리적 토론을 통해서가 아니라 광고에서처럼 조작과 통제를 통해 형성되고 있다.
> 미디어가 점차 상업화되면서 하버마스가 주장한 대로 공공 영역이 침식당하고 있다. 상업화된 미디어는 광고 수입에 기대어 높은 시청률과 수익을 보장하는 콘텐츠 제작만을 선호하게 되었다. 그 결과 공적 주제에 대한 시민들의 논의와 소통의 장이 줄어들어 결과적으로 공공 영역이 축소되었다. 많은 것을 약속한 미디어는 이제 민주주의 문제의 일부로 변해 버린 것이다.

① 살롱 문화에서 특정 사회 계층에 대한 비판적인 토론은 허용되지 않았다.

② 인터넷의 발달과 보급은 상업적 광고뿐만 아니라 공익 광고도 증가시켰다.

③ 글로벌 미디어가 발달하더라도 국제 사회의 공공 영역은 공허해지지 않는다.

④ 수익성 위주의 미디어 플랫폼과 콘텐츠가 더 많아지면서 민주적 토론이 감소되었다.

11

㉠~㉤의 전개 순서로 가장 자연스러운 것은?

> 폭설, 즉 대설이란 많은 눈이 시간적, 공간적으로 집중되어 내리는 현상을 말한다.
> ㉠ 그런데 눈은 한 시간 안에 5cm 이상 쌓일 수 있어 순식간에 도심 교통을 마비시키는 위력을 가지고 있다.
> ㉡ 또한, 경보는 24시간 신적설이 20cm 이상 예상될 때이다.
> ㉢ 다만, 산지는 24시간 신적설이 30cm 이상 예상될 때 발령된다.
> ㉣ 이때 대설의 기준으로 주의보는 24시간 새로 쌓인 눈이 5cm 이상이 예상될 때이다.
> ㉤ 이뿐만 아니라 운송, 유통, 관광, 보험을 비롯한 서비스 업종과 사회 전반에 영향을 미친다.

① ㉠-㉤-㉡-㉢-㉣
② ㉠-㉣-㉤-㉢-㉡
③ ㉣-㉡-㉢-㉠-㉤
④ ㉣-㉠-㉤-㉢-㉡

12

다음 글의 사례로 적절하지 <u>않은</u> 것은?

> 인간은 언어를 사용하며 언어는 인간의 사고, 사회, 문화를 반영한다. 인간의 지적 능력이 발달하게 된 것은 바로 언어를 사용하기 때문이다.
> 언어와 사고는 기본적으로 상호작용을 한다. 둘 중 어느 것이 먼저 발달하고 어떻게 영향을 주는지는 알 수 없다. 그러나 언어와 사고가 서로 깊은 관계를 맺고 있다는 사실은 여러 가지 근거를 통해서 뒷받침된다.

① 영어의 '쌀(rice)'에 해당하는 우리말에는 '모', '벼', '쌀', '밥' 등이 있다.
② 어떤 사람은 산도 파랗다고 하고, 물도 파랗다고 하고, 보행신호의 녹색등도 파랗다고 한다.
③ 일상생활에서 어떠한 사물의 개념은 머릿속에서 맴도는데도 그 명칭을 떠올리지 못할 때가 있다.
④ 우리나라는 수박(watermelon)은 '박'의 일종으로 보지만 어떤 나라는 '멜론(melon)'에 가까운 것으로 파악한다.

13

다음 글의 주된 서술 방식은?

> 변지의가 천 리 길을 마다하지 않고 나를 찾아왔다. 내가 그 뜻을 물었더니, 문장 공부를 하기 위해 나를 찾아왔다고 했다. 때마침 이날 우리 아이들이 나무를 심었기에 그 나무를 가리켜 이렇게 말해 주었다.
> "사람이 글을 쓰는 것은 나무에 꽃이 피는 것과 같다. 나무를 심는 사람은 가장 먼저 뿌리를 북돋우고 줄기를 바로잡는 일에 힘써야 한다. …(중략)… 나무의 뿌리를 북돋아 주듯 진실한 마음으로 온갖 정성을 쏟고, 줄기를 바로잡듯 부지런히 실천하며 수양하고, 진액이 오르듯 독서에 힘쓰고, 가지와 잎이 돋아나듯 널리 보고 들으며 두루 돌아다녀야 한다. 그렇게 해서 깨달은 것을 헤아려 표현한다면 그것이 바로 좋은 글이요, 사람들이 칭찬을 아끼지 않는 훌륭한 문장이 된다. 이것이야말로 참다운 문장이라고 할 수 있다."

① 서사
② 분류
③ 비유
④ 대조

14 ⃞⃞⃞

다음 글에 대한 이해로 적절하지 않은 것은?

언어마다 고유의 표기 체계가 있는데, 이는 읽기 과정에 영향을 미친다. 알파벳 언어는 표기 체계에 따라 철자 읽기의 명료성 수준이 달라진다. 철자 읽기가 명료하다는 것은 한 글자에 대응되는 소리가 규칙적이어서 글자와 소리의 대응이 거의 일대일이라는 것을 의미한다. 그 예로 이탈리아어와 스페인어가 있다. 이 두 언어의 사용자는 의미를 전혀 모르는 새로운 단어를 발견하더라도 보자마자 정확한 발음을 할 수 있다. 이에 비해 영어는 철자 읽기의 명료성이 낮은 언어이다. 영어는 발음이 아예 나지 않는 묵음과 같은 예외도 많은 편이고 글자에 대응하는 소리도 매우 다양하다.

한편 알파벳 언어를 읽을 때 사용하는 뇌의 부위는 유사하지만 뇌의 부위에 의존하는 방식에는 차이가 있다. 영어와 이탈리아어를 읽는 사람은 동일하게 좌반구의 읽기 네트워크를 사용한다. 하지만 무의미한 단어를 읽을 때 영어를 읽는 사람은 암기된 단어의 인출과 연관된 뇌 부위에 더 의존하는 반면 이탈리아어를 읽는 사람은 음운 처리에 연관된 뇌 부위에 더 의존한다. 왜냐하면 무의미한 단어를 읽을 때 이탈리아어를 읽는 사람은 규칙적인 음운 처리 규칙을 적용하는 반면에, 영어를 읽는 사람은 암기해 둔 수많은 예외들을 떠올리기 때문이다.

① 알파벳 언어의 철자 읽기는 소리와 표기의 대응과 관련되는데, 각 소리가 지닌 특성은 철자 읽기의 명료성을 판단하는 기준이 된다.

② 영어 사용자는 무의미한 단어를 읽을 때 좌반구의 읽기 네트워크를 활용하면서 암기된 단어의 인출과 연관된 뇌 부위에 더욱 의존한다.

③ 이탈리아어는 소리와 글자의 대응이 규칙적이어서 낯선 단어를 발음할 때 영어에 비해 철자 읽기의 명료성이 높다.

④ 영어는 음운 처리 규칙에 적용되지 않는 예외들이 많아서 스페인어에 비해 소리와 글자의 대응이 덜 규칙적이다.

15 ⃞⃞⃞

(가)~(라)에 대한 이해로 적절하지 않은 것은?

(가) 반중(盤中) 조홍(早紅)감이 고아도 보이느다
　　유자 아니라도 품엄즉도 ᄒ다마는
　　품어 가 반기리 업슬새 글노 설워ᄒ느이다
(나) 동짓ᄃᆞᆯ 기나긴 밤을 한 허리를 버혀 내여
　　춘풍 니불 아래 서리서리 너헛다가
　　어론 님 오신 날 밤이여든 구뷔구뷔 펴리라
(다) 말 업슨 청산(靑山)이오 태(態) 업슨 유수(流水)로다
　　갑 업슨 청풍(淸風)이오 님ᄌ 업슨 명월(明月)이로다
　　이 중에 병 업슨 이 몸이 분별 업시 늘그리라
(라) 농암(籠巖)에 올라보니 노안(老眼)이 유명(猶明)이로다
　　인사(人事)이 변혼들 산천이쫀 가샐가
　　암전(巖前)에 모수 모구(某水某丘)이 어제 본 듯ᄒ예라

① (가)는 고사의 인용을 통해 돌아가신 부모님에 대한 그리움을 표현하고 있다.

② (나)는 의태적 심상을 통해 임에 대한 기다림을 표현하고 있다.

③ (다)는 대구와 반복을 통해 자연에 귀의하려는 의지를 표현하고 있다.

④ (라)는 자연과의 대조를 통해 허약해진 노년의 무력함을 표현하고 있다.

16 ⃞⃞⃞⃞

다음 글에 대한 이해로 가장 적절한 것은?

> 암소의 뿔은 수소의 그것보다도 한층 더 겸허하다. 이 애상적인 뿔이 나를 받을 리 없으니 나는 마음 놓고 그 곁 풀밭에 가 누워도 좋다. 나는 누워서 우선 소를 본다.
>
> 소는 잠시 반추를 그치고 나를 응시한다.
>
> '이 사람의 얼굴이 왜 이리 창백하냐. 아마 병인인가 보다. 내 생명에 위해를 가하려는 거나 아닌지 나는 조심해야 되지.'
>
> 이렇게 소는 속으로 나를 심리하였으리라. 그러나 오 분 후에는 소는 다시 반추를 계속하였다. 소보다도 내가 마음을 놓는다.
>
> 소는 식욕의 즐거움조차를 냉대할 수 있는 지상 최대의 권태자다. 얼마나 권태에 지질렸길래 이미 위에 들어간 식물을 다시 게워 그 시큼털털한 반소화물의 미각을 역설적으로 향락하는 체해 보임이리오?
>
> 소의 체구가 크면 클수록 그의 권태도 크고 슬프다. 나는 소 앞에 누워 내 세균 같이 사소한 고독을 겸손하면서 나도 사색의 반추는 가능할는지 불가능할는지 몰래 좀 생각해 본다.
>
> — 이상, 「권태」에서 —

① 대상의 행위를 통해 글쓴이의 심리가 투사되고 있다.
② 과거의 삶을 회상하며 글쓴이의 처지를 후회하고 있다.
③ 공간의 이동을 통해 글쓴이의 무료함을 표현하고 있다.
④ 현실에 대한 글쓴이의 불만이 반성적 어조로 표출되고 있다.

17 ⃞⃞⃞⃞

다음 글에서 '황거칠'이 처한 상황에 어울리는 한자 성어로 가장 적절한 것은?

> 황거칠 씨는 더 참을 수가 없었다. 그는 거의 발작적으로 일어섰다.
>
> "이 개 같은 놈들아, 어쩌면 남이 먹는 식수까지 끊으려노?"
>
> 그는 미친 듯이 우르르 달려가서 한 인부의 괭이를 억지로 잡아서 저만큼 내동댕이쳤다.
>
> ⋯(중략)⋯
>
> 경찰은 발포를—다행히 공포였지만—해서 겨우 군중을 해산시키고, 황거칠 씨와 청년 다섯 명을 연행해 갔다. 물론 강제집행도 일시 중단되었었다.
>
> 경찰에 끌려간 사람들은 밤에도 풀려나오지 못했다. 공무집행 방해에다, 산주의 권리행사 방해, 그리고 폭행죄까지 뒤집어쓰게 되었던 것이다. 그래서 그 이튿날도 풀려 나오질 못했다. 쌍말로 썩어 갔다.
>
> 황거칠 씨는 모든 죄를 자기가 안아맡아서 처리하려고 했다. 그러나 그것이 뜻대로 되지 않았다. 면회를 오는 가족들의 걱정스런 얼굴을 보자, 황거칠 씨는 가슴이 아팠다. 그는 만부득이 담당 경사의 타협안에 도장을 찍기로 했다. 석방의 조건으로서, 다시는 강제집행을 방해하지 않겠다는 각서였다.
>
> 이리하여 황거칠 씨는 애써 만든 산수도를 포기하게 되고 '마삿등'은 한때 도로 물 없는 지대가 되고 말았다.
>
> — 김정한, 「산거족」에서 —

① 同病相憐
② 束手無策
③ 自家撞着
④ 輾轉反側

18 ○△✕

다음 글의 특징으로 가장 적절한 것은?

> 살아가노라면
> 가슴 아픈 일 한두 가지겠는가
> 깊은 곳에 뿌리를 감추고
> 흔들리지 않는 자기를 사는 나무처럼
> 그걸 사는 거다
> 봄, 여름, 가을, 긴 겨울을
> 높은 곳으로
> 보다 높은 곳으로, 쉬임 없이
> 한결같이
> 사노라면
> 가슴 상하는 일 한두 가지겠는가
>
> — 조병화, 「나무의 철학」 —

① 문답법을 통해 과거의 삶을 반추하고 있다.
② 반어적 표현을 활용하여 슬픔의 정서를 나타내고 있다.
③ 사물을 의인화하여 현실을 목가적으로 보여 주고 있다.
④ 설의적 표현을 활용하여 삶의 깨달음을 강조하고 있다.

19 ○△✕

㉠에 들어갈 말로 가장 적절한 것은?

> 한 민족이 지닌 문화재는 그 민족 역사의 누적일 뿐 아니라 그 누적된 민족사의 정수로서 이루어진 혼의 상징이니, 진실로 살아 있는 민족적 신상(神像)은 이를 두고 달리 없을 것이다. 더구나 국보로 선정된 문화재는 우리 민족의 성력(誠力)과 정혼(精魂)의 결정으로 그 우수한 질과 희귀한 양에서 무비(無比)의 보(寶)가 된 자이다. 그러므로 국보 문화재는 곧 민족 전체의 것이요, 민족을 결속하는 정신적 유대로서 민족의 힘의 원천이라 할 것이다.
>
> 로마는 하루아침에 만들어지지 않는다는 말도 그 과거 문화의 존귀함을 말하는 것이요, (㉠)는 말도 국보 문화재가 얼마나 힘 있는가를 밝힌 예증이 된다.

① 구르는 돌에는 이끼가 끼지 않는다
② 지식은 나눌 수 있지만 지혜는 나눌 수 없다
③ 사람은 겪어 보아야 알고 물은 건너 보아야 안다
④ 그 무엇을 내놓는다고 해도 셰익스피어와는 바꾸지 않는다

20 ○△✕

다음 글에서 추론한 내용으로 적절하지 <u>않은</u> 것은?

과학의 개념은 분류 개념, 비교 개념, 정량 개념으로 구분할 수 있다. 식물학과 동물학의 종, 속, 목처럼 분명한 경계를 가지고 대상들을 분류하는 개념들이 분류 개념이다. 어린이들이 맨 처음에 배우는 단어인 '사과', '개', '나무'같은 것 역시 분류 개념인데, 하위 개념으로 분류할수록 그 대상에 대한 정보가 더 많이 전달된다. 또한, 현실 세계에 적용 대상이 하나도 없는 분류 개념도 있을 수 있다. 예를 들어 '유니콘'이라는 개념은 '이마에 뿔이 달린 말의 일종임'같은 분명한 정의가 있기에 '유니콘'은 분류 개념으로 인정되는 것이다.

'더 무거움', '더 짧음' 등과 같은 비교 개념은 분류 개념보다 설명에 있어서 정보 전달에 더 효과적이다. 이것은 분류 개념처럼 자연의 사실에 적용되어야 하지만, 분류 개념과 달리 논리적 관계도 반드시 성립해야 한다. 예를 들면, 대상 A의 무게가 대상 B의 무게보다 더 무겁다면, 대상 B의 무게가 대상 A의 무게보다 더 무겁다고 말할 수 없는 것처럼 '더 무거움' 같은 비교 개념은 논리적 관계를 반드시 따라야 한다.

마지막으로 정량 개념은 비교 개념으로부터 발전된 것인데, 이것은 자연의 사실로부터 파악할 수 있는 물리량을 측정함으로써 만들어진다. 물리량을 측정하기 위해서는 몇 가지 규칙이 필요한데, 그 규칙에는 두 물리량의 크기를 비교하는 경험적 규칙과 물리량의 측정 단위를 정하는 규칙 등이 포함된다. 이러한 정량 개념은 자연에 의해서 주어지는 것이 아니라 우리가 자연현상에 수를 적용하는 과정에서 생겨나는 것이다. 정량 개념은 과학의 언어를 수많은 비교 개념 대신 수를 사용할 수 있게 하여 과학 발전의 기초가 되었다.

① '호랑나비'는 '나비'와 동일한 종에 속하지만, 나비에 비해 정보량이 적다.
② '용(龍)'은 현실 세계에 적용할 수 있는 지시물이 없더라도 분류 개념으로 인정된다.
③ '꽃'이나 '고양이'와 같은 개념은 논리적 관계를 따라야 하는 것은 아니기 때문에 비교 개념에 포함되지 않는다.
④ 물리량을 측정할 수 있는 'cm'나 'kg'과 같은 측정 단위는 자연현상에 수를 적용할 수 있게 해 주었다.

01 ○△☒

밑줄 친 부분이 바르게 쓰이지 <u>않은</u> 것은?

① 바쁘다더니 여긴 <u>웬일</u>이야?

② 결혼식이 몇 월 <u>몇 일</u>이야?

③ 굳은살이 <u>박인</u> 오빠 손을 보니 안쓰럽다.

④ 그는 주말이면 <u>으레</u> 친구들과 야구를 한다.

02 ○△☒

밑줄 친 조사의 쓰임이 옳은 것은?

① 언니는 아버지의 <u>딸로써</u> 부족함이 없다.

② <u>대화로서</u> 서로의 갈등을 풀 수 있을까?

③ 드디어 <u>오늘로써</u> 그 일을 끝내고야 말았다.

④ 시험을 치는 것이 <u>이로서</u> 세 번째가 됩니다.

03 ○△☒

단어의 뜻풀이가 옳지 <u>않은</u> 것은?

① 반나절 : 하루 낮의 반

② 달포 : 한 달이 조금 넘는 기간

③ *그끄저께* : 오늘로부터 사흘 전의 날

④ 해거리 : 한 해를 거른 간격

04 ○△☒

밑줄 친 부분과 바꿔 쓸 수 있는 관용 표현으로 적절하지 <u>않은</u> 것은?

① <u>몹시 가난한 형편에</u> 누구를 돕겠느냐? - 가랑이가 찢어질

② 그가 중간에서 <u>연결해 주어</u> 물건을 쉽게 팔았다. - 호흡을 맞춰

③ 그는 상대편을 보고는 속으로 <u>깔보며 비웃었다.</u> - 코웃음을 쳤다

④ 주인의 말에 넘어가 <u>실제보다 비싸게</u> 이 물건을 샀다. - 바가지를 쓰고

05 ○△✕

⊙~ⓔ에 대한 설명으로 옳지 <u>않은</u> 것은?

> 이때는 오월 단옷날이렷다. 일 년 중 가장 아름다운 시절이라. ⊙ <u>이때 월매 딸 춘향이도 또한 시서 음률이 능통하니 천중절을 모를쏘냐.</u> 추천을 하려고 향단이 앞세우고 내려올 제, 난초같이 고운 머리 두 귀를 눌러 곱게 땋아 봉황 새긴 비녀를 단정히 매었구나. …(중략)… 장림 속으로 들어가니 ⓛ <u>녹음방초 우거져 금잔디 좌르르 깔린 곳에 황금 같은 꾀꼬리는 쌍쌍이 날아든다.</u> 버드나무 높은 곳에서 그네 타려 할 때, 좋은 비단 초록 장옷, 남색 명주 홑치마 훨훨 벗어 걸어 두고, 자주색 비단 꽃신을 썩썩 벗어 던져두고, 흰 비단 새 속옷 턱 밑에 훨씬 추켜올리고, 삼 껍질 그넷줄을 섬섬옥수 넌지시 들어 두 손에 갈라 잡고, 흰 비단 버선 두 발길로 홀쩍 올라 발 구른다. …(중략)… ⓒ <u>한 번 굴러 힘을 주며 두 번 굴러 힘을 주니 발밑에 작은 티끌 바람 쫓아 펄펄, 앞뒤 점점 멀어 가니 머리 위의 나뭇잎은 몸을 따라 흔들흔들.</u> 오고갈 제 살펴보니 녹음 속의 붉은 치맛자락 바람결에 내비치니, 높고 넓은 흰 구름 사이에 번갯불이 쏘는 듯 잠깐 사이에 앞뒤가 바뀌는구나. …(중략)… 무수히 진퇴하며 한참 노닐 적에 시냇가 반석 위에 옥비녀 떨어져 쟁쟁하고, '비녀, 비녀' 하는 소리는 산호채를 들어 옥그릇을 깨뜨리는 듯. ⓔ <u>그 형용은 세상 인물이 아니로다.</u>
>
> – 작자 미상, 「춘향전」에서 –

① ⊙ : 설의적 표현을 통해 춘향이도 천중절을 당연히 알 것이라는 점을 서술하고 있다.

② ⓛ : 비유법을 사용하고 음양이 조화를 이룬 아름다운 봄날의 풍경을 서술하고 있다.

③ ⓒ : 음성상징어를 사용하여 춘향의 그네 타는 모습을 시각적으로 서술하고 있다.

④ ⓔ : 서술자의 편집자적 논평을 통해 춘향이의 내면적 아름다움을 서술하고 있다.

06 ○△✕

다음 대화에 대한 설명으로 적절한 것은?

A : 지난번 제안서 프레젠테이션을 마친 후 "검토하고 연락 드리겠습니다."라고 답변을 받았는데 아직 별다른 연락이 없어서 고민이에요.

B : 어떤 연락을 기다리신다는 거예요?

A : 해당 사업에 관하여 제 제안서를 승낙했다는 답변이잖아요. 그런데 후속 사업 진행을 위해 지금쯤 연락이 와야 할 텐데 싶어서요.

B : 글쎄요. 보통 그런 상황에서는 완곡하게 거절하는 의사표현이라 볼 수 있어요. 그리고 해당 고객이 제안서 내용은 정리가 잘되었지만, 요즘 같은 코로나 시기에는 이전과 동일한 사업적 효과가 있을지 궁금하다고 말한 것을 보면 알 수 있죠.

A : 네, 기억납니다. 하지만 궁금하다고 말한 것이지 사업을 수용하지 않는다는 것은 아니지 않나요? 답변을 할 때도 굉장히 표정도 좋고 박수도 쳤는데 말이죠. 목소리도 부드러웠고요.

① A와 B는 고객의 답변에 대해 제안서 승낙이라는 의미로 동일하게 이해한다.

② A는 동일한 사업적 효과가 있을지 궁금하다는 표현을 제안한 사업에 대한 부정적 평가라고 판단한다.

③ B는 고객이 제안서에 의문을 제기한 내용을 근거로 고객의 답변에 대해 판단한다.

④ A는 비언어적 표현을 바탕으로 하여 고객의 답변을 제안서에 대한 완곡한 거절로 해석한다.

다음 글의 내용과 부합하지 <u>않는</u> 것은?

> 무슈 리와 엄마는 재혼한 부부다. 내가 그를 아버지라고 부르기 어려운 것은 거의 그런 말을 발음해 본 적이 없는 습관의 탓이 크다.
>
> 나는 그를 좋아할뿐더러 할아버지 같은 이로부터 느끼던 것의 몇 갑절이나 강한 보호 감정 — 부친다움 같은 것도 느끼고 있다.
>
> 그러나 나는 그의 혈족은 아니다.
>
> 무슈 리의 아들인 현규와도 마찬가지다. 그와 나는 그런 의미에서는 순전한 타인이다. 스물두 살의 남성이고 열여덟 살의 계집아이라는 것이 진실의 전부이다. 왜 나는 이 일을 그대로 알아서는 안 되는가?
>
> 나는 그를 영원히 아무에게도 주기 싫다. 그리고 나 자신을 다른 누구에게 바치고 싶지도 않다. 그리고 우리를 비끄러매는 형식이 결코 '오누이'라는 것이어서는 안 될 것을 알고 있다.
>
> 나는 또 물론 그도 나와 마찬가지로 같은 일을 생각하고 있기를 바란다. 같은 일을 — 같은 즐거움일 수는 없으나 같이 괴로움을.
>
> 이 괴로움과 상관이 있을 듯한 어떤 조그만 기억, 어떤 조그만 표정, 어떤 조그만 암시도 내 뇌리에서 사라지는 일은 없다. 아아, 나는 행복해질 수는 없는 걸까? 행복이란, 사람이 그것을 위하여 태어나는 그 일을 말함이 아닌가?
>
> 초저녁의 불투명한 검은 장막에 싸여 짙은 꽃향기가 흘러든다. 침대 위에 엎드려서 나는 마침내 느껴 울고 만다.
>
> — 강신재, 「젊은 느티나무」에서 —

① '나'는 '현규'도 '나'와 같은 감정을 갖고 있기를 기대하고 있다.
② '나'와 '현규'는 혈연적으로는 아무런 관계가 없는 타인이며, 법률상의 '오누이'일 뿐이다.
③ '나'는 '현규'에 대한 감정 때문에 '무슈 리'를 아버지로 부르는 것에 거부감을 갖고 있다.
④ '나'는 사회적 인습이나 도덕률보다는 '현규'에 대한 '나'의 감정에 더 충실해지고 싶어 한다.

글쓴이의 견해에 부합하는 대응으로 가장 적절한 것은?

> 정중하고 단호한 태도를 보이는 것과, 수동적이거나 공격적인 반응을 하는 것은 엄청난 차이가 있다. 수동적인 사람들은 마음속에 있는 자신의 생각을 표현하면 분란이 일어날까 봐 두려워한다. 그러나 자신의 의견을 말하지 않는 한 자신이 원하는 것을 얻을 수는 없다. 이와 반대로 공격적인 태도는 자신의 권리를 앞세워 생각해서 남을 희생시켜서라도 자신이 원하는 것을 얻으려는 것이다. 공격적인 사람은 사람들이 싫어하는 행동을 하곤 한다. 그러나 단호한 반응은 공격적인 반응과 다르다. 단호한 반응은 다른 사람의 권리를 침해하지 않으면서 자신의 권리를 존중하고 지키겠다는 것이다. 이것은 상대방을 배려하는 태도를 보여 준다. 상대방을 존중하면서도 얼마든지 자신의 의견을 내세울 수 있다. 단호한 주장은 명쾌하고 직접적이며 요점을 찌른다.
>
> 그럼 실제로 연습해 보자. 어느 흡연자가 당신의 차 안에서 담배를 피워도 되는지 묻는다. 당신은 담배 연기를 싫어하고 건강에 해롭다는 것도 잘 알고 있어 달갑지 않다. 어떻게 대응하는 것이 좋을까?

① 좀 그러긴 하지만, 괜찮아요. 창문 열고 피우세요.
② 안 되죠. 흡연이 얼마나 해로운데요. 좀 참아 보시겠어요.
③ 안 피우시면 좋겠어요. 연기가 해롭잖아요. 피우고 싶으시면 차를 세워 드릴게요.
④ 물어봐 줘서 고마워요. 피워도 그렇고 안 피워도 좀 그러네요. 생각해 보시고서 좋은 대로 결정하세요.

09 ○△×

(가)에 들어갈 한자성어로 적절한 것은?

　"집안 내력을 알고 보믄 동기간이나 진배없고, 성환이도 이자는 대학생이 됐으니께 상의도 오빠겉이 그렇게 알아봐라."하고 장씨 아저씨는 말하는 것이었다. 그러나 상의는 처음 만났을 때도 그랬지만 두 번째도 거부감을 느꼈다. 사람한테 거부감을 느꼈기보다 제복에 거부감을 느꼈는지 모른다. 학교규칙이나 사회의 눈이 두려웠는지 모른다. 어쨌거나 그들은 청춘남녀였으니까. 호야 할매 입에서도 성환의 이름이 나오기론 이번이 처음이 아니었다.

　　　(가)　　, 손주 때문에 눈물로 세월을 보내더니, 이자는 성환이도 대학생이 되었으니 할매가 원풀이 한풀이를 다 했을 긴데 아프기는 와 아프는고, 옛말 하고 살아야 하는 긴데."

– 박경리, 「토지」에서 –

① 오매불망(寤寐不忘)
② 망운지정(望雲之情)
③ 염화미소(拈華微笑)
④ 백아절현(伯牙絕絃)

10 ○△×

(가)와 (나)에 대한 설명으로 적절하지 않은 것은?

(가) 오백년 도읍지를 필마로 돌아드니
　　산천은 의구하되 인걸은 간 데 없네.
　　어즈버 태평연월이 꿈이런가 하노라.

(나) 벌레먹은 두리기둥 빛 낡은 단청(丹靑) 풍경 소리 날려간 추녀 끝에는 산새도 비둘기도 둥주리를 마구 쳤다. 큰 나라 섬기다 거미줄 친 옥좌(玉座) 위엔 여의주(如意珠) 희롱하는 쌍룡(雙龍) 대신에 두 마리 봉황(鳳凰)새를 틀어올렸다. 어느 땐들 봉황이 울었으랴만 푸르른 하늘 밑 추석을 밟고 가는 나의 그림자. 패옥(佩玉) 소리도 없었다. 품석(品石) 옆에서 정일품(正一品) 종구품(從九品) 어느 줄에도 나의 몸둘 곳은 바이 없었다. 눈물이 속된 줄을 모를 양이면 봉황새야 구천(九泉)에 호곡(呼哭)하리라.

① (가)는 '산천'과 '인걸'을 대비함으로써 인생의 무상함을 드러내고 있다.
② (나)는 '쌍룡'과 '봉황'을 대비함으로써 사대주의적 역사에 대한 비판적 시각을 드러내고 있다.
③ (가)와 (나) 모두 선경후정의 기법을 사용하고 있다.
④ (가)와 (나) 모두 정해진 율격과 음보에 맞춰 시상을 전개하고 있다.

11 ○△×

다음 글의 내용과 부합하는 것은?

> 미국의 어머니들은 자녀와 함께 놀이를 할 때 특정 사물에 초점을 맞추고 그 사물의 속성을 아이들에게 가르친다. 사물의 속성 자체에 관심을 기울이도록 훈련받은 아이들은 스스로 독립적인 행동을 하도록 교육받는다. 미국에서는 아이들에게 의사소통을 가르칠 때 자신의 생각을 분명하게 표현하고 말하는 사람의 입장에서 대화에 임해야 하며, 대화 과정에서 오해가 발생하면 그것은 말하는 사람의 잘못이라고 강조한다.
>
> 반면에 일본의 어머니들은 대상의 '감정'에 특별히 신경을 써서 가르친다. 특히 자녀가 말을 안 들을 때에 그러하다. 예를 들어 "네가 밥을 안 먹으면, 고생한 농부 아저씨가 얼마나 슬프겠니?", "인형을 그렇게 던져 버리다니, 저 인형이 울잖아. 담장도 아파하잖아." 같은 말들로 구중하는 모습을 자주 볼 수 있다. 다른 사람과의 관계에 초점을 맞춘 훈련을 받은 아이들은 자신의 생각을 드러내기보다는 행동에 영향을 받는 다른 사람들의 감정을 미리 예측하도록 교육받는다. 곧 일본에서는 아이들에게 듣는 사람의 입장에서 말할 것을 강조한다.

① 미국의 어머니는 듣는 사람의 입장, 일본의 어머니는 말하는 사람의 입장을 강조한다.

② 일본의 어머니는 사물의 속성을 아는 것이 관계를 아는 것보다 더 중요하다고 생각한다.

③ 미국의 어머니는 어떤 일을 있는 그대로 보지 말고 이면에 있는 감정을 읽어야 한다고 생각한다.

④ 미국의 어머니는 자녀가 독립적인 행동을 하도록 교육하며, 일본의 어머니는 자녀가 타인의 감정을 예측하도록 교육한다.

12 ○△×

다음 글의 결론으로 가장 적절한 것은?

> 인공지능(AI)은 비즈니스 패러다임을 획기적으로 바꾸고 있다. 인공지능은 생물학 분야에도 광범위하게 영향을 미칠 것이며, 애완동물이 인공지능(AI)으로 대체될 수도 있을 것이다. 인공지능(AI)은 스스로 수학도 풀고 글도 쓰고 바둑을 두며 사람을 이길 수도 있다. 어느 영화에서처럼 실제로 인간관계를 대신할 수도 있다. 인공지능(AI)은 배우면서 성장할 수도 있다. 인공지능(AI)이 사람보다 똑똑해질 수 있을지도 모른다.
>
> 인공지능(AI)이 사람보다 똑똑해질 수 있는지는 차치하고, 인공지능(AI)이 사람을 게으르게 만들 수도 있지 않을까? 이 게으름은 우리의 건강과 행복, 그리고 일상생활의 패턴을 바꿔 놓을 수도 있다.
>
> 인공지능(AI)이 앱을 통해 좀 더 편리한 삶을 제공하여 사람의 뇌를 어떻게 바꾸는지를 일상에서 보여 주는 대표적 사례가 바로 GPS다. 불과 몇 년 전만 해도 지도를 보고 스스로 거리를 가늠하고 도착 시간을 계산했던 운전자들은 이 내비게이션의 등장으로 어디에서 어떻게 가라는 기계 속 음성에 전적으로 의존하기 시작했다. 예전의 방식으로도 충분히 잘 찾아가던 길에서조차 습관적으로 내비게이션을 켠다. 이것이 없으면 자주 다니던 길도 제대로 찾지 못하고 멀쩡한 어른도 길을 잃는다.
>
> 이와 같이 기계에 의존해서 인간이 살아가는 사례는 오늘날 우리의 두뇌가 게을러진 것을 보여 주는 여러 사례 가운데 하나일 뿐이다. 삶을 더 편하게 해 준다며 지름길을 제시하는 도구들이 도리어 우리의 기억력과 창조력을 퇴보시키고 있다. 인간을 태만하고 나태하게 만들어 뇌의 가장 뛰어난 영역인 상상력을 활용하지 않도록 만드는 것이다.

① 인간의 인공지능(AI)에 대한 독립성은 지속적으로 증가하게 될 것이다.

② 인공지능(AI)으로 인해 인간의 두뇌가 게을러지는 부작용이 발생하게 될 것이다.

③ 인공지능(AI)은 인간을 능가하는 사고력을 가질 것이다.

④ 인공지능(AI)은 궁극적으로 상상력을 가지게 될 것이다.

13 ○△×

다음 글에 대한 이해로 적절한 것은?

국제기구인 유엔은 영어, 중국어, 러시아어, 프랑스어, 스페인어, 아랍어 등이 공용어로 사용되나 그곳에 근무하는 모든 외교관들이 이 공용어들을 전부 다 잘해야 하는 것은 아니다. 유럽연합에서의 공용어 개념도 유엔에서의 경우와 마찬가지로 여러 공용어 중 하나만 알아도 공식 업무상 불편이 없게끔 한다는 것이지 모든 유럽연합인들이 열 개가 넘는 공용어를 전부 다 배워야 하는 것은 아니다.

마찬가지 논리로 우리가 만일 한국어와 영어를 공용어로 지정한다면 이는 한국에서는 한국어와 영어 중 어느 하나를 알기만 하면 공식 업무상 불편이 없게끔 국가에서 보장한다는 뜻이지 모든 한국인들이 영어를 할 줄 알아야 된다는 뜻은 아니다. 따라서 우리가 영어를 한국어와 함께 공용어로 지정하기만 하면 모든 한국인이 영어를 잘할 수 있게 되리라는 믿음은 공용어의 개념을 제대로 이해하지 못한 데서 오는 망상에 불과하다.

① 유엔에서 근무하는 외교관들은 유엔의 공용어를 다 구사하지 않으면 안 된다.
② 유럽연합은 복수의 공용어를 지정하여 공무상 편의를 도모하였다.
③ 한국에서 영어를 공용어로 지정하면 한국인들은 영어를 다 잘할 수 있을 것이다.
④ 한국에서 머지않아 영어가 공용어로 지정될 것이다.

14 ○△×

다음 글의 내용과 부합하지 않는 것은?

인터넷이 있는 곳이면 어디나 악플이 있기 마련이지만, 한국은 정도가 심하다. 악플러들 가운데는 피해의식과 열등감에 시달리는 이들이 많다고 한다. 그들에게 악플의 즐거움은 무엇인가. 자신이 올린 글 한 줄에 다른 사람들이 동요하는 모습을 보면서 자기 효능감(self-efficacy)을 맛볼 수 있다. 아무에게도 영향력을 행사하지 못하고 자신의 삶과 환경을 통제하지도 못하면서 무력감에 시달리는 사람일수록 공격적인 발설로 자기 효능감을 느끼려 한다.

그런데 자기 효능감은 상대방의 반응에 좌우된다. 마구 욕을 퍼부었는데 상대방이 별로 개의치 않는다면, 계속할 마음이 사라질 것이다. 무시당했다는 생각에 오히려 자괴감에 빠질 수도 있다. 개인주의가 안착된 사회에서는 자신을 향한 비판에 대해 '그건 너의 생각'이라면서 넘겨 버리는 사람들이 많다. 말도 안 되는 욕설이나 험담이 날아오면 제정신이 아닌 사람의 소행으로 웃어넘기거나 법적인 조치를 취할 것이다.

개인주의는 여러 속성을 지니고 있지만, 자신의 존재 가치를 스스로 매긴다는 긍정적 측면이 있다. 한국에는 그런 의미에서의 개인주의가 뿌리내리지 못했다. 남에 대해 신경을 너무 곤두세운다. 그것은 두 가지 차원으로 나뉘는데, 한편으로 타인에게 필요 이상의 관심을 보이면서 참견하고 타인의 영역을 침범한다. 다른 한편으로 자기에 대한 타인의 평가와 반응에 너무 예민하다. 이 두 가지 특성이 인터넷 공간에서 맞물려 악플을 양산한다. 우선 다른 사람들에게 너무 쉽게 험담을 늘어놓고 당사자에게 악담을 던진다. 그렇게 약을 올리면 상대방이 발끈하거나 움츠러든다. 이따금 일파만파로 사회가 요동을 치기도 한다. 악플러 입장에서는 재미가 쏠쏠하다. 예상했던 피드백을 즉각적으로 받으면서 자기 효능감을 맛볼 수 있기 때문이다.

① 악플러는 자신의 말에 타인이 동요하는 것을 보면서 자기 효능감을 느낀다.
② 개인주의자는 악플에 무반응함으로써 악플러를 자괴감에 빠지게 할 수 있다.
③ 자신의 삶을 잘 통제하는 악플러일수록 타인을 더욱 엄격한 잣대로 비판한다.
④ 한국에서 악플이 양산되는 것은 한국인들이 타인에 대해 신경을 많이 쓰는 것과 관계가 있다.

15 ○△✕

다음 글의 밑줄 친 부분이 지시하는 대상이 다른 것은?

수박을 먹는 기쁨은 우선 식칼을 들고 이 검푸른 ⑤ 구형의 과일을 두 쪽으로 가르는 데 있다. 잘 익은 수박은 터질 듯이 팽팽해서, 식칼을 반쯤만 밀어 넣어도 나머지는 저절로 열린다. 수박은 천지개벽하듯이 갈라진다. 수박이 두 쪽으로 벌어지는 순간, '앗!' 소리를 지를 여유도 없이 초록은 ⑥ 빨강으로 바뀐다. 한 번의 칼질로 이처럼 선명하게도 세계를 전환시키는 사물은 이 세상에 오직 수박뿐이다. 초록의 껍질 속에서, ⓒ 새까만 씨앗들이 별처럼 박힌 선홍색의 바다가 펼쳐지고, 이 세상에 처음 퍼져나가는 비린 향기가 마루에 가득 찬다. 지금까지 존재하지 않던, ⓓ 한바탕의 완연한 아름다움의 세계가 칼 지나간 자리에서 홀연 나타나고, 나타나서 먹히기를 기다리고 있다. 돈과 밥이 나오지 않았다 하더라도, 이것은 필시 흥부의 박이다.

– 김훈, 「수박」에서 –

① ⑤　　　　　　　　　② ⑥

③ ⓒ　　　　　　　　　④ ⓓ

16 ○△✕

(가)~(라)에 들어갈 말로 가장 적절한 것은?

정철, 윤선도, 황진이, 이황, 이조년 그리고 무명씨. 우리 말로 시조나 가사를 썼던 이들이다. 황진이는 말할 것도 없고 무명씨도 대부분 양반이 아니었겠지만 정철, 윤선도, 이황은 양반 중에 양반이었다. ＿＿(가)＿＿ 그들이 우리말로 작품을 썼던 걸 보면 양반들도 한글 쓰는 것을 즐겨 했다는 것을 부정할 수는 없다. ＿＿(나)＿＿ 허균이나 김만중은 한글로 소설까지 쓰지 않았던가. ＿＿(다)＿＿ 이들이 특별한 취향을 가진 소수의 양반이었다면 이야기는 달라진다. 우리말로 된 문학 작품을 만들겠다는 생각을 가진 특별한 양반들을 제외하고 대다수 양반들은 한문을 썼기 때문에 한글을 모를 수도 있었기 때문이다. 실학자 박지원이 당시 양반 사회를 풍자한 작품 「호질」은 한문으로 쓰여 있다. ＿＿(라)＿＿ 한 가지 분명한 것은 양반 대부분이 한글을 이해하지 못하는 상황이었다면 정철도 이황도 윤선도도 한글로 작품을 쓰지는 않았을 것이란 사실이다.

	(가)	(나)	(다)	(라)
①	그런데	게다가	그렇지만	그러나
②	그런데	그리고	그래서	또는
③	그리고	그러나	하지만	즉
④	그래서	더구나	따라서	하지만

17 ○△✕

(가)~(라)의 고쳐 쓰기 방안으로 적절하지 않은 것은?

(가) 현재 우리 구청 조직도에는 기획실, 홍보실, 감사실, 행정국, 복지국, 안전국, 보건소가 있었다.
(나) 오늘은 우리 시청이 지양하는 '누구나 행복한 ○○시'를 실현하기 위한 추진 방안을 논의합니다.
(다) 지난달 수해로 인한 준비 기간이 짧았기 때문에 지역 축제는 예년보다 규모가 줄어들었다.
(라) 공과금을 기한 내에 지정 금융 기관에 납부하지 않으면 연체료를 내야 한다.

① (가) : '있었다'는 문맥상 시제 표현이 적절하지 않으므로 '있다'로 고쳐 쓴다.
② (나) : '지양'은 어떤 목표로 뜻이 쏠리어 향한다는 의미인 '지향'으로 고쳐 쓴다.
③ (다) : '지난달 수해로 인한'은 '준비 기간'을 수식하는 절이 아니므로 '지난달 수해로 인하여'로 고쳐 쓴다.
④ (라) : '납부'는 맥락상 금융 기관이 돈이나 물품 따위를 받아 거두어들인다는 '수납'으로 고쳐 쓴다.

18 ○△✕

다음 글을 잘못 이해한 것은?

> 서연 : 여보게, 동연이.
> 동연 : 왜?
> 서연 : 자네가 본뜨려는 부처님 형상은 누가 언제 그렸는지
> 몰라도 흔히 있는 것을 베껴 놓은 걸세. 그런데 자네
> 는 그 형상을 또다시 베껴 만들 작정이군. 자넨 의심
> 도 없는가? 심사숙고해 보게. 그런 형상이 진짜 부처
> 님은 아닐세.
> 동연 : 나에겐 전혀 의심이 없네.
> 서연 : 의심이 없다니……?
> 동연 : 무엇 때문에 의심해서 아까운 시간을 낭비해야 하는
> 가?
> 서연 : 음…….
> 동연 : 공부를 하게, 괜히 의심 말고! (허공에 걸려 있는 탱화
> 를 가리키며) 자넨 얼마나 형상 공부를 했는가? 이 십
> 일면관세음보살의 머리 위에는 열한 개의 얼굴들이
> 있는데, 그 얼굴 하나하나를 살펴나 봤었는가? 귀고
> 리, 목걸이, 손에 든 보병과 기현화란 꽃의 형태를 꼼
> 꼼히 연구했었는가? 자네처럼 게으른 자들은 공부는
> 안 하고, 아무 의미 없다 의심만 하지!
> 서연 : 자넨 정말 열심히 공부했네. 그렇다면 그 형태 속에
> 부처님 마음은 어디 있는지 가르쳐 주게.
> – 이강백, 「느낌, 극락 같은」에서 –

① 불상 제작에 대한 동연과 서연의 입장은 다르다.
② 서연은 전해지는 부처님 형상을 의심하는 인물이다.
③ 동연은 부처님 형상을 독창적으로 제작하는 인물이다.
④ 동연과 서연의 대화는 예술에 있어서 형식과 내용의 논쟁
을 연상시킨다.

19 ○△✕

글의 통일성을 고려할 때 (가)에 들어갈 말로 가장 적절한 것은?

> 혼정신성(昏定晨省)이란 저녁에는 부모님의 잠자리를 봐
> 드리고 아침에는 문안을 드린다는 뜻으로 자식이 아침저녁으
> 로 부모의 안부를 물어 살핌을 뜻하는 말로 '예기(禮記)'의 '곡
> 례편(曲禮篇)'에 나오는 말이다. 아랫목 요에 손을 넣어 방 안
> 온도를 살피면서 부모님께 문안을 드리던 우리의 옛 전통은
> 온돌을 통한 난방 방식과 관련 깊다. 온돌을 통한 난방 방식
> 은 방바닥에 깔려 있는 돌이 열기로 인해 뜨거워지고, 뜨거워
> 진 돌의 열기로 방바닥이 뜨거워지면 방 전체에 복사열이 전
> 달되는 방법이다. 방바닥 쪽의 차가운 공기는 온돌에 의해 따
> 뜻하게 데워지므로 위로 올라가고, 위로 올라간 공기가 다시
> 식으면 아래로 내려와 다시 데워져 위로 올라가는 대류 현상
> 으로 인해 결국 방 전체가 따뜻해진다. 벽난로를 통한 서양식
> 의 난방 방식은 복사열을 이용하여 상체와 위쪽 공기를 데우
> 는 방식인데, 대류 현상으로 바닥 바로 위 공기까지는 따뜻해
> 지지 않는다. 그 이유는 [(가)   ].

① 벽난로에 의한 난방은 방바닥의 따뜻한 공기가 위로 올라
가 식으면 복사열로 위쪽의 공기만을 따뜻하게 하기 때문
이다
② 벽난로에 의한 난방이 복사열에 의한 난방에서 대류 현상
으로 인한 난방이라는 순서로 이루어졌기 때문이다
③ 대류 현상을 통한 난방 방식은 상체와 위쪽의 공기만 따뜻
하게 하기 때문이다
④ 상체와 위쪽의 따뜻한 공기는 차가운 바닥으로 내려오지
않기 때문이다

20 ⊙△×

다음 글에서 추론할 수 있는 것은?

포도주는 유럽 문명을 대표하는 술이자 동시에 음료수다. 우리는 대개 포도주를 취하기 위해 마시는 술로만 생각하기 쉬우나 유럽에서는 물 대신 마시는 '음료수'로서의 역할이 크다. 유럽의 많은 지역에서는 물이 워낙 안 좋아서 맨 물을 그냥 마시면 위험하기 때문에 제조 과정에서 안전성이 보장된 포도주나 맥주를 마시는 것이다. 이런 용도로 일상적으로 마시는 식사용 포도주로는 당연히 고급 포도주와는 다른 저렴한 포도주가 쓰이며, 술이 약한 사람들은 여기에 물을 섞어서 마시기도 한다.

소비의 확대와 함께, 포도주의 생산을 다른 지역으로 확산시키려는 노력도 계속되어 왔다. 포도주 생산의 확산에서 가장 큰 문제는 포도 재배가 추운 북쪽 지역으로 확대되기 힘들다는 점이다. 자연 상태에서는 포도가 자라는 북방 한계가 이탈리아 정도에서 멈춰야 했지만, 중세 유럽에서 수도원마다 온갖 노력을 기울인 결과 포도 재배가 상당히 북쪽까지 올라갔다. 대체로 대서양의 루아르강 하구로부터 크림반도와 조지아를 잇는 선이 상업적으로 포도를 재배할 수 있는 북방한계선이다.

적정한 기온은 포도주 생산 가능 여부뿐 아니라 생산된 포도주의 질을 결정하는 중요한 요인이다. 너무 추운 지역이나 너무 더운 지역에서는 포도주의 품질이 떨어질 수밖에 없다. 추운 지역에서는 포도에 당분이 너무 적어서 그것으로 포도주를 담그면 신맛이 강하게 된다. 반면 너무 더운 지역에서는 섬세한 맛이 부족해서 '흐물거리는' 포도주가 생산된다(그 대신 이를 잘 활용하면 포르토나 셰리처럼 도수를 높인 고급 포도주를 만들 수 있다). 그러므로 고급 포도주 주요 생산지는 보르도나 부르고뉴처럼 너무 덥지도 않고 너무 춥지도 않은 곳이다. 다만 달콤한 백포도주의 경우는 샤토 디켐(Château d'Yquem)처럼 뜨거운 여름 날씨가 지속하는 곳에서 명품이 만들어진다.

포도주의 수요는 전 유럽적인 데 비해 생산은 이처럼 지리적으로 제한됐기 때문에 포도주는 일찍부터 원거리 무역 품목이 됐고, 언제나 고가품 취급을 받았다. 그런데 한 가지 기억해야 할 점은 이렇게 수출되는 고급 포도주는 오래된 포도주가 아니라 바로 그해에 만든 술이라는 점이다. 우리는 포도주는 오래될수록 좋아진다고 믿는 경향이 있지만, 대부분의 백포도주 혹은 중급 이하 적포도주는 시간이 지날수록 오히려 품질이 떨어진다. 시간이 흐를수록 품질이 개선되는 것은 일부 고급 적포도주에만 한정된 이야기이며, 그나마 포도주를 병에 담아 코르크 마개를 끼워 보관한 이후의 일이다.

① 고급 포도주는 모두 너무 덥지도 춥지도 않은 곳에서 재배된 포도로 만들어졌다.

② 루아르강 하구로부터 크림반도와 조지아를 잇는 선은 이탈리아보다 남쪽에 있을 것이다.

③ 유럽에서 일상적으로 마시는 식사용 포도주는 저렴한 포도주거나 고급 포도주에 물을 섞은 것이다.

④ 병에 담겨 코르크 마개를 끼운 고급 백포도주는 보관 기간에 비례하여 품질이 개선되지는 않을 것이다.

2021년 국가직 9급 기출문제 정답 및 해설

01 ○△✕ 　　　　　　　　　　　　　　　정답 ②

영역 문법>어문규정 　　　　　　　　　　　　　난도 중

[정답의 이유]

② 모두 두음 법칙과 관련된 단어이다. 한글 맞춤법 제12항의 붙임 규정에 따르면 '량(量)', '란(欄)'과 같은 한자음이 단어의 첫머리에 오지 않는 경우에는 두음 법칙이 적용되지 않는다. 따라서 '흡입(吸入)+량(量)'과 '정답(正答)+란(欄)'은 한자어와 한자어가 결합한 것으로 '량'과 '란'을 단어의 첫머리에 온 것으로 보지 않기 때문에 두음 법칙을 적용하지 않는다. 그러나 '구름양(구름量)'은 고유어와 한자어가 결합한 것이고, '칼럼난(column欄)'은 외래어와 한자어가 결합한 것이므로 뒤의 한자어가 하나의 단어로 인식되어 두음 법칙을 적용하여 표기한 것이다.

[오답의 이유]

① 돌나물(○), 꼭지점(✕), 페트병(○), 낚시꾼(○)

꼭지점 → 꼭짓점

한글 맞춤법 제30항에 따르면, 순우리말과 한자어로 된 합성어에서 앞말이 모음으로 끝나고 뒷말의 첫소리가 된소리로 나는 경우 사이시옷을 받치어 적는다. '꼭짓점'은 고유어 '꼭지'와 한자어 '점(點)'이 결합한 합성어이며, 뒷말의 첫소리가 된소리로 나기 때문에 사이시옷을 밝혀 적는다. 따라서 '꼭짓점'이 맞는 표기이다.

③ 오뚝이(○), 싸라기(○), 법석(○), 딱다구리(✕)

딱다구리 → 딱따구리

한글 맞춤법 제23항의 붙임 규정에 따르면, '-하다'나 '-거리다'가 붙을 수 없는 어근에 '-이'나 다른 모음으로 시작하는 접미사가 붙어서 명사가 된 것은 그 원형을 밝히어 적지 아니한다. 따라서 '딱따구리'로 표기하는 것이 적절하다.

④ 찻간(車間)(○), 홧병(火病)(✕), 셋방(貰房)(○), 곳간(庫間)(○)

홧병 → 화병

한글 맞춤법 제30항에 따르면, 한자어와 한자어가 결합한 합성어 중에서 사이시옷을 적는 것은 '곳간(庫間)', '셋방(貰房)', '숫자(數字)', '찻간(車間)', '툇간(退間)', '횟수(回數)'이다. 따라서 '화병(火病)'에는 사이시옷을 표기하지 않는다.

02 ○△✕ 　　　　　　　　　　　　　　　정답 ③

영역 문법>의미론 　　　　　　　　　　　　　　난도 중

[정답의 이유]

③ ㉠의 '싸다'는 '물건을 안에 넣고 보이지 않게 씌워 가리거나 둘러 말다'는 의미로 사용되었다. 이와 같은 의미로 사용된 것은 ③의 '싸다'이다.

[오답의 이유]

① '어떤 물체의 주위를 가리거나 막다'라는 의미로 사용되었다.
② · ④ '어떤 물건을 다른 곳으로 옮기기 좋게 상자나 가방 따위에 넣거나 종이나 천, 끈 따위를 이용해서 꾸리다'라는 의미로 사용되었다.

03 ○△✕ 　　　　　　　　　　　　　　　정답 ①

영역 문법>문장론 　　　　　　　　　　　　　　난도 하

[정답의 이유]

① 연결 어미 '-니'는 앞말이 뒷말의 원인이나 근거, 전제 따위가 됨을 나타내는 것으로 '날씨가 선선해지다.'와 '책이 잘 읽힌다.'가 자연스럽게 연결되었음을 알 수 있다. 또한, '읽히다'의 경우 '읽다'의 피동사로 적절하게 사용되었다.

[오답의 이유]

② '속독(速讀)'은 '책 따위를 빠른 속도로 읽음'이라는 뜻으로 '읽다'라는 의미를 포함하고 있다. 따라서 뒤에 오는 '읽는'과 의미가 중복되므로 '책을 속독하는 것은'이나 '책을 빠른 속도로 읽는 것은'으로 수정하는 것이 적절하다.
③ 이 문장에서는 '찾다'의 목적어가 누락되어 있다. 따라서 목적어 '책임자를'을 넣어주는 것이 적절하다.
④ 이 문장에서는 '시화전을 홍보하는 일'과 '시화전의 진행'의 문법 구조가 다르므로 어색하다. 따라서 '그는 시화전을 홍보하는 일과 시화전을 진행하는 일에 아주 열성적이다.'로 수정하거나 '그는 시화전의 홍보와 진행에 아주 열성적이다.'로 수정하여야 한다.

04 ○△✕

영역 비문학>글의 전개 방식　　　　　　　　**난도 하**

정답의 이유

② 첫 번째 문장에서 빛 공해의 주요 요인으로 '인공조명의 과도한 빛'을 제시하고 있지만 인공조명의 누출 원인을 제시하고 있지는 않다.

오답의 이유

① '빛 공해란 인공조명의 ~ 상태를 말한다.'에서 빛 공해의 정의를 제시하고 있다.

③ 국제 과학 저널 『사이언스 어드밴스』의 '전 세계 빛 공해 지도' 자료를 인용하여 우리나라가 빛 공해가 심각한 국가임을 제시하고 있다.

④ 마지막 문제에서 '빛 공해는 멜라토닌 부족을 초래해 ~ 생태계 교란 등의 문제를 일으킨다.'라고 함으로써 빛 공해의 악영향을 제시하고 있다.

05 ○△✕

정답 ④

영역 문법>형태론　　　　　　　　**난도 상**

정답의 이유

④ '품'의 기본형 '푸다'는 '퍼–푸니'로 활용되는 용언으로, '우' 불규칙 활용에 해당한다. 어간 '푸–'의 'ㅜ'가 모음으로 시작하는 어미 '–어' 앞에서 탈락하므로 ㉠의 어간만 불규칙하게 바뀌는 부류의 예로 적절하다.

'이름'의 기본형 '이르다'는 '이르러–이르니'로 활용되는 용언으로, '러' 불규칙 활용에 해당한다. 어간 '이르–'에 모음으로 시작하는 어미 '–어'가 결합할 때 어미 '–어'가 '–러'로 바뀌므로 ㉢의 어미만 불규칙하게 바뀌는 부류의 예로 적절하다.

오답의 이유

① '빠름'의 기본형 '빠르다'는 '빨라–빠르니'로 활용되는 용언으로, '르' 불규칙 활용에 해당한다. 어간 '빠르–'의 'ㅡ'가 모음 어미 앞에서 탈락하면서 'ㄹ'이 덧생기는 경우로 ㉠의 예로 적절하다.

'노람'의 기본형 '노랗다'는 '노래–노라니'로 활용되는 용언으로, 'ㅎ' 불규칙 활용에 해당한다. 어간 '노랗–'의 'ㅎ'이 탈락하고 어미 '–아/어'가 '–애/에'로 바뀌기 때문에 어간과 어미 모두 불규칙하게 바뀌는 부류에 해당한다.

② '치름'의 기본형 '치르다'는 '치러–치르니'로 활용되는 용언으로, 용언의 어간 '치르–'의 'ㅡ'가 어미 '–아/어' 앞에서 탈락하는 규칙 활용을 한다.

'함'의 기본형 '하다'는 '하여–하니'로 활용되는 용언으로, '여' 불규칙 활용에 해당한다. 이 경우 어미의 '–아'가 '–여'로 바뀌므로 ㉢의 예로 적절하다.

③ '불음'의 기본형 '붇다'는 '불어–불으니'로 활용되는 용언으로, 'ㄷ' 불규칙 활용에 해당한다. 용언의 어간 '붇–'의 'ㄷ'이 모음 어미 앞에서 'ㄹ'로 바뀌므로 ㉠의 예로 적절하다.

'바람'의 기본형 '바라다'는 '바라–바라니'로 활용되는 용언으로, 규칙활용을 한다.

06 ○△✕

정답 ④

영역 고전 문학>고전 운문　　　　　　　　**난도 중**

정답의 이유

④ ㉣의 '므슴다'는 '무심하구나'가 아니라, '무엇 때문에'라는 의미이다.

오답의 이유

① ㉠의 '현'은 '켜다'의 옛말이다.

② ㉡의 '즈슬'은 '즛'에 목적격 조사 '을'이 결합한 것이며, '즛'은 '모습'의 옛말이다.

③ ㉢의 '니저'는 '닞다'의 어간 '닞–'에 어미 '–어'가 결합한 것이며, '닞다'는 '잊다'의 옛말이다.

07 ○△✕

정답 ②

영역 어휘>한자(한자성어)　　　　　　　　**난도 중**

정답의 이유

② 야박(野薄 : 들 야, 엷을 박) : 야멸차고 인정이 없다.

오답의 이유

① 현실(現室 : 나타날 현, 집 실) → (現實 : 나타날 현, 열매 실)

③ 근성(謹性 : 삼갈 근, 성품 성) → (根性 : 뿌리 근, 성품 성)

④ 채용(債用 : 빚 채, 쓸 용) → 채용(採用 : 캘 채, 쓸 용)
　　• 채용(債用) : 돈이나 물건 따위를 빌려서 씀
　　• 채용(採用) : 사람을 골라서 씀

08 ○△✕

정답 ②

영역 비문학>화법　　　　　　　　**난도 하**

정답의 이유

② 사회자가 최 교수와 정 박사 간의 이견을 조정하여 의사결정을 유도하는 부분은 나타나 있지 않다. 지문에서 사회자는 토의 주제와 발표자, 발표 주제를 청중에게 소개하며 질의응답을 진행하는 역할을 하고 있다.

오답의 이유

① '통일 시대의 남북한 언어가 나아갈 길'이라는 학술적인 주제에 대하여 최 교수와 정 박사가 각각 '남북한 언어 차이와 의사소통', '남북한 언어의 동질성 회복 방안'을 주제로 발표하는 형식으로 진행되고 있다.

③ 최 교수는 남한과 북한의 어휘 차이에 대한 연구를 지속해야 한다는 견해를 밝히고 있으며 정 박사는 남북한 공통 사전을 만들어 서로의 차이를 줄여나가기 위한 노력이 필요하다는 견해를 제시함으로써 남북한 언어 차이에 대한 정보를 청중에게 제공하고 있다.

④ 청중 A는 '남북한 언어의 차이와 이를 극복하는 방안을 말씀하셨는데요.'에서 두 발표자의 발표 내용을 확인하고 있다. 또한, '통일 시대에 대비한 언어 정책에는 무엇이 있을까요?'라고 함으로써 토의 주제인 '통일 시대의 남북한 언어가 나아갈 길'과 관련된 질문을 하고 있음을 알 수 있다.

09 ○△✕

영역 비문학>화법 　　　　　　　　　　　　　　**난도 하**

정답의 이유

③ '네 목소리가 작아서 내용이 잘 안 들렸다.'고 말하는 것은 화자가 문제를 자신의 탓으로 돌려 말하는 것이 아니라 상대방을 탓하는 것이므로 ⓒ이 적용되지 않았음을 알 수 있다.

오답의 이유

① 상대방의 칭찬에 '아직도 여러모로 부족한 부분이 많습니다.'라고 대답함으로써 자신을 낮추어 겸손하게 말하고 있음을 알 수 있다. → 겸양의 격률

② 약속에 늦어 미안해하는 A에게 '쇼핑하면서 기다리니 시간 가는 줄 몰랐어요.'라고 함으로써 상대방이 부담을 갖지 않도록 배려하여 말하고 있음을 알 수 있다. → 요령의 격률

④ 친구의 생일 선물로 귀걸이를 사주자고 하는 A의 제안에 '그거 좋은 생각이네.'라고 상대방의 의견에 동의한 후 '하지만 ~ 귀걸이 대신 책을 선물하면 어떨까?'라고 자신의 의견을 개진하고 있다. → 동의의 격률

> **Key 답** 공손성의 원리
>
> - **요령의 격률** : 상대방에게 부담이 되는 표현은 최소화하고 상대방에게 이익이 되는 표현을 최대화하라.
> - **관용의 격률** : 화자 자신에게 혜택을 주는 표현은 최소화하고 부담을 주는 표현을 최대화하라.
> - **찬동의 격률** : 다른 사람에 대한 비방을 최소화하고 칭찬을 극대화하라.
> - **겸양의 격률** : 자신에 대한 칭찬은 최소화하고 자신에 대한 비방을 극대화하라.
> - **동의의 격률** : 다른 사람의 의견 차이를 최소화하고, 일치점을 극대화하라.

10 ○△✕

정답 ④

영역 비문학>추론적 읽기 　　　　　　　　　　　**난도 중**

정답의 이유

④ 첫 번째 문단의 '하버마스에서 공공 영역은 ~ 민주적 장으로서 역할을 한다.'와 마지막 문단의 '상업화된 미디어는 ~ 결과적으로 공공 영역이 축소되었다.'를 보면, 하버마스는 미디어가 상업화되면서 민주적 토론이 이루어지는 공공 영역이 축소된다고 주장하였다. 따라서 수익성 위주의 미디어 플랫폼과 콘텐츠가 더 많아지면서 민주적 토론이 감소되었다는 것은 하버마스의 주장과 일치한다.

오답의 이유

① 두 번째 문단에서 '살롱 문화의 원칙에서 공개적 토론을 위한 공공 영역은 각각의 참석자들에게 동등한 자격을 부여했다.'를 보면, 살롱 문화에서는 공개적이고 자유로운 토론이 이루어졌음을 알 수 있다. 따라서 살롱 문화에서 특정 사회 계층에 대한 비판적인 토론이 허용되지 않았다는 것은 하버마스의 주장에 부합하지 않는다.

② 세 번째 문단에서 '공공 여론은 개방적이고 합리적 토론을 통해서가 아니라 광고에서처럼 조작과 통제를 통해 형성되고 있다.'라고 하였으며, 마지막 문단에서 '상업화된 미디어는 광고 수입에 기대어 높은 시청률과 수익을 보장하는 콘텐츠 제작만을 선호하게 되었다.'라고 하였다. 이를 통해 인터넷의 발달과 보급이 상업적 광고를 증가시켰을 것이라는 점은 추론 가능하지만 공익 광고를 증가시켰을 것이라는 점은 추론할 수 없다.

③ 세 번째 문단에서 '현대 사회에서 대중매체와 대중오락의 보급은 공공 영역이 공허해지는 원인으로 작용했다.'라고 하였다. 따라서 글로벌 미디어가 발달하더라도 국제 사회의 공공 영역이 공허해지지 않는다는 사실은 하버마스의 주장과 부합하지 않는다.

11 ○△✕

정답 ③

영역 비문학>글의 순서 파악 　　　　　　　　　　**난도 중**

정답의 이유

③ 지문의 첫 번째 문장에서는 '대설'의 정의를 제시하고 있다.

- ⓔ '이때'라는 지시어를 통해 앞의 내용을 이어받아 대설의 기준에 대해 설명하고 있다. 첫 번째 문장에서 '대설'의 정의에 대해 설명하고 있으므로 ⓔ은 첫 번째 문장의 뒤에 오는 것이 자연스럽다.
- ⓛ 병렬의 접속어 '또한' 뒤에 '경보'의 상황을 제시하고 있으므로 ⓛ 앞에는 '경보'와 유사한 다른 개념, '주의보'가 오는 것이 자연스럽다. 따라서 ⓔ 뒤에는 ⓛ이 위치하는 것이 적절하다.
- ⓒ '다만' 뒤에 '산지'에서는 경보 발령 상황이 다름을 제시하고 있으므로 ⓒ은 ⓛ 뒤에 오는 것이 자연스럽다.
- ⓐ 전환의 접속어 '그런데'가 온 뒤, 눈이 얼마나 위험한지에 대해 제시하고 있다.
- ⓜ '이뿐만 아니라' 뒤에 눈이 미치는 영향에 대해 설명하고 있으므로 ⓐ의 뒤에 오는 것이 자연스럽다.

12 ○△✕

정답 ③

영역 문법>언어와 국어 　　　　　　　　　　　　**난도 중**

정답의 이유

③ 지문에서는 언어와 사고, 사회, 문화가 서로 밀접한 관계에 있다는 점을 설명하고 있다. 그런데 ③에서 사물의 개념이 머릿속에서 맴도는데도 그 명칭을 떠올리지 못한다는 것은 언어와 사고가 상호작용을 하고 있다는 사례로 보기 어렵다.

오답의 이유

① 쌀을 주식으로 삼는 우리나라 문화권에서 '쌀'과 관련된 단어가 구체화되어 '모', '벼', '밥' 등과 다양하게 표현되고 있다는 것을 보여준다. 이는 문화에서 중요하게 차지하는 부분이 언어에도 반영된 사례라고 이해할 수 있다.

② 산과 물, 보행 신호의 녹색등 모두 실제 색은 다르지만 전부 '파랗다'고 표현하는 사람들도 있다. 이를 통해 색에 대한 사람들이 가지고 있는 언어에 따라 사고가 범주화된다는 것을 알 수 있다.

④ 한국에서는 수박을 '박'의 일종으로 인식하지만, 다른 나라에서는 'watermelon'과 같이 '멜론'과 유사한 것으로 인식한다. 이는 사고가 언어에 반영된다는 것을 보여준다.

13 ⃞⃝⃤⃠✕ 정답 ③

영역 비문학>글의 전개 방식 **난도** 중

[정답의 이유]

③ 글쓴이는 '나무에 꽃이 피는 것과 같다.'라고 하며 글쓰기를 나무에 꽃이 피는 과정에 빗대어 설명하고 있다. 따라서 이 글은 주된 서술 방식으로 '비유'를 사용하고 있음을 알 수 있다.

14 ⃞⃝⃤⃠✕ 정답 ①

영역 비문학>추론적 읽기 **난도** 중

[정답의 이유]

① 첫 번째 문단에서 '알파벳 언어는 표기 체계에 따라 철자 읽기의 명료성 수준이 달라진다.'고 하였으므로 철자 읽기의 명료성을 판단하는 기준이 각 소리가 지닌 특성이라고 한 것은 적절하지 않다.

[오답의 이유]

② 두 번째 문단에서 '영어와 이탈리어를 읽는 사람은 모두 좌반구의 읽기 네트워크를 사용한다. 하지만 무의미한 단어를 읽을 때는 영어를 읽는 사람이 이탈리어를 읽는 사람에 비해 암기된 단어의 인출과 연관된 뇌 부위에 더 의존하는 반면 이탈리어를 읽는 사람은 음운 처리에 연관된 뇌 부위에 더 의존한다.'라고 하였으므로 ②의 설명은 적절하다.

③ 첫 번째 문단을 보면, 이탈리어와 스페인어의 사용자는 한 글자에 대응되는 소리가 규칙적이기 때문에 의미를 전혀 모르는 새로운 단어를 발견하더라도 보자마자 정확한 발음을 할 수 있다는 점을 설명하고 있다. 따라서 이탈리어는 낯선 단어를 발음할 때 영어에 비해 철자 읽기의 명료성이 높다는 것을 파악할 수 있다.

④ 첫 번째 문단을 보면, 영어는 묵음과 같은 예외가 많은 편이고 글자에 대응하는 소리도 매우 다양하다는 것을 알 수 있다. 이는 스페인어에 비해 소리와 글자의 대응이 덜 규칙적이라는 것을 의미한다.

15 ⃞⃝⃤⃠✕ 정답 ④

영역 고전 문학>고전 운문 **난도** 중

[정답의 이유]

④ (라)에서는 '산천'과 '인사(人事)'를 대조하고 있지만, 노년의 무력함을 드러내는 것이 아니라 변함없는 자연을 예찬하고 있다.

[오답의 이유]

① (가)에서는 육적의 회귤 고사를 인용하여 돌아가신 부모님에 대한 안타까움과 그리움을 표현하고 있다.

② (나)에서는 '서리서리', '구뷔구뷔' 등 의태어를 사용하여 임에 대한 기다림과 그리움을 표현하고 있다.

③ (다)를 보면, '~이오, ~로다'의 대구 표현이 드러나며 이를 반복함으로써 자연에 귀의하려는 의지를 표현하고 있다.

> **Key 답** 회귤 고사
>
> 중국 삼국시대 오나라에 육적이라는 자가 있었다. 여섯 살 때, 원술이라는 사람을 찾아갔다가 그가 내놓은 귤 중에서 세 개를 몰래 품속에 넣었는데, 하직 인사를 할 때 그 귤이 굴러 나와 발각이 되었다. 그때 원술이 사연을 물으니, 육적은 집에 가지고 가서 어머니께 드리려 하였다고 하므로, 모두 그의 효심에 감격하였다고 한다. 이 일을 '회귤 고사' 또는 '육적회귤'이라고 하며 '부모에 대한 효성의 뜻'으로 쓰인다.

16 ⃞⃝⃤⃠✕ 정답 ①

영역 현대 문학>현대소설 · 수필 · 극 **난도** 중

[정답의 이유]

① 소가 반추하는 행위에 대한 글쓴이의 해석과 판단이 드러나 있어 글쓴이의 심리가 투사되고 있다고 볼 수 있다. 글쓴이는 반추하는 소를 보고 '식욕의 즐거움조차 냉각할 수 있는 지상 최대의 권태자다.'라고 하였으며, 자신도 사색의 반추가 가능할 지에 대해 생각하고 있다.

[오답의 이유]

② 과거의 삶을 회상하거나 처지를 후회하는 내용은 나타나지 않았다.

③ 공간적 배경은 풀밭이며, 공간의 이동은 나타나지 않았다.

④ 현실에 대한 불만을 반성적 어조로 드러내지 않는다.

> **Key 답** 이상, 「권태」
>
> • 갈래 : 경수필
> • 제재 : 여름날 벽촌에서의 생활
> • 주제 : 환경의 단조로움과 일상적인 생활의 연속 속에서 느끼는 권태로움
> • 특징
> – 주관적이고 개성적으로 대상을 인식함
> – 대상을 바라보는 글쓴이의 심리가 만연체의 문장으로 드러남
> – 일상적인 생활과 단조로운 주변 환경 속에서 느끼는 심리를 묘사함

17 ⃞⃝⃤⃠✕ 정답 ②

영역 어휘>한자(한자성어) **난도** 중

[정답의 이유]

② '황거칠 씨'는 식수권을 지키기 위해 저항했지만, 결국 경찰에 연행되고 가족들의 걱정에 석방을 조건으로 타협안에 도장을 찍게 된다. 이러한 '황거칠'의 상황에 어울리는 한자성어는 '뻔히 보면서 어찌할 바를 모르고 꼼짝 못 함'을 의미하는 '속수무책(束手無策)'이다.

束 묶을 속, 手 손 수, 無 없을 무, 策 꾀 책/채찍 책

① 동병상련(同病相憐) : 같은 병자끼리 가엾게 여긴다는 뜻으로, 어려운
  처지에 있는 사람끼리 서로 불쌍히 여겨 동정하고 서로 도움
  同 한가지 동, 病 병 병, 相 서로 상, 憐 불쌍히 여길 련
③ 자가당착(自家撞着) : 자기의 언행이 전후 모순되어 일치하지 않음
  自 스스로 자, 家 집 가, 撞 칠 당, 着 붙을 착
④ 전전반측(輾轉反側) : 누워서 몸을 이리저리 뒤척이며 잠을 이루지 못한
  다는 뜻으로, 걱정거리로 마음이 괴로워 잠을 이루지 못함을 이르는 말
  輾 돌아누울 전, 轉 구를 전, 反 돌이킬 반/돌아올 반, 側 곁 측

Key 답 김정한, 「산거족」
- 갈래 : 단편 소설, 민중 소설
- 성격 : 비판적
- 배경
  - 시간적 : 1960년대
  - 공간적 : 낙동강 인근의 마삿등
- 시점 : 전지적 작가 시점
- 제재 : 산의 수도를 둘러싼 갈등
- 주제 : 소외된 사람들의 생존 문제와 서민들의 생존권을 위협하는
  지배 세력에 대한 비판

---

18 ◯△✕   정답 ④

영역 현대문학>현대시   난도 **중**

정답의 이유

④ '살아가노라면 가슴 아픈 일 한두 가지겠는가', '사노라면 가슴 상하는 일
  한두 가지겠는가'와 같이 설의적 표현을 사용함으로써 아픔이 있더라도
  인내하며 소임을 다해 살아가야 한다는 깨달음을 강조하고 있다.

오답의 이유

① '살아가노라면 가슴 아픈 일이 한두 가지겠는가'라는 의문형의 문장이 나
  타나고는 있지만, 이는 질문이 아니라 화자가 말하고자 하는 것을 의문
  형으로 표현한 설의법에 해당된다.
② 반어적 표현은 사용되지 않았다.
③ 나무를 의인화하고는 있지만 현실을 목가적으로 보여주고 있다는 것은
  틀린 표현이다. '목가적'이라는 표현은 '농촌처럼 소박하고 평화로우며
  서정적인 것'을 의미한다. 이 작품에서는 아픔이 있더라도 흔들리지 않
  고 인내하며 사는 삶의 태도를 드러내고 있다.

---

19 ◯△✕   정답 ④

영역 비문학>추론적 읽기   난도 **중**

정답의 이유

④ ㉠의 뒷부분을 볼 때, ㉠에는 국보 문화재가 얼마나 힘이 있는지를 드러
  내는 말이 들어가야 한다. 따라서 ④의 영국에서 당대 최고의 작가였던
  국보 문화재인 셰익스피어를 다른 무엇과도 바꾸지 않겠다는 것을 의미
  하는 '그 무엇을 내놓는다고 해도 셰익스피어와는 바꾸지 않는다.'는 문
  장이 가장 적절하다.

오답의 이유

① '구르는 돌에는 이끼가 끼지 않는다.'는 속담은 꾸준히 노력하는 사람은
  계속해서 발전한다는 뜻이다.
② '지식은 나눌 수 있지만 지혜는 나눌 수 없다.'는 격언은 쉽게 전달되는 지
  식과는 다르게 스스로 터득해야 하는 지혜의 중요성을 강조하는 말이다.
③ '사람은 겪어 보아야 알고 물은 건너 보아야 안다.'는 속담은 사람은 오래
  겪어 보아야 알 수 있다는 것을 의미한다.

---

20 ◯△✕   정답 ①

영역 비문학>추론적 읽기   난도 **중**

정답의 이유

① '호랑나비'와 '나비'는 분류 개념에 해당한다. '분류'는 하위 개념으로 분
  류할수록 그 대상에 대한 정보가 더 많이 전달되기 때문에 하위 개념인
  '호랑나비'는 상위 개념인 '나비'에 비해 정보량이 더 많다.

오답의 이유

② 첫 번째 문단에서 유니콘은 현실 세계에 적용 대상이 없어도 분류 개념
  으로 인정된다고 하였기 때문에 '용' 역시 현실 세계에 적용할 수 있는 지
  시물이 없더라도 분류 개념으로 인정될 수 있다는 것을 추론할 수 있다.
③ 두 번째 문단을 보면, 비교 개념은 '더 무거움', '더 짧음'과 같이 논리적
  관계임을 알 수 있다. 그렇기 때문에 '꽃'이나 '고양이'는 '비교 개념'에 포
  함되지 않는다.
④ 세 번째 문단을 보면, 정량 개념은 자연의 사실로부터 파악할 수 있는 물
  리량을 측정함으로써 만들어진다. 이러한 정량 개념은 우리가 자연현상
  에 수를 적용하는 과정에서 생겨난다. 따라서 물리량을 측정하는 'cm'나
  'kg'과 같은 측정 단위가 자연현상에 수를 적용할 수 있게 해 주었다는
  것을 추론할 수 있다.

빠른 정답

								나의 점수	점
01	02	03	04	05	06	07	08	09	10
②	③	정답 없음	②	④	③	③	③	①	④
11	12	13	14	15	16	17	18	19	20
④	②	②	③	①	①	④	③	④	④

---

01 ○△✕

정답 ②

영역 문법>어문규정　　　　　　난도 중

정답의 이유

② '며칠'의 경우 '몇+일'로 분석하여 '몇 일'이 되는 것으로 혼동되기 쉽지만, '몇 일'은 '며칠'의 잘못된 표현이다. '어원이 분명하지 아니한 것은 원형을 밝히어 적지 아니한다'는 한글맞춤법 제27항 붙임 규정에 따라 '며칠'로 적는 것이 옳다.

오답의 이유

① '어찌 된 일, 또는 의외의 뜻을 나타낼 때'는 '웬일'을 사용한다. '웬'은 '어찌된'이라는 의미의 관형사로 '왠'으로 적는 것은 잘못된 표현이다. 이유를 뜻하는 '왜'와 관련이 없는 말이므로 '웬'으로 적는 것이 옳다.

③ '손바닥, 발바닥 따위에 굳은살이 생기다.'의 의미로 쓰일 때는 '박이다'로 쓴다. 단, 단일어로 쓰인 '박다'의 피동사인 '박히다'와 구분해야 한다. '박히다'는 '벽에 못을 박다.' 등에 사용되는 단어이다.

④ '으레'는 '두말할 것 없이 당연히 혹은 틀림없이 언제나'의 의미로 사용되며, '모음이 단순화한 형태를 표준으로 삼는다'는 표준어 규정 제10항에 따라 '으레'로 적는다.

02 ○△✕

정답 ③

영역 문법>어문규정　　　　　　난도 중

정답의 이유

③ 시간을 셈할 때 셈에 넣는 한계를 나타내거나 어떤 일의 기준이 되는 시간임을 나타내는 격 조사로는 '로써'를 사용한다. 일을 끝내는 기준이 되는 시간으로 '오늘'을 나타내기 위해 격 조사 '로써'를 사용하였으므로 적절하다.

오답의 이유

① 지위나 신분 또는 자격을 나타내는 격 조사이므로 '로서'를 사용해야 한다.

② 어떤 일의 수단이나 도구를 나타내는 격 조사로 쓰였으므로 '로써'를 사용해야 한다.

④ 시간을 셈할 때 셈에 넣는 한계를 나타내거나 어떤 일의 기준이 되는 시간임을 나타내는 격 조사이므로 '로써'를 써야 한다.

03 ○△✕

정답 정답 없음

영역 어휘>고유어·혼동 어휘·생활 어휘　　　　　　난도 중

정답의 이유

표준국어대사전에 따르면 '반-나절(半나절)'은 '한나절의 반, 하룻낮의 반'이다. 또한 '하룻낮'은 '하루의 낮의 반'이다. 한나절 자체가 하루의 낮을 반을 의미하므로 반나절은 하루 낮의 반이 될 수 없다. 2008년에 개정 작업을 거치며 표준국어대사전의 사전 등재 의미 역시 추가되었으므로 이에 따라 이 문제는 정답 없음으로 결정되었다.

오답의 이유

② 달포 : 한 달이 조금 넘는 기간 ≒ 삭여, 월경, 월여

③ 그끄저께 : 그저께의 전날 오늘로부터 사흘 전의 날

④ 해거리 : 한 해를 거름. 또는 그런 간격

04 ○△✕

정답 ②

영역 어휘>관용 표현　　　　　　난도 중

정답의 이유

② '호흡을 맞추다'는 '일을 할 때 서로의 행동이나 의향을 잘 알고 처리하여 나가다.'라는 뜻으로 '그가 중간에서 연결해 주어 물건을 쉽게 팔았다.'에서 '연결해 주어'와 바꿔 쓸 수 없다. 바꿔 쓸 수 있는 관용 표현으로는 '일이 잘되게 하기 위하여 둘 또는 여럿을 연결하다.'의 뜻인 '다리를 놓다'가 있다.

① '가랑이가 찢어지다'는 '몹시 가난한 살림살이를 비유적으로 이르는 말'이므로 '몹시 가난한'과 '가랑이가 찢어질'은 바꿔 쓸 수 있다.

③ '코웃음을 치다'는 '남을 깔보고 비웃다.'라는 뜻이다. 따라서 '깔보며 비웃었다'와 '코웃음을 쳤다'는 바꿔 쓰기에 적절하다.

④ '바가지를 쓰다'는 '요금이나 물건 값을 실제보다 비싸게 지불하여 억울한 손해를 보다.'라는 뜻이다. 따라서 '실제보다 비싸게' 대신에 '바가지를 쓰고'는 바꿔 쓸 수 있다.

05 ○△✕   정답 ④

영역 고전 문학>고전 산문   난도 중

정답의 이유

④ 편집자적 논평이란 문학 작품에서 어떤 글이나 말 또는 사건 따위에 대하여, 서술자가 직접 그 내용에 개입하여 논하거나 비평하는 것을 이른다. ㉣에서 '그 형용은 세상 인물이 아니로다'라는 것은 서술자가 직접 평한 것이므로 편집자적 논평은 맞으나 춘향이의 내면적 아름다움을 서술한 것은 아니다. ㉣ 앞에 제시된 내용으로 볼 때 그네를 타는 춘향이의 외면적 아름다움에 대한 논평으로 보는 것이 맞다.

오답의 이유

① 설의적 표현이란 누구나 쉽게 판단할 수 있는 사실에 대해 의문문의 형식으로 표현하여 필자가 의도하는 대로 결론으로 독자를 이끄는 표현이다. ㉠에서는 '~ㄹ쏘냐'와 같은 설의적 표현을 사용하여 춘향이도 천중절을 당연히 알 것이라는 점을 서술하고 있다.

② ㉡에서는 '황금 같은 꾀꼬리'와 같은 비유법(직유법)을 사용하고 '꾀꼬리는 쌍쌍이 날아든다'라고 하였다. 따라서 춘향과 몽룡이가 만나게 되는 배경, 즉 '음양이 조화를 이룬 아름다운 봄날'의 풍경을 서술하였다고 볼 수 있다.

③ 음성상징어란 소리와 의미의 관계가 필연적인 것으로 여겨지는 단어로, 의성어와 의태어를 뜻한다. ㉢에서는 '펄펄', '흔들흔들'과 같은 의태어(음성상징어)를 사용하여 춘향의 그네 타는 모습을 시각적으로 서술하고 있다.

Key 답 작자미상, 「춘향전」

• 갈래 : 고전 소설, 판소리계 소설, 애정 소설

• 성격 : 해학적, 풍자적

• 특징
  – 근원 설화에서 출발하여 판소리로 불리다가 소설로 정착된 판소리계 소설
  – 운율과 산문투의 말이 결합되어 문체의 근간을 이룸
  – 다양한 계층에서 향유되어 문체와 주제 면에서 다양한 계층적 특성이 드러남
  – 의성어와 의태어를 통한 생생한 표현, 대구와 열거, 반복 등을 통한 의미 전달이 작품에 자주 등장

• 주제 : 새로운 가치 체계(인간다움의 추구, 남녀 간의 지고지순한 사랑)에 의한 기존의 가치 체계(인간성에 대한 억압) 부정

---

06 ○△✕   정답 ③

영역 비문학>화법   난도 하

정답의 이유

③ B는 고객이 제안서의 사업적 효과에 의문을 제기한 것을 근거로 고객의 답변을 '완곡하게 거절하는 의사 표현'으로 판단하였다.

오답의 이유

① '검토하고 연락을 드리겠습니다.'라는 고객의 답변에 대해 A는 승낙이라 이해했지만 B는 완곡한 거절의 의미로 이해하였다.

② '동일한 사업적 효과가 있을지 궁금하다.'라는 표현을 제안한 사업에 대한 부정적 평가라고 판단한 사람은 B이며 A는 부정적 평가로 판단하지는 않았다.

④ A는 표정, 몸짓(박수)과 같은 비언어적 표현과 부드러운 목소리 같은 반언어적 표현을 바탕으로 하여 고객의 답변을 제안서에 대한 긍정적인 반응으로 판단하였다.

---

07 ○△✕   정답 ③

영역 현대 문학>현대 소설 · 수필 · 극   난도 중

정답의 이유

③ '나'가 '무슈 리'를 아버지로 부르기 어려운 것은 '거의 그런 말을 발음해 본 적이 없는 습관의 탓이 크다.'고 하였다. 따라서 '무슈 리'를 아버지로 부르기 어려운 것은 '현규'에 대한 감정 때문이라고 볼 수 없다.

오답의 이유

① '나는 또 물론 그도 나와 마찬가지로 같은 일을 생각하고 있기를 바란다.'를 통해 '나'는 '현규'를 단순히 이복 오누이로 보고 있지만 그 역시 '나'와 같은 감정을 갖고 있기를 기대한다는 것을 알 수 있다.

② '무슈 리와 엄마는 재혼한 부부다.', '무슈 리의 아들인 현규와도 마찬가지다. 그와 나는 그런 의미에서는 순전한 타인이다.'를 통해 '나'와 '현규'는 혈연적으로는 아무런 관계가 없으며, 법률상의 '오누이'일 뿐이라는 것을 알 수 있다.

④ "우리를 비끄러매는 형식이 결코 '오누이'라는 것이어서는 안 될 것을 알고 있다."와 '아아, 나는 행복해질 수는 없는 걸까? 행복이란, 사람이 그것을 위하여 태어나는 그 일을 말함이 아닌가?'를 통해 나는 사회적 인습이나 도덕률보다는 '현규'에 대한 '나'의 감정에 더 충실해지고 싶어 한다는 것을 확인할 수 있다.

Key 답 강신재, 「젊은 느티나무」

- 갈래 : 단편소설, 성장소설
- 성격 : 서정적, 낭만적
- 배경
  - 시간적 : 1960년대
  - 공간적 : 서울 근교, 느티나무가 있는 어느 시골
- 특징
  - 감각적 이미지의 사용
  - 내면 심리와 사건의 조화
  - 독백체의 사용
- 주제 : 현실의 굴레를 극복하고 순수한 사랑을 성취하는 청춘 남녀
  의 아름다운 모습

08 ○△✕ 정답 ③

영역 비문학>화법 난도 중

[정답의 이유]

③ 글쓴이의 견해는 '정중하고 단호한 태도'를 보이라는 것이다. 1문단을 통
해 정중하고 단호한 반응은 '다른 사람의 권리를 침해하지 않으면서 자
신의 권리를 존중하고 지키는 것'임을 알 수 있다. 이에 가장 부합하는
대응은 ③이다. '안 피우시면 좋겠어요.'라며 자신의 주장을 단호하게 말
하면서 그 근거로 '연기가 해롭다'는 것을 제시하여 담배 연기를 마시지
않을 자신의 권리를 지키고자 함과 동시에, '피우고 싶으면 차를 세워
드리겠다.'라며 흡연할 수 있는 권리를 침해하지 않으면서 상대방을 배
려하고 있다.

[오답의 이유]

① 차 안에서 담배를 피우는 것이 달갑지 않음에도 '괜찮아요.'라고 말하는 것
은 자신의 권리를 지키지 못하는 것이므로 단호한 태도라고 볼 수 없다.

② '좀 참아 보시겠어요.'라는 말은 다른 사람이 담배를 필 권리를 침해하는
것이다. 따라서 단호하지만 정중한 태도는 아니다.

④ '물어봐 줘서 고마워요.', '좋은 대로 결정하세요.'는 태도는 정중하지만,
'피워도 그렇고 안 피워도 좀 그러네요.'는 차안에서 담배를 피우지 말라
는 자신의 의견을 단호하게 드러내는 것은 아니다.

09 ○△✕ 정답 ①

영역 어휘>한자(한자성어) 난도 중

[정답의 이유]

① (가) 앞뒤에 제시된 '장씨 아저씨'의 말을 통해 '호야 할매'의 손주가 '성
환'임을 알 수 있다. 그리고 (가)의 바로 뒤에서 '손주 때문에 눈물로 세월
을 보내더니, 이자는 성환이도 대학생이 되었으니 할매가 원풀이 한풀이
를 다 했을 긴데'를 통해 할매가 내내 손주에 대해 걱정하고 그의 성장을
기다려 왔다는 것을 알 수 있다. 따라서 (가)에 가장 적절한 성어는 '자나
깨나 잊지 못함'을 뜻하는 '오매불망(寤寐不忘)'이다.

- 오매불망(寤寐不忘) : 자나 깨나 잊지 못함
  寤 잠 깰 오, 寐 잘 매, 不 아닐 불, 忘 잊을 망

[오답의 이유]

② 망운지정(望雲之情) : 자식이 객지에서 고향에 계신 어버이를 생각하는
마음
望 바랄 망, 雲 구름 운, 之 갈 지, 情 뜻 정

③ 염화미소(拈華微笑) : 말로 통하지 아니하고 마음에서 마음으로 전하는
일. 석가모니가 영산회(靈山會)에서 연꽃 한 송이를 대중에게 보였는데,
오직 마하가섭만이 그 뜻을 깨닫고 미소 지었기에 그에게 진리를 주었다
고 하는 데서 유래한다.
拈 집을 념(염), 華 빛날 화, 微 작을 미, 笑 웃음 소

④ 백아절현(伯牙絕絃) : 자기를 알아주는 참다운 벗의 죽음을 슬퍼함. 중
국 춘추 시대에 백아(伯牙)는 거문고를 매우 잘 탔고 그의 벗종자기(鍾子
期)는 그 거문고 소리를 즐겨 들었는데, 종자기가 죽어 그거문고 소리를
들을 사람이 없게 되자 백아가 절망하여 거문고 줄을 끊어 버리고 다시
는 거문고를 타지 않았다는 데서 유래한다.
伯 맏 백, 牙 어금니 아, 絕 끊을 절, 絃 줄 현

10 ○△✕ 정답 ④

영역 통합>고전 문학/현대 문학 난도 상

[정답의 이유]

④ (가)는 '오백년/도읍지를/필마로/돌아드니'와 같이 3·4조 4음보의 형태
로 정해진 율격과 음보에 맞춰 시상을 전개하고 있으나 (나)는 율격과 음
보에 구애받지 않고 시상을 전개한 자유시이다.

[오답의 이유]

① (가)에서는 '산천'(자연물)의 영원성과 '인걸'(인간사)의 유한성을 대비하여
패망한 고려에 대한 슬픔과 인생의 무상함을 드러내고 있다.

② (나)에서는 중국의 황제의 휘장인 '쌍룡'과 조선 왕의 휘장인 '봉황'을 대
비하고 있다. '큰 나라 섬기다 거미줄 친 옥좌 위엔 여의주를 희롱하는
쌍룡 대신에 두 마리 봉황새를 틀어 올렸다'라고 하며 사대주의에 물든
역사에 대한 비판적 시각이 드러나고 있다.

③ (가)에서는 초장에서 오백 년 도읍지의 모습이 나타난 후에 이에 대해 안
타까워하는 화자의 심정이 나타나며 (나)에서는 황폐해진 궁궐의 정경(전
반부)이 제시된 뒤 망해 버린 옛 왕조에 대한 화자의 심회(후반부)가 나
타난다. 사물의 경치나 구체적인 묘사를 먼저 한 후 가정을 나타내는 구
성 방식인 선경후정의 기법을 사용한 것은 (나)이다.

Key 답 길재, 「五百年(오백 년) 도읍지를~」

- 갈래 : 평시조
- 주제 : 망국의 한과 인생무상
  - 초장 고려의 옛 서울을 찾음
  - 중장 인간사의 무상함
  - 종장 고려 왕조에 대한 무상감

- 갈래 : 산문시, 서정시
- 성격 : 고전적, 우국적
- 특징
  - 선경후정의 방식에 의한 시상 전개
  - 감정 이입의 수법을 통해 화자의 정서를 드러냄
  - 역사적 현실에 대한 비판 의식을 구체적 대상을 통해 드러냄
- 주제 : 망국의 비애

11 ○△× 정답 ④

영역 비문학>사실적 읽기 난도 **하**

[정답의 이유]
④ 1문단에 따르면, 미국의 아이들은 '스스로 독립적인 행동을 하도록 교육받는다.'고 하였고 2문단에 따르면, 일본의 아이들은 '자신의 생각을 드러내기보다는 행동에 영향을 받는 다른 사람들의 감정을 미리 예측하도록 교육받는다.'고 하였다. 따라서 글의 내용과 부합하는 내용은 ④이다.

[오답의 이유]
① 1문단을 통해 미국의 어머니는 듣는 사람이 말하는 사람의 입장을 강조한다는 것을 알 수 있으며, 2문단을 통해, 일본의 어머니는 듣는 사람의 입장에서 말할 것을 강조한다는 걸 알 수 있다.
② 2문단에 따르면, 일본의 어머니는 다른 사람과의 관계에 초점을 맞추어 아이들을 훈련한다. 그러므로 특정 사물의 속성에 초점을 맞추는 것은 미국의 어머니의 교육법이다.
③ 미국의 어머니가 이면에 있는 감정을 읽어야 한다고 생각한다는 것은 지문의 내용과 거리가 멀다. 오히려 행동 이면에 있는 다른 사람들의 감정을 예측하는 것은 일본의 어머니의 교육법과 부합한다.

12 ○△× 정답 ②

영역 비문학>추론적 읽기 난도 **중**

[정답의 이유]
② 1문단에서 인공지능(AI)이 사람보다 똑똑해질 수 있을지도 모른다며 인공지능(AI)의 발전상에 대해 설명하였으나, 2문단에서 '인공지능(AI)이 사람을 게으르게 만들 수도 있지 않을까?'라는 질문을 던지고 이에 대해 이야기를 해 나갔다. 이어지는 3문단과 4문단에서는 인공지능(AI)으로 인해 인간의 두뇌가 게을러진 사례를 제시하며 오늘날 인간의 두뇌가 게을러지고 기억력과 창조력, 상상력이 퇴보하였다고 주장하였다. 따라서 결론은 '인공지능(AI)으로 인해 인간의 두뇌가 게을러지는 부작용이 발생하게 될 것이다.'이다.

[오답의 이유]
① 지문은 인공지능(AI)으로 인해 인간의 두뇌가 게을러지는 부작용을 다루고 있다. 3문단에서는 운전자들이 인공지능(AI) 앱(GPS)에 의존하는 사례를 제시하기도 하였다. 따라서 인간의 인공지능(AI)에 대한 독립성이 증가한다는 것은 이러한 글의 내용과는 거리가 멀다.
③ 2문단에서 인공지능(AI)이 사람보다 똑똑해질 수 있을지도 모른다는 가능성을 제시하였으나, 이것이 글 전체를 아우르는 결론이 아니라 2문단만의 부분적인 내용이다.
④ 4문단에서 인공지능(AI)으로 인해 인간 뇌의 가장 뛰어난 영역인 상상력을 활용하지 않게 되었다는 내용이 있으나, 이것이 인공지능(AI)이 궁극적으로 상상력을 가지게 될 것이라는 내용은 지문을 통해 알 수 없다.

13 ○△× 정답 ②

영역 비문학>추론적 읽기 난도 **중**

[정답의 이유]
② 1문단에 따르면, '유엔에서는 ~ 열 개가 넘는 공용어를 다 배워야 하는 것은 아니다.'라고 하며 그중 하나만 알아도 공식 업무상 불편이 없게끔 한다고 하였다. 따라서 유럽 연합이 '복수의 공용어를 지정하여 공무상 편의를 도모하였다.'고 할 수 있다.

[오답의 이유]
① 1문단에 따르면, 유엔에서 근무하는 모든 외교관들이 공용어를 전부 다 잘해야 하는 것은 아니다. 따라서 '유엔에서 근무하는 외교관들은 유엔의 공용어를 다 구사하지 않으면 안 된다.'는 이러한 글의 내용에 부합하지 않는다.
③ 2문단에 따르면, 우리가 만일 한국어와 영어를 공용어로 지정한다면 이는 한국에서는 한국어와 영어 중 어느 하나를 알기만 하면 공식 업무상 불편이 없게끔 국가에서 보장한다는 것이지 모든 한국인들이 영어를 할 줄 알아야 된다는 뜻은 아니라고 하였다. 따라서 '한국에서 영어를 공용어로 지정하면 한국인들은 영어를 다 잘할 수 있을 것이다'는 글의 내용에 부합하지 않는다.
④ 2문단에서는 한국에서 한국어와 영어를 공용어로 지정하는 가상의 상황을 가정하고 있을 뿐, 머지않아 영어가 공용어로 지정될 것이라는 예측은 제시문에는 나오지 않는 내용이다.

14 ☐○☐△☐×   정답 ③

영역 비문학>추론적 읽기   난도 **중**

[정답의 이유]

③ 1문단의 내용을 통해, 자신의 삶을 잘 통제하는 악플러보다는 자신의 삶을 잘 통제하지 못하는 악플러일수록 타인에게 더 공격적인 발설을 할 가능성이 높다는 것을 알 수 있다. 하지만 자신의 삶을 잘 통제하는 악플러일수록 타인을 더욱 엄격한 잣대로 비판하는지는 지문의 내용으로 알 수 없다.

[오답의 이유]

① 1문단에 따르면, 악플러는 자신이 올린 글 한 줄에 다른 사람들이 동요하는 모습을 보면서 자기 효능감을 느낄 수 있다고 하였다.

② 2문단에 따르면, 마구 욕을 퍼부었는데 상대방이 별로 개의치 않는다면 무시당했다는 생각에 오히려 자괴감에 빠질 수도 있다. 따라서 개인주의자는 악플에 반응하지 않음으로써 악플러를 자괴감에 빠지게 할 수 있다.

④ 3문단에 따르면, 한국에는 개인주의가 뿌리내리지 못해 타인에게 필요 이상의 관심을 보이면서 참견하는 동시에 타인의 평가와 반응에 너무 예민한 특성이 있다고 하였다. 이를 통해 한국에서 악플이 양산되는 것은 한국인들이 타인에 대해 신경을 많이 쓰는 특성과 관계가 있다고 할 수 있다.

15 ☐○☐△☐×   정답 ①

영역 현대 문학>현대 소설·수필·극   난도 **하**

[정답의 이유]

이 글은 수박이 갈라졌을 때의 변화를 색의 전환이라고 하며, 그에 대해 감각적·비유적으로 게시한 글이다.

① ○·○·○은 수박의 속살을 가리키지만 ○은 '구형'의 과일이라며 수박의 겉모양을 가리킨다.

[오답의 이유]

② 수박을 가른 뒤 '초록은 빨강(○)으로 바뀐다.'는 부분을 통해 ○은 수박 속살을 가리킨다는 것을 알 수 있다.

③ ○은 '초록의 껍질 속'에 존재하며 새까만 씨앗들이 박혀 있다 하였으므로 ○은 수박의 속살이라는 것을 알 수 있다.

④ ○은 '칼 지나간 자리에서 홀연 나타나고, 나타나서 먹히기를 기다리고 있다'라고 하였다. 따라서 ○은 수박의 속살을 가리키는 말이다.

16 ☐○☐△☐×   정답 ①

영역 문법>의미론   난도 **중**

[정답의 이유]

(가) 앞에는 정철, 윤선도, 이황이 양반이었다는 내용이 있으며, 뒤에는 이들이 우리말로 작품을 썼던 걸 보면 양반들도 한글 쓰는 걸 즐겨 했다는 것을 부정할 수 없다는 내용이 있다. 이를 연결하는 말은 전환의 접속어인 '그런데'가 되어야 한다. (③, ④ 제외)

(나) 앞에는 양반들도 한글 쓰는 것을 즐겨 했다는 내용이, 뒤에는 허균이나 김만중이 한글로 소설을 썼다는 내용이 있다. 뒤의 내용은 앞의 내용에 이어 양반들이 한글을 사용하여 '소설까지' 썼다는 것을 추가하는 것이므로, 보충(첨가)의 접속어인 '게다가' 또는 '더구나'가 들어가야 한다. (②, ③ 제외)

(다) 앞에는 양반들이 한글 쓰는 것을 즐겼다는 내용이, 뒤에는 이들이 특별한 취향을 가진 소수의 양반이었다면 이야기는 달라진다는 내용이 있다. 이는 내용이 반전되는 것이므로, 역접의 접속어인 '그렇지만' 또는 '하지만'이 들어가는 것이 적절하다. (②, ④ 제외)

(라) 앞에는 대부분의 양반들이 한글을 모를 수도 있었으며 「호질」이 한문으로 쓰였다는 내용이, 뒤에는 양반 대부분이 한글을 이해하지 못하는 상황이었다면 정철, 이황, 윤선도가 한글로 작품을 쓰지 않았을 것이라는 내용이 있다. 즉 앞의 내용은 대다수의 양반들이 한글을 몰랐을 수 있다는 것이며, 뒤의 내용은 양반들이 한글을 알았을 것이라는 추측이다. 두 내용이 반대되므로 역접의 접속어인 '그러나' 또는 '하지만'이 들어가야 한다. (②, ③ 제외)

17 ☐○☐△☐×   정답 ④

영역 비문학>작문   난도 **중**

[정답의 이유]

④ '수납(收納)'이란 '돈이나 물품 따위를 받아 거두어들임'이라는 뜻이므로, 공과금을 금융 기관에 내는 경우에 쓰는 (라)의 '납부'를 '수납'으로 고쳐 쓰는 것은 적절하지 않다.

納 들일 납, 付 줄 부 / 收 거둘 수, 納 들일 납

[오답의 이유]

① (가) 문장 앞의 부사 '현재'와 과거 시제 선어말 어미 '-었-'을 활용하여 과거를 나타낸 서술어 '있었다'의 시제 호응이 맞지 않는다. 따라서 '있었다'는 '있다'로 고쳐 쓰는 것은 적절하다.

② (나) '지양(止揚)'은 '더 높은 단계로 오르기 위하여 어떠한 것을 하지 아니함.'의 뜻이다. 그러므로 "누구나 행복한 ○○시'를 실현하기 위한 추진 방안"이라는 논의와 어울리지 않는 표현이다. 여기에는 '지양'이 아니라 '어떤 목표로 뜻이 쏠리어 향함'의 뜻인 '지향(指向)'으로 고쳐 쓰는 것은 적절하다.

指 가리킬 지, 向 향할 향 / 止 그칠 지, 揚 날릴 양

③ (다) '지난달 수해로 인한'은 '준비 기간'을 수식하는 절이 아니다. '준비 기간'의 원인이 '지난달 수해'가 아니라, '준비 기간이 짧았'던 원인이 '지난달 수해'인 것이므로 '지난달 수해로 인하여'로 고쳐 쓰는 것이 의미 호응에 적절하다.

18 ⬭△✕
정답 ③

영역 현대 문학>현대 소설·수필·극 　　　　　　　난도 **중**

[정답의 이유]

③ '공부를 하게, 괜히 의심 말고!'라는 동연의 말과 '자넨 정말 열심히 공부했네.'와 같은 서연의 말을 통해, 동연이 불상의 완벽한 형태를 제작하기 위해 형상에 대한 공부를 했다는 것을 알 수 있다. 또한 서연은 부처님의 형상은 흔히 있는 것을 베껴 놓은 것이며, 동연이 그 형상을 다시 베껴 부처님 형상을 만들고 있다고 하였다. 이를 통해 동연이 부처님 형상을 독창적으로 제작하는 것이 아님을 알 수 있다.

[오답의 이유]

① · ④ 동연은 불상의 완벽한 형태 속에 부처의 마음이 있다고 믿으며 서연은 부처의 마음을 깨달아야 진정한 불상을 만들 수 있다고 믿는다. 따라서 불상 제작에 대한 동연과 서연의 입장은 다르다. 또한 완벽한 형태 속에 부처의 마음이 있다고 믿는 형식론자인 동연과 부처의 마음을 깨달아야 진정한 불상을 만들 수 있다는 내용론자인 서연의 대화는 예술에 있어서 형식과 내용의 논쟁을 연상시킨다.

② 서연은 전해지는 불상은 누가 언제 그렸는지는 몰라도 흔히 있는 것을 베껴 놓은 것이라고 생각하며 의심한다.

19 ⬭△✕
정답 ④

영역 비문학>내용 전개 방식 　　　　　　　난도 **중**

[정답의 이유]

④ 온돌에 적용된 대류 현상의 원리는 '차가운 공기가 따뜻하게 데워져 위로 올라가고, 위로 올라간 공기가 식으면 아래로 내려오는' 것이다. 그런데 벽난로를 통한 난방 방식은 복사열을 이용하여 상체와 위쪽공기를 바로 데우는 것이므로, 위로 올라간 공기가 식지 않아 아래로 내려올 일이 없으므로 바닥 바로 위 공기가 따뜻해지지 않을 것이다. 따라서 (가)에 들어갈 말은 '상체와 위쪽의 따뜻한 공기는 차가운 바닥으로 내려오지 않기 때문이다'가 된다.

[오답의 이유]

① 온돌의 원리에 대한 설명에 따르면, 따뜻한 공기가 위로 올라가 식으면 아래로 내려올 것이다. 따라서 따뜻한 공기가 위로 올라가 식으면 복사열로 위쪽의 공기만을 따뜻하게 한다는 설명은 적절하지 않다.

② 벽난로에 의한 난방은 복사열을 이용하여 상체와 위쪽 공기를 데우는 방식이며, 대류 현상으로 바닥 바로 위 공기까지 따뜻해지지는 않는다고 한다. 따라서 벽난로에 의한 난방이 '복사열에 의한 난방에서 대류 현상으로 인한 난방'이라는 순서로 이루어지는 것은 아니다. 벽난로에 의한 난방에서는 대류 현상이 일어나지 않기 때문이다.

③ 온돌은 대류 현상을 통해 방 전체를 따뜻하게 한다. 따라서 대류 현상을 통한 난방 방식이 상체와 위쪽의 공기만 따뜻하게 하는 것은 아니다.

Key 답 복사열과 대류현상	
복사열 (輻射熱)	열복사로 방출된 전자기파가 물체에 흡수되어 그 물체를 뜨겁게 하는 에너지. 지구가 태양으로부터 받는 열이나 적외선 따위
대류현상 (對流現象)	기체나 액체에서, 물질이 이동함으로써 열이 전달되는 현상. 기체나 액체가 부분적으로 가열되면 가열된 부분이 팽창하면서 밀도가 작아져 위로 올라가고, 위에 있던 밀도가 큰 부분은 내려오게 되는데, 이런 과정이 되풀이되면서 기체나 액체의 전체가 고르게 가열된다.

20 ⬭△✕
정답 ④

영역 비문학>추론적 읽기 　　　　　　　난도 **상**

[정답의 이유]

④ 4문단에 따르면, 시간이 흐를수록 품질이 개선되는 것은 일부 고급 적포도주를 병에 담아 코르크 마개를 끼워 보관한 경우에 '한정된 이야기'라 하였다. 따라서 고급 백포도주는 병에 담아 코르크 마개를 끼운다고 해도, 보관 기관에 비례하여 품질이 개선되지는 않는다.

[오답의 이유]

① 3문단에 따르면, 너무 더운 지역에서는 '흐물거리는' 포도주가 생산되나 이를 잘 활용하면 포르토나 셰리처럼 도수를 높인 고급포도주를 만들 수도 있다고 한다. 또한, 달콤한 백포도주의 경우는 샤토 디켐처럼 뜨거운 여름 날씨가 지속하는 곳에서 명품이 만들어진다고 한다. 따라서 모든 고급 포도주가 너무 덥지도 춥지도 않은 곳에서 재배된 포도로 만들어지는 것은 아니다.

② 2문단에 따르면 자연 상태에서는 포도가 자라는 북방 한계가 이탈리아 정도이나, 수도원마다 온갖 노력을 기울인 결과 포도 재배가 가능한 북방한계선이 상당히 북쪽까지 올라가 루아르강 하구로부터 크림반도와 조지아를 잇는 선이 되었다고 한다. 따라서 루아르강 하구로부터 크림반도와 조지아를 잇는 북방한계선은 이탈리아 남쪽이 아니라 북쪽에 있을 것이다.

③ 1문단에 따르면, 유럽에서 일상적으로 마시는 식사용 포도주로는 저렴한 포도주가 쓰이며, 술이 약한 사람들은 여기에 물을 섞어서 마시기도 한다. 술이 약한 사람이 물을 섞어 마시는 술은 저렴한 포도주이다.

자몽;

스스로 꿈꾸다

CHAPTER
01
규범문법

---

01 언어

02 ○△×

다음 광고 문안에 포함된 담화의 기능이 <u>아닌</u> 것은?

> 이 선풍기는 바람을 차게 하는 장치가 부착되어 있습니다. 사람이 방 안에 없을 때에는 자동으로 멈춥니다. 그리고 물건이 와 닿으면 소리가 나서 어린이를 보호할 수가 있습니다. 일 년 이내에 고장이 나면 즉시 새 물건으로 교환해 드립니다.

① 호소 기능
② 정보제공 기능
③ 약속 기능
④ 오락 기능

정답의 이유

제시문은 '선풍기'의 광고문이다.
④ 오락 기능 : '재미'를 목적으로 하는 '오락 기능'은 제시되어 있지 않았다.

오답의 이유

① 호소 기능 : 선풍기의 장점을 소개하면서 선풍기를 구매할 것을 호소하고 있다.
② 정보제공 기능 : 선풍기의 기능 소개
③ 약속 기능 : 일 년 이내에 고장이 나면 즉시 새 물건으로 교환해 드립니다.

정답 ④

01 ○△×

다음 중 괄호 안에 들어갈 말로 가장 적절한 것은?

> '·'가 현대 국어에서 더 이상 사용되지 않고, '믈[水]'이 현대 국어에 와서 '물'로 형태가 바뀌었으며, '어리다'가 '어리석다[愚]'로 쓰이다가 현대 국어에 와서 '나이가 어리다[幼]'의 뜻으로 바뀌어 쓰이는 것 등과 같은 예에서 알 수 있는 언어의 특성을 언어의 (   )이라고 한다.

① 사회성
② 역사성
③ 자의성
④ 분절성

정답의 이유

② 언어를 통시적 관점으로 볼 때, 언어가 '생성, 신장, 사멸'하는 특성을 '역사성'이라 한다.
　㉠ 사멸 : '·'의 소멸
　㉡ 신장[형태 변화] : 믈〉물(원순모음화)
　㉢ 신장[의미 변화] : 어리다[愚]〉幼](어의 전성)

오답의 이유

① 사회성(=불역성) : 공시적 관점에서 언어는 언중들 간의 약속이므로 개인이나 특정 집단이 임의대로 바꿀 수 없다.
③ 자의성(=임의성) : 언어의 내용인 의미와 형식인 말소리와의 관계는 필연적이지 않고 임의적으로 맺어진 약속이다.
④ 분절성(=불연속성) : 현실 세계는 연속적이나 언어는 이를 불연속인 것으로 끊어서 표현한다.

정답 ②

03 ⊙△✕

다음 중 국어의 특질에 대한 설명으로 가장 적절한 것은?

① 국어의 마찰음은 '예사소리–된소리–거센소리'의 3항 대립을 보인다.

② 국어의 단모음은 'ㅏ, ㅓ, ㅗ, ㅜ, ㅡ, ㅣ, ㅔ, ㅐ'로 모두 8개이다.

③ 국어는 조사와 어미로 다양한 문법적 기능을 수행하는 교착어적 특성을 가진다.

④ 국어의 어두(語頭)에는 '끝'과 같이 둘 이상의 자음이 올 수 있다

정답의 이유

③ 한국어는 형태상 '교착어(=첨가어, 부착어)'에 속한다. 교착어란 실질(어휘)형태소에 형식형태소(조사, 어미, 접사)가 결합되어 문법적 기능을 하는 언어를 뜻한다.

오답의 이유

① '예사소리–된소리–거센소리'의 3항 대립을 보이는 것은 '파열음'과 '파찰음'이다. 국어의 혀끝소리의 마찰음은 '예사소리[ㅅ]–된소리[ㅆ]'의 이중 대립만 있다.

② 국어의 단모음은 'ㅏ, ㅓ, ㅗ, ㅜ, ㅡ, ㅣ, ㅔ, ㅐ'와 'ㅚ, ㅟ'를 포함한 모두 10개이다.

④ 국어의 어두(語頭)에는 둘 이상의 자음이 올 수 없으며, 'ㄲ'은 하나의 된소리일 뿐 두 개의 자음도 아니다.

정답 ③

04 ⊙△✕

국어의 특징으로 가장 옳지 않은 것은?

① 조사와 어미가 발달한 교착어적 특성을 보여 준다.

② '값'과 같이 음절 말에서 두 개의 자음이 발음될 수 있다.

③ 담화 중심의 언어로서 주어, 목적어 등이 흔히 생략된다.

④ 가족 관계를 나타내는 친족어가 발달해 있다.

정답의 이유

② 값[갑] : 겹받침이 어말이나 자음 앞에 올 경우 두 개의 자음이 모두 발음되지 못하고 자음군단순화에 의해 하나가 탈락되고 대표음으로 발음된다.

오답의 이유

① 교착어(=첨가어, 부착어) : 실질(어휘)형태소에 형식(문법)형태소가 붙어 문법적 관계를 나타내므로 '조사, 어미, 접사'가 발달되어 있다.

③ 국어는 '담화 중심'의 언어이므로 상황이나 맥락상 유추가 가능한 주어나 목적어 등은 흔히 생략이 가능하다.

④ 국어는 '가족'을 중시하는 문화를 반영하여 가족 관계를 나타내는 친족어가 매우 발달하여 있다.

정답 ②

02 음운

01 ○△×

〈보기〉의 조건에 따라서 국어의 단모음을 나눈다면 가장 맞지 않는 것은?

> ─────── 〈보 기〉 ───────
> 국어의 단모음은 '혀의 앞뒤(앞, 뒤)'와 '혀의 높낮이(높음, 중간, 낮음)', '입술의 둥긂(둥긂, 안 둥긂)'에 따라 나눈다.

① ㅣ : 앞, 높음, 안 둥긂
② ㅓ : 뒤, 중간, 둥긂
③ ㅜ : 뒤, 높음, 둥긂
④ ㅚ : 앞, 중간, 둥긂

정답의 이유
② ㅓ : 후설모음(뒤), 중모음(중간), 평순모음(안 둥긂)이다. 그러므로 '둥긂'이 아니라 '안 둥긂'이다.

오답의 이유
① ㅣ : 전설모음(앞), 고모음(높음), 평순모음(안 둥긂)
③ ㅜ : 후설모음(뒤), 고모음(높음) 원순모음(둥긂)
④ ㅚ : 전설모음(앞), 중모음(중간), 원순모음(둥긂)

정답 ②

Key 답 모음도

혀의 높이	혀의 앞뒤	전설모음		후설모음	
	입술의 모양	평순	원순	평순	원순
고모음		ㅣ	ㅟ	ㅡ	ㅜ
중모음		ㅔ	ㅚ	ㅓ	ㅗ
저모음		ㅐ		ㅏ	

02 ○△×

조음 기관이 좁혀진 사이로 공기가 마찰하여 나는 소리가 들어 있지 않은 것은?

① 개나리
② 하얗다
③ 고사리
④ 싸우다

정답의 이유
조음 기관이 좁혀진 사이로 공기가 마찰하여 나는 소리는 마찰음으로 현행 국어의 자음에는 'ㅅ, ㅆ, ㅎ' 세 가지뿐이다.
① 개나리 : 'ㄱ'은 파열음. 'ㄴ, ㄹ'은 유음이다.

오답의 이유
② 하얗다 : 'ㅎ'이 마찰음. 'ㄷ'은 파열음
③ 고사리 : 'ㅅ'이 마찰음. 'ㄱ'은 파열음. 'ㄹ'은 유음
④ 싸우다 : 'ㅆ'이 마찰음. 'ㄷ'은 파열음

정답 ①

03 ○△×

다음 중 '/ㄷ/', '/ㄸ/', '/ㅌ/' 소리의 공통 자질로만 묶어 놓은 것은?

> ㉠ 공기가 코를 통과하면서 나오는 소리
> ㉡ 조음 기관의 어떤 부분이 장애를 받아 나는 소리
> ㉢ 혀의 앞부분이 딱딱한 입천장에 닿아서 나는 소리
> ㉣ 소리를 낼 때 공기가 빠져 나가면서 마찰이 나는 소리
> ㉤ 폐에서 나오는 공기를 일단 막았다가 그 막은 자리를 터뜨리면서 내는 소리

① ㉠, ㉣
② ㉡, ㉤
③ ㉢, ㉣
④ ㉣, ㉤

정답의 이유
'/ㄷ/', '/ㄸ/', '/ㅌ/'은 ㉡ '자음'(조음 기관의 어떤 부분이 장애를 받아 나는 소리)이며, ㉤ '파열음'(폐에서 나오는 공기를 일단 막았다가 그 막은 자리를 터뜨리면서 내는 소리)이다. ㉡ 자음은 19개이고, ㉤ 파열음은 [ㄱ, ㄲ, ㅋ/ ㄷ, ㄸ, ㅌ/ ㅂ, ㅃ, ㅍ]의 9개이다.

오답의 이유
㉠ 비음(鼻音) : 공기가 코를 통과하면서 나오는 소리 → [ㄴ, ㅁ, ㅇ]
㉢ 경구개음(硬口蓋音) : 혀의 앞부분이 딱딱한 입천장에 닿아서 나는 소리
　→ [ㅈ, ㅉ, ㅊ]
㉣ 마찰음(摩擦音) : 소리를 낼 때 공기가 빠져나가면서 마찰이 나는 소리
　→ [ㅅ, ㅆ, ㅎ]

정답 ②

04 ☐△✕

밑줄 친 부분이 〈보기〉에 해당하지 <u>않는</u> 것은?

---〈보 기〉---

국어에는 동일한 모음이 연속될 때 하나가 탈락하는 현상
이 나타난다.

---

① 늦었으니 어서 <u>자</u>.
② 여기 잠깐만 <u>서서</u> 기다려.
③ 조금만 천천히 <u>가자</u>.
④ 일단 <u>가</u> 보면 알 수 있겠지.

[정답의 이유]
③ 〈보기〉는 음운의 변동에서 모음 탈락 중 동음 탈락에 대한 설명이다. '가
자'는 동사 '가다'의 어간 '가-'에 어떤 행동을 함께 하는 뜻을 나타내
는 종결 어미 '-자'가 연속되는 경우이므로 모음의 동음 탈락이 일어나
지 않는다.

[오답의 이유]
① 자+아(명령형 종결어미) : 동음 탈락
② 서+(어)서 : 동음 탈락
④ 가+아(보조적 연결어미) : 동음 탈락

정답 ③

05 ☐△✕

밑줄 친 부분 중 음운 변동의 성격이 <u>다른</u> 것은?

① 그는 떨리는 마음으로 무대 위에 <u>섰</u>다.
② 그녀는 가운데 과녁을 향해 활을 <u>쐈</u>다.
③ 명절이 되면 부모님을 <u>따라</u> 큰집에 갔다.
④ <u>우는</u> 아이를 달래기 위해 우스꽝스러운 표정을 지었다.

[정답의 이유]
② 쐈다 : 쏘+았+다[모음 축약]

[오답의 이유]
① 섰다 : 서+었+다[동음 탈락]
③ 따라 : 따르+아['으' 탈락]
④ 우는 : 울+는['ㄹ' 탈락]

정답 ②

06 ☐△✕

**다음 〈보기〉의 영희의 생각에 따라 발음한다면, 이에 해당하는
예로 옳은 것은?**

---〈보 기〉---

서울 지하철 2호선에 '선릉'역이 있는데 이 역에 대한 정확한
발음을 아니?
영희 : 내 생각으로는 [설릉]이 맞는 거 같아.
철수 : 나는 [선능]이 맞는 거 같은데….

---

① 이원론
② 공권력
③ 의견란
④ 광한루

[정답의 이유]
선릉[설릉] : 유음화
④ 광한루[광할루] : 유음화

[오답의 이유]
① [이:원논], ② [공꿘녁], ③ [의견난]의 구조는 유음화와 비슷하지만 예외
규정이다. 'ㄴ+ㄹ'의 구조라고 하더라도 3음절의 한자어에서 앞말이 'ㄴ'
받침으로 된 2음절의 자립명사이고 뒷말이 'ㄹ'을 초성으로 가진 1음절
의 접미사가 오면 뒷말의 초성 'ㄹ'이 'ㄴ'으로 바뀌어 발음된다.

정답 ④

07 ○△×

⊙~②에 해당하는 예를 바르게 연결한 것은?

경음화는 장애음 중 평음이 일정한 환경에서 경음으로 바뀌는 현상이다. 한국어의 대표적인 경음화 유형은 다음과 같다.
⊙ 'ㄱ, ㄷ, ㅂ' 뒤에 연결되는 평음은 경음으로 발음된다.
ⓒ 비음으로 끝나는 용언 어간에 연결되는 어미의 첫소리는 경음으로 발음된다.
ⓒ 관형사형 어미 '-(으)ㄹ' 뒤에 연결되는 평음은 경음으로 발음된다.
② 한자어에서 'ㄹ' 뒤에 연결되는 'ㄷ, ㅅ, ㅈ'은 경음으로 발음된다.

	⊙	ⓒ	ⓒ	②
①	잡고	담고	갈 곳	하늘소
②	받고	앉더라	발전	물동이
③	놓습니다	삶더라	열 군데	절정
④	먹고	껴안더라	어찌할 바	결석

정답의 이유

④ ⊙ 먹고[먹꼬] : [ㄱ+평음(ㄱ)] → 경음(ㄲ)
　ⓒ 껴안더러[껴안떠라] : [안(비음 ㄴ으로 끝나는 용언의 어간)+더(어미의 첫소리 ㄷ)] → 경음(ㄸ)
　ⓒ 어찌할 배[어찌할빼] : [할(관형사형 어미 -(으)ㄹ)+바(평음 ㅂ)] → 경음(ㅃ)
　② 결석[결썩] : [결(缺 : 한자어 'ㄹ' 받침)+석(席 : ㅅ) → 경음(ㅆ)

오답의 이유

① ⊙ 잡고[잡꼬] : [ㅂ+평음(ㄱ)] → 경음(ㄲ)
　ⓒ 담고[담꼬] : [담(비음 ㅁ으로 끝나는 용언의 어간)+고(어미의 첫소리 ㄱ)] → 경음(ㄲ)
　ⓒ 갈 곳[갈꼳] : [갈(관형사형 어미 -(으)ㄹ)+곳(평음 ㄱ)] → 경음(ㄲ)
　② 하늘소[하늘쏘] : [하늘(고유어 'ㄹ' 받침)+소(고유어 ㅅ)] → 경음(ㅆ) : 사잇소리 현상

② ⊙ 받고[받꼬] : [ㄷ+평음(ㄱ)] → 경음(ㄲ)
　ⓒ 앉더라[안떠라] : [앉(비음 ㄴ으로 끝나는 용언의 어간)+더(어미의 첫소리 ㄷ)] → 경음(ㄸ)
　ⓒ 발전[발쩐] : [발(發 : 한자어 'ㄹ' 받침)+전(展 : ㅈ)] → 경음(ㅉ) → 조건 ②
　② 물동이[물똥이] : [물(고유어 'ㄹ' 받침)+동이(고유어 ㄷ) → 경음(ㄸ) : 사잇소리 현상

③ ⊙ 놓습니다[녿씀니다] : [ㄷ+평음(ㅅ)] → 경음(ㅆ)
　ⓒ 삶더라[삼떠라] : [삼(비음 ㅁ으로 끝나는 용언의 어간)+더(어미의 첫소리 ㄷ)] → 경음(ㄸ)
　ⓒ 열 군데[열군데] : [열(수관형사 어미 ㄹ)+군(평음 ㄱ)] → 평음(ㄱ) → 조건 ⓒ과 무관

② 절정[절쩡] : [절(絕 : 한자어 'ㄹ' 받침)+정(頂 : ㅈ) → 경음(ㅉ)

정답 ④

---

03 단어

01 ○△×

국어 품사에 대한 설명으로 가장 옳지 않은 것은?

① 관형사는 체언만 수식할 수 있다.
② 명사가 다른 명사를 수식하는 경우도 있다.
③ 부사가 체언을 수식하는 경우는 없다.
④ 부사 뒤에 조사가 오는 경우도 있다.

정답의 이유

③ 부사는 '용언'이나 '부사'를 수식하는 것이 원칙이나 '바로, 겨우, 고작' 등처럼 특별히 체언을 수식하는 경우도 있다. → <u>바로</u> 눈앞에 있는 것도 못 찾니?

오답의 이유

① 관형사는 항상 체언만을 수식한다. 체언 중에서도 주로 명사를 수식한다.
② 관형격 조사가 생략된 형태일 때는 명사가 다른 명사 수식한다. → <u>시골</u> (의) 풍경
③ 부사 뒤에 '격조사'는 올 수 없지만, '보조사'는 붙을 수 있다. → <u>빨리도</u> 오는구나.

정답 ③

02 ☐△✕

〈보기〉의 ㉠과 ㉡에 해당하는 예로만 묶은 것은?

―――――〈보 기〉―――――

불규칙 용언은 그 활용형에 따라 ㉠ 어간만이 불규칙적으로 바뀌는 것, 어미만이 불규칙적으로 바뀌는 것, ㉡ 어간과 어미 모두가 불규칙적으로 바뀌는 것으로 나뉜다.

	㉠	㉡
①	(고기를) 굽다	(진실을) 깨닫다
②	(고기를) 굽다	(하늘이) 파랗다
③	(들판이) 푸르다	(진실을) 깨닫다
④	(들판이) 푸르다	(하늘이) 파랗다

정답의 이유

② • 굽다 : '굽+어>구워' → ㉠ 어간만 바뀌는 'ㅂ' 불규칙
  • 파랗다 : '파랗+아>파래' → ㉡ 어간과 어미 모두가 바뀌는 'ㅎ' 불규칙

오답의 이유

① • 굽다 : '굽+어>구워' → ㉠ 어간만 바뀌는 'ㅂ' 불규칙
  • 깨닫다 : '깨닫+아>깨달아 → ㉠ 어간만 바뀌는 'ㄷ' 불규칙

③ • 푸르다 : '푸르+어>푸르러 → 어미만 바뀌는 '러' 불규칙
  • 깨닫다 : '깨닫+아>깨달아 → ㉠ 어간만 바뀌는 'ㄷ' 불규칙

④ • 푸르다 : '푸르+어>푸르러 → 어미만 바뀌는 '러' 불규칙
  • 파랗다 : '파랗+아>파래' → ㉡ 어간과 어미 모두가 바뀌는 'ㅎ' 불규칙

정답 ②

03 ☐△✕

국어의 불규칙 활용에 대한 〈보기〉의 설명과 그 예를 가장 바르게 짝지은 것은?

―――――〈보 기〉―――――

(가) 불규칙 용언 가운데는 어간의 일부가 탈락되는 경우가 있다.

(나) 불규칙 용언 가운데는 어간의 일부가 다른 것으로 바뀌는 경우가 있다.

(다) 불규칙 용언 가운데는 어미가 다른 것으로 바뀌는 경우가 있다.

(라) 불규칙 용언 가운데는 어간과 어미가 함께 바뀌는 경우가 있다.

① (가) – 짓다, 푸다, 눕다

② (나) – 깨닫다, 춥다, 씻다

③ (다) – 푸르다, 하다, 노르다

④ (라) – 좋다, 파랗다, 부옇다

정답의 이유

③ • '푸르다'와 '노르다'는 모음의 어미와 결합할 때 (다)처럼 어간은 변하지 않고 모음의 어미가 '러'로 바뀌는 '러' 불규칙이다. [푸르+어>푸르러, 노르+어>노르러]
  • '하다'는 모음의 어미와 결합할 때 (다)처럼 어미가 다른 것으로 바뀌는 '여' 불규칙에 해당한다. [하+어>하여]

오답의 이유

① • 짓+어>지어 : 'ㅅ' 탈락('ㅅ' 불규칙)–(가)
  • 푸+어>퍼 : 'ㅜ' 탈락('ㅜ' 불규칙)–(가)
  • 눕+어>누워 : 'ㅂ' 불규칙–(나)

② • 깨닫+아>깨달아 : 'ㄷ' 불규칙–(나)
  • 춥+어>추워 : 'ㅂ' 불규칙–(나)
  • 씻+어>씻어 : 규칙 활용–(나)와 관련이 없다.

④ • 파랗+아>파래 : 'ㅎ' 불규칙–(라)
  • 부옇+어>부예 : 'ㅎ' 불규칙–(라)
  • 좋+아>좋아 : 규칙 활용–(라)와 관련이 없다.

정답 ③

04 ○△×

밑줄 친 단어의 형태가 옳지 않은 것은?

① 멀리서 보기와 달리 산이 **가팔라서** 여러 번 쉬었다.
② 예산이 100만 원 이상 **모잘라서** 구입을 포기해야 했다.
③ 영혼을 **불살라서** 이룬 깨달음이니 더욱 소중하다.
④ 말이며 행동이 모두 **올발라서** 흠잡을 데 없는 사람이다.

정답의 이유
② 모잘라서>모자라서 : '모자라+아서'의 구조로 동음이 탈락한 규칙 활용이다.

오답의 이유
① 가팔라서 : '가파르+아서'. '르 불규칙 활용'
③ 불살라서 : '불사르+아서'. '르 불규칙 활용'
④ 올발라서 : '올바르+아서'. '르 불규칙 활용'

정답 ②

05 ○△×

밑줄 친 단어의 문법적 기능이 나머지 셋과 다른 하나는?

① 어머니가 바구니를 들고 **가셨다**.
② 나는 그 일을 끝내지 **못했다**.
③ 새 옷을 입어 **보았다**.
④ 그는 나를 놀려 **대곤** 했다.

정답의 이유
① 들고[본용언]+가셨다[본용언] : '어머니가 바구니를 들었다.'와 '어머니가 가셨다.'로 분석이 가능하므로 '가시다'는 본용언이다.

오답의 이유
② 끝내지[본용언]+못하다[보조용언] : '못하다'는 (동사 뒤에서 '−지 못하다' 구성으로 쓰여) 앞말이 뜻하는 행동에 대하여 그것이 이루어지지 않거나 그것을 이룰 능력이 없음을 나타내는 보조형용사이다.
③ 입어[본용언]+보았다[보조용언] : '보았다'는 (동사 뒤에서 '−어 보다' 구성으로 쓰여) 어떤 행동을 시험 삼아 함을 나타내는 보조동사이다.
④ 놀려[본용언]+대곤[보조용언] : '대다'는 (동사 뒤에서 '−어 대다' 구성으로 쓰여) 앞말이 뜻하는 행동을 반복하거나 그 행동의 정도가 심함을 나타내는 보조동사이다.

정답 ①

06 ○△×

다음 〈보기〉 중 밑줄 친 단어들에 대한 설명으로 가장 적절한 것은?

〈보 기〉
㉠ 사람을 기르는 **것**이 중요해.
㉡ 그것은 그가 할 **따름**이죠.
㉢ 우리가 할 **만큼**은 했어.
㉣ 선생님 한 **분**이 새로 오신대요.

① 명사를 대신하여 대상을 가리키는 말이다.
② 사용 범위에 따라 고유 명사와 보통 명사로 나뉜다.
③ 사물의 수량을 가리키는 양수사와 순서를 가리키는 서수사로 나뉜다.
④ 실질적 의미가 희박한 형식성 의존 명사와 수량 등의 단위를 나타내는 단위성 의존명사로 나뉜다.

정답의 이유
밑줄 친 부분들은 모두 관형어의 수식을 받는 '의존명사'이다.
④ '㉠ 것, ㉡ 따름, ㉢ 만큼'은 관형어(용언의 관형사형)의 수식을 받는 '형식성 의존명사'이고, ㉣ 분은 수관형사의 수식을 받는 '단위성 의존명사'이다.

오답의 이유
① 대명사에 대한 설명이다.
② 명사에 대한 설명이다. 명사는 사용 범위에 따라 고유 명사와 보통 명사로 나뉜다.
③ 수사에 대한 설명이다.

정답 ④

07 ○△×

다음 중 밑줄 친 단어의 품사가 나머지 셋과 다른 하나는?

① 오늘은 비가 올 **듯하다**.
② 당신 좋을 **대로** 하십시오.
③ 아기는 아버지를 빼다 박은 **듯** 닮았다.
④ 자기가 아는 **만큼** 보인다.

① 듯하다 : 앞말이 뜻하는 사건이나 상태 따위를 짐작하거나 추측함을 나타내는 보조형용사로 '듯싶다'와 유사한 말이다.

② 대로 : 관형어 아래 띄어 쓴 '대로'는 의존명사이다.

③ 듯 : 관형어와 띄어 쓴 '듯'은 '듯이'의 준말로 의존명사이다.

④ 만큼 : 관형어와 띄어 쓴 '만큼'은 의존명사이다.

정답 ①

08 ○△×

㉠~㉣에 대한 설명으로 옳은 것은?

> • 현주가 취직이 되었대. ㉠ 이는 참으로 잘된 일이야.
> • 지금 사는 ㉡ 그 집이 싫으면 다른 집을 알아보자.
> • 쟤는 우리가 싫어 했던 ㉢ 저것이 마음에 든대.
> • 어르신, 제가 ㉣ 저 건물까지 부축해 드리겠습니다.

① ㉠ : 앞에 발화된 진술의 내용을 지시하는 기능을 한다.

② ㉡ : 화자와 청자 모두 모르는 대상을 지시하는 기능을 한다.

③ ㉢ : 화자는 모르지만 청자는 아는 내용을 지시하는 기능을 한다.

④ ㉣ : 화자와 청자 모두에게 가까이 위치한 대상을 지시하는 기능을 한다.

① ㉠의 '이'는 바로 앞에서 이야기한 대상(현주가 취직이 되었대)을 가리키는 지시 대명사이다.

② ㉡의 '그'는 듣는 이에게 가까이 있거나 듣는 이가 생각하고 있는 대상을 가리킬 때 쓰는 지시관형사이다. 화자와 청자 모두 모르는 대상을 지시하는 기능을 한다는 설명은 틀린 말이다.

③ ㉢의 '저것'은 말하는 이나 듣는 이로부터 멀리 있는 사물을 가리키는 지시 대명사이다. 화자는 모르지만 청자는 아는 내용을 지시하는 기능을 한다는 설명과는 관련이 없다.

④ ㉣의 '저'는 말하는 이와 듣는 이로부터 멀리 있는 대상을 가리킬 때 쓰는 지시관형사이다. 화자와 청자 모두에게 가까이 위치한 대상을 지시하는 기능을 하는 지시관형사는 '이'다.

정답 ①

09 ○△×

다음 밑줄 친 단어에 대한 설명으로 가장 적절하지 않은 것은?

> ㉠ 당신은 누구시오?
> ㉡ 당신, 요즘 직장에서 피곤하시죠?
> ㉢ 뭐? 당신? 누구한테 당신이야!
> ㉣ 할아버지께서는 생전에 당신의 장서를 소중히 다루셨다.

① ㉠에서 '당신'은 청자를 가리키는 2인칭 대명사이다.

② ㉡에서 '당신'은 부부 사이에서 상대편을 높여 이르는 2인칭 대명사이다.

③ ㉢에서 '당신'은 맞서 싸울 때 상대편을 낮잡아 이르는 2인칭 대명사이다.

④ ㉣에서 '당신'은 상대방을 높여 부르는 2인칭 대명사이다.

④ 앞에서 제시한 3인칭 주어 '할아버지'가 문장 안에서 반복될 때, '자기'를 높여 이르는 '당신'은 3인칭 대명사이다. 이를 주어의 재귀화라 부른다.

① ㉠의 '당신'은 듣는 이를 가리키는 2인칭 대명사로 '하오'할 자리에 쓴다.

② ㉡의 '당신'은 부부 사이에서, 상대편을 높여 이르는 2인칭 대명사이다.

③ ㉢의 '당신'은 맞서 싸울 때 상대편을 낮잡아 이르는 2인칭 대명사이다. 문어체에서, 상대편을 높여 이르는 2인칭 대명사

예 당신이 꼭 알아야 할 사실들/당신의 희생을 잊지 않겠습니다.

정답 ④

10 ○△✕

밑줄 친 단어의 기본형이 옳지 않은 것은?

① 아침이면 얼굴이 <u>부어서</u> 늘 고생이다. (→ 붓다)

② 개울물이 <u>불어서</u> 징검다리가 안 보인다. (→ 불다)

③ 은행에 <u>부은</u> 적금만도 벌써 천만 원이다. (→ 붓다)

④ 물속에 오래 있었더니 손과 발이 퉁퉁 <u>불었다</u>. (→ 붇다)

정답의 이유

② 붇다 : [붇+어서>불어서 : 'ㄷ' 불규칙]. 분량이나 수효가 많아지다.

오답의 이유

① 붓다 : [붓+어서>부어서 : 'ㅅ' 불규칙]. 살가죽이나 어떤 기관이 부풀어 오르다.

③ 붓다 : [붓+은>부은 : 'ㅅ' 불규칙]. 불입금. 이자. 곗돈 따위를 일정한 기간마다 내다.

④ 붇다 : [붇+어서>불어서 : 'ㄷ' 불규칙]. 물에 젖어서 부피가 커지다.

정답 ②

11 ○△✕

밑줄 친 용언의 활용형 중 가장 옳지 않은 것은?

① 아주 <u>곤혹스런</u> 상황에 빠졌다.

② 할아버지께 <u>여쭤워</u> 보시면 됩니다.

③ 라면이 <u>붇기</u> 전에 빨리 먹어라.

④ 내 처지가 너무 <u>설워서</u> 눈물만 나온다.

정답의 이유

① 곤혹스런>곤혹스러운 : '곤혹스럽+은>곤혹스러운-'ㅂ' 불규칙활용'

오답의 이유

② '여쭙+어>여쭤워-'ㅂ' 불규칙활용. '여쭈다'는 규칙활용이므로 '여쭈어'로 표기한다.

③ '붇+기'-규칙 활용. 다만 '붇다'가 모음의 어미와 결합할 때는 어간 끝 'ㄷ'이 'ㄹ'로 바뀌는 불규칙 활용을 한다. '붇+어>불어'

④ '섧+어서>설워서-'ㅂ' 불규칙활용. '서럽+어서>서러워서-'ㅂ'불규칙활용

정답 ①

12 ○△✕

밑줄 친 부분이 〈보기〉의 ㉠에 해당하지 않는 것은?

〈 보 기 〉

국어의 '있다'는 경우에 따라 ㉠ 동사적인 모습을 보여주기도 하고 형용사적인 모습을 보여주기도 한다.

① 나는 오늘 집에 <u>있는다</u>.

② 할아버지는 재산이 많이 <u>있으시다</u>.

③ 눈이 그칠 때까지 가만히 <u>있어라</u>.

④ 비도 오니 그냥 집에 <u>있자</u>.

정답의 이유

② 있으시다[형용사] : 재물이 넉넉하거나 많다.

오답의 이유

① 있는다[동사] : 현재시제 선어말어미 '-는-'과 결합. '사람이나 동물이 어느 곳에서 떠나거나 벗어나지 아니하고 머물다.'

③ 있어라[동사] : 명령형 종결어미 '-어라'와 결합. '사람이나 동물이 어떤 상태를 계속 유지하다.'

④ 있자[동사] : 청유형 종결어미 '-자'와 결합. '사람이나 동물이 어떤 상태를 계속 유지하다.'

정답 ②

13 ○△✕

밑줄 친 단어의 품사가 나머지 셋과 <u>다른</u> 것은?

① 노력했지만 아직 부족함이 <u>많다</u>.

② 곧 날이 <u>밝으면</u> 출발할 수 있다.

③ 노인들은 꽃나무를 잘들 <u>키우신다</u>.

④ 노장은 결코 <u>늙지</u> 않는다는 말이 있다.

정답의 이유

현재시제 선어말어미 '-ㄴ/는'이나 현재시제 관형사형 전성어미 '-는'과 결합이 가능하면 '동사', 가능하지 못하면 '형용사'이다.

① 많다[형용사] : '많는다(✕)', '많는(✕)'. 수효나 분량, 정도 따위가 일정한 기준을 넘다.

오답의 이유

② 밝으면[동사] : '밝는다(○)', '밝는(○)'. 밤이 지나고 환해지며 새날이 오다.

③ 키우신다[동사] : '키운다(○)', '키우는(○)'. 동식물을 돌보아 기르다. '크다'의 사동사

④ 늙지[동사] : '늙는다(○)', '늙는(○)'. 사람이나 동물, 식물 따위가 나이를 많이 먹다.

정답 ①

14 ○△✕

밑줄 친 표현이 가장 적절한 것은?

① 형은 쉽지 <u>않는</u> 일만 골라 하는 편이다.
② 좋지도 <u>않는</u> 취미인데 주말만 되면 난리다.
③ 이 세상에서 늙지 <u>않는</u> 사람은 아무도 없다.
④ 예쁘지도 <u>않는</u> 화단을 뭐 그리 애써 가꾸니?

③ 늙지 않는 : '않다'는 보조용언으로 '동사'와 '형용사'의 특징을 모두 가지고 있다. 어간 '않-' 뒤에 관형사형 전성어미를 결합할 때 '는'은 동사와, '은'은 형용사와 결합을 하는데 본용언의 품사에 따라 '않다'의 품사가 결정된다. 본용언 '늙다'가 동사이므로 보조용언 '않다'도 동사가 된다. '않는'은 맞는 표기다. 다만, 본용언이 동사일 때는 '않는'과 '않은'을 둘 다 쓸 수 있는데 '않는'일 때는 현재시제를, '않은'일 때는 과거시제를 나타낸다.

① 쉽지 않는>쉽지 않은 : 본용언 '쉽다'가 형용사이므로 '않다'도 보조형용사이다.
② 좋지도 않는>좋지도 않은 : 본용언 '좋다'가 형용사이므로 '않다'도 보조형용사이다.
④ 예쁘지도 않는>예쁘지도 않은 : 본용언 '예쁘다'가 형용사이므로 '않다'도 보조형용사이다.

정답 ③

15 ○△✕

〈보기〉의 ㉠~㉣ 중 품사가 나머지와 다른 것은?

> 관형어는 체언 앞에서 체언의 뜻을 꾸며 주는 구실을 하는 문장 성분이다. 동사나 형용사의 관형사형, 또는 관형사 등이 문장에서 관형어로 기능한다.

—————— 〈보 기〉 ——————

㉠ <u>긴</u> 이불을 팔다.   ㉡ <u>한</u> 이불을 덮다.
㉢ <u>저</u> 이불을 빨다.   ㉣ <u>새</u> 이불을 사다.

① ㉠
② ㉡
③ ㉢
④ ㉣

① ㉠ 긴[형용사] : [길(어근)+ㄴ(관형사형 전성어미)] : 'ㄹ' 탈락] 형용사의 관형사형. '잇닿아 있는 물체의 두 끝이 서로 멀다.'

② ㉡ 한[관형사] : '같은'의 뜻을 나타내는 말
③ ㉢ 제[관형사] : 말하는 이와 듣는 이로부터 멀리 있는 대상을 가리킬 때 쓰는 말
④ ㉣ 새[관형사] : 이미 있던 것이 아니라 처음 마련하거나 다시 생겨난 말

정답 ①

16 ○△✕

다음 중 〈보기〉의 밑줄 친 단어와 품사가 같은 것은?

—————— 〈보 기〉 ——————

<u>다른</u> 친구는 없니

① 장터에는 <u>온갖</u> 물건들이 있었다.
② 도대체 생김새가 <u>어떤</u> 사람이니?
③ 사정이 <u>그런</u> 걸 어떻게 하겠어요.
④ <u>새로운</u> 세금 제도는 국민의 환영을 받았다.

• 〈보기〉의 '다른'은 서술성 없이 '당장 문제 되거나 해당되는 것 이외의 딴'의 뜻으로 체언 '친구'를 수식하는 '관형사'이다. 품사와 성분을 혼동하지 않아야 한다.
• 다르다 : [형용사] 비교가 되는 두 대상이 서로 같지 아니하다. ↔ 같다
① 온갖 : [관형사] 이런저런 여러 가지의

② • 어떤 : [형용사] '어떻다'의 관형사형. '의견, 성질, 형편, 상태 따위가 어찌 되어 있다.'
  • 어떤 : [관형사] ((의문문에 쓰여)) 사람이나 사물의 특성, 내용, 상태, 성격이 무엇인지 물을 때 쓰는 말. 서술성을 지니지 못한다.
③ • 그런 : [형용사] '그렇다'의 관형사형. '상태, 모양, 성질 따위가 그와 같다.'
  • 그런 : [관형사] 상태, 모양, 성질 따위가 그러한. 서술성을 지니지 못한다.
④ 새로운 : [형용사] '새롭다'의 관형사형

정답 ①

안심Touch

17

다음 중 국어의 부사에 대한 설명으로 가장 적절하지 <u>않은</u> 것은?

① "그녀는 정말 많이 운다."에서 '정말'은 동사를 꾸며준다.
② "과연 그는 훌륭한 예술가로구나."에서 '과연'은 문장을 꾸며준다.
③ "영이는 아주 새 사람이 되었다."에서 '아주'는 관형사를 꾸며준다.
④ "아이는 맨 흙투성이로 집에 들어왔다."에서 '맨'은 명사를 꾸며준다.

정답의 이유
① '정말'은 동사 '운다'를 꾸미는 게 아니라 부사 '많이'를 꾸며주는 부사다.

오답의 이유
② '과연'은 주로 문장의 앞쪽에 위치하여 화자의 단정적인 심리적 태도를 표현하는 문장 부사이다.
③ '아주'는 관형사 '새'를 꾸며주는 성분 부사다.
③ '맨'은 명사 '흙투성이'를 꾸며주는 성분 부사다.

정답 ①

18

다음 설명을 참고할 때, 문장 부사가 실현된 것은?

> 부사는 한 성분을 수식하느냐 문장 전체를 수식하느냐에 따라 성분 부사와 문장 부사로 나뉜다.

① 개나리가 활짝 피었다.
② 집 바로 뒤에 공원이 있다.
③ 강아지가 사료를 안 먹는다.
④ 의외로 철수가 빨리 왔다.

정답의 이유
④ '의외로 철수가 빨리 왔다.'에서 '의외로'는 '철수가 빨리 왔다.'의 문장을 수식하는 '문장 부사(양태 부사)'이다. '빨리'는 동사 '왔다'를 수식하는 '성분 부사'이다.

오답의 이유
① 활짝 : 동사 '피었다'를 수식하는 '성분 부사(성상 부사)'
② 바로 : 명사 '뒤'를 수식하는 '성분 부사(지시 부사)'
③ 안 : 동사 '먹는다'를 수식하는 '성분 부사(부정 부사)'

정답 ④

19

밑줄 친 단어의 품사가 <u>다른</u> 것은?

① 집에 들어가 보니 동생이 <u>혼자</u> 밥을 먹고 있었다.
② <u>정녕</u> 가시겠다면 고이 보내 드리리다.
③ 나는 과일 중에 사과를 <u>제일</u> 좋아한다.
④ <u>둘째</u> 며느리 삼아 보아야 맏며느리 착한 줄 안다.

정답의 이유
④ 둘째 : [관형사] 순서가 두 번째가 되는 차례의

오답의 이유
① 혼자 : [부사] 다른 사람과 어울리거나 함께 있지 아니하고 동떨어져서
② 정녕(丁寧) : [부사] 조금도 틀림없이 꼭. 또는 더 이를 데 없이 정말로
③ 제일(第一) : [부사] 여럿 가운데 가장

정답 ④

04 　문장

01

다음 중 국어의 문장성분에 관한 설명이 옳은 것끼리 묶인 것은?

> ㉠ 주어는 성격에 따라 필요로 하는 문장 성분의 숫자가 다르다.
> ㉡ 주어, 서술어, 목적어, 부사어는 주성분에 속한다.
> ㉢ '물이 얼음으로 되었다.'의 문장성분은 주어, 부사어, 서술어이다.
> ㉣ 부사어는 관형어나 다른 부사어를 수식하기도 한다.
> ㉤ 체언에 호격조사가 결합된 형태는 독립어에 해당된다.
> ㉥ 문장에서 주어는 생략될 수 있지만 목적어는 생략될 수 없다.

① ㉠, ㉡, ㉢
② ㉡, ㉢, ㉣
③ ㉢, ㉣, ㉤
④ ㉣, ㉤, ㉥

③ ㉢ 서술어 '되다/아니다' 앞의 보격 조사 '이/가'가 붙는 경우에만 보어이
다. '얼음으로'는 부사어이다.

㉣ 부사어는 용언을 수식하는 것이 원칙이나 관형어나 부사어, 체언 등
을 수식하는 경우도 있다.

㉤ 호격 조사는 체언에 붙어 독립어가 되는 기능의 격조사이다.

① 성격에 따라 필요로 하는 문장 성분의 숫자를 다르게 하는 것은 주어가
아니라 서술어이다.

② 부사어는 원칙적으로 주성분(=필수적 성분)이 아니다.

④ 주어와 마찬가지로 목적어 또한 생략이 가능하다.

정답 ③

02 ○△✕

다음 밑줄 친 부분이 주어인 것을 모두 고른 것은?

> ㉠ 철수가 <u>학자가</u> 되었다.
> ㉡ 저 가게가 <u>신발이</u> 값이 싸다.
> ㉢ <u>할아버지도</u> 키가 큰 편에 속하신다.
> ㉣ <u>학회에서</u> 새로운 논문상 수상자를 발표했다.

① ㉠, ㉡

② ㉡, ㉢

③ ㉢, ㉣

④ ㉡, ㉢, ㉣

㉡ 신발(체언)+이(주격 조사) → 주어

㉢ 할아버지(체언)+도(보조사) → 주어

㉣ 학회(체언)+에서(단체 주격 조사) → 주어

㉠ 학자(체언)+가(보격 조사): 조사 '이/가'가 체언 뒤에 붙어 있다 하더라도
용언 '되다/아니다' 앞에서는 '보어'가 된다.

정답 ④

03 ○△✕

밑줄 친 부분이 주성분이 <u>아닌</u> 것은?

① 그는 나에게 <u>맹물만</u> 주었다.

② 그 사람 말은 <u>사실도</u> 아니었다.

③ 우리가 사고를 <u>미연에</u> 방지하지 못했다.

④ <u>정부에서</u> 그 일을 적극적으로 추진하고 있다.

③ 부사어[부속성분] : 미연(명사)+에(부사격 조사)

① 목적어[주성분] : 맹물+만(목적격 조사 '을' 대신에 쓰인 보조사)

② 보어[주성분] : 사실+도(보격 조사 '이' 대신에 쓰인 보조사)

④ 주어[주성분] : 정부+에서(단체 주격 조사)

정답 ③

04 ○△✕

밑줄 친 부분의 문장 성분이 <u>다른</u> 하나는?

① 지금도 나는 <u>어머니의</u> 말씀이 기억난다.

② 그 학생이 <u>아주</u> 새 사람이 되었더라.

③ <u>바로</u> 옆집에 삼촌이 사신다.

④ 5월에 <u>예쁜</u> 꽃을 보러 가자.

② 아주[부사어] : 부사 '아주'는 원칙적으로 용언이나 부사어를 수식하지만,
관형사 '새'를 수식하는 경우는 부사어이다.

① 어머니의[관형어] : [어머니(체언)+의(관형격 조사)]

③ 바로[관형어] : 부사 '바로'가 체언 '옆집'을 수식하는 경우에는 품사는 부
사이지만 성분은 문맥상 '관형어'로 취급한다.

④ 예쁜[관형어] : [예쁘(형용사의 어간)+ㄴ(관형사형 전성어미)]. 용언의 관
형사형은 품사는 바뀌지 않지만 성분은 '관형어'가 된다.

정답 ②

05 ☐△✕

다음 밑줄 친 성분에 대한 설명 중 가장 적절한 것은?

> ㉠ 영선이가 참 아름답다.
> ㉡ 과연 영선이는 똑똑하구나.
> ㉢ 영선이는 엄마와 닮았다.
> ㉣ 그러나 영선이는 역경을 이겨냈다.

① ㉠과 ㉡의 밑줄 친 부분은 문장 내의 다른 성분을 수식하는 성분 부사어이다.
② ㉡과 ㉢의 밑줄 친 부분은 문장 전체를 수식하는 문장 부사어이다.
③ ㉢과 ㉣의 밑줄 친 부분은 앞뒤를 연결해 주는 접속 부사어이다.
④ ㉠부터 ㉣까지 밑줄 친 부분은 모두 부사어이다.

정답의 이유
④ '㉠ 참 : 성상 부사. ㉡ 과연 : 양태 부사. ㉢ 엄마와 : 체언+비교부사격 조사. ㉣ 그러나 : 문장 접속 부사'로 모두 성분은 부사어이다.

오답의 이유
① ㉠의 '참'은 문장의 어느 한 성분(아름답다)만을 수식하는 성분 부사어지만, ㉡의 '과연'은 뒤에 오는 문장 전체를 수식하는 문장 부사어이다.
② ㉡의 '과연'은 문장 부사어지만, ㉢의 '엄마와'는 서술어 '닮았다'를 수식하는 성분 부사어이다.
③ ㉢의 '엄마와'는 성분 부사어지만, ㉣의 '그러나'는 문장 접속 부사어이다.

정답 ④

06 ☐△✕

다음 중 서술어의 자릿수를 잘못 제시한 것은?

① 우정은 마치 보석과도 같단다. → 두 자리 서술어
② 나 엊저녁에 시험공부로 녹초가 됐어. → 두 자리 서술어
③ 철수의 생각은 나와는 아주 달라. → 세 자리 서술어
④ 원영이가 길가 우체통에 편지를 넣었어. → 세 자리 서술어

정답의 이유
③ 대칭용언 '다르다'는 '주어(생각은)'와 '필수적 부사어(나와는)'를 요구하는 두 자리 서술어이다.
  → (철수의)+생각은+나와는+(아주)+달라

오답의 이유
① 같다 : 대칭용언으로 '주어 + 필수적 부사어'의 두 자리 서술어
  → 우정은+(마치)+보석과도+같단다
② 되다 : '주어+보어'의 두 자리 서술어
  → 나+(엊저녁에)+(시험공부로)+녹초가+됐어
④ 넣다 : 수여 동사류로 '주어+필수적 부사어+목적어'의 세 자리 서술어
  → 원형이가+(길가)+우체통에+편지를+넣었어

정답 ③

07 ☐△✕

다음 문장 중 밑줄 친 서술어의 자릿수가 <u>다른</u> 것은?

① 어제 만났던 그는 이제 선생님이 <u>아니다</u>.
② 군대에 가는 민수는 후배들에게 책을 <u>주었다</u>.
③ 배가 많이 고팠던 철수는 라면을 맛있게 <u>먹었다</u>.
④ 삶에 관심이 많은 학생들이 도서관에서 책을 <u>읽는다</u>.

정답의 이유
② 수여동사 '주었다'는 '주어(민수는)+필수적 부사어(후배들에게)+목적어(책을)'을 반드시 필요로 하는 세 자리 서술어이다. '군대에 가는'은 관형어로 수의적 성분이다.

오답의 이유
① '아니다'는 '주어(그는)+선생님이(보어)'를 필수적으로 요구하는 두 자리 서술어. '어제 만났던'의 관형어와 '이제'의 부사어는 수의적 성분
③ '먹었다'는 타동사로 '주어(철수는+목적어(라면을)'을 필수적으로 요구하는 두 자리 서술어. '배가 많이 고팠던'의 관형어와 '맛있게'의 부사어는 수의적 성분
④ '읽는다'는 타동사로 '주어(학생들이)+목적어(책을)'을 필수적으로 요구하는 두 자리 서술어. '삶에 관심이 많은'의 관형어와 '도서관에서'의 부사어는 수의적 성분

정답 ②

08 ☐△✕

홑문장에 해당하는 것은?

① 어제 빨간 모자를 샀다.

② 봄이 오니 꽃이 피었다.

③ 남긴 만큼 버려지고, 버린 만큼 오염된다.

④ 우리 집 앞마당에 드디어 장미꽃이 피었다.

정답의 이유

④ 주어(장미꽃이)와 서술어(피었다)가 1번뿐인 홑문장이다. [우리 집(관형어)+앞마당에(부사어)+드디어(부사어)+장미꽃이(주어)+피었다.(서술어)]

오답의 이유

① 겹문장 : 어제 [(모자가) 빨간 : 주어가 생략된 관계관형절] 모자를 샀다.

② 겹문장 : [봄이 오니+꽃이 피었다 : 종속 이어진문장]. 종속적 연결어미 '−니'

③ 겹문장 : [남긴 만큼 버려지고+버린 만큼 오염된다 : 대등하게 이어진 문장]. 대등적 연결어미 '−고'

정답 ④

09 ☐△✕

문장의 확장 방식이 다른 것은?

① 담배를 피우는 사람이 점점 줄어들고 있다.

② 철수가 말도 없이 가버렸다.

③ 나는 그가 귀국했다고 들었다.

④ 봄이 오면 꽃이 핀다.

정답의 이유

④는 이어진 문장으로 확장. 나머지는 안은문장으로 확장되었다.

④ 종속 이어진 문장 : '봄이 오면+꽃이 핀다.' 종속적 연결어미

오답의 이유

① 관형절 : [(사람이) 담배를 피우는: 주어가 생략된 관계관형절] 사람이~

② 부사절 : '철수가 [말도 없이: 부사절] 가버렸다.

③ 인용절 : '나는 [그가 귀국했다고: 간접인용절] 들었다.

정답 ④

10 ☐△✕

다음 밑줄 친 부분에 해당하는 예로 가장 적절하지 않은 것은?

> 문장은 홑문장과 겹문장으로 나뉘며, 겹문장은 다시 이어진문장과 안은문장으로 나뉜다. 이어진문장은 두 개의 홑문장이 대등한 자격으로 이어지는 ㉠ 대등하게 이어진 문장과 앞의 홑문장이 뒤의 홑문장에 종속적으로 연결되는 ㉡ 종속적으로 이어진 문장으로 나눌 수 있다. (이하 생략)

① ㉠ : 나는 밥을 먹고 학교에 갔다.

② ㉠ : 어제는 눈이 왔고 오늘은 비가 온다.

③ ㉡ : 가을이 되면 단풍이 든다.

④ ㉡ : 공원에 갔는데 사람들이 많았다.

정답의 이유

① 종속 이어진 문장 : 형태상으로는 어미 '−고'가 대등적으로 보이지만, 앞 절과 뒤 절의 순서를 바꾸어서는 문장이 성립되지 않고, 또한 "나는 (학교에) 밥을 먹고 갔다."가 성립되므로 ㉡ '종속적으로 이어진 문장'이다.

오답의 이유

② 대등적으로 이어진 문장 : "오늘은 비가 오고 어제는 눈이 왔다."처럼 앞뒤 문장의 교체가 가능하다.

③ 종속적으로 이어진 문장 : "단풍이 가을이 되면 든다."가 가능하다.

④ 종속적으로 이어진 문장 : "(나는) 공원에 갔다."와 "(공원에) 사람들이 많았다."가 종속적 연결어미 '−는데'로 이어져 있다.

정답 ①

11 ☐△✕

밑줄 친 부분의 문법적 성격이 다른 하나는?

① 내가 어제 책을 산 서점은 우리 집 옆에 있다.

② 저는 제가 직접 그분을 만난 기억이 없습니다.

③ 그 화가는 붓을 놓고 이마에 흐르는 땀을 씻었다.

④ 햇불을 추켜든 사람들이 골짜기를 샅샅이 뒤졌다.

정답의 이유

② '제가 직접 그분을 만난'은 성분 생략이 없이 체언 '기억'과 같은 의미를 지닌 동격관형절이다.

오답의 이유

① 내가 어제 책을 (서점에서) 산 : 부사어가 생략된 관계관형절

③ (땀이) 이마에 흐르는 : 주어가 생략된 관계관형절

④ (사람들이) 햇불을 추켜든 : 주어가 생략된 관계관형절

정답 ②

12 ◻◻◻◻

다음 중 두 번 이상 안긴 절이 있는 문장이 아닌 것은?

① 철수는 문제를 적극적으로 해결할 용기가 부족하다.

② 누구나 자기 현실을 불변의 것으로 생각하는 것은 아니다.

③ 누구도 그가 이번 대회에서 우승할 후보자임을 의심치 않았다.

④ 그는 비가 소리 없이 내리는 모습을 조용히 바라보았다.

정답의 이유

② • (누구나 자기 현실을 불변의 것으로 생각하는 : 관형절) 것은 아니다 : 의존명사 '것' 앞에서 관형사형 전성어미 '-는'을 활용한 '관형절' 하나뿐이다.
• 6차 교육과정에서는 '는+것'의 구조를 명사절로 인정했으나, 7차 교육과정부터는 명사형 전성어미 '-(으)ㅁ, -기'을 활용한 구조만을 명사절로 인정하고 있다.

오답의 이유

① 철수는/[(문제를 적극적으로 해결할) 용기가 부족하다] : 전체 주어 '철수는'과 서술어 '용기가 부족하다.'의 구조에는 '서술절'이, '문제를 적극적으로 해결할'에는 '관형절' 안긴문장이 있다.

③ 누구도 [그가 (이번 대회에서 우승할) 후보자임]을 의심치 않았다 : '그가 이번 대회에서 우승할 후보자임'은 명사형 전성어미 '-(으)ㅁ'을 활용한 '명사절'이고, 명사절 안의 '이번 대회에서 우승할'은 관형사형 전성어미 '-(으)ㄹ'을 활용한 '관형절' 안긴문장이 있다.

④ 그는 [비가 (소리 없이) 내리는] 모습을 조용히 바라보았다 : '비가 소리 없이 내리는'은 관형사형 전성어미 '-는'을 활용한 '관형절'이고, 관형절 안의 '소리(가) 없이'는 부사화 접미사 '-이'를 활용한 '부사절' 안긴문장이 있다.

정답 ②

13 ◻◻◻◻

〈보기〉의 ㉠~㉣에 대해 탐구한 것으로 적절하지 않은 것은?

─── 〈보 기〉 ───

㉠ 아버지는 마음이 넓다.

㉡ 그 아이는 집으로 갔다.

㉢ 우리는 그가 담임 선생님임을 알았다.

㉣ 나는 어머니가 선물로 주신 가방을 멨다.

① ㉠에서 안은문장의 주어와 안긴문장의 주어는 다르다.

② ㉡은 주어와 서술어의 관계가 한 번 나타나므로 홑문장이다

③ ㉢에는 목적어의 기능을 하는 안긴문장이 있고, ㉣에는 관형어의 기능을 하는 안긴문장이 있다.

④ ㉣에서 안긴문장의 목적어는 안은문장의 목적어와 다르므로 생략되지 않았다.

정답의 이유

④ ㉣ [나는 / 어머니가 선물로 (가방을) 주신 가방을 멨다.] : 관형절 안긴문장이다. 그런데 안은문장의 목적어 '가방을'이 안긴문장의 목적어와 동일하므로 관형절의 목적어를 생략했다. 이를 관계관형절이라 한다.

오답의 이유

① ㉠ [아버지는 / 마음이 넓다.] : 서술절 안긴문장이다. '아버지는'은 안은문장의 주어이고, '마음이'는 안긴문장, 즉 서술절의 주어이다.

② ㉡ [그(관형어) 아이는(주어) 집으로(부사어) 갔다.(서술어)] : 주어와 서술어의 관계가 한 번뿐이므로 홑문장이다.

③ ㉢ [우리는 / 그가 담임선생님임을 알았다.] : 목적어명사절이다.

정답 ④

14 ◻◻◻◻

다음 중 피동과 사동에 대한 설명으로 가장 옳지 않은 것은?

① 동사에 따라서는 사동사와 피동사의 형태가 같은 경우도 있다.

② 사동 접사는 타동사뿐 아니라 자동사나 형용사와도 결합할 수 있다.

③ 사동문과 피동문 각각에 대응하는 주동문과 능동문이 없는 경우도 있다.

④ 일반적으로 단형 사동은 사동주의 직접 행위는 물론 간접 행위도 나타내는데, 장형 사동은 사동주의 직접 행위를 나타낸다.

정답의 이유
④ 단형 사동이란 접미사를 통한 파생적 사동문으로 사동주의 행위는 '–어 주다'의 직접 행위와 '–게 하다'의 간접 행위가 둘 다 가능하다. 그러나 연결 어미를 통한 장형 사동(=통사적 사동)은 사동주의 행위가 간접적 으로만 나타난다.

오답의 이유
① 접미사 '–이, –히, –리, –기'는 사동과 피동에 공통적으로 나타난다.
② 사동접미사는 모든 용언에 두루 쓰일 수 있다.
  ㉠ 타동사 : 영희가 옷을 입는다. → 어머니가 영희에게 옷을 입힌다.
  ㉡ 자동사 : 얼음이 녹는다. → 철수가 얼음을 녹인다.
  ㉢ 형용사 : 길이 넓다. → 인부들이 길을 넓힌다.
③ 원칙적으로는 사동문에 대응되는 주동문과 피동문에 대응되는 능동문이 둘 다 가능하지만, 피동문에 대응되는 주동문 없거나 피동문에 대응되는 능동문이 성립되지 않는 경우도 있다.

정답 ④

15 ⊙△✕

밑줄 친 사동 표현이 바르게 사용된 문장은?

① 군 당국은 김 중위를 대위로 <u>승진시켰다</u>.
② 그는 차를 최대한 벽에 가깝게 <u>주차시켰다</u>.
③ 위원회는 김 회장을 <u>해임시킬</u> 수밖에 없었다.
④ 법원은 판결까지의 기간을 <u>단축시킬</u> 것으로 알려졌다.

정답의 이유
① '김 중위가 승진하다'는 '주동'의 의미이고, '군 당국은 김 중위를 승진시 키다'는 '사동'의 의미이다. 이처럼 주동과 사동의 의미가 분명히 구별될 때는 '승진하다'와 '승진시키다'가 둘 다 맞다.

오답의 이유
나머지는 '–하다'를 써야 할 자리에 '–시키다'를 쓴 경우로 과동한 사동 표 현이다.
② 주차시켰다〉주차했다
③ 해임시킬〉해임할
④ 단축시킬〉단축할

정답 ①

01 ⊙△✕

'훈민정음'에 대한 설명으로 가장 바르지 못한 것은?

① 'ㄱ, ㄴ, ㅁ, ㅅ, ㅇ'은 각각 발음기관을 상형하여 만들었다.
② 'ㄴ'에 가획(加劃)의 원리를 적용하여 'ㄷ, ㅌ, ㄸ'을 만들었다.
③ 모음 자모 'ㆍ, ㅡ, ㅣ'는 각각 하늘, 땅, 사람을 상형하여 만들었다.
④ 'ㄹ, ㅿ'을 살펴보면 다른 한글 자모에 쓰인 가획의 원리와 차이가 있다.

정답의 이유
② 혀끝소리의 기본자 'ㄴ'에 대한 가획자는 'ㄷ, ㅌ'이다. 'ㄸ'은 각자병서법 에 따른 표기이므로 가획의 원리와는 관계가 없다.

오답의 이유
① 자음의 기본자는 발음기관을 상형한 5자(ㄱ, ㄴ, ㅁ, ㅅ, ㅇ)이다.
③ 모음의 기본자는 천·지·인의 모양을 상형한 3자(ㆍ, ㅡ, ㅣ)이다.
④ 'ㄹ, ㅿ'은 'ㅇ'과 함께 가획의 원리가 아닌 모양을 변형한 '이체자(異體 字)'이다.

정답 ②

02 ⊙△✕

다음 중 '훈민정음'의 제자 원리에서 기본자와 가획자의 연결이 바르지 않은 것은?

① ㅅ – ㅿ
② ㄱ – ㅋ
③ ㅁ – ㅍ
④ ㅇ – ㆆ

정답의 이유
① 치음 기본자 'ㅅ'의 가획자는 'ㅈ'과 'ㅊ'이다. 'ㅿ(반치음)'은 치음의 '이체 자'이다.

오답의 이유
② 아음의 기본자 'ㄱ'에 가획자는 'ㅋ'이다.
③ 순음의 기본자 'ㅁ'에 'ㅍ'은 2가획자이다.
④ 후음의 기본자 'ㅇ'에 가획자는 'ㆆ'이다.

정답 ①

훈민정음 초성 17자

명칭	기본자	가획자	이체자	제자원리
어금닛소리 (牙音)	ㄱ	ㅋ	ㆁ	혀뿌리가 목구멍을 막는 모양(舌根閉喉之形)
혓소리(舌音)	ㄴ	ㄷ, ㅌ	ㄹ	혀끝이 윗잇몸에 붙는 모양(舌附上齶之形)
입술소리 (脣音)	ㅁ	ㅂ, ㅍ		입술 모양(口形)
잇소리(齒音)	ㅅ	ㅈ, ㅊ	△	이의 모양(齒形)
목구멍소리 (喉音)	ㅇ	ㆆ, ㅎ		목구멍 모양(喉形)

03 ○△×

다음 밑줄 친 부분에 부합하는 훈민정음의 창제 원리로 가장 적절한 것은?

> 중세 국어에 존재했다가 사라진 글자에 'ㆆ'이 있다. 이 글자는 목구멍에서 나는 소리를 적은 글자이다. 'ㆆ'을 흔히 '여린히읗'이라고 부르는데 이것은 'ㅎ'에 비해 여리다는 의미를 지닌다.

① 초성자는 발음 기관의 모양을 형상화하여 만든다.
② 초성자는 획을 더하여 글자를 만든다.
③ 종성자는 따로 만들지 않고 초성자를 다시 사용한다.
④ 중성자는 하늘, 땅, 사람을 본떠서 만든다.

정답의 이유
② ㆆ : 후음의 기본자 'ㅇ'에 가획을 하여 만든 글자이다.

오답의 이유
① 초성 기본자 5(ㄱ, ㄴ, ㅁ, ㅅ, ㅇ) : 발음 기관(아, 설, 순, 치, 후)의 모양을 본떠서 만들었다.
③ 종성부용초성
④ 중성 기본 3(·, ㅡ, ㅣ) : 하늘, 땅, 사람을 본떠서 만들었다.

정답 ②

04 ○△×

다음에서 설명하는 훈민정음 제자 원리에 해당하는 것은?

> 'ㄱ, ㄷ, ㅂ, ㅅ, ㅈ, ㅎ' 등을 가로로 나란히 써서 'ㄲ, ㄸ, ㅃ, ㅆ, ㅉ, ㆅ'을 만드는 것인데, 필요한 경우에는 'ㅺ, ㅼ, ㅽ, ㅳ, ㅄ, ㅶ, ㅴ, ㅵ' 등도 만들어 썼다.

① 象形
② 加畫
③ 竝書
④ 連書

정답의 이유
③ 병서(竝書) : 자음을 옆으로 나란히 적어 낱글자를 만드는 방법으로 같은 자음을 적는 '각자병서(ㄲ, ㄸ, ㅃ, ㅆ, ㅉ, ㆅ)'와 서로 다른 자음을 섞어 쓰는 '합용병서(ㅺ, ㅼ, ㅽ, ㅳ, ㅄ, ㅶ, ㅴ, ㅵ)'로 나눈다.

오답의 이유
① 상형(象形) : 사물의 형상을 본뜬 것으로 자음에서는 발음 기관의 모양을, 모음에서는 '천, 지, 인'의 모습을 본떠서 만들었다.
② 가획(加畫) : 자음에서 발음 기관을 상형하여 만든 다섯 글자(ㄱ, ㄴ, ㅁ, ㅅ, ㅇ)에 획을 더하여 글자를 만드는 원리이다.
④ 연서(連書) : 순음 아래에 'ㅇ'을 적어 '순경음'을 만드는 규정이다.

정답 ③

05 ○△×

밑줄 친 변화의 흔적을 확인할 수 있는 것은?

> 중세 국어에서는 현대 국어와는 달리 마찰음인 'ㅸ([β])', 'ㅿ([z])'와 같은 자음이 더 있었다. 이 중 'ㅸ'은 15세기 말에 이르러 반모음 'ㅗ/ㅜ([w])'로 바뀌었다. '더ㅸㅓ>더워', '쉬ㅸㆍㄴ>쉬운' 등에서 그 변화의 모습을 볼 수 있다. 'ㅿ'은 15세기 말에서 16세기 초에 걸쳐 소멸하였다. 'ㅁㅿㆍㅁ>마음', '처ㅿㅓㅁ>처음' 등에서 그 변화의 모습을 볼 수 있다.

① 잡다
② 반갑다
③ 배우다
④ 들어오다

'ㅸ'은 중세 국어에서 연서법에 의해 만들어진 음운으로 훈민정음 23자에는 속하지 않지만 성종 이전까지 우리 국어에서 실질적인 음운의 단위로 사용하였다. 용언을 활용할 때 모음의 어미 앞에서 모두 바뀌는 것이 아니라 'ㅂ' 불규칙 용언에서만 나타났다. 결국 현대 국어의 'ㅂ' 불규칙 용언을 찾으면 된다.

② 반갑+아>반가ㅸㅏ>반가와>반가워 : 'ㅂ' 불규칙 용언

오답의 이유

① 잡+아>자바 : 'ㅂ' 규칙 용언. 'ㅸ'을 만들지 못함
③ · ④ 어간의 받침이 모음이므로 'ㅸ'과는 관련이 없다.

정답 ②

06 ○△×

훈민정음에 대한 설명 중 틀린 것을 모두 고른 것은?

> 가. 1443년에 창제하고 1446년에 반포하였다.
> 나. 초성자의 기본자는 'ㄱ, ㄴ, ㄷ, ㅁ, ㅅ, ㅇ'이다.
> 다. 중성자의 기본자는 조음 기관을 상형하여 창제하였다.
> 라. 종성자는 따로 창제하지 않고 초성자를 다시 사용하게 하였다.
> 마. 'ㄲ', 'ㄸ', 'ㅃ'처럼 글자를 나란히 쓰는 방식을 합용병서라고 한다.

① 가, 다　　　　　　② 가, 나, 라
③ 나, 라　　　　　　④ 나, 다, 마

정답의 이유

④ 나. 초성자의 기본자는 발음기관의 형상을 본뜬 것으로 'ㄱ, ㄴ, ㅁ, ㅅ, ㅇ'의 5자이다. 'ㄷ'은 설음 'ㄴ'의 이체자이다.

　　다. 조음 기관을 상형하여 창제한 것은 초성자의 기본자이고, 중성자의 기본자는 '天, 地, 人' 삼재의 모양을 본뜬 'ㆍ, ㅡ, ㅣ'의 세 글자이다.

　　마. 'ㄲ', 'ㄸ', 'ㅃ'처럼 전청음을 글자를 나란히 쓰는 방식은 '각자병서'이다.

오답의 이유

가. 1443년 '예의'규정을 완성했음을 '창제'라 하고, 1446년 한문본인 '해례본 훈민정음'의 간행을 '반포'라 한다.

라. 종성자는 '종성부용초성'이라 하여 초성 17자를 종성자에 다시 사용하게 하였다.

정답 ④

07 ○△×

중세국어 표기법에 대한 설명 중 옳은 것을 모두 고른 것은?

> ㄱ. 종성 표기에는 원칙적으로 'ㄱ, ㆁ, ㄷ, ㄴ, ㅂ, ㅁ, ㅅ, ㄹ'의 8자만 쓰였다.
> ㄴ. 사잇소리에는 'ㅅ'과 'ㅿ' 외의 자음이 쓰이지 않았다.
> ㄷ. 한자를 적을 때는 동국정운식 한자음을 한자 아래 병기했다.
> ㄹ. 음절을 초성, 중성, 종성의 3분법으로 분석하였으나 종성 글자는 따로 만들지 않고 초성 글자를 그대로 다시 썼다.
> ㅁ. 'ㅇ'을 순음 아래 이어 쓰면 순경음이 된다.

① ㄱ, ㄴ, ㄷ
② ㄱ, ㄷ, ㄹ
③ ㄴ, ㄹ, ㅁ
④ ㄱ, ㄹ, ㅁ

정답의 이유

ㄱ. 중세 국어의 표기의 원칙은 '표음적 표기'이므로 종성 표기에는 원칙적으로 'ㄱ, ㆁ, ㄷ, ㄴ, ㅂ, ㅁ, ㅅ, ㄹ'의 8자만 쓰였다. 다만 용비어천가나 월인천강지곡 등 실용성을 실험하는 문헌에서만은 표음적 표기인 '종성부용초성'의 규정이 적용되었다.

ㄹ. 음절을 초성, 중성, 종성의 3분법으로 분석하였으나 종성 글자는 따로 만들지 않고 훈민정음 초성 17자를 그대로 다시 쓰는 '종성부용초성'을 적용하였다.

ㅁ. 자모의 운용 규정 중 'ㅇ'을 순음 아래 이어 쓰는 '연서법'을 통해 순경음을 만들었다.

오답의 이유

ㄴ. 사잇소리는 조건에 따라 고유어 아래에는 'ㅅ, ㅿ, ㆆ'을 사용하였고 한자어 아래에는 'ㄱ, ㄷ, ㅂ, ㅸ, ㆆ, ㅿ' 등 다양한 사잇소리를 사용하다가 성종 때 'ㅅ'으로 통일되었다.

ㄷ. 한자를 적을 때는 동국정운식 한자음을 한자 아래가 아닌 오른쪽에 병기 했다.

정답 ④

08 ○△✕

우리말과 글에 대한 설명으로 옳지 <u>않은</u> 것은?

① '보라매'와 '수라'는 몽고어에서 유입된 말이다.

② 모음조화 현상은 현대 국어보다 중세국어에서 더 뚜렷하게 나타난다.

③ 15세기부터 주격 조사 형태 '가'가 나타나서 활발하게 사용되었다.

④ 훈몽자회(訓蒙字會)에는 한글 자모의 명칭과 순서가 나타난다.

[정답의 이유]

③ 주격 조사 '가'가 문헌에 처음 등장한 것은 16세기 후반이었고, 임란 이후 17세기에 들어 와 보편화되었다. 그 이전에는 주격조사로 '이' 형태만 존재했다.

[오답의 이유]

① '보라매'와 '수라'는 고유어가 아니라 고려 말기 몽고어에서 유입된 귀화어이다.

② 모음조화 현상은 중세국어에서 더 뚜렷하게 나타났으며 18세기 '·'음가의 소멸로 문란해져 현대국어에서는 음성상징어나 어간에 어미의 결합 정도에만 적용되고 있다.

④ '훈몽자회(訓蒙字會)'는 중종 22년(1527년) 최세진이 『천자문』을 보완하여 편찬한 어린이용 한자학습서로 오늘날과 유사한 한글 자모의 명칭과 순서가 나타난다.

정답 ③

09 ○△✕

〈보기〉는 중세국어의 표기법에 대한 설명이다. 이에 따른 표기로 가장 옳지 <u>않은</u> 것은?

――――――〈 보 기 〉――――――

중세국어 표기법의 일반적 원칙은 표음적 표기법으로, 이는 음운의 기본 형태를 밝혀 적지 않고 소리 나는 대로 적는 표기를 말한다. 이어적기는 이러한 원리에 따른 것으로 받침이 있는 체언이나 받침이 있는 용언 어간에 모음으로 시작하는 조사나 어미가 붙을 때 소리 나는 대로 이어 적는 표기를 말한다.

① 불휘 기픈

② 브릭매 아니 뮐씨

③ 쟝긔판놀 밍골어놀

④ 바릭래 가느니

[정답의 이유]

③ • 쟝긔판놀 : 혼철(=거듭적기). '쟝긔판+ ᄋ · ᄅ>쟝긔파놀(연철)'

  • 밍골어놀 : 분철(=끊어적기). '밍골+거ᄂ · ᄅ>ᄅ 받침 뒤에 ㄱ 탈락 현상'

[오답의 이유]

① 기픈 : 연철. '깊+은'

② 브릭롬매 : 연철. 'ᄇ · 롬+애'

④ 바릭래 : 연철. '바롤+애'

정답 ③

CHAPTER 02 실용문법

01 어문규정

01 ○△×

다음 〈보기〉의 한글 맞춤법 규정이 적용된 단어가 <u>아닌</u> 것은?

— 〈보 기〉 —

제7항 'ㄷ' 소리 나는 받침 중에서 'ㄷ'으로 적을 근거가 없는
것은 'ㅅ'으로 적는다.
예 덧저고리, 자칫하면, 돗자리

① 무릇
② 엇셈
③ 웃어른
④ 훗일

정답의 이유

④ 훗일 : [후(後)+일 → 훈닐]. 한자어 '후(後)'와 고유어 '일'의 합성명사. 뒷
말의 첫소리 모음 앞에서 'ㄴㄴ' 소리가 덧나므로 사이시옷을 밝혀 적는다.

오답의 이유

① 덧저고리[덛쩌고리]
② 자칫하면[자친하면→자치타면]
③ 돗자리[돋짜리]

→ "제7항 'ㄷ' 소리 나는 받침 중에서 'ㄷ'으로 적을 근거가 없는 것은
'ㅅ'으로 적는다."는 〈보기〉의 규정을 맞게 적용한 단어들이다.

정답 ④

02 ○△×

다음 중 〈맞춤법 규정〉을 따르지 <u>않은</u> 표기는?

(가) 백분율(百分率)	(나) 태능(泰陵)
(다) 공념불(空念佛)	(라) 쌍룡(雙龍)

① (가), (나)
② (가), (라)
③ (나), (다)
④ (나), (라)

정답의 이유

(1) 원칙 : 단어의 첫머리 이외의 경우에는 본음대로 적는다.
　　→ (나) 태릉(泰陵), (라) 쌍룡(雙龍)
(2) 예외 : 어두가 아니면서도 두음법칙의 적용을 받는 경우
　　→ (가) 백분율(百分率) : 모음이나 'ㄴ' 받침 아래의 '렬, 률'은 '열, 율'로
　　　　적는다.
　　→ (다) 공염불(空念佛) : 접두사처럼 쓰이는 한자어 다음 말

정답 ③

03 ☐△✕

〈보기〉에 제시된 한글 맞춤법의 규정이 바르게 적용되지 <u>않은</u> 것은?

> ───────〈보 기〉───────
> 제12항 한자음 '라, 래, 로, 뢰, 루, 르'가 단어의 첫머리에 올 적에는 두음 법칙에 따라 '나, 내, 노, 뇌, 누, 느'로 적는다.
> [붙임 1] 단어의 첫머리 이외의 경우에는 본음대로 적는다.
> [붙임 2] 접두사처럼 쓰이는 한자가 붙어서 된 단어는 뒷말을 두음 법칙에 따라 적는다.

① 낙원(樂園), 실락원(失樂園)

② 내일(來日), 왕래(往來)

③ 노인(老人), 상노인(上老人)

④ 누각(樓閣), 광한루(廣寒樓)

정답의 이유

① 실낙원(失樂園) : 원칙이라면 첫머리가 아니므로 '실락원'으로 표기해야 하지만, [붙임 2]의 예외 규정을 적용하여 접두사처럼 쓰이는 한자가 붙어서 된 단어는 뒷말을 두음법칙에 따라 적는다.

오답의 이유

② '래(來)'는 두음법칙의 원칙에 따라 첫머리에서 '내'로 적지만, 첫머리 이외에는 '왕래'처럼 본음을 적는다.

③ '로인(老人)'은 첫머리에는 '노인'으로 적지만, 첫머리 이외에는 '경로'처럼 본음을 적는다. 다만 첫머리가 아니더라도 '상노인(上老人)'의 경우에는 [붙임 2]의 예외 규정을 적용한다.

④ '루각(樓閣)'은 첫머리에서는 '누각'으로 적지만, 첫머리 이외일 때는 '광한루(廣寒樓)'처럼 본음대로 적는다.

정답 ①

04 ☐△✕

밑줄 친 부분이 문법에 맞지 <u>않는</u> 것은?

① 이미 늦은 것 <u>아니오</u>?

② <u>아니요</u>, 제가 안 그랬어요.

③ 다음 물음에 '예', '<u>아니오</u>'로 답하시오.

④ 어렸을 때부터 한집에서 살아온 우리는 친구가 <u>아니요</u>, 형 제랍니다.

정답의 이유

③ 아니요 : 감탄사. 윗사람이 묻는 말에 반대나 부정하는 대답을 할 때 하 는 말

오답의 이유

① 형용사 어간 '아니–'에 의문형 종결어미 '오'가 붙은 형태

② 감탄사 '아니'에 상대 높임 보조사 '요'가 결합된 형태

④ 형용사 어간 '아니–'에 연결어미 '–요'가 결합된 형태

정답 ③

05 ☐△✕

밑줄 친 단어 중에서 다음의 한글 맞춤법 규정이 적용된 것이 <u>아닌</u> 것은?

> 제19항 어간에 '–이'나 '–음/–ㅁ'이 붙어서 명사로 된 것과 '–이'나 '–히'가 붙어서 부사로 된 것은 그 어간의 원 형을 밝히어 적는다.
> [붙임] 어간에 '–이'나 '–음' 이외의 모음으로 시작된 접미사 가 붙어서 다른 품사로 바뀐 것은 그 어간의 원형을 밝 히어 적지 아니한다.

① 그는 병의 <u>마개</u>를 땄다.

② 해야 할 일이 <u>너무</u> 많다.

③ 그녀는 창가에 앉아 <u>바깥</u>을 내다보았다.

④ 나는 어제 친구의 <u>무덤</u>을 찾아갔다.

정답의 이유

제19항은 어원을 밝혀 적는 표의적 표기이고, [붙임]은 어원을 밝혀 적지 않 는 표음적 표기의 예외이다. 다만, 문제의 초점은 [붙임]의 규정을 적용할 때 '어간'에 붙어 품사가 바뀌는 경우라는 점이다.

③ 밖(명사)＋앝(접미사)〉바깥(명사) : '어간'이 아닌 '명사'에 모음으로 시작 된 접미사가 붙는 경우이고, 원형을 밝히어 적지 않는 것은 다른 보기와 같으나 품사가 바뀐 것도 아니다.

오답의 이유

① 막(동사의 어간)＋애)마개(파생명사)

② 넘(동사의 어간)＋우)너무(파생부사)

④ 묻(동사의 어간)＋엄)무덤(파생명사)

정답 ③

06 ⬜△✕

밑줄 친 부분이 한글맞춤법 규정에 맞지 <u>않은</u> 것은?

① 그는 동생의 버릇없는 행동을 <u>너그러이</u> 받아 주었다.

② 그녀는 수업 계획안을 <u>꼼꼼이</u> 작성하였다.

③ 햇볕이 방 안을 <u>따뜻이</u> 비추었다.

④ 너무 사건에 깊숙이 개입하였다.

정답의 이유

② 꼼꼼이>꼼꼼히 : '-하다'가 붙는 어근 뒤에 부사화 접미사는 '-히'로 표기한다.

오답의 이유

① 너그러이 : 'ㅂ' 불규칙용언의 어근 '너그럽-' 뒤에는 부사화 접미사 '-이'로 적는다.

③ 따뜻이 : '-하다'가 붙는 어근이라도 'ㅅ' 받침 뒤는 부사화 접미사 '-이'로 적는다.

④ 깊숙이 : '-하다'가 붙고 'ㄱ' 받침 뒤라고 하더라도 '-이'로만 소리 나는 경우 부사화 접미사 '-이'로 적는다.

정답 ②

07 ⬜△✕

〈보기〉의 규정이 적용된 단어가 <u>아닌</u> 것은?

―〈 보 기 〉―

제29항 끝소리가 'ㄹ'인 말과 딴 말이 어울릴 적에 'ㄹ' 소리가 'ㄷ' 소리로 나는 것은 'ㄷ'으로 적는다.

예 삼짇날[삼질+날], 숟가락[술+가락]

① 푿소

② 여닫다

③ 잔주름

④ 섣부르다

정답의 이유

〈보기〉는 호전현상에 대한 설명과 용례이다.

② 열+닫다>여닫다 : 'ㄹ' 탈락

오답의 이유

① 풀+소>푿소 : 호전현상. 여름에 생풀만 먹고 사는 소. 힘을 잘 쓰지 못하여 부리기에 부적당하다.

③ 잘+주름>잔주름 : 호전현상. 옷 따위에 잡은 잔주름

④ 설+부르다>섣부르다 : 호전현상. 솜씨가 설고 어설프다.

정답 ②

08 ⬜△✕

사이시옷 표기가 모두 옳지 <u>않은</u> 것은?

① 붕엇빵 – 공붓벌레

② 마굿간 – 인삿말

③ 공깃밥 – 백짓장

④ 도맷값 – 머릿털

정답의 이유

② 마굿간>마구간 : '마구간(馬廏間)'은 3음절의 한자어이므로 사이시옷을 적지 않는다.

인삿말>인사말 : 한자어 '인사(人事)'와 순우리말 '말'이 합성을 이룰 때 'ㄴ' 소리가 덧나지 않으므로 사이시옷을 적지 않는다.

오답의 이유

① 붕엇빵>붕어빵 : 뒷말의 된소리 앞에서는 사이시옷을 적지 않는다.

공붓벌레 : 한자어 '공부(工夫)'와 순우리말 '벌레'가 합성을 이룰 때 뒷말의 첫소리가 된소리로 발음되므로 사이시옷을 밝혀 적는다.

③ 공깃밥 : 한자어 '공기(空器)'와 순우리말 '밥'이 합성을 이룰 때 뒷말의 첫소리가 된소리로 발음되므로 사이시옷을 밝혀 적는다.

백짓장>백지장 : '백지장(白紙張)'은 3음절의 한자어이므로 사이시옷을 적지 않는다.

④ 도맷값 : 한자어 '도매(都買)'와 순우리말 '값'이 합성을 이룰 때 뒷말의 첫소리가 된소리로 발음되므로 사이시옷을 밝혀 적는다.

머릿털>머리털 : 뒷말의 거센소리 앞에서는 사이시옷을 적지 않는다.

정답 ②

09 ○△✕

다음은 사이시옷 규정의 일부이다. 이 조건에 부합하지 <u>않는</u> 것은?

- 순 우리말로 된 합성어로서 앞말이 모음으로 끝난 경우
  [1] 뒷말의 첫소리가 된소리로 나는 것
  [2] 뒷말의 첫소리 'ㄴ, ㅁ' 앞에서 'ㄴ' 소리가 덧나는 것
  [3] 뒷말의 첫소리 모음 앞에서 'ㄴㄴ' 소리가 덧나는 것
- 순 우리말과 한자어로 된 합성어로서 앞말이 모음으로 끝난 경우
  [1] 뒷말의 첫소리가 된소리로 나는 것
  [2] 뒷말의 첫소리 'ㄴ, ㅁ' 앞에서 'ㄴ' 소리가 덧나는 것
  [3] 뒷말의 첫소리 모음 앞에서 'ㄴㄴ' 소리가 덧나는 것

---

① 예삿일
② 훗날
③ 윗옷
④ 냇가

정답의 이유

③ 윗옷 : '윗옷'은 표준어에서 아래위의 구별이 있을 때 '윗-'으로 통일한다는 것일 뿐 '합성명사'가 아니다. 또한 [위돋]으로 발음되므로 사이시옷의 규정에 해당되는 단어가 아니다.

오답의 이유

① 예삿일 : [예사(例事)+일→예산닐]. 순 우리말과 한자어로 된 합성어로서 앞말이 모음으로 끝난 경우[3] 뒷말의 첫소리 모음 앞에서 'ㄴㄴ' 소리가 덧나는 것이므로 사이시옷을 밝혀 적는다.
② 훗날 : [후(後)+날→훈날]. 순 우리말과 한자어로 된 합성어로서 앞말이 모음으로 끝난 경우[2] 뒷말의 첫소리 'ㄴ, ㅁ' 앞에서 'ㄴ' 소리가 덧나는 것이므로 사이시옷을 밝혀 적는다.
④ 냇가 : [내+가→내까]. 순 우리말로 된 합성어로서 앞말이 모음으로 끝난 경우[1] 뒷말의 첫소리가 된소리로 나는 것이므로 사이시옷을 밝혀 적는다.

정답 ③

10 ○△✕

사이시옷의 표기가 모두 옳은 것은?

① 최곳값, 번짓수, 꼭짓점
② 마굿간, 장밋빛, 머릿수
③ 전셋집, 수돗세, 소줏집
④ 방앗간, 귓병, 고양잇과

정답의 이유

④ • 방앗간 : '방아(순우리말)+간(間 : 한자어)'. 앞말이 모음이고 뒷말의 첫소리가 된소리로 발음되므로 사이시옷을 밝혀 적는다.[2-(1)]
  • 귓병 : '귀(순우리말)+병(病 : 한자어)'. 앞말이 모음이고 뒷말의 첫소리가 된소리로 발음되므로 사이시옷을 밝혀 적는다.[2-(1)]
  • 고양잇과 : '고양이(순우리말)+과(科 : 한자어)'. 앞말이 모음이고 뒷말의 첫소리가 된소리로 발음되므로 사이시옷을 밝혀 적는다.[2-(1)]

오답의 이유

① • 번짓수>번지수(番地數) : 3음절의 한자어이므로 사이시옷을 밝혀 적지 않는다.
  • 최곳값 : '최고(最高 : 한자어)+값(순우리말)'. 앞말이 모음이고 뒷말의 첫소리가 된소리로 발음되므로 사이시옷을 밝혀 적는다.[2-(1)]
  • 꼭짓점 : '꼭지(순우리말)+점(點 : 한자어)'. 앞말이 모음이고 뒷말의 첫소리가 된소리로 발음되므로 사이시옷을 밝혀 적는다.[2-(1)]
② • 마굿간>마구간(馬廏間) : 3음절의 한자어이므로 사이시옷을 밝혀 적지 않는다.
  • 장밋빛 : '장미(薔薇 : 한자어)+빛(순우리말)'. 앞말이 모음이고 뒷말의 첫소리가 된소리로 발음되므로 사이시옷을 밝혀 적는다.[2-(1)]
  • 머릿수 : '머리(순우리말)+수(數 : 한자어). 앞말이 모음이고 뒷말의 첫소리가 된소리로 발음되므로 사이시옷을 밝혀 적는다.[2-(1)]
③ • 수돗세>수도세(水道稅) : 3음절의 한자어이므로 사이시옷을 밝혀 적지 않는다.
  • 전셋집 : '전세(專貰 : 한자어)+집(순우리말)'. 앞말이 모음이고 뒷말의 첫소리가 된소리로 발음되므로 사이시옷을 밝혀 적는다.[2-(1)]
  • 소줏집 : '소주(燒酒 : 한자어)+집(순우리말)'. 앞말이 모음이고 뒷말의 첫소리가 된소리로 발음되므로 사이시옷을 밝혀 적는다.[2-(1)]

정답 ④

11 ☐☐☒

〈보기〉의 설명에 따라 올바르게 표기된 경우가 아닌 것은?

───〈보기〉───

- 어간의 끝음절 '하'의 'ㅏ'가 줄고 'ㅎ'이 다음 음절의 첫소리와 어울려 거센소리로 될 적에는 거센소리로 적는다.
- 어간의 끝음절 '하'가 아주 줄 적에는 준 대로 적는다.

① 섭섭지

② 흔타

③ 익숙치

④ 정결타

정답의 이유

③ 익숙치>익숙지 : 어간의 끝이 '-하'이고, '-하' 앞의 어근이 안울림소리(ㄱ, ㄷ, ㅂ, ㅅ, ㅈ)일 때 준말 표기는 어간 끝 '-하'를 통째로 줄인다.

오답의 이유

① 섭섭지 : '섭섭하지'를 준말로 적는 경우, '-하' 앞의 어근이 안울림소리(ㄱ, ㄷ, ㅂ, ㅅ, ㅈ)일 때는 어간 끝 '-하'를 통째로 줄인다.

② 흔타 : '흔하다'를 준말로 적는 경우, '-하' 앞의 어근이 울림소리(모음+ㄴ, ㄹ, ㅁ, ㅇ)일 때 어간의 끝음절 '하'의 'ㅏ'가 줄고 'ㅎ'이 다음 음절의 첫소리와 어울려 거센소리로 될 적에는 거센소리로 적는다.

④ 정결타 : '정결하다'를 준말로 적는 경우, '-하' 앞의 어근이 울림소리(모음+ㄴ, ㄹ, ㅁ, ㅇ)일 때 어간의 끝음절 '하'의 'ㅏ'가 줄고 'ㅎ'이 다음 음절의 첫소리와 어울려 거센소리로 될 적에는 거센소리로 적는다.

정답 ③

12 ☐☐☒

준말의 표기가 옳은 것을 〈보기〉에서 모두 고른 것은?

───〈보기〉───

ㄱ. 되었다 - 됐다

ㄴ. 쓰이어 - 쓰여

ㄷ. 뜨이어 - 띄어

ㄹ. 적지 않은 - 적쟎은

ㅁ. 변변하지 않다 - 변변찮다

① ㄱ, ㄴ

② ㄴ, ㄷ

③ ㄴ, ㄹ

④ ㄴ, ㅁ

정답의 이유

② ㄴ. 쓰이어 : '씌어/쓰여(○)'는 준말로 둘 다 인정하지만, '씌여'는 틀린 표기

ㄷ. 뜨이어 : '띄어/뜨여(○)'는 준말로 둘 다 인정하지만, '띄여'는 틀린 표기

오답의 이유

ㄱ. 되었다>됐다 : 어간의 끝 'ㅚ'가 모음의 어미 '어'나 '었'과 결합한 경우 이를 준말로 적을 때에는 'ㅙ'나 '왰'의 형태로 적는다.

ㄹ. 적지 않은>적쟎은 : '-지 않이' 줄 경우 '-쟎-'으로 적는다.

ㅁ. 변변하지 않다>변변챦다 : '-하지 않-'이 줄 경우 '-챦-'으로 적는다.

정답 ②

13 ○△✕

다음 〈보기〉의 ㉠~㉣에 대한 수정 방안으로 가장 적절하지 <u>않</u>은 것은?

<보 기>

간혹 무엇을 해야 ㉠ <u>할 지</u> 몰라 난감할 때가 있다. 그럴 ㉡ <u>때 마다</u> 뒷산에 오른다. 산에 ㉢ <u>오르 내리는</u> 동안 뒤섞여 있는 생각들이 정리되곤 한다. 나에게 뒷산은 듬직한 ㉣ <u>형 같다</u>.

① ㉠ : '-ㄹ지'는 하나의 어미이기 때문에 '할'과 '지'를 붙여 '할지'로 수정해야 한다.

② ㉡ : '-마다'는 조사이기 때문에 '때'와 '마다'를 붙여 '때마다'로 수정해야 한다.

③ ㉢ : '오르내리-'는 두 어근이 결합한 합성어이기 때문에 '오르-'와 '내리-'를 붙여 '오르내리는'으로 수정해야 한다.

④ ㉣ : '같다'는 조사이기 때문에 '형'과 '같다'를 붙여 '형같다'로 수정해야 한다.

정답의 이유

④ ㉣ 형∨같다 : '같다'는 형용사이므로 '형같다'처럼 붙여 써서는 안 된다. 만약 '형같이'라면 체언 아래의 '-같이'가 조사이므로 붙여 쓴다.

오답의 이유

① ㉠ 할∨지>할지 : '-ㄹ지'는 추측에 대한 막연한 의문이 있는 채로 그것을 뒤 절의 사실이나 판단과 관련시키는 데 쓰는 연결 어미이므로 붙여 써야 한다.

② ㉡ 때∨마다>때마다 : 체언 다음의 '마다'는 ((주로 시간을 나타내는 말 뒤에 붙어)) '앞말이 가리키는 시기에 한 번씩'의 뜻을 나타내는 보조사이므로 붙여 써야 한다.

③ ㉢ 오르∨내리는>오르내리는 : '올라갔다 내려갔다 하다.'의 '오르내리다'는 합성동사이므로 붙여 써야 한다.

정답 ④

14 ○△✕

다음 중 띄어쓰기가 옳은 것은?

① 이끄는 대로 따라갈밖에.

② 용수야, 5년만인데 한잔해야지.

③ 일이 오늘부터는 잘돼야 할텐데.

④ 태권도에서 만큼은 발군의 실력을 낼 거야.

정답의 이유

① • 이끄는∨대로 : '대로'는 '어떤 상태나 행동이 나타나는 족족'의 의존명사이므로 관형어와 띄어 써야 한다.

• 따라갈밖에 : '-ㄹ밖에'는 '-ㄹ 수밖에 다른 수가 없다'의 뜻을 나타내는 종결 어미이므로 붙여 써야 한다.

오답의 이유

② • 5년만인데>5년∨만인데 : '앞말이 가리키는 동안이나 거리'를 나타내는 '만'은 의존명사이므로 띄어 써야 한다.

• 한잔해야지 : '간단하게 한 차례 차나 술 따위를 마시다.'의 뜻인 '한잔하다'는 한 단어이므로 붙여 써야 한다.

③ • 할텐데>할∨텐데 : '텐데'는 '터(의존명사)+인데'의 준말이므로 관형어와 띄어 써야 한다.

• 잘돼야 : '일, 현상, 물건 따위가 썩 좋게 이루어지다.'의 '잘되다'는 한 단어이므로 붙여 쓴다.

④ • 태권도에서∨만큼은>태권도에서만큼은 : 체언이나 조사 뒤의 '-만큼'은 조사이므로 붙여 써야 한다.

• 낼∨거야 : '거야'는 '것(의존명사)+이야'의 준말이므로 관형어와 띄어 쓴다.

정답 ①

15 ○△✕

다음 중 띄어쓰기가 옳지 <u>않은</u> 것은?

① 불이 꺼져 간다.

② 그 사람은 잘 아는척한다.

③ 강물에 떠내려 가 버렸다.

④ 그가 올 듯도 하다.

정답의 이유

③ 떠내려가∨버렸다 : '물 위에 떠서 물결을 따라 옮겨 가다.'를 뜻하는 '떠내려가다'는 합성동사이므로 붙여 쓴다. 또한 본용언이 합성동사일 때는 본용언과 보조용언을 붙여 쓸 수 없다.

오답의 이유

① 꺼져∨간다/꺼져간다 : 본용언과 보조용언이 보조적 연결어미 '-아/어'로 연결되었을 경우 띄어 씀이 원칙이나 붙여 씀도 허용한다.

② 아는∨척한다/아는척한다 : 보조용언이 '의존명사+하다'의 구조일 때 본용언과 보조용언은 띄어 씀이 원칙이나 붙여 씀도 허용한다.

④ 올∨듯도∨하다 : 보조용언 '듯하다'의 중간에 조사가 붙는 경우에 뒤의 보조용언은 반드시 띄어 써야 한다.

정답 ③

16 ☐△✕

다음 중 띄어쓰기가 잘못된 것은?

① 부자 간의 정을 나누다

② 그는 대학 재학 중에 고등 고시에 합격하였다.

③ 그를 만난 지도 꽤 오래되었다.

④ 물건을 보는 데만 세 시간이 걸렸다.

정답의 이유

① 부자∨간>부자간 : '간'이 'ⓐ 한 대상에서 다른 대상까지의 사이, ⓑ 관계의 뜻을 나타내는 말, ⓒ 앞에 나열된 말 가운데 어느 쪽인지를 가리지 않는다는 뜻을 나타내는 말'일 때는 의존명사이므로 앞 말과 띄어 써야 하지만, '부자간'처럼 한 단어로 굳어진 경우는 합성어이므로 붙여 써야 한다.

오답의 이유

② • 재학∨중에 : '어떤 상태에 있는 동안'의 '중'은 의존명사이므로 띄어 써야 한다.

③ • 만난∨지도 : ((어미 '-은' 뒤에 쓰여)) 어떤 일이 있었던 때로부터 지금까지의 동안을 나타내는 '지'는 의존명사이므로 띄어 써야 한다.
 • 오래되다 : '시간이 지나간 동안이 길다'의 '오래되다'는 한 단어이므로 붙여 써야 한다.

④ • 보는∨데만 : '경우'의 뜻을 나타내는 '만'은 의존명사이므로 띄어 써야 한다.
 • 세∨시간 : 그 수량이 셋임을 나타내는 '세'는 수관형사이므로 띄어 써야 한다.

정답 ①

Key 답 '간'과 '중'을 붙여 쓰는 경우 : 한 단어
① 간 : 부부간, 부자간, 모녀간, 동기간, 고부간, 부녀간, 형제간, 자매간, 숙질간, 천지간, 피차간, 좌우간, 다소간, 조만간, 부지불식간 등
② 중 : 은연중, 무의식중, 한밤중, 오밤중, 부재중, 부지불식중, 산중, 수중, 그중 등

17 ☐△✕

밑줄 친 부분 중 띄어쓰기가 잘못된 것은?

① 여기에는 남자뿐이다.
 강아지를 만졌을 뿐이다.

② 약속대로 상품을 주마.
 약속한 대로 포기할게.

③ 당신같은 사람은 없어.
 당신 같이 친절한 사람은 없어.

④ 공부만 해서 사랑은 모른다.
 공부한 지 3년 만에 합격했다.

정답의 이유

③ • 당신∨같은 : '같은'은 형용사의 활용형으로 띄어 써야 한다.
 • 당신같이 : 체언 아래의 '같이'는 '앞말이 보이는 전형적인 어떤 특징처럼'의 뜻을 지닌 조사로 앞말과 붙여 써야 한다.

오답의 이유

① • 남자뿐 : 체언 다음의 '뿐'은 '그것만이고 더는 없음'을 의미하는 보조사이므로 붙여 쓴다.
 • 만졌을∨뿐 : 관형어 다음의 '뿐'은 '다만 어떠하거나 어찌할 따름'이라는 뜻을 나타내는 의존명사이므로 띄어 써야 한다.

② • 약속대로 : 체언 다음의 '대로'는 '앞에 오는 말에 근거하거나 달라짐이 없음'을 나타내는 보조사이므로 붙여 써야 한다.
 • 약속한∨대로 : 관형어 다음의 '대로'는 '어떤 모양이나 상태와 같이'라는 뜻의 의존명사이므로 띄어 써야 한다.

④ • 공부만 : 체언 다음의 '만'은 '다른 것으로부터 제한하여 어느 것을 한정함'을 나타내는 보조사이므로 붙여 써야 한다.
 • 3년∨만에 : 기간 아래 쓰이고 조사와 결합되어 있는 '만'은 '동안이 얼마간 계속되었음'을 나타내는 의존명사이므로 띄어 써야 한다.

정답 ③

18 ◯△✕

밑줄 친 단어의 표기가 옳지 않은 것은?

> 나는 오랜만에 자장면을 시켜 먹기 위해 중국집에 전화를 했다. 종업원이 전화를 받고는 내가 있는 곳이 ㉠ <u>언덕배기</u>라서 한 그릇은 배달을 해 줄 수 없다고 했다. 나는 치밀어 오르는 화를 참으며 "그럼 ㉡ <u>곱빼기</u>를 시키면 올 수 있느냐"라고 물었다. 기분 같으면 그놈의 ㉢ <u>대갈빼기</u>를 휘갈겨 주고 싶었지만 음식이 올 때까지는 참을 수밖에 없었다. '차라리 어제처럼 단골 식당에서 ㉣ <u>뚝빼기</u>를 시켰더라면 아무 문제가 없었을 텐데.' 하고 후회를 했다.

① ㉠
② ㉡
③ ㉢
④ ㉣

정답의 이유

접미사 "-배기/-빼기"의 식별이다. '-빼기'로 발음 나는 것 중 어근이 자립성을 지니면 소리대로 '-빼기'를, 자립성을 갖지 못하면 '-배기'로 적는다.
④ ㉣ 뚝빼기>뚝배기 : 어근 '뚝'이 자립성을 갖지 못하므로 '뚝배기'로 적는다.

오답의 이유

① 언덕빼기 : 어근 '언덕'이 자립성을 가지고 [-빼기]로 소리 난다 하더라도 동의어 '언덕바지'에 맞추어 예외적으로 예사소리를 적는다.
② ㉡ • 곱빼기 : 어근 '곱'이 자립성이 있고, [-빼기]로 발음되므로 소리대로 적는다.
　　 • 곱 : 어떤 수나 양을 두 번 합한 만큼=배
③ ㉢ • 대갈빼기: 어근 '대갈'이 자립성이 있고, [-빼기]로 발음되므로 소리대로 적는다.
　　 • 대갈빼기 : '머리'를 속되게 이르는 말

정답 ④

19 ◯△✕

밑줄 친 단어 중에서 맞춤법에 맞지 않는 것은?

① 사춘기 소년처럼 보였지만 사실은 군대까지 다녀온 <u>나이배기</u>였다.
② 봄에 산란을 위해 서해를 찾아오는 <u>알박이</u> 조기는 특히 맛이 좋다.
③ 철수는 나무가 듬성듬성 서 있는 <u>언덕배기</u>를 힘겹게 올라갔다.
④ 오이를 쪼개 가지고 부추 양념해서 무쳐서 넣는 것이 <u>오이소박이</u>란다.

정답의 이유

② 알박이>알배기 : 「1」알이 들어 배가 부른 생선. 「2」겉보다 속이 알찬 상태

오답의 이유

① 나이배기 : 겉보기보다 나이가 많은 사람을 낮잡아 이르는 말
③ 언덕배기 : [언덕빼기]처럼 된소리로 발음되고 어근 '언덕'이 자립성이 있다 하더라도 복수표준어 '언덕바지'의 예사소리와 통합하기 위해서 '언덕배기'로 표기한다.
④ 오이소박이 : '-박이'는 무엇이 박혀 있는 사람이나 짐승 또는 물건이라는 뜻을 더하는 접미사

정답 ②

20 ◯△✕

밑줄 친 표현이 가장 적절한 것은?

① 사람들 말로는 동희가 가장 <u>예쁘데</u>.
② 신문 기사에서 내일 오전에는 무지 <u>춥데</u>.
③ 내가 옆에 서 봤는데 농구 선수가 크긴 <u>크데</u>.
④ 요즘 들어 컴퓨터가 왜 이리 말썽을 <u>일으킨데</u>.

정답의 이유

③ 크데 : '-데'는 과거 어느 때에 직접 경험하여 알게 된 사실을 현재의 말하는 장면에 그대로 옮겨 와서 말함을 나타내는 종결 어미

오답의 이유

① 예쁘데>예쁘대 : '-대'는 '-다고 해'가 줄어든 말로 남이 말한 내용을 대신 전달할 때 쓰는 종결어미
② 춥데>춥대 : '-대'는 '-다고 해'가 줄어든 말로 남이 말한 내용을 대신 전달할 때 쓰는 종결어미
④ 일으킨데>일으킨대 : '-대'는 어떤 사실을 주어진 것으로 치고 그 사실에 대한 의문을 나타내는 종결어미. 놀라거나 못마땅하게 여기는 뜻이 섞여 있다.

정답 ③

21 ⃞⃞⃞

다음 중 밑줄 친 어휘의 맞춤법이 바르지 않은 것은?

① 어제 산 옷들은 모두 얼<u>만데</u>?

② 해외에 나가 보니 집 생각이 말도 못하게 <u>나데요</u>.

③ 요즘 취직하기가 <u>힘들대요</u>.

④ 알고 보니 그 사람, 같은 고향 <u>사람이대요</u>.

정답의 이유

④ 사람이대요>사람이데요 : 어미 '−데'는 화자가 직접 경험한 사실을 나중에 보고하듯이 말할 때 쓰이는 말로 '−더라'와 같은 의미를 전달한다.

오답의 이유

① 얼만데? : (의문사와 함께 쓰여) 일정한 대답을 요구하며 물어보는 뜻을 나타내는 종결어미

② 나데요 : (구어체로) 해요할 자리에 쓰여, 어미 '−어요'의 뜻에 더해, 말하는 이가 자신이 경험한 사실을 현재의 장면에 옮겨 와서 말함을 나타내는 종결어미

③ 힘들대요 : '−대요'는 '−다고 해요'가 줄어든 말로 남에게서 들은 말을 대신 전할 때 쓰는 종결어미

정답 ④

22 ⃞⃞⃞

밑줄 친 어휘 중 잘못 쓰인 것으로만 묶은 것은?

> 어쩔 수 없는 상황이었지만 혼자 낯선 이의 집에서 숙식을 ㉠ <u>붙인다는</u> 것은 분명 힘에 ㉡ <u>부치는</u> 일로 보였다. 오늘은 측은한 마음에 말을 ㉢ <u>붙여</u> 보았지만, 아무 대답 없이 아버지에게 편지를 보내려고 우표를 ㉣ <u>부치고</u> 있을 뿐이었다. ㉤ <u>붙여</u> 먹을 땅 한 평 없던 아버지일지라도 그 아이가 유일하게 정을 ㉥ <u>붙였던</u> 사람이라는 것을 알 수 있었다.

① ㉠, ㉢, ㉥

② ㉠, ㉣, ㉤

③ ㉡, ㉢, ㉤

④ ㉡, ㉣, ㉥

정답의 이유

② ㉠ 붙인다>부친다 : 먹고 자는 일을 제집이 아닌 다른 곳에서 하다.

㉣ 부치고>붙이고 : 맞닿아 떨어지지 않게 하다. '붙다'의 사동사

㉤ 붙여>부쳐 : 논밭을 이용하여 농사를 짓다.

오답의 이유

㉡ 부치다 : 모자라거나 미치지 못하다.

㉢ 붙이다 : 말을 걸거나 치근대며 가까이 다가서다.

㉥ 붙이다 : 어떤 감정이나 감각을 생기게 하다. '붙다'의 사동사

정답 ②

23 ⃞⃞⃞

다음 문장에서 밑줄 친 단어의 쓰임이 올바른 것은?

① 이런 날씨에 비를 <u>맞추니</u> 멀쩡한 사람도 병이 나지.

② 너라면 아마도 그 문제의 정답을 <u>맞출</u> 수 있었을 텐데.

③ 우리 선수는 마지막 화살까지도 10점 과녁에 <u>맞췄다</u>.

④ 그는 그녀와의 약속 시간을 제대로 <u>맞춘</u> 적이 없었다.

정답의 이유

④ 맞추다 : 어떤 기준이나 정도에 어긋나지 아니하게 하다.

오답의 이유

① 맞추니>맞히니

맞히다 : '맞다(자연 현상에 따라 내리는 눈, 비 따위의 닿음을 받다)'의 사동사

② 맞출>맞힐

맞히다 : '맞다(문제에 대한 답이 틀리지 아니하다)'의 사동사

③ 맞췄다>맞혔다

맞히다 : '맞다(쏘거나 던지거나 한 물체가 어떤 물체에 닿다)'의 사동사

정답 ④

24 ◯△✕

다음 중 유사어의 쓰임이 올바른 것은?

① 그 사람의 행동은 <u>겉잡을</u> 수가 없다.

차에 실려 있는 집의 무게는 <u>걷잡아</u> 1톤은 돼 보였다.

② 등산로에 철봉을 박아 밧줄을 <u>늘려</u> 놓았지만 오르기가 힘들었다.

식사량을 줄이고 운동량을 <u>늘이면</u> 체중은 자연적으로 줄어든다.

③ 이제 구름이 많이 <u>거쳐</u>, 별이 빛나고 있었다.

나는 냉수를 들이키자 마루를 <u>걷혀</u> 부엌방으로 들어갔다.

④ 가는 도중에 비가 내려 우산을 <u>받치고</u> 걸어갔다.

마을 사람이 소에게 <u>받혀서</u> 꼼짝을 못한다.

정답의 이유

④ • 받치다2 : 비나 햇빛과 같은 것이 통하지 못하도록 우산이나 양산을 펴 들다.

• 받히다1 : 【…에/에게】 머리나 뿔 따위에 세차게 부딪히다. '받다'의 피동사

오답의 이유

나머지는 위아래의 단어가 바뀌었다.

① • 겉잡다 : 겉으로 보고 대강 짐작하여 헤아리다.

• 걷잡다 : 【…을】(주로 '없다'와 함께 쓰여) 「1」 한 방향으로 치우쳐 흘러가는 형세 따위를 붙들어 잡다. 「2」 마음을 진정하거나 억제하다.

② • 늘리다 : 「2」 수나 분량 따위를 본디보다 많아지게 하거나 무게를 더 나가게 하다. '늘다'의 사동사

• 늘이다2 : 【…을】「1」 아래로 길게 처지게 하다.

③ • 거치다2 : 「1」 오가는 도중에 어디를 지나거나 들르다.

• 걷히다1 : 「1」 구름이나 안개 따위가 흩어져 없어지다. '걷다'의 피동사

정답 ④

25 ◯△✕

밑줄 친 어휘가 적절하게 쓰이지 <u>않은</u> 것은?

① 싱그러운 봄나물이 입맛을 <u>돋우었다</u>.

② 불길이 <u>걷잡을</u> 수 없이 번져 나갔다.

③ 바닷가에서 새우를 불에 <u>그슬어서</u> 먹었다.

④ 나는 열 문제 중에서 겨우 세 개만 <u>맞혔다</u>.

정답의 이유

② • 겉잡다 : 겉으로 보고 대강 짐작하여 헤아리다.

• 걷잡다 : [주로 '없다' 따위의 부정어와 함께 쓰여] 잘못 진행되어 가는 기세를 거두어 바로잡다.

오답의 이유

① • 돋우다 : 음식이 입맛을 당기게 하다.

• 돋구다 : 안경의 도수를 더 높게 하다.

② • 그슬리다 : 겉만 조금 타게 되다.

• 그을리다 : 피부가 햇볕에 타서 살빛이 검게 되다.

④ • 맞히다 : 어떤 물음을 옳게 답을 하다.

• 맞추다 : 나란히 놓고 같은가 다른가를 살피다.

정답 ②

26 ◯△✕

밑줄 친 단어의 쓰임이 옳은 것은?

① 요즘 앞산에는 진달래가 <u>한참</u>이다.

② 과장님, 김 주사의 기획안을 <u>결제</u>해 주세요.

③ 민철이는 어릴 때 일찍 아버지를 <u>여위었다</u>.

④ '<u>가물</u>에 콩 나듯'이라더니 제대로 싹이 난 것이 없다.

정답의 이유

④ '가물'과 '가뭄'은 복수 표준어이다.

오답의 이유

① 한참>한창

• 한참 : 시간이 상당히 지나는 동안

• 한창 : 어떤 일이 가장 활기 있고 왕성하게 일어나는 때. 또는 어떤 상태가 가장 무르익은 때

② 결제>결재

• 결제(決濟) : 증권 또는 대금을 주고받아 매매 당사자 사이의 거래 관계를 끝맺는 일

• 결재(決裁) : 결정할 권한이 있는 상관이 부하가 제출한 안건을 검토하여 허가하거나 승인함

③ 여위었다>여의었다

• 여위다 : 몸의 살이 빠져 파리하게 되다.

• 여의다 : 부모나 사랑하는 사람이 죽어서 이별하다.

정답 ④

27 ☐△✗

다음 밑줄 친 어휘의 사용이 가장 적절한 것은?

① 이것은 사장님의 <u>결제(決濟)</u>를 받아야 하는 서류입니다.

② 이 선수가 앞으로 한국 신기록을 <u>경신(更新)</u>할 것으로 기대됩니다.

③ 무명의 신인이 강력한 우승 후보로 <u>부상(負傷)</u>했습니다.

④ 저 사람이 헌법 <u>소원(所願)</u>을 낸 사람입니다.

정답의 이유
② • 경신(更新) : '경신'은 '기록경기 따위에서, 종전의 기록을 깨뜨림'의 의미이므로 '한국 신기록을 경신하다.'는 문맥에 맞게 제시된 한자어이다.
  • 갱신(更新) : 법률관계의 존속 기간이 끝났을 때 그 기간을 연장하는 일

오답의 이유
① • 결제>결재(決 결정할 결, 裁 마를 제) : 결정할 권한이 있는 상관이 부하가 제출한 안건을 검토하여 허가하거나 승인함
  • 결제(決 결정할 결, 濟 건널 제) : 증권 또는 대금을 주고받아 매매 당사자 사이의 거래 관계를 끝맺는 일
③ • 부상(負傷)>부상(浮 뜰 부, 上 위 상) : 어떤 현상이 관심의 대상이 되거나 어떤 사람이 훨씬 좋은 위치로 올라섬
  • 부상(負 질 부, 傷 상처 상) : 몸에 상처를 입음
④ • 소원(所願)>소원(訴 하소연 할 소, 願 원할 원) : 행정 관청의 위법 또는 부당한 처분으로 권리와 이익을 침해받을 때에, 그 상급 관청에 대하여 처분의 취소 또는 변경을 청구하는 일. 현재는 소원법이 폐지되고 그 대신 행정 심판법이 제정되어 소원이 행정 심판으로 바뀌었다.
  • 소원(所 바 소, 願 원할 원) : 어떤 일이 이루어지기를 바람. 또는 그런 일

정답 ②

28 ☐△✗

다음 밑줄 친 어휘의 쓰임이 가장 적절한 것은?

① 그의 논문이 유명 학회지에 <u>개재(介在)</u>되었다.

② 경치가 좋은 곳을 관광지로 <u>계발(啓發)</u>하려 한다.

③ 무더위로 최대 전력 수요 <u>경신(更新)</u>이 계속되고 있다.

④ 그 회사는 어음을 <u>결재(決裁)</u>하지 못해 부도 처리가 되었다.

정답의 이유
③ 경신(更新) : 어떤 분야의 종전 최고치나 최저치를 깨뜨림

오답의 이유
① • 개재(介在)>게재(揭載)
  • 개재(介在) : 어떤 것들 사이에 끼여 있음. '끼어듦', '끼여 있음'으로 순화
  • 게재(揭載) : 글이나 그림 따위를 신문이나 잡지 따위에 실음
② • 계발(啓發)>개발(開發)
  • 계발(啓發) : 슬기나 재능, 사상 따위를 일깨워 줌
  • 개발(開發) : 토지나 천연자원 따위를 유용하게 만듦
④ • 결재(決裁)>결제(決濟)
  • 결재(決裁) : 결정할 권한이 있는 상관이 부하가 제출한 안건을 검토하여 허가하거나 승인함
  • 결제(決濟) : 증권 또는 대금을 주고받아 매매 당사자 사이의 거래 관계를 끝맺는 일

정답 ③

29 ☐△✗

밑줄 친 단어의 사용이 옳지 <u>않은</u> 것은?

① 이젠 집안을 아주 <u>결딴</u>을 내려고 하는군.

② 일이 꺼림칙하게 되어 가더니만 결국 <u>사달</u>이 났다.

③ 그 총각은 폭넓은 교양과 전문적인 지식을 갖춘 <u>재원</u>이다.

④ 교사는 학생의 잠재된 창의성이 <u>계발</u>되도록 충분한 기회를 주어야 한다.

정답의 이유
③ 재원(才媛)>재자(才子) : '재원'은 '재주가 뛰어난 젊은 여자'를 뜻하므로 문장의 주어 '총각'과 의미가 맞지 않다. '재주가 뛰어난 젊은 남자'는 '재자(才子)'이다. 다만 '재주가 뛰어난 사람'을 뜻하는 '재인(才人)'으로 바꾸어도 의미상 가능하다.

오답의 이유
① • 결딴 : 살림이 망하여 거덜 난 상태
  • 결단(決斷) : 결정적인 판단을 하거나 단정을 내림
② • 사달 : 사고나 탈
  • 사단(事端) : 사건의 단서. 또는 일의 실마리
④ • 계발(啓發) : 슬기나 재능, 사상 따위를 일깨워 줌
  • 개발(開發) : 토지나 천연자원 따위를 유용하게 만듦

정답 ③

30 ○△✕

밑줄 친 표현 중 올바르게 사용된 것은?

① 민주 사회는 자유와 평등을 <u>지양(止揚)</u>한다.

② 한 사람 때문에 모두가 <u>도매급(都賣級)</u>으로 욕을 먹었다.

③ 그 회사는 사건의 진상을 <u>호도(糊塗)</u>하려고 한다.

④ 우리 할아버지는 <u>향년(享年)</u> 80세이신데도 정정하시다.

정답의 이유

③ '호도(糊塗)'는 얼버무려 넘김으로써 속이거나 감추다. 풀을 바른다는 뜻으로, 어떤 사실을 얼버무려 넘김으로써 속이거나 감춤을 이르는 말이다. '사건의 진상을 호도하다'는 올바른 어휘의 사용이다.

오답의 이유

① • 지양>지향

  • 지양(止揚) : 그치거나 멈추다. 더 높은 단계로 오르기 위하여 어떠한 것을 하지 아니함

  • 지향(志向) : 어떤 목표에 뜻이 향함. 또는 그 향하는 의지

② • 도매급(都買級)>도매금(都賣金)

  • '도매급'이란 단어는 없다.

  • 도매금(都賣金) : 사람이나 사물의 가치를 얕잡아 평가함을 비유적으로 이르는 말. 물건을 낱개가 아니라 한꺼번에 사거나 팔 경우의 가격

④ • 향년(享年)>금년(今年)

  • 향년(享年) : 한평생 살아 누린 나이. 죽은 사람의 나이를 이르는 말이다.

  • 금년(今年) : 지금 살고 있는 이 해

정답 ③

31 ○△✕

「현행 한글 맞춤법」에 따른 문장 부호의 사용으로 가장 적절하지 않은 것은?

① 이는 한국을 대표하는 정신, 즉 '한(恨)'을 말한다.

② 그는 "우리말(國語)을 사랑해야 한다."고 말했다.

③ 선배가 "나는 시민을...." 하면서 가셨는데 말끝을 잘 듣지 못했다.

④ 날짜: 2019. 4. 27. 토요일

정답의 이유

② 우리말[國語] : 고유어에 대응하는 한자어를 함께 보일 때 안팎의 음이 다른 경우에는 대괄호를 사용해야 한다. 직접 인용인 경우 조사는 '고'가 아니라 '라고'를 써야 하지만 문장부호 문제이므로 상관은 없다.

오답의 이유

① '한(恨)' : 고유어와 한자어를 함께 보일 때 안팎의 음이 같으므로 소괄호가 맞고, 문장 내용 중에서 주의가 미쳐야 할 곳이나 중요한 부분을 특별히 드러내 보일 때는 드러냄표나 밑줄이 원칙이나 작은따옴표도 허용하므로 문장부호가 맞게 사용되었다. 또한 한 문장 안에서 앞말을 '즉'의 어구로 다시 설명할 때는 앞말 다음에 쉼표를 사용하므로 올바른 문장 부호의 사용이다.

③ "나는 시민을...." : 할 말을 줄였을 때 쓰는 말줄임표는 점은 가운데에 찍는 대신 아래쪽에 찍을 수도 있고, 점은 여섯 점을 찍는 대신 세 점을 찍을 수도 있으므로 올바르게 사용하였다.

④ 날짜: 2019. 4. 27. : 표제 다음에 해당 항목을 들거나 설명을 붙일 때는 쌍점(:)을 사용하되 쌍점의 앞은 붙여 쓰고 뒤는 띄어 쓰며. 아라비아 숫자만으로 연월일을 표시할 때 마침표를 사용하므로 모두 규정에 맞게 사용하였다.

정답 ②

32 ⭕△✕

문장 부호 규정과 사용법이 <u>잘못된</u> 것은?

	규정	사용법
①	글자가 들어가야 할 자리를 나타낼 때 숨김표(○)를 쓴다.	훈민정음의 초성 중에서 아음(牙音)은 ○○○의 석 자다
②	의존명사 '대'가 쓰일 자리에 쌍점(:)을 쓴다.	청군:백군(청군 대 백군)
③	책의 제목이나 신문 이름 등을 나타낼 때 겹화살괄호(《 》)를 쓴다.	《한성순보》는 우리나라 최초의 근대 신문이다
④	짝을 이루는 어구들 사이에는 가운 뎃점(·)을 쓴다.	하천 수질의 조사·분석

정답의 이유

① 글자가 들어가야 할 자리를 나타낼 때는 '빠짐표(□)'를 쓴다.
　→ 훈민정음의 초성 중에서 아음(牙音)은 ㅁㅁㅁ의 석 자다.
숨김표(○, ✕)
(1) 금기어나 공공연히 쓰기 어려운 비속어임을 나타낼 때, 그 글자의 수효만큼 쓴다.
　📖 배운 사람 입에서 어찌 ○○○란 말이 나올 수 있느냐?
(2) 비밀을 유지해야 하거나 밝힐 수 없는 사항임을 나타낼 때 쓴다.
　📖 1차 시험 합격자는 김○영, 이○준, 박○순 등 모두 3명이다.

오답의 이유

② 쌍점(:) : 의존명사 '대'가 쓰일 자리에 쓴다. 이때 쌍점의 앞뒤는 붙여 쓴다.
③ 겹화살괄호(《 》) : 책의 제목이나 신문 이름 등을 나타낼 때 쓴다. 이때는 겹낫표(『 』)와 큰따옴표(" ")를 같이 사용할 수 있다.
　📖 《한성순보》는 우리나라 최초의 근대 신문이다.
　→ 『한성순보』는 우리나라 최초의 근대 신문이다.
　→ "한성순보"는 우리나라 최초의 근대 신문이다.
④ 가운뎃점(·) : 짝을 이루는 어구들 사이에 쓴다. 이때는 가운뎃점을 쓰지 않거나 쉼표를 쓸 수도 있다.
　📖 하천 수질의 조사 · 분석
　→ 하천 수질의 조사 분석
　→ 하천 수질의 조사, 분석

정답 ①

33 ⭕△✕

다음 문장 부호의 쓰임으로 가장 적절하지 <u>않은</u> 것은?

① "나는 너를⋯." 하고 뒤돌아섰다.
② 그녀의 50세 나이(年歲)에 사랑의 꽃을 피웠다.
③ '환경 보호 — 숲 가꾸기 —'라는 제목으로 글짓기를 했다.
④ 윤동주의 유고 시집인 《하늘과 바람과 별과 시》에는 31편의 시가 실려 있다.

정답의 이유

② 나이[年歲] : 고유어에 대응하는 한자어를 함께 보일 때는 대괄호([ ])를 쓴다.

오답의 이유

① 글 가운데에서 직접 대화를 표시할 때 큰따옴표(" ")를 쓴다. 그리고 할 말을 줄였을 때 줄임표(⋯⋯)를 쓴다. 또한 점은 가운데에 찍는 대신 아래쪽에 찍을 수도 있고, 점은 여섯 점을 찍는 대신 세 점을 찍을 수도 있다.
③ 제목 다음에 표시하는 부제의 앞뒤에 줄표(—)를 쓴다. 다만, 뒤에 오는 줄표는 생략할 수 있다. 그리고 줄표의 앞뒤는 띄어 쓰는 것을 원칙으로 하되, 붙여 쓰는 것을 허용한다.
　→ '환경 보호 — 숲 가꾸기 —'라는 제목으로 ~
　→ '환경 보호 — 숲 가꾸기'라는 제목으로 ~
④ 책의 제목이나 신문 이름 등을 나타낼 때 겹낫표(『 』)와 겹화살괄호(《 》)를 쓴다. 또한 겹낫표나 겹화살괄호 대신 큰따옴표를 쓸 수 있다.
　→ 『하늘과 바람과 별과 시』
　→ 《하늘과 바람과 별과 시》
　→ "하늘과 바람과 별과 시"

정답 ②

34 ⊙△✕

〈보기〉의 ㉠~㉣에 대한 이해로 가장 옳지 <u>않은</u> 것은?

〈보 기〉

㉠ 낯익은, 철수의 동생이 우리 집에 찾아왔다.

㉡ 꺼진 불도 다시 보자.

㉢ 휴가를 낸 김에 며칠 푹 쉬고 온다?

㉣ 나는 '일이 다 틀렸나 보군.' 하고 생각하였다.
---

① ㉠ : 쉼표를 보니 관형어 '낯익은'은 '철수'와 '동생'을 동시에 수식함을 알 수 있다.

② ㉡ : 마침표가 없는 것을 보니 '꺼진 불도 다시 보자'는 제목이나 표어임을 알 수 있다.

③ ㉢ : 물음표를 보니 의문형 종결 어미로 끝나지 않았더라도 의문을 나타낼 수 있음을 알 수 있다.

④ ㉣ : 작은따옴표를 보니 '일이 다 틀렸나 보군.'은 마음속으로 한 말이 인용되었음을 알 수 있다.

정답의 이유

① 쉼표(,)를 사용하여 중의성을 소거한 문장이다. 쉼표가 없는 경우에는 관형어 '낯익은'이 '철수'를 꾸미는지 '철수의 동생'을 꾸미는지가 불분명하다. 쉼표를 사용했기 때문에 '낯익은'이 수식하는 말은 '철수의 동생'이 된다.

오답의 이유

② 마침표 : 제목이나 표어에는 쓰지 않음을 원칙으로 한다.

③ 물음표 : 평서형 종결어미 뒤에 물음표를 사용하여 의문을 나타낼 수도 있다.

→ 예 다섯 살짜리 꼬마가 이 멀고 험한 곳까지 혼자 왔다?

④ 작은따옴표 : 마음속으로 한 말을 적을 때 쓴다.

→ 예 '이번에는 꼭 이기고야 말겠어.' 호연이는 마음속으로 몇 번이나 그렇게 다짐하며 주먹을 불끈 쥐었다.

정답 ①

---

02 어법에 알맞은 표현

01 ⊙△✕

문장 표현이 적절하지 <u>않은</u> 것은?

① 그 편지는 나에게 잊혀진 지 오래다.

② 선거에 출사표를 던진 후보는 모두 7명이다.

③ 그는 학계에 큰 파문을 일으켰다.

④ 그분의 선행을 본보기로 삼아야 한다.

정답의 이유

① • 잊혀진>잊힌 : 과도한 피동 표현(이중 피동)

• [잊(어근)+히(피동접미사)+어지다(피동보조동사)]

오답의 이유

② '경기, 경쟁 따위에 참가 의사를 밝히다.'의 관용적 표현은 '출사표를 던지다'이므로 '선거에 출사표를 던진'은 적절한 표현이다.

③ '파문(波紋)'의 문맥적 의미는 '어떤 일이 다른 데에 미치는 영향'이므로 '학계에 큰 파문을 일으켰다.'는 적절한 표현이다.

④ '본보기'는 '본을 받을 만한 대상'의 뜻이므로 '선행을 본보기로 삼다.'는 적절한 표현이다.

정답 ①

---

02 ⊙△✕

밑줄 친 부분이 어법상 가장 적절한 것은?

① 시간 내에 역에 도착하려면 <u>가능한</u> 빨리 달려야 합니다.

② 그는 <u>그들에</u> 뒤지지 않는 근력을 길렀기에 메달과 인연을 맺을 수 있었습니다.

③ 자율 학습 시간을 줄이는 대신 보충 수업 시간을 <u>늘리는</u> 것에 대해 매우 부정적입니다.

④ 그다지 효과적이지 <u>않는</u> 논평이 계속 이어지면서 발표 대회의 분위기는 급격히 안 좋아졌습니다.

③ 늘리다 : '늘다'의 사동사로 '수나 분량 따위를 본디보다 많아지게 하거나 무게를 더 나가게 하다.'의 뜻을 가진 동사이다. '수업 시간을 늘리는'은 문맥에 맞는 표기이다.

① 가능한>가능한∨한 : 관형어 '가능한'이 부사 '빨리'를 수식할 수 없으므로 의존명사인 '한'을 넣어야 어법에 맞다.

② 그들에>그들에게 : 부사격조사 '-에'는 무정명사의 체언과 결합한다. 체언 '그들'은 유정명사이므로 조사 '-에게'로 고쳐야 한다.

④ 효과적이지 않는>효과적이지 않은 : 보조용언 '않다'는 본용언에 따라 품사가 결정된다. 다만 본용언의 자리에 '체언＋서술격조사 이다'가 올 경우에는 형용사의 활용 형태와 동일하게 취급한다. 결국 보조용언 '않다'는 형용사이므로 보조동사의 활용형인 '않는'으로 표기할 수 없다. 현재시제 관형사형 전성어미 '-는'은 동사의 어간과 결합한다.

정답 ③

03 ☐◯△☒

다음 밑줄 친 어휘의 사용이 가장 적절한 것은?

① 재계 3위의 <u>갑부(甲富)</u>는 과연 누구일까?

② 그분은 청년들의 <u>애환(哀歡)</u>을 감싸 주고 위로해 주었다.

③ 공무원은 <u>불편부당(不偏不黨)</u>하도록 최선을 다해야 합니다.

④ 김 부장의 사위는 훤칠한 키에 폭넓은 교양을 갖춘 <u>재원(才媛)</u>이다.

③ '불편부당(不偏不黨)'은 '아주 공평하여 어느 쪽으로도 치우침이 없음'을 뜻하는 말이므로 문맥에 맞게 사용하고 있다.

① '갑부(甲富)'란 '첫째가는 큰 부자'란 뜻이므로, '재계 3위'라는 말과는 어울리지 않는다.

② '애환(哀歡)'이란 '슬픔과 기쁨'의 뜻으로, '감싸 주고 위로해 주었다'와 어울리지 않는다.

→ 그분은 청년들의 슬픔을 감싸 주고 위로해 주었다.

④ '재원(才媛)'은 '재주가 뛰어난 젊은 여자'란 뜻이므로 '김 부장의 사위'와 어울리지 않는다. '재주가 뛰어난 젊은 남자'를 뜻하는 '재자(才子)'로 바꾸어야 한다.

정답 ③

04 ☐◯△☒

다음 중 문장의 표현이 가장 적절한 것은?

① 그러지 말고, 좋은 사람 있으면 소개시켜 줘.

② 선생님, 제 말씀부터 좀 들어 봐 주시면 좋겠습니다.

③ 정성이 이 정도라면 여간한 성의라고밖에 할 수 없네요.

④ 선생님, 선생님께 훈장이 추서됐으니 수여식에 참석하시래요.

② 높임 표현에 맞는 문장이다. 청자 '선생님' 앞에서 자기를 높일 수 없으니 '말씀'은 높임이 아니라 간접 낮춤으로 옳은 표현이다. 또한 상대 높임이므로 서술어에 아주 높임의 종결어미 '-습니다'를 사용하고 있다.

① 소개시켜>소개해 : '-하다'를 써야할 자리에 '-시키다'를 사용하는 경우는 과도한 사동 표현이다.

③ 호응의 불일치 : '여간하다'는 '(아니다, 않다 따위의 부정어 앞에 쓰여)이만저만하거나 어지간하다.'의 뜻인데 제시문에는 부정 서술어가 없어 호응이 되지 않는다. '여간한'보다는 '정도나 형편이 표준에 가깝거나 그보다 약간 낫다'의 뜻을 지닌 '웬만한'이 어울린다.

④ '추서'는 '죽은 뒤에 관등을 올리거나 훈장 따위를 줌'의 뜻이므로 문맥에 맞지 않다. '훈장이 수여되다'가 문맥에 맞다.

정답 ②

05 ○△✕

다음 중 어휘 사용의 측면에서 옳은 문장으로만 묶인 것은?

> ㄱ. 일이 돌아가는 걸 보니 무슨 사달이 나기는 날 것 같다.
> ㄴ. 우리나라 토종 식물들의 서식 환경이 점점 나빠지고 있다.
> ㄷ. 경기 침체로 빌라와 연립주택의 경매가 봇물을 이루고 있다.
> ㄹ. 자신을 밝히지 않고 남을 도와왔던 화제의 장본인을 소개하겠습니다.

① ㄱ
② ㄱ, ㄴ
③ ㄱ, ㄴ, ㄷ
④ ㄱ, ㄴ, ㄷ, ㄹ

정답의 이유

ㄱ. '사달'은 '사고나 탈'이므로 어휘가 문맥에 맞게 사용되었다. '사건의 단서. 또는 일의 실마리'를 뜻하는 '사단'과 혼동해서는 안 된다.

오답의 이유

ㄴ. '서식(棲息)'은 '생물 따위가 일정한 곳에 자리를 잡고 삶.'이라는 뜻이고, '자생(自生)'은 '저절로 나서 자람'이다. '토종 식물들의~환경'이므로 '자생(自生)'이 적합하다.

ㄷ. '봇물'은 '보에 괸 물. 또는 거기서 흘러내리는 물'을 뜻한다. '봇물을 이루다'는 '보에 물리 많이 모여 그득한 상태'를 말하므로 문맥상 '어떤 일이나 현상이 한꺼번에 많이 발생한다.'의 경우와 어울리지 않는다. 관용 어구는 '봇물 터지듯'이 적합하다.

ㄹ. '장본인'은 '어떤 일을 꾀하여 일으킨 바로 그 사람'이란 뜻으로 주로 부정적인 상황에 쓰이는 말이므로 '자신을 밝히지 않고 남을 도와왔던 화제'와 문맥상 어울리지 않는다. '드러나지 아니한 관심의 대상'을 뜻하는 주인공이 적합하다.

정답 ①

06 ○△✕

다음 중 부자연스럽거나 잘못된 문장을 고친 예로 가장 적절하지 않은 것은?

① 우리는 비속어의 과도한 사용을 삼가해야 한다.
  → 우리는 비속어의 과다한 사용을 삼가해야 한다.
② 나는 부대에 있는 오빠를 만나기 위해 면회 접수를 하고 기다렸다.
  → 나는 부대에 있는 오빠를 만나기 위해 면회 신청을 하고 기다렸다.
③ 그는 비가 오는 날마다 강수량을 측정한다.
  → 그는 비가 오는 날마다 강우량을 측정한다.
④ 그녀는 한문으로 자기의 이름을 적어 보여 주었다.
  → 그녀는 한자로 자기의 이름을 적어 보여 주었다.

정답의 이유

① • 삼가해야>삼가야 : 기본형이 '삼가다'이다. 그러나 '과도한'은 맞는 표현이므로 '과다한'으로 고치지 않아야 한다.
  • 과도(過度)하다 : 일정한 정도나 한도를 넘어선 상태에 있다.
  • 과다(過多)하다 : 정도보다 지나치게 많음

오답의 이유

② • '접수(接受)하다'는 '사람이나 기관 따위가 돈이나 물건. 신청서 따위를 일정한 형식 요건 아래 받아들이다.'이므로 면회를 접수할 수는 없다.
  • 신청(申請)하다 : 어떤 사람이나 단체가 다른 단체나 기관에 일이나 물건을 신고하여 청구하다.
③ • 강수량(降水量) : 일정한 지역에 비. 눈. 우박 등의 형태로 내린 물의 총량. 강우량과 강설량 포함
  • 강우량(降雨量) : 일정한 장소에 일정한 기간 동안 내린 비의 양
④ • 한문(漢文) : 한자로 쓰인 글
  • 한자(漢字) : 표기 문자

정답 ①

CHAPTER 03 문학

01 문학 일반론

01 ◻△✕

문학의 갈래에 대한 설명으로 틀린 것은?

① 서정 양식은 개인의 정서를 표현한 것이다.

② 서사 양식은 현재를, 극 양식은 과거 시제를 사용한다.

③ 교술 양식은 자아의 세계화를 표현한 것이다.

④ 극 양식은 서술자의 개입이 없다.

[정답의 이유]

② 문학 갈래의 특성을 묻고 있다. 문학 갈래의 특성을 파악할 때는 세계와 자아의 관계 및 전달 방식, 전달의 내용 등을 중심으로 판단한다. ②번은 설명이 서로 바뀌어 있다. '서사'는 시간적 흐름에 따른 행위(움직임=사건)을 서술자의 직접적인 서술로 다루기 때문에 주로 '과거 시제'를 사용하는 반면에, '극 양식'은 서술자의 직접 개입이 없이 '대화나 행동'으로 갈등을 제시하기 때문에 반드시 '현재형'으로 제시된다. 그래서 극 양식 (희곡)을 '현재화된 인생 표현의 문학'이라고 한다.

정답 ②

02 ◻△✕

괄호 안에 들어갈 단어를 순서대로 바르게 나열한 것은?

> 한국 문학의 미적 범주에서 눈에 띄는 전통으로 풍자와 해학이 있다. 풍자와 해학은 주어진 상황에 순종하기보다 그것을 극복하고자 하는 건강한 삶의 의지에서 나온 (㉠)을(를) 통해 드러난다. (㉠)은(는) '있어야 할 것'으로 행세해 온 관념을 부정하고, 현실적인 삶인 '있는 것'을 그대로 긍정한다. 이때 있어야 할 것을 깨뜨리는 것에 관심을 집중한 것이 (㉡)이고, 있는 것이 지닌 긍정에 관심을 집중하는 것이 (㉢)이다.

	㉠	㉡	㉢
①	골계(滑稽)	해학(諧謔)	풍자(諷刺)
②	해학(諧謔)	풍자(諷刺)	골계(滑稽)
③	풍자(諷刺)	해학(諧謔)	골계(滑稽)
④	골계(滑稽)	풍자(諷刺)	해학(諧謔)

[정답의 이유]

㉠ '풍자와 해학'이 ㉠을 통해 드러난다 하였으므로 ㉠에는 '익살을 부리는 가운데 어떤 교훈을 주는 일'을 뜻하는 '골계(滑稽)'가 적합하다. '골계'는 '있어야 할 것'으로 행세해 온 관념을 부정하고, 현실적인 삶인 '있는 것'을 그대로 긍정한다.

㉡ '있어야 할 것을 깨뜨리는 것에 관심을 집중한 것'이라 했으므로 ㉡에는 '문학 작품 따위에서, 현실의 부정적 현상이나 모순 따위를 빗대어 비웃으면서 씀'을 뜻하는 '풍자(諷刺)'가 적합하다.

㉢ '있는 것이 지닌 긍정에 관심을 집중하는 것'이라 했으므로 ㉢에는 '익살스럽고도 품위가 있는 말이나 행동'을 뜻하는 '해학(諧謔)'이 적합하다.

정답 ④

03 ⃞ ⃞ ⃞

다음 작품을 절대주의적 관점으로 이해하지 않은 것은?

> 먼 후일 당신이 찾으시면
> 그때에 내 말이 "잊었노라."
>
> 당신이 속으로 나무라면
> "무척 그리다가 잊었노라."
>
> 그래도 당신이 나무라면
> "믿기지 않아서 잊었노라."
>
> 오늘도 어제도 아니 잊고
> 먼 후일 그때에 "잊었노라."
>
> – 김소월, 「먼 후일」 –

① 가정적 상황을 통해 화자의 정서를 드러내고 있다.
② 대상인 '당신'에 화자가 꿈꾸던 조국광복을 투영하고 있다.
③ 반어적 진술을 활용하여 화자의 정서를 강조하고 있다.
④ 반복과 변조의 기법을 사용하여 시상을 전개하고 있다.

[정답의 이유]
② 반영론적 관점 : 대상인 '당신'에 화자가 꿈꾸던 조국광복을 투영하고 있
　다는 감상은 작품과 작품의 대상이 되는 현실 세계와의 관계를 중시한
　'반영론적 관점'이다.

[오답의 이유]
절대주의적 관점은 작품을 작품 외적인 요소와 연관시키지 않고, 작품 그
자체에 주목하여 가치를 내부에서 찾고자 하는 관점이다.
① 가정적 상황
③ 반어적 진술
④ 반복과 변조의 기법

정답 ②

02 발상 및 표현

01 ⃞ ⃞ ⃞

밑줄 친 부분들 중 비유를 사용하지 않은 것은?

> 　우리 바로 뒷집에는 늙어 쪼글쪼글해진 할머니 한 분이 살
> 고 있었다. 그 뒷집은 입구가 깎아지른 산 쪽으로 뚫려 있어
> 서 하루 종일 햇볕 한 줌 들지 않았다. 그곳은 마치 토굴처럼
> 음습했고, 가까이 가면 곰팡이 냄새와 역한 오줌 지린내가 코
> 를 찔렀다. 그 집에 혼자 살고 있는 ㉠ 할머니 역시 토굴처럼
> 음습했다. ㉡ 얼굴 주름살마다 검버섯이 피어 있었고, ㉢ 이
> 빨은 마치 듬성듬성 파먹은 옥수수처럼 엉성했다. ㉣ 하얀 머
> 리카락은 늘 단정하게 쪽 지어 비녀까지 꽂았음에도 워낙 성
> 기다 보니 털 빠진 모자를 쓴 것처럼 보였다.
>
> – 위기철, 「아홉살 인생」 중에서 –

① ㉠
② ㉡
③ ㉢
④ ㉣

[정답의 이유]
② '비유'는 '유추'의 원리에 의해 원관념과 보조관념 사이의 유사성에 근거
　하는 것으로, 은유나 직유의 기법을 찾으면 된다. '얼굴 주름살마다 검버
　섯이 피어 있었고'는 있는 그대로의 모습을 말하는 것일 뿐 유사한 속성
　을 지닌 대상에 빗대어 표현하는 비유가 사용되지 않았다. '검버섯'은 '주
　로 노인의 살갗에 생기는 거무스름한 얼룩'으로 '검버섯이 돋다, 검버섯
　이 피다, 검버섯이 끼다'로 쓰이는 낱말이다.

[오답의 이유]
① ㉠ '토굴처럼 음습했다' : 비유(직유법)
③ ㉢ '옥수수처럼 엉성했다' : 비유(직유법)
④ ㉣ '모자를 쓴 것처럼 보였다' : 비유(직유법)

정답 ②

02 ○△✕

다음 문장에 쓰인 수사법과 같은 수사법이 쓰인 것은?

> 우리 옹기는 양은 그릇에 멱살을 잡히고 플라스틱류에 따귀를 얻어맞았다.

① 그는 30년 동안 입고 있던 유니폼을 벗고서 붓을 들기 시작했다.

② 지금껏 역사를 굽어본 강물은 말없이 흐른다.

③ 돈을 잃는 것은 적게 잃는 것이지만 명예를 잃는 것은 많이 잃는 것이고 건강을 잃는 것은 모든 것을 잃는 것이다.

④ 보고 싶어요, 붉은 산이, 그리고 흰 옷이.

[정답의 이유]

예시문은 사람이 아닌 것을 사람에 비겨 사람이 행동하는 것처럼 표현하는 '의인법'이다.

② 의인법 : "역사를 굽어본 강물은 말없이 흐른다."

[오답의 이유]

① 환유법 : '유니폼'이나 '붓'은 '그것과 관련된 직업'을 의미하는 말

③ 열거법과 점층법 : 돈(적게)<명예(많이)<건강(모든)

④ 도치법과 환유법 : '붉은 산'과 '흰 옷'은 우리나라의 속성을 의미하는 환유법

정답 ②

03 ○△✕

밑줄 친 비유적 표현이 셋과 다른 하나는?

① 정가에서 <u>젊은 피</u>를 뽑고 있다.

② 정비원이 <u>차</u>에 기름을 쳤다.

③ 점심에 <u>도시락</u>을 먹었다.

④ <u>주전자</u>가 끓고 있다.

[정답의 이유]

① 젊은 피 : [환유법] '청년' 또는 '젊은 사람'을 비유적으로 이르는 말

[오답의 이유]

② 차 : [제유법] 차<운송 수단의 일부

③ 도시락 : [제유법] 도시락<점심에 먹는 밥의 일부

④ 주전자 : [제유법] 주전자<물을 끓이는 도구의 일부

정답 ①

04 ○△✕

다음 글이 설명하고 있는 '이것'의 표현 방법이 반영되어 있지 않은 것은?

> 이것은 다른 의미를 암시하기 위해 말이나 동음이의어를 해학적으로 사용하는 표현 방법으로, 말이나 문자를 소재로 하는 유희를 의미한다. 이때 이것은 이중의 의미를 나타내는 명칭을 중심으로 사용되거나 유사한 음운을 반복하기도 한다. 낱말의 소리들에 대한 관심을 토대로 발생한 이것은 차츰 해학을 목적으로 하게 된다.

① 잔 들고 혼자 먼 산을 바라보니

　그리던 님이 온다고 반가움이 이러하랴

　말씀도 웃음도 아녀도 못내 좋아 하노라

　　　　　　　　　　　　　　　　　　　　– 윤선도 –

② 청산리 벽계수야 수이감을 자랑 마라

　일도 창해하면 돌아오기 어려우니

　명월이 만공산하니 쉬어간들 어떠리

　　　　　　　　　　　　　　　　　　　　– 황진이 –

③ 매아미 맵다 울고 쓰르라미 쓰다 우네

　산채를 맵다는가 박주를 쓰다는가

　우리는 초야에 묻혔으니 맵고 쓴 줄 몰라라

　　　　　　　　　　　　　　　　　　　　– 이정신 –

④ 북창이 맑다거늘 우장 없이 길을 가니

　산에는 눈이 오고 들에는 찬비로다.

　오늘은 찬비 맞았으니 얼어 잘까 하노라

　　　　　　　　　　　　　　　　　　　　– 임제 –

[정답의 이유]

보기의 '이것'은 '언어유희(=희언법)'에 대한 설명이다. 이는 유사한 음운의 반복을 통한 해학적 표현뿐만 아니라 이중적 의미(중의법)를 포함하고 있다.

① 의인적 표현만 있을 뿐 언어유희는 사용되지 않았다.

[오답의 이유]

② 이중적 의미(중의법) : '벽계수(푸른 시냇물과 이은원의 호)'와 '명월(밝은 달과 황진이의 호)'

③ 유사한 음운의 반복을 통한 언어유희 : '매아미 맵다 울고 쓰르라미 쓰다 우니'

④ 이중적 의미(중의법) : '한우(찬비와 평양 기생의 호)'

정답 ①

05 ○△✕

〈보기〉에서 설명한 시의 표현 방법이 적용된 시구로 가장 옳은 것은?

――――〈보 기〉――――

　　본래의 의미와 의도를 더욱 효과적으로 강조하기 위해 그 것을 가장하거나 위장하는 것이다. 즉 본래의 의도를 숨기고 반대되는 말로 표현하는 것으로, 표면의미(표현)와 이면의미 (의도) 사이에 괴리와 모순을 통해 시적 진실을 전달하는 표 현방법이다.

① 돌담에 속삭이는 햇발같이 / 풀 아래 웃음 짓는 샘물같이

― 김영랑, 「돌담에 속삭이는 햇발같이」 ―

② 내가 그의 이름을 불러 주었을 때 / 그는 나에게로 와서 / 꽃이 되었다

― 김춘수, 「꽃」 ―

③ 산은 나무를 기르는 법으로 / 벼랑에 오르지 못하는 법으 로 / 사람을 다스린다

― 김광섭, 「산」 ―

④ 나보기가 역겨워 / 가실 때에는 / 죽어도 아니 눈물 / 흘리 오리다

― 김소월, 「진달래꽃」 ―

정답의 이유

〈보기〉는 '반어법'에 대한 설명이다.
④ 반어법: "죽어도 아니 눈물 / 흘리오리다"

오답의 이유

① 직유법: "돌담에 속삭이는 햇발같이 / 풀 아래 웃음 짓는 샘물같이"
② 상징법: "꽃"(의미 있는 존재)
③ 반복법: "산은 나무를 기르는 법으로 / 벼랑에 오르지 못하는 법으로"
　　의인법: "산은~사람을 다스린다"

정답 ④

06 ○△✕

밑줄 친 ㉠에 사용된 표현 기법에 대한 설명으로 옳은 것은?

삶은 계란의 껍질이
벗겨지듯
묵은 사랑이
벗겨질 때
붉은 파밭의 푸른 새싹을 보아라.
㉠ 얻는다는 것은 곧 잃는 것이다.

― 김수영, 「파밭 가에서」 중에서 ―

① 생명이 없는 사물을 마치 살아 있는 것처럼 나타내는 표현 이다.

② 사물의 일부나 그 속성을 들어서 그 전체나 자체를 나타내 는 표현이다.

③ 표현하려는 본뜻과는 반대되는 말을 함으로써 문장의 의미 를 강화하는 표현이다.

④ 표현 구조상으로나 상식적으로는 모순되는 말이지만, 실질 적 내용은 진리를 나타내고 있는 표현이다.

정답의 이유

밑줄 친 ㉠은 지난 껍질을 벗어야 새것을 얻는다는 의미다. '삶의 진리와 긍 정적인 삶에 대한 강한 의지'를 앞뒤 모순된 표현 속에서 진리를 나타내는 '역설법'을 통해 표현하고 있다.
④ 역설법

오답의 이유

① 활유법
② 대유법
③ 반어법

정답 ④

07 ▢△✕

다음에서 설명하는 표현 기법을 활용하고 있는 것은?

> 논리적 모순 안에 시적 진실을 내포하고 있는 표현이다. 표면적으로는 서로 어울릴 수 없는 모순처럼 보이지만, 이를 통해 시인은 일상적으로 표현할 수 없는 자신의 감정과 느낌을 효과적이고 참신하게 전달하고 있다.

① 우리들의 사랑을 위하여서는 / 이별이, 이별이 있어야 하네. // 높았다 낮았다 출렁이는 물살과 / 물살 몰아갔다 오는 바람만이 있어야 하네. // 오! 우리들의 그리움을 위하여서는 / 푸른 은핫물이 있어야 하네. // 돌아서는 갈 수 없는 오롯한 이 자리에 / 불타는 홀몸만이 있어야 하네!

② 내 그대를 생각함은 / 항상 그대가 앉아 있는 배경에서 / 해가 지고 바람이 부는 일처럼 사소한 일일 것이나 / 언젠가 그대가 한없이 괴로움 속을 헤매일 때에 / 오랫동안 전해 오던 그 사소함으로 그대를 불러 보리라.

③ 먼 훗날 당신이 찾으시면 / 그때에 내 말이 '잊었노라' // 당신이 속으로 나무라면 / '무척 그리다가 잊었노라' // 그래도 당신이 나무라면 / '믿기지 않아서 잊었노라'

④ 흐르는 강물은 / 길이길이 푸르리니 / 그대의 꽃다운 혼 / 어이 아니 붉으랴. / 아, 강낭콩꽃보다도 더 푸른 그 물결 위에 / 양귀비꽃보다도 더 붉은 그 마음 흘러라.

[정답의 이유]

제시문에서 설명하는 표현 기법 '역설법'이다.
① 서정주, 「견우의 노래」: 사랑을 위해서는 만남이 아니라 이별이 필요하다는 모순적 진술을 취하는 '역설법'

[오답의 이유]

② 황동규, 「즐거운 편지」: 그대에 대한 나의 오래되고 지극한 사랑을 '사소함'으로 표현하고 있으므로, '반어법'
③ 김소월, 「먼 후일」: '잊었노라'를 반복하지만 결국 잊지 못한다는 절실한 그리움을 표현하므로 '반어법'
④ 변영로, 「논개」: 논개의 붉은 마음과 푸른 물결의 시각적 대비가 돋보이므로 '대조법 및 비교법'(길이길이 푸른 강물과 논개의 혼을 비교함)

정답 ①

---

03 현대 문학

01 ▢△✕

〈보기〉의 밑줄 친 단어가 가리키는 것이 가장 다른 하나는?

――――――――〈보 기〉――――――――
이것은 소리 없는 ㉠ 아우성
저 푸른 해원을 향하여 흔드는
영원한 노스탤지어의 ㉡ 손수건
순정은 물결같이 바람에 나부끼고
오로지 맑고 곧은 이념의 ㉢ 푯대 끝에
애수는 백로처럼 날개를 펴다.
아아 누구던가
이렇게 슬프고도 애달픈 ㉣ 마음을
맨 처음 공중에 달 줄 안 그는.

① ㉠
② ㉡
③ ㉢
④ ㉣

[정답의 이유]

③ ㉢ 푯대: 깃대. '깃발이 묶여 벗어날 수 없는 한계'

[오답의 이유]

① '㉠ 아우성, ② ㉡ 손수건, ④ ㉣ 마음'은 '깃발'의 보조관념

정답 ③

Key 답 유치환, 「깃발」

- 갈래: 자유시, 서정시
- 성격: 의지적, 상징적
- 특징
  - 추상적 관념을 구체적 사물에 비유하여 표현함
  - 푸른색과 흰색의 색채 대비를 통해 선명한 이미지를 제시함
- 구성
  - 1~3행: 깃발의 역동적인 모습
  - 4~6행: 깃발의 순수한 열정과 애수
  - 7~9행: 이상향에 대한 동경과 좌절에서 오는 비애
- 제재: 깃발
- 주제: 이상향에 대한 동경과 좌절
- 해제: 유한한 인간이 본능적으로 지향하는 초월적, 이상적인 것에 대한 동경과 염원을 '깃발'이라는 사물에 담아 표현하고 있다.

02 ⟨○△✕⟩

다음 밑줄 친 것 중에서 의미가 가장 다른 하나는?

> 아무도 그에게 ㉠ 수심(水深)을 일러 준 일이 없기에
> ㉡ 흰나비는 도무지 바다가 무섭지 않다.
> ㉢ 청(靑)무우밭인가 해서 내려갔다가는
> 어린 날개가 물결에 절어서
> ㉣ 공주(公主)처럼 지쳐서 돌아온다.
> 삼월(三月)달 바다가 꽃이 피지 않아서 서글픈
> 나비 허리에 새파란 초생달이 시리다.

① ㉠   ② ㉡
③ ㉢   ④ ㉣

⟨정답의 이유⟩

① '바다'는 '현실의 어려움과 냉혹함(불모성)'이고, ㉠의 '수심' 알 수 없는 '바다의 깊이'를 상징한다.
　→ ㉠만이 냉혹한 현실과 관련되어 있고, ㉡~㉣은 시적 자아와 관련되어 있다.

⟨오답의 이유⟩

② ㉡ 흰나비 : 순진무구(純眞無垢)하거나 철없는 존재, 또는 식민지 현실이나 거대한 신문명 속에서 자신을 제대로 파악하지도 못한 채 우쭐거리는 지식인
③ ㉢ 청(靑)무우밭 : 파란 잎으로 덮인 무밭. 작가가 추구하는 이상향(생명성)
④ ㉣ 공주(公主) : 나비의 보조관념

정답 ①

⟨**Key 답**⟩ 김기림, 「바다와 나비」

- 형식 : 3연의 자유시(1연 · 3연 : 2행, 2연 : 3행으로 시각적 균형감과 안정감)
- 성격 : 주지주의(1930년대)
- 표현상의 특징
  - 서글픔과 애처로움이 뒤섞인 관조적 미의식
  - 바다, 청무우밭, 초승달의 푸른빛과 흰나비로 대표되는 흰빛의 색채 대비
  - 바다와 나비 등의 상징적 시어 사용
  - 주관적 해석이나 가치 판단을 배제
- 시어의 상징성
  - 수심 : 알 수 없는 바다의 깊이
  - 바다 : 비생명체, 죽음의 세계, 거칠고 냉혹한 현실
  - 나비 : 생명체(순진무구함, 거대한 신문명 속의 시적 자아), 나약한 존재
  - 물결 : 가혹한 현실의 위협
  - 꽃 : 아름다움과 휴식(안식처)
  - 초생달 : 나비가 지쳐 돌아오는 '서글픈' 마음의 표상
- 주제 : 새로운 세계에 대한 동경과 그 좌절

---

03 ⟨○△✕⟩

〈보기〉의 밑줄 친 시어 가운데 내적 연관성이 가장 적은 것은?

> ───── 〈보 기〉 ─────
> 유리에 차고 슬픈 것이 어린거린다.
> 열없이 붙어서서 입김을 흐리우니
> 길들은 양 언 날개를 파다거린다.
> 지우고 보고 지우고 보아도
> 새까만 밤이 밀려나가고 밀려와 부디치고,
> 물먹은 별이, 반짝, 보석처럼 백힌다.
> 밤에 홀로 유리를 닦는 것은
> 외로운 황홀한 심사이어니,
> 고운 폐혈관이 찢어진 채로
> 아아, 늬는 산ㅅ새처럼 날아갔구나!

① 차고 슬픈 것   ② 새까만 밤
③ 물먹은 별   ④ 늬

⟨정답의 이유⟩

② '새까만 밤'은 아버지의 허탈감과 상실감을 의미하는 것으로 '죽음의 세계'를 가리킨다.

⟨오답의 이유⟩

작가는 죽은 어린 자식의 모습을 '차고 슬픈 것', '언 날개', '물 먹은 별', '산(山)ㅅ새'로 표현하고 있다.
① 차고 슬픈 것 : ㉠ 1차적 의미-입김, ㉡ 2차적 의미-죽은 아이
③ 물먹은 별 : ㉠ 1차적-눈물이 가득 고인 눈으로 바라보는 별, ㉡ 2차적-죽은 아이
④ 늬(산ㅅ새) : 잠시 머물다 떠난 아이

정답 ②

⟨**Key 답**⟩ 정지용, 「유리창」

- 갈래 : 자유시, 서정시
- 성격 : 상징적, 회화적, 감각적
- 구성
  - 1~3행 : 유리창에 어린 영상
  - 4~6행 : 창밖의 밤의 영상
  - 7~8행 : 밤에 유리를 닦는 이유
  - 9~10행 : 아이의 안타까운 죽음
- 특징
  - 선명하고 감각적인 이미지를 사용함
  - 감정을 절제하여 표현함
  - 모순 어법을 구사하여 시의 함축성을 높임
- 주제 : 죽은 아이에 대한 슬픔과 그리움
- 해제 : 자식을 잃은 아버지의 슬픔과 자식에 대한 그리움을 유리창을 매개로 하여 선명한 감각적 이미지로 그려 내고 있다.

04 ⭕△✕

〈보기〉의 밑줄 친 ㉠에 대한 이해로 가장 적절한 것은?

> ─── 〈보 기〉 ───
>
> 영화가 시작하기 전에 우리는
> 일제히 일어나 애국가를 경청한다
> 삼천리 화려 강산의
> 을숙도에서 일정한 군(群)을 이루며
> 갈대숲을 이륙하는 흰 새 떼들이
> 자기들끼리 ㉠끼룩거리면서
> 자기들끼리 낄낄대면서
> 일렬 이열 삼열 횡대로 자기들의 세상을
> 이 세상에서 떼어 메고
> 이 세상 밖 어디론가 날아간다

① 삶에 대한 무한한 신뢰가 드러나 있다.
② 세상에 대한 냉소적 태도가 드러나 있다.
③ 부조리한 현실에 타협하는 회한이 드러나 있다.
④ 좌절해도 꺾이지 않는 군건한 의지가 드러나 있다.

정답의 이유

② ㉠ 끼룩거리면서 : '낄낄대면서'와 마찬가지로 암울한 현실(애국심을 강요당하는 현실)에 대한 조롱과 야유, 비아냥거림을 상징적으로 표현하고 있다. 화자는 흰 새 떼들의 울음소리를 통해 세상에 대한 냉소적인 태도를 드러내고 있다.

오답의 이유

① 화자는 자신을 둘러싼 현실을 비판적인 시선으로 바라보고 있다. '이 세상 밖 어디론가 날아간다'는 마지막 구절은 이런 삶에서 벗어날 수 있는 새들을 부러워하는 마음을 담은 것이다. 따라서 '삶에 대한 무한한 신뢰'는 시에서 찾을 수 없다.
③ 현실에 대한 화자의 비판적이고 냉소적인 태도가 드러나므로, 현실에 타협하고서 느끼는 회한과는 거리가 있다.
④ 세상을 비웃는 냉소적 태도는 찾을 수 있으나, 좌절에 굴하지 않는 군건한 의지는 찾을 수 없다.

정답 ②

> **Key 답** 황지우, 「새들도 세상을 뜨는구나」
> • 갈래 : 자유시, 서정시, 참여시
> • 성격 : 현실 비판적, 풍자적
> • 특징
>   – 냉소적 어조, 반어적 표현을 통해 현실을 풍자함
>   – 대조적인 상황을 통해 좌절감을 강조함
> • 제재 : 새
> • 주제 : 암울한 현실에 대한 비판과 좌절감
> • 해제 : 영화 상영 전 애국가를 들을 때 화면에 비치는 날아가는 새들의 모습과 달리 현실에서부터 벗어나지 못하는 우리의 모습을 대비하여, 암울한 현실에 대한 풍자와 비판을 이끌어 내고 있다.

---

05 ⭕△✕

㉠~㉣에 대한 설명으로 옳지 않은 것은?

> ㉠ 못난 놈들은 서로 얼굴만 봐도 흥겹다
> 이발소 앞에 서서 참외를 깎고
> 목로에 앉아 막걸리를 들이켜면
> 모두들 한결같이 친구 같은 얼굴들
> ㉡ 호남의 가뭄 얘기 조합 빚 얘기
> 약장수 기타 소리에 발장단을 치다 보면
> 왜 이렇게 자꾸만 서울이 그리워지나
> 어디를 들어가 섰다라도 벌일까
> 주머니를 털어 색싯집에라도 갈까
> ㉢ 학교 마당에들 모여 소주에 오징어를 찢다
> 어느새 긴 여름 해도 저물어
> 고무신 한 켤레 또는 조기 한 마리 들고
> ㉣ 달이 환한 마찻길을 절뚝이는 파장
>
> – 신경림, 「파장」 –

① ㉠ : 농민들이 서로에게 느끼는 유대감을 보여 준다.
② ㉡ : 농민들이 겪는 여러 가지 어려움이 나타난다.
③ ㉢ : 어려움을 극복한 농민들의 흥겨움이 드러난다.
④ ㉣ : 농촌의 힘겨운 현실을 시적으로 형상화하고 있다.

정답의 이유

③ ㉢ 학교 마당에들 모여 소주에 오징어를 찢다 : 막막한 농촌의 현실에 가슴 답답해하며 학교 마당에 모여 소주를 마시며 울분을 토하는 모습일 뿐, 어려움을 극복한 농민들의 흥겨움과는 아무 관련이 없다.

오답의 이유

① ㉠ 못난 놈들은 서로 얼굴만 봐도 흥겹다 : '못난 놈들'은 서글픔이 깔린 친근감과 동료애를 느끼게 하는 표현이고, '서로 얼굴만 봐도 흥겹다'는 시적 화자의 농민에 대한 진한 애정과 비극적 인식으로 '농민들이 서로에게 느끼는 유대감'을 보여 주고 있다.
② ㉡ 호남의 가뭄 얘기 조합 빚 얘기 : 농민들의 여러 가지 어려움을 제유적으로 표현하고 있다.
④ ㉣ 달이 환한 마찻길을 절뚝이는 파장 : 현실의 울적한 이야기를 들으면 그들은 자포자기하고 싶기도 하지만 파장 무렵의 장에서 이것 저것 집안에서 필요한 것들을 사서 달이 환한 마찻길로 접어들어서 무거운 발걸음 다시 집으로 향할 수밖에 없는 농촌 현실의 불구성을 시적으로 형상화한 부분이다. '절뚝이는 파장'은 실제로 술에 취해 비틀거리는 걸음걸이를 나타내면서, 삶의 무게와 어려움에 절뚝이는 모습을 동시에 담은 중의적 표현으로 볼 수도 있다.

정답 ③

06 ○△✕

㉠~㉣에 대한 이해로 가장 적절한 것은?

막차는 좀처럼 오지 않았다
대합실 밖에는 밤새 송이눈이 쌓이고
㉠ 흰 보라 수수꽃 눈시린 유리창마다
톱밥난로가 지펴지고 있었다
그믐처럼 몇은 졸고
몇은 감기에 쿨럭이고
그리웠던 순간들을 생각하며 나는
한 줌의 톱밥을 불빛 속에 던져 주었다
내면 깊숙이 할 말들은 가득해도
㉡ 청색의 손바닥을 불빛 속에 적셔 두고
모두들 아무 말도 하지 않았다
산다는 것이 때론 술에 취한 듯
한 두릅의 굴비 한 광주리의 사과를
만지작거리며 귀향하는 기분으로
침묵해야 한다는 것을
모두들 알고 있었다
㉢ 오래 앓은 기침소리와
쓴 약 같은 입술담배 연기 속에서
싸륵싸륵 눈꽃은 쌓이고
그래 지금은 모두들
눈꽃의 화음에 귀를 적신다
자정 넘으면
낯설음도 뼈아픔도 다 설원인데
단풍잎 같은 몇 잎의 차창을 달고
밤열차는 또 어디로 흘러가는지
㉣ 그리웠던 순간들을 호명하며 나는
한 줌의 눈물을 불빛 속에 던져 주었다

— 곽재구, 「사평역에서」 —

① ㉠ : 여러 개의 난로가 지펴져 안온한 대합실의 상황을 비유적으로 표현하였다.
② ㉡ : 대조적 색채 이미지를 통해, 눈 오는 겨울 풍경의 서정적 정취를 강조하였다.
③ ㉢ : 오랜 병마에 시달린 이들의 비관적 심리와 무례한 행동을 묘사하였다.
④ ㉣ : 화자가 그리워하는 지난 때를 떠올리며 느끼는 정서를 화자의 행위에 투영하였다.

눈 내리는 겨울날 간이역 대합실에서 난롯불을 쬐며 막차를 기다리는 사람들의 모습을 통해 서민들의 고단한 삶과 추억, 회한을 담담한 어조로 노래한 작품이다.

④ ㉣에서 '그리웠던 순간들을 호명하며'는 화자(나)가 그리웠던 지난 때를 떠올리는 것이고, '한 줌의 눈물을 불빛 속에 던져 주었다'는 정서(슬픔)을 톱밥난로에 톱밥을 던지는 행위로 투영되고 있다.

오답의 이유

① ㉠ : 대합실 가운데에 있는 톱밥난로가 유리창에 비친 모습을 묘사한 것일 뿐 여러 개의 난로가 지펴져 있는 모습이 아니며, 또한 안온한 대합실의 상황을 비유적으로 표현도 아니다.
② ㉡ : 푸른색(청색의 손바닥)과 붉은색(불빛)의 대조적 색채 이미지가 나타나 있지만, 톱밥난로에 추위에 언 몸을 녹이는 서민들의 고단한 모습을 나타낸 것이지 눈 오는 겨울 풍경의 정취를 강조한 것이 아니다.
③ ㉢ : 대합실에 모인 사람들이 내는 기침소리와 내뱉는 담배 연기를 묘사함으로써 고단한 삶에 지친 서민들의 모습을 나타내고 있을 뿐. 오랜 병마에 시달린 이들의 비판적 심리와 무례한 행동을 묘사한 것은 아니다.

정답 ④

Key 답 곽재구, 「사평역에서」

- 갈래 : 자유시, 서정시
- 성격 : 애상적, 감각적, 회고적
- 특징
  - 간결하고 절제된 어조로 표현함
  - 차가움과 따뜻함의 이미지 대조를 통해 시적 대상을 표현함
- 제재 : 간이역 대합실의 정경
- 주제 : 막차를 기다리는 사람들의 삶의 애환
- 시어의 의미
  - 막차 : 기다리는 대상. 쓸쓸하고 외로운 분위기 형성
  - 대합실 : 서민들의 인생 역정과 삶의 애환이 담겨 있는 곳
  - 톱밥 난로 : 가난한 이들에게 따뜻한 위안이 되는 존재
  - 눈꽃 : 가난하고 고단한 이들에게 위로가 되는 존재

07 ○△✕

다음 밑줄 친 부분에 대한 설명으로 가장 적절하지 <u>않은</u> 것은?

> ㉠ 진주(晉州) 장터 생어물전에는
> 바닷밑이 깔리는 해 다 진 어스름을,
>
> 울 엄매의 장사 끝에 남은 고기 몇 마리의
> ㉡ 빛 발(發)하는 눈깔들이 속절없이
> 은전(銀錢)만큼 손 안 닿는 한(恨)이던가
> 울 엄매야 울 엄매,
>
> ㉢ 별 밭은 또 그리 멀리
> 우리 오누이의 머리 맞댄 골방 안 되어
> 손 시리게 떨던가 손 시리게 떨던가,
>
> 진주(晉州) 남강(南江) 맑다 해도
> 오명 가명
> 신새벽이나 밤빛에 보는 것을,
> 울 엄매의 마음은 어떠했을꼬,
> ㉣ 달빛 받은 옹기전의 옹기들같이
> 말없이 글썽이고 반짝이던 것인가.

① ㉠ : 가난하고 고단한 어머니의 삶의 공간을 일컫는다.
② ㉡ : 팔리지 않은 고기들이 은전으로 보일 만큼 가난했음
　을 표현한다.
③ ㉢ : 시적 화자가 소망하는 세계가 멀리 있었음을 나타낸다.
④ ㉣ : 어머니의 고달프고 한스러운 삶을 견디는 희망을 상
　징한다.

[정답의 이유]
④ '㉣ 달빛 받은 옹기전의 옹기들같이'의 원관념은 남 몰래 흘리는 '어머니
　의 눈물'로 가난으로 인한 어머니의 마음(슬픔과 한)을 의미하는 것이지
　'희망'을 상징하는 것은 아니다.

[오답의 이유]
① 시적 배경인 '㉠ 진주(晉州) 장터 생어물전'은 '가난하고 고단한 어머니의
　삶의 공간'이다.
② '㉡ 빛 발(發)하는 눈깔들이 속절없이 은전(銀錢)만큼 손 안 닿는 한(恨)
　이던가'에는 장사 끝에 남은 고기 몇 마리가 은전으로 보일 만큼 가난했
　음을 표현하고 있다. '속절없이'는 희망 없이 단념할 수밖에 없음을 의미
　하고, '은전'은 '소유할 수 없는 물질이나 부'를 상징한다.
③ '㉢ 별 밭은 또 그리 멀리'에서 '별 밭'은 오누이에게는 삶의 희망이자 생
　명의 근원인 '어머니'이며, 어머니에게는 삶의 위안을 가져다 줄 수 있는
　'자식'을 상징한다. 이 '별 밭'이 '또 그리 멀리' 있고 또한 '골방(희망이 보
　이지 않는 어둠)'으로 연결되면서 시적 화자가 소망하는 세계가 멀리 있
　었음을 나타낸다.

정답 ④

08 ○△✕

밑줄 친 부분에 사용한 표현 방법과 가장 거리가 <u>먼</u> 것은?

> 넓은 벌 동쪽 끝으로
> 옛이야기 지줄대는 실개천이 회돌아 나가고,
> 얼룩백이 황소가
> 해설피 <u>금빛 게으른 울음을 우는 곳</u>,
>
> ― 그 곳이 참하 꿈엔들 잊힐리야.
>
> 　　　　　　　　　 - 정지용, 「향수」 중에서 -

① 어느 집 담장을 넘어 달겨드는 / 이것은, / 치명적인 냄새
② 멍석 위에 나란히 잠든 반들거리는 몸 위로 살짝살짝 늦가
　을 햇볕 발 디디는 소리
③ 나는 한 마리 어린 짐승, / 젊은 아버지의 서느런 옷자락에
　/ 열(熱)로 상기한 볼을 말없이 부비는 것이었다.
④ 피아노에 앉은 / 여자의 두 손에서는 / 끊임없이 / 열 마리
　씩 / 스무 마리씩 / 신선한 물고기가 / 튀는 빛의 꼬리를 물
　고 / 쏟아진다.

[정답의 이유]
밑줄 친 '금빛 게으른 울음을 우는 곳'은 '청각(울음)'의 '시각(금빛)'화로 감각
의 전이가 일어난 '공감각적 표현'이다.
③ 김종길, 「성탄제」 : '서느런 옷자락(냉)'과 '열(온)'의 '냉온감각의 대조'만
　있을 뿐 감각의 전이는 없다.

[오답의 이유]
① 후각의 시각화 : 김선우, 「감자 먹는 사람들」 '감자 냄새'의 후각적 이미
　지를 그리워하는 사람인 '이것(어머니)'으로 시각으로 전이하여 표현한
　공감각적 표현
② 시각의 청각화 : 김선우, 「단아한 고요」 '햇볕(시각)'의 '발 디디는 소리
　(청각)'
④ 청각의 시각화 : 전봉건, 「피아노」 '피아노의 선율(청각)'을 '신선한 물고
　기, 튀는 빛의 꼬리(시각)'으로 전이하여 표현

정답 ③

09 ○△✕

다음 밑줄 친 부분과 같은 표현 방식이 나타나지 <u>않은</u> 것은?

넓은 벌 동쪽 끝으로
옛 이야기 지줄대는 실개천이 휘돌아 나가고
얼룩백이 황소가
해설피 <u>금빛 게으른 울음</u>을 우는 곳

― 그 곳이 참하 꿈엔들 잊힐리야.

― 정지용, 「향수」 ―

① 우물 속에는 달이 밝고 구름이 흐르고 하늘이 펼치고 파아
란 바람이 불고 가을이 있습니다.

― 윤동주, 「자화상」 ―

② 즐거운 지상(地上)의 잔치에/금(金)으로 타는 태양의 즐거
운 울림/아침이면,/세상은 개벽(開闢)을 한다.

― 박남수, 「아침 이미지」 ―

③ 그리운 그의 모습 다시 찾을 수 없어도/울고 간 그의 영혼/
들에 언덕에 피어날지어이.

― 신동엽, 「산 언덕에」 ―

④ 한 가닥 구부러진 철책(鐵柵)이 바람에 나부끼고/그 위에
셀로판지로 만든 구름이 하나.
자욱한 풀벌레 소리 발길로 차며/호올로 황량(荒凉)한 생
각 버릴 곳 없어

― 김광균, 「추일서정」 ―

10 ○△✕

다음 시의 화자에 대한 설명으로 옳지 <u>않은</u> 것은?

나 하늘로 돌아가리라
새벽빛 와 닿으면 스러지는
이슬 더불어 손에 손을 잡고,

나 하늘로 돌아가리라
노을빛 함께 단 둘이서
기슭에서 놀다가 구름 손짓하면은,

나 하늘로 돌아가리라
아름다운 이 세상 소풍 끝내는 날.
가서 아름다웠더라고 말하리라······

― 천상병, 「귀천」 ―

① 자신의 삶을 긍정적으로 바라보고 있다.
② 삶에 대해 달관하는 태도를 취하고 있다.
③ 자신의 과거에 대한 반성을 드러내고 있다.
④ 죽음을 초월하여 허무 의식을 내적으로 승화하고 있다.

11 ▢△✕

다음 시의 화자에 대한 설명으로 적절하지 <u>않은</u> 것은?

기다리지 않아도 오고
기다림마저 잃었을 때에도 너는 온다.
어디 뻘밭 구석이거나
썩은 물웅덩이 같은 데를 기웃거리다가
한눈 좀 팔고, 싸움도 한판 하고,
지쳐 나자빠져 있다가
다급한 사연 들고 달려간 바람이
흔들어 깨우면
눈 비비며 너는 더디게 온다.
더디게 더디게 마침내 올 것이 온다.
너를 보면 눈부셔
일어나 맞이할 수가 없다.
입을 열어 외치지만 소리는 굳어
나는 아무것도 미리 알릴 수가 없다.
가까스로 두 팔을 벌려 껴안아 보는
너, 먼 데서 이기고 돌아온 사람아.

– 이성부, 「봄」 –

① 시적 대상에 상징적 의미를 부여하고 있다.
② 시적 대상에 대해서 무력감을 느끼고 있다.
③ 시적 대상에 대해서 예찬하는 태도를 보이고 있다.
④ 시적 대상을 통해서 순리에 대한 신념을 표현하고 있다.

정답의 이유

② 이 시는 대상을 의인화하여 봄의 도래에 대한 갈망과 강한 신념을 드러
내고 있다. 그러므로 시적 대상에 대해서 무력감을 느끼고 있다는 표현
은 바르지 않다.

오답의 이유

① 이 시의 '너'는 봄을 의미하며, 간절한 기다림의 대상이자 겨울 뒤에 반드
시 찾아오는 계절을 의미한다. "먼 데서 이기고 돌아온 사람"을 통해 희
망을 상징한다는 것을 알 수 있다.
③ "너를 보면 눈부셔"에서 예찬하는 태도를 볼 수 있다.
④ "기다리지 않아도 오고"에서 계절이 순환하는 자연의 섭리를 통해서 봄
이 오는 것의 당위성을 드러내고 있다.

정답 ②

12 ▢△✕

다음 시에 균형미를 부여하는 시상 전개 방식은?

나 보기가 역겨워
가실 때에는
말없이 고이 보내 드리우리다

영변(寧邊)에 약산(藥山)
진달래꽃
아름 따다 가실 길에 뿌리우리다

가시는 걸음걸음
놓인 그 꽃을
사뿐히 즈려 밟고 가시옵소서

나 보기가 역겨워
가실 때에는
죽어도 아니 눈물 흘리우리다

– 김소월, 「진달래꽃」 –

① 수미상관의 구조
② 시간의 흐름
③ 시선의 이동
④ 선경후정의 방식

정답의 이유

'수미상관'은 시가에서 첫 연을 끝 연에 다시 반복하는 문학적 구성법으로
첫 연을 끝 연에 반복해서 쓰거나, 비슷한 내용의 구절이나 문장을 반복적
으로 배치하기도 한다. '수미상관'의 구성방식의 효과는 ⑦ 같은 어구를 반
복함으로써 뜻을 강조하고, ⓒ 처음과 끝에 같은 운율을 되풀이해 음악적
효과를 살리고, ⓒ 처음과 끝이 균형을 이루어 안정감을 주며, ⓔ 여운을 통
해 감동을 마무리한다.
① 수미상관 : 1연과 4연이 일정한 반복 구조로 되어 있다.

오답의 이유

② 시간의 흐름 : 순차적(추보식) 구성이나 역순행식 구성이 있다.
③ 시선의 이동 : 원근법과 상하법이 있다.
④ 선경후정 : 먼저 경치를 묘사하고 뒤에 정서를 표현하는 방식

정답 ①

13 ☐△✕

다음 시의 시상 전개 방식을 설명한 것으로 옳은 것은?

> 머언 산 청운사(靑雲寺)/ 낡은 기와집
> 산은 자하산(紫霞山)/ 봄눈 녹으면
> 느릅나무/ 속잎 피어가는 열두 굽이를
> 청노루/ 맑은 눈에
> 도는/ 구름
>
> — 박목월, 「청노루」 —

① 시상이 시선의 이동에 따라 전개되고 있다.

② 시상이 시간의 흐름에 따라 전개되고 있다.

③ 시상이 화자의 심리 변화에 따라 전개되고 있다.

④ 시상이 계절의 변화에 따라 전개되고 있다.

[정답의 이유]

① 박목월의 「청노루」는 시선의 이동 중 '원근법'에 의해 '원경'에서 '근경'으로 시선이 이동되면서 시상을 전개하고 있다. '머언 산 청운사(원경)→'비탈길에 선 청노루'→'청노루 눈 속에 도는 구름(근경)'

정답 ①

14 ☐△✕

〈보기〉의 시에 대한 이해로 가장 적절하지 <u>않은</u> 것은?

> ───── 〈보 기〉 ─────
>
> 나는 이제 너에게도 슬픔을 주겠다.
> 사랑보다 소중한 슬픔을 주겠다.
> 겨울밤 거리에서 귤 몇 개 놓고
> 살아온 추위와 떨고 있는 할머니에게
> 귤값을 깎으면서 기뻐하던 너를 위하여
> 나는 슬픔의 평등한 얼굴을 보여 주겠다.
> 내가 어둠 속에서 너를 부를 때
> 단 한 번도 평등하게 웃어 주질 않은
> 가마니에 덮인 동사자가 다시 얼어 죽을 때
> 가마니 한 장조차 덮어 주지 않은
> 무관심한 너의 사랑을 위해
> 흘릴 줄 모르는 너의 눈물을 위해
> 나는 이제 너에게도 기다림을 주겠다.
> 이 세상에 내리던 함박눈을 멈추겠다.
> 보리밭에 내리던 봄눈들을 데리고
> 추워 떠는 사람들의 슬픔에게 다녀와서
> 눈 그친 눈길을 너와 함께 걷겠다.
> 슬픔의 힘에 대한 이야기를 하며
> 기다림의 슬픔까지 걸어가겠다.
>
> — 정호승, 「슬픔이 기쁨에게」 —

① 기쁨으로 슬픔을 이겨내자는 주제를 전달하고 있다.

② 대결과 갈등이 아닌 화합과 조화를 통한 해결을 추구한다.

③ 겉으로 보기에는 모순된 말이지만, 그 속에 진리를 담아 표현하였다.

④ 현실 비판적이고 교훈적인 성격의 시이다.

[정답의 이유]

① 주제는 '이기적인 삶에 대한 반성 및 더불어 살아가는 삶의 가치 추구'이다. '기쁨으로 슬픔을 이겨내자.'는 주제와 관련이 없다.

[오답의 이유]

② "보리밭에 내리던 봄눈들을 데리고~기다림의 슬픔까지 걸어가겠다."는 '새로운 희망의 길을 여는 슬픔의 힘'을 제시한 부분이므로 '대결과 갈등이 아닌 화합과 조화를 통한 해결을 추구한다.'는 올바른 내용의 이해이다.

③ '겉으로 보기에는 모순된 말이지만, 그 속에 진리를 담아 표현'은 '역설법'을 의미한다. "사랑보다 소중한 슬픔을 주겠다."는 자기만을 위한 이기적인 사람보다 소외된 사람들의 슬픔과 아픔까지 이해해야 한다는 역설적 표현이다.

④ '슬픔에 대한 성찰을 통하여 남의 아픔에 무관심한 이기적인 삶의 자세를 반성'하게 하는 현실 비판적이고 교훈적인 성격의 시이다.

정답 ①

15 ○△×

다음 작품에 대한 설명으로 가장 적절하지 <u>않은</u> 것은?

> 가을 햇볕에 공기에
> 익는 벼에
> 눈부신 것 천지인데,
> 그런데,
> 아, 들판이 적막하다 —
> 메뚜기가 없다!
>
> 오 이 불길한 고요 —
> 생명의 황금 고리가 끊어졌으니…….

① 화자의 인식이 변화하는 지점이 있다.

② 공간의 변화에 따라 시상이 전개되고 있다.

③ 1~4행이 'ㅔ'로 끝나면서 각운을 형성하고 있다.

④ 비유적인 시구를 사용하여 주제를 드러내고 있다.

01 ○△×

〈보기〉의 시에 대한 설명으로 가장 옳은 것은?

─── 〈 보 기 〉 ───
公無渡河
公竟渡河
墮河而死
當奈公何

① 황조가와 더불어 현존하는 우리나라 최고(最古)의 서사시다.
② 한시와 함께 번역한 시가가 따로 전한다.
③ '물'의 상징적 의미를 따라 시상을 전개하고 있다.
④ 몇 번을 죽어도 충성의 마음이 변치 않음을 노래하고 있다.

정답의 이유
③ 기구(1행)의 '물[河]'은 '충만한 사랑'을, 승구(2행)의 '물'은 '이별'을, 전구(3행)의 '물'은 '죽음'을 상징한다. 「공무도하가」는 '물'의 상징적 의미를 따라 시상을 전개하고 있다.

오답의 이유
① 황조가와 더불어 현존하는 우리나라 최고(最古)의 서정시다.
② 4언 4구체의 한역가사만 전해질 뿐 번역한 시가는 따로 전해지지 않는다.
④ '임을 여읜 슬픔'을 노래한 것으로 '변하지 않는 충성의 마음'과는 관련이 없다.

정답 ③

02 ○△×

〈보기〉에 대한 설명으로 가장 옳지 <u>않은</u> 것은?

─── 〈 보 기 〉 ───
거북아 거북아
머리를 내어 놓아라.
만약 내어 놓지 않으면
굽고 ▨▨ 먹겠다.

– 「구지가」 –

① 향가 발생 이전의 고대시가이다.
② 환기, 명령, 가정의 어법을 지닌 주술적 노래이다.
③ 음악, 시가, 무용이 모두 어우러진 종합 예술의 성격을 띠고 있다.
④ 고조선 곽리자고의 아내 여옥이 지었다고 전해지는 순수 서정시가이다.

정답의 이유
④ 고조선 곽리자고의 아내 여옥이 지었다고 전해지는 순수 서정시가는 「공무도하가」이다.

오답의 이유
① 「구지가」는 향가 발생 이전에 나타난 고대가요(고대시가)이다.
② '기(환기) → 승(명령) → 전(가정) → 결(위협)'의 어법으로 구성된 집단 무가(주술가)이다.
③ 고대가요는 단일 예술로 분화되기 이전 음악, 시가, 무용이 모두 어우러진 종합 예술의 성격을 띠고 있다.

정답 ④

03 ○△✕

다음 작품의 시상 전개 방식으로 적절하지 <u>않은</u> 것은?

> 翩翩黃鳥 / 雌雄相依 / 念我之獨 / 誰其與歸

① 대조를 통해 시상을 전개하고 있다.
② 기승전결의 시상 전개 방식을 보이고 있다.
③ 선경 후정의 시상 전개 방식을 보이고 있다.
④ 근경에서 원경으로 시선을 이동하면서 전개하고 있다.

정답의 이유
④ 꾀꼬리의 정겨운 모습만을 바라볼 뿐 원경에서 근경으로 시선 이동된 것은 아니다.

오답의 이유
① 대조 : 정다운 꾀꼬리 ↔ 외로운 자기 처지
② 형식 전개 : 4언 4구체(기승전결의 4단 구성)
③ 내용 전개 : ⊙ 전반부(기, 승) : 꾀꼬리의 정다운 모습(선경), ⓒ 후반부 (전, 결) : 화자의 고독한 심정(후정)

정답 ④

04 ○△✕

다음 글에 대한 설명으로 적절하지 <u>않은</u> 것은?

> 둘하 노피곰 도두샤
> 어긔야 머리곰 비취오시라.
> 어긔야 어강됴리
> 아으 다롱디리
> 져재 녀러신고요
> 어긔야 즌 딕룰 드딕욜셰라.
> 어긔야 어강됴리
> 어느이다 노코시라.
> 어긔야 내 가논 딕 졈그룰셰라.
> 어긔야 어강됴리
> 아으 다롱디리

① 국문으로 기록되어 있는 유일한 백제 가요이다.
② 대립적 이미지를 이용하여 남편에 대한 아내의 질투심을 표현하였다.
③ 신라 시대 노래인 '치술령곡'의 '망부석 설화'와 관련이 있다.
④ 후렴구를 제외하면 시조의 형식과 유사하다.

정답의 이유
② '둘'과 '즌 딕'는 '빛과 어둠'의 대립적 이미지를 지니지만, 남편에 대한 아내의 질투심을 표현하고 있는 게 아니라 행상 나간 남편의 무사 귀환을 바라는 빌고 있는 노래이다.

오답의 이유
① 「정읍사」는 백제 유일의 현전가요이며, 국문으로 기록되어 전하는 가장 오래된 노래이다.
③ 신라의 부전가요인 '치술령곡'은 박제상의 아내가 치술령에서 남편을 기다리다 죽은 사연을 애도하여 부른 노래로 정읍사와 마찬가지로 '망부석 설화'를 배경설화로 하고 있다.
④ '어긔야 어강됴리 아으 다롱디리'의 후렴구를 제외하면 4음보 3연 6구의 형식으로 시조의 형식과 매우 유사하다.

정답 ②

밑줄 친 부분에서 행위의 주체가 같은 것으로만 묶은 것은?

> 금와왕이 이상히 여겨 유화를 방 안에 가두어 두었더니 햇빛이 방안을 비추는데 ㉠ 몸을 피하면 다시 쫓아와서 비추었다. 이로 해서 태기가 있어 알[卵] 하나를 낳으니, 크기가 닷 되들이만 했다. 왕이 그것을 버려서 개와 돼지에게 주게 했으나 모두 먹지 않았다. 다시 길에 ㉡ 내다 버리게 했더니 소와 말이 피해서 가고 들에 내다 버리니 새와 짐승들이 덮어 주었다. 왕이 쪼개 보려고 했으나 아무리 해도 쪼개지지 않아 그 어미에게 돌려주었다. 어미가 이 알을 천으로 싸서 따뜻한 곳에 놓아두었더니 한 아이가 ㉢ 껍질을 깨고 나왔는데, 골격과 외모가 영특하고 기이했다. 겨우 일곱 살이 되었을 때, 이미 기골이 뛰어나서 범인(凡人)과 달랐다. 스스로 활과 화살을 만들어 쏘았는데 백발백중이었다. 나라 풍속에 ㉣ 활 잘 쏘는 사람을 주몽이라고 하므로 그 아이를 '주몽'이라 했다.
>
> 금와왕에게는 일곱 아들이 있어 항상 주몽과 함께 놀았는데, 재주가 주몽을 따르지 못했다. 맏아들 대소가 왕에게 말했다. "주몽은 사람의 자식이 아닙니다. 일찍 ㉤ 없애지 않는다면 후환이 있을까 두렵습니다." 왕이 듣지 않고 주몽을 시켜 말을 기르게 하니 주몽은 좋은 말을 알아보고 적게 먹여서 여위게 기르고, 둔한 말을 ㉥ 잘 먹여서 살찌게 했다.

① ㉠, ㉡

② ㉡, ㉣

③ ㉢, ㉥

④ ㉣, ㉤

정답의 이유

③ ㉢ 껍질을 깨고 나왔는데 : 한 아이(주몽)

　㉥ 잘 먹여서 살찌게 했다. : 주몽

오답의 이유

㉠ 몸을 피하면 : 유화

㉡ 내다 버리게 했더니 : 금와왕

㉣ 활 잘 쏘는 : 주체를 특정할 수 없다(나라 풍속에)

㉤ 없애지 않는다면 : 대소나 금와왕

정답 ③

밑줄 친 부분에 대한 설명으로 옳은 것은?

> 완하국(琓夏國) 함달왕(含達王)의 부인이 임신하였다. ㉠ 달이 차서 알을 낳았는데, 알이 변하여 사람이 되었다. 이름을 탈해(脫解)라 하였다. 바다를 따라 가락국에 왔는데, 키가 3척이요 머리 둘레가 1척이었다. 즐거이 궁궐에 나아가 왕에게 말하였다. "나는 왕의 자리를 뺏기 위해 왔소." 왕이 대답하였다. "㉡ 하늘이 나에게 명하여 왕위에 오르게 함은 장차 나라를 안정시키고 백성을 편안하게 하려 함이다. 감히 하늘의 명령을 어기고 왕의 자리를 내어 줄 수 없다. 또 감히 우리나라와 백성들을 너에게 맡길 수 없다." 탈해가 "그렇다면 술법으로 겨루어 봅시다."라고 하자 왕이 "좋다."라고 하였다. ㉢ 잠깐 사이에 탈해가 매가 되자 왕은 독수리가 되고, 또 탈해가 참새로 화하자 왕은 새매로 변하였다. 이때 잠시의 시간도 걸리지 않았다. 탈해가 본모습으로 돌아오자 왕 또한 그렇게 했다. 탈해가 드디어 엎드려 항복하며 "제가 술법을 겨루는 마당에서 ㉣ 독수리 앞의 매가 되고 새매 앞의 참새가 되었는데, 잡히지 않고 살 수 있었던 것은 성인께서 살생을 싫어하신 인자함 때문에 그런 것이 아니겠습니까? 저는 왕과는 자리를 다투기 어렵습니다."라고 말하고는 바로 절하고 나가 버렸다.
>
> — 일연, 「삼국유사(三國遺事)」 중에서 —

① ㉠ 신비한 출생을 통해 탈해의 범상함을 강조한 표현이다.

② ㉡ 왕위는 인위적으로 획득되지 않는 것임을 강조한 표현이다.

③ ㉢ 탈해와 왕이 본래는 동물이었음을 강조한 표현이다.

④ ㉣ 탈해의 술법이 왕보다 뛰어남을 강조한 표현이다.

정답의 이유

② ㉡ : 왕(수로왕)이 "㉡ 하늘이 나에게 명하여 왕위에 오르게 함"은 "감히 하늘의 명령을 어기고 왕의 자리를 내어 줄 수 없다."고 했으므로 '왕위는 인위적으로 획득되지 않는 것임을 강조한 표현이다.'는 올바른 내용의 이해다.

오답의 이유

① ㉠ : "㉠ 달이 차서 알을 낳았는데, 알이 변하여 사람이 되었다."는 신비한 출생을 통해 탈해의 범상하지 않음을 강조한 표현이다. '범상(凡常)하다'는 '중요하게 여길 만하지 아니하고 예사롭다'는 뜻이다.

③ ㉢ : "㉢ 잠깐 사이에 탈해가 매가 되자 왕은 독수리가 되고"는 술법으로 잠시 동물로 변한 모습일 뿐이다. '탈해와 왕이 본래는 동물이었음을 강조한 표현이다.'는 잘못된 내용의 이해다.

④ ㉣ : "㉣ 독수리 앞의 매가 되고 새매 앞의 참새가 되었는데"에서 '독수리와 새매'는 '왕'이고 '매와 참새'는 '탈해'이므로 '탈해의 술법이 왕보다 뛰어남을 강조한 표현이다.'는 잘못된 내용의 이해.

정답 ②

07 ○△✕
〈보기〉의 작품과 같은 형식의 향가 작품이 **아닌** 것은?

---〈보 기〉---

임금은 아버지요
신하는 자애로운 어머니요
백성은 어린아이라고 한다면
백성이 사랑하심을 알 것입니다.
– 중략 –
아으, 임금답게 신하답게 백성답게 한다면
나라 안이 태평할 것입니다.

---

① 「원왕생가」
② 「처용가」
③ 「찬기파랑가」
④ 「혜성가」

[정답의 이유]
〈보기〉는 충담사의 「안민가」로 10구체 향가이다.
② 「처용가」: 8구체 향가. 현재 전하는 신라 향가의 마지막 작품이다. 처용이 아내에게 침범한 역신(疫神)을 보고 물러나 이 노래를 부르자 역신이 물러갔다는 벽사진경의 내용을 담은 노래이다.

[오답의 이유]
① 「원왕생가」: 광덕. 10구체 향가 – 신라 문무왕 때 광덕이 서방 정토의 아미타불에 귀의하고자 하는 소망을 달에게 의탁하여 기원한 노래이다.
③ 「찬기파랑가」: 충담사. 10구체 향가 – '기파랑'이라는 화랑의 모습을 자연물에 비유하여 찬양하면서 그의 높은 기상을 예찬하고 있는 시이다.
④ 「혜성가」: 융천사. 10구체 향가 – 축사(逐邪)를 위한 주술가로 혜성의 변괴를 없애고 왜구의 침략을 막기 위한 노래이다.

정답 ②

08 ○△✕
다음 작품에 대한 설명 중 가장 적절하지 **않은** 것은?

善化公主主隱
他密只嫁良置古
薯童房乙
夜矣夘*乙抱遣去如
(* '夘'은 '卯'로 판독하는 경우도 있음.)

① 「균여전(均如傳)」에 실려 있다.
② 민요적 성격이 강하다.
③ 첫 번째 구의 밑줄 친 '隱'은 음독(音讀)한다.
④ 형식상 「헌화가」와 같다.

[정답의 이유]
① 「서동요」는 「삼국유사(三國遺事)」권2 무왕조(武王條)에 실려 전해진다. 「균여전(均如傳)」에는 균여대사의 "보현십종원왕가" 11수가 실려 전해진다.

[오답의 이유]
② 「서동요」는 4구체로 '민요의 정착형'으로 파악한다. 그러므로 '민요적 성격이 강하다.'는 설명은 적절하다.
③ '善化公主主隱(선화공주님은)'으로 해독되므로 '은(隱, 숨길 은)'은 훈독이 아니라 '음독(音讀)'이다.
④ 4구체이므로 형식상 「헌화가」와 같다. 현전 4구체 향가 : 「서동요」,「풍요」,「헌화가」,「도솔가」

정답 ①

09 ☐△✕

〈보기〉의 ㉠~㉣에 대한 설명으로 가장 옳지 <u>않은</u> 것은?

> ───── 〈보 기〉 ─────
>
> 생사(生死) 길은
> 예 있으매 머뭇거리고,
> 나는 간다는 말도
> 못다 이르고 어찌 갑니까.
> 어느 가을 ㉠ 이른 바람에
> 이에 저에 떨어질 잎처럼,
> ㉡ 한 가지에 나고
> 가는 곳 모르온저.
> ㉢ 아아, ㉣ 미타찰(彌陀刹)에서 만날 나
> 도(道) 닦아 기다리겠노라.
>
> ─ 월명사, 「제망매가」 ─

① ㉠은 예상보다 빠르게 닥쳐온 불행을 의미한다.
② ㉡은 친동기 관계라는 것을 의미한다.
③ ㉢은 다른 향가 작품에서는 찾기 어려운 생경한 표현이다.
④ ㉣은 불교적 세계관을 보여준다.

정답의 이유

③ ㉢ 아아 : 10구체 향가의 낙구 첫머리(9구)에는 반드시 감탄사가 고정되어야 하므로 '다른 향가 작품에서는 찾기 어려운 생경한 표현이다.'는 잘못된 설명이다.

오답의 이유

① ㉠ 이른 바람 : 어린 누이동생의 '요절'을 의미하므로 '예상보다 빠르게 닥쳐온 불행을 의미한다.'는 올바른 설명이다.
② ㉡ 한 가지에 나고 : '한 부모'를 의미하므로 '친동기 관계라는 것을 의미한다.'는 올바른 설명이다.
④ ㉣ 미타찰(彌陀刹) : 불교 용어로 '아미타불이 있는 극락세계'를 뜻하므로 '불교적 세계관을 보여준다.'는 올바른 설명이다.

정답 ③

10 ☐△✕

다음 작품에 대한 설명으로 가장 적절하지 <u>않은</u> 것은?

> 흐느끼며 바라보매
> ㉠ 이슬 밝힌 달이
> <u>흰 구름 따라 떠간 언저리에</u>
> 모래 가른 물가에
> 기랑(耆郎)의 모습이올시 수풀이여.
> 일오(逸烏)내 자갈 벌에서
> 낭(郎)이 지니시던
> 마음의 갓을 좇고 있노라.
> ㉡ 아아, 잣나무 가지가 높아
> <u>눈이라도 덮지 못할 고깔이여.</u>

① 표현 기교가 뛰어난 작품으로 「제망매가」와 함께 향가 문학의 백미로 꼽는다.
② 기파랑이라는 화랑을 추모하면서 그의 높은 덕을 기리고 있는 작품이다.
③ ㉠에서 화자는 지금은 없는 기파랑의 자취를 찾으며 슬퍼하고 있다.
④ ㉡에서 화자는 기파랑의 높은 인품을 잣나무 가지와 눈에 비유하고 있다.

정답의 이유

④ ㉡에서 '잣가지'는 기파랑의 높은 인품(지조)를 비유하는 보조관념이지만, '눈'은 현실의 '고난, 시련, 유혹' 등을 상징한다.

오답의 이유

① 향가 중 표현 기교(비유와 상징)가 뛰어나 예술적 측면에서 향가 문학의 백미로 꼽는 작품은 '제망매가'와 '찬기파랑가'이다.
② '기파랑'은 추모하면서도 작가가 따르고 싶어 하는 '화랑'이다.
③ ㉠에서 시적 화자는 현실에서는 없는 기파랑의 자취를 달에게 물어보면서 슬퍼하고 있다.

정답 ④

11 ⃞⃞⃞

다음 작품에 나타난 작가의 심정을 가장 잘 설명한 것은?

> 첩첩 바위 사이를 미친 듯 달려 겹겹 봉우리 울리니
> 지척에서 하는 말소리도 분간키 어려워라.
> 늘 시비(是非)하는 소리 귀에 들릴세라,
> 짐짓 흐르는 물로 온 산을 둘러버렸다네.
>
> ― 최치원, 「제가야산독서당(題伽倻山讀書堂)」 ―

① 속세에서 벗어나 은둔하고 싶은 심정을 드러내고 있다.

② 부정적 현실을 개혁하려 하는 지식인의 의지를 드러내고 있다.

③ 자연 속에서 건강한 삶을 살고 싶다는 의지를 나타내고 있다.

④ 세속적인 권력의 무상함과 인간사의 덧없음을 탄식하고 있다.

정답의 이유

① 이 시는 자연의 물소리에 의탁하여 세상의 시비하는 소리를 멀리하고자 하는 은둔의 결의를 노래한 작품이다. 당나라에 유학하여 과거에 급제한 후, '토황소격문' 등으로 중국에서도 문명(文名)을 떨쳤던 최치원은 귀국 후 정치를 개혁하기 위한 노력을 기울였으나 받아들여지지 않았다. 이러한 난세를 절망하며 각지를 유랑하던 그는 가야산에 은거하여 여생을 마친다. 이 작품은 이러한 그의 만년의 작품 세계를 잘 보여 준다. 세상을 멀리하고 산중에 은둔하고 싶은 심정이 잘 드러나 있다.

오답의 이유

② 부정적 현실을 개혁하려 하였으나 신분적 제약이라는 현실적 한계 때문에 좌절하는 지식인의 모습을 보여 주고 있다.

③ 자연 친화적 삶과는 아무런 관련이 없다.

④ 세속적인 권력의 무상함과 인간사의 덧없음을 탄식하기보다는 세상과 담을 쌓고 은둔하고 싶은 심정을 그리고 있다.

정답 ①

12 ⃞⃞⃞

다음 시에 대한 설명으로 가장 옳은 것은?

> 비 개인 언덕에는 풀빛이 푸른데
> 그대를 남포에서 보내며 슬픈 노래 부르네.
> 대동강 물은 그 언제 다할 것인가,
> 이별의 눈물 해마다 푸른 물결에 더하는 것을.
>
> ― 정지상, 「송인(送人)」 ―

① 이별을 하는 상황에서 임을 원망하는 마음을 표현하고 있다.

② 이별 후에도 임에 대한 그리움과 슬픔이 더욱 깊어갈 것임을 보여주고 있다.

③ 이별의 상황을 객관적으로 묘사하고 있다.

④ 시적 화자의 감정을 과장 없이 절제하여 표현하고 있다.

정답의 이유

② 기구의 '풀빛'과 결구의 '푸른 물결'을 대비하여 이별 후에도 해마다 깊어 가는 그리움과 슬픔을 해마다 흘리는 눈물 때문에 대동강 물이 마를 날이 없다는 과장적 표현을 통해 표현하고 있다.

오답의 이유

① 임에 대한 원망의 마음은 나타나 있지 않다.

③ 객관적으로 이별의 상황을 묘사하고 있는 것이 아니라 이별의 슬픔을 노래내고 있다.

④ 시적 자아의 감정을 과장법을 통해 절제하지 않고 직접 표출하고 있다.

정답 ②

13 ▢△✕

다음 작품에 대한 설명으로 적절하지 <u>않은</u> 것은?

> 새로 거른 막걸리 젖빛처럼 뿌옇고
> 큰 사발에 보리밥, 높이가 한 자로세.
> 밥 먹자 도리깨 잡고 마당에 나서니
> 검게 탄 두 어깨 햇볕 받아 번쩍이네.
> 옹헤야 소리 내며 발맞추어 두드리니
> 삽시간에 보리 낟알 온 마당에 가득하네.
> 주고받는 노랫가락 점점 높아지는데
> 보이느니 지붕 위에 보리티끌뿐이로다.
> 그 기색 살펴보니 즐겁기 짝이 없어
> 마음이 몸의 노예 되지 않았네.
> 낙원이 먼 곳에 있는 게 아닌데
> 무엇하러 벼슬길에 헤매고 있으리요.
>
> — 정약용, 「보리타작」 —

① 선경후정의 구성방식을 통해 시상을 전개하고 있다.
② 정적인 이미지를 활용하여 대상을 묘사하고 있다.
③ 일상적인 시어를 사용하여 사실감을 드러내고 있다.
④ 외부 대상으로부터 진정한 삶의 가치를 이루어내고 있다.

〔정답의 이유〕
② 시각적인 이미지와 동적인 이미지(보리타작 장면, 노동요 부르는 장면)로 대상을 묘사하고 있다.

〔오답의 이유〕
① '선경(1~8행 : 노동하는 농민의 건강한 삶의 모습과 보리타작하는 마당의 정경)' – '후정(9~12행 : 정신과 육체가 합일된 노동의 기쁨과 관직에 몸담은 자신의 삶에 대한 반성)'의 구성 방식을 통해 시상을 전개하고 있다.
③ 농민들의 일상사 및 생산 활동과 관련된 시어들(막걸리, 검게 탄 두 어깨, 옹헤야 노랫소리, 보리 낟알 등)을 사용함으로써, 생동감과 현장감을 느끼게 하고 있다.
④ '외부적 대상(농민들의 보리타작의 모습)'으로부터 '진정한 삶의 가치(노동에서 얻는 즐거움, 자신의 삶을 반성)'를 이루어내고 있다.

정답 ②

14 ▢△✕

다음 한시의 화자가 처한 상황을 고려할 때 시적 정서가 가장 유사한 것은?

> 鳥獸哀鳴海岳嚬
> 槿花世界已沈淪
> 秋燈掩卷懷千古
> 難作人間識字人

① 이화우(梨花雨) 훗쑬릴 제 울며 잡고 이별흔 님,
　추풍 낙엽(秋風落葉)에 저도 날 싱각는가.
　천 리에 외로운 쑴만 오락가락 ᄒ노매.
② 말 업슨 청산(靑山)이요 태(態) 업슨 유수(流水) ㅣ로다.
　갑 업슨 청풍(淸風)이요 님즈 업슨 명월(明月)이라.
　이 중(中)에 병(病) 업슨 이 몸이 분별(分別) 업시 늘그리라.
③ 반중(盤中) 조홍(早紅)감이 고아도 보이ᄂ다.
　유자(柚子) ㅣ 안이라도 품엄 즉도 ᄒ다마ᄂ
　품어 가 반기리 업슬시 글노 설워ᄒᄂ이다.
④ 흥망(興亡)이 유수(有數)ᄒ니 만월대(滿月臺)도 추초(秋草)
　ㅣ로다.
　오백 년(五百年) 왕업(王業)이 목적(牧笛)에 부쳐시니,
　석양(夕陽)에 지나ᄂ 객(客)이 눈물계워 ᄒ노라.

〔정답의 이유〕
출전 : 황현, 「절명시」 제3수
제시된 작품은 작가가 1910년 8월 한일 병합의 소식을 듣고 음독자살을 하면서 남긴 '절명시(絕命詩)' 중 제3수이다. '국권을 강탈당하는 상황에 처한 지식인의 고뇌'가 주제이므로 '망국의 한'과 관련된 작품을 찾는다.
④ 원천석, 「회고가」 : 망국의 한(고려 멸망)과 회고의 정

〔오답의 이유〕
① 계량, 「연정가」 : 이별한 임에 대한 그리움
② 성혼, 「한정가」 : 자연을 즐기는 한가한 정
③ 박인로, 「조홍시가」 : 효를 못 다함에 대한 탄식

정답 ④

15 ⃝△✕

다음 고전시가에 대한 설명으로 가장 옳은 것은?

> 내 님믈 그리ᅀᆞ와 우니다니
> 산(山) 졉동새 난 이슷ᄒᆞ요이다.
> 아니시며 거츠르신ᄃᆞᆯ 아으
> 잔월효성(殘月曉星)이 아ᄅᆞ시리이다.
> 넉시라도 님은 ᄒᆞᆫᄃᆡ 녀져라 아으
> 벼기더시니 뉘러시니잇가
> 과(過)도 허믈도 천만(千萬) 업소이다.
> 믈힛마리신뎌
> 슬읏븐뎌 아으
> 니미 나ᄅᆞᆯ ᄒᆞ마 니ᄌᆞ시니잇가.
> 아소 님하, 도람 드르샤 괴오쇼셔.
>
> — 정서, 「정과정」 —

① 현재 자신의 처지에서 벗어나고 싶은 심정을 담고 있다.
② 이상과 현실의 괴리에 대한 담담한 마음을 담고 있다.
③ 다가올 미래에 대한 비관적인 심경을 담고 있다.
④ 일상적인 소재를 통해서 삶의 교훈을 담고 있다.

[정답의 이유]
① 임(=의종)을 그리워하며 울며 떠돌아다니는 자신의 신세를 '졉동새(=두견새)'의 모습에 비유함으로써 자신의 결백을 주장하는 동시에, 귀양살이를 하고 있는 현재의 처지에서 벗어나고자 하는 심정을 담고 있다.

[오답의 이유]
② 이상과 현실의 괴리에 대한 담담한 마음과는 관련이 없는 작품이다.
③ 다가올 미래에 대한 비관적인 심경이 아니라 귀양지에서 벗어나고 싶은 심정을 노래한 것이다.
④ 일상적인 소재를 통한 삶의 교훈은 관련이 없는 내용이다.

정답 ①

16 ⃝△✕

다음 작품에 대한 설명으로 적절한 것은?

> 가시리 가시리잇고 나ᄂᆞᆫ
> ᄇᆞ리고 가시리잇고 나ᄂᆞᆫ
> 위 증즐가 대평셩ᄃᆡ(大平盛代)
>
> 날러는 엇디 살라 ᄒᆞ고
> ᄇᆞ리고 가시리잇고 나ᄂᆞᆫ
> 위 증즐가 대평셩ᄃᆡ(大平盛代)
>
> 잡ᄉᆞ와 두어리마ᄂᆞᄂᆞᆫ
> 선ᄒᆞ면 아니 올셰라
> 위 증즐가 대평셩ᄃᆡ(大平盛代)
>
> 셜온 님 보내ᄋᆞᆸ노니 나ᄂᆞᆫ
> 가시는 ᄃᆞᆺ 도셔 오쇼셔 나ᄂᆞᆫ
> 위 증즐가 대평셩ᄃᆡ(大平盛代)
>
> — 작자 미상, 「가시리」 —

① 4음보의 민요적 율격을 사용하고 있다.
② 후렴구의 삽입으로 연을 구분하고 있다.
③ '이별의 안타까움-소망-체념-용서'의 구성으로 이루어져 있다.
④ 임금의 은혜에 대한 감사와 나라의 안위를 걱정하는 마음을 담고 있다.

[정답의 이유]
② '위 증즐가 대평셩ᄃᆡ(大平盛代)'의 후렴구를 삽입하여 각 연을 구분하고 있다.

[오답의 이유]
① 4음보가 아니라 3음보의 민요적 율격을 사용하고 있다.
③ 내용상 '기(이별의 안타까움) – 승(원망의 고조) – 전(감정의 절제와 체념) – 결(이별 후의 소망과 기원)'으로 구성되어 있다.
④ '임과의 이별의 정한'을 담은 노래로 임금의 은혜에 대한 감사와 나라의 안위를 걱정하는 마음과는 관련이 없다.

정답 ②

17 ○△×

⊙~㉣의 의미로 적절하지 않은 것은?

二月ㅅ 보로매 아으 노피 ⊙ 현 燈ㅅ블 다호라
萬人 비취실 즈싀샷다 아으 動動다리
三月 나며 開ᄒᆞᆫ 아으 滿春 둘욋고지여
ᄂᆞ미 브롤 ⓛ 즈슬디녀 나샷다 아으 動動다리
四月 아니 ⓒ 니저 아으 오실셔 곳고리새여
㉣ 므슴다 錄事니ᄆᆞ녯 나ᄅᆞᆯ닛고신뎌 아으 動動다리

— 작자 미상, 「動動」에서 —

① ⊙은 '켠'을 의미한다.
② ⓛ은 '모습을'을 의미한다.
③ ⓒ은 '잊어'를 의미한다.
④ ㉣은 '무심하구나'를 의미한다.

정답의 이유

④ ㉣ 므슴다 : 무엇 때문에

오답의 이유

① ⊙ 현(혀 + ㄴ) : 켠. '혀다'는 '켜다'의 옛말
② ⓛ 즈슬(즛 + 을) : 모습을. '즛'은 '모습'의 옛말
③ ⓒ 니저(닞 + 어) : 잊어. '닞다'는 '잊다'의 옛말

정답 ④

18 ○△×

다음 작품에 대한 설명으로 적절한 것은?

딩아 돌하 당금(當今)에 계샹이다.
딩하 돌하 당금(當今)에 계샹이다.
션왕셩ᄃᆡ(先王聖代)예 노니ᄋᆞ와지이다.

삭삭기 셰몰애 별혜 나는
삭삭기 셰몰애 별혜 나는
구은 밤 닷 되를 심고이다.
그 바미 우미 도다 삭나거시아
그 바미 우미 도다 삭나거시아
유덕(有德)ᄒᆞ신 니믈 여히 와지이다.

— 작자 미상, 「정석가(鄭石歌)」 —

① 임에 대한 終天之慕의 정서가 드러나 있다.
② 자연물을 통하여 이별의 悲哀를 형상화하고 있다.
③ 4음보의 율격을 바탕으로 하여 정서적인 안정감을 주고 있다.
④ 구비전승되다가 『樂學軌範』에 실려 궁중 음악으로 향유되었다.

정답의 이유

① '終天之慕(종천지모)'는 '이 세상 끝날 때까지 계속되는 사모의 정'이란 뜻이다. 고려가요 「정석가」는 여러 가지 실현 불가능한 상황을 설정하여 사랑하는 임과 이별하지 않겠다는 시적 화자의 강한 의지를 노래하고 있다.

오답의 이유

② 자연물을 통한 이별의 悲哀를 형상화와는 아무런 관련이 없다.
③ 「정석가」는 4음보가 아니라 3음보의 율격을 지니고 있다.
④ 구비전승되다가 『樂學軌範(악학궤범)』이 아닌 『악장가사』나 『시용향악보』에 실려 궁중 음악으로 향유되었다.

정답 ①

19 ⃝△✕

다음 작품에 대한 설명으로 거리가 먼 것은?

> 元淳文 仁老詩 公老四六
> 李正言 陳翰林 雙韻走筆
> 冲基對策 光鈞経義 良經詩賦
> 위 試場ㅅ景긔 엇더하니잇고
> (葉)琴學士의 玉笋文生 琴學士의 玉笋文生
> 위 날조차 몃부니잇고
>
> – 「한림별곡」 중에서 –

① 사람의 이름과 그들의 장기(長技)를 열거하고 있다.
② 「악장가사」에서 고려시대 고종 때 한림학사가 지었다고 전한다.
③ 고려 신진사대부들의 득의에 찬 기상이 나타나 있다.
④ 화자는 시문보다 도학을 즐기며 강호가도(江湖歌道) 구현을 지향한다.

[정답의 이유]
④ 이 작품은 고려 신진사대부의 득의에 찬 기상이 잘 드러난 작품으로 과시적, 향락적이라는 점이 특징이다. 따라서 화자가 시문보다 도학을 즐기며 강호가도(江湖歌道) 구현을 지향한다는 설명은 틀린 내용이다.

[오답의 이유]
① 유원순의 문장, 이인로의 시, 이공로의 사륙변려문, 이규보와 진화의 쌍운주필, 유충기의 대책문, 민광균의 경서풀이, 김양경의 시와 부 등 사람의 이름과 그들의 장기(長技)를 열거하고 있다.
② 고려 고종 때 한림의 여러 유생들이 지은 우리나라 최초의 경기체가로 「고려사」, 「악장가사」 모두에 한림의 제유(諸儒)가 지은 작품이라 전하고 있다.
③ 고려 신진사대부들의 학문적 자부심을 드러내고 있다.

정답 ④

20 ⃝△✕

다음에 대한 설명 중 옳은 것은?

> 紅牡丹(홍모단) 白牡丹(빅모단) 丁紅牡丹(뎡홍모단)
> 紅芍藥(홍쟉약) 白芍藥(빅쟉약) 丁紅芍藥(뎡홍쟉약)
> 御柳玉梅(어류옥미) 黃紫薔薇(황즈쟝미) 芷芝冬柏(지지동빅)
> 위 間發(간발)ㅅ 景(경) 긔 엇더ᄒ니잇고.
> 葉(엽) 合竹桃花(합듁도화) 고온 두 분
>   合竹桃花(합듁도화) 고온 두 분
> 위 相映(샹영)ㅅ 景(경) 긔 엇더ᄒ니잇고.

① 삼국 시대에 출현한 장르로서, 자연의 아름다움을 노래한 것이다.
② 고려 가요의 하나로, 유토피아적인 동경을 노래하였다.
③ 주로 사대부가 작가인 정형시로서, 조선 전기 이후 자취를 감추었다.
④ 조선 초기의 산문으로, 자연의 아름다움을 노래한 것이다.

[정답의 이유]
출전 : 경기체가, 「한림별곡」 5장
③ 경기체가는 고려 중엽 무신 집권 이후 등장한 신진 사대부들의 득의에 찬 삶과 향락적인 여흥을 위하여 창출된 정형시가로, 조선 전기 이후 가사로 통합되면서 발전적 해체를 하게 된 교술양식이다.

[오답의 이유]
① 고려 시대에 출현한 장르이며, 자연의 아름다움을 노래한 것과는 관련이 없다.
② 고려 가요가 아니라 경기체가이며, 유토피아적인 동경을 노래한 것과는 관련이 없다.
④ 조선 초기의 산문이 아니라 고려 중기의 운문이며, 자연의 아름다움을 노래한 것과는 관련이 없다.

정답 ③

21 ⃞⃞⃞

다음 〈보기〉의 글에 대한 설명으로 옳지 <u>않은</u> 것은?

〈보 기〉
블ㆍ휘기ㆍ픈남ㆍ ᄀ ㆍ ᄇᄅ ㆍ매아ㆍ니:뮐쎄,곶:됴ㆍ코ㆍ
여ㆍ름ㆍ하ᄂ니
:ᄉ미기ㆍ픈ㆍ므ㆍ른ㆍ ᄀ ㆍ래아ㆍ니그ㆍ츨ㆍ씨:내ㆍ
히이ㆍ러ㆍ바ㆍ ᄅ ㆍ래ㆍ가ᄂ ㆍ니

– 「용비어천가(龍飛御天歌)」2장 –

① 경기체가(景幾體歌)의 대표작이다.
② '남ㆍ ᄀ '과 ' :ᄉ ㆍ미'는 조선을, ' ᄇᄅ ㆍ매'와 ' ᄀ 므ㆍ래'는 내우외환(內憂外患)을 상징한다.
③ 'ㆍ여ㆍ름ㆍ하ᄂ니'는 '열매가 많다'는 뜻이다.
④ ' :내ㆍ히이ㆍ러'는 '냇물이 되어 흐른다.'는 뜻이다.

정답의 이유
① 「용비어천가」는 조선 세종 때 개국의 정당성을 피력하여 민심을 수습하고, 육조의 사적을 찬양하는 한편 후왕에 대한 권계를 목적으로 편찬한 국문 최초의 영웅서사시로 국문학 장르상 '악장'에 속한다.

오답의 이유
② '나무'와 '샘'은 '국가(조선)'를, '바람'과 '가뭄'은 '내우외환'을 상징한다.
③ ㆍ여름[實] : 열(어근)+음(명사화 접미사). 열매
　ㆍ하다[多] : 많다(형용사)
　ㆍ녀름[夏] : 계절의 여름
　ㆍ ᄒ 다[爲] : 하다(동사)
④ ㆍ내+히 : 내개(냇물이)
　ㆍ일[成]+어 : 이루어져

정답 ①

22 ⃞⃞⃞

다음의 '용비어천가 125장'에 대한 설명으로 <u>틀린</u> 것은?

千世 우희 미리 定ᄒ샨 漢水北에 累仁開國ᄒ샤 ᅡ年이 ᄀᆺ업스시니
聖神이 니ᅀ샤도 敬天勤民ᄒ샤ᅀ 더욱 구드리시이다
님금하 아ᄅ쇼셔 落水예 山行가 이셔 하나빌 미드니잇가

① 용비어천가는 전반적으로 조선 건국의 당위성을 담고 있는데 이 125장은 후대 왕에게 주는 권계(勸誡)가 그 주제가 된다.
② '累仁開國'은 '어진 덕을 쌓아서 나라를 열었다.'라는 뜻이다.
③ '聖神'은 '聖子神孫'의 준말이다. 위대한 후대 왕들을 지칭한다.
④ 앞에는 중국 역사상의 사적을 적고, 뒤에는 앞의 것에 부합되는 조선 건국의 사적을 적고 있다.

정답의 이유
④ 「용비어천가」의 전반적 구성이 주로 전절에는 중국 역사상의 사적을, 후절에는 앞의 것에 부합되는 조선 건국의 사적을 적었지만, 1장, 2장, 110장부터 125장은 이 구성 형태를 취하지 않았다. 제시문은 「용비어천가」의 총결사인 125장이다.

오답의 이유
① 110장에서 125장은 '계왕훈'으로 후대 왕에 대한 권계가 주 내용이다. 125장은 그 중에서도 총결사이며 '敬天勤民(경천근민)'이라는 권계를 주제로 하고 있다.
② '累仁開國(누인개국)'은 (육조께서) '어진 덕을 쌓아서 나라를 열었다.'는 뜻이다.
③ '聖神(성신)'은 '聖子神孫(성자신손)'의 준말로 위대한 후대 왕들을 지칭한다.

정답 ④

23 ○△✕

다음 〈보기〉의 작품과 같은 장르에 대한 설명으로 바르지 <u>않은</u> 것은?

> ─── 〈보 기〉 ───
> 千萬里(천 만리) 머나먼 길히 고은 님 여희옵고
> 닉 마음 둘 딕 업셔 냇ᄀᆞ의 안쟈시니
> 져 믈도 닉 안 ᄀᆞᆺᄒᆞ여 우러 밤길 녜놋다.
>
>   – 왕방연 –

① 한 수는 3장 6구 45자 내외로 구성되며, 한 장은 4음보의 율격을 유지한다.
② 대체로 1구는 3·4조, 4·4조의 음수율을 지니며, 종장의 첫 음보는 반드시 4음절로 고정되어야 한다.
③ 우리 민족이 만든 독특한 정형시로 현대까지 계승된다.
④ 조선시대에 활발하게 창작되었으며, 조선후기에는 상하층이 공유하는 국민문학으로 발전하였다.

[정답의 이유]
② 시조의 종장 첫 음보는 반드시 3음절로 고정되어야 한다.

[오답의 이유]
① 시조의 한 장은 4음보 2구이므로 한 수는 3장 6구로 구성되며, 한 수의 글자수는 45자 내외가 되어야 한다.
③ 고려속요의 분장 과정에서 파생된 시조는 우리 민족의 성정 표현에 가장 알맞은 고유의 정형시이며, 현대까지도 계승되는 유일한 시가이다.
④ 고려 말에 형식은 완성되었으나 훈민정음 창제 이후 조선시대에 활발하게 창작되었으며, 짧은 형식이 가창하기에 알맞아 조선후기에는 일반 백성들까지도 향유하여 상하층이 공유하는 국민문학으로 발전하였다.

                                           정답 ②

24 ○△✕

〈보기〉의 시조에 대한 설명으로 옳지 <u>않은</u> 것은?

> ─── 〈보 기〉 ───
> 우는 거시 벅구기가 프른 거시 버들숩가.
>   이어라 이어라
> 漁어村촌 두어 집이 닛 속의 나락들락.
>   至지국慤悤총 至지국慤悤총 於어思ᄉ臥와
> 말가훈 기픈 소희 온갇 고기 쒸노ᄂᆞ다.
>
> 년닙희 밥 싸 두고 반찬으란 쟝만 마라.
>   닫 드러라 닫 드러라
> 靑청蒻약笠립은 써 잇노라, 綠녹蓑사衣의 가져오나.
>   至지국慤悤총 至지국慤悤총 於어思ᄉ臥와
> 無무心심훈 白백鷗구는 내 좃ᄂᆞ가 제 좃ᄂᆞ가.

① 임금에 대한 그리움을 함축적으로 표현하고 있다.
② 청각적 이미지를 활용하고 있다.
③ 대구법을 사용하고 있다.
④ 후렴구를 제외하면 전형적인 3장 6구의 시조 형식을 갖추고 있다.

[정답의 이유]
① 윤선도의 '어부사시사'는 춘하추동 사계절을 각 10수씩 전 40수로 된 연시조로 작가가 65세 때 전남 보길도에 은거하며 지은 이 작품은 계절마다 펼쳐지는 어촌의 아름다운 경치와 어부 생활의 흥취를 담고 있다. 임금에 대한 그리움을 함축적으로 표현하고 있는 부분은 없다.

[오답의 이유]
② '우는 거시 벅구기가'와 '至지국慤悤총 至지국慤悤총'의 노젓는 소리에서 청각적 이미지를 활용하고 있다.
③ '우는 거시 벅구기가 프른 거시 버들숩가'에 대구법이 사용되고 있다.
④ 초장과 중장, 중장과 종장 사이의 후렴구를 제외하면 전형적인 3장 6구의 평시조 형식을 갖추고 있다.

                                           정답 ①

25 ○△✕

〈보기〉의 시에 대한 설명으로 가장 옳지 않은 것은?

> ───── 〈보 기〉 ─────
>
> 首陽山(수양산) 바라보며 夷齊(이제)를 恨(한)ᄒ노라.
> 주려 주글진들 探薇(채미)도 ᄒᄂᆫ 것가.
> 비록애 푸새엣 거신들 긔 뉘 싸헤 낫ᄃ니.

① 시인은 사육신의 한 명이다.
② 중의법을 사용하고 있다.
③ 중국의 고사를 인용하고 있다.
④ 단종의 죽음에 대한 복수를 다짐하고 있다.

정답의 이유

④ 세조의 단종 폐위에 항거한 작가의 죽음을 각오한 굳은 지조와 절의를 은유적으로 드러낸 「절의가」이다. 단종의 죽음에 대한 복수를 다짐하고 있는 것은 아니다.

오답의 이유

① '사육신'은 조선 세조 때 단종의 복위를 꾀하다가 실패하여 잡혀 죽은 여섯 명의 충신. 곧 성삼문(成三問), 박팽년(朴彭年), 이개(李塏), 하위지(河緯地), 유성원(柳誠源), 유응부(俞應孚)를 말한다.
② 중의법을 사용하여 작가의 지조를 부각하고 있다.
수양산 : ㉠ 백이, 숙제가 숨어 살던 산. ㉡ 수양대군
채미 : ㉠ 고사리를 캠. ㉡ 세조가 내린 녹봉
③ 중국 은(殷)나라의 충신 백이(伯夷), 숙제(叔齊)와 자신을 비교하면서 자신의 굳은 의지를 강조하고 있다. 일반적으로 유교 사회에서 백이, 숙제는 절의(節義)를 대표하는 충신이다. 그러나 작가는 그들이 수양산에 들어가 캐 먹은 고사리 역시 주나라 땅에서 난 것임을 상기시킴으로써 그들의 절의가 부족했음을 비판하고, 이를 통해 자신의 절의를 부각하고 있다.

정답 ④

26 ○△✕

다음 (가)와 (나)에 대한 설명으로 적절하지 않은 것은?

> (가) 이 몸이 주거 가셔 무어시 될고 ᄒ니,
>   봉래산(蓬萊山) 제일봉(第一峯)에 낙락장송(落落長松) 되야 이셔,
>   백설(白雪)이 만건곤(滿乾坤)ᄒᆯ 제 독야청청(獨也靑靑) ᄒ리라.
>   – 성삼문의 시조 –
> (나) 가마귀 눈비 마즈 희는 듯 검노미라.
>   야광명월(夜光明月)이 밤인들 어두오랴.
>   님 향(向)ᄒᆫ 일편단심(一片丹心)이야 고칠 줄이 이시랴.
>   – 박팽년의 시조 –

① (가)의 '백설'과 (나)의 '눈비'는 혼란스러운 시대 현실을 의미한다.
② (가)의 '독야청청'과 (나)의 '일편단심'은 삶의 태도 면에서 유사하다.
③ (가)의 '낙락장송'과 (나)의 '야광명월'은 화자가 긍정적으로 인식하는 대상이다.
④ (가)의 '이 몸'과 (나)의 '님'은 화자가 변치 않는 절개를 다짐하고 있는 대상이다.

정답의 이유

(가)와 (나)는 계유정란(=세조 정변)을 배경으로 한 사육신의 시조이다. (가)는 온 세상이 다 세조를 섬기는 세상이 되더라도 자신만은 남산 위에 우뚝 솟은 소나무처럼 단종에 대한 절개를 지키겠다는 심정을 토로한 작품이며, (나)는 단종의 복위를 꾀하려다가 실패하고 옥중에 갇혀 있을 때, 김질이 세조의 명을 받고 찾아가 술을 권하며 이방원의 「하여가」로 회유하려 하자, 그 대답으로 지은 작품으로 온갖 주위의 유혹에도 굽히지 않는 작가의 지조를 드러내고 있다.

④ 화자가 변치 않는 절개를 다짐하고 있는 대상은 (나)의 '님(=단종)'이다. (가)의 '이 몸'은 작가 자신으로 자신의 절의를 다짐하고 있을 뿐 절개를 다짐하고 있는 대상은 구체적으로 제시되어 있지 않다.

오답의 이유

① (가)의 '백설'과 (나)의 '눈비'는 세조가 왕권을 장악한 혼란스러운 시대 현실을 의미한다.
② (가)의 '독야청청'은 시류에 휩쓸리지 않고 홀로라도 지조를 지키겠다는 굳은 결의를, (나)의 '일편단심'은 임에 대한 변함없는 마음을 나타내고 있으므로 삶의 태도면(변하지 않는 절개)에서 유사하다.
③ (가)의 '낙락장송'은 '굳은 절개'를, (나)의 '야광명월'은 '절개 높은 신하'를 상징하는 말로 화자가 긍정적으로 인식하고 되고 싶은 대상이다.

정답 ④

27 ○△✕

〈보기〉에 대한 설명으로 가장 옳지 <u>않은</u> 것은?

> ─────── 〈보 기〉 ───────
>
> 동지(冬至)ㅅ둘 기나긴 밤을 한 허리를 버혀 내여
> 춘풍(春風) 니불 아레 서리서리 너헛다가
> 어론님 오신날 밤이여든 구뷔구뷔 펴리라

① 사랑하는 임의 안위에 대해 걱정하고 있다.
② 추상적인 시간을 구체화하여 제시하고 있다.
③ 의태어를 사용하여 생동감을 자아내고 있다.
④ '어론님 오신날'은 화자의 소망과 관련된 구절이다.

정답의 이유
① 〈보기〉는 황진이의 시조로 '동짓달 밤의 외로움과 임에 대한 기다림'을 제
시하고 있으나 '사랑하는 임의 안위에 대한 걱정'은 나타나 있지 않았다.

오답의 이유
② '동짓달 기나긴 밤'의 추상적 시간을 구체적 사물처럼 '버혀 내어', '서리
서리 너헛다가', '구비구비 펴리라' 하고 제시하고 있다.
③ '서리서리'와 '구비구비'의 의태어를 사용하여 시에 생동감을 주고 있다.
④ '어론님 오신날'은 임이 오기를 기다리는 화자의 소망을 구체화하고 있다.

정답 ①

28 ○△✕

다음 시조에 대한 설명으로 가장 옳은 것은?

> 까마귀 싸우는 골에 백로야 가지 마라
> 성낸 까마귀 흰빛을 새울세라
> 청강(淸江)에 일껏 씻은 몸을 더럽힐까 하노라.

① 작자는 정몽주의 아버지로 알려져 있다.
② 색의 대비를 통해 까마귀를 옹호하고 있다.
③ '새울세라'는 '고칠까봐 두렵구나'로 해석할 수 있다.
④ 수사법상 비유법을 사용하고 있다.

정답의 이유
④ 대표적인 수사법은 '풍유법'과 '대조법'이다. '대조법'은 '강조법'의 종류이
나, '풍유법'은 '비유법' 속에 포함된 수사법이다.

오답의 이유
① 작자는 정몽주의 어머니이다.
② 색체의 대비[검은색 ↔ 흰색]는 있으나 작자가 옹호하는 대상은 '백로'이다.
③ '새우다'는 '시샘하다'의 뜻이고, '-ㄹ세라'는 의구형 어미로 '~할까 두렵
다'는 의미다. 그러므로 '새울세라'는 '(시)샘낼까 두렵구나'로 해석해야
한다.

정답 ④

29 ○△✕

㉠~㉣에 대한 설명으로 적절하지 <u>않은</u> 것은?

> 삼동(三冬)에 ㉠ 베옷 입고 암혈(巖穴)에 ㉡ 눈비 맞아
> 구름 낀 볕뉘도 쬔 적이 없건마는
> ㉢ 서산에 해 지다 하니 ㉣ 눈물겨워 하노라.

① ㉠ : 화자의 처지나 생활을 추측할 수 있게 한다.
② ㉡ : 화자와 중심 대상 사이를 연결하는 매개체이다.
③ ㉢ : 화자가 머물고 있는 공간과 구별되는 공간이다.
④ ㉣ : 상황에 대한 화자의 감정이 직접 표출되고 있다.

정답의 이유
② ㉡ 눈비 : 평민으로 청빈하게 살아가는 화자의 처지와 관련된 시어로 화
자와 중심 대상 사이를 연결하는 매개체와는 관련이 없다.

오답의 이유
① ㉠ 베옷 : 삼베로 만든 옷. 포의(布衣)는 벼슬하지 않은 선비(布衣之士)
를 비유하는 말이므로 '화자의 처지나 생활을 추측할 수 있게 한다.
③ ㉢ 서산 : 화자가 머물고 있는 공간인 '암혈'과 임금이 살고 있는 '서산'
은 서로 구별되는 공간이다.
  암혈(巖穴) : 바위 굴. 바위 구멍의 궁색한 거처. 여기서는 벼슬을 하지
  않고 세상을 등진 은사(隱士)가 사는 깊은 산골
④ ㉣ 눈물겨워 : 임금(중종)의 승하 소식을 듣고 작가의 슬픔을 표현한 구
절로 상황에 대한 화자의 감정이 직접 표출되고 있다.

정답 ②

30 ▢△✕

다음 시조에 사용된 표현 기법이 나타나지 <u>않은</u> 것은?

> 나모도 바히돌도 업슨 뫼헤 매게 쪼친 가토릭 안과
> 大川(대천)바다 흔가온듸 一千石(일천석) 시른 빅에 노도 일
> 코 닷도 일코 농총 근코 돗대 것고 치도 싸지고 부람 부러 물
> 결치고 안개 뒤섯계 주자진 날에 갈 길은 千里萬里(천리만리)
> 나믄듸 四面(사면)이 거머어둑 져믓 天地寂寞(천지적막) 가치
> 노을 썻는듸 水賊(수적) 만난 都沙工(도사공)의 안과
> 엊그제 님 여흰 내 안히야 엇다가 フ을흐리오.
>
> — 작자 미상 —

① 너의 넋은 수녀보다도 더욱 외롭구나.
② 청와대와 백악관이 긴밀한 연락을 취하고 있다
③ 기상청은 동작구에, 서울시에, 나아가 대한민국에 속해 있다.
④ 우리의 국토는 그대로 우리의 역사이며, 철학이며, 시이며, 정신입니다.

▣ 정답의 이유
② '청와대'는 '우리 정부'를, '백악관'은 '미국 정부'를 의미하는 '대유법'인데 위 시조에는 사용되지 않는 수사법이다.

▣ 오답의 이유
① 비교법 : "엊그제 님 여흰 내 안히야 엇다가 フ을흐리오." → 너의 넋은 수녀보다도 더욱 외롭구나.
③ 점층법 : "大川(대천)바다 흔가온듸 一千石(일천석) 시른 빅에 노도 일 코 닷도 일코 농총 근코 돗대 것고 치도 싸지고 부람 부러 물결치고 안 개 뒤섯계 주자진 날에 갈 길은 千里萬里(천리만리) 나믄듸 四面(사면) 이 거머어둑 져믓 天地寂寞(천지적막) 가치노을 썻는듸 水賊(수적) 만난 都沙工(도사공)의 안과" → 기상청은 동작구에, 서울시에, 나아가 대한민 국에 속해 있다.
④ 열거법 : "大川(대천)바다 흔가온듸 一千石(일천석) 시른 빅에 노도 일 코 닷도 일코 농총 근코 돗대 것고 치도 싸지고 부람 부러 물결치고 안 개 뒤섯계 주자진 날에 갈 길은 千里萬里(천리만리) 나믄듸 四面(사면) 이 거머어둑 져믓 天地寂寞(천지적막) 가치노을 썻는듸 水賊(수적) 만난 都沙工(도사공)의 안과" → 우리의 국토는 그대로 우리의 역사이며, 철학 이며, 시이며, 정신입니다.

정답 ②

31 ▢△✕

다음 작품에 대한 설명으로 적절하지 <u>않은</u> 것은?

> 窓(창) 내고쟈 窓(창)을 내고쟈 이 내 가슴에 窓(창)을 내고쟈.
> 고모장지 셰살장지 들장지 열장지 암돌져귀 수돌져귀 목걸새
> 크나큰 쟝도리로 쑥닥 바가 이내 가슴에 창을 내고쟈.
> 잇다감 하 답답홀 제면 여다져 볼가 흐노라.

① 초장이 aaba의 형태를 취하고 있다.
② 불가능한 상황을 설정하여 시적 자아의 염원을 드러내고 있다.
③ 중장이 사설체로 길이가 늘어나고 있다.
④ 종장은 평시조의 일반 형태를 벗어났다.

▣ 정답의 이유
④ 사설시조이지만 종장의 자수는 평시조의 일반형태(3-5-4-3)를 크게 벗어나지 않았다.

▣ 오답의 이유
① 초장의 통사구조는 'a(창 내고쟈)-a(창을 내고쟈)-b(이 내 가슴에)- a(창을 내고쟈)'의 형태이다.
② 인생살이의 고달픔 때문에 답답한 심정을 가슴에 창을 낸다는 불가능한 상황을 설정하고 아주 답답할 제면 창을 '여다져 본다'는 표현을 통해 현 실 극복의 염원을 드러내고 있다.
③ 중장의 자수가 사설체로 평시조보다 2구 이상 늘어나는 것이 사설시조 의 형식상 특징이다.

정답 ④

CHAPTER

04

비문학

---

01 **독서**

01 ○△✕

다음 글의 내용과 일치하지 <u>않는</u> 것은?

> 우리는 도구를 사용하고, 다양한 종류의 음식을 먹는 본능과 소화력을 갖췄다. 어떤 동물은 한 가지 음식만 먹는다. 이렇게 음식 하나에 모든 것을 거는 '단일 식품 식생활'은 도박이다. 그 음식의 공급이 끊기면 그 동물도 끝이기 때문이다.
>
> 400만 년 전, 우리 인류의 전 주자였던 오스트랄로피테쿠스는 고기를 먹었다. 한때 오스트랄로피테쿠스가 과일만 먹었을 것이라고 믿은 적도 있었다. 따라서 오스트랄로피테쿠스 속과 사람 속을 가르는 선을 고기를 먹는지 여부로 정했었다. 그러나 남아프리카공화국의 한 동굴에서 발견된 200만 년 된 유골 4구의 치아에서는 이와 다른 증거가 발견됐다. 인류학자 맷 스폰하이머와 줄리아 리소프는 이 유골의 치아 사기질의 탄소 동위 원소 구성 중 13C의 비율이 과일만 먹은 치아보다 열대 목초를 먹은 치아와 훨씬 더 가깝다는 것을 발견했다. 식생활 동위 원소는 체내 조직에 기록되기 때문에 이 발견은 오스트랄로피테쿠스가 상당히 많은 양의 풀을 먹었거나 이 풀을 먹은 동물을 먹었다는 추측을 가능케 한다. 그런데 같은 치아에서 풀을 씹어 먹을 때 생기는 마모는 전혀 보이지 않았기 때문에 오스트랄로피테쿠스 식단에서 풀을 먹는 동물이 큰 부분을 차지했다는 결론을 내릴 수 있다.
>
> 오래전에 멸종되어 260만 년이라는 긴 시간을 땅속에 묻혀 있던 동물의 뼈 옆에서는 석기들이 함께 발견되기도 한다. 이 뼈와 석기가 들려주는 이야기는 곧 우리의 이야기다. 어떤 뼈에는 이로 씹은 흔적 위에 도구로 자른 흔적이 겹쳐 있다. 그 반대의 흔적이 남은 뼈들도 있다. 도구로 자른 흔적 다음에 날카로운 이빨 자국이 남은 경우다. 이런 것은 무기를 가진 인간이 먼저 먹고 동물이 이빨로 뜯어 먹은 것이다. 우리의 사냥 역사는 정말 먼 옛날까지 거슬러 올라간다. 15만 세대 정도다.

① 한 가지 음식만 먹고 사는 동물은 멸종될 위험이 있다.

② 육식 여부는 현재도 오스트랄로피테쿠스 속과 사람 속을 구분하는 중요한 기준이다.

③ 석기와 함께 발굴된 동물 뼈의 흔적을 통해 인간이 오래전부터 사냥을 했음을 알 수 있다.

④ 발굴된 유골의 치아 상태 조사를 통해 오스트랄로피테쿠스가 초식 동물을 먹었을 것이라 추측할 수 있다.

[정답의 이유]

② 근거(2단락) : "한때 오스트랄로피테쿠스가 과일만 먹었을 것이라고 믿은 적도 있었다. 따라서 오스트랄로피테쿠스 속과 사람 속을 가르는 선을 고기를 먹는지 여부로 정했었다. 그러나 남아프리카공화국의 한 동굴에서 발견된 200만 년 된 유골 4구의 치아에서는 이와 다른 증거가 발견됐다."로 보아 육식 여부가 현재도 오스트랄로피테쿠스 속과 사람 속을 구분하는 중요한 기준이라는 말은 틀린 이해이다.

[오답의 이유]

① 근거(1단락) : "단일 식품 식생활은 그 음식의 공급이 끊기면 그 동물도 끝이기 때문에 도박이다."

③ 근거(4단락) : "동물의 뼈 옆에서는 석기들이 함께 발견되기도 한다. ~ 우리의 사냥 역사는 정말 먼 옛날까지 거슬러 올라간다. 15만 세대 정도다."

④ 근거(2단락) : "오스트랄로피테쿠스 식단에서 풀을 먹는 동물(초식동물)이 큰 부분을 차지했다는 결론을 내릴 수 있다."

정답 ②

02 ○△✕

다음 글에서 알 수 있는 내용이 <u>아닌</u> 것은?

> 사물놀이는 사물(四物), 즉 꽹과리, 징, 장구, 북의 네 가지 타악기만으로 연주하는 음악을 말한다. 사물놀이는 풍물놀이와는 좀 다르다. 풍물놀이를 무대 공연에 맞게 변형한 것이 사물놀이인데, 풍물놀이가 대체로 자기 지역의 가락만을 연주하는 데 비해 사물놀이는 거의 전 지역의 가락을 모아 재구성해서 연주한다.
>
> 사물놀이 연주자들은 흔히 쟁쟁거리는 꽹과리를 천둥이나 번개에, 잦게 몰아가는 장구를 비에, 둥실대는 북을 구름에, 여운을 남기며 울리는 징을 바람에 비유한다. 천둥이나 번개, 비, 구름, 바람이 어우러지며 토해 내는 소리가 사물놀이 소리라는 것이다. 사물놀이는 앉아서 연주하는 사물놀이와 서서 연주하는 사물놀이의 두 가지 형태로 나뉘어 있는데, 전자를 '앉은반', 후자를 '선반'이라고 한다.

① 사물놀이의 가치
② 사물놀이의 소리
③ 사물놀이의 악기 종류
④ 사물놀이의 연주 형태

[정답의 이유]
① '사물놀이의 가치'는 제시문에 나타나 있지 않았다.

[오답의 이유]
② 근거(2단락) : "쟁쟁거리는 꽹과리를 천둥이나 번개에, 잦게 몰아가는 장구를 비에, 둥실대는 북을 구름에, 여운을 남기며 울리는 징을 바람에 비유한다. 천둥이나 번개, 비, 구름, 바람이 어우러지며 토해 내는 소리가 사물놀이 소리라는 것이다."
③ 근거(1단락) : "사물놀이는 사물(四物), 즉 꽹과리, 징, 장구, 북의 네 가지 타악기만으로 연주하는 음악을 말한다."
④ 근거(2단락) : "사물놀이는 앉아서 연주하는 사물놀이와 서서 연주하는 사물놀이의 두 가지 형태로 나뉘어 있는데, 전자를 '앉은반', 후자를 '선반'이라고 한다."

정답 ①

03 ○△✕

다음 글의 내용과 부합하지 <u>않는</u> 것은?

> 인터넷이 있는 곳이면 어디나 악플이 있기 마련이지만, 한국은 정도가 심하다. 악플러들 가운데는 피해의식과 열등감에 시달리는 이들이 많다고 한다. 그들에게 악플의 즐거움은 무엇인가. 자신이 올린 글 한 줄에 다른 사람들이 동요하는 모습을 보면서 자기 효능감(self-eficacy)을 맛볼 수 있다. 아무에게도 영향력을 행사하지 못하고 자신의 삶과 환경을 통제하지도 못하면서 무력감에 시달리는 사람일수록 공격적인 발설로 자기 효능감을 느끼려 한다.
>
> 그런데 자기 효능감은 상대방의 반응에 좌우된다. 마구 욕을 퍼부었는데 상대방이 별로 개의치 않는다면, 계속할 마음이 사라질 것이다. 무시당했다는 생각에 오히려 자괴감에 빠질 수도 있다. 개인주의가 안착된 사회에서는 자신을 향한 비판에 대해 '그건 너의 생각'이라면서 넘겨 버리는 사람들이 많다. 말도 안 되는 욕설이나 험담이 날아오면 제정신이 아닌 사람의 소행으로 웃어넘기거나 법적인 조치를 취할 것이다.
>
> 개인주의는 여러 속성을 지니고 있지만, 자신의 존재 가치를 스스로 매긴다는 긍정적 측면이 있다. 한국에는 그런 의미에서의 개인주의가 뿌리내리지 못했다. 남에 대해 신경을 너무 곤두세운다. 그것은 두 가지 차원으로 나뉘는데, 한편으로 타인에게 필요 이상의 관심을 보이면서 참견하고 타인의 영역을 침범한다. 다른 한편으로 자기에 대한 타인의 평가와 반응에 너무 예민하다. 이 두 가지 특성이 인터넷 공간에서 맞물려 악플을 양산한다. 우선 다른 사람들에게 너무 쉽게 험담을 늘어놓고 당사자에게 악담을 던진다. 그렇게 약을 올리면 상대방이 발끈하거나 움츠러든다. 이따금 일파만파로 사회가 요동을 치기도 한다. 악플러 입장에서는 재미가 쏠쏠하다. 예상했던 피드백을 즉각적으로 받으면서 자기 효능감을 맛볼 수 있기 때문이다.

① 악플러는 자신의 말에 타인이 동요하는 것을 보면서 자기 효능감을 느낀다.
② 개인주의자는 악플에 무반응함으로써 악플러를 자괴감에 빠지게 할 수 있다.
③ 자신의 삶을 잘 통제하는 악플러일수록 타인을 더욱 엄격한 잣대로 비판한다.
④ 한국에서 악플이 양산되는 것은 한국인들이 타인에 대해 신경을 많이 쓰는 것과 관계가 있다.

③ 근거(1단락) : "아무에게도 영향력을 행사하지 못하고 자신의 삶과 환경을 통제하지도 못하면서 무력감에 시달리는 사람일수록 공격적인 발설로 자기 효능감을 느끼려 한다."를 근거로 '자신의 삶을 잘 통제하는 악플러일수록 타인을 더욱 엄격한 잣대로 비판한다.'는 부합되지 않는 내용이다. 또한 '자신의 삶을 잘 통제하는 악플러일수록 타인을 더욱 엄격한 잣대로 비판한다.'는 내용은 제시문으로는 알 수 없다.

① 근거(1단락) : "그들에게 악플의 즐거움은 무엇인가. 자신이 올린 글 한 줄에 다른 사람들이 동요하는 모습을 보면서 자기 효능감(self-eficacy)을 맛볼 수 있다."를 근거로 '악플러는 자신의 말에 타인이 동요하는 것을 보면서 자기 효능감을 느낀다.'는 부합되는 내용이다.

② 근거(2단락) : "마구 욕을 퍼부었는데 상대방이 별로 개의치 않는다면, 계속할 마음이 사라질 것이다. 무시당했다는 생각에 오히려 자괴감에 빠질 수도 있다."를 근거로 '개인주의자는 악플에 무반응함으로써 악플러를 자괴감에 빠지게 할 수 있다.'는 부합되는 내용이다.

④ 근거(3단락) : "남에 대해 신경을 너무 곤두세운다. 그것은 두 가지 차원으로 나뉘는데, 한편으로 타인에게 필요 이상의 관심을 보이면서 참견하고 타인의 영역을 침범한다. 다른 한편으로 자기에 대한 타인의 평가와 반응에 너무 예민하다. 이 두 가지 특성이 인터넷 공간에서 맞물려 악플을 양산한다."를 근거로 '한국에서 악플이 양산되는 것은 한국인들이 타인에 대해 신경을 많이 쓰는 것과 관계가 있다.'는 부합되는 내용이다.

정답 ③

04 ◯△✕

다음 글에 대한 이해로 적절하지 않은 것은?

> 언어마다 고유의 표기 체계가 있는데, 이는 읽기 과정에 영향을 미친다. 알파벳 언어는 표기 체계에 따라 철자 읽기의 명료성 수준이 달라진다. 철자 읽기가 명료하다는 것은 한 글자에 대응되는 소리가 규칙적이어서 글자와 소리의 대응이 거의 일대일이라는 것을 의미한다. 그 예로 이탈리아어와 스페인어가 있다. 이 두 언어의 사용자는 의미를 전혀 모르는 새로운 단어를 발견하더라도 보자마자 정확한 발음을 할 수 있다. 이에 비해 영어는 철자 읽기의 명료성이 낮은 언어이다. 영어는 발음이 아예 나지 않는 묵음과 같은 예외도 많은 편이고 글자에 대응하는 소리도 매우 다양하다.
>
> 한편 알파벳 언어를 읽을 때 사용하는 뇌의 부위는 유사하지만 뇌의 부위에 의존하는 방식에는 차이가 있다. 영어와 이탈리아어를 읽는 사람은 동일하게 좌반구의 읽기 네트워크를 사용한다. 하지만 무의미한 단어를 읽을 때 영어를 읽는 사람은
>
> 암기된 단어의 인출과 연관된 뇌 부위에 더 의존하는 반면 이탈리아어를 읽는 사람은 음운 처리에 연관된 뇌 부위에 더 의존한다. 왜냐하면 무의미한 단어를 읽을 때 이탈리아어를 읽는 사람은 규칙적인 음운 처리 규칙을 적용하는 반면에, 영어를 읽는 사람은 암기해 둔 수많은 예외들을 떠올리기 때문이다.

① 알파벳 언어의 철자 읽기는 소리와 표기의 대응과 관련되는데, 각 소리가 지닌 특성은 철자 읽기의 명료성을 판단하는 기준이 된다.

② 영어 사용자는 무의미한 단어를 읽을 때 좌반구의 읽기 네트워크를 활용하면서 암기된 단어의 인출과 연관된 뇌 부위에 더욱 의존한다.

③ 이탈리아어는 소리와 글자의 대응이 규칙적이어서 낯선 단어를 발음할 때 영어에 비해 철자 읽기의 명료성이 높다.

④ 영어는 음운 처리 규칙에 적용되지 않는 예외들이 많아서 스페인어에 비해 소리와 글자의 대응이 덜 규칙적이다.

① 근거(1단락) : "알파벳 언어는 표기 체계에 따라 철자 읽기의 명료성 수준이 달라진다."를 근거로 '각 소리가 지닌 특성은 철자 읽기의 명료성을 판단하는 기준이 된다.'는 잘못된 내용의 이해다. '소리가 지닌 특성'은 '이탈리아어와 스페인어'의 예다.

② 근거(2단락) : "영어와 이탈리아어를 읽는 사람은 동일하게 좌반구의 읽기 네트워크를 사용한다. 하지만 무의미한 단어를 읽을 때 영어를 읽는 사람은 암기된 단어의 인출과 연관된 뇌 부위에 더 의존하는"을 근거로 '영어 사용자는 무의미한 단어를 읽을 때 좌반구의 읽기 네트워크를 활용하면서 암기된 단어의 인출과 연관된 뇌 부위에 더욱 의존한다.'는 적절한 내용의 이해이다.

③ 근거(1단락) : "철자 읽기가 명료하다는 것은 한 글자에 대응되는 소리가 규칙적이어서 글자와 소리의 대응이 거의 일대일이라는 것을 의미한다. 그 예로 이탈리아어와 스페인어가 있다. 이 두 언어의 사용자는 의미를 전혀 모르는 새로운 단어를 발견하더라도 보자마자 정확한 발음을 할 수 있다."를 근거로 '이탈리아어는 소리와 글자의 대응이 규칙적이어서 낯선 단어를 발음할 때 영어에 비해 철자 읽기의 명료성이 높다.'는 적절한 내용의 이해이다.

④ 근거(1단락) : "이에 비해 영어는 철자 읽기의 명료성이 낮은 언어이다. 영어는 발음이 아예 나지 않는 묵음과 같은 예외도 많은 편이고 글자에 대응하는 소리도 매우 다양하다."와 "한 글자에 대응되는 소리가 규칙적이어서 글자와 소리의 대응이 거의 일대일이라는 것을 의미한다. 그 예로 이탈리아어와 스페인어가 있다."를 근거로 '영어는 음운 처리 규칙에 적용되지 않는 예외들이 많아서 스페인어에 비해 소리와 글자의 대응이 덜 규칙적이다.'는 적절한 내용의 이해이다.

정답 ④

05 ○△✕

다음 글의 이해로 가장 적절하지 <u>않은</u> 것은?

> 보드리야르는 『시뮬라크르와 시뮬라시옹』에서 실재와 똑같이 그려진 회화는 원본의 복제물인 '시뮬라크르'라고 하였다. 시뮬라크르는 '파생 실재'라고도 불리는데, 실재와 구별되지 않을 정도의 사실성, 즉 '하이퍼리얼리티'를 가진다. 이때 실재가 파생 실재로 전환되는 작업을 '시뮬라시옹'이라고 한다. '시뮬라크르'의 개념을 처음 제시한 사람은 플라톤인데, '시뮬라크르'를 실재하지 않는 것, 가상의 것으로 보았다. 플라톤은 현실은 세계의 원형인 이데아의 복제물이고 회화는 그 현실을 다시 복제한 것에 불과하기 때문에 의미가 없다고 주장하였다. 이러한 플라톤의 시각과 달리 보드리야르는 현대에는 시뮬라크르가 독립된 정체성을 갖춘 개체, 즉 또 다른 실재이자 원본이 되었다고 하였다.

① 시뮬라시옹의 결과물이 시뮬라크르이다.
② 시뮬라크르, 파생 실재, 하이퍼리얼리티는 같은 의미로 간주해도 무방하다.
③ 보드리야르는 사진을 보고 이를 재현한 그림의 가치를 인정했다.
④ 플라톤은 실재를 완벽하게 똑같이 그린 회화의 가치를 인정했다.

정답의 이유

④ "플라톤은 현실은 세계의 원형인 이데아의 복제물이고 회화는 그 현실을 다시 복제한 것에 불과하기 때문에 의미가 없다고 주장하였다."를 근거로 '플라톤은 실재를 완벽하게 똑같이 그린 회화의 가치를 인정했다.'는 상반된 내용이므로 잘못된 글의 이해다.

오답의 이유

① 실재가 파생 실재로 전환되는 작업을 '시뮬라시옹'이라고 하며 '시뮬라시옹'의 결과물은 '시뮬라크르'(파생 실재)이다.
② 원본의 복제물인 시뮬라크르는 '파생 실재'라고도 불리며 실재와 구별되지 않을 정도의 사실성인 '하이퍼리얼리티'를 가진다고 하였다. 그러므로 시뮬라크르, 파생 실재, 하이퍼리얼리티는 같은 의미로 간주해도 무방하다.
③ 보드리야르는 "시뮬라크르가 독립된 정체성을 갖춘 개체, 즉 또 다른 실재이자 원본이 되었다."라고 하였다. 이는 실재와 똑같이 그려진 그림(시뮬라크르)의 가치를 인정했다는 것이므로 '보드리야르는 사진을 보고 이를 재현한 그림의 가치를 인정했다'는 적절한 내용의 이해다.

정답 ④

06 ○△✕

다음 글의 이해에 대한 설명으로 가장 적절하지 <u>않은</u> 것은?

> 과거에는 지식의 양이 한정적이고 그에 대한 접근이 제한적이었으며, 정전을 중시했기 때문에 이것을 반복적으로 낭독하며 의미를 되새기는 독서를 중시했다. 근대 이후 인쇄술의 발달로 책이 대량 생산되고 대중 교육이 실시되어 독서가 보편화되면서, 묵독이 일반화되고 속독과 다독이 강조되었다. 오늘날에는 전자기기와 인터넷의 발달로 인해 독서 문화가 더욱 다양해졌다.
>
> 과거에는 유교 경전이나 모범적인 글인 정전의 권위를 빌려 자신의 이야기를 풀어나가는 것이 일반적이었으며, 관습적 글쓰기가 강조되었다. 근대 이후 전문 작가에 의한 글쓰기가 이루어졌으며, 창의적 글쓰기를 강조하게 되었다. 오늘날에는 인터넷의 발달로 작가와 독자의 소통이 활발해지고, 독자와 작가의 경계가 무너지면서 집단적 글쓰기 등 새로운 글쓰기 양상이 생겨나게 되었다.

① 시대 변화에 따른 글쓰기 관습의 변화
② 인쇄술의 발달에 따른 독서 문화의 변화
③ 인터넷의 발달에 따른 글쓰기 방식의 변화
④ 과거와 현재의 독서 방식에 따른 독서 가치의 변화

정답의 이유

④ 1단락에서는 과거와 현재의 독서 방식의 변화를, 2단락에서는 과거와 현재의 글쓰기의 변화를 제시하고 있다. '과거와 현재의 독서 방식에 따른 독서 가치의 변화'는 제시되지 않은 내용이다.

오답의 이유

① 근거(2단락) : "과거에는 관습적 글쓰기, 근대 이후 전문 작가에 의한 창의적 글쓰기, 오늘날에는 집단적 글쓰기 양상이 생겨나게 되었다."에서 '시대 변화에 따른 글쓰기 관습의 변화'의 내용을 알 수 있다.
② 근거(1단락) : "근대 이후 인쇄술의 발달로 책이 대량 생산되고 대중 교육이 실시되어 독서가 보편화되면서, 묵독이 일반화되고 속독과 다독이 강조되었다."에서 '인쇄술의 발달에 따른 독서 문화의 변화'의 내용을 알 수 있다.
③ 근거(2단락) : "오늘날에는 인터넷의 발달로 작가와 독자의 소통이 활발해지고, 독자와 작가의 경계가 무너지면서 집단적 글쓰기 등 새로운 글쓰기 양상이 생겨나게 되었다."에서 '인터넷의 발달에 따른 글쓰기 방식의 변화'의 내용을 알 수 있다.

정답 ④

07 ○△×

다음 발화에 대한 청자의 반응으로 적절하지 않은 것은?

> "말을 없앤다는 건 멋있는 일이야. 없애는 건 동의어뿐 아니지. 반의어도 있어. 예를 들어 '좋다(good)'라는 낱말을 생각해 보게. '좋다'라는 말이 있으면 구태여 '나쁘다(bad)'라는 말이 필요하겠나? '안 좋다(ungood)'로 충분하지. '좋다'는 것을 더욱 강조하고 싶을 때 '훌륭하다(excellent)'느니 '멋있다(splendid)'느니 하는 따위의 말들이 필요할까? '더 좋다(plusgood)'라는 말이면 충분하고 그걸 더욱 강조하고 싶으면 '더욱 더 좋다(doubleplusgood)'로 하면 되지. 결국 『신어사전(新語辭典)』 최종판에는 '좋다(good)' 하나만 남을 걸세. 멋있지 않나, 윈스턴? 물론 이건 애초에 빅브라더의 아이디어야."

① 빅브라더는 인간의 언어 사용에 개입하고 싶어 했군.
② 동의어와 반의어의 숫자가 줄어들 것으로 예상되는군.
③ '좋다(good)'의 반의어는 '안 나쁘다(unbad)'로 표현되겠군.
④ 『신어사전』에 등재된 단어를 활용한 표현들이 나타나겠군.

정답의 이유

② '좋다(good)'라는 낱말의 반의어로 '안 좋다(ungood)'로 충분하다고 했으므로 "'좋다(good)'의 반의어는 '안 나쁘다(unbad)'로 표현되겠군."은 잘못된 이해이다.

오답의 이유

① "물론 이건 애초에 빅브라더의 아이디어야."를 근거로 '빅브라더는 인간의 언어 사용에 개입하고 싶어 했군.'은 적절한 청자의 반응이다.
③ "결국 『신어사전(新語辭典)』 최종판에는 '좋다(good)' 하나만 남을 걸세."를 근거로 '동의어와 반의어의 숫자가 줄어들 것으로 예상되는군.'은 적절한 청자의 반응이다.
④ "'좋다(good)'를 강조하고 싶을 때는 '더 좋다(plusgood)'라는 말이면 충분하고 그걸 더욱 강조하고 싶으면 '더욱 더 좋다(doubleplusgood)'로 하면 되지."를 근거로 '『신어사전』에 등재된 단어를 활용한 표현들이 나타나겠군.'은 적절한 청자의 반응이다.

정답 ②

08 ○△×

다음 글에서 추론할 수 있는 내용으로 적절하지 않은 것은?

> '포스트휴먼'은 그 기본적인 능력이 근본적으로 현재의 인간을 넘어서기 때문에 현재의 기준으로는 더 이상 인간이라 부를 수 없는 존재를 가리키는 표현이다. 스웨덴 출신의 철학자 보스트롬은 건강 수명, 인지, 감정이라는, 인간의 세 가지 주요 능력 중 최소한 하나 이상의 능력에서 현재의 인간이 도달할 수 있는 최대한의 한계를 엄청나게 넘어설 경우 이를 '포스트휴먼'으로 부르자고 제안하였다.
>
> 현재 가장 뛰어난 인간이 가질 수 있는 지능보다 훨씬 더 뛰어난 지능을 가지며, 더 이상 질병에 시달리지 않고, 노화가 완전히 제거되어서 젊음과 활력을 계속 유지하는 어떤 존재를 생각해 볼 수 있다. 이 존재는 스스로의 심리 상태에 대한 조절도 자유롭게 할 수 있어서 피곤함이나 지루함을 거의 느끼지 않으며, 미움과 같은 감정을 피하고, 즐거움, 사랑, 미적 감수성, 평정 등의 태도를 유지한다. 이러한 존재가 어떤 존재일지 지금은 정확하게 상상하기 어렵지만 현재 인간의 상태로 접근할 수 없는 새로운 신체나 의식 상태에 놓여 있을 것임은 분명하다.
>
> 이러한 포스트휴먼은 완전히 인위적으로 만들어진 인공 지능일 수도 있고, 신체를 버리고 슈퍼컴퓨터 안의 정보 패턴으로 살기를 선택한 업로드의 형태일 수도 있으며, 또는 생물학적 인간에 대한 개선들이 축적된 결과일 수도 있다. 만약 생물학적 인간이 포스트휴먼이 되고자 한다면 유전 공학, 신경 약리학, 항노화술, 컴퓨터−신경 인터페이스, 기억 향상 약물, 웨어러블 컴퓨터, 인지 기술과 같은 다양한 과학 기술을 이용해 우리의 두뇌나 신체에 근본적인 기술적 변형을 가해야만 할 것이다. '포스트휴먼'은 '내가 이런 능력을 가지고 있었으면 얼마나 좋을까' 하고 누구나 한 번쯤 상상해 보았을 법한 슈퍼 인간의 모습을 기술한 용어이다.

① 포스트휴먼 개념에 따라 제시되는 미래의 존재는 과학 기술의 발전 양상에 따른 영향을 현재의 인간에 비해 더 크게 받을 것이다.
② 포스트휴먼 개념은 인간의 신체적 결함을 다양한 과학 기술을 이용해 보완하여 기술적 한계를 극복한 새로운 인간형의 탄생에 귀결될 것이다.
③ 포스트휴먼은 인간의 현재 상태를 뛰어넘는 능력을 가진 새로운 존재일 것으로 예측되지만 그 형태가 어떠할지 여하는 다양한 가능성에 열려 있다.

④ 포스트휴먼은 건강 수명, 인지 능력, 감정 등의 측면에서 현재의 인간보다 뛰어나기 때문에 포스트휴먼 사회에서는 인간에 대한 개념이 새로 구성될 것이다.

정답의 이유

② 근거(3단락) : "만약 생물학적 인간이 포스트휴먼이 되고자 한다면 ~ 다양한 과학 기술을 이용해 우리의 두뇌나 신체에 근본적인 기술적 변형을 가해야만 할 것이다."는 내용으로 보아 '포스트휴먼 개념은 인간의 신체적 결함을 다양한 과학 기술을 이용해 보완하여'라는 내용은 적절하지만, '기술적 한계를 극복한 새로운 인간형의 탄생에 귀결될 것이다.'라는 내용은 추론할 수 없다.

오답의 이유

① 근거(3단락) : "포스트휴먼은 완전히 인위적으로 만들어진 인공 지능일 수도 있고, 신체를 버리고 슈퍼컴퓨터 안의 정보 패턴으로 살기를 선택한 업로드의 형태일 수도 있으며, 또는 생물학적 인간에 대한 개선들이 축적된 결과일 수도 있다."의 내용으로 미루어 "포스트휴먼 개념에 따라 제시되는 미래의 존재는 과학 기술의 발전 양상에 따른 영향을 현재의 인간에 비해 더 크게 받을 것이다."는 내용을 추론할 수 있다.

③ 근거(2단락) : "현재 인간의 상태로 접근할 수 없는 새로운 신체나 의식 상태에 놓여 있을 것임은 분명하다."로 보아 '포스트휴먼은 인간의 현재 상태를 뛰어넘는 능력을 가진 새로운 존재'일 것으로 예측되지만, "이러한 존재가 어떤 존재일지 지금은 정확하게 상상하기 어렵지만"으로 미루어 '그 형태가 어떠할지 여하는 다양한 가능성에 열려 있다.'는 내용을 추론할 수 있다.

④ 근거(1단락) : "'포스트휴먼'은 그 기본적인 능력이 근본적으로 현재의 인간을 넘어서기 때문에 현재의 기준으로는 더 이상 인간이라 부를 수 없는 존재를 가리키는 표현이다."와 "스웨덴 출신의 철학자 보스트롬"의 제안으로 미루어 '포스트휴먼 사회에서는 인간에 대한 개념이 새로 구성될 것이다.'는 추론은 가능하다.

정답 ②

09 ◯△✕
밑줄 친 부분의 이유에 대한 필자의 견해로 볼 수 <u>없는</u> 것은?

> 관리가 본디부터 간악한 것이 아니다. 그들을 간악하게 만드는 것은 법이다. 간악함이 생기는 이유는 이루 다 열거할 수 없다. 대체로 직책은 하찮은데도 재주가 넘치면 간악하게 되며, 지위는 낮은데도 아는 것이 많으면 간악하게 되며, 노력을 조금 들였는데도 효과가 신속하면 간악하게 되며, 자신은 그 자리에 오랫동안 있는데 자신을 감독하는 사람이 자주 교체되면 간악하게 되며, 자신을 감독하는 사람의 행동이 또한 정도에서 나오지 않으면 간악하게 되며, 아래에 자신의 무리는 많은데 윗사람이 외롭고 어리석으면 간악하게 되며, 자신을 미워하는 사람이 자신보다 약하여 두려워하면서 잘못을 밝히지 않으면 간악하게 되며, 자신이 꺼리는 사람이 같이 죄를 범하였는데도 서로 버티면서 죄를 밝히지 않으면 간악하게 되며, 형벌에 원칙이 없고 염치가 확립되지 않으면 간악하게 된다. …… <u>간악함이 일어나기 쉬운 것</u>이 대체로 이러하다.

① 노력은 적게 들이고 성과를 빨리 얻는다.
② 자신이 범한 과오를 감추고 남의 잘못을 드러낸다.
③ 자신은 같은 자리에 있으나 감독자가 자주 교체된다.
④ 자신의 세력이 밑에서 강한 반면 상부는 외롭고 우매하다.

정답의 이유

② '관리들의 간악함이 생기는 이유' 중 "자신이 꺼리는 사람이 같이 죄를 범하였는데도 서로 버티면서 죄를 밝히지 않으면 간악하게 되며"는 '같은 죄를 범한 관리들끼리는 자신의 죄도 상대방의 죄도 밝히지 않는 상태로 버티는 상황'을 의미하므로, ②의 '자신이 범한 과오를 감추고 남의 잘못을 드러낸다.'는 필자의 견해로 볼 수 없다.

오답의 이유

① "노력을 조금 들였는데도 효과가 신속하면 간악하게 되며"에서 ①의 '노력은 적게 들이고 성과를 빨리 얻는다.'는 필자의 견해와 일치함을 알 수 있다.

③ "자신은 그 자리에 오랫동안 있는데 자신을 감독하는 사람이 자주 교체되면 간악하게 되며"에서 ③의 '자신은 같은 자리에 있으나 감독자가 자주 교체된다.'는 필자의 견해와 일치함을 알 수 있다.

④ "아래에 자신의 무리는 많은데 윗사람이 외롭고 어리석으면 간악하게 되며"에서 ④의 '자신의 세력이 밑에서 강한 반면 상부는 외롭고 우매하다.'는 필자의 견해와 일치함을 알 수 있다.

정답 ②

10 ○△✕

다음 글의 내용을 잘못 이해한 사람은?

> 심리학에서는 동조(同調)가 일어나는 이유를 크게 두 가지로 설명한다. 첫째는, 사람들은 자기가 확실히 알지 못하는 일에 대해 남이 하는 대로 따라 하면 적어도 손해를 보지는 않는다고 생각한다는 것이다. 둘째는, 어떤 집단이 그 구성원들을 이끌어 나가는 질서나 규범 같은 힘을 가지고 있을 때, 그러한 집단의 압력 때문에 동조 현상이 일어난다는 것이다. 만약 어떤 개인이 그 힘을 인정하지 않는다면 그는 집단에서 배척당하기 쉽다. 이런 사정 때문에 사람들은 집단으로부터 소외되지 않기 위해서 동조를 하게 된다. 여기서 주목할 것은 자신이 믿지 않거나 옳지 않다고 생각하는 문제에 대해서도 동조의 입장을 취하게 된다는 것이다.
>
> 동조는 개인의 심리 작용에 영향을 미치는 요인이 무엇이냐에 따라 그 강도가 다르게 나타난다. 가지고 있는 정보가 부족하여 어떤 판단을 내리기 어려운 상황일수록, 자신의 판단에 대한 확신이 들지 않을수록 동조 현상은 강하게 나타난다. 또한 집단의 구성원 수가 많거나 그 결속력이 강할 때, 특정 정보를 제공하는 사람의 권위와 지위, 그에 대한 신뢰도가 높을 때도 동조 현상은 강하게 나타난다. 그리고 어떤 문제에 대한 집단 구성원들의 만장일치 여부도 동조에 큰 영향을 미치게 되는데, 만약 이때 단 한 명이라도 이탈자가 생기면 동조의 정도는 급격히 약화된다.

① 영희 : 줄 서기의 경우, 줄을 서 있는 사람이 많을수록 나중에 오는 사람들이 그 줄 뒤에 설 확률이 더 높아.

② 철수 : 특히 응집력이 강한 집단에 항거하는 것은 더 어려운 일이야. 이런 경우, 동조 압력은 더 강할 수밖에 없겠지.

③ 갑순 : 동조 현상에 영향을 미치는 요인은 우매한 조직의 결속력보다 개인의 신념이라고 볼 수 있겠군.

④ 갑돌 : 아침에 수많은 정류장 중 어디에서 공항버스를 타야 할지 몰랐는데 스튜어디스 차림의 여성이 향하는 정류장 쪽으로 따라갔어. 이 경우, 그 스튜어디스 복장이 신뢰도를 높였다고 할 수 있겠네.

정답의 이유

③ 근거(2단락) : '동조(同調)'는 '남의 주장에 자기의 의견을 일치시키거나 보조를 맞춤'을 뜻한다. "동조는 개인의 심리 작용에 영향을 미치는 요인이 무엇이냐에 따라 그 강도가 다르게 나타난다."고 했는데 ③의 '갑순'이는 '개인의 신념'이라 잘못 이해하고 있다. 또한 요인 중 '우매한 조직의 결속력'은 나타나 있지 않다.

오답의 이유

① 근거(2단락) : "집단의 구성원 수가 많거나"가 동조 현상의 강도를 강하게 나타내는 요인이므로 ①의 '영희 : 줄 서기의 경우, 줄을 서 있는 사람이 많을수록 나중에 오는 사람들이 그 줄 뒤에 설 확률이 더 높아.'는 내용을 바르게 이해한 것이다.

② 근거(1단락) : "둘째는, 어떤 집단이 그 구성원들을 이끌어 나가는 질서나 규범 같은 힘을 가지고 있을 때, 그러한 집단의 압력 때문에 동조 현상이 일어난다는 것이다."로 보아 ②의 '철수 : 특히 응집력이 강한 집단에 항거하는 것은 더 어려운 일이야. 이런 경우, 동조 압력은 더 강할 수밖에 없겠지.'는 내용을 바르게 이해한 것이다.

④ 근거(2단락) : "특정 정보를 제공하는 사람의 권위와 지위, 그에 대한 신뢰도가 높을 때도 동조 현상은 강하게 나타난다."로 보아 ④의 '갑돌 : 아침에 수많은 정류장 중 어디에서 공항버스를 타야 할지 몰랐는데 스튜어디스 차림의 여성이 향하는 정류장 쪽으로 따라갔어. 이 경우, 그 스튜어디스 복장이 신뢰도를 높였다고 할 수 있겠네.'는 내용을 바르게 이해한 것이다.

정답 ③

11 ◯△✕

다음 글에서 추론한 내용으로 적절하지 않은 것은?

범죄 용의자의 용모를 파악하기 위해 눈, 코, 입 등 얼굴 각 부분의 인상을 조립하면 하나의 얼굴 사진이 만들어진다. 이렇게 만들어진 사진을 몽타주 사진이라고 부른다. 몽타주는 '조립'을 의미하는 프랑스어이므로 몽타주 사진을 '조립된 사진'이라고 바꿔 부를 수 있다. 이처럼 몽타주에서는 각각의 이미지들이 결합되어 새로운 인상을 창조한다. 예술가들은 이러한 몽타주의 효과를 다양한 예술적 시도를 위해 사용해 왔다. 몽타주 효과는 특히 영화에서 자주 응용되며, 몽타주에 관한 이론은 영화 이론의 하나로 받아들여지곤 한다. 그 이유는 영화 자체가 몽타주에 의해 성립되는 예술이기 때문이다. 대부분의 영화에서는 따로따로 찍은 장면을 이어 붙이는 조립의 과정이 필수적이다. 예를 들어 영화에서 슬픈 장면 뒤에 등장하는 무표정한 얼굴은 슬픔을 억누르고 있는 얼굴처럼 느껴진다. 그런데 같은 무표정한 얼굴이라 해도 앞에 어떤 장면을 배치하는가에 따라 그 얼굴이 드러내는 감정은 얼마든지 다르게 받아들여질 수 있다. 이러한 몽타주를 통해 영화 특유의 시간 감각이 발생한다. 이를테면 우리가 영화를 볼 때 영화 속 침묵이 유난히 더 길게 느껴진다면, 이는 영화의 장면 조립을 통해 창조된 새로운 시간 감각 때문이다. 영화 이론가들은 이러한 영화 특유의 세계를 다루는 이론, 즉 조립에 의해 탄생하는 영화의 세계에 관한 이론을 몽타주 이론이라고 부른다.

① 몽타주 효과는 이미지들의 결합으로 생겨나는 인상의 새로움을 의미한다.
② 동일한 장면이라 해도 그 배치에 따라 의미가 다르게 받아들여질 수 있다.
③ 몽타주 이론은 이어 붙인 장면들을 통해 창조되는 영화의 시간 감각을 다룬다.
④ 표정 연기의 실감을 극대화하여 영상미를 창출함으로써 몽타주의 효과가 생겨난다.

정답의 이유

④ 근거 : "몽타주에서는 각각의 이미지들이 결합되어 새로운 인상을 창조한다."와 '대부분의 영화에서는 따로따로 찍은 장면을 이어 붙이는 조립의 과정이 필수적이다."를 근거로 '표정 연기의 실감을 극대화하여 영상미를 창출함으로써 몽타주의 효과가 생겨난다.'는 추론은 관련이 없다.

오답의 이유

① 근거 : "이처럼 몽타주에서는 각각의 이미지들이 결합되어 새로운 인상을 창조한다."를 근거로 '몽타주 효과는 이미지들의 결합으로 생겨나는

인상의 새로움을 의미한다.'는 올바른 내용의 추론이다.
② 근거 : "같은 무표정한 얼굴이라 해도 앞에 어떤 장면을 배치하는가에 따라 그 얼굴이 드러내는 감정은 얼마든지 다르게 받아들여질 수 있다."를 근거로 '동일한 장면이라 해도 그 배치에 따라 의미가 다르게 받아들여질 수 있다.'는 올바른 내용의 추론이다.
③ 근거 : "이는 영화의 장면 조립을 통해 창조된 새로운 시간 감각 때문이다. 영화 이론가들은 이러한 영화 특유의 세계를 다루는 이론, 즉 조립에 의해 탄생하는 영화의 세계에 관한 이론을 몽타주 이론이라고 부른다."를 근거로 '몽타주 이론은 이어 붙인 장면들을 통해 창조되는 영화의 시간 감각을 다룬다.'는 올바른 내용의 추론이다.

정답 ④

12 ◯△✕

다음 글에서 추론한 바로 적절하지 않은 것은?

우리는 도시화, 산업화, 고도성장 과정에서 우리 경제의 뒷방살이 신세로 전락한 한국 농업의 새로운 가치에 주목해야 한다. 농업은 경제적 효율성이 뒤처져서 사라져야 할 사양 산업이 아니다. 전 지구적인 기후 변화와 식량 및 에너지 등 자원 위기에 대응하여 나라와 생명을 살릴 미래 산업으로서 농업의 전략적 가치가 크게 부각되고 있다. 농본주의의 기치를 앞세우고 농업 르네상스 시대의 재연을 통해 우리 경제가 당면한 불확실성의 터널을 벗어나야 한다.

우리는 왜 이런 주장을 하는가? 농업은 자원 순환적이고 환경 친화적인 산업이기 때문이다. 땅의 생산력에 기초해서 한계적 노동력을 고용하는 지연(地緣) 산업인 동시에 식량과 에너지를 생산하는 원천적인 생명 산업이기 때문이다. 물질적인 부의 극대화를 위해서 한 지역의 자원을 개발하여 이용한 뒤에 효용 가치가 떨어지면 다른 곳으로 이동하는 유목민적 태도가 오늘날 위기를 낳고 키워 왔는지 모른다. 급변하는 시대의 흐름에 부응하지 못하는 구시대의 경제 패러다임으로는 오늘날의 역사에 동승하기 어렵다. 이런 맥락에서, 지키고 가꾸어 후손에게 넘겨주는 정주민의 문화적 지속성을 존중하는 농업의 가치가 새롭게 조명 받는 이유에 주목할 만하다. 과학 기술의 눈부신 발전 성과를 수용하여 새로운 상품과 시장을 창출할 수 있는 녹색 성장 산업으로서 농업의 잠재적 가치가 중시되고 있는 것이다.

① 고도성장을 도모하는 경제 정책을 추진하는 과정에서 농업 중심의 경제 패러다임을 지양하였다.

② 효율성을 중요한 가치로 내세우는 경제 시스템은 미래 사회를 대비하는 데 한계가 있다.

③ 유목 생활을 하는 민족에 비해 정주 생활을 하는 민족이 농업의 가치 증진에 더 기여할 수 있다.

④ 녹색 성장 산업으로서 농업의 효용성을 드높이기 위해서 과학 기술의 부작용을 성찰할 필요가 있다.

정답의 이유

④ 근거(2단락) : "과학 기술의 눈부신 발전 성과를 수용하여 새로운 상품과 시장을 창출할 수 있는 녹색 성장 산업으로서 농업의 잠재적 가치가 중시되고 있는 것이다."를 근거로 ④의 '녹색 성장 산업으로서 농업의 효용성을 드높이기 위해서 과학 기술의 부작용을 성찰할 필요가 있다.'는 부적절한 추론이다.

오답의 이유

① 근거(1단락) : "우리는 도시화, 산업화, 고도성장 과정에서 우리 경제의 뒷방살이 신세로 전락한 한국 농업의 새로운 가치에 주목해야 한다."를 근거로 ①의 '고도성장을 도모하는 경제 정책을 추진하는 과정에서 농업 중심의 경제 패러다임을 지양하였다.'는 적절한 추론이다. '지양(止揚)'은 더 높은 단계로 오르기 위하여 어떠한 것을 하지 아니함을 뜻하는 말이다.

② 근거(1, 2단락) : 1단락 "농업은 경제적 효율성이 뒤처져서 사라져야 할 사양 산업이 아니다."와 2단락 "물질적인 부의 극대화를 위해서 한 지역의 자원을 개발하여 이용한 뒤에 효용 가치가 떨어지면 다른 곳으로 이동하는 유목민적 태도가 오늘날 위기를 낳고 키워 왔는지 모른다. 급변하는 시대의 흐름에 부응하지 못하는 구시대의 경제 패러다임으로는 오늘날의 역사에 동승하기 어렵다."를 근거로 ②의 '효율성을 중요한 가치로 내세우는 경제 시스템은 미래 사회를 대비하는 데 한계가 있다.'는 적절한 추론이다.

③ 근거(2단락) : "이런 맥락에서, 지키고 가꾸어 후손에게 넘겨주는 정주민의 문화적 지속성을 존중하는 농업의 가치가 새롭게 조명 받는 이유에 주목할 만하다."를 근거로 ③의 '유목 생활을 하는 민족에 비해 정주 생활을 하는 민족이 농업의 가치 증진에 더 기여할 수 있다.'는 추론은 적절하다.

정답 ④

13 ○△×

다음 글의 제목으로 가장 적절한 것은?

예술에 해당하는 '아트(art)'는 '조립하다', '고안하다'라는 의미를 가진 라틴어의 '아르스(ars)'에서 비롯되었고, 예술을 의미하는 독일어 '쿤스트(Kunst)'는 '알고 있다', '할 수 있다'라는 의미의 '퀸넨(konnen)'에서 비롯되었다. 이러한 의미 모두 일정한 목적을 가진 일을 잘 해낼 수 있는 숙련된 기술을 의미한다. 따라서 이들 용어는 예술뿐만 아니라 수공이나 기타 실용적인 기술들을 모두 포괄하고 있다고 볼 수 있다.

미적인 의미로 한정해서 쓰이는 예술의 개념은 18세기에 들어와서야 비로소 두드러지게 나타나기 시작했으며 예술을 일반적인 기술과 구별하기 위하여 특별히 '미적 기술(영어 : fine arts, 프랑스어 : beaux-arts)'이라고 하는 표현이 사용되었다. 생활에 유용한 것을 만들기 위한 실용적인 기술과 구별되는 좁은 의미의 예술은 조형 예술에 국한되기도 하지만, 일반적으로는 조형 예술 이외의 음악, 문예, 연극, 무용 등을 포함한 미적 가치의 실현을 본래의 목적으로 하는 기술을 가리키는 것으로 이해된다.

① '예술'과 '기술'의 차이

② '예술'의 변천과 그 원인

③ '예술'의 속성과 종류

④ '예술'의 어원과 그 의미의 변화

정답의 이유

설명문에서 제목은 전달하려는 정보를 모두 포괄하여야 한다.

• 1단락 : '예술의 어원' – 라틴어나 독일어를 근거로 제시하고 그 의미는 예술뿐만 아니라 실용적인 기술들을 포괄하고 있다.

• 2단락 : '예술의 의미 변화' – 18세기 들어서 미적 의미로 한정하여 쓰임. 일반적인 기술과 구별하기 위해 '미적 기술'이라는 표현이 사용되었다.

④ 제목 : '예술'의 어원과 그 의미의 변화

정답 ④

14 ⃞⃝⃤⨯
다음 글의 제목으로 가장 적절한 것은?

어느 대학의 심리학 교수가 그 학교에서 강의를 재미없게 하기로 정평이 나 있는, 한 인류학 교수의 수업을 대상으로 실험을 계획했다. 그 심리학 교수는 인류학 교수에게 이 사실을 철저히 비밀로 하고, 그 강의를 수강하는 학생들에게만 사전에 몇 가지 주의 사항을 전달했다. 첫째, 그 교수의 말 한 마디 한 마디에 주의를 집중하면서 열심히 들을 것. 둘째, 얼굴에는 약간 미소를 띠면서 눈을 반짝이며 고개를 끄덕이기도 하고 간혹 질문도 하면서 강의가 매우 재미있다는 반응을 겉으로 나타내며 들을 것.

한 학기 동안 계속된 이 실험의 결과는 흥미로웠다. 우선 재미없게 강의하던 그 인류학 교수는 줄줄 읽어 나가던 강의 노트에서 드디어 눈을 떼고 학생들과 시선을 마주치기 시작했고 가끔씩은 한두 마디 유머 섞인 농담을 던지기도 하더니, 그 학기가 끝날 즈음엔 가장 열의 있게 강의하는 교수로 면모를 일신하게 되었다. 더욱 더 놀라운 것은 학생들의 변화였다. 처음에는 실험 차원에서 열심히 듣는 척하던 학생들이 이 과정을 통해 정말로 강의에 흥미롭게 참여하게 되었고, 나중에는 소수이긴 하지만 아예 전공을 인류학으로 바꾸기로 결심한 학생들도 나오게 되었다.

① 학생 간 의사소통의 중요성
② 교수 간 의사소통의 중요성
③ 언어적 메시지의 중요성
④ 공감하는 듣기의 중요성

[정답의 이유]
④ 제시문의 실험은 학생과 교수가 공감하는 수업이 교수나 학생에게 가져온 긍정적인 변화의 결과를 제시하고 있다. 그러므로 제목은 '공감하는 듣기의 중요성'이 알맞다.

[오답의 이유]
①·② : 제시문은 학생 간이나 교수 간의 의사소통이 아니라 교수와 학생 사이의 의사소통이다.
③ 언어적 메시지보다는 비언어적 메시지(주의를 집중하여 듣기, 긍정적인 반응을 하며 듣기)의 중요성을 강조한다.

정답 ④

15 ⃞⃝⃤⨯
다음 글의 제목으로 가장 적절한 것은?

계몽주의 사상가들은 명백히 모순되는 두 개의 견해를 취했다. 그들은 인간의 위치를 자연계 안에서 해명하려고 애썼다. 역사의 법칙이란 것을 자연의 법칙과 동일한 것으로 여겼다. 다른 한편, 그들은 진보를 믿었다. 그렇다면 그들이 자연을 진보하는 것으로, 다시 말해 끊임없이 어떤 목적을 향해서 전진하는 것으로 받아들인 데에는 어떤 근거가 있었던가? 헤겔은 역사는 진보하는 것이고 자연은 진보하지 않는 것이라고 뚜렷이 구분했다. 반면, 다윈은 진화와 진보를 동일한 것으로 주장함으로써 모든 혼란을 정리한 듯했다. 자연도 역사와 마찬가지로 진보하는 것으로 본 것이다. 그러나 이것은 진화의 원천인 생물학적인 유전(biological inheritance)을 역사에서의 진보의 원천인 사회적인 획득(social acquisition)과 혼동함으로써 훨씬 더 심각한 오해에 이를 수 있는 길을 열어 놓았다. 오늘날 그 둘이 분명히 구별된다는 것은 익히 알려진 것이다.

① 자연의 진보에 대한 증거
② 인간 유전의 사회적 의미
③ 역사의 법칙과 자연의 법칙
④ 진보와 진화에 관한 견해들

[정답의 이유]
④ 제시문은 '진보와 진화'에 대해 계몽주의 사상가들이 명백히 모순되는 두 개의 견해를 취한 근거로 헤겔과 다윈의 견해를 제시하고 있다. 헤겔은 '역사는 진보하는 것이고 자연은 진보하지 않는 것이라고 뚜렷이 구분'한 반면 다윈은 '진화와 진보를 동일한 것으로 주장함으로써 자연도 역사와 마찬가지로 진보하는 것'으로 본 것이다. 물론 다윈의 주장은 진화의 원천인 생물학적인 유전을 역사에서의 진보의 원천인 사회적인 획득과 혼동함으로써 훨씬 더 심각한 오해에 이를 수 있는 길을 열어 놓았다고 비판했다. 이에 계몽주의 사상가들은 이들을 통합하여 '역사의 법칙이란 것을 자연의 법칙과 동일한 것으로 여겼고, 다른 한편, 그들은 진보를 믿었기 때문에 자연을 진보하는 것'으로 받아들인 것이다. 이를 토대로 이 글의 제목은 ④의 '진보와 진화에 관한 견해들'이 제목으로 적합하다.

[오답의 이유]
① 자연을 진보하는 것으로 보는 계몽주의 사상가들이나 다윈의 견해에 대한 구체적인 증거는 제시하고 있지 않으므로 '자연의 진보에 대한 증거'는 제목으로 부적절하다.
② '역사에서의 진보의 원천인 사회적인 획득(social acquisition)'이라는 용어는 사용하고 있으나 '인간 유전의 사회적 의미'에 대해서는 언급하고 있지 않으므로 제목에 부적합하다.

③ '진보와 진화'에 대한 견해를 '역사의 법칙과 자연의 법칙'이라는 말로 바꾸어 설명할 수는 있으나, '진보나 진화'에 대한 구체적 진술이 없이 견해의 차이만을 제시하고 있으므로 제목으로는 부적합하다.

정답 ④

16 ○△×

다음 글의 주장에 어울리는 것은?

과학이 높이 평가받는 이유는 객관성, 그리고 그에 따르는 정확성과 엄밀성 때문이다. 연구자가 연구 대상으로부터 자신을 분리하고 거리를 둠으로써 주관적 요소를 배제하고 사태 자체를 객관적으로 파악하는 것이 과학적 태도라고 우리는 생각한다. 하지만 물리화학, 경제학, 철학 등 다방면에서 학문적 업적을 이룬 마이클 폴라니는 이런 생각에 동의하지 않는다. 그는 암묵적 지식이 늘 지식의 조건으로 전제되며, 통합하는 인격적 행위 없이 지식이 성립하지 않는다는 사실을 보여줌으로써 과학적 지식의 객관성과 가치중립성에 의문을 제기한다. 암묵적 지식이란 한 인격체가 성취한 지식으로, 개인적이고 인격적인 성격을 띤다. 암묵적 지식의 한 측면을 우리는 못질하는 행동에서 파악할 수 있다. 우리 눈은 못대가리에 의식적으로 초점을 두어야 하지만 망치를 든 손과 공간에 대한 보조 의식이 없다면 못질은 실패할 것이다. 이런 보조 의식이 암묵적 지식이다. 암묵적 지식은 검증되지 않는다. 그러므로 완전한 검증을 거친 지식 체계가 가능하다는 객관주의의 지식 이념은 환상에 지나지 않는다고 할 수 있다.

① 드러나지 않은 다양한 지식의 가치
② 암묵적 지식이 갖는 한계와 비과학성
③ 과학의 객관성이 높이 평가받는 또 다른 이유
④ 완전한 검증을 거친 지식 체계가 갖는 주요한 의의

정답의 이유

① 필자의 주장은 "연구자가 연구 대상으로부터 자신을 분리하고 거리를 둠으로써 주관적 요소를 배제하고 사태 자체를 객관적으로 파악하는 것이 과학적 태도"라는 우리의 생각을 '마이클 폴라니'의 주장을 인용하여 동의하지 않고 대신 "암묵적 지식이 늘 지식의 조건으로 전제되며, 통합하는 인격적 행위 없이 지식이 성립하지 않는다."고 하였다. 결국 "암묵적 지식은 검증되지 않는다. 그러므로 완전한 검증을 거친 지식 체계가 가능하다는 객관주의의 지식 이념은 환상에 지나지 않는다고 할 수 있다."가 필자의 생각이므로 '드러나지 않은 다양한 지식의 가치'가 필자의 주장이다.

오답의 이유

② 필자는 '암묵적 지식'의 가치에 대해 긍정적 입장을 취하고 있으므로 '암묵적 지식이 갖는 한계와 비과학성'은 주장이 될 수 없다.
③ 초점은 '과학의 객관성이 높이 평가받는 이유'가 아니라 '암묵적 지식의 가치'이므로 '과학의 객관성이 높이 평가받는 또 다른 이유'는 필자의 주장과 거리가 멀다.
④ "암묵적 지식은 검증되지 않는다."는 비판이 아니라 "완전한 검증을 거친 지식 체계가 가능하다는 객관주의의 지식 이념은 환상에 지나지 않는다."고 비판하는 내용이므로 '완전한 검증을 거친 지식 체계가 갖는 주요한 의의'는 필자의 주장과는 반대가 된다.

정답 ①

17 ○△×

다음 글의 중심 내용으로 가장 적절한 것은?

한국 한자음이 어느 시대의 중국 한자음에 기반을 두고 있는지에 대해서는 학자들에 따라 이견이 있다. 어느 한 시대의 한자음에 기반을 두고 있을 수도 있고, 개별 한자들이 수입된 시차에 따라서 여러 시대의 중국 한자음에 기반을 두고 있을 수도 있다. 그러나 확실한 것은 한국 한자음은 중국 한자음과도 다르고 일본 한자음과도 다르고 베트남 옛 한자음과도 다르다는 것이다. 물론 그것이 그 기원이 된 중국 한자음과 아무런 대응 관계도 없는 것은 아니다. 그러나 그것은 한국어 음운체계의 영향으로 독특한 모습을 띠는 경우가 많다. 그래서 한국 한자음을 영어로는 'Sino-Korean'이라고 한다. 이것은 우리말 어휘의 반 이상을 차지하고 있는 한자어가, 중국어도 아니고 일본어도 아닌 한국어라는 것을 뜻한다. 우리가 '학교'라고 발음할 때, 중국인도 일본인도 따로 한국어를 공부하지 않는 한 그것이 'xuexiao'나 'がっこう'인 줄을 알아차리기는 힘들다.

① 한국 한자음의 특성
② 한국 한자음의 역사
③ 한국 한자음의 기원
④ 한국 한자음의 계통

중심 내용은 역접의 접속어를 중심으로 파악하는 것이 용이하다.

① 첫 번째 접속어 '그러나' 이후 "확실한 것은 한국 한자음은 중국 한자음과도 다르고 일본 한자음과도 다르고 베트남 옛 한자음과도 다르다는 것이다."은 '한국 한자음과 다른 나라 한자음의 차이점'을 제시하고, 두 번째 접속어 '그러나' 이후 "그것은(한국 한자음) 한국어 음운체계의 영향으로 독특한 모습을 띠는 경우가 많다."는 '한국 한자음의 독자성'을 제시하고 있다. 이 내용을 종합해 보면 글의 중심 내용은 '한국 한자음의 특성'이다.

② "한국 한자음이 어느 시대의 중국 한자음에 기반을 두고 있는지에 대해서는 학자들에 따라 이견이 있다."라는 견해만 밝히고 있을 뿐이므로 '한국 한자음의 역사'는 중심 내용이라 할 수 없다.

③ "그 기원(한국 한자음)이 된 중국 한자음과 아무런 대응 관계도 없는 것은 아니다."라고 연관성을 제시하고 있기는 하지만 초점은 중국 한자음과는 다른 한국 한자음의 특성이므로 '한국 한자음의 기원'은 중심 내용이라 할 수 없다.

④ '한국 한자음의 계통'은 제시되지 않은 내용이므로 중심 내용이라 할 수 없다.

정답 ①

18 ○△✕

다음 발화에 나타난 주장으로 가장 적절한 것은?

> 신어(新語)에 대해 말할 때, 보통 유행어나 비속어, 은어와 같은 한정된 대상을 떠올리는 경우가 많습니다. 그런데 신어 연구의 대상은 특정한 범주의 언어, 소수 집단의 언어에 한정되지 않습니다. 어려운 전문 용어는 의사소통의 효율성이나 교육적 목적을 위해 순화된 신어로 대체할 필요가 있는데, 특히, 상당수의 전문 용어는 신어에 대한 정책적인 고려가 필요해 보입니다. 예를 들어 '좌창(痤瘡)'이라는 의학 용어를 대체한 '여드름'은 일상생활뿐만 아니라 전문 분야에서도 신어로 자리를 잡았습니다. 이와 같은 신어는 전문 용어의 순화에도 일정한 역할을 하고 있습니다. 이는 신어 연구가 단지 새로운 어휘와 몇 가지 주제를 나열하는 연구를 넘어서 한국어 조어론 전반에 대한 연구로 확장되어야 하는 이유이기도 합니다. 이러한 신어의 영역은 대중이 생산하는 '자연 발생적 신어'의 영역과 더불어 '인위적인 신어'의 영역으로 논의되어야 합니다.

① 신어에서 비속어나 은어가 빠져야 한다.

② 신어는 연구 대상과 영역을 확장해야 한다.

③ 자연 발생적인 신어에 대한 정책적 고려가 필요하다.

④ 신어는 의사소통의 효율성을 위해 그 범주를 특정해야 한다.

② 필자는 "신어 연구의 대상은 특정한 범주의 언어, 소수 집단의 언어에 한정되지 않습니다."라고 전제하고, "신어 연구가 단지 새로운 어휘와 몇 가지 주제를 나열하는 연구를 넘어서 한국어 조어론 전반에 대한 연구로 확장되어야 하는 이유이기도 합니다."는 주장을 피력하고 있다. 따라서 '신어는 연구 대상과 영역을 확장해야 한다.'가 주제문으로 적합하다.

① "신어(新語)에 대해 말할 때, 보통 유행어나 비속어, 은어와 같은 한정된 대상을 떠올리는 경우가 많습니다. 그런데 신어 연구의 대상은 특정한 범주의 언어, 소수 집단의 언어에 한정되지 않습니다."는 신어의 연구 대상이 비속어나 은어를 넘어 확장되어야 한다는 것이므로 '신어에서 비속어나 은어가 빠져야 한다.'는 필자의 주장으로 부적합하다.

③ "상당수의 전문 용어는 신어에 대한 정책적인 고려가 필요해 보입니다."는 대중이 생산하는 '자연 발생적 신어'가 아니라 '인위적인 신어'에 대한 정책적인 고려가 필요하다는 뜻이므로 '자연 발생적인 신어에 대한 정책적 고려가 필요하다.'는 필자의 주장으로 부적합하다.

④ "어려운 전문 용어는 의사소통의 효율성이나 교육적 목적을 위해 순화된 신어로 대체할 필요가 있는데~'좌창(痤瘡)'이라는 의학 용어를 대체한 '여드름'은 일상생활뿐만 아니라 전문 분야에서도 신어로 자리를 잡았습니다."는 신어가 범주를 특정하지 않기 때문에 의사소통의 효율성을 높일 수 있다는 뜻이므로 '신어는 의사소통의 효율성을 위해 그 범주를 특정해야 한다.'는 필자의 주장으로 부적합하다.

정답 ②

19 ⃞⃞⃞

다음 글의 주장으로 가장 적절한 것은?

> 사람은 일곱 자의 몸뚱이를 지니고 있지만 마음과 이치를
> 제하고 나면 귀하다 할 만한 것은 없다. 온통 한 껍데기의 피
> 고름이 큰 뼈 덩어리를 감싸고 있을 뿐이다. 배고프면 밥 먹
> 고 목마르면 물 마신다. 옷을 입을 줄도 알고 음탕한 욕심을
> 채울 줄도 안다. 가난하고 천하게 살면서 부귀를 사모하고,
> 부귀하게 지내면서 권세를 탐한다. 성날 때는 싸우고 근심이
> 생기면 슬퍼한다. 궁하게 되면 못 하는 짓이 없고, 즐거우면
> 음란해진다. 무릇 백 가지 하는 바가 한결같이 본능에 따르
> 니, 늙어 죽은 뒤에야 그만둘 따름이다. 그렇다면 이를 짐승
> 이라 말하여도 괜찮을 것이다.

① 근심과 슬픔은 늙기 전까지 끊이지 않는다.
② 빈부 격차는 인간 삶의 지향성에 영향을 준다.
③ 마음으로 본능을 다스리는 삶의 자세가 필요하다.
④ 자연의 이치를 알고자 하는 욕구는 사람에게 본능적이다.

정답의 이유

③ "사람은 일곱 자의 몸뚱이를 지니고 있지만 마음과 이치를 제하고 나면
귀하다 할 만한 것은 없다."가 주지이고, 나머지는 '본능'에 따른 행동을
"짐승이라 말하여도 괜찮을 것이다."라고 예시하고 있으므로 필자의 주
장은 '마음으로 본능을 다스리는 삶의 자세가 필요하다.'가 적합하다.

오답의 이유

① "무릇 백 가지 하는 바가 한결같이 본능에 따르니, 늙어 죽은 뒤에야 그
만둘 따름이다."는 인간의 본능에 따른 행동을 경계한 말이므로 '근심과
슬픔은 늙기 전까지 끊이지 않는다.'는 필자의 주장과는 상반된다.
② "가난하고 천하게 살면서 부귀를 사모하고, 부귀하게 지내면서 권세를
탐한다."는 '빈부 격차'가 '인간 삶의 지향성에 영향'을 주기는 하지만 그
런 삶의 지향성은 본능에 따른 것이라 경계하는 내용이므로 필자의 주장
이라 할 수 없다.
④ 필자는 "사람은 마음과 이치를 제하면 귀한 것이 없다."고 말한다. 하지
만 사람의 본능은 사람을 짐승과 다를 바 없이 만드는 것이므로 '자연의
이치를 알고자 하는 욕구가 사람에게 본능적이다.'는 필자의 주장과는
거리가 멀다.

정답 ③

20 ⃞⃞⃞

**〈보기〉의 (가)에서 밑줄 친 ㉠~㉣ 중 (나)가 뒷받침하는 이론
으로 가장 옳은 것은?**

> ───── 〈보 기〉 ─────
>
> (가) 초상화에서 좌안·우안을 골라 그리는 데 대한 일반적인
> 이론은 대략 세 가지가 있습니다. 하나는 ㉠ 사람의 표정은
> 왼쪽 얼굴에 더 잘 나타난다는 이론이며, 다른 하나는 ㉡ 그
> 림을 그리는 것은 우뇌인데 시야의 왼쪽에 맺힌 상(像)이 우
> 뇌로 들어오기 때문에 왼쪽이 더 잘 그려진다는 이론입니다.
> 마지막 하나는, ㉢ 대부분의 화가는 오른손으로 그림을 그리
> 며 오른손잡이는 왼쪽부터 그림을 그려나 가는 것이 편하다
> 는 주장입니다. 하지만, 실제로 한국의 초상화 작품들을 살펴
> 보면 ㉣ 좌안·우안이 시대에 따라 어떤 경향성을 띠는 것으
> 로 보입니다. 이를테면, 비록 원본은 아니지만 고려 말 염제
> 신의 초상화나 조선 초 이천우의 초상화들은 대체로 우안이
> 며, 신숙주의 초상화 이후 조선 시대의 초상화들은 거의가 좌
> 안입니다.
>
> (나) 화가가 사람의 얼굴을 그릴 때에는 보통 눈·코·입의
> 윤곽이 중요하므로 이를 먼저 그리게 된다. 좌안을 그리면 왼
> 쪽에 이목구비가 몰려 있어 이들을 그리고 난 후 자연스럽게
> 오른쪽으로 이동하면서 왼쪽 뺨·귀·머리, 오른쪽 윤곽 순
> 으로 그려나간다. 이렇게 하면 손의 움직임도 편할 뿐 아니라
> 그리는 도중 목탄이나 물감이 손에 묻을 확률도 줄어든다.

① ㉠
② ㉡
③ ㉢
④ ㉣

정답의 이유

(나)의 예시는 그림을 그릴 때 왼쪽부터 오른쪽으로 그려나가면 "손의 움직
임도 편할 뿐 아니라 그리는 도중 목탄이나 물감이 손에 묻을 확률도 줄어
든다."라고 하여 '편리성'을 강조하고 있다.
③ ㉢ : 편리성의 근거

오답의 이유

① ㉠ : (나)는 '표정'과는 관련 없는 예시다.
② ㉡ : (나)는 '우뇌'와 '좌뇌'의 순서와는 관련 없는 예시다.
④ ㉣ : (나)는 '시대의 경향성'과는 관련 없는 예시다.

정답 ③

01 ○△×

다음 대화에 대한 설명으로 적절한 것은?

> A : 지난번 제안서 프레젠테이션을 마친 후 "검토하고 연락드리겠습니다."라고 답변을 받았는데 아직 별다른 연락이 없어서 고민이에요.
>
> B : 어떤 연락을 기다리신다는 거예요?
>
> A : 해당 사업에 관하여 제 제안서를 승낙했다는 답변이잖아요. 그런데 후속 사업 진행을 위해 지금쯤 연락이 와야 할 텐데 싶어서요.
>
> B : 글쎄요. 보통 그런 상황에서는 완곡하게 거절하는 의사 표현이라 볼 수 있어요. 그리고 해당 고객이 제안서 내용은 정리가 잘되었지만, 요즘 같은 코로나 시기에는 이전과 동일한 사업적 효과가 있을지 궁금하다고 말한 것을 보면 알 수 있죠.
>
> A : 네, 기억납니다. 하지만 궁금하다고 말한 것이지 사업을 수용하지 않는다는 것은 아니지 않나요? 답변을 할 때도 굉장히 표정도 좋고 박수도 쳤는데 말이죠. 목소리도 부드러웠고요.

① A와 B는 고객의 답변에 대해 제안서 승낙이라는 의미로 동일하게 이해한다.

② A는 동일한 사업적 효과가 있을지 궁금하다는 표현을 제안한 사업에 대한 부정적 평가라고 판단한다.

③ B는 고객이 제안서에 의문을 제기한 내용을 근거로 고객의 답변에 대해 판단한다.

④ A는 비언어적 표현을 바탕으로 하여 고객의 답변을 제안서에 대한 완곡한 거절로 해석한다.

02 ⭕△✕

다음에서 설명한 공감적 대화로 가장 적절한 것은?

> 대화는 화자와 청자 간에 이루어지는 상호 교섭적 행위이다. 공감적 대화를 하기 위해서는 상대방이 무엇을 생각하고 느끼고 필요로 하는지에 대해 귀 기울여 들을 수 있어야 한다. 진정한 공감은 상대방에게 잘못을 지적하거나 해결책을 제시하거나 조언을 해 주는 것이 아니라 상대방의 경험을 존중하고 이해해 주는 것이다.

① 가 : 요즘 집중력이 떨어지는 것 같아.

　 나 : 음, 요즘 날씨 때문에 더 그렇지? 네가 중요하다고 생각하는 시기에 집중력이 떨어진다니 속이 상하겠구나.

② 가 : 시험 날짜가 다가오니 불안한 마음이 들어.

　 나 : 안정감을 가져 봐. 많이 지쳐서 그럴 수 있으니 며칠 쉬면서 생각해 보면 어떨까?

③ 가 : 계속 공부를 하니 지치는 것 같아.

　 나 : 몸이 지치면 공부를 하기가 더 힘들어지지. 고민만 하지 말고 좋은 방법을 찾아봐.

④ 가 : 이번에는 좋은 결과가 나오지 않을 것 같아.

　 나 : 지금이 얼마나 중요한 시기인데 그런 얘길 하니? 마음을 다잡고 일단 최선을 다해 봤으면 좋겠구나.

[정답의 이유]

제시문에서 '공감적 대화'란 상대방이 무엇을 생각하고 느끼고 필요로 하는지에 대해 귀 기울여 들을 수 있어야 하며, 상대방의 경험을 존중하고 이해해 주는 것이라고 했다.

① '가'의 "요즘 집중력이 떨어지는 것 같아."에 '나'는 "음, 요즘 날씨 때문에 더 그렇지?" 하면서 경험을 존중하고, "네가 중요하다고 생각하는 시기에 집중력이 떨어진다니 속이 상하겠구나."라고 이해해 주고 있다. 제시문의 '공감적 대화'의 설명에 부합한다.

[오답의 이유]

② "많이 지쳐서 그럴 수 있으니 며칠 쉬면서 생각해 보면 어떨까?"는 상대방에 대한 조언이므로 '공감적 대화'에 어긋난다.

③ "고민만 하지 말고 좋은 방법을 찾아봐."는 해결책의 제시이므로 '공감적 대화'에 어긋난다.

④ "지금이 얼마나 중요한 시기인데 그런 얘길 하니?"는 상대방에게 잘못을 지적하고 있으므로 '공감적 대화'에 어긋난다.

정답 ①

03 ⭕△✕

㉠~㉣은 '공손하게 말하기'에 대한 설명이다. ㉠~㉣을 적용한 B의 대답으로 적절하지 <u>않은</u> 것은?

> ㉠ 자신을 상대방에게 낮추어 겸손하게 말해야 한다.
> ㉡ 상대방의 처지를 고려하여 상대방이 부담을 갖지 않도록 말해야 한다.
> ㉢ 상대방이 관용을 베풀 수 있도록 문제를 자신의 탓으로 돌려 말해야 한다.
> ㉣ 상대방의 의견에서 동의하는 부분을 찾아 인정해 준 다음에 자신의 의견을 말해야 한다.

① ㉠ A : "이번에 제출한 디자인 시안 정말 멋있었어."

　 B : "아닙니다. 아직도 여러모로 부족한 부분이 많습니다."

② ㉡ A : "미안해요. 생각보다 길이 많이 막혀서 늦었어요."

　 B : "괜찮아요. 쇼핑하면서 기다리니 시간 가는 줄 몰랐어요."

③ ㉢ A : "혹시 내가 설명한 내용이 이해 가니?"

　 B : "네 목소리가 작아서 내용이 잘 안 들렸는데 다시 한 번 크게 말해 줄래?"

④ ㉣ A : "가원아, 경희 생일 선물로 귀걸이를 사주는 것은 어때?"

　 B : "그거 좋은 생각이네. 하지만 경희의 취향을 우리가 잘 모르니까 귀걸이 대신 책을 선물하는 게 어떨까?"

[정답의 이유]

③ ㉢ : '관용의 격률'은 문제를 자신의 탓으로 돌려 말해야 하는데 B는 "네 목소리가 작아서 내용이 잘 안 들렸다."라고 이해되지 않은 이유를 상대방 탓으로 돌려 말하고 있으므로 적절하지 않다.

B(관용의 격률) : "내가 귀가 안 좋아서 내용을 잘못 들었는데 다시 한 번 크게 말해 줄래?"

[오답의 이유]

① A의 칭찬에 대해 B가 "아닙니다. 아직도 여러모로 부족한 부분이 많습니다."라고 자신을 상대방에게 낮추어 겸손하게 말하고 있다. → ㉠ : 겸양의 격률

② A의 차가 막혀 늦어서 미안하다는 말에 대해 B가 "괜찮아요. 쇼핑하면서 기다리니 시간 가는 줄 몰랐어요."라고 상대방의 처지를 고려하여 상대방이 부담을 갖지 않도록 말하고 있다. → ㉡ : 요령의 격률

④ A의 생일 선물로 귀걸이를 사주는 것이 어떠냐는 질문에 대해 B가 "그거 좋은 생각이네." 하고 상대방의 의견에서 동의하는 부분을 찾아 인정해 준 다음에 "하지만 경희의 취향을 우리가 잘 모르니까 귀걸이 대신 책을 선물하는 게 어떨까?"라고 자신의 의견을 말하고 있다. → ㉣ : 동의의 격률

정답 ③

04 ◯△✕

다음 대화에서 밑줄 친 부분의 표현 효과에 대한 설명으로 적절한 것은?

> 김 대리 : 늦어서 죄송합니다. 일이 좀 많았습니다.
> 이 부장 : <u>괜찮아요. 오랜만에 최 대리하고 오붓하게 대화도 나누고 시간 가는 줄 몰랐네요. 허허허.</u>
> 김 대리 : 박 부장님은 오늘 못 나오신다고 전해 달라셨어요.
> 이 부장 : 그럼, 우리끼리 출발합시다.

① 자신과 상대방의 의견 차이를 최소화한다.
② 상대방에게 부담이 되는 표현을 최소화한다.
③ 화자 자신에게 혜택을 주는 표현을 최소화한다.
④ 상대방에 대한 비방을 최소화하고 칭찬을 최대화한다.

정답의 이유

② 공손성의 원리(요령의 격률) : '상대방에게 부담이 되는 표현은 최소화하고 이익을 극대화하는 표현을 최대화하라.' 김 대리의 "늦어서 죄송합니다."라는 말에 이 부장이 "괜찮아요. 오랜만에 최 대리하고 오붓하게 대화도 나누고 시간 가는 줄 몰랐네요."라고 말한 것은 상대방에게 부담이 되는 표현을 최소화하고 있는 것이다.

오답의 이유

① 공손성의 원리(동의의 격률) : '자신의 의견과 다른 사람의 의견 사이의 다른 점을 최소화하고 자신의 의견과 다른 사람의 의견사이의 일치점을 극대화하라.'
③ 공손성의 원리(관용의 격률) : '화자 자신에게 혜택을 주는 표현은 최소화하고 부담을 주는 표현을 최대화하라.'
④ 공손성의 원리(찬동의 격률) : '다른 사람에 대한 비방은 최소화하고 칭찬을 극대화하라.'

정답 ②

---

01 ◯△✕

다음 개요에서 알 수 있는 글쓰기 전략으로 가장 적절한 것은?

> Ⅰ. 서론
>   1. 재능 기부 현황과 재능 기부에 대한 인식 실태
>   2. 재능 기부의 의의와 필요성
> Ⅱ. 재능 기부의 장애 요인
>   1. 홍보 부족
>   2. 참여 의식 부족
>   3. 프로그램 영역의 편중
>   4. 기부자와 수혜자의 연계 채널 미비
> Ⅲ. 재능 기부 활성화 방안
>   1. 홍보 강화
>   2. 국민의 공감대 형성
>   3. 프로그램 영역의 다양화
>   4. 연결망 구축
> Ⅳ. 결론

① 재능 기부의 활성화 방안을 간접적으로 제시한 후 재능 기부가 이루어지지 못하는 현실을 개탄하는 내용으로 마무리한다.
② 재능 기부의 필요성을 알리고 재능 기부가 잘 이루어지도록 하기 위해 논의의 초점을 재능 기부의 장애 요인에 맞춘다.
③ 재능 기부의 현황을 토대로 의의와 필요성을 밝히고 재능 기부의 장애 요인을 해결하는 방향으로 활성화 방안을 제시한다.
④ 재능 기부의 필요성과 활성화 방안이 초점이므로 재능 기부의 의의와 필요성을 토대로 재능 기부의 현황과 인식 실태 파악을 이끌어 낸다.

정답의 이유

③ 서론 'Ⅰ-1'은 '재능 기부 현황'을, 'Ⅰ-2'는 '재능 기부의 의의와 필요성'을 제시하고 있다. 이어서 Ⅱ는 '재능 기부의 장애 요인'을, Ⅲ은 '재능 기부 활성화 방안'을 피력하고 있다. 그러므로 Ⅳ의 결론을 이끌어내기 위한 글쓰기의 전략은 '재능 기부의 현황을 토대로 의의와 필요성을 밝히고 재능 기부의 장애 요인을 해결하는 방향으로 활성화 방안을 제시한다.'가 적합하다.

오답의 이유

① Ⅱ에서는 '재능 기부의 장애 요인'을, Ⅲ에서 '재능 기부 활성화 방안'을 직접 제시하고 있으므로 마무리는 '재능 기부가 이루어지지 못하는 현실

을 개탄하는 내용'이 아니라 '해결 방안의 실천을 촉구하는 내용으로 글쓰기의 전략을 수립해야 한다.

② 재능 기부가 잘 이루어지도록 하기 위해서는 논의의 초점을 재능 기부의 장애 요인에 맞추는 것이 아니라 해결 방안에 초점을 두어 글쓰기의 전략을 수립해야 한다.

④ 재능 기부의 의의와 필요성을 토대로 재능 기부의 현황과 인식 실태 파악은 재능 기부의 필요성과 활성화 방안이 초점이므로 해결 방안을 제시하기 전에 나와야 할 내용이다. 내용의 순서가 바뀌었으므로 글쓰기 전략으로 부적합하다.

정답 ③

02 ○△×
다음은 '청소년의 디지털 중독의 폐해와 해결 방안'이라는 주제로 글을 쓰기 위한 개요이다. 수정·보완하기 위한 방안으로 적절하지 **않은** 것은?

> Ⅰ. 서론 : 청소년 디지털 중독의 심각성
> Ⅱ. 본론 :
> 1. 청소년 디지털 중독의 폐해 ………………… ㉠
>   가. 타인과의 관계를 원활하게 하지 못하는 사회 부적응 야기
>   나. 다양한 기능과 탁월한 이동성을 가진 디지털 기기의 등장 ……………………………… ㉡
> 2. 청소년 디지털 중독에 영향을 미치는 요인
>   가. 디지털 중독의 심각성에 대한 개인적, 사회적 인식 부족
>   나. 뇌의 기억 능력을 심각하게 퇴화시키는 디지털 치매의 심화 ………………………………… ㉢
>   다. 신체 활동을 동반한 건전한 놀이를 위한 시간 및 프로그램의 부족
>   라. 자극적이고 중독적인 디지털 콘텐츠의 무분별한 유통
> 3. 청소년 디지털 중독을 해결하기 위한 방안
>   가. 디지털 중독의 심각성에 대한 교육과 홍보를 위한 전문 기관 확대
>   나. 학교, 지역 사회 차원에서 신체 활동을 위한 시간 및 프로그램의 확대
>   다. (   ) ………………………………… ㉣
> Ⅲ. 결론 : 청소년 디지털 중독을 줄이기 위한 개인적, 사회적 노력의 촉구

① ㉠의 하위 항목으로 '우울증이나 정서 불안 등의 심리적 질환 초래'를 추가한다.

② ㉡은 'Ⅱ-1'과 관련된 내용이 아니므로 삭제한다.

③ ㉢은 'Ⅱ-2'의 내용과 어울리지 않으므로, 'Ⅱ-1'의 하위 항목으로 옮긴다.

④ ㉣에는 'Ⅱ-2'와의 관련성을 고려하여 '청소년을 대상으로 디지털 기기의 사용 시간 제한'이라는 내용을 넣는다.

정답의 이유
④ 'Ⅱ-2'는 '중독에 영향을 미치는 요인'이고, 'Ⅱ-3'은 '해결하기 위한 방안'이므로 ㉣에는 Ⅱ-2의 '라'를 고려한 내용이 나와야 한다. 즉, '자극적이고 중독적인 디지털 콘텐츠의 유통에 대한 관리 및 감시' 등과 같은 해결 방안이 제시되어야 한다. 또한 '요인' 중에 '시간'과 관련되는 내용이 없으므로 '시간 제한'이 해결책으로 제시될 수 없다.

오답의 이유
① '우울증이나 정서 불안 등의 심리적 질환 초래'는 '청소년 디지털 중독의 폐해'이므로 하위 항목에 추가할 수 있다.
② '다양한 기능과 탁월한 이동성을 가진 디지털 기기의 등장'은 '청소년 디지털 중독의 폐해'와 관련이 없는 내용으로 삭제해야 한다.
③ '뇌의 기억 능력을 심각하게 퇴화시키는 디지털 치매의 심화'는 '영향을 미치는 요인'이 아니라 '폐해'이므로 하위 항목의 위치를 바꾸어야 한다.

정답 ④

03 ○△✕

글의 통일성을 고려할 때, 삭제하는 것이 바람직한 문장은?

> '천재'라는 말은 18세기에 갑자기 영예로운 칭호가 되었다. 천재는 예술의 창조자이며, 예술의 창조는 과학처럼 원리나 법칙에 의거하지 않는다. ⊙ 과학은 인간의 이성과 감성 사이에 분열을 가져왔다. ⓛ 예술에는 전래의 비방이 있을 수 없으며 있다 하더라도 전수될 수 없다. ⓒ 예술가 스스로도 자신이 완성한 작품의 진정한 비밀이 무엇인지 명확히 알지 못한다. ⓔ 마침내, 사람들은 천재라는 개념으로 예술 창조의 비밀을 표현하였다.

① ⊙

② ⓛ

③ ⓒ

④ ⓔ

정답의 이유

① 소주제문은 "천재는 예술의 창조자이며, 예술의 창조는 과학처럼 원리나 법칙에 의거하지 않는다."이므로 '⊙ 과학은 인간의 이성과 감성 사이에 분열을 가져왔다.'의 뒷받침문장은 통일성을 고려하여 삭제해야 한다.

오답의 이유

② ⓛ : '예술은 비방이 있을 수 없으며 있을 수 있다 하더라도 전수될 수 없다'라고 하여, 과학과 구분되는 예술의 특수성을 이야기하고 있으므로 글의 통일성에 어긋나지 않는다.

③ ⓒ : '예술가 스스로도 자신이 완성한 작품의 진정한 비밀이 무엇인지 명확히 알지 못한다.'라고 하여 과학과 구분되는 예술의 특수성을 이야기하고 있으므로 글의 통일성에 어긋나지 않는다.

④ ⓔ : '마침내, 사람들은 천재라는 개념으로 예술 창조의 비밀을 표현하였다.'는 '천재'라는 용어에 영예로움이 생긴 이유를 이야기하고 있으므로 글의 통일성에 어긋나지 않는다.

정답 ①

04 ○△✕

다음 글에 대한 평가로 가장 적절한 것은?

> ⊙ 관용구는 어떤 표현이 습관적으로 굳어져 사용됨으로써 원래의 뜻을 잃어 버린 언어 표현을 의미한다. ⓛ '내 코가 석 자', '배가 남산만 하다'라는 말은 코의 길이나 배의 크기에 대한 내용을 담고 있는 것이 아니다. ⓒ 즉 이 표현들을 이루고 있는 단어들의 표면적인 뜻만 가지고는 그 의미를 알 수가 없는 것이다. ⓔ 이러한 관용어는 우리의 전통 문화를 잘 보여 주고 있다는 점에서 큰 의의를 지닌다고 할 수 있다.

① ⊙은 정의의 형식을 갖추고 있으나 단락의 완결성을 해치므로 삭제하는 것이 좋다.

② ⓛ에 제시된 두 예는 원래의 뜻으로 해석될 수 있으므로 다른 예로 바꾸어야 한다.

③ ⓒ은 앞 문장과의 연결이 부자연스러워 긴밀성을 해친다.

④ ⓔ은 전체 제시문의 주제와 관련이 없으므로 단락의 통일성을 해친다.

정답의 이유

④ 소주제문은 '관용구의 개념과 특징'인데 ⓔ은 '관용어와 전통 문화의 의의'를 제시하고 있으므로 주제와 관련이 없는 내용이다.

오답의 이유

① ⊙은 정의의 형식인 것은 맞으나 단락의 완결성을 위해서라도 반드시 있어야 한다.

② ⓛ의 예는 원래의 뜻이 아닌 관용적 의미로 사용되고 있으므로 바꿀 필요가 없다.

③ ⓒ은 ⓛ에 대한 정답의 이유이므로 '즉'이라는 연결어가 자연스러워 긴밀성을 유지하고 있다.

정답 ④

05 ⃞⃞⃞⃞

다음의 ㉠~㉣을 고쳐 쓰기 위한 방안으로 적절하지 않은 것은?

> 청소년의 과도한 스마트폰 ㉠ 사용이 유발되는 악영향이 사회적 문제가 되고 있다. 최근 들어 안구 건조증과 신체적 무기력증을 호소하는 청소년이 급증하고 있다. 스마트폰 화면을 장시간 집중해서 들여다보면 눈 깜빡임 ㉡ 회수가 줄어들어 안구가 건조해진다. ㉢ 그런데 스마트폰 화면에서 나오는 짧은 파장의 청색 빛은 숙면을 방해하기 때문에 무기력증에 ㉣ 시달릴 수 밖에 없다.

① ㉠은 바로 뒤의 말과 어울리지 않으므로 '사용으로'로 수정한다.

② ㉡은 맞춤법에 어긋나므로 '횟수'로 수정한다.

③ ㉢은 앞뒤 문장의 연결 관계를 고려하여 '그러나'로 수정한다.

④ ㉣은 띄어쓰기가 잘못되었으므로 '시달릴 수밖에'로 수정한다.

정답의 이유

③ '그런데'는 화제를 다른 방향으로 이끌어 나갈 때 쓰는 접속부사다. 접속어 앞뒤의 내용을 보면 청소년들의 과도한 스마트폰 사용으로 인한 '안구 건조증과 신체적 무기력증'을 설명하고 있는 것이므로 대등관계에 있다. 역접 관계인 '그러나'로 바꾸면 더 어색하므로 단어, 구, 절, 문장 따위를 병렬적으로 연결할 때 쓰는 접속 부사인 '그리고'로 수정해야 한다.

오답의 이유

① ㉠ 사용이 : '유발되다'는 '어떤 것에 이끌려 다른 일이 일어나다.'의 뜻으로 부사격조사 '~으로'나 '~에서'가 결합된 부사어와 호응한다. '사용이'는 바로 뒤의 말 '유발되는'과 어울리지 않으므로 '사용으로'로 수정해야 한다.

② ㉡ 회수>횟수(回數) : 한자어끼리 합성어에서는 사이시옷을 적지 않음이 원칙이나 2음절의 '6개(곳간, 찻간, 툇간, 숫자, 횟수, 셋방)'에서는 예외적으로 인정한다.

④ ㉣ 시달릴∨수∨밖에>시달릴∨수밖에 : 체언 다음의 '–밖에'는 '그것 말고는', '그것 이외에는', '기꺼이 받아들이는', '피할 수 없는'의 뜻을 나타내는 보조사이므로 붙여 써야 한다. 주로 뒤에 부정을 나타내는 말이 따른다.

정답 ③

CHAPTER 05 어휘

01 고유어

01 ⃞⃞⃞
밑줄 친 단위성 의존 명사의 수량이 적은 것부터 순서대로 바르게 나열한 것은?

① 고등어 한 손 < 양말 한 타 < 바늘 한 쌈 < 북어 한 쾌
② 고등어 한 손 < 양말 한 타 < 북어 한 쾌 < 바늘 한 쌈
③ 고등어 한 손 < 북어 한 쾌 < 양말 한 타 < 바늘 한 쌈
④ 고등어 한 손 < 바늘 한 쌈 < 양말 한 타 < 북어 한 쾌

정답의 이유
② 고등어 한 손(2마리)<양말 한 타(12개)<북어 한 쾌(20마리)<바늘 한 쌈(24개)

정답 ②

02 ⃞⃞⃞
다음 단위의 표현 중 올바른 것으로만 짝지어진 것은?

> ㉠ 오징어 한 축 : 20마리
> ㉡ 오이 한 거리 : 30개
> ㉢ 버선 한 죽 : 10벌
> ㉣ 배추 한 접 : 100개

① ㉠, ㉡
② ㉡, ㉢
③ ㉠, ㉢, ㉣
④ ㉡, ㉢, ㉣

정답의 이유
③ ㉠ 축 : 오징어를 묶어 세는 단위. 한 축은 오징어 스무 마리를 이른다.
㉢ 죽 : 옷, 그릇 따위의 열 벌을 묶어 세는 단위
㉣ 접 : 채소나 과일 따위를 묶어 세는 단위. 한 접은 채소나 과일 백 개를 이른다.

오답의 이유
㉡ 거리 : 오이나 가지 따위를 묶어 세는 단위. 한 거리는 오이나 가지 오십 개를 이른다.

정답 ③

03 ⃞⃞⃞
해당 나이를 지칭하는 말이 <u>아닌</u> 것은?

① 20세 − 약관(弱冠)
② 50세 − 불혹(不惑)
③ 60세 − 육순(六旬)
④ 70세 − 고희(古稀)

정답의 이유
② 불혹(不惑) : 공자가 『논어』에서, 40세가 되어 다른 학설이나 사물에 미혹됨이 없어졌다는 데서 나온 말이다.
50세 – 지명(知命) : 공자가 『논어』에서, 50세가 되어 하늘이 자신을 태어나게 만든 천명(天命)을 알게 되었다고 한 데서 나온 말늑半百(반백), 艾年(애년)

오답의 이유
① 약관(弱冠) : 남자가 스무 살에 관례를 한다는 뜻으로, 남자 나이 스무 살 된 때를 이르는 말
③ 60세 : 耳順(이순), 六旬(육순)
④ 70세 : 從心(종심), 古稀(고희), 七旬(칠순)

정답 ②

04 ○△×

〈보기〉는 두보의 시 「곡강(曲江)」의 일부이다. ( ) 안에 들어갈 말로 옳은 것은?

─────── 〈보 기〉 ───────
조정에서 돌아오면 봄옷을 저당 잡히고,
매일 강어귀에서 만취되어 돌아오네.
술빚은 늘 가는 곳마다 있건만,
인생 ( )은 예로부터 드물구나.
꽃 속으로 날아드는 나비는 그윽하고,
물 위로 꽁지를 닿을 듯 나는 잠자리는 유유하네.
내 전하고픈 말은 풍광과 함께 흐르노니,
잠시나마 서로 즐기고 부디 저버리지 말라는 것이라네.

① 오십
② 육십
③ 칠십
④ 팔십

정답의 이유
③ 인생 (칠십)은 예로부터 드물구나 : '人生七十古來稀(인생칠십고래희)'를 번역한 말이다. 70의 나이를 뜻하는 한자어 '古稀(고희)'는 위 시구의 준말이다.

오답의 이유
① 50 : 知天命(지천명) ＝知命(지명), 半白(반백), 艾年(애년), 五旬(오순)
② 60 : 耳順(이순), 六旬(육순)
④ 80 : 傘壽(산수), 八旬(팔순)

정답 ③

02 한자

01 ○△×

밑줄 친 한자어를 잘못 읽은 것은?

① 나에게 懦弱(유약)한 모습을 보이지 마라.
② 어머니는 嗚咽(오열) 끝에 실신하고 말았다.
③ 그는 순한 성격이지만 好惡(호오)의 감정이 뚜렷하다.
④ 성공하려면 懶怠(나태)한 습관을 버려야 한다.

정답의 이유
① 유약>나약
나약(懦 나약할 나, 弱 약할 약) : 의지가 굳세지 못함

오답의 이유
② 오열(嗚 탄식할 오, 咽 목멜 열) : 목메어 욺
③ 호오(好 좋을 호, 惡 미워할 오) : 좋음과 싫음
④ 나태(懶 게으를 나, 怠 게으를 태) : 행동, 성격 따위가 느리고 게으름. 늑 나타

정답 ①

02 ○△×

공통으로 쓰인 한자의 독음이 같은 것으로 묶인 것은?

① 更新된 계약 문서를 조사하다.
　更生의 길로 인도하다.
② 불교에서는 殺生을 금지한다.
　계산이 相殺되었다.
③ 그 안건은 否決되었다.
　그 노인은 否塞한 말년을 지내고 있다.
④ 개펄이 開拓되어서는 안 된다.
　답사의 목적은 비문을 拓本하는 것이다.

정답의 이유

① 更新(다시 갱, 새로울 신) : 법률관계의 존속 기간이 끝났을 때 그 기간을 연장하는 일

更生(다시 갱, 날 생) : 거의 죽을 지경에서 다시 살아남

오답의 이유

② 殺生(죽일 살, 날 생) : 사람이나 짐승 따위의 생물을 죽임

相殺(서로 상, 감할 쇄) : 상반되는 것이 서로 영향을 주어 효과가 없어지는 일

③ 否決(아니 부, 결정할 결) : 의논한 안건을 받아들이지 아니하기로 결정함. 또는 그런 결정

否塞(막힐 비, 막힐 색) : 운수가 꽉 막힘

④ 開拓(열 개, 헤칠 척) : 거친 땅을 일구어 논이나 밭과 같이 쓸모 있는 땅으로 만듦

拓本(박을 탁, 근본 본) : 비석, 기와, 기물 따위에 새겨진 글씨나 무늬를 종이에 그대로 떠냄

정답 ①

03 ○△✕

밑줄 친 한자의 독음이 다른 것으로 짝지어진 것은?

① 復活－復命

② 樂園－樂勝

③ 降等－下降

④ 率先－引率

정답의 이유

① 復活(다시 부, 살 활) : 죽었다가 다시 살아남. ≒ 부생

復命(돌아올 복, 목숨 명) : 명령을 받고 일을 처리한 사람이 그 결과를 보고함

오답의 이유

② 樂園(낙원)－樂勝(낙승)

③ 降等(강등)－下降(하강)

④ 率先(솔선)－引率(인솔)

정답 ①

04 ○△✕

한자어의 독음으로 옳은 것을 〈보기〉에서 모두 고른 것은?

― 〈보 기〉 ―

ㄱ. 決濟(결재) ㄴ. 火葬(화상)

ㄷ. 模寫(묘사) ㄹ. 裁量(재량)

ㅁ. 冒頭(모두) ㅂ. 委託(위탁)

① ㄱ, ㄴ, ㅂ

② ㄱ, ㄷ, ㄹ

③ ㄴ, ㄷ, ㅁ

④ ㄹ, ㅁ, ㅂ

정답의 이유

④ 재량(裁 마를 재, 量 헤아릴 량) : 자기의 생각과 판단에 따라 일을 처리함

모두(冒 무릅쓸 모, 頭 머리 두) : 말이나 글의 첫머리

위탁(委 맡길 위, 託 부탁할 탁) : 남에게 사물이나 사람의 책임을 맡김

오답의 이유

ㄱ. 결제(決 결정할 결, 濟 건널 제) : 증권 또는 대금을 주고받아 매매 당사자 사이의 거래 관계를 끝맺는 일

결재(決 결정할 결, 裁 마를 재) : 결정할 권한이 있는 상관이 부하가 제출한 안건을 검토하여 허가하거나 승인함

ㄴ. 화장(火 불 화, 葬 장사지낼 장) : 시체를 불에 살라 장사 지냄

화상(火 불 화, 傷 상처 상) : 높은 온도의 기체, 액체, 고체, 화염 따위에 데었을 때에 일어나는 피부의 손상

ㄷ. 모사(模 법 모, 寫 베낄 사) : 사물을 형체 그대로 그림. 또는 그런 그림

묘사(描 그릴 묘, 寫 베낄 사) : 어떤 대상이나 사물, 현상 따위를 언어로 서술하거나 그림을 그려서 표현함

정답 ④

01 ○△×

속담과 한자성어의 뜻이 가장 비슷한 것은?

① 이 없으면 잇몸으로 산다 – 순망치한(脣亡齒寒)

② 개똥도 약에 쓰려면 없다 – 하로동선(夏爐冬扇)

③ 우물 안의 개구리 – 하충의빙(夏蟲疑氷)

④ 굽은 나무가 선산을 지킨다 – 설중송백(雪中松柏)

> **정답의 이유**

③ '하충의빙(夏蟲疑氷)'은 '여름의 벌레는 얼음을 안 믿는다.'는 뜻으로, 견식이 좁음을 비유해 이르는 말이다. '우물 안의 개구리'의 속담과 비슷한 의미의 한자성어이다.

> **오답의 이유**

① 이 없으면 잇몸으로 산다 : 요긴한 것이 없으면 안 될 것 같지만 없으면 없는 대로 그럭저럭 살아 나갈 수 있음을 이르는 말
- 순망치한(脣亡齒寒) : 입술이 없으면 이가 시리다는 뜻으로, 서로 이해관계가 밀접한 사이에 어느 한쪽이 망하면 다른 한쪽도 그 영향을 받아 온전하기 어려움을 이르는 말

② 개똥도 약에 쓰려면 없다 : 평소에는 흔하던 것도 막상 긴하게 쓰려면 구하기 어렵다는 것을 비유적으로 이르는 말
- 하로동선(夏爐冬扇) : 여름의 화로와 겨울의 부채라는 뜻으로, 격(格)이나 철에 맞지 아니함을 이르는 말

④ 굽은 나무가 선산을 지킨다 : 쓸모없어 보이는 것이 결국 제구실을 함을 비유적으로 이르는 말
- 설중송백(雪中松柏) : 눈 속의 소나무와 잣나무라는 뜻으로, 높고 굳은 절개를 이르는 말

정답 ③

02 ○△×

의미 관계가 유사한 한자 성어와 속담의 연결로 적절하지 않은 것은?

① 동병상련(同病相憐) – 비렁뱅이가 하늘을 불쌍히 여긴다.

② 마호체승(馬好替乘) – 역말도 갈아타면 낫다.

③ 작학관보(雀學鸛步) – 뱁새가 황새를 따라가면 다리가 찢어진다.

④ 외부내빈(外副內貧) – 난부자든거지

> **정답의 이유**

① '동병상련'은 같은 병을 앓는 사람끼리 서로 가엾게 여긴다는 뜻으로, 어려운 처지에 있는 사람끼리 서로 가엾게 여김을 이르는 말이고, '비렁뱅이가 하늘을 불쌍히 여긴다.'는 주제넘게 엉뚱한 일을 걱정함을 이르는 속담이므로 서로 연결되지 않는다. '동병상련'은 '과부 사정은 홀아비가 안다'는 속담과 연결 지을 수 있다.

> **오답의 이유**

② 마호체승(馬好替乘) : 말도 갈아타는 것이 좋다는 뜻으로, 예전 것도 좋지만 새로운 것으로 바꾸어 보는 것도 즐겁다는 말
- 역말도 갈아타면 낫다 : 한 가지만 계속하지 않고 이따금 다른 일을 갈아 가면서 하면 기분도 새로워지고 싫증이 나지 않는다는 말

③ 작학관보(雀學鸛步) : 참새가 황새의 걸음을 배운다는 뜻으로, 자기의 역량은 생각하지 아니하고 억지로 남을 모방함을 비유적으로 이르는 말
- 뱁새가 황새를 따라가면 다리가 찢어진다 : 다리가 짧은 뱁새가 긴 다리의 황새를 따라가려니 다리가 찢어진다는 뜻으로, 남을 따라서 제힘에 겨운 일을 억지로 하려다가는 도리어 화를 당하게 된다는 말

④ 외부내빈(外副內貧) : 겉으로는 부유하여 보이나 실상은 구차하고 가난함
- 난부자든거지 : 실제는 가난하지만 겉보기에는 부자로 보이는 사람

정답 ①

03 ⭕🔺❌

다음 ⊙~@의 뜻풀이에 해당하는 속담으로 적절하지 않은 것은?

> ⊙ 識字憂患
> ⓒ 角者無齒
> ⓒ 螳螂拒轍
> @ 得隴望蜀

① ⊙ 아는 것이 병이다.
② ⓒ 무는 호랑이는 뿔이 없다.
③ ⓒ 하룻강아지 범 무서운 줄 모른다.
④ @ 양지가 음지 되고 음지가 양지 된다.

정답의 이유

④ '득롱망촉'은 농(隴)나라를 얻고 나니 촉(觸)나라를 갖고 싶다는 뜻으로, '인간의 욕심은 한이 없음'을 비유해 이르는 말이다. 어울리는 속담은 '말 타면 경마 잡히고 싶다'이다.
　@ 양지가 음지 되고 음지가 양지 된다 : 세상일은 돌고 도는 것이어서 처지는 뒤바뀌게 마련이라는 말

오답의 이유

① 식자우환 : 학식이 있는 것이 도리어 근심을 일으키게 된다는 말
② 각자무치 : 뿔이 있는 짐승은 이가 없다는 뜻으로, 한 사람이 여러 가지 복이나 재주를 한꺼번에 다 가질 수 없음을 이르는 말
③ 당랑거철 : 사마귀가 앞발을 들고 수레를 멈추려 했다는 고사에서 유래한 말로, 자기 분수도 모르고 무모하게 덤빔을 비유적으로 이르는 말

정답 ④

04 ⭕🔺❌

유사한 의미로 사용할 수 있는 사자성어가 연결된 것으로 가장 옳은 것은?

① 경국지색(傾國之色) - 경중미인(鏡中美人)
② 지록위마(指鹿爲馬) - 지란지화(芝蘭之化)
③ 목불식정(目不識丁) - 목불인견(目不忍見)
④ 폐의파관(敝衣破冠) - 폐포파립(敝袍破笠)

정답의 이유

④ • 폐의파관(敝衣破冠) : 해어진 옷과 부서진 갓이란 뜻으로, 초라한 차림새를 비유적으로 이르는 말
　• 폐포파립(敝袍破笠) : 해어진 옷과 부서진 갓이란 뜻으로, 초라한 차림새를 비유적으로 이르는 말

오답의 이유

① • 경국지색(傾國之色) : 임금이 혹하여 나라가 기울어져도 모를 정도의 미인이라는 뜻으로, 뛰어나게 아름다운 미인을 이르는 말 ≒ 경국, 경성, 경성지색
　• 경중미인(鏡中美人) : 거울에 비친 미인이라는 뜻으로, 실속 없는 일을 비유적으로 이르는 말
② • 지록위마(指鹿爲馬) : 윗사람을 농락하여 권세를 마음대로 함을 이르는 말. 중국 진(秦)나라의 조고가 자신의 권세를 시험하여 보고자 황제 호해(胡亥)에게 사슴을 가리키며 말이라고 한 데서 유래한다.
　• 지란지화(芝蘭之化) : 지초와 난초의 감화라는 뜻으로, 좋은 친구와 사귀면 자연히 그 아름다운 덕에 감화됨을 이르는 말
③ • 목불식정(目不識丁) : 아주 간단한 글자인 '丁' 자를 보고도 그것이 '고무래'인 줄을 알지 못한다는 뜻으로, 아주 까막눈임을 이르는 말. ≒ 일문부지(一文不知), 일문불통(一文不通), 일자무식(一字無識), 전무식(全無識)
　• 목불인견(目不忍見) : 눈앞에 벌어진 상황 따위를 눈 뜨고는 차마 볼 수 없음 ≒ 참불인견(慘不忍見)

정답 ④

05 ⭕🔺❌

사자성어 중 뜻이 나머지와 가장 다른 하나는?

① 지란지교(芝蘭之交)
② 금란지계(金蘭之契)
③ 문경지교(刎頸之交)
④ 단순호치(丹脣皓齒)

정답의 이유

④ 단순호치(丹脣皓齒) : 붉은 입술과 하얀 치아라는 뜻으로, 아름다운 여자를 이르는 말

오답의 이유

① 지란지교(芝蘭之交) : 지초(芝草)와 난초(蘭草)의 교제라는 뜻으로, 벗 사이의 맑고도 고귀한 사귐을 이르는 말
② 금란지계(金蘭之契) : 친구 사이의 매우 두터운 정을 이르는 말
③ 문경지교(刎頸之交) : 서로를 위해서라면 목이 잘린다 해도 후회하지 않을 정도의 사이라는 뜻으로, 생사를 같이할 수 있는 아주 가까운 사이. 또는 그런 친구를 이르는 말

정답 ④

06 ○△✕

효(孝)와 관계된 사자성어가 아닌 것은?

① 斑衣之戲
② 斷機之戒
③ 陸績懷橘
④ 望雲之情

정답의 이유

② 斷機之戒(단기지계) : 학문을 중도에서 그만두면 짜던 베의 날을 끊는 것처럼 아무 쓸모없음을 경계한 말이다. 맹자가 수학(修學) 도중에 집에 돌아오자, 그의 어머니가 짜던 베를 끊어 그를 훈계하였다는 데서 유래한 성어로 '효'와는 관련이 없다.

오답의 이유

① 斑衣之戲(반의지희) : 늙어서 효도함을 이르는 말. 중국 초나라의 노래자가 일흔 살에 늙은 부모님을 위로하려고 색동저고리를 입고 어린아이처럼 기어 다녀 보였다는 데서 유래한다.
③ 陸績懷橘(육적회귤) : '육적(陸績)이 귤을 품다.'는 뜻으로 지극한 효성을 비유해 이르는 말
④ 望雲之情(망운지정) : 자식이 객지에서 고향에 계신 어버이를 생각하는 마음

정답 ②

---

04 속담·관용어

01 ○△✕

다음 밑줄 친 ㉠에 들어갈 속담으로 가장 적절한 것은?

> 귀국하고 나서도 아버지는 역시 노동, 어머니는 장사를 했다. 어머니가 장사를 한 것은 귀국 즉시가 아니었고, 한번은 죽은 내 남동생의 주사를 맞히려고 하는데 집에는 돈 한 푼이 없어 이웃에게 빌리려고 했으나 어디 한 군데서도 그것을 못했다고 한다. 그 약값이 없어 동생은 죽었다. '없으면 문둥이보다 더 더럽다.'라는 것은 당신이 노상 한 말이었고, 그래서 당신 스스로가 장사판에 뛰어든 것이다. [중략]
> 그러니까 그 덕으로 우리는 살았다. 이때도 생선을 지고 그 뒤치다꺼리는 아버지가 했다. 그 장사를 몇 년 했다. 형이 장가 가든 것도, 내가 그런 것도, 또 밑으로 누이동생 둘이 시집간 것도, 다 어머니가 장사를 한 덕을 입었다. 큰 벌이는 아니었으나 그 동안 먹고 지낸 것, 우리들 사 남매를 장가가고 시집가게 한 조그만 힘은 되었다. [중략]
> 어머니는 숱한 고생 속에서 세월을 보냈다. 그 어머니의 말대로, '㉠' 였다. 자신의 노력이 하나도 드러나지 않는 것이었다. 지지리도 고생스러운 나날이었다.

① 비단옷 입고 밤길 걷기
② 솔밭에 가서 고기 낚기
③ 원님 덕에 나팔 분다
④ 굽은 나무가 선산을 지킨다

정답의 이유

밑줄 친 ㉠ 다음의 문장인 "자신의 노력이 하나도 드러나지 않는 것이었다."에서 유추할 수 있다.
① 비단옷 입고 밤길 걷기 : 비단옷을 입고 밤길을 걸으면 아무도 알아주지 않는다는 뜻으로, 생색이 나지 않는 공연한 일에 애쓰고도 보람이 없는 경우를 비유적으로 이르는 말 ≒ 금의야행(錦衣夜行)

오답의 이유

② 솔밭에 가서 고기 낚기 : 물에서 사는 물고기를 산에서 구한다는 뜻으로 도저히 불가능한 일을 하려고 애쓰는 어리석음을 비유적으로 이르는 말 ≒ 산에서 물고기 잡기
③ 원님 덕에 나팔 분다 : 사또와 동행한 덕분에 나팔 불고 요란히 맞아 주는 호화로운 대접을 받는다는 뜻으로, 남의 덕으로 당치도 아니한 행세를 하게 되거나 그런 대접을 받고 우쭐대는 모양을 비유적으로 이르는 말 ≒ 사또 덕분에 나팔 분다. ≒ 호가호위(狐假虎威)
④ 굽은 나무가 선산을 지킨다 : 자손이 빈한해지면 선산의 나무까지 팔아 버리나 줄기가 굽어 쓸모없는 것은 그대로 남게 된다는 뜻으로, 쓸모없어 보이는 것이 도리어 제구실을 하게 됨을 비유적으로 이르는 말

정답 ①

02 ○△✕

다음 중 속담의 의미가 가장 적절하게 연결되지 <u>않은</u> 것은?

① 달걀에도 **뼈**가 있다 : 뜻하지 않은 방해가 끼어 재수가 없는 경우를 의미한다.

② 눈 온 뒤에는 거지 **빨래**한다 : 눈이 온 다음 날은 대체로 따뜻한 날씨가 찾아오는 것을 의미한다.

③ 재미난 골에 범 난다 : 재미있다고 위험한 일이나 나쁜 일을 계속하면 나중에는 큰 화를 당하게 되는 것을 의미한다.

④ 때리는 시늉하면 우는 시늉을 한다 : 주관 없이 남이 하는 대로만 따라 행동하는 것을 의미한다.

[정답의 이유]

④ 때리는 시늉하면 우는 시늉을 한다 : 서로 손이 잘 맞음을 비유적으로 이르는 말로 주관 없이 남이 하는 대로만 따라 행동하는 것을 의미하는 속담

ⓐ 남이 장에 간다니까 거름지고 나선다.

ⓑ 소가 미치면 말도 미친다.

ⓒ 친구 따라 강남 간다.

[오답의 이유]

① 달걀에도 뼈가 있다 : 모처럼의 좋은 기회에 뜻하지 않은 방해가 끼어들어 재수가 없음을 이르는 말

② 눈 온 뒤에는 거지 빨래한다 : 눈이 온 다음 날은 거지가 입고 있던 옷을 벗어 빨아 입을 만큼 따스하다는 말

③ 재미난 골에 범 난다 : 편하고 재미있다고 위험한 일이나 나쁜 일을 계속하면 나중에는 큰 화를 당하게 됨을 이르는 말

정답 ④

03 ○△✕

〈보기〉에서 '자라'가 처한 상황을 나타내기에 가장 적절한 속담은?

> ── 〈보 기〉 ──
>
> 밤에 즐겁게 놀고, 이튿날 웅게 하직하고 별주부의 등에 올라 만경창파(萬頃蒼波) 큰 바다를 순식간에 건너 와서 육지에 내려 자라에게 하는 말이,
>
> "내 한 번 속은 것도 생각하면 진저리가 나거든 하물며 두 번까지 속을 소냐. 내 너를 다리뼈를 추려 보낼 것이로되 십분 용서하노니 너의 용왕에게 내 말로 이리 전하여라. 세상 만물이 어찌 간을 임의로 꺼내었다 넣었다 하리오. 신출귀몰한 꾀에 너의 미련한 용왕이 잘 속았다 하여라."
>
> 하니, 자라가 하릴없이 뒤통수를 툭툭 치고 무료히 회정(回程)하여 들어가니, 용왕의 병세와 자라의 소식을 다시 전하여 알 일이 없더라.
>
> – 「별주부전」 –

① 못난 놈 잡아들이라면 없는 놈 잡아간다.

② 왜가리 새 여울목 넘어다보듯

③ 콧병 든 병아리 같다.

④ 닭 쫓던 개 지붕 쳐다본다.

[정답의 이유]

토끼의 꾀에 속아 "자라가 하릴없이 뒤통수를 툭툭 치고 무료히 회정(回程)하여 들어가니"에서 '자라'가 애쓰던 일이 실패로 돌아가 어찌할 도리가 없게 처한 상황을 유추할 수 있다.

④ 닭 쫓던 개 지붕 쳐다본다 : 닭을 쫓던 개가 닭이 지붕으로 올라가자 쫓아 올라가지 못하고 지붕만 쳐다본다는 말. 애쓰던 일이 실패로 돌아가거나 남보다 뒤떨어져 어찌할 도리가 없다는 뜻

[오답의 이유]

① 못난 놈 잡아들이라면 없는 놈 잡아간다 : 아무리 잘났더라도 돈이 없고 궁하면 못난 사람대접 밖에 못 받고, 못난 사람도 돈만 있으면 좋은 대접을 받는다는 말

= 못 입고 잘난 놈 없고 잘 입어 못난 놈 없다.

② 왜가리 새 여울목 넘어다보듯 :

ⓐ 무엇을 얻을 것이 없나 하여 엿보거나 넘겨다보는 모양을 비유적으로 이르는 말

ⓑ 남의 눈을 피하여 가며 제 이익만을 취함을 비유적으로 이르는 말

③ 콧병 든 병아리 같다 : 꾸벅꾸벅 조는 모양을 비유적으로 이르는 말

정답 ④

04 ⃞⃞⃞

밑줄 친 속담 중 사용이 가장 적절하지 않은 것은?

① 절에 간 색시처럼 남이 시키는 대로 살아야 하는 내 처지가 정말 싫다.

② 실없는 말이 송사 간다는데 무심하게 한 말이 큰 소동이 될 수도 있으니 말과 행동을 항상 조심해라.

③ 우리 과장님 속으로는 딴마음이 있으면서 오늘도 점잖은 척 시치미를 떼고 계시네. 우리 과장님은 아니 먹은 최 보살 같아.

④ 오늘 억지로 사람을 만나러 나갔는데 나온 사람이 몸은 왜소하고 얼굴은 생기도 없어서 꼭 씻은 배추 줄기처럼 많이 아파 보이더라.

정답의 이유

④ '씻은 배추 줄기 같다'는 '얼굴이 희고 키가 헌칠함을 비유적으로 이르는 말'이므로 '몸은 왜소하고 얼굴은 생기도 없어서'나 '많이 아파 보이더라'의 문맥적 의미와 어울리지 않는다.

오답의 이유

① '절에 간 색시'는 '남이 시키는 대로 따라 하는 사람을 이르는 말'로 '남이 시키는 대로 살아야 하는 내 처지'와 문맥적 의미가 어울린다.

② '실없는 말이 송사 간다.'는 '무심하게 한 말 때문에 큰 소동이 벌어질 수도 있음을 비유적으로 이르는 말'로 '무심하게 한 말이 큰 소동이 될 수도 있으니'의 문맥적 의미와 부합된다.

③ '아니 먹은 최 보살'은 '무슨 일을 하거나 속으로 딴마음을 먹고 있으면서 시치미를 떼고 점잖은 척하는 사람을 비유적으로 이르는 말'로 '우리 과장님 속으로는 딴마음이 있으면서 오늘도 점잖은 척 시치미를 떼고 계시네.'의 문맥과 의미가 부합된다.

정답 ④

자몽;
스스로 꿈꾸다

PART

03

최종모의고사

최종모의고사 1회

01 ○△✕

다음 글에서 ㉠과 관련있는 언어의 특성을 〈보기〉에서 골라 묶은 것은?

우리말의 음절의 끝소리에 올 수 있는 자음은 7개로 한정되어 있다. 'ㄱ, ㄴ, ㄷ, ㄹ, ㅁ, ㅂ, ㅇ'이 그것이다. 따라서 이들 이외의 자음을 끝소리로 가진 형태소가 단독으로 발음될 때에 그 자음은 대표음으로 실현된다. '낟, 낫, 낮, 낱' 등이 모두 대표음인 [낟]으로 실현되는 예가 그것이다. 끝소리에 둘 이상의 자음이 있을 때에도 실제 발음되는 대표음이 정해져 있다. 가령, '흙, 닭'이 방언에서 [흘, 달]로 발음되는 것은 잘못된 것이다. 이는 [흑, 닥]으로 실현되어야 맞는다. 이같이, 음절의 끝소리가 대표음으로 실현되는 일을 중화라 하는데, 이는 자생적 변화보다 결합적 변화에서 두드러지게 나타난다.

이밖에, 넓은 의미의 자생적 변화라 할 수 있는 것으로 단모음이나 이중 모음의 변동, 첫소리의 된소리되기를 들 수 있다. '가게→가개, 지게→지개'에서처럼 'ㅔ→ㅐ'로 바뀌거나, 거꾸로 '덮개→덮게, 찌개→찌게'에서처럼 'ㅐ→ㅔ'로 바뀌는 일, '거지→그지, 더럽다→드럽다'와 같이 'ㅓ→ㅡ'로 바뀌는 일, '그리고→그리구', '베다→비다' 등에서와 같이 'ㅗ→ㅜ', 'ㅔ→ㅣ' 등으로 바뀌는 것을 대표적인 단모음의 변동이라 할 수 있다. '계집애→기집애, 켜다→키다, 며칠→메칠' 등은 이중 모음이 단모음으로 바뀐 것이다. 이에 대하여, '감다→깜다, 닦다→딱다, 부러지다→뿌러지다, 세다→쎄다, 작다→짝다'와 같은 것은 예사소리가 된소리로 바뀐 예이다. ㉠ 이렇게 발음되는 현상을 통시적 관점에서 보면 국어의 말소리가 변천해가는 과정을 보여주는 것이라고 생각할 수도 있다. 그러나 이러한 발음들은 현재 표준 발음으로 인정되지 않고 있으므로 실제 언어 생활에서 주의해야 한다.

〈보 기〉

ㄱ. 의미와 기호의 결합은 필연성이 없다.

ㄴ. 시대와 환경에 따라 생성, 변화, 소멸한다.

ㄷ. 연속적인 자연의 세계를 끊어서 표현한다.

ㄹ. 같은 단어를 가지고도 다양한 표현을 할 수 있다.

ㅁ. 사회 구성원의 약속으로 개인이 마음대로 바꿀 수 없다.

① ㄱ, ㄹ

② ㄱ, ㄷ

③ ㄴ, ㄹ

④ ㄴ, ㅁ

02 ○△✕

〈보기〉의 ㉠과 같은 음운 현상이 나타난 예로 적절한 것은?

〈보 기〉

음운 변동은 어떤 음운이 다른 음운으로 바뀌는 '교체', 새로운 음운이 생기는 '첨가', 어떤 음운이 없어지는 '탈락', 두 음운이 하나의 음운으로 합쳐지는 '축약'으로 나눌 수 있다. 이러한 음운 변동은 단어에 따라 한 번만 일어나기도 하지만, 한 단어 안에서 두 가지 음운 변동이 순차적으로 일어나는 경우도 있다. 예를 들어 교체 후 교체가 일어나는 경우, ㉠ 교체 후 축약이 일어나는 경우, 탈락 후 교체가 일어나는 경우, 첨가 후 교체가 일어나는 경우 등을 들 수 있다.

① 꽃다발 : [꼳다발] → [꼳따발]

② 넋두리 : [넉두리] → [넉뚜리]

③ 뜻하다 : [뜯하다] → [뜨타다]

④ 부엌문 : [부억문] → [부엉문]

03 ○△×

다음 중 밑줄 친 부분에서 변화의 흔적을 확인할 수 있는 것은?

> 중세 국어에서는 현대국어와 달리 마찰음인 'ㅸ'[β], 'ㅿ'[Z]와 같은 자음이 더 있었다. 이 중에서 'ㅸ'은 15세기 말에 이르러 반모음 'ㅗ/ㅜ'[W]로 바뀌었다. '더버>더워', '쉬ㅸ>쉬운' 등에서 그 변화의 모습을 볼 수 있다. 'ㅿ'은 15세기 말에서 16세기 초에 걸쳐 소멸하였다. 'ᄆᆞᅀᆞᆷ>마음', '처ᅀᅥᆷ>처음' 등에서 그 변화의 모습을 볼 수 있다.

① 종이를 <u>접다</u>.
② 허리가 <u>굽다</u>.
③ <u>쉰</u> 아침이 오다.
④ 통로가 <u>좁다</u>.

04 ○△×

다음의 밑줄 친 낱말 중 고쳐 쓸 필요가 <u>없는</u> 것은?

① 얼마나 울었는지 그녀의 눈가가 빨갛게 <u>짓물었다</u>(→ 짓물렀다).
② 그는 <u>까탈스러운</u>(→ 까다로운) 성격 때문에 친구가 거의 없다.
③ 다 마른 <u>다시마자반</u>(→ 부각)은 비닐봉지나 밀폐용기에 넣어 보관하면 됩니다.
④ 그 친구 또래의 <u>코보</u>(→ 코주부)가 소주를 들며 말을 받았다.

05 ○△×

다음 중 밑줄 친 부분과 같은 표현기법을 보여주는 것은?

> 아직 동트지 않는 뒷골목의 어딘가
> 발자욱소리 호르락소리 문 두드리는 소리
> 외마디 길고 긴 누군가의 비명소리
> 신음소리 통곡소리 탄식소리 그 위에 내 가슴팍 속에
> 깊이깊이 새겨지는 네 이름 위에
> <u>네 이름의 외로운 눈부심 위에</u>
> 살아오는 삶의 아픔
> 살아오는 저 푸른 자유의 추억
> 되살아오는 끌려가던 벗들의 피 묻은 얼굴
>   –김지하, 「타는 목마름으로」 중에서–

① 꽃들, 줄기에 꼼짝 못하게 매달렸어도 / 바람들을 잘도 가지고 논다 // 아빠꽃 엄마꽃 형꽃 누나꽃 따라 / 아기꽃 동생꽃 쌍둥이꽃 / 바람들을 잘도 가지고 논다.
             – 조태일, 「꽃들, 바람을 가지고 논다」 –

② 봄이 오면 그들은 깨어날 것이다./ 기지개를 켜며 일어나려 할 것이다. / 일어나지 못하게 하라 / 아침의 잠자리가 얼마나 달콤한지 / 그들로 하여금 알도록 하라
             – 김광규, 「세시기(歲時記)」 –

③ 남들은 자유를 사랑한다지마는, 나는 복종을 좋아하여요.
자유를 모르는 것은 아니지만, 당신에게는 복종만 하고 싶어요.
복종하고 싶은 데 복종하는 것은 아름다운 자유보다도 달콤합니다.
             – 한용운, 「복종」 –

④ 먼 후일 당신이 찾으시면 / 그때에 내 말이 "잊었노라"//
당신이 속으로 나무라면 / "무척 그리다가 잊었노라"//
그래도 당신이 나무라면 / "믿기지 않아서 잊었노라"//
오늘도 어제도 아니 잊고 / 먼 후일 그때에 잊었노라.
             – 김소월, 「먼 후일」 –

06 ○△×

다음 중 띄어쓰기가 바른 것은?

① 합격자는∨너밖에도∨여러∨명이∨있다.
② 그∨사고는∨여러∨가지∨규칙을∨도외시∨하였기∨때문
이야.
③ 반드시∨거기에∨가겠다면∨내키는∨대로∨행동해서는∨
안∨돼.
④ 네가∨몇∨시쯤∨도착할∨지를∨미리∨알려∨줘.

07 ○△×

다음 중 밑줄 친 어미와 의존명사 형태의 예시로 부적절한 것은?

> • 제 시간에 <u>도착했는지</u> 모르겠다.
> • 벌써 집 떠난 <u>지</u> 삼 년이 지났다.
>
> '-ㄴ'과 '지'는, '-ㄴ지'와 '-ㄴ 지'의 형태를 이루어 쓰인다.
> 전자는 어미로 쓰이는 경우이고, 후자는 관형사형 어미 '-ㄴ'
> 과 의존 명사 '지'로 쓰이는 경우이다. 이처럼 <u>어미와 의존명사</u>
> 가 겉으로 볼 때 형태가 같아서 구분하기 어려운 경우가 있다.

① 미리 자 <u>둘걸</u>. / <u>후회할 걸</u> 왜 그랬니?
② 집에 가서 다시 <u>연락할게</u>. / 학교에 가서 <u>할 게</u> 너무 많아.
③ 이렇게 보다니 정말 <u>오랜만이군</u>. / 그 친구를 <u>십 년 만에</u>
만났다.
④ 학교에 <u>가는데</u> 비가 오기 시작했다. / 이 일을 <u>하는 데</u> 며
칠이 걸렸다.

08 ○△×

다음 한자 표기가 문맥에 맞는 것은?

① 그 작품은 制作 과정에만 1년이 걸렸다.
② 제각기 다른 표기로 되어 있는 表紙板을 정비할 필요가 있
습니다.
③ 늘그막에 中風을 심하게 앓으시더니 채 1년을 못 넘기셨다.
④ 그 사안은 반드시 사장님의 制皮를 받아 결정해야 합니다.

09 ○△×

다음 글에 적합한 고사성어는?

> 우리 대표팀은 올림픽 예선에서 놀랄 만한 성과를 거두었
> 다. 예선전이 있기 전 주전 선수들의 부상이 있었고 감독의
> 교체가 있었으며 그러다 보니 대표팀 내부의 심리적인 갈등
> 도 꽤 있었다. 사실 국민 모두 이번 올림픽 예선은 탈락이라
> 는 수모를 겪지 않으면 그나마 다행이라고 생각하고 있었던
> 것이다. 그러나 대표팀의 모든 코치진과 선수들은 그들에 대
> 한 국민들의 희망을 저버리지 않고 위기를 기회로 전환한 것
> 이다. 그래서인지 대표팀은 들뜨지 않고 본선에서의 진정한
> 승리, 즉 금메달을 향해 더욱 가열 차게 땀방울을 흘리고 있
> 다고 한다. 코치진도 더 강도 높은 훈련을 통해 경기력 향상
> 을 위해 매진하고 있는 것이다.

① 走馬加鞭
② 走馬看山
③ 切齒腐心
④ 見蚊拔劍

10 ○△×

다음 중 문장 부호 규정과 그에 대한 예시로 부적절한 것은?

① 한 문장 안에서 앞말을 '곧', '다시 말해' 등과 같은 어구로
다시 설명할 때 어구 다음에 쉼표를 쓴다.
→ 원만한 인간관계는 말과 관련한 예의 즉, 언어 예절을
갖추는 것에서 시작된다.
② 특정한 의미가 있는 날을 표시할 때 월과 일을 나타내는 아
라비아 숫자 사이에 마침표를 쓴다.
→ 3.1 운동
③ 주석이나 보충적인 내용을 덧붙일 때 괄호를 쓴다.
→ 2019. 7. 29.(월)
④ 희곡 등에서 대화 내용을 제시할 때 말하는 이와 말한 내용
사이에 쌍점을 쓴다.
→ 김 과장 : 난 못 참겠다.

11 ○△✕

다음 글에서 언급한 내용이 <u>아닌</u> 것은?

> 우화 하면 이솝을 연상하고 이솝 하면 우화를 연상한다. 그러나 인간 이솝에 관한 정보는 극히 희소하다. 이솝 우화에 관한 언급은 플라톤이나 아리스토텔레스도 하고 있지만 인간 이솝에 관한 기록은 기원전 5세기 후반에 책을 썼던 헤로도토스가 「역사」에서 짧게 언급한 것이 유일하다. 그밖에 이솝에 관해서 알려진 것은 후세 사람들이 지어낸 것이라고 추정되고 있다. 심지어 이솝이 실재 인물이 아니라는 주장도 있지만, 우리는 여전히 이솝을 우화 작가의 대명사로 여기고 있다.
>
> 이솝 우화에는 인간의 행동이나 인간이 처한 상황이 동물이나 무생물을 통해 그려져 있다. 인간의 품성이 동물에게 투사되어, 가령 이리는 사납고 잔인한 짐승으로, 또 여우는 아주 교활한 짐승이 되어 나타난다. 그러나 이것은 그저 '관습'일 따름이다. 동물 행태학자들이 밝혀 주듯이 이리를 비롯한 동물들은 동족과의 싸움에서 죽음에 이르도록 싸우는 법이 없다. 취약한 목덜미를 드러내면 항복한 것으로 간주하고 상대방은 공격을 중단한다.
>
> 이솝 우화의 70%에서 동물이 주인공으로 등장하지만, 신이나 인간이 주인공으로 등장하는 것도 있다. 프로메테우스가 사람을 만들었는데 조롱의 신(神)인 모무스가 흠을 보았다. 마음을 몸 바깥에 붙였어야 했다는 것이다. 그래야 생각을 볼 수 있고 고약함을 숨기지 못한다는 이유에서였다. 이밖에도 모무스는 제우스가 만든 황소에 대해서도 눈을 뿔에 박지 않았다고 비판해 올림푸스 산에서 추방당했다는 이야기 등이 이 계열에 속한다.
>
> 이솝 우화가 들려주는 교훈을 집약하여 표현하면 속담이 되기도 한다. 이솝 우화에서 유래한 영어 속담으로 "제비 한 마리가 봄을 만들지는 않는다."라는 말이 있다. 유산을 다 까먹고 남은 것이라고는 외투 하나뿐인 나그네는 제철이 되기 전에 날아든 제비 한 마리를 보고 봄이 왔다고 여겨 외투를 팔아 버렸다. 그 후 된서리가 내리고 추운 날씨가 계속되었다. 추위에 떨며 길을 가던 나그네는 얼어 죽은 제비를 발견하고는 이렇게 말했다. "너는 너 자신과 나를 모두 망쳤구나." 이렇게 세속의 지혜를 공유하고 있다는 점에서 속담과 우화는 아주 비슷하다.

> 이솝 우화가 내포하고 있는 교훈은 엄밀한 의미에서의 도덕적 교훈이 아니라 일상적인 삶의 지혜와 신중한 행동을 권고하는 것이다. 꾀와 조심성이 큰 덕목으로 되어 있어 세상살이에 관한 일종의 처세술이라 할 수 있다. 겨울철에 찾아온 베짱이에게 여름에는 노래로 세월을 보냈으니 이제 춤이나 추라고 내뱉는 개미의 말에서 알 수 있듯이 이솝 우화의 세계는 냉혹한 현실세계이다. 그 속에서 멍청이와 약자는 살아남지 못하는 것이다.

① 인간 이솝에 대해 기록한 문헌
② 이솝 우화에 내포된 교훈의 성격
③ 이솝 우화에 주인공으로 등장하는 신
④ 이솝 우화 속의 여우와 실제 여우의 모습

12 ○△✕

다음 시조의 내용과 관련이 <u>없는</u> 한자성어는?

> 귀쏘리 져 귀쏘리 어엿부다 저 귀쏘리
> 어인 귀쏘리 지는 둘 새는 밤의 긴 소리 쟈른 소리 節節(절절)이 슬픈소리 제 혼자 우러 녜어 紗窓(사창) 여윈 줌을 슬쓰리도 씨오는고야.
> 두어라, 제 비록 微物(미물)이나 無人洞房(무인동방)에 내 뜻 알리는 너쑨인가 ᄒ노라.

① 輾轉反側
② 同病相憐
③ 一日三秋
④ 左顧右眄

13 ◻◯△✕

다음 중 밑줄 친 부분에 나타난 정서와 가장 유사한 것은?

> 육첩방은 남의 나라
> 창 밖에 밤비가 속살거리는데
> 등불을 밝혀 어둠을 조금 내몰고
> 시대처럼 올 아침을 기다리는 최후의 나
> 나는 나에게 작은 손을 내밀어
> 눈물과 위안으로 잡는 최초의 악수

① 진종일 / 나룻가에 서성거리다 / 행인의 손을 쥐면 따뜻하리라.

② 나의 사랑, 나의 결별 / 샘터에 물 고이듯 성숙하는 / 내 영혼의 슬픈 눈

③ 내가 그의 이름을 불러주었을 때 / 그는 나에게로 와서 꽃이 되었다.

④ 그리운 그의 모습 다시 찾을 수 없어도 / 울고 간 그의 영혼 / 들에 언덕에 피어날지어이

14 ◻◯△✕

다음은 서론의 일부이다. 밑줄 친 부분 중에 고치기 위한 의견으로 적절하지 않은 것은?

> 탁월함은 어떻게 습득되는가, 가르칠 수 있는가? 이 물음에 대하여 아리스토텔레스는 지성의 탁월함은 가르칠 수 있지만, 성품의 탁월함은 비이성적인 것이어서 가르칠 수 없고, ㉠ 훈련을 통해서 얻을 수 있다.
> 그는 좋은 성품을 얻는 것을 기술을 습득하는 것에 비유한다. 그에 따르면, 리라(lyra)를 켬으로써 리라를 켜는 법을 배우며 말을 탐으로써 말을 타는 법을 배운다. 어떤 기술을 얻고자 할 때 처음에는 교사의 지시대로 행동한다. 그리고 반복 연습을 통하여 그 행동이 점점 더 하기 쉽게 되고 마침내 제2의 ㉡ 습관이 된다. ㉢ 이와 마찬가지로 어린아이는 어떤 상황에서 어떻게 행동해야 진실 되고 관대하며 예의를 차리게 되는지 일일이 배워야 한다. ㉣ 예의는 사람과 사람의 관계에서 꼭 갖추어야 할 덕목이다. 그래서 훈련과 반복을 통하여 그런 행위들을 연마하다 보면 그것들을 점점 더 쉽게 하게 되고, 결국에는 스스로 판단할 수 있게 된다.

① ㉠은 문장성분 간의 호응관계를 고려하여 '훈련을 통해서 얻을 수 있다고 대답한다.'로 고쳐야 한다.

② ㉡은 단어 사용이 적절하지 않으므로 '천성'으로 바꾸어야 한다.

③ ㉢은 문장 내의 연결 관계가 어색하므로 '그러므로'로 고쳐야 한다.

④ ㉣은 글의 통일성을 해치므로 삭제해야 한다.

15 ◻◯△✕

다음 글에서 논리 전개상 불필요한 문장은?

> ㉠ 개명신청은 개명을 원하는 사람의 주소지를 관할하는 가정법원에 신청하여야 하는데(서울의 경우 서울가정법원), 재외국민이나 국내에 주소가 없는 사람은 등록기준지 관할 가정법원에 신청하면 됩니다. ㉡ 이름 때문에 주변 사람들로부터 심한 놀림을 받는 경우, 혐오 인물과 이름이 동일해 스트레스를 받는 경우, 사주가 좋지 않아 이름을 바꾸고 싶어하는 경우 등 사람들이 본인의 이름을 변경하고자 하는 사유는 다양합니다. ㉢ 우편으로 접수하는 방법도 있으나, 보통은 방문하여 접수하는 것이 좋습니다. 허가 신청을 하면 보통 1~2개월 정도 후에 집으로 결정문이 오게 됩니다(신청 시 누락된 서류가 있으면 보정명령이 나오기도 합니다). ㉣ 허가한다는 내용의 결정문이라면 1개월 내에 그 등본을 가지고 구청이나 동사무소에 가서 신고를 하면 모든 절차가 마무리됩니다. 만약 법원이 불허한다면 항고를 하여 다시 한 번 법원의 결정에 대해 다투어 보실 수 있고, 항고마저 기각되는 경우에는 대법원에 재항고를 할 수도 있습니다.

① ㉠

② ㉡

③ ㉢

④ ㉣

16 ○△✕

다음 중 글의 연결 순서로 가장 적절한 것은?

> ㄱ. 이러한 기록은 경기 침체, 소비 부진 등 불황의 그늘이 짙어진 탓이라는 분석도 있지만, 1000만 명을 넘은 영화들은 대부분 우리 사회를 관통하는 시대적 키워드를 담고 있다.
>
> ㄴ. 또는, 지난 20년간 지속돼 온 계층 간·세대 간·좌우 간 갈등과 분열에 대한 국민적 염증이 반영된 결과라는 해석도 있다.
>
> ㄷ. 영화 '국제시장'이 개봉 28일 만에 누적 관객 1000만 명을 돌파했다. 채 1년도 안 된 사이 '명량'(1761만 명), '변호인'(1137만 명) 등 1000만 돌파 기록이 풍성하다.
>
> ㄹ. '명량'은 자기희생적 리더십, '변호인'은 약자에게도 평등한 법과 원칙, '국제시장'은 우리가 이룬 근대화의 성과에 대한 재평가 내지 재발견이다.
>
> ㅁ. 전쟁의 폐허에서 세계 14위 경제대국으로 도약했지만 근대화·산업화의 성과에 대해 스스로 비하하는 분위기에 불만스러워 하는 '숨은 다수'가 움직였다는 분석이 나온다.

① ㄱ - ㄹ - ㄴ - ㄷ - ㅁ

② ㄱ - ㄹ - ㅁ - ㄷ - ㄴ

③ ㄷ - ㄱ - ㄹ - ㅁ - ㄴ

④ ㄷ - ㄴ - ㄱ - ㄹ - ㅁ

17 ○△✕

다음 글에 대한 이해로 적절하지 <u>않은</u> 것은?

> 유명한 인류 언어학자인 워프는 "언어는 우리의 행동과 사고의 양식을 결정하고 주조(鑄造)한다."고 하였다. 그것은 우리가 실세계를 있는 그대로 보고 경험하는 것이 아니라 언어를 통해서 비로소 인식한다는 뜻이다. 예를 들면, 광선이 프리즘을 통과했을 때 나타나는 색깔인 무지개색이 일곱 가지라고 생각하는 것은 우리가 색깔을 분류하는 말이 일곱 가지이기 때문이라는 것이다.
>
> 그러나 실제로는 언어가 그만큼 우리의 사고를 철저하게 지배하는 것은 아니다. 물론 언어상의 차이가 다른 모양의 사고 유형이나, 다른 모양의 행동 양식으로 나타나는 것은 사실이지만 그것이 절대적인 것은 아니다. 앞에서 말한 색깔의 문제만 해도 어떤 색깔에 해당되는 말이 그 언어에 없다고 해서 전혀 그 색깔을 인식할 수 없는 것은 아니다. 진하다느니 연하다느니 하는 수식어를 붙여서 같은 종류의 색깔이라도 여러 가지로 구분하는 것이 그 한 가지 예다. 물론, 해당 어휘가 있는 것이 없는 것보다 인식하기에 빠르고 또 오래 기억할 수 있는 것이지만 해당 어휘가 없다고 해서 인식이 불가능한 것은 아니다.
>
> 언어 없이 사고가 불가능하다는 이론도 그렇다. 생각은 있으되, 그 생각을 표현할 적당한 말이 없는 경우도 얼마든지 있으며, 생각은 분명히 있지만 말을 잊어서 표현에 곤란을 느끼는 경우도 흔한 것이다. 음악가는 언어라는 매개를 통하지 않고 작곡을 하여 어떤 생각이나 사상을 표현하며, 조각가는 언어 없이 조형을 한다. 또, 우리는 흔히 새로운 물건, 새로운 생각을 이제까지 없던 새말로 만들어 명명하기도 한다.

① 언어가 인간의 사고를 지배한다고만 볼 수는 없다.

② 글쓴이는 언어가 사고 발달에 영향을 끼침을 밝히고 있다.

③ 글쓴이는 하나의 이론을 소개하고 그 이론의 한계를 지적하고 있다.

④ 해당 어휘가 없고 사물에 대한 인식을 못하는 것은 아니다.

18 ○△✕

〈보기〉의 밑줄 친 부분의 의미와 가장 가까운 것은?

〈보 기〉

회초리 맞은 자리에 멍이 들었다.

---

① 높은 자리에 있는 사람을 만났다.

② 금 간 자리를 흙으로 말끔히 메웠다.

③ 그는 적성에 맞는 자리를 구하고 있다.

④ 이 자리를 빌려 감사를 드립니다.

19 ○△✕

다음 중 밑줄 친 ㉠~㉣을 대신할 수 있는 말로 적절하지 않은 것은?

화창한 오후, 집에 돌아가는 길에 갑자기 비가 쏟아졌다. "㉠ 이렇게 볕이 나 있으니 잠깐 오다가 그칠 비야" 엄마와 나는 처마 밑에서 ㉡ 잠시 비를 피해 그치기를 기다렸다. "아, 무시래기!" 엄마는 앞마당에 널어놓음 무시래기를 떠올리더니 ㉢ 비 맞히면 안 된다며 치우러 급히 먼저 뛰어 갔다. 잠시 후 정말 비가 그치더니 다시 파란 하늘이 반짝 고개를 내밀었다. 유독 산 밑 동네라 그런지 ㉣ 비가 그치고 금세 날이 갰다. 그러나 파란 하늘도 잠시, 바람이 불더니 기온이 내려가기 시작했다. 집에 들어서자 엄마는 마루에 앉아 이렇게 중얼거렸다. "그것도 비라고 비거스렁이를 하는구나."

---

① ㉠ – 여우비

② ㉡ – 비를 그었다

③ ㉢ – 비설거지하러

④ ㉣ – 빗밑에 무겁다

20 ○△✕

다음 작품에 대한 설명으로 가장 적절하지 않은 것은?

우리 아저씨 말이지요, 아따, 저 거시기, 한참 당년에 무엇이냐 그놈의 것, 사회주의라더냐, 막걸리라더냐, 그걸 하다 징역 살고 나와서 폐병으로 시방 앓고 누웠는 우리 오촌 고모부 그 양반……

뭐, 말도 마시오, 대체 사람이 어쩌면 글쎄……, 내 원!

신세 간 데 없지요.

자, 십년 적공, 대학교까지 공부한 것 풀어먹지도 못했지요, 좋은 청춘 어영부영 다 보냈지요, 신분(身分)에는 전과자(前科者)라는 붉은 도장 찍혔지요, 몸에는 몹쓸 병까지 들었지요, 이 신세를 해 가지굴랑은 굴속 같은 오두막집 단칸 셋방 구석에서 사시장철 밤이나 낮이나 눈 따악 감고 드러누웠군요.

재산이 어디 집 터전인들 있을 턱이 있나요. 서발 막대 내저어야 짚검불 하나 걸리는 것 없는 철빈인데.

우리 아주머니가, 그래도 그 아주머니가 어질고 얌전해서 그 알뜰한 남편 양반 받드느라 삯바느질이야, 남의 집 품빨래야, 화장품 장사야, 그 칙살스런 벌이를 해다가 겨우겨우 목구멍에 풀칠을 하지요.

어디로 대나 그 양반은 죽는 게 두루 좋은 일인데 죽지도 아니해요.

우리 아주머니가 불쌍해요. 아, 진작 한 나이라도 젊어서 팔자를 고치는 게 아니라, 무슨 놈의 수난 후분을 바라고 있다가 고생을 하는지.

---

① 작가는 판소리 사설을 차용하여 풍자적 성격을 강화하고 있다.

② 소설 속 관찰자가 자신의 판단을 독자에게 전달하고 있다.

③ 결과적으로 긍정적 서술자가 부정적 인물인 아저씨를 비판한다.

④ 현실적 삶의 방식과 사회주의적 삶의 방식이 동시에 나타난다.

최종모의고사 2회

01 ○△×

〈보기〉의 ㉠~㉢에 대해 설명한 내용으로 적절하지 <u>않은</u> 것은?

─〈보 기〉─

㉠ 넓+지 → [널찌] : 자음군단순화
㉡ 울+짓다 → 우짖다: 'ㄹ' 탈락
㉢ 싫+어 → [시러] : 'ㅎ' 탈락
㉣ 크+어서 → 커서 : 모음 탈락

① ㉠은 음절 끝 'ㄼ' 중 'ㅂ'이 탈락한 것으로, '엷고 → [열꼬]' 도 이와 같은 경우이다.
② ㉡에는 파생어 형성 과정에서 'ㄹ'이 탈락한, '바늘+질 → 바느질'과 같은 예가 제시될 수도 있다.
③ ㉢에는 모음과 모음 사이에서 'ㅎ'이 탈락한, '놓으니 → [노 으니]'와 같은 예가 제시될 수도 있다.
④ ㉣은 어간 모음이 모음으로 시작하는 어미 앞에서 탈락한 것으로, '보이+어 → 보여'도 이와 같은 경우이다.

02 ○△×

다음 중 밑줄 친 단어의 품사를 같은 것끼리 묶은 것은?

• 아버지는 환갑이 지났지만 40대처럼 ㉠ <u>젊어</u> 보인다.
• 닭이 울자, 벌써 새벽이 ㉡ <u>밝아</u> 온다.
• 화단에 꽃이 흐드러지게 피어 ㉢ <u>있었다</u>.
• 새아기가 ㉣ <u>없는</u> 살림 꾸려 나가느라 애 많이 쓰는구나.
• 그는 사람됨이 ㉤ <u>굳고</u> 인색해서 남에게 함부로 돈을 빌려 주는 법이 없다.

① ㉠, ㉡
② ㉡, ㉢
③ ㉢, ㉣
④ ㉣, ㉤

03 ○△×

〈보기〉의 ⓐ~ⓓ의 문장이 부자연스러운 이유를 설명한 것으로 적절하지 <u>않은</u> 것은?

─〈보 기〉─

ⓐ 방금 전에 들어온 소식입니다.
ⓑ 그는 아버지의 그림을 물려받았다.
ⓒ 왜냐하면 우리가 약속을 잊어버렸다.
ⓓ 그는 약혼자를 친구들에게 소개시켰다.

① ⓐ : '방금'과 '전(前)'의 의미가 중복되어 사용되었다.
② ⓑ : '아버지의 그림'이 중의적인 의미로 해석되어 문장의 의미가 부정확하다.
③ ⓒ : '왜냐하면'이라는 부사어와 '잊어버렸다'라는 서술어 사이에 호응이 이루어지지 않았다.
④ ⓓ : '소개시키다'는 외국어 번역체 표현으로 우리말 어법 에 맞게 고쳐야 한다.

04 ○△×

다음 중 띄어쓰기가 적절하지 <u>않은</u> 것은?

① 그녀가 떠난 지 벌써 3년이 지났다. 내가 좋아하는 사람은 아직도 그녀뿐이다.
② 억울하면 법대로 해라. 그리고 궁금한 것은 스스로 책이나 컴퓨터로 찾아보아라.
③ 우리는 어릴 망정 어떤 고난도 참아 냈다. 지금까지 애쓴 만큼 강팀들도 이길 수 있다.
④ 철수는 일을 하다가 실수로 그릇을 깨뜨려 버렸다. 그러나 사장님에게 혼나기는커녕 수고했다고 칭찬까지 받았다.

05 ☐△✕

다음 시의 '청솔'에 대한 설명으로 적절하지 <u>않은</u> 것은?

> 날로 기우듬해 가는 마을 회관 옆
> 청솔 한 그루 꼿꼿이 서 있다.
> 한때는 앰프 방송 하나로
> 집집의 새앙쥐까지 깨우던 회관 옆,
> 그 둥치의 터지고 갈라진 아픔으로
> 푸른 눈 더욱 못 감는다.
> 그 회관 들창 거덜 내는 댓바람 때마다
> 청솔은 또 한바탕 노엽게 운다.
> 거기 술만 취하면 앰프를 켜고
> 천둥산 박달재를 울고 넘는 이장과 함께.
> 생산도 새마을도 다 끊긴 궁벽, 그러나
> 저기 난장 난 비닐하우스를 일으키다
> 그 청솔 바라다보는 몇몇들 보아라.
> 그때마다, 삭바람마저 빗질하여
> 서러움조차 잘 걸러 내어
> 푸른 숨결을 풀어내는 청솔 보아라.
> 나는 희망의 노예는 아니거니와
> 까막까치 얼어 죽는 이 아침에도
> 저 동녘에선 꼭두서니빛 타오른다.
>
> — 고재종, 「세한도(歲寒圖)」 —

① '꼿꼿이 서' 있다는 점에서 점차 기울어 가는 마을 회관과 대비된다.
② '둥치의 터지고 갈라진 아픔'의 기억을 외면하기 위해 안간 힘을 쓰고 있다.
③ '난장 난 비닐하우스'를 일으키던 이들에게 용기를 주는 대상이다.
④ '서러움조차 잘 걸러' 내는 것으로 보아 상처받은 마음을 어루만지는 존재이다.

06 ☐△✕

〈보기〉의 외래어 표기 중 옳은 것을 모두 고르면?

───── 〈보 기〉 ─────
ㄱ. 섀도우복싱(shadow-boxing)
ㄴ. 레크리에이션(recreation)
ㄷ. 콘테스트(contest)
ㄹ. 프레젠테이션(presentation)
ㅁ. 바리케이트(barricade)

① ㄱ, ㄴ, ㅁ
② ㄴ, ㄷ, ㄹ
③ ㄷ, ㄹ, ㅁ
④ ㄱ, ㄴ, ㄷ, ㄹ

07 ☐△✕

〈보기〉의 밑줄 친 상황이 드러나 있는 문장으로 가장 적절한 것은?

───── 〈보 기〉 ─────
　사진을 찍으러 사진관에 갈 때 우리는 "나 오늘 증명사진 찍으러 간다."라고 말하곤 한다. 사실 말은 사진을 '찍으러'간 다고 하면서도 실제로는 사진을 '찍히고' 오는 것이다. 이렇게 일상생활에서는 <u>피동 표현을 사용해야 할 맥락임에도 불구하고 능동 표현을 사용하는 경우</u>가 있다. 이것은 관습이 문법을 지배하는 경우라 할 수 있다.

① 사냥꾼이 독수리의 날개를 꺾었다.
② 나는 거리에서 엄마를 꼭 껴안았다.
③ 선생님, 내일까지 단정히 머리 깎고 올게요.
④ 이번 시험에서 꼴등을 하다니 정말 잘했구나.

08 ○△×

〈보기〉는 학급 회의의 한 장면이다. 학생들의 말하기에 대한 평가로 적절하지 <u>않은</u> 것은?

───〈보 기〉───

회장 : 이번에 학교에서는 토요 문화 학교 활성화의 한 방안으로, 학급별 모둠 활동을 운영해 보기로 하였답니다. 마침 우리 반이 시범 학급으로 지정되었기에 회의를 열게 되었습니다. 희망자를 중심으로 활동 계획을 제안하면 학교에서 적극적으로 지원해 준다고 합니다. 구체적인 의견을 제시해 주시면 감사하겠습니다.

수정 : 토요 문화 학교의 취지는 인정하지만 일방적으로 학급별 활동을 지정한 것은 문제가 있다고 생각해. 학급 구성원의 개인별 계획도 있는데 말이야. 조금은 일방적인 것 같아.

승희 : 회장의 말대로 희망자를 중심으로 활동 계획을 세우면 그 문제는 해결될 수 있다고 생각합니다. 학교에서 적극적으로 지원해 준다고 하니 우리에게 좋은 기회라고 생각합니다. 다른 분들의 의견은 어떤지 궁금합니다.

신애 : 맞습니다. 마침 우리 학급은 탐구 영역에서 동일한 과목을 선택한 학생들로 구성되어 있습니다. 이러한 장점을 살릴 수 있는 항목을 정하고, 한 학기 단위로 수행할 수 있는 계획을 세운 후 보고서를 만들면 좋을 것 같습니다. 혹시 나중에 관련 학과로 진학하는 학생들에게는 진학 자료로도 활용될 수 있을 것 같습니다.

민선 : 의미 있고 가치 있는 보고서를 만들려면 전문가의 도움을 받는 것도 괜찮을 것 같습니다. 그리고 블로그를 만들어 활동 상황을 실시간으로 올리면 우리 반의 협동심을 보여줄 수도 있고, 학급별 토요 문화 학교를 홍보하는 데도 효과적일 것입니다.

회장 : 네! 그럼 우리 학급의 특성을 잘 살릴 수 있는 세부적인 활동 계획에 대해 논의해 보도록 하겠습니다.

① 수정 : 회의 상황에 어울리지 않는 언어적 표현을 사용하고 있다.

② 승희 : 다른 참여자의 의견에 응대하면서도 회의가 의제에 맞게 진행되도록 돕고 있다.

③ 신애 : 다른 참여자의 발언에 동조하며 회의의 목적 달성을 위해 협력하고 있다.

④ 민선 : 구체적인 경험을 언급하며 의제가 가진 문제점을 지적하고 있다.

09 ○△×

다음 글을 읽었을 때 밑줄 친 부분과 관련된 한자성어의 연결이 <u>잘못된</u> 것은?

"이건 너희들이 알 바 아니다. 대체로 남에게 무엇을 빌리러 오는 사람은 ⊙ 으레 자기 뜻을 대단히 선전하고, 신용을 자랑하면서도 ⓛ 비굴한 빛이 얼굴에 나타나고, 말을 중언부언하게 마련이다. 그런데 저 객은 형색은 허술하지만, 말이 간단하고, 눈을 오만하게 뜨며, ⓒ 얼굴에 부끄러운 기색이 없는 것으로 보아, 재물이 없이도 스스로 만족할 수 있는 사람이다. 그 사람이 해 보겠다는 일이 작은 일이 아닐 것이매, ⓔ 나 또한 그를 시험해 보려는 것이다. 안 주면 모르되, 이왕 만 냥을 주는 바에 성명은 물어 무엇을 하겠느냐?"

① ⊙ : 虛張聲勢

② ⓛ : 巧言令色

③ ⓒ : 自身滿滿

④ ⓔ : 守株待兎

10 ☐☐△☒

〈보기〉의 (가)는 원문이고 (나)는 (가)에 대한 요약문이다. 요약문을 작성하는 과정에서 활용한 글쓰기의 전략으로 볼 수 없는 것은?

─── 〈보 기〉 ───

(가) 최근 마른 체형을 매력의 상징으로 보는 문화적 현상이 대두되고 젊은 여성들을 중심으로 다이어트에 집착하는 사람들이 늘어났다. 이러한 다이어트가 극단으로 치달을 경우, 극도로 음식을 먹지 않아 생명을 위협할 정도로 체중이 감소하는 '신경성 식욕 부진증', 이른바 '거식증'이라는 병이 발생하기도 한다.

신경성 식욕 부진증 환자는 체내 지방 고갈로 인해 간염에 걸려 사망에 이르거나, 대뇌가 치매 환자처럼 쪼그라들게 되고, 빈혈이나 저혈압, 부정맥 등이 생길 수 있다. 이러한 신경성 식욕 부진증의 원인은 '나는 뚱뚱하다'라는 식의 자기 신체 이미지에 대한 왜곡이 심하게 진행되어 있다는 데에 있다. 아무리 거울을 보여 주며 다른 사람과 비교해 주어도, 정작 자신은 아직 뚱뚱하며 만족스럽지 못하다고 여긴다. 깡말랐음에도 불구하고 몸무게가 1~2kg 증가하면 무척 불편해하면서 쓸데없는 살덩이가 몸속에 들어와 있는 것 같이 힘들어한다.

(나) 최근 극단적인 다이어트에 집착하면서 신경성 식욕 부진증, 즉 거식증을 겪는 사람들이 늘어나고 있다. 거식증은 무리한 체중 감소로 인해 각종 합병증을 불러오며, 자기 신체에 대한 왜곡된 이미지의 형성이 주된 원인이라고 볼 수 있다.

① 글의 주제가 분명히 드러나도록 원문에 제시된 정보의 순서를 바꾸었다.

② 글에서 부수적 내용인 부연 설명이나 예시를 삭제하였다.

③ 유사한 하위 개념들을 하나의 상위 개념으로 일반화하였다.

④ 분산되어 있는 주요 내용을 연결하여 중심 문장을 구성하였다.

11 ☐☐△☒

다음 중 밑줄 친 ㉠~㉣에 대한 설명으로 적절하지 않은 것은?

거사(居士)에게 거울 하나가 있는데, 먼지가 끼어서 마치 구름에 가려진 달빛처럼 희미하였다. 그러나 조석으로 들여다보고 마치 얼굴을 단장하는 사람처럼 하였더니, 어떤 손客이 묻기를,

"㉠ 거울이란 얼굴을 비치는 것이요, 그렇지 않으면 군자가 그것을 대하여 그 맑은 것을 취하는 것인데, 지금 그대의 거울은 마치 안개 낀 것처럼 희미하니, 이미 얼굴을 비칠 수가 없고 또 맑은 것을 취할 수도 없네. 그런데 그대는 오히려 얼굴을 비추어 보고 있으니, 그것은 무슨 까닭인가?"

하였다. 거사는 말하기를,

"거울이 밝으면 잘생긴 사람은 기뻐하지만 못생긴 사람은 꺼려하네. 그러나 ㉡ 잘생긴 사람은 수효가 적고, 못생긴 사람은 수효가 많네. 만일 못생긴 사람이 한 번 들여다보게 된다면 반드시 깨뜨리고야 말 것이네. 그러니 먼지가 끼어서 희미한 것만 못하네. ㉢ 먼지가 흐리게 한 것은 그 겉만을 흐리게 할지언정 그 맑은 것은 상하지 못하니, 만일 잘생긴 사람을 만난 뒤에 닦여져도 시기가 역시 늦지 않네. 아, 옛날 거울을 대한 사람은 그 맑은 것을 취하기 위한 것이었지만 ㉣ 내가 거울을 대하는 것은 그 희미한 것을 취하기 위함인데, 그대는 무엇을 괴이하게 여기는가?"

하였더니, 손은 대답이 없었다.

– 이규보, 「경설」 –

① ㉠ : 거울은 반성과 성찰의 기능을 하거나 맑은 기품을 즐기는 기능을 갖는다는 거사 의견 해가 담겨있다.

② ㉡ : 완벽한 사람보다는 결점을 가진 사람이 많음을 의미한다.

③ ㉢ : 결함이 있다고 해도 인간의 맑은 본성은 흐려지지 않는다는 생각이다.

④ ㉣ : 지나친 결벽과 청명을 추구하는 것보다는 그 결점을 이해해 주는 태도를 취한다는 의미이다.

12 ◎△×

다음 중 한자의 사용이 적절하지 <u>않은</u> 것은?

① 목표 달성을 위해 학업에만 邁進했다.

② 불황 타개의 돌파구로 새로운 해결책들이 摸索되고 있다.

③ 아인슈타인의 상대성 이론은 과학계에 커다란 反映을 일으켰다.

④ 근대 시민 사회는 19세기 말엽에 이르러 붕괴의 위기에 逢着했다.

※ 다음 글을 읽고 물음에 답하시오. [13~14]

사회 이론은 사회 구조나 사회적 상호 작용을 연구하는 이론들을 통칭한다. 사회 이론은 과학적 방법을 적용하면서도 연구 대상뿐 아니라 이론 자체가 사회 상황이나 역사적 조건에 긴밀히 연관된다는 특징을 지닌다. 19세기의 시민 사회론을 이야기할 때 그 시대를 함께 살펴보게 되는 것도 바로 이와 같은 이유 때문이다.

시민 사회라는 용어는 17세기에 등장했지만, 19세기 초에 이를 국가와 구분하여 개념적으로 정교화한 인물이 헤겔이다. 그가 활동하던 시기에 유럽의 후진국인 프러시아에는 절대주의 시대의 잔재가 아직 남아 있었다. 산업 자본주의도 미성숙했던 때여서, 산업화를 추진하고 자본가들을 육성하며 심각한 빈부 격차나 계급 갈등 등의 사회 문제를 해결해야 하는 시대적 과제가 있었다. 그는 사익의 극대화가 국부(國富)를 증대해 준다는 점에서 공리주의를 긍정했으나, 그것이 시민 사회 내에서 개인들의 무한한 사익 추구가 일으키는 빈부 격차나 계급 갈등을 해결할 수는 없다고 보았다. 그는 시민 사회가 개인들이 사적 욕구를 추구하며 살아가는 생활 영역이자 그 욕구를 사회적 의존 관계 속에서 추구하게 하는 공동체적 윤리성의 영역이어야 한다고 생각했다. 특히 시민 사회 내에서 사익 조정과 공익 실현에 기여하는 직업 단체와 복지 및 치안 문제를 해결하는 복지 행정 조직의 역할을 설정하면서, 이 두 기구가 시민 사회를 이상적인 국가로 이끌 연결 고리가 될 것으로 기대했다. 하지만 빈곤과 계급 갈등은 시민 사회 내에서 근원적으로 해결될 수 없는 것이었다. 따라서 그는 국가를 사회 문제를 해결하고 공적 질서를 확립할 최종 주체로 설정하면서 시민 사회가 국가에 협력해야 한다고 생각했다.

한편 1789년 프랑스 혁명 이후 프랑스 사회는 혁명을 이끌었던 계몽주의자들의 기대와는 다른 모습을 보이고 있었다. 사회는 사익을 추구하는 파편화된 개인들의 각축장이 되어 있었고 빈부 격차와 계급 갈등은 격화된 상태였다. 이러한 혼란을 극복하기 위해 노동자 단체와 고용주 단체 모두를 불법으로 규정한 르 샤플리에 법이 1791년부터 약 90년간 시행되었으나, 이 법은 분출되는 사익의 추구를 억제하지도 못하면서 오히려 프랑스 시민 사회를 극도로 위축시켰다. 뒤르켐은 이러한 상황을 아노미, 곧 무규범 상태로 파악하고 최대 다수의 최대 행복을 표방하는 공리주의가 사실은 개인의 이기심을 전제로 하고 있기에 아노미를 조장할 뿐이라고 생각했다. 그는 사익을 조정하고 공익과 공동체적 연대를 실현할 도덕적 개인주의의 규범에 주목하면서, 이를 수행할 주체로서 직업 단체의 역할을 강조하였다. 국가의 역할을 강조한 헤겔의 영향을 받았음에도 불구하고, 뒤르켐은 직업 단체가 정치적 중간 집단으로서 구성원의 이해관계를 국가에 전달하는 한편 국가를 견제해야 한다고 보았던 것이다.

헤겔과 뒤르켐은 시민 사회를 배경으로 직업 단체의 역할과 기능을 연구했다는 공통점이 있었다. 하지만 직업 단체에 대한 두 사람의 생각은 달랐다. 이러한 차이는 두 학자의 시민 사회론이 철저하게 시대의 산물이라는 점을 보여 준다. 이들의 이론은 과학적 연구로서 객관적으로 타당하다는 평가를 받기도 하지만, 이론이 갖는 객관적 속성은 그 이론이 마주선 현실의 문제 상황이나 이론가의 주관적인 문제의식으로부터 근본적으로 자유로울 수는 없는 것이다.

---

13 ◎△×

윗글을 통해 알 수 있는 내용으로 적절하지 <u>않은</u> 것은?

① 19세기 초 프러시아에는 절대주의의 잔재와 미성숙한 산업 자본주의가 혼재하였다.

② 프랑스 혁명 후 수십 년간 프랑스는 개인들의 사익 추구가 불가능한 상황이었다.

③ 헤겔은 국가를 빈곤 문제나 계급 갈등과 같은 사회 문제를 해결할 최종 주체라고 생각하였다.

④ 뒤르켐은 혁명 이후의 프랑스 사회를 이기적 욕망이 조정되지 않은 아노미 상태로 보았다.

안심Touch

14 ▢△✕

윗글의 글쓴이의 관점으로 가장 적절한 것은?

① 사회 이론을 이해하는 데에는 그 이론이 만들어진 당시의 시대적 배경에 대한 이해가 도움이 된다.

② 객관적 사회 이론은 이론가의 주관적 문제의식과 무관하다.

③ 시공간을 넘어 보편타당하게 적용할 수 있는 객관적 사회 이론이 성립할 수 있다.

④ 과학적 연구 방법에 의거한 사회 이론은 사회 현실의 문제 상황과 무관하게 성립할 수 있다.

15 ▢△✕

〈보기 2〉의 조건을 고려할 때, 〈보기 1〉의 ㉠에 들어갈 내용으로 가장 적절한 것은?

―――――――― 〈보기 1〉 ――――――――

'소셜 네트워크 서비스(Social Network Service)'는 온라인 상에서 특정한 관심이나 활동을 공유하는 사람들 사이의 관계망을 구축해주는 인적 네트워크 서비스로 간단히 'SNS'라고 부르기도 한다. 개인의 표현 욕구가 강해지면서 사람들 사이의 사회적 관계를 맺게 하고 친분 관계를 유지시키는 소셜 네트워크 서비스가 점점 발달하고 있다.

초창기 SNS의 경우 대부분 지금의 온라인 커뮤니티의 형태로 대화방에 모여서 서로 대화를 나누거나 홈페이지 개설을 도와주는 정도의 형태였다. 하지만 이제는 단순히 대화를 하는 것을 넘어서서 개인만의 공간을 제공하는 형태로 변화하기 시작했다. 초반에는 온라인상에서의 친목 도모로 시작되었던 SNS가 점차 비즈니스나 마케팅까지 광범위하게 활용되면서 그 영향력이 확대되고 있는 것이다.

| ㉠ |

―――――――― 〈보기 2〉 ――――――――

• 앞 문단의 중심 내용을 언급할 것
• 소셜 네트워크 서비스(SNS)의 장점과 단점을 모두 밝힐 것
• 비유적인 표현을 적절하게 사용할 것

① 소셜 네트워크 서비스는 마치 보이지 않는 망처럼 사람들을 연결해주지만 원하지 않는 사람에게도 자신의 정보가 공개될 수 있다는 한계를 지니고 있다.

② 날로 확대되고 있는 소셜 네트워크 서비스는 타인과 쉽게 관계를 맺을 수 있다는 순기능을 지니고 있지만, 불특정 다수에게 개인의 정보가 누출되어 범죄에 악용될 수도 있다는 역기능도 지니고 있다.

③ 소셜 네트워크 서비스가 다양하게 이용되면서 활발한 문화적 · 사회적 교류가 이루어졌지만, 동전의 양면처럼 빠르고 광범위한 발달로 인해 부정확하거나 잘못된 정보가 생산되는 문제도 발생하고 있다.

④ 소셜 네트워크 서비스의 이용자가 급증하면서 그 영향력도 빠르게 확대되고 있다. 이처럼 SNS가 지닌 친화적 성격으로 인해 현실의 각박한 인간관계가 오히려 온라인상에서 해소되는 현상이 나타나고 있다.

16 ⃞⃞⃞

〈보기〉는 "진정한 양성평등 사회가 되기 위해서는 여성의 경제 활동이 제대로 보장되어야 한다."를 주제로 작성한 개요이다. 개요의 수정 및 보완 방향으로 적절하지 않은 것은?

─────〈보 기〉─────
1. 양성평등의 필요성 …… ㉠
2. 여성 경제 활동의 현황
  가. 우리나라 산업 구조의 변화 …… ㉡
  나. 여성의 경제 활동 참여율 추이
3. 여성 경제 활동의 문제점
  가. 취업에서의 성차별 현상
  나. 직장 여성들의 가사 및 육아 부담
  다. 직장 내 성차별과 임금 격차
4. 여성 경제 활동의 활성화 방안 …… ㉢
  가. 직장 여성들의 가사 및 보육 지원 제도 마련 …… ㉣
  나. 성별에 따른 임금 격차 해소 방안
5. 여성 취업 및 직장 생활에서 여성 경제 활동에 대한 제도적 지원 필요

① ㉠에서는 양성평등의 실현을 위한 방법 중 경제 활동 부문을 다룰 필요가 있음을 언급해야겠어.

② ㉡은 상위 항목과 맞지 않는 내용이므로 삭제하는 것이 좋겠어.

③ ㉢에는 '여성 취업을 장려하기 위한 정책 마련'이라는 하위 항목을 추가하는 것이 좋겠어.

④ ㉣은 '직장 내 성차별적 인식의 개선'으로 수정하는 것이 좋겠어.

17 ⃞⃞⃞

다음 중 (가)와 (나)에 대한 감상으로 적절하지 못한 것은?

─────────────────────
(가)
군(君)은 어비여
신(臣)은 ᄃᆞᄉᆞ샬 어시여,
민(民)은 얼혼 아히고 ᄒᆞ샬디
민(民)이 ᄃᆞ살 알고다
구믈ㅅ다히 살손 물생(物生)
이흘 머기 다ᄉᆞ라.
이 ᄯᅡᄒᆞᆯ ᄇᆞ리곡 어듸 갈뎌 홀디
나라악 디니디 알고다.
아으, 군(君)다이 신(臣)다이 민(民)다이 ᄒᆞ늘든
나라악 태평(太平)ᄒᆞ니잇다.
　　　　　　　　　　　　　　　– 충담사, 「안민가」–

(나)
千世(천세) 우희 미리 定(정)ᄒᆞ샨 漢水(한수)北(북)에, 累仁開國(누인개국)ᄒᆞ샤 卜年(복년)이 ᄀᆞᆺ업스시니, 聖神(성신)이 니ᅀᅵ샤도 敬天勤民(경천근민)ᄒᆞ샤ᅀᅡ, 더욱 구드시리이다. 님금하, 아ᄅᆞ쇼셔. 洛水(낙수)예 山行(산행)가 이셔 하나빌 미드니잇가.
　　　　　　　　　　　　　　　–「용비어천가, 125장」–
─────────────────────

① (가)가 '현재의 왕'을 대상으로 하였다면 (나)는 '후왕(後王)'을 대상으로 하였다.

② (가)가 특권 계층에서만 향유된 서정문학이라면 (나)는 상하층이 공유했던 국민문학이다.

③ (가)가 왕권이 약화되어 나라가 혼란한 위기의 상황에서 지어진 것이라면 (나)는 왕조의 안정을 찾아가는 상황에서 지어진 것이다.

④ (가)가 치국(治國)의 문제와 관련이 깊다면 (나)는 건국(建國)의 문제와 관련이 깊다.

18 ◇△✕

다음 중 ㉮~㉣의 설명에 해당하는 예로 틀린 것은?

〈사이시옷〉

1. 순 우리말로 된 합성어 중에서
   ㉮ ㄱ. 앞말이 모음으로 끝난 경우에 뒷말의 첫소리가 된소리로 나는 경우
   ㉯ ㄴ. 뒷말의 첫소리 'ㄴ, ㅁ' 앞에서 'ㄴ'소리가 덧나는 경우
   ㉰ ㄷ. 뒷말의 첫소리 모음 앞에서 'ㄴㄴ' 소리가 덧나는 경우
2. 순 우리말과 한자어로 된 합성어 중에서
   ㄱ. 뒷말의 첫소리가 된소리로 나는 경우
   ㉱ ㄴ. 뒷말의 첫소리 'ㄴ, ㅁ' 앞에서 'ㄴ'소리가 덧나는 경우
   ㄷ. 뒷말의 첫소리 모음 앞에서 'ㄴㄴ' 소리가 덧나는 경우

① ㉮ 부싯돌
② ㉯ 제삿날
③ ㉰ 뒷입맛
④ ㉱ 양칫물

※ 다음 글을 읽고 물음에 답하시오. [19~20]

우리가 속담이나 관용 표현을 사용할 경우는 길게 설명해야 할 상황에 놓였거나 또는 설명하기 복잡한 상황에서 자신이 전달하고자 하는 내용을 간결하면서도 분명하게 표현하고자 할 때이다. 예를 들어 우연히 곤란한 지경에 놓였을 때 자신의 처지를 대변하기 위해 '까마귀 날자 배 떨어진다.'라는 속담을 사용하면, 효과적으로 상대방에게 자신이 처한 상황을 설명할 수 있다.

㉠ 그래서 우리가 일상적으로 사용하고 있는 속담이나 관용 표현의 내용을 살펴보면 과학적 사실에 맞지 않는 경우가 있다. 예를 들어 '개 발에 땀나다.'라는 관용 표현이 있다. 사람들은 대체로 이를 개 발에 땀이 날 정도로 열심히 노력한다는 의미로 이해하고 있다. 실제로도 개 발에 땀이 날까?

㉡ 일반적으로 사람이 격렬한 운동을 할 때 땀이 나오는 이유는 땀샘에서 땀이 배출되면서 체내의 온도를 저하시킨다. 이와 마찬가지로 ㉢ 소나 말이 힘든 일을 하거나 혹은 오랜 시간 이동 후에 흠뻑 땀에 젖어 있는 모습을 자주 볼 수 있다. 소나 말의 땀은 땀샘에서 나오는 것이며 이는 인간의 생리적 특성과도 비슷하다.

그러나 개는 땀샘이 없기 때문에 땀이 한 방울도 나오지 않는다. 개는 덥거나 운동을 할 경우 긴 혀를 내놓고 헐떡인다. 개는 헉헉대면서 혀와 입속의 타액을 증발시킴으로써 체온을 조절하는 것이다. 이와 비슷한 모습을 새한테서도 볼 수 있다. 새는 개와 마찬가지로 땀샘이 없다. 그리고 새의 생리적 현상도 개와 ㉣ 별반 틀리지 않다.

우리는 흔히 힘들게 일을 하거나 운동을 할 때 '개 발에 땀나다.'라는 말을 한다. 이 속담은 단순히 개처럼 열심히 움직인다는 의미가 아니라 땀을 흘리지 않는 개가 땀을 흘릴 만큼 해내기 어려운 일을 이루기 위해 열심히 한다는 의미를 지닌 것이다. 이처럼 속담이나 관용 표현에 담긴 의미가 과학적 사실에 부합하는지 살펴보는 것은 속담의 의미를 깊이 있게 이해할 수 있는 방법이 될 수 있다.

19 ○△✕

윗글의 글쓰기 전략으로 적절하지 <u>않은</u> 것은?

① 자문자답의 방법을 활용하여 독자의 호기심을 유발하고 있다.

② 비교의 설명방법을 활용하여 대상간의 공통점을 드러내고 있다.

③ 과학적인 지식을 활용하여 속담에 담긴 의미의 사실 여부를 확인하고 있다.

④ 용어의 개념을 정의하는 방식을 활용하여 독자들의 내용 이해를 돕고 있다.

20 ○△✕

윗글을 고쳐 쓰기 위한 의견으로 적절하지 <u>않은</u> 것은?

① ㉠은 문단 간의 연결 관계를 고려하여 '그런데'로 고치도록 한다.

② ㉡은 문장의 호응을 고려하여 문장의 마지막 부분을 '저하시키기 때문이다'로 고치도록 한다.

③ ㉢은 글의 주제와의 관련성을 고려하여 삭제하도록 한다.

④ ㉣은 어법에 맞도록 '별반 다르지 않다'로 바꾸도록 한다.

최종모의고사 **1회** 정답 및 해설

빠른 정답							나의 점수		점
01	**02**	**03**	**04**	**05**	**06**	**07**	**08**	**09**	**10**
④	③	③	②	③	③	③	③	①	①
11	**12**	**13**	**14**	**15**	**16**	**17**	**18**	**19**	**20**
④	④	②	③	②	③	②	②	④	③

01 ○△× 　　　　　　　　　　　　정답 ④

영역 규범문법>언어와 국어>언어의 특성 　　　난도 하

정답의 이유

④ ㉠에서 '국어의 말소리가 변천해가는 과정'이라고 하는 것은 '역사성'을 말하고, '현재 표준 발음으로 인정되지 않고 있으므로'라고 하는 것은 '사회성'을 말한다.

오답의 이유

ㄱ. 자의성
ㄴ. 역사성
ㄷ. 분절성
ㄹ. 창조성
ㅁ. 사회성

02 ○△× 　　　　　　　　　　　　정답 ③

영역 규범문법>음운론>음운 변동 　　　　난도 중

정답의 이유

③ '뜻하다'는 'ㅅ'이 'ㄷ'으로 교체되어 [뜯하다]가 되고, 'ㄷ'과 'ㅎ'이 'ㅌ'으로 축약되어 [뜨타다]가 된다.

오답의 이유

① '꽃다발'은 'ㅊ'이 'ㄷ'으로 교체되어 [꼳다발]이 되고, 'ㄷ'이 'ㄸ'으로 교체되어 [꼳따발]이 된다.
② '넋두리'는 'ㅅ'이 탈락하여 [넉두리]가 되고, 'ㄷ'이 'ㄸ'으로 교체되어 [넉뚜리]가 된다.
④ '부엌문'은 'ㅋ'이 'ㄱ'으로 교체되어 [부억문]이 되고, 'ㄱ'이 'ㅇ'으로 교체되어 [부엉문]이 된다.

03 ○△× 　　　　　　　　　　　　정답 ③

영역 고전문법>음운론>자모의 운용 　　　난도 중

정답의 이유

③ 중세 국어에서 'ㅸ'이 쓰이는 경우는 현대 국어에서 'ㅂ' 불규칙이 쓰이는 용언('더럽다'는 '더럽+어→더러ㅸ)더러워')와 '쉬이, 고이'와 같이 부사어로 바뀐 경우이다.

오답의 이유

① '접다'는 '접어'와 같이 규칙 활용을 하므로 답일 수 없다.
② '굽다'는 '굽어'로 활용되는 규칙 활용이다.
④ '좁다'도 '좁아'로 활용되는 규칙 활용이다.

04 ○△× 　　　　　　　　　　　　정답 ②

영역 어문규정>표준어규정 　　　　　　난도 중

정답의 이유

② '까탈스럽다'는 '성미나 취향 따위가 원만하지 않고 별스러워 맞춰주기에 어려운 데가 있다.'는 뜻으로 2016년 새롭게 인정된 표준어이다. 기존에는 '까다롭다'만 표준어로 보았으나 '까탈스럽다'를 많이 사용하는 현실을 반영하여 추가표준어로 인정하게 되었다. '까탈스럽다'의 약한 느낌인 '가탈스럽다'도 표준어이다.

오답의 이유

① '짓물다'는 비표준어이다. '짓무르다'는 'ㄹ' 불규칙 용언으로 '짓물렀다'라고 써야 한다.
③ 부각(○), 다시마자반(×)
④ 코주부(○), 코보(×)

05 ⬜△✕　　　　　　　　　　정답 ③

| 영역 현대문학>문학일반>표현기법 | 난도 중 |

정답의 이유

'외로운 눈부심'이라는 표현은 '역설법'이다.

③ 역설법 : '복종하는 것은 아름다운 자유보다도 달콤합니다.'

오답의 이유

① 열거법

② 반어법

④ 반어법, 반복법

06 ⬜△✕　　　　　　　　　　정답 ③

| 영역 어문규정>한글맞춤법>띄어쓰기 | 난도 중 |

정답의 이유

③ 관형어 아래의 '대로'는 의존명사이므로 띄어 쓰고, 부정의 의미를 지닌 '안'은 부정부사이므로 '되다'와 띄어 쓴다.

오답의 이유

① 너밖에도>너∨밖에도 : 부정하는 말 앞에 쓰인 '밖에'는 조사이지만 여기에 쓰인 '밖에'는 '일정한 한도나 범위에 들지 않는 나머지 다른 부분이나 일.'을 뜻하는 명사 '밖'에 조사 '에'가 쓰인 것이므로 앞말과 띄어 써야 한다.

② 도외시∨하였기>도외시하였기 : '도외시하다'는 한 단어이므로 붙여 써야 한다.

　• 도외시하다 : 상관하지 아니하거나 무시하다.

④ 도착할∨지를>도착할지를 : 의문, 추측의 뜻을 가진 '-ㄹ지/-을지'는 어미이므로 붙여 쓴다.

07 ⬜△✕　　　　　　　　　　정답 ③

| 영역 규범문법>형태론>의존명사와 어미의 구별 | 난도 상 |

정답의 이유

• 오랜만 : '오래간만'의 준말로 '오래간'과 '만'이 결합한 명사

• 만 : 동안이 얼마간 계속되었음을 나타내는 의존명사

오답의 이유

① 종결어미 '-ㄹ걸'과 의존명사 '것'과 목적격조사 '을'의 축약형인 '걸'의 구별

② 종결어미 '-ㄹ게'와 의존명사 '것'과 주격조사 '이'의 축약형인 '게'의 구별

④ 어미 '-ㄴ데'와 의존명사 '데'의 구별

08 ⬜△✕　　　　　　　　　　정답 ③

| 영역 한자>표기>동음이의어 | 난도 상 |

정답의 이유

③ 중풍(中 가운데 중, 風 바람 풍) : 뇌혈관의 장애로 갑자기 정신을 잃고 넘어져서 구안괘사, 반신불수, 언어 장애 따위의 후유증을 남기는 병

오답의 이유

① 制(마를 제)>製(지을 제)

　제작(製 지을 제, 作 지을 작) : 재료를 가지고 기능과 내용을 가진 새로운 물건이나 예술 작품을 만듦

② 表紙(겉 표, 종이 지)>標識(우듬지 표, 표할 지)

　표지판(標 우듬지 표, 識 표할지, 板 널빤지 판) : 어떠한 사실을 알리기 위하여 일정한 표시를 해 놓은 판

④ 制(마를 제)>裁(마를 재)

　• 제가(制可) : 임금의 허가

　• 재가(裁可) : 안건(案件)을 결재하여 허가함

09 ⬜△✕　　　　　　　　　　정답 ①

| 영역 한자>한자성어>문맥에 맞는 성어 | 난도 중 |

정답의 이유

① 선수들이 금메달을 향해 가열 차게 땀방울을 흘리고 있고, 코치진도 더 강도 높은 훈련을 통해 경기력 향상을 위해 매진하고 있다고 하여, 달리는 말에 채찍질을 가한다는 '走馬加鞭(주마가편)'이 문맥에 어울리는 한자성어이다.

오답의 이유

② 주마간산 : 말을 타고 달리며 산천을 구경한다는 뜻으로, 자세히 살피지 아니하고 대충대충 보고 지나감을 이르는 말

③ 절치부심 : 몹시 분하여 이를 갈며 속을 썩임

④ 견문발검 : 모기를 보고 칼을 뺀다는 뜻으로, 사소한 일에 크게 성내어 덤빔을 이르는 말

10 ⬜△✕　　　　　　　　　　정답 ①

| 영역 어문규정>문장부호 | 난도 중 |

정답의 이유

① 한 문장 안에서 앞말을 '곧', '다시 말해' 등과 같은 어구로 다시 설명할 때 앞말 다음에 쉼표를 쓴다. 예 원만한 인간관계는 말과 관련한 예의, 즉 언어 예절을 갖추는 것에서 시작된다.

오답의 이유

② 마침표 : 특정한 의미가 있는 날을 표시할 때 월과 일을 나타내는 아라비아 숫자 사이에 쓴다. 이때는 마침표 대신 가운뎃점을 쓸 수 있다.

③ 소괄호 : 주석이나 보충적인 내용을 덧붙일 때 쓴다.

④ 쌍점 : 희곡 등에서 대화 내용을 제시할 때 말하는 이와 말한 내용 사이에 쓴다. 쌍점의 앞은 붙여 쓰고 뒤는 띄어 쓴다.

안심Touch

11 ⊙△✕   정답 ④

영역 비문학>독해>내용의 일치   난도 **중**

[정답의 이유]

④ 근거(2단락) : 우화 속의 여우는 인간의 품성이 동물에게 투사되어 나타난 것으로, 관습적 표현일 뿐이지 실제 여우의 모습이라고 할 수 없다. 또한 위 발췌 부분을 보면, 이솝 우화 속의 이리 모습과 동물 세계의 실제 이리의 모습은 확인할 수 있으나, 여우의 경우에는 이솝 우화 속의 모습만이 나타나고 있으므로 ④는 옳지 않은 설명이다.

[오답의 이유]

① 근거(1단락) : 헤로도투스가 「역사」에서 짧게 언급하였다고 되어 있다.

② 근거(5단락) : 엄밀한 의미에서의 교훈이 아니라 일상적인 삶의 지혜와 신중한 행동을 권고하는 것이라고 성격을 설명하고 있다.

③ 근거(3단락) : 사람을 만든 신(神)인 프로메테우스가 등장한다.

12 ⊙△✕   정답 ④

영역 한자>한자성어>주제 관련 성어   난도 **중**

[정답의 이유]

④ 이 시조의 화자는 임이 그리워 밤새 잠을 이루지 못하고 있다. '좌고우면'은 '앞뒤를 재고 망설임'의 뜻으로 관련이 없다.

[오답의 이유]

① 전전반측 : 누워서 몸을 이리저리 뒤척이며 잠을 이루지 못함

② 동병상련 : 같은 병을 앓는 사람끼리 서로 가엾게 여긴다는 뜻으로, 어려운 처지에 있는 사람끼리 서로 가엾게 여김을 이름

③ 일일삼추 : 하루가 삼 년 같다는 뜻으로, 몹시 애태우며 기다림

13 ⊙△✕   정답 ②

영역 현대문학>현대시>문맥적 의미   난도 **상**

[정답의 이유]

'정서'란 시적 화자가 어떤 상황 속에서 어떤 심리적 반응을 보이는가를 말하는 것이다. 윤동주의 「쉽게 쓰여진 시」에서 화자는 밑줄 친 부분에서 자신의 삶을 반성하고 위로하면서 앞으로의 삶에 대한 결연한 의지를 다지며 부정적으로 여겼던 자신과 화해하고 있다. '눈물'은 지금까지의 삶에 대한 반성을, '위안'은 앞으로의 삶에 대한 위로이며, '악수'는 화해를 나타낸다.

② 이형기, 「낙화」 : 사랑과 결별이라는 고통의 시간을 통해 성숙해지는 자아의 영혼을 말하고 있다. 윤동주 시와 같이 자신을 돌아보면서 고통스러워하고 그를 통해 성숙해나간다는 점에서 유사한 정서를 드러낸다.

[오답의 이유]

① 오장환, 「고향 앞에서」 : 고향 가까운 나룻가에서 서성이다 행인을 만나면 따뜻할 것이라 하여 고향에 대한 간절한 그리움을 드러내고 있다.

③ 김춘수, 「꽃」 : 호명을 통해 의미 있는 존재(꽃)가 됨을 말하고 있다.

④ 신동엽, 「산에 언덕에」 : 불행한 삶을 살다가 떠나간 임에 대한 그리움을 드러내고 있다.

14 ⊙△✕   정답 ③

영역 비문학>작문>고쳐 쓰기   난도 **중**

[정답의 이유]

③ 어떤 기술을 얻으려 할 때 교사의 지시가 있어야 함을 말하고, 반복 연습을 통하여 행동이 습관이 된다는 내용을 앞에 배치했다. 어린아이에게 일일이 가르쳐야 함을 다음 문장으로 제시했다. 문장 내 연결 관계를 고려할 때 '이와 마찬가지로'라고 표현하는 것이 적절하며, '그러므로'는 부적절하다.

[오답의 이유]

① 주어가 '아리스토텔레스는'이므로 '훈련을 통해서 얻을 수 있다고 대답한다.'로 고쳐야 한다는 진술이 적절하다.

② '천성(天性)'은 '본래 타고난 성격이나 성품'을 의미한다. '제2의 천성이 된다.'는 표현이 문맥적으로 적절하다.

④ 훈련과 반복에 의한 학습을 말하고 있는 단락이므로 '예의'를 말하고 있는 이 문장은 생략하는 것이 통일성을 해치지 않는 방법이다.

15 ⊙△✕   정답 ②

영역 비문학>작문>단락쓰기의 원리   난도 **하**

[정답의 이유]

② 단락 구성의 원리를 바탕으로 주제문과 뒷받침 문장의 짜임을 묻고 있는 문제이다. 이 글의 소주제문은 개명신청의 절차를 설명하고 있는 글인데, ⓒ은 개명신청의 이유를 설명하고 있어 통일성을 해치고 있다.

16 ⊙△✕   정답 ③

영역 비문학>독해>단락의 전개순서   난도 **중**

[정답의 이유]

③ 하나의 단락이 주제문과 뒷받침 문장들로 구성된다는 것을 먼저 고려하고, 각 문장의 핵심 어휘들을 연결하면 정확한 답을 찾아낼 수 있다.

ㄷ. 영화 '국제시장'이 개봉 28일 만에 누적 관객 1000만 명을 돌파했다. 채 1년도 안 된 사이 '명량'(1761만 명), '변호인'(1137만 명) 등 1000만 돌파 기록이 풍성하다.

ㄱ. 이러한 기록은 경기 침체, 소비 부진 등 불황의 그늘이 짙어진 탓이라는 분석도 있지만, 1000만 명을 넘은 영화들은 대부분 우리 사회를 관통하는 시대적 키워드를 담고 있다.

ㄹ. '명량'은 자기희생적 리더십, '변호인'은 약자에게도 평등한 법과 원칙, '국제시장'은 우리가 이룬 근대화의 성과에 대한 재평가 내지 재발견이다.

ㅁ. 전쟁의 폐허에서 세계 14위 경제대국으로 도약했지만 근대화·산업화의 성과에 대해 스스로 비하하는 분위기에 불만스러워 하는 '숨은 다수'가 움직였다는 분석이 나온다.

ㄴ. 또는, 지난 20년간 지속돼 온 계층 간·세대 간·좌우 간 갈등과 분열에 대한 국민적 염증이 반영된 결과라는 해석도 있다.

17 ○△× 　　　　정답 ②

영역 비문학>독해>내용의 일치　　　난도 **중**

[정답의 이유]

② 제시문에 나온 내용을 확대 해석하지 않도록 주의해야 한다. 글쓴이가 밝히고자 하는 의도를 정확히 인지하고 정답을 파악할 수 있어야 한다. 앞부분에서는 언어가 사고를 지배한다는 이론을 소개하고, 뒷부분에서는 그 이론이 그렇지 않을 수도 있음을 밝히고 있다. 이 글은 전체적으로 언어와 사고의 관계를 밝히고 있을 따름이지, 언어가 사고 발달에 영향을 끼친다는 진술은 나와 있지 않다.

18 ○△× 　　　　정답 ②

영역 규범문법>의미론>단어의 의미　　　난도 **중**

[정답의 이유]

〈보기〉 자리 : 「2」사람의 몸이나 물건이 어떤 변화를 겪고 난 후 남은 흔적
② 자리 : 「2」사람의 몸이나 물건이 어떤 변화를 겪고 난 후 남은 흔적

[오답의 이유]

① 자리 : 「1」사람이나 물체가 차지하고 있는 공간
③ 자리 : 「5」일정한 조건의 사람을 필요로 하는 곳. 흔히 일자리나 혼처를 이른다.
④ 자리 : 「6」일정한 사람이 모인 곳. 또는 그런 기회

19 ○△× 　　　　정답 ④

영역 어휘>순우리말>관용적 표현　　　난도 **상**

[정답의 이유]

④ ㉣의 '비가 그치고 금세 날이 갰다.'는 '빗밑이 가볍다'로 고쳐야 한다.
　• 빗밑 : 비가 그치어 날이 개는 속도
　• 빗밑이 재다. 빗밑이 가볍다 : 비가 그치어 날이 개는 속도가 빠르다.
　• 빗밑이 무겁다 : 오던 비가 그치고 날이 개는 속도가 느리다.

[오답의 이유]

① ㉠ – 여우비 : 볕이 나 있는 날 잠깐 오다가 그치는 비
② ㉡ – 긋다 : 「1」비가 잠시 그치다. 「2」【…을】비를 잠시 피하여 그치기를 기다리다.
③ ㉢ – 비설거지 : 비가 오려고 하거나 올 때, 비에 맞으면 안 되는 물건을 치우거나 덮는 일

20 ○△× 　　　　정답 ③

영역 현대문학>현대소설>작품의 이해　　　난도 **중**

[정답의 이유]

③ 채만식의 「치숙」은 '역논리적 기법(반어)'로 서술되어 있다. 표면적으로는 사회주의 사상을 가진 '아저씨'와 그의 비현실적인 사고방식을 비난하는 서술자 '나'의 갈등이지만, 실재로는 서술자는 부정적 인물이고, '아저씨'는 긍정적 인물이다.

[오답의 이유]

① 판소리 사설과 같은 독백체와 대화체 및 편집자적 논평을 통해 풍자의 성격을 드러내는 데 큰 역할을 하고 있다.
② 1인칭 관찰자 시점의 소설이다.
④ 일제 식민 통치에 순응하려는 '나'와 사회주의 사상을 가진 아저씨의 갈등을 그리고 있다.

CHAPTER 04

최종모의고사 2회 정답 및 해설

빠른 정답

01	02	03	04	05	06	07	08	09	10
④	②	④	③	②	②	③	④	④	①
11	12	13	14	15	16	17	18	19	20
①	③	②	①	③	④	②	②	④	③

나의 점수　　　점

---

01 ○△✕

정답 ④

영역 규범문법>음운론>음운 변동　　난도 **중**

정답의 이유

④ ㉣은 어간의 모음 'ㅡ'가 어미의 모음 'ㅡ어' 앞에서 탈락한 경우이지만, '보이+어→보여'의 경우는 어간의 모음 ㅣ'가 탈락한 것이 아니라 어미의 모음 'ㅡ어'와 축약되어 '여'가 된 것이다. 따라서 답은 ④이다.

오답의 이유

① ㉠은 활용과정에서 겹받침이 자음군단순화로 탈락한 경우이다. 활용과정에서 자음군단순화의 예로 '엷고→[열꼬]'도 이와 같은 경우의 사례로 추가할 수 있다.

② ㉡은 합성어가 형성되는 과정에서 'ㄹ'이 탈락하는 경우이다. 파생어가 형성되는 과정에서 'ㄹ'이 탈락하는' 바느질'과 같은 경우를 추가 사례로 제시할 수 있다.

③ ㉢은 유음과 모음 사이에서 'ㅎ'이 탈락하는 경우이다. 모음과 모음 사이에서 'ㅎ'이 탈락하는 '놓으니[노으니]'와 같은 경우를 추가 사례로 제시할 수 있다.

---

02 ○△✕

정답 ②

영역 규범문법>형태론>동사와 형용사의 구별　　난도 **중**

정답의 이유

② ㉡ 밝다[동사] : 밤이 지나고 환해지며 새날이 오다.

　㉢ 있다[보조동사] : (주로 동사 뒤에서 'ㅡ어 있다' 구성으로 쓰여) 앞말이 뜻하는 행동이나 변화가 끝난 상태가 지속됨을 나타내는 말

오답의 이유

㉠ 젊다[형용사] : 보기에 나이가 제 나이보다 적은 듯하다.

㉣ 없다[형용사] : (주로 '없는' 꼴로 쓰여) 재물이 넉넉하지 못하여 가난하다.

　• '없다'가 현재시제 관형사형 전성어미 'ㅡ는ㅡ'을 취한다 해서 동사가 되는 것은 아니다.

㉤ 굳다[형용사] : 재물을 아끼고 지키는 성질이 있다.

---

03 ○△✕

정답 ④

영역 실용문법>어법에 맞는 표현>자연스러운 문장　　난도 **중**

정답의 이유

④ ⓓ는 사동 접미사 'ㅡ시키다'를 붙여 불필요한 사동 표현을 사용한 문장으로 외국어 번역체 표현을 사용한 것이 아니다. '소개'는 서로 모르는 사람들 사이에서 양편이 알고 지내도록 관계를 맺어 주는 행위로, 이미 사동의 의미가 담겨 있다. 이렇게 볼 때 '소개시키다'는 과도한 사동 표현으로, '소개하다'라고 고치는 것이 옳다.

오답의 이유

① '말하고 있는 시점보다 바로 조금 전'을 뜻하는 '방금'과 '앞'을 뜻하는 '전(前)'의 의미가 중복되어 사용되었으므로 ⓐ는 '방금 들어온 소식입니다.'로 고치는 것이 좋다.

② '아버지의 그림'은 '아버지가 그린 그림', 또는 '아버지의 모습이 그려진 그림', '아버지가 소유한 그림' 등 여러 가지로 해석될 수 있으므로 ⓑ는 의미가 부정확한 문장이다.

③ '왜냐하면'이라는 부사어는 '때문이다'와 같은 서술어와 호응한다. 그러므로 ⓒ는 '왜냐하면 우리가 약속을 잊어버렸기 때문이다.'로 고치는 것이 좋다.

---

04 ○△✕

정답 ③

영역 어문규정>한글맞춤법>띄어쓰기　　난도 **중**

정답의 이유

③ 어릴망정 : 'ㅡ(으)ㄹ망정'은 어미이므로 어간과 반드시 붙여 쓴다. 다만, 'ㅡ기(에) 망정이지'의 '망정'은 의존명사이므로 띄어 쓴다.

　애쓴∨만큼 : 관형어 다음의 '만큼'은 의존명사이므로 띄어 쓴다.

① 떠난∨지 : 시간의 경과를 나타내는 '지'는 의존명사이므로 띄어 쓴다.

그녀뿐이다 : 체언 다음의 '뿐'은 조사이므로 앞말과 붙여 쓴다.
② 법대로 : 체언 다음의 '대로'는 조사이므로 앞말과 붙여 쓴다.

찾아보아라 : '찾아보다'는 합성동사이므로 붙여 써야 한다.
④ 깨뜨려∨버렸다 : 본용언이 보조용언은 띄어 씀이 원칙이나 붙여 씀도 허용한다.

혼나기는커녕 : '-는커녕'은 조사이므로 앞말과 붙여 써야 한다.

05 ○△✕ 　　　　　　　　　　　　　정답 ②

영역 현대문학>현대시>내용의 이해 　　　　　　난도 **상**

정답의 이유

② 2연에서 청솔이 '둥치의 터지고 갈라진 아픔'으로 인해 '푸른눈 더욱 못 감는다'고 하였다. 이는 청솔 자신도 아픔의 기억을 간직한 존재라서 '한 때는' 활기가 넘쳤던 마을 회관의 쇠락을 그저 모른 체 할 수 없다는 의미라고 이해할 수 있다. 따라서 '청솔'이 아픔의 기억을 외면하기 위해 안간힘을 쓰고 있다고 설명하는 것은 적절하지 않다.

오답의 이유

① 1연에서는 '날로 기우듬해 가는' 마을 회관과 '꼿꼿이 서' 있는 청솔을 대비하고 있다.
③ 4연에서 '난장 난 비닐하우스'를 일으키고 있는 '몇몇들'은 농촌의 가혹한 현실을 극복하고자 애쓰는 이들일 것이다. 이들은 비닐하우스를 일으키다가 청솔을 바라본다고 하였다. 이는 청솔을 보면서 현실 극복 의지를 다지고 용기를 얻는 것이라고 이해할 수 있다.
④ 5연에서 청솔은 '삭바람'을 빗질하고 '서러움'을 걸러 내어 '푸른 숨결'을 풀어내고 있다. 이는 외부의 시련으로부터 마을을 감싸고, 마을 사람들의 서러운 마음을 어루만지며, 마을에 생명의 기운을 불어넣는 역할을 하고 있음을 의미한다.

06 ○△✕ 　　　　　　　　　　　　　정답 ②

영역 어문규정>외래어 표기법 　　　　　　난도 **중**

정답의 이유

ㄴ. 레크리에이션(recreation) : 부당한 줄임에 주의한다. '레크레이션(✕)'
ㄷ. 콘테스트(contest) : 첫머리 강세가 있을 때는 '콘–'으로 표기한다.

'컨테스트(✕)'
ㄹ. 프레젠테이션(presentation) : '프리젠테이션(✕)'

오답의 이유

ㄱ. 섀도우복싱>섀도복싱 : 이중모음 [ou]는 '오'로 적는다.
ㅁ. 바리케이트>바리케이드 : 영어식 발음을 적어야 한다.

07 ○△✕ 　　　　　　　　　　　　　정답 ③

영역 규범문법>문장론>사동과 피동 　　　　　　난도 **상**

정답의 이유

③ 내일까지 단정히 머리를 깎고 온다고 하며 능동으로 표현했지만, 의미상 화자가 머리를 깎이고 오는 것이라 할 수 있다. 즉, 말은 '깎고' 온다고 하면서도 실제로는 '깎이고' 오는 것이다.

오답의 이유

① 사냥꾼이 독수리의 날개를 꺾은 의미를 드러내기 위해 능동 표현을 사용하였다.
② 내가 거리에서 엄마를 꼭 껴안은 의미를 드러내기 위해 능동 표현을 사용하였다.
④ 주어진 문장의 상황에 비추어 볼 때 꼴등을 한 상황에서 '정말 잘했다.'라는 말은 '정말 못했다.'라는 의미이다. 즉, 능동 표현을 사용해 화자가 의도하고자 하는 말과 반대로 말을 하고 있음을 알 수 있다.

08 ○△✕ 　　　　　　　　　　　　　정답 ④

영역 비문학>화법>말하기 방식 　　　　　　난도 **중**

정답의 이유

④ 민선이는 의제와 관련한 '보고서 만들기, 전문가의 도움 받기, 블로그 만들기'라는 구체적인 방안을 제시하고 있다. 하지만 구체적인 경험을 언급하거나 의제가 지닌 문제점을 지적하고 있지는 않다.

오답의 이유

① 수정이는 학급 회의라는 공적 상황에 어울리지 않게 반말을 하며 의견을 제시하고 있다.
② 승희는 일방적인 처사에 항의하자는 이견(異見)에 대해 회의 취지를 설명하기도 하고 다른 참여자의 의견을 묻기도 하며 회의에 참여하고 있다.
③ 신애는 '맞습니다.'라고 말하며 앞선 발언자의 의견에 동조하고 있다.

09 ○△✕ 　　　　　　　　　　　　　정답 ④

영역 한자>한자성어>문맥에 맞는 성어 　　　　　　난도 **중**

정답의 이유

본문은 박지원의 「허생전」 중 일부이다.
• ⓔ의 '시험하다'와 ④의 '수주대토'는 아무런 관련이 없다.
• ④ 수주대토 : 한 가지 일에만 얽매여 발전을 모르는 어리석은 사람을 비유적으로 이르는 말

오답의 이유

① 허장성세 : 실력이나 실속은 없으면서 허세만 부림
② 교언영색 : 남에게 잘 보이려고 그럴듯하게 꾸며 대는 말과 알랑거리는 태도
③ 자신만만 : 부끄럼이 없고 당당함

- 갈래 : 한문 단편소설
- 성격 : 풍자 소설
- 특징 : 박지원이 스스로 윤영에게서 들은 이야기를 옮긴 것으로 서술하고 있어, 순수창작이라기보다는 민담(民譚)을 소설화한 것으로 볼 수 있다. '남한설치(南漢雪恥)'라는 국민감정을 부채질하여 '북벌'이란 허울좋은 구호를 내걸고, 국민 모두의 관심을 이에 집중시켜, 자체 안의 병리에 눈감아 버리게 한 당대 위정자의 무능과 허위를 꼬집어 풍자한 문제작이다.

10 ☐△✕ 정답 ①

영역 비문학>작문>고쳐 쓰기 　　　난도 **상**

[정답의 이유]

① 원문의 중심 내용을 현상 → 문제점 → 원인의 순서대로 요약하고 있다. 따라서 글의 주제를 드러내기 위해 원문의 제시 순서를 바꾸는 전략을 활용했다는 설명은 바르지 않다.

[오답의 이유]

② 원문의 마지막 두 문장과 같이 부연 설명이나 예시 등의 부수적 내용들을 삭제하였다.

③ 간염, 대뇌가 쪼그라드는 현상, 빈혈이나 부정맥 등의 구체적 증상을 '무리한 체중 감소로 인한 합병증'이라는 상위 개념으로 일반화하였다.

④ 거식증의 증상과 원인 등 원문의 내용들을 유기적으로 연결하여 중심 문장을 구성하였다는 설명은 옳다.

11 ☐△✕ 정답 ①

영역 고전문학>한문수필>문맥적 의미 　　　난도 **상**

[정답의 이유]

① 거울이 반성과 성찰의 기능을 하거나 맑은 기품을 즐기는 기능을 한다는 것은 일반적인 사람들의 견해이다.

[오답의 이유]

② 잘생긴 사람은 모든 면에서 완벽한 사람을 의미하고, 못생긴 사람은 결점이 있는 사람을 의미한다.

③ 먼지가 거울의 맑은 본성을 없앨 수 없듯이, 타고난 인간의 맑은 본성도 작은 결함으로 사라지지 않는다는 의미이다.

④ 거울의 희미함을 취한다는 것은 완벽함을 추구하지 않고 결점을 이해해 주는 관용적인 태도를 취한다는 의미이다.

12 ☐△✕ 정답 ③

영역 한자>표기>문맥에 맞는 단어 　　　난도 **상**

[정답의 이유]

③ 반영(反映)>반항(反響)
  - 반영 : 다른 것에 영향을 받아 어떤 현상이 나타남. 또는 어떤 현상을 나타냄
  - 반향 : 어떤 사건이나 발표 따위가 세상에 영향을 미치어 일어나는 반응

[오답의 이유]

① 매진(邁進)[갈 매, 나아갈 진] : 어떤 일을 전심전력을 다하여 해 나감

② 모색(摸索)[찾을 모, 찾을 색] : 일이나 사건 따위를 해결할 수 있는 방법이나 실마리를 더듬어 찾음

④ 봉착(逢着)[만날 봉, 붙을 착] : 어떤 처지나 상태에 부닥침

13 ☐△✕ 정답 ②

영역 비문학>독해>내용의 일치 　　　난도 **중**

[정답의 이유]

② 근거(3단락) : 프랑스 혁명 이후 프랑스 사회는 사익을 추구하는 파편화된 개인들의 각축장이 되어 있었다고 하였다.

[오답의 이유]

① 근거(2단락) : 19세기 초 프러시아는 절대주의 잔재가 남아 있고 산업자본주의도 미성숙했던 때였다고 하였다.

③ 근거(2단락) : 헤겔은 국가를 사회 문제를 해결하고 공적 질서를 확립할 최종 주체로 설정했다고 하였다.

④ 근거(3단락) : 뒤르켐은 프랑스 혁명 이후의 프랑스 사회를 분출되는 사익의 추구가 억제되지 못한 아노미 상태로 규정하고 있음을 알 수 있다.

14 ☐△✕ 정답 ①

영역 비문학>독해>주제문 　　　난도 **중**

[정답의 이유]

① 이 글은 사회 이론이 사회 상황이나 역사적 조건에 긴밀히 연관된다는 특징을 제시하고 대표적인 두 사례를 검토하여 주장을 뒷받침하고 있는 글이다. 따라서 사회 이론을 이해하는 데에는 그 이론이 만들어진 당시의 시대적 배경에 대한 이해가 도움이 된다는 ①이 가장 적절하다.

[오답의 이유]

② 4단락에서 이론이 갖는 객관적 속성은 이론가의 주관적인 문제의식으로부터 자유로울 수가 없다고 하였다.

③ 사회 이론은 역사적 조건과 긴밀히 연관되므로 시공간을 넘어 보편타당하게 적용할 수 있는 객관적 사회 이론은 성립할 수 없다.

④ 1단락에서 사회 이론은 사회 상황과 긴밀히 연관된다고 하였다.

15 ⊙△✕

정답 ③

영역 비문학>작문>조건의 일치 　　　　　　난도 **상**

정답의 이유

③ 소셜 네트워크 서비스가 확대되고 있다는 앞 문단의 중심 내용을 언급하면서 소셜 네트워크 서비스가 지닌 장점과 단점을 '동전의 양면'이라는 비유적 표현을 사용하여 설명하고 있으므로 ⊙에 들어갈 내용으로 적절하다.

오답의 이유

① 소셜 네트워크 서비스의 장·단점을 언급하고 '보이지 않는 망'이라는 비유적 표현을 사용하고 있지만, 앞 문단의 내용을 언급하고 있지 않다.

② 앞 문단의 내용을 언급하며 장점으로 쉬운 관계 형성을, 단점으로 정보 누출을 제시하고 있다. 그러나 비유적인 표현은 사용하지 않았다.

④ 중심 내용을 언급하며 현실의 각박한 인간관계가 SNS에서 해소되고 있는 장점을 제시할 뿐 단점을 구체적으로 밝히고 있지 않다. 또한 비유적인 표현도 사용하지 않았다.

16 ⊙△✕

정답 ④

영역 비문학>작문>개요 작성 　　　　　　난도 **상**

정답의 이유

④ ㉣은 '3-나'에 대한 해결 방안이므로 '4-가'와 같은 제도적 지원 방안을 인식 개선의 내용으로 수정하는 것은 글쓰기 계획과 맞지 않다. 수정하지 않는 것이 상황에 맞다.

오답의 이유

① 주제와 글의 방향을 연관시키기 위해서는 양성평등에서 여성 경제 활동 부문이 중요하다는 점을 강조할 필요가 있다.

② 우리나라의 산업 구조가 변화하였다는 내용은 여성 경제 활동 현황이라는 상위 항목과 어울리지 않는 내용이므로 삭제하는 것이 적절하다.

③ '3-가'의 '취업에서의 성차별 현상'과 관련한 해결 방안이 누락되었으므로 이를 '4. 여성 경제 활동의 활성화 방안'에 추가하여 다룰 필요가 있다.

17 ⊙△✕

정답 ②

영역 고전문학>운문 종합>작품의 이해 　　　　　　난도 **상**

정답의 이유

② (가)는 「안민가」로 서정문학인 10구체 향가이며, (나)는 「용비어천가 125장」으로 교술문학인 악장이다. 10구체 향가나 악장문학은 모두 특권계층에서만 향유되었고, 특히 악장문학은 궁중에서만 향유되어 일반 백성들과는 유리된 까닭에 국민문학으로 성장하지 못하고, 왕조의 기틀이 안정되는 성종 무렵에 소멸되고 말았다.

오답의 이유

① (가)의 「안민가」는 '현재의 왕'(경덕왕)을 대상으로 한 권계를, (나)는 '후왕(後王)'을 대한 권계를 목적으로 하였다.

③ (가)의 신라 경덕왕 때는 가뭄, 지진 등의 천재지변과 외척 중심의 정국 운영 등으로 국가적 어려움이 컸다고 한다. 이러한 상황에서 민심을 수습하고 위기에서 벗어나기 위해 경덕왕이 충담사에게 '안민가'를 짓도록 한 것이다. (나)의 용비어천가는 조선 세종 때로 왕조의 안정을 찾아가는 상황에서 지어진 악장(송축가)이다.

④ (가)는 정치적 혼란기에 치국(治國)의 이념을 담은 노래이며, (나)는 건국 초기에 조선 개국의 정당성을 피력하기 위한 건국(建國)의 문제와 관련이 깊다.

18 ⊙△✕

정답 ②

영역 어문규정>한글맞춤법>사이시옷 　　　　　　난도 **중**

정답의 이유

② 제삿날[제산날] : 제사(祭祀)[한자어]+날[순 우리말] → ㉰에 해당

오답의 이유

① 부싯돌[부시똘] : 부시[순 우리말]+돌[순 우리말] → ㉮에 해당

③ 뒷입맛[뒨닌맏] : 뒤[순 우리말]+입맛[순 우리말] → ㉯에 해당

④ 양칫물[양친물] : 양치(養齒)[한자어]+물[순 우리말] → ㉱에 해당

19 ⊙△✕

정답 ④

영역 비문학>작문>글의 서술방식 　　　　　　난도 **중**

정답의 이유

④ 속담이나 관용 표현의 의미가 과학적 사실에 부합하지 않는 경우를 사례로 들어 설명하는 글이다. 그러나 글의 내용을 이해하기 쉽도록 하기 위해 용어의 개념을 설명한 부분은 찾을 수 없다.

오답의 이유

① '개 발에 땀이 날까?'와 같은 질문과 이에 대한 응답인 자문자답의 방법을 활용하여 독자의 호기심을 유발하고 있다.

② 소, 말과 인간의 공통점, 개와 새의 공통점을 비교의 방법을 통해 설명하고 있다.

③ 속담의 사실 여부를 땀이 배출되는 생리적 현상과 관련 있는 과학적 사실을 활용하여 설명하고 있다.

영역 비문학>작문>고쳐 쓰기　　　　　　　　　　난도 **중**

정답의 이유

③ ⓒ은 개나 새와 달리 땀을 흘리는 소나 말, 인간의 특성을 서술하고 있으므로 개가 땀이 나는가에 관한 과학적 사실 여부를 설명하기 위해서는 필요한 내용이다. 그러므로 글의 통일성을 고려하여 주제와 관련 없는 내용이므로 삭제해야 한다는 설명은 적절하지 않다.

오답의 이유

① ⓐ은 앞뒤 문단 간의 연결 관계를 고려하여 전환의 의미를 지니고 있는 접속어 '그런데' 또는 '그러나'로 수정할 수 있다. ⓑ은 인과 관계를 고려하여 서술어를 '저하시키기 때문이다.' 또는 '저하시킬 수 있기 때문이다.'라고 표현해야 한다.

② ⓑ은 주술 호응을 고려하여 문장의 마지막 부분을 '저하시키기 때문이다'로 고치도록 한다.

④ ⓓ의 '다르다'는 비교가 되는 두 대상이 서로 같지 아니하다는 의미이고, '틀리다'는 '셈이나 사실 따위가 그르게 되거나 어긋나다'의 의미이다. 땀을 배출하는 방법에서 차이가 없다는 의미이므로 가치 판단이 아닌 두 대상의 특성에 있어 차이점을 드러내는 표현인 '별반 다르지 않다'를 쓰는 것이 적절하다.

좋은 책을 만드는 길
독자님과 함께하겠습니다.

도서나 동영상에 궁금한 점, 아쉬운 점, 만족스러운 점이
있으시다면 어떤 의견이라도 말씀해 주세요.
시대고시기획은 독자님의 의견을 모아 더 좋은 책으로 보답하겠습니다.

www.sidaegosi.com

2022 핵심플러스+ 9급 공무원 국어 기본서

개정2판1쇄	2021년 10월 15일 (인쇄 2021년 09월 06일)
초 판 발 행	2020년 01월 10일 (인쇄 2019년 11월 21일)
발 행 인	박영일
책 임 편 집	이해욱
저 자	장세희
편 집 진 행	정은진 · 남미희
표 지 디 자 인	박종우
편 집 디 자 인	채경신 · 박서희
발 행 처	(주)시대고시기획
출 판 등 록	제 10-1521호
주 소	서울시 마포구 큰우물로 75 [도화동 538 성지 B/D] 9F
전 화	1600-3600
팩 스	02-701-8823
홈 페 이 지	www.sidaegosi.com
I S B N	979-11-383-0471-9 (13350)
정 가	25,000원

시대북 통합서비스 앱 안내

시대에듀

연간 1,500여종의 실용서와 수험서를 출간하는 시대고시기획, 시대교육, 시대인에서
출간도서 구매 고객에 대하여 도서와 관련한 "실시간 푸시 알림" 앱 서비스를 개시합니다.

이제 수험정보와 함께 도서와 관련한 다양한 서비스를
찾아다닐 필요 없이 스마트 폰에서 실시간으로 받을 수 있습니다.

사용방법 안내

1. 메인 및 설정화면

- 로그인/로그아웃
- 푸시 알림 신청내역을 확인하거나 취소할 수 있습니다.
- 시험 일정 시행 공고 및 컨텐츠 정보를 알려드립니다.
- 1:1 질문과 답변(답변 시 푸시 알림)

2. 도서별 세부 서비스 신청화면

메인화면의 [콘텐츠 정보] [정오표/도서 학습자료 찾기]
[상품 및 이벤트] 각종 서비스를 이용하여 다양한 서비스를 제공 받을수 있습니다.

[제공 서비스]

- **최신 이슈&상식** : 최신 이슈와 상식 제공(주 1회)
- **뉴스로 배우는 필수 한자성어** : 시사 뉴스로 배우기 쉬운 한자성어(주 1회)
- **정오표** : 수험서 관련 정오자료 업로드 시
- **MP3 파일** : 어학 및 MP3파일 업로드 시
- **시험일정** : 수험서 관련 시험 일정이 공고되고 게시될 때
- **기출문제** : 수험서 관련 기출문제가 게시될 때
- **도서업데이트** : 도서 부가자료가 파일로 제공되어 게시될 때
- **개정법령** : 수험서 관련 법령개정이 개정되어 게시될 때
- **동영상강의** : 도서와 관련한 동영상강의가 제공, 변경 정보가 발생한 경우
- ***향후 서비스 자동 알림 신청** : 이 외의 추가서비스가 개발될 경우 추가된 서비스에 대한 알림을 자동으로 발송해 드립니다.
- ***질문과 답변 서비스** : 도서와 동영상 강의 등에 대한 1:1 고객 상담

⑦ 앱 설치방법 ▶ Google Play App Store

시대에듀로 검색

※ 본 앱 및 제공 서비스는 사전 예고 없이 수정, 변경되거나 제외될 수 있고, 푸시 알림 발송의 경우 기기변경이나 앱 권한 설정, 네트워크 및 서비스 상황에 따라 지연, 누락될 수 있으므로 참고하여 주시기 바랍니다.

※ 안드로이드와 IOS기기는 일부 메뉴가 상이할 수 있습니다.

두꺼운 이론서 대신 핵심만 모아 담았다!

핵심플러스 +

핵심이론 + 최신기출문제 + 단원별문제 + 최종모의고사

9급 공무원 기본서

국어

[부록편]

두꺼운 이론서 대신 핵심만 모아 담았다!

핵심플러스+

두꺼운 이론서 대신 핵심만 모아 담았다!

핵심플러스+

핵심이론 + 최신기출문제 + 단원별문제 + 최종모의고사

9급 공무원 기본서

국어

두꺼운 이론서 대신 핵심만 모아 담았다

핵심플러스 +

두꺼운 이론서 대신 핵심만 모아 담았다

핵심플러스 +

핵심이론 + 최신기출문제 + 단원별문제 + 최종모의고사

9급 공무원 기본서

국어